上市公司高质量发展课题研究成果精选（2023年度）

中国上市公司协会　编

中国财经出版传媒集团
中国财政经济出版社
·北京·

图书在版编目（CIP）数据

上市公司高质量发展课题研究成果精选．2023年度／
中国上市公司协会编．-- 北京：中国财政经济出版社，
2024.8. -- ISBN 978-7-5223-3365-6

Ⅰ．F279.246
中国国家版本馆CIP数据核字第2024DC3653号

责任编辑：叶　彤　　　　责任校对：胡永立
封面设计：北京兰卡绘世　　　　责任印制：党　辉

上市公司高质量发展课题研究成果精选（2023年度）
SHANGSHI GONGSI GAOZHILIANG FAZHAN KETI YANJIU CHENGGUO JINGXUAN
(2023NIANDU)

中国财政经济出版社 出版
URL：http：//www.cfeph.cn
E-mail：cfeph@cfeph.cn

社址：北京市海淀区阜成路甲28号　邮政编码：100142
营销中心电话：010-88191522
天猫网店：中国财政经济出版社旗舰店
网址：https：//zgczjjcbs.tmall.com
北京鑫海金澳胶印有限公司印刷　　各地新华书店经销
成品尺寸：185mm×260mm　16开　35印张　861 000字
2024年8月第1版　2024年8月北京第1次印刷
定价：120.00元
ISBN 978-7-5223-3365-6
（图书出现印装问题，本社负责调换，电话：010-88190548）
本社质量投诉电话：010-88190744
打击盗版举报热线：010-88191661　QQ：2242791300

前　言

2023年是全面落实党的二十大精神开局之年，习近平总书记指出，整合科技创新资源，引领发展战略性新兴产业和未来产业，加快形成新质生产力。当前，我国经济发展面临复杂的内外部环境，无论是当前提振信心、推动经济回升向好，还是在未来发展和国际竞争中赢得战略主动，根基在实体经济，关键在科技创新，方向是产业升级。

上市公司是我国企业群体的优秀代表，其高质量发展是发展新质生产力的重要基础。为落实党中央、国务院关于上市公司高质量发展决策部署，中国上市公司协会针对上市公司面临的难点、痛点、热点问题，组织开展了2023年度课题研究工作。课题紧扣高质量发展目标，围绕贯彻新发展理念，促进上市公司高质量发展；贯彻落实全面注册制，建设中国特色现代资本市场；完善多层次资本市场，服务实体经济；建设现代化产业体系，推动产业结构优化，聚焦构建中国特色资本市场估值体系、建设现代化产业体系与上市公司高质量发展、全球产业链格局演变对中国上市公司影响、中国式现代化进程中上市公司可持续发展、上市公司运用期货衍生品管理风险等问题开展研究。为突出研究成果的政策指导性和实践推广性，本书收录了重点、优秀研究成果内容，以期为上市公司群体走好高质量发展之路提供参考。

中国上市公司协会将继续深入学习贯彻党的二十大精神，认真落实中央经济工作会议和中央金融工作会议部署要求，切实加强服务功能，与资本市场各方通力合作，发挥协会资源整合、上下贯通的平台功能，依托各类研究力量，围绕新时代上市公司高质量的基本内涵、实现路径和重点任务，按照战略性、前瞻性、基础性、针对性要求开展课题研究工作，助力上市公司建设具有完整性、先进性、安全性的现代化产业体系，为实现中国式现代化目标贡献上市公司力量。

本书编委会

2024 年 6 月

目 录

1. 上市公司运用期货和衍生品管理风险研究

上海衍联网络科技有限公司（避险网） 课题组*

党的二十大报告指出，高质量发展是全面建设社会主义现代化国家的首要任务。建设以实体经济为支撑的现代化产业体系是推动高质量发展的主要着力点，而上市公司是实体经济的“基本盘”，是国民经济的重要支柱。因此，上市公司的高质量发展是我国经济高质量发展的重中之重。与此同时，运用期货和衍生品管理风险是上市公司实现稳健经营、保持基业长青的重要手段，也是上市公司高质量发展的应有之义。推动上市公司科学合理地运用期货和衍生品进行风险管理，不仅有助于提升公司经营绩效，也有助于提升金融服务实体经济的功能、建设以实体经济为支撑的现代化产业体系，是助力高质量发展的重要举措。基于此，全面系统地研究上市公司运用期货和衍生品管理风险情况，并提出相应的政策建议，具有非常紧迫的现实意义。

本文在梳理国内外现有研究的基础上，基于避险网整理的上市公司套期保值数据库，以我国非金融类 A 股上市公司为主要研究对象。首先，对上市公司套期保值供求背景进行翔实的数据分析，以此摸清我国套期保值的实际供求情况；其次，对上市公司运用期货和衍生品管理风险的情况进行了梳理，旨在厘

* 本项目课题组成员为：刘文财，避险网创始人，博士；马卫锋，避险网联席 CEO，博士；张子炜，避险网量化研究总监，博士；华金辉，避险网联席 CEO，硕士。

清我国上市公司套期保值现状及发展态势；最后，利用衍联中国上市公司套期保值评级体系对上市公司套期保值实践进行评级，并在此基础上，进一步从财务表现与股价表现探究上市公司运用期货和衍生品管理风险的效果。本文的主要研究结论如下：

一是随着大宗商品、汇率、利率、股票市场等波动加大，我国风险管理工具的供给速度明显加快。2023 年新上市了 7 个期货品种和 14 个期权品种，主要产品的完整性得到了进一步提高，填补了我国期货及衍生品市场多个领域的空白，对于服务期货市场供给侧结构性改革，支持实体企业更好地利用期货市场管理风险具有现实意义。

二是我国上市公司套期保值参与率不断提升，但与成熟经济体比较还有很大提升空间。A 股上市公司套期保值参与率由 2014 年的 8.79% 提高到了 2023 年的 25.18%。中证 800 股票指数成份股公司的套保参与率为 43.16%，距离标普 500 近 90% 的套保参与率还有不小的距离。

三是上市公司参与套期保值明显改善了上市公司的财务指标，而且参与套期保值时间越长的，效果越好。参与套期保值的上市公司在 ROA、ROE、杠杆系数的均值均显著高于非套保公司，现金比率的均值显著低于非套保公司，且参与套保的公司的 ROA 具有更强的稳定性。套期保值持续年份更长的公司相对于开展套期保值业务年限短的公司，在 ROA、ROE、杠杆系数、现金比率这四个主要财务指标上都有更好的表现，呈现出套期保值的“时间加强效应”。

四是参与套期保值的上市公司股价整体上也有更好的表现，其超额收益更为显著。使用套期保值因子构建的“衍联中国 A 股套保综合指数”“衍联中国沪深 300 套保增强指数”等从各个业绩评价指标上来看，均显著超越同期中证 800、沪深 300 等主要指数表现。

五是套期保值因子是一个评价上市公司财务可持续性的相对独特的因子，可与 ESG 相结合，形成 ESGH 评价。在国际先进的 ESG 评级体系中，G 因子评分已经把风险管理等指标与传统公司治理指标并列，而国内 ESG 评级体系并没有覆盖到公司套期保值等风险管理指标，不能反映 A 股上市公司参与套期保值快速发展的现实。把套保评价与 ESG 评价相结合，更有利于投资机构开展基于

ESGH 指数的投资，也更有利于引导机构投资者的资金进入上市公司，进而推动金融服务实体经济。

基于上述研究结论，本文提出下列政策建议：第一，发布最佳套期保值实践榜单，推动上市公司套期保值业务上的交流学习；第二，发布上市公司或实体企业套保年度白皮书，加大宣传套期保值的典型案例、先进做法；第三，发布套期保值公司股价指数，作为宣传期货和衍生品市场服务实体经济、助推上市公司高质量发展的重要载体。

综上所述，本文不仅从数据层面全面梳理了我国上市公司套期保值现状，还对套期保值效果进行多维度评价，以此倡导套期保值文化，更好地推动上市公司科学、合理地运用期货和衍生品管理风险，进而提升上市公司可持续发展能力，从而助力我国高质量发展的顺利进行。

一、引言

面对波谲云诡的国际形势、复杂敏感的周边环境、艰巨繁重的改革发展稳定任务，我们必须始终保持高度警惕，既要高度警惕“黑天鹅”事件，也要防范“灰犀牛”事件；既要有防范风险的先手，也要有应对和化解风险挑战的高招；既要打好防范和抵御风险的有准备之战，也要打好化险为夷、转危为机的战略主动战。

——2019年1月21日，习近平在省部级主要领导干部坚持底线思维着力防范化解重大风险专题研讨班开班式上的讲话

党的二十大报告指出，高质量发展是全面建设社会主义现代化国家的首要任务。建设以实体经济为支撑的现代化产业体系是推动高质量发展的主要着力点，而上市公司是实体经济的“基本盘”，是国民经济的重要支柱。因此，上市公司的高质量发展是我国经济高质量发展的重中之重。国务院于2020年10月颁布了《关于进一步提高上市公司质量的意见》。运用期货和衍生品管理风险是上市公司实现稳健经营、保持基业长青的重要手段，也是上市公司高质量发展的应有之义。推动上市公司科学合理地运用期货和衍生品进行风险管理，不仅有助于提升公司经营绩效，也有助于提升金融服务实体经济的功能、建设以实体经济为支撑的现代化产业体系，是助力高质量发展的重要举措。

自2022年8月1日起正式实施的《期货和衍生品法》明确了“国家支持期货市场健康发展，发挥发现价格、管理风险、配置资源的功能。国家鼓励运用期货市场和衍生品市场从事套期保值等风险管理活动”。推动上市公司科学合理地运用期货和衍生品进行风险管理也是积极落实《期货和衍生品法》的行动。

为更好地推动上市公司科学合理地运用期货和衍生品进行风险管理，要摸清我国上市公司运用期货和衍生品的状况，并对运用效果进行全面、系统的评价。

本文以我国非金融类A股上市公司为主要研究对象，对上市公司运用期货和衍生品管理风险的情况进行梳理，并对上市公司运用期货和衍生品管理风险的效果进行评估，为相关部门提供决策支持。

二、上市公司套期保值研究综述

（一）套期保值参与情况

购买保险是最早被企业用来转移自身财务风险的方式之一。然而，自20世纪70年代以来，企业的经营环境日益复杂，不可保风险越来越多，公司套期保值操作的主要手段由最初的购买保险逐渐演变为运用衍生金融工具（Brealey & Myers，2004）。

Bartram（2019）较为系统地分析了国际上主要国家和地区的上市公司套期保值参与情况，该研究表明，2000~2001年中国上市公司套期保值参与度为12.5%，而美国的参与率为65.1%，全球的参与度为60.5%。根据避险网（2021）的研究，2020~2021年，我国非金融A股上市公司套期保值参与度已提高到24.29%。我国非金融类A股上市公司关注的首

要风险是汇率风险，在外汇上进行套期保值的公司在全部非金融类A股上市公司中占比为19.68%；其次是商品价格风险，相应的套期保值公司占比为8.78%；最后是利率风险，相应的套期保值公司占比为8.67%。

近十年，我国使用衍生工具套期保值的上市公司数量显著提升，说明我国上市公司开始更加普遍地使用衍生工具来管理自身风险。但是，作为我国公司中规模化、正规化程度较高的群体，上市公司群体中使用衍生工具的公司占比仍远远低于发达国家企业的水平，这主要是我国与发达国家衍生工具市场发展程度的差异所致（李正强，2021）。以美国为例，其市场经济已经发展了300多年，其衍生工具市场也经历了170多年的发展，而我国市场经济和衍生工具市场的发展时间仅分别为43年和31年。因此，美国衍生工具市场的类型和品种相对更为丰富，能够为其本国企业提供更为专业和精细化的服务。

（二）套期保值动机

根据企业的日常经营活动以及资本运作，上市公司的风险可分为经营风险和财务风险。经营风险是指企业在日常经营活动中所面临的风险，这一风险会受到产品成本和质量、经营管理效率以及市场需求状况的影响，企业一般通过提高经营效率来降低该类风险。而财务风险主要是指企业所面临的汇率风险、利率风险、信用风险、通货膨胀风险等，该类风险的可预期性及可控性差、不确定性很大。随着国际要素市场的不确定性因素显著增加，外汇、利率及商品价格波动的幅度与频率都达到了前所未有的水平（刘勇，2004），上市公司可以利用衍生工具降低财务风险，减少异常噪音对收益的影响（DeMarzo & Duffie，1995），进而降低现金流和利润的不确定性，改善其在资本市场的表现。

在一个完美的资本市场中，投资者进入市场的机会平等，不会从事对冲活动，因为对冲活动在这种情况下不会增加价值。然而，如果完全资本市场的假设不满足，公司进行对冲就可能有合理的理由。套期保值理论放宽了MM定理（1958）的假设，并提出了个体企业可能选择衍生工具套期保值的具体原因，这些原因往往与市场摩擦或代理问题有关。Smith & Stulz（1985）表明，凸税收函数意味着企业可以通过使用套期保值来平滑应纳税收入，从而减少预期的税收负债。此外，对冲可以增加公司的债务能力，使其能够通过提升债务税盾的价值来增加价值（Leland，1998）。Froot et al.（1993）表明，面对外部融资成本的管理者可能会使用套期保值来降低内部现金流不足以支付投资的可能性。Jensen & Meckling（1976）发现企业的套期保值决策中包含了管理者与股东之间利益冲突所致的代理成本问题，由于要考虑自身持股的套期保值问题，管理者很有可能放弃那些会加剧风险但净现值为正的投资项目，而股东最盼望的却是企业价值最大化，因为他们早已通过投资组合解决了风险控制问题。

衍生工具的使用动机还与管理层个人效用最大化（Jin & Jorion，2006）有关，风险厌恶型的公司管理层在发现个人层面对冲风险的成本高于公司层面对冲风险的成本时会选择使用衍生工具，以最大化个人效用。此外，公司管理层为将自己的管理才能锁定在投资者面前，会利用套期保值工具降低汇率、利率、商品价格波动的影响。Lel（2012）基于1990~1999年30个国家的样本，研究了公司治理与外汇衍生工具使用的动机，发现公司治理水平较高的公司会将衍生工具用于对冲外汇风险，降低过高的外部融资成本；而公司治理较弱的公司，衍生工具使用大多基于管理层个人原因。Graham & Rogers（2002）发现，管理层的薪酬构成也会影响公司使用衍生工具的动机，当管理层薪酬中期权占比较高时，公司更不倾向于使用套期保值。Breeden & Viswanathan（2016）发现，能力强的管理层更倾向于使用套期保值活动，以锁定他们优秀管理能力带来的利润。

（三）套期保值效果

1. 对财务指标的影响

公司的财务风险会影响企业的经营状况，从而导致企业利润的波动。Beneda（2013）和 Kwong（2016）均证明了衍生工具的使用可以稳定企业的利润，规避企业的财务风险，降低利润波动性。企业利润的波动受两种因素的影响：现金流的状况和应计项目。应计项目包括应计、递延、摊销和估计等项目（Sloan，1996）。如果企业运用衍生工具成功对冲了风险，企业的现金流一般会更稳定，因此现金流的波动性主要反映了衍生工具的风险管理效果。与此同时，应计项目主要反映会计计量政策中的主观判断和估计，因此应计项目的波动性主要反映衍生工具的会计计量模式。然而，也有研究认为衍生工具并不一定会降低企业现金流波动（Hentschel & Kothari，2001；Guay & Kothari，2003；曹玉珊，2013）。

由于衍生工具具有风险管理属性，它会通过影响现金流波动性进而影响利润波动。同时，衍生工具受到会计处理、金融衍生市场流动性等影响（Brown，2001）。Bodnar et al.（1995）对 350 家美国非金融企业的衍生工具使用情况进行了调查，其中有 142 家公司在当年使用了衍生工具。这 142 家公司中，49% 的公司认为，使用衍生工具最重要的原因就是衍生工具可以帮助他们管理现金流的波动性。Ankita Srivastava（2015）指出，增长性越大、金融约束越小的公司更可能会应用衍生工具来减少现金流的波动，最终减少公司利润波动性。而较大的利润波动性会妨碍公司追求有增长价值的投资机会，这表明衍生工具应用与公司现金流波动存在密切关联。Teodora & Staskow（2014）的研究发现，应用衍生工具的公司通常有较高的利润和较平稳的收益波动，并且，使用套期保值的公司会更加积极地管理其持有的少量现金，也就是说，应用衍生工具进行套期保值是通过影响现金流来平滑收益的。黄世忠（2016）以 2007 ~ 2011 年间具有潜在风险敞口的 A 股非金融类上市公司为样本，研究企业使用衍生工具的动机和风险管理效果，结果表明：现金流波动性大的企业更倾向于使用衍生工具；非国有企业使用衍生工具后可以有效降低现金流波动性，而国有企业的使用效果不明显。刘井建（2021）以 2015 ~ 2018 年间我国沪深 A 股制造业上市公司为研究对象，运用 Heckman 两阶段回归模型进行的实证研究发现，公司使用金融衍生品降低了现金流波动风险；外汇衍生品和商品衍生品发挥了降低现金流波动风险的作用，而利率衍生品的效应不显著；金融衍生品加剧了特质风险，但对系统性风险无显著作用，并且对公司价值未产生显著影响。

当然，衍生工具使用降低利润波动性不全是公司风险管理的结果，其中存在管理层操控衍生工具公允价值计量，进行盈余管理的现象。按照我国相应的会计准则，衍生工具采用公允价值计量，由于管理层无法获取足够的信息对衍生工具价值准确计量，只能依据管理层有限的资源和自身经验判断或借助数学模型进行市值估算，故容易被管理层操纵（Nissim，2003；张奇峰，2011）进而达到平滑利润的目的。郭飞（2017）以 756 家国有上市公司 2012 - 2015 年的年度数据为研究对象，实证检验了衍生工具使用对利润波动性的影响，研究结果表明衍生工具使用显著降低利润波动性，研究还发现新会计准则的实施对实证结果有重要影响，认为进一步完善衍生工具公允价值的计量和信息披露十分重要。

2. 对股价的影响

Hentschel & Kothari（2001）研究了从 1991～1993 年 425 家美国大型非金融公司的风险特征。结果显示，即使对于拥有大量衍生品头寸的公司来说，衍生品使用与股票回报波动之间也没有显著的关系。国内学者们认为越来越多的上市公司开始使用衍生金融工具进行风险管理，将衍生品的使用情况作为公司套利风险的重要组成部分，这引起了投资者的广泛关注。然而，当上市公司使用衍生金融工具时，市场上的投资者就会认为该公司的投机风险较大，从而放弃投资，进而抑制股票收益的增加。杜健等（2020）以 2008～2017 年我国 A 股上市公司为研究对象，探究了投资者情绪、衍生金融工具与股票收益的关系。结果显示，投资者情绪的高低与股票收益正相关，而企业使用衍生品会显著降低高涨的投资者情绪对股票收益的提升作用，即企业使用衍生金融工具对二者的关系具有调节作用。

王晓珂（2018）以 2007～2014 年具有潜在风险敞口的 A 股非金融类上市公司为样本，采用倾向得分匹配法控制衍生工具应用的自选择行为，发现应用衍生工具的企业特质信息含量减少，股价同步性上升。该研究还发现，衍生工具应用对股价同步性的影响在公司治理水平较低的上市公司中表现较为明显，管理层应用衍生工具可能进行投机和盈余管理，从而降低了上市公司的信息透明度，使得股价同步性上升。较高的股价同步性意味着关于公司的特质信息在决定股价波动的信息当中占比较低，不能将公司基本面的情况通过资本市场进行有效反映和传递，表明市场价格发现和资源配置功能较弱。

衍生金融工具的经济复杂性增加了金融机构的不透明度（Wagner，2007；Dewally & Shao，2013），给管理者操纵公司利润留下了空间（郭飞等，2017）。由此，管理者可以借助衍生金融工具的应用隐瞒公司坏消息。但是坏消息不能永久被隐瞒下去，当达到极限而无法继续被隐瞒时，囤积的坏消息会在一时之间全部涌向市场，引发投资者集中抛售股票的行为，最终导致股价崩盘（Jin & Myers，2006）。冯晓晴（2019）以 2007～2016 年我国金融业上市公司为样本，检验衍生金融工具的应用对股价崩盘风险的影响。研究发现，使用衍生金融工具的金融机构有更高的股价崩盘风险。该结论在控制了潜在的内生性问题后依然成立，表明衍生金融工具的公允价值估值给管理者隐瞒公司坏消息提供了可乘之机，导致股价崩盘风险增加。研究还发现，对衍生金融工具采用套期会计处理方法与股价崩盘风险显著负相关。这表明套期会计处理方法使管理者难以通过操纵衍生金融工具公允价值估值来隐瞒投资亏损等坏消息，从而降低了开展衍生金融工具交易的公司股价崩盘的风险。

通过梳理国内外学者对于企业利用衍生工具的研究文献可以发现，学界一般都是从风险管理的角度出发，探究公司运用金融衍生工具的各种动机，进而对其产生的价值、风险效应和盈余质量进行检验。其中，企业价值大都是用托宾 Q 或经行业调整后的托宾 Q 衡量。综合多位学者的研究，我们发现，无论是在动机方面，还是在价值效应或风险效应方面，研究结果都是参差不齐的，不存在完全一致的结论。也就是说，现有的文献大多止步于对现象的实证研究，而少有对现象背后的原因进行挖掘及应用。因此，本文尝试从衍生工具的使用对企业财务指标波动的影响入手，分析套期保值对套保公司股价表现的影响，以填补现有文献在对现象背后原因探究及应用方面的不足。

（四）文献评述

回顾以往的文献，国内学者对套期保值的最早期研究主要集中于探讨在放松 MM 理论完美市场假设的前提下，分析企业进行套期保值的动因。由于我国于2006年首次要求以公允价值披露套期保值行为，大多数研究以2006年为时间窗口，探讨新套期会计准则颁布前后上市公司的会计信息质量是否得到提升。通过阅读大量文献，我们发现国内外的文献主要关注衍生品的使用对公司价值及利润波动性的影响以及套期保值对业绩的提升作用等现象，且得出的结论并不一致。此外，较少有关于上市公司利用衍生品套期保值对股票超额收益影响的研究。

从文献的角度而言，本文的可能贡献在于：

（1）数据样本的全面性。过往关于我国上市公司套期保值的研究大多依赖于有数据可查的年报数据。考虑到衍生品使用相关信息披露的特殊性，这类数据在反映上市公司套期保值业务开展情况上不够完整；部分研究采用爬虫、文本识别等办法抓取数据，但是这类方法容易误判，不够准确。

（2）对套保效果的多维度评价。对于套期保值效果，不仅在财务指标上进行分组比较，还通过套期保值指数的构建寻找套期保值提升公司股价市场表现的证据。

（3）引入套期保值因子，构建了套期保值公司的股价指数，直观展示上市公司套期保值的效果。

三、上市公司套期保值供求背景

（一）价格持续震荡，需求日益增加

1. 汇率

2023年，人民币汇率总体呈先上涨后贬值趋势（见图1－1）。人民币对美元汇率中间价由2022年底的6.965贬值至2023年12月29日的7.083，贬值幅度为1.69%，全年最高于2月2日升值至6.713，全年最低于6月30日贬值至7.226，最大跌幅为7.64%。

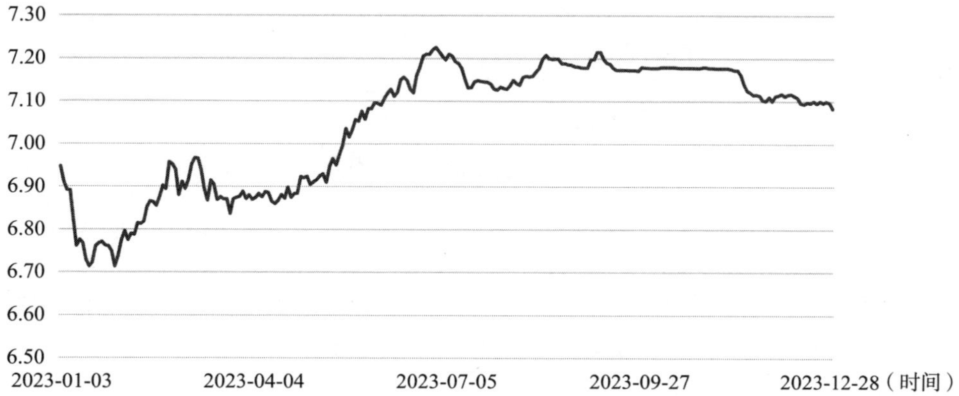

图1－1　2023年人民币对美元中间价走势

数据来源：www.chinamoney.com.cn.

2. 利率

2023年银行间货币市场利率反复调整，且波幅较大。1月5日利率下调至年最低点

1. 38%，随后资金趋于紧张，1 ~4 月利率上行，于 2 月 28 日达到 2. 67% 的最高值。4 月末至 8 月资金利率中枢转为下行，第四季度略有回升，于 10 月 20 日达到 2. 50% 的高点，而后在 2. 00% 附近波动，并在 11 月初与 12 月初出现两次下行，在 12 月 29 日大幅回升至 2. 30%（见图 1 –2）。

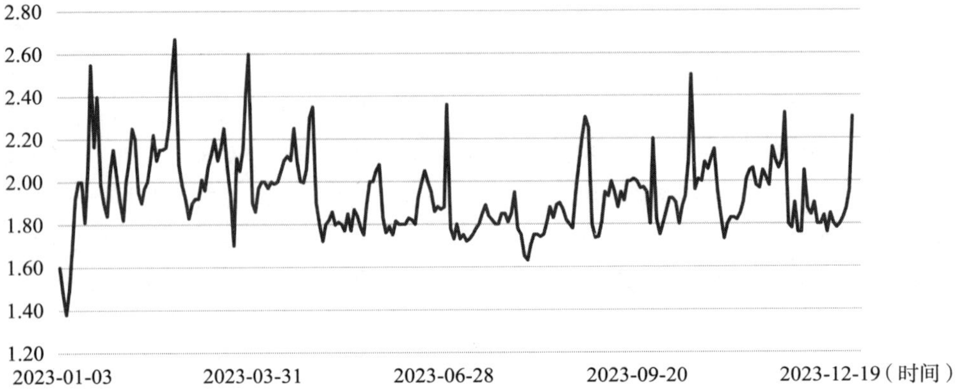

图 1 –2　银行间回购定盘利率（FDR007）

数据来源：www. chinamoney. com. cn.

2023 年债券市场窄幅波动，整体呈下降趋势（见图 1 –3）。1 月，经济强修复预期叠加资金收敛，10 年期国债收益率小幅波动上行，于 1 月 28 日达到全年最高点。2 ~8 月持续下行，8 月 22 日低至 2. 55%，9 月后资金利率略有回升，10 月末开始又有短期下跌，11 月初虽略有回升，但直至 12 月末整体仍呈下降趋势，于 12 月 28 日达到 2. 55% 的全年最低点。

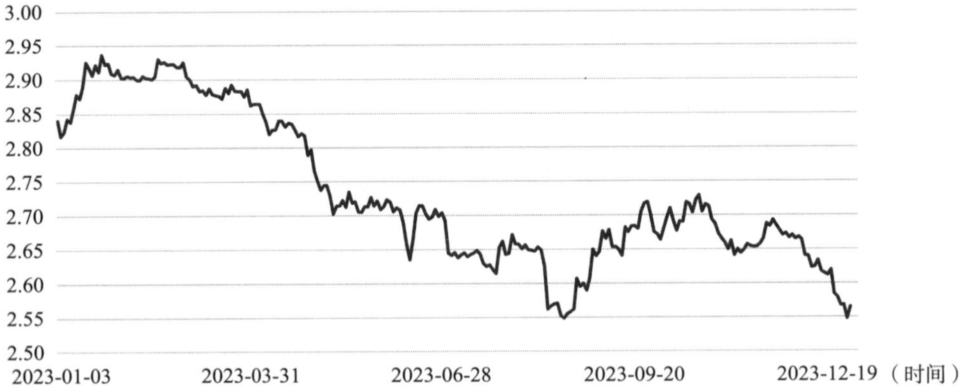

图 1 –3　10 年期国债收益率

数据来源：www. chinamoney. com. cn.

贷款利率方面，2023 年 LPR 一共有两次下调（见图 1 –4），其中一次 1 年期 LPR 和 5 年期以上 LPR 同时调降，另一次则单独下调了 1 年期 LPR。6 月，1 年期 LPR 下调至 3. 55%，5 年期以上 LPR 下调至 4. 20%。8 月，1 年期 LPR 进一步下调至 3. 45%。

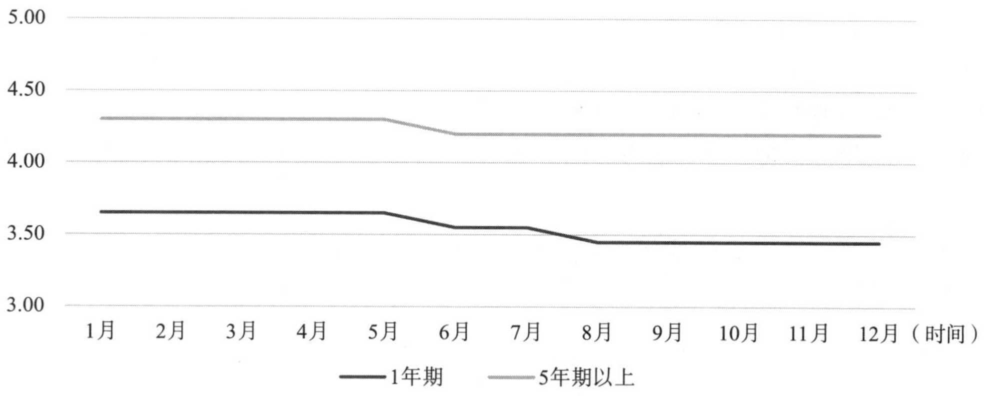

图 1 – 4　贷款市场报价利率（LPR）

数据来源：www. chinamoney. com. cn.

3. 大宗商品

2023 年，大宗商品价格整体上在前几年形成的高位上震荡盘整。中证商品指数公司编制的中证商品期货指数（100001. CCI）显示，如阴影部分所示，2023 年，国内大宗商品期货价格 6 月份之前整体上震荡下行，6 月开始整体呈震荡上行的趋势（见图 1 – 5）。年度最高为 1951 点，年度最低为 1649 点，振幅①达 16. 8%。

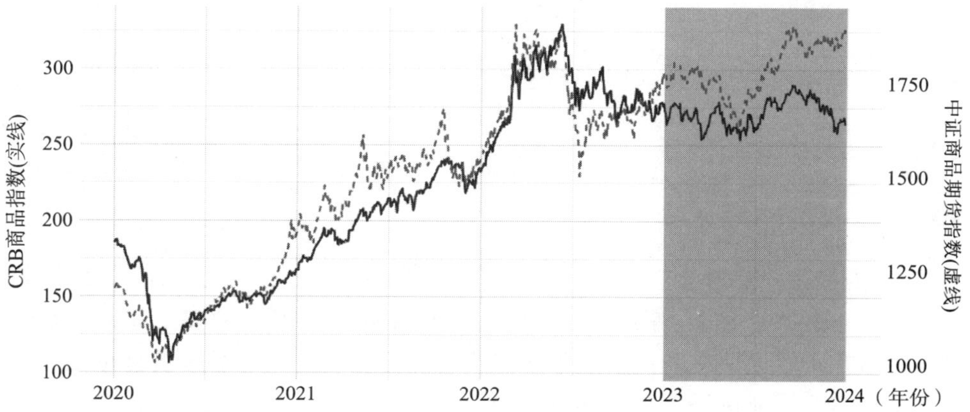

图 1 – 5　CRB 商品指数和中证商品期货指数走势

数据来源：Wind 资讯。

（二）工具持续推出，供给不断丰富

受气候变化、美联储货币政策变化、俄乌冲突、巴以冲突等多重因素冲击，我国经济下行压力和金融市场扰动加大。由于各类突发事件和异常行情等不确定性因素引发供需错配，相关基础资产市场价格波动剧烈，给众多实体企业造成不小的经营压力，企业通过期货市场规避价格风险的潜在需求日益增长。随着《期货和衍生品法》的出台，运用衍生工具进行风险管理活动有了法律上的支持，企业通过套期保值对冲风险的需求将不断释放。在这一背

① 振幅按（期间最高价 – 期间最低价）/期初价 * 100% 计算。

景下，2023 年，国内期货市场持续发展，以更好地满足企业套期保值的需求。

1. 期货市场（场内市场）

2023 年之前我国已上市了 84 个期货品种和 26 个期权品种，2022 年《期货和衍生品法》颁布实施一周年来，期货期权市场品种加速扩容，2023 年新上市 7 个期货品种和 14 个期权品种（见表 1－1）。

表 1－1　2023 年国内期货和衍生品市场上市的套保工具

交易所	品种	上市时间
郑商所	短纤期权	2023－10－20
郑商所	纯碱期权	2023－10－20
郑商所	锰硅期权	2023－10－20
郑商所	硅铁期权	2023－10－20
郑商所	尿素期权	2023－10－20
郑商所	苹果期权	2023－10－20
郑商所	烧碱期货、烧碱期权	2023－09－15
郑商所	对二甲苯期货、对二甲苯期权	2023－09－15
上期所	集运指数（欧线）期货	2023－08－18
上期所	合成橡胶期货、合成橡胶期权	2023－07－28
广期所	碳酸锂期权	2023－07－24
广期所	碳酸锂期货	2023－07－21
上期所	氧化铝期货	2023－06－19
上交所	易方达科创 50ETF 期权	2023－06－05
上交所	华夏科创 50ETF 期权	2023－06－05
大商所	乙二醇期权	2023－05－15
大商所	苯乙烯期权	2023－05－15
中金所	30 年期国债期货	2023－04－21

资料来源：根据各交易所公告整理。

截至 2023 年年底，我国上市期货、期权品种已经达到 131 个，其中，商品期货 70 个、航运期货 1 个、金融期货 8 个、商品期权 40 个、金融期权 12 个；主要产品的完整性得到了进一步提高，填补了我国期货及衍生品市场多个领域的空白，对于服务期货市场供给侧结构性改革，及支持实体企业更好地利用期货市场管理风险具有现实意义。

2. 外汇市场

由于汇率双向波动显著，国内外企业规避汇率风险的需求持续增加。面对汇率波动风险，越来越多的上市公司加入套保行列。根据避险网的统计，2023 年发布套期保值相关公告的 1311 家实体行业 A 股上市公司中，提及汇率套保的有 1093 家，较 2022 年全年增加了 158 家，增幅达 16.9%。2023 年，虽然银行间人民币外汇市场没有推出新的套保工具，但相关业务不断丰富、相关交易功能不断提升，比如中国外汇交易中心于 2023 年 7 月 17 日起在银行间外汇市场即期询价交易模式下推出协商交易功能，于 2023 年 12 月 18 日起在人民币外汇期权市场推出点击成交业务。

继 2022 年编发《企业汇率风险管理指引》，国家外汇管理于 2023 年 7 月 31 日又发布了《汇率风险情景与外汇衍生产品运用案例集》，公示了 21 个相关案例供相关企业参考借鉴。

2023 年 11 月 8 日，国家外汇管理局国际收支司发布专栏文章《加强外汇市场管理 推动外汇市场高质量发展》。其中提到我国外汇市场产品日益丰富，已具备即期、远期、掉期、期权等国际成熟产品体系；“下一步，……完善企业汇率风险管理服务，提升服务实体经济质效。持续引导企业提升汇率风险中性理念，加大外汇政策供给，推动银行建立健全服务企业汇率风险管理长效机制，强化对中小微企业的支持，多方合作降低企业外汇套保成本，助力实体经济高质量发展。”

2023 年 12 月 8 日，国家外汇管理局发布了《关于进一步深化改革 促进跨境贸易投资便利化的通知》，其中明确提到“进一步丰富跨境投融资产品和汇率风险管理产品，优化业务流程……”。

3. 利率市场

2022 年 7 月“内地与香港利率互换市场互联互通合作”（以下简称互换通）宣布启动建设，2023 年 4 月 28 日，《内地与香港利率互换市场互联互通合作管理暂行办法》正式落地，对“互换通”机制、渠道、结算清算模式、参与额度等相关安排予以明确。2023 年 5 月 15 日，“北向互换通”正式上线，这是我国金融市场对外开放进程中的重要一步，为境外机构投资者提供了更为便利的利率风险管理渠道，丰富了境外机构投资者对冲利率风险的工具箱，有助于吸引更多境外机构投资者参与我国债券市场。

四、上市公司套期保值参与状况概览

（一）套期保值的上市公司数量快速增长

为直观地呈现实体行业中国 A 股上市公司套期保值实践情况，避险网[①]开发了衍联中国企业套期保值指数。从指数走势上看（见图 1－6），2009 年以来，发布套期保值相关公告的中国 A 股上市公司数量呈现出了明显的增长趋势。这与中国经济发展阶段的变化、中国期货市场不断发展成熟、套期保值理念在社会上的传播等因素密不可分。

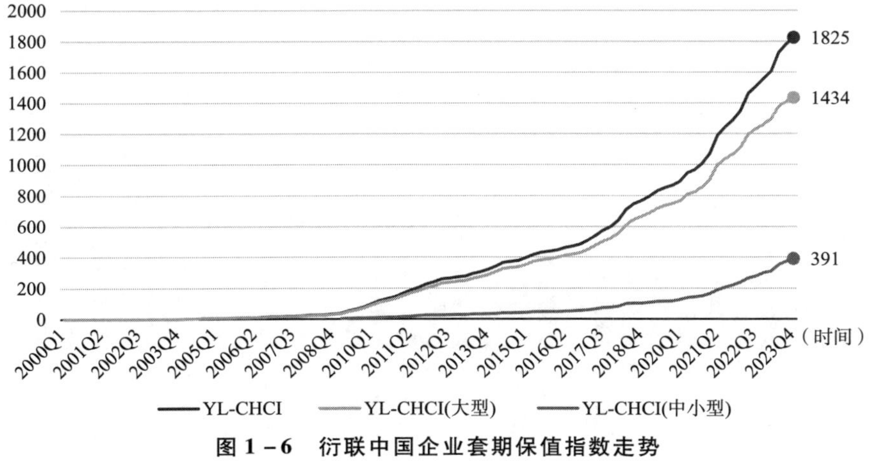

图 1－6　衍联中国企业套期保值指数走势

数据来源：避险网根据上市公司公告整理统计。

① d－union. net。

衍联中国企业套期保值指数显示，2001～2023 年，累计共有 1825 家实体行业 A 股上市公司发布过套期保值相关公告。其中，大型企业 1434 家，中小型企业 391 家。

从每年增长趋势上看，发布套保相关公告的实体行业 A 股上市公司由十年前（2014 年）的 187 家增长到了 2023 年的 1311 家，增幅高达 601.1%（见图 1－7）。其中中小型企业占比由 2014 年的 9.6% 提高到了 2023 年的 20.4%。

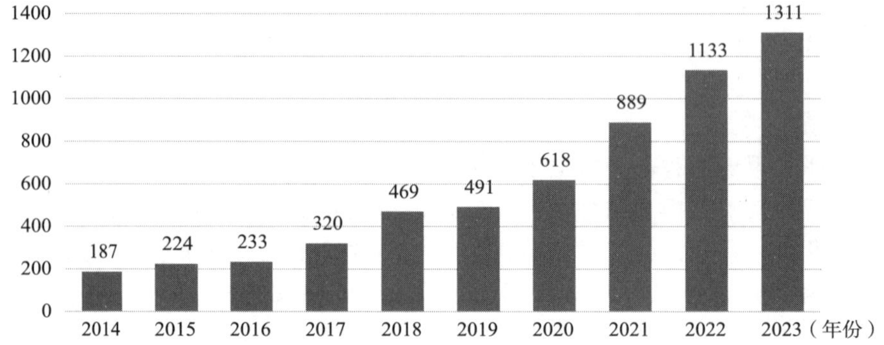

图 1－7 2014 年以来发布套保相关公告的实体行业 A 股上市公司家数

数据来源：避险网根据上市公司公告整理统计。

（二）上市公司套期保值参与率不断提升

A 股上市公司套期保值的发展，不仅体现在参与套期保值的上市公司数量的上涨增长上，还体现在上市公司套期保值参与率的显著提升上。本文用参与套期保值的实体行业 A 股上市公司的数量在实体行业 A 股上市公司的总数中的占比来度量上市公司套期保值参与率。避险网数据显示，A 股上市公司套期保值参与率由 2014 年的 8.79% 提高到了 2023 年的 25.18%，其中大型企业的套期保值参与度由 2014 年的 10.08% 提高到了 2023 年的 28.80%，中小微型企业的套期保值参与度由 2014 年的 3.61% 提高到了 2023 年的 16.91%（见图 1－8）。

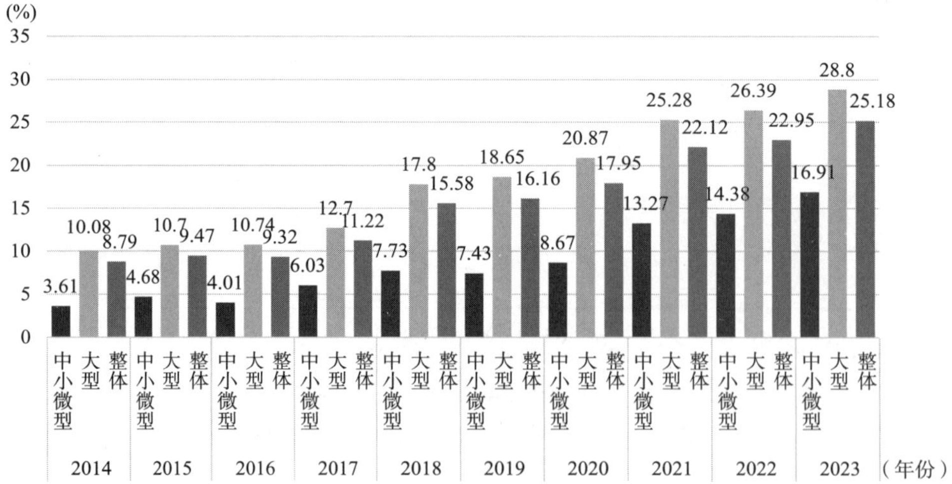

图 1－8 2014 年以来实体行业 A 股上市公司套期保值参与率

数据来源：避险网根据上市公司公告整理统计。

考虑到套期保值活动经常跨越会计年度，有些公司可能去年公告了今年参与套期保值而今年没有再次发布公告。为避免由此带来的统计偏差，我们采用了2022年和2023年这两个最新的、完整的会计年度，在这两个会计年度内披露套期保值相关信息的公司都被纳入统计，来反映当前我国A股上市公司的套期保值参与状况。

按照这样的统计口径，我国非金融A股上市公司整体上的套期保值参与率为28.81%，其中大型企业、中型企业及小微型企业群体的套期保值参与率分别为32.88%、21.44%和4.42%。

参与套期保值的非金融类A股上市公司中提及外汇风险对冲的有1256家，占全部非金融类A股上市公司总数的24.12%（套保参与率）；提及利率风险对冲的有602家，相应的套保参与率11.56%；提及商品价格风险对冲的有535家，相应的套保参与率为10.27%。具体统计结果如表1-2所示。

表1-2　　我国非金融类A股上市公司套期保值参与率（2022~2023年度）

统计项目	总数	风险类型			公司规模		
		外汇	利率	商品	大型	中型	小微型
公司家数*	5207	-	-	-	3622	1404	181
参与家数**	1500	1256	602	535	1191	301	8
参与度（%）***	28.81	24.12	11.56	10.27	32.88	21.44	4.42

数据来源：根据避险网、Wind数据整理。

* 上市公司家数为2023年年底数值。

** 参与衍生品市场的上市公司家数为2022和2023两年内公告参与套保的非金融类A股上市公司的数量。

*** 不同风险类型上套期保值公司是指公告中有相应披露信息的，相应套期保值参与率是参与家数与上市公司总数量的比值。

Bartram（2019）基于2000~2001年数据统计的上市公司套期保值参与率的部分结果如表1-3所示。该项研究显示，2000~2001年美国的套期保值参与率就已高达65.1%，全球样本的平均套期保值参与率也超过了60%，当时我国上市公司的套期保值参与率仅为12.5%。时至今日，我国上市公司套期保值参与率虽然有了显著提高，但即使与其他主要经济体二十多年前的数值相比，也有相当大的差距。

表1-3　　Bartram（2019）基于2000~2001年数据统计的上市公司套期保值参与率（%）

样本	占比	外汇	利率	商品
中国	12.5	6.3	3.1	3.1
美国	65.1	37.8	40.4	16.1
OECD	64.4	47.5	37.3	11.1
Non-OECD	39.8	34.8	10.8	3.0
全样本	60.5	45.5	33.1	9.8

数据来源：Bartram（2019）。

著名的《米尔肯报告》[①] 中的数据显示，美国标普 500 股票指数 416 家非金融类成份股公司套保参与率大约在 87% ~89%。2023 年年底，中证 800 股票指数成份股公司中有 709 家非金融类公司，其中 2022 年以来发布套保相关公告的有 306 家。据此计算，中证 800 股票指数成份股公司的套保参与率为 43.16%，距离标普 500 近 90% 的套保参与率还有不小的距离。

（三）套期保值的上市公司实现行业全覆盖

参与套期保值的实体行业 A 股上市公司行业覆盖快速延展，由 2006 年、2007 年 5 个行业的覆盖面，扩展到 2018 年以来对 29 个非金融类实体行业[②]的稳定的全覆盖（见图 1 -9）。

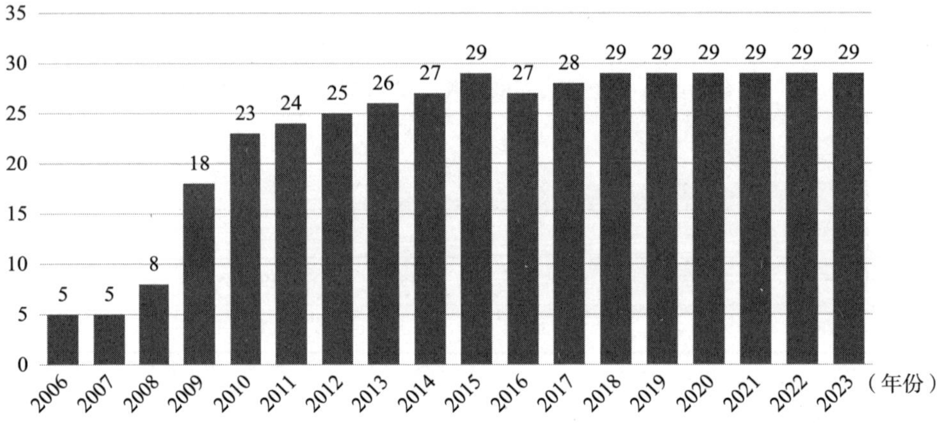

图 1 -9 2001 年以来参与套期保值的实体行业 A 股上市公司所覆盖行业的个数

数据来源：避险网根据上市公司公告整理统计。

五、上市公司套期保值评级

（一）衍联中国上市公司套期保值评级简介

避险网从上市公司套期保值实践的持续性、成熟度、主营业务的稳定性及成长性等维度，每一会计年度对上市公司套期保值实践进行评价，共分为 3 个类别 9 个级别。

2022 会计年度共有 1612 家非金融类 A 股上市公司进入评级，各评级分类对应的家数如表 1 -4 所示。

① Apanard, P., Savard, K., Wickramarachi, H. Deriving the Economic Impact of Derivatives: Growth Through Risk Management [R]. Milken Institute, 2014.

② 本报告中采用了申万行业分类，2021 版申万行业分类共有 31 个一级行业，扣除银行和非银金融两个金融类行业，实体行业共有 29 个。

表 1-4 衍联中国上市公司套期保值评级分类方法及 2022 年评级分布

评级分类	百分比（%）	级别	2022 年评级家数
A（25%）	5	AAA	81
	8	AA	129
	12	A	193
B（50%）	15	BBB	242
	20	BB	322
	15	B	242
C（25%）	12	CCC	193
	8	CC	129
	5	C	81

（二）衍联中国上市公司套期保值评级排行榜（2022 年）

1. 前一百榜单

Top100 榜单中 AAA 级 81 家，AA 级 19 家。从行业分布上看，共有 19 个行业的上市公司上榜。有色金属、电子两个行业位居前二，上榜公司数量均超过两位数；家用电器、交通运输这两个行业并列第三，上榜公司数量均为 9 家；而钢铁、国防军工、房地产、环保、建筑材料、煤炭、美容护理、社会服务、食品饮料、综合这十个行业暂无企业上榜。

与 2021 年榜单比较显示，Top100 榜单整体上相对稳定。2021 年主榜单前 100 家中有 81 家留在了 2022 年 Top100 榜单中。

2. 行业前三甲榜单

各行业 Top3 上榜企业如表 1-5 所示。与 2021 年行业前三甲榜单比较表明，行业前三甲排名也相对稳定，特别是房地产、钢铁、环保、建筑材料、煤炭、美容护理、农林牧渔、轻工制造、商贸零售、有色金属这十个行业，前三甲企业这两年没有变化。

表 1-5 2022 年衍联中国上市公司套期保值评级排行榜（各行业 Top3）

行业	代码	简称	评级	行业	代码	简称	评级
交通运输	002183. SZ	怡亚通	AAA	煤炭	600188. SH	兖矿能源	BBB
	600057. SH	厦门象屿	AAA		000723. SZ	美锦能源	BBB
	000906. SZ	浙商中拓	AAA		601088. SH	中国神华	BB
传媒	002131. SZ	利欧股份	AA	环保	002573. SZ	清新环境	BBB
	300043. SZ	星辉娱乐	A		002266. SZ	浙富控股	BBB
	002555. SZ	三七互娱	A		000967. SZ	盈峰环境	BBB
公用事业	600803. SH	新奥股份	AAA	电力设备	000049. SZ	德赛电池	AAA
	601016. SH	节能风电	AA		300037. SZ	新宙邦	AAA
	002617. SZ	露笑科技	AA		600580. SH	卧龙电驱	AAA

续表

行业	代码	简称	评级	行业	代码	简称	评级
农林牧渔	002311. SZ	海大集团	AAA	电子	600584. SH	长电科技	AAA
	002567. SZ	唐人神	AAA		601231. SH	环旭电子	AAA
	601118. SH	海南橡胶	AA		000021. SZ	深科技	AAA
医药生物	600380. SH	健康元	AAA	石油石化	000703. SZ	恒逸石化	AA
	002019. SZ	亿帆医药	AA		601233. SH	桐昆股份	AA
	002399. SZ	海普瑞	AA		002221. SZ	东华能源	AA
商贸零售	002091. SZ	江苏国泰	AAA	社会服务	002707. SZ	众信旅游	BB
	600655. SH	豫园股份	AAA		002621. SZ	美吉姆	BB
	000151. SZ	中成股份	A		600754. SH	锦江酒店	B
国防军工	300589. SZ	江龙船艇	A	纺织服饰	600630. SH	龙头股份	AAA
	300252. SZ	金信诺	A		002345. SZ	潮宏基	AAA
	601989. SH	中国重工	BBB		000726. SZ	鲁泰 A	AAA
基础化工	600096. SH	云天化	AAA	综合	000632. SZ	三木集团	A
	002206. SZ	海利得	AAA		002213. SZ	大为股份	BB
	600500. SH	中化国际	AAA		000652. SZ	泰达股份	B
家用电器	000801. SZ	四川九洲	AAA	美容护理	300658. SZ	延江股份	BBB
	000921. SZ	海信家电	AAA		002511. SZ	中顺洁柔	BBB
	002050. SZ	三花智控	AAA		300856. SZ	科思股份	BBB
建筑材料	600176. SH	中国巨石	AA	计算机	002152. SZ	广电运通	AAA
	002457. SZ	青龙管业	AA		002649. SZ	博彦科技	AAA
	002641. SZ	公元股份	A		002415. SZ	海康威视	AAA
建筑装饰	600970. SH	中材国际	AAA	轻工制造	002615. SZ	哈尔斯	AAA
	601669. SH	中国电建	AAA		002678. SZ	珠江钢琴	AAA
	601618. SH	中国中冶	AA		002084. SZ	海鸥住工	AAA
房地产	000002. SZ	万科 A	AA	通信	000063. SZ	中兴通讯	AAA
	600048. SH	保利发展	AA		600522. SH	中天科技	AAA
	002377. SZ	国创高新	AA		600487. SH	亨通光电	AA
有色金属	000630. SZ	铜陵有色	AAA	钢铁	000825. SZ	太钢不锈	AA
	000960. SZ	锡业股份	AAA		000898. SZ	鞍钢股份	AA
	600362. SH	江西铜业	AAA		000717. SZ	中南股份	AA
机械设备	002026. SZ	山东威达	AAA	食品饮料	000895. SZ	双汇发展	A
	000039. SZ	中集集团	AAA		600073. SH	上海梅林	A
	002353. SZ	杰瑞股份	AA		600597. SH	光明乳业	BBB
汽车	002085. SZ	万丰奥威	AAA				
	002105. SZ	信隆健康	AAA				
	002488. SZ	金固股份	AAA				

3. 新锐榜单前十名

衍联中国上市公司套期保值新锐排行榜上榜企业如表 1 – 6 所示。与 2021 年新锐榜单 Top10 的比较显示，加入到套期保值阵营中的新生力量不断涌现。2022 年上榜公司中有 7 家 2019 年上市，3 家 2020 年上市；2021 年上榜公司中只有 3 家是 2019 年及之后上市的。除锦浪科技外，其他 9 家均为新上榜公司。期待今后有更多的新上市公司加入套保阵营，以衍生品套保护航企业高质量发展，助力企业行稳致远。

表 1 – 6　　2022 年衍联中国上市公司套期保值评级排行榜（新锐 Top10）

排名	代码	简称	所属行业	IPO 日期
1	603109. SH	神驰机电	汽车	2019 – 12 – 31
2	300763. SZ	锦浪科技	电力设备	2019 – 03 – 19
3	002952. SZ	亚世光电	电子	2019 – 03 – 28
4	688981. SH	中芯国际	电子	2020 – 07 – 16
5	002950. SZ	奥美医疗	医药生物	2019 – 03 – 11
6	605088. SH	冠盛股份	汽车	2020 – 08 – 17
7	688036. SH	传音控股	电子	2019 – 09 – 30
8	300759. SZ	康龙化成	医药生物	2019 – 01 – 28
9	605366. SH	宏柏新材	基础化工	2020 – 08 – 12
10	300771. SZ	智莱科技	计算机	2019 – 04 – 22

六、上市公司套期保值效果评价：财务表现

（一）套期保值公司与非套期保值公司的比较

本小节，我们通过分组比较的方法揭示套期保值是否能够给公司带来财务上的改善。我们从实体行业 A 股上市公司中剔除 2017 ~ 2022 年间曾有 ST 等异常状态的公司，将样本企业分成 H、N 两个组别，其中 H 组是套保公司组，N 组是非套保公司组，组别界定如表 1 – 7 所示。

表 1 – 7　　上市公司分组说明

组别	组别定义
H	套保公司：2017 ~ 2022 年间曾在公告或年报中披露套期保值相关信息的公司
N	非套保公司：2017 ~ 2022 年间公告或年报中没有披露套期保值相关信息的公司

理论上，套期保值可以提高公司的价值，也有大量文献指出套期保值可以增加现金流的稳定性，降低企业陷入财务困境的可能性，使得企业可以将资金更多地用于业务发展从而降低企业保有的现金水平；套期保值也提高了企业的举债能力，从而使企业可以提高资产负债率；套期保值对冲掉了很多风险因素的干扰，使企业可以更加聚焦主业，促进主营业务的发展。下面的比较中，主要用了六个指标：采用 ROA 和 ROE 两个指标来衡量公司价值，采用

杠杆系数①来衡量资产负债率，采用现金比率②来衡量现金水平，采用销售净利率和销售毛利率来表征主营业务情况。从理论上讲，相对于没有进行套期保值的公司组别，进行套期保值的公司组别在销售净利率、销售毛利率、ROA、ROE、杠杆系数的数据均值上应该更高，而在现金比率的均值上应该更低。考虑到套期保值有助于业务及财务上的稳定性，套保公司组相对于非套保公司组在财务指标的变异系数（标准差/均值）上应该更低。

1. 整体比较

我们在比较中使用 2017～2022 年实体行业 A 股上市公司的年度财务数据。考虑到受行业、公司等多方因素影响，数据中可能会有异常值，我们采用 Tukey's Test 方法检测并去除了数据中的异常值，然后计算了各组别上市公司每个财务指标的均值。

对两组上市公司年度财务数据的分析表明，套保公司组（H 组）在 ROA、ROE、杠杆系数上均显著高于非套保公司组（N 组）；在现金比率上，套保公司组也显著低于非套保公司组。在这 4 个指标上，套保公司组均优于非套保公司组。在 ROA 指标上，套保公司组的变异系数显著优于非套保公司组，这意味着参与套保的公司的 ROA 具有更强的稳定性。

2. 行业层面的比较

整体进行分组统计比较之后，我们也按行业进行了更细的分组统计。其中，是否剔除异常值在结论上没有太大的差别，篇幅所限，这里只按照剔除异常值之后的统计结果进行分析。

（1）财务指标均值分组比较。

首先，从 6 个指标均值上看，ROE、ROA、现金比率、杠杆系数这 4 个指标上，套保公司相对于非套保公司胜出所在行业的数量较多，超过了全部 29 个实体类行业的半数。

其次，从行业上看，房地产和电子两个行业的套保公司在全部 6 个指标中的 5 个指标的均值上都胜出了非套保公司，农林牧渔、有色金属、石油石化、基础化工、轻工制造等 17 个行业在 5 个指标上相对于非套保公司胜出，交通运输、环保等 4 个行业在 3 个指标上胜出，国防军工、钢铁等 6 个行业在 2 个指标上胜出。

（2）财务指标变异系数分组比较。

首先，从 6 个指标变异系数上看，ROA、现金比率、净利率 3 个指标上套保公司胜出的行业相对多一些，其中 ROA 上套保公司胜出的有 15 个行业，超过行业总数的一半。

其次，从行业上看，传媒行业的套保公司在全部 6 个指标的变异系数上均胜出非套保公司。

最后，房地产、医药生物两个行业的套保公司在 5 个指标的变异系数上胜出，社会服务、家用电器的套保公司在 4 个指标的变异系数上胜出，钢铁、基础化工等 9 个行业的套保公司在 3 个指标的变异系数上胜出，交通运输、石油石化等 7 个行业在 2 个指标的变异系数上胜出，有色金属、通信等 4 个行业在 1 个指标的变异系数上胜出。

（二）长期套期保值公司与短期套期保值公司的比较

考虑到套期保值的效果往往要经过一段时间才能显现出来，我们将套保公司组（H）分

① 杠杆系数 = 总资产/净资产。

② 现金比率 =（货币资金 + 交易性金融资产 + 应收票据）/流动负债合计。

成了两个子组：H1 组是 5 年中有 1 ~2 年套保的，H2 组是 5 年中有 3 ~5 年套保的。我们分行业对这两个子组进行了统计对比分析。

1. 整体比较

比较 2017 ~2022 年 H1 和 H2 在几个关键财务指标上的表现，结果显示，套期保值持续年份更长的公司（H2 组），相对于开展套期保值业务年限短的公司（H1 组），在 4 个指标上都有更好的表现。其中，ROA、ROE 两个指标上的差异具有非常强的统计显著性，杠杆系数上的差异也比较显著，只有现金比率上的显著性稍弱一些。我们将这种套期保值持续时间长的公司有更好表现的现象称为套期保值的“时间加强效应”。

短期套保公司组和长期套保公司组在 4 个指标变异系数上的统计结果显示，在 ROA、ROE 以及现金比率指标上，套保公司组优于非套保公司组，在前两个指标上非常显著，具有很强的时间加强效应。

2. 行业层面的比较

（1）指标均值上的分组比较。

首先，从 6 个指标的均值上看，除社会服务行业外，共有 28 个实体行业的套保公司出现了 H1 和 H2 的子组划分。ROE、ROA、杠杆系数、现金比率 4 个指标的均值上都有过半数的行业呈现出了套期保值的“时间加强效应”。

其次，从行业上看，医药生物、钢铁、基础化工、石油化工等 10 个行业在过半数的财务指标上呈现出了套期保值的“时间加强效应”。其中，医药生物行业的套保公司套期保值的“时间加强效应”最强，在全部 6 个指标上均有呈现。钢铁、汽车等 5 个行业在 5 个指标上表现出了套期保值的“时间加强效应”，基础化工、石油石化、食品饮料 3 个行业在 4 个指标上表现出了套期保值的“时间加强效应”。

最后，有色金属、农林牧渔、交通运输等 13 个行业在半数指标上均呈现出了套期保值的“时间加强效应”。整体看来，绝大多数行业在 6 个指标的半数及半数以上的指标上呈现了套期保值的“时间加强效应”，说明持续坚持套期保值效果更明显。

（2）指标变异系数上的分组比较。

首先，从 6 个指标变异系数上看，在现金比率、净利率、ROA 这 3 个指标的变异系数上，超半数的行业呈现出了套期保值的“时间加强效应”。在杠杆比率、毛利率两个指标上，14 个（也就是纳入比较的全部行业的一半）行业呈现出了套期保值的“时间加强效应”。只有 ROE 指标的变异系数上，呈现套期保值的“时间加强效应”的行业未及半数。

其次，从具体行业看，有色金属、计算机、建筑装饰、国防军工 4 个行业的套保公司在全部 6 个指标的变异系数上呈现出了套期保值的“时间加强效应”，基础化工、食品饮料等 4 个行业在 5 个指标上呈现出了“时间加强效应”，石油石化、机械设备等 4 个行业在 4 个指标上呈现出了“时间加强效应”，交通运输、医药生物等 7 个行业在 3 个指标上呈现出了“时间加强效应”，农林牧渔等 3 个行业在 2 个指标上呈现出了“时间加强效应”，钢铁、电力设备等 5 个行业在 1 个指标上呈现出了“时间加强效应”。整体上看，绝大多数的行业在半数及半数以上的指标的变异系数上呈现套期保值的“时间加强效应”。

七、上市公司套期保值效果评价：股价表现

（一）衍联中国 A 股套保指数及其市场表现

为了全面而真实地展示 A 股上市公司套保行为的市场反应，我们构建了两个指数：

首先，以 A 股上市公司中进行了套保操作的所有公司为样本，按照自由流通市值和避险网的套保评价为权重因子，构建“衍联中国 A 股套保综合指数”。

其次，以沪深 300 成份股为样本空间，按照原权重和避险网的套保评价为权重因子，构建“衍联中国沪深 300 套保增强指数”。

最后，以中证 800 成份股为样本空间，按照原权重和避险网的套保评价为权重因子，构建“衍联中国中证 800 套保增强指数”。

1. 衍联中国 A 股套保综合指数

（1）指数编制方案。

指数名称：衍联中国 A 股套保综合指数

指数简称：套保综合指数

英文名称：Hedge Composite Index

指数基日和基点：该指数以 2010 年 7 月 30 日为基日，以 1000 点为基点。

样本空间：A 股上市公司中，剔除如下股票：

①上市不满半年的股票；

②ST、*ST 等特殊处理的股票；

③暂停上市及长期停牌的股票。

选样方法：在样本空间中，衍联套保评级中近 5 年有避险操作的公司全部纳入指数。

指数计算公式为：

$$报告期指数=\frac{报告期样本股的加权总市值}{基日市值}\times 1000$$

指数样本调整：

定期调整：套保指数的固定调整实施时间为每年 5 月、9 月、11 月的第 1 个交易日。

临时调整：特殊情况下将对指数样本进行调整。当样本股暂停上市或退市时，将其从指数样本中剔除。样本股公司发生收购、合并、分拆、停牌等情形的处理，参照计算与维护细则处理。

指数权重计算规则如下：

步骤 1：自由流通市值加权分级靠档。

首先，计算成份的自由流通股市值占比，即成份指定日自由流通股市值占比 = 成份指定日自由流通股市值/全部成份指定日自由流通股市值的合计值 * 100%。

其次，根据表 1 - 8 基于成份自由流通股占比进行调整，调整后的占比值乘以成份的总股本就是用于计算权重后的调整自由流通股数据。

最后，成份权重 = 成份调整自由流通股市值/全部成份调整自由流通股市值合计值 * 100%。

表 1－8 自由流通股占比对应的加权比例

自由流通比例（%）	≤15	(15, 20)	(20, 30)	(30, 40)	(40, 50)	(50, 60)	(60, 70)	(70, 80)	>80
加权比例（%）	上调至最接近的整数值	20	30	40	50	60	70	80	100

步骤 2：套保评级因子调整。

为了凸显期货市场相关品种的特色，根据避险网套保评级，将样本股的套保评分进行归一处理后，作为乘数系数对步骤 1 的权重进行调整。

步骤 3：极端值调整。

为了避免指数样本股权重中偶尔出现的某些股票占比过大的情况，将权重占比超过 10% 的样本权重统一截尾为 10% 处理，得到调整后的权重为最终权重。

（2）指数历史表现。

截至 2023 年 12 月 29 日，衍联中国 A 股套保综合指数收盘点位为 2088. 42 点，与中证 800 指数投资历史净值比较如图 1－10 所示。

2010 年以来不同时间段上的投资绩效的统计如表 1－9 所示。具体地，指数累计涨幅为 108. 84%，年化收益为 5. 64%，夏普比率为 0. 24。从各个业绩评价指标上来看，均显著超越同期中证 800 指数表现。这印证了前文理论推导的结论，即长期来看，上市公司使用衍生品开展套期保值业务，为公司创造了价值，得到了股票二级市场投资者的认可。

2. 衍联中国沪深 300 套保增强指数

（1）指数编制方案。

指数名称：衍联中国沪深 300 套保增强指数

指数简称：沪深 300 套保增强指数

英文名称：CSI 300 Hedge Enhanced Index

指数编制：与上述编制过程相似，不再赘述。

（2）指数历史表现。

截至 2023 年 12 月 29 日，衍联中国沪深 300 套保增强指数收盘点位为 1756. 12 点，与沪深 300 指数投资历史净值比较见注：上市公司股份数据和相关指数，数据来自于 Wind 数据库，经避险网核对整理。

2010～2023 年中国沪深 300 套保增强指数的历史表现如图 1－11 所示。

2010 年以来不同时间段上的投资绩效的统计如表 1－10 所示。具体地，指数累计涨幅为 75. 61%，年化收益为 4. 28%，夏普比率为 0. 2。从各个业绩评价指标上来看，均显著超越同期沪深 300 指数的表现，并且每年的超额收益都比较稳定，显示出了良好的 Alpha 收益的特征。

3. 衍联中国中证 800 套保增强指数

（1）指数编制方案。

指数名称：衍联中国中证 800 套保增强指数

指数简称：中证 800 套保增强指数

图 1－10　衍联中国 A 股套保综合指数的历史表现

注：上市公司股价数据和相关指数数据来自于 Wind 数据库，经避险网核对整理。

表 1－9　　衍联中国 A 股套保综合指数历史表现的量化指标

最初交易日	2010/7/30	2010/7/30	2011/1/4	2012/1/4	2013/1/4	2014/1/2	2015/1/5	2016/1/4	2017/1/3	2018/1/2	2019/1/2	2020/1/2	2021/1/4	2022/1/4	2023/1/3
最后交易日	2023/12/29	2010/12/31	2011/12/30	2012/12/31	2013/12/31	2014/12/31	2015/12/31	2016/12/30	2017/12/29	2018/12/28	2019/12/31	2020/12/31	2021/12/31	2022/12/30	2023/12/29
套保综合指数：															
持有期收益率（%）	108.84	22.31	－35.99	1.20	4.91	38.72	35.65	－1.48	21.77	－31.43	39.93	33.30	11.72	－19.67	－5.61
年化收益率（复合,%）	5.64	61.17	－36.39	1.21	4.97	38.97	36.23	－1.49	22.10	－31.79	40.18	33.41	11.86	－19.92	－5.69
年化波动率（%）	23.56	31.27	24.97	22.75	21.41	17.60	41.18	25.75	12.96	22.95	20.67	23.76	17.72	21.99	13.13
最大回撤（%）	－48.33	－14.89	－38.16	－27.90	－17.84	－9.16	－44.09	－22.98	－7.38	－35.04	－16.32	－16.45	－12.98	－28.45	－16.81
夏普比率（Sharpe）	0.24	1.96	－1.46	0.05	0.23	2.21	0.88	－0.06	1.71	－1.38	1.94	1.41	0.67	－0.91	－0.43
中证 800 指数：															
持有期收益率（%）	21.41	11.28	－28.70	8.04	－2.06	48.47	11.85	－6.32	14.07	－28.37	35.39	23.95	－1.98	－21.03	－11.01
年化收益率（复合,%）	1.46	28.83	－29.03	8.11	－2.08	48.79	12.03	－6.39	14.28	－28.70	35.62	24.03	－2.00	－21.29	－11.15
年化波动率（%）	21.70	24.67	20.83	20.71	21.49	17.95	39.01	22.65	10.15	21.09	19.84	22.71	16.77	19.89	12.83
最大回撤（%）	－50.91	－13.85	－33.22	－23.60	－19.41	－9.49	－44.13	－21.19	－6.93	－32.61	－14.96	－15.52	－14.18	－26.77	－20.18
夏普比率（Sharpe）	0.07	1.17	－1.39	0.39	－0.10	2.72	0.31	－0.28	1.41	－1.36	1.79	1.06	－0.12	－1.07	－0.87

图 1-11　衍联中国沪深 300 套保增强指数的历史表现

注：上市公司股价数据和相关指数数据来自于 Wind 数据库，经避险网核对整理。

表 1－10　　衍联沪深 300 套保增强指数历史表现的量化指标

最初交易日	2010/7/30	2010/7/30	2011/1/4	2012/1/4	2013/1/4	2014/1/2	2015/1/5	2016/1/4	2017/1/3	2018/1/2	2019/1/2	2020/1/2	2021/1/4	2022/1/4	2023/1/3
最后交易日	2023/12/29	2010/12/31	2011/12/30	2012/12/31	2013/12/31	2014/12/31	2015/12/31	2016/12/30	2017/12/29	2018/12/28	2019/12/31	2020/12/31	2021/12/31	2022/12/30	2023/12/29
套保综合指数：															
持有期收益率（%）	75.61	9.80	-24.95	12.33	-7.18	50.39	8.05	-1.18	24.82	-25.79	43.63	28.67	2.85	-18.42	-10.74
年化收益率（复合,%）	4.28	24.80	-25.25	12.43	-7.26	50.73	8.16	-1.19	25.21	-26.10	43.92	28.76	2.88	-18.65	-10.88
年化波动率（%）	21.79	24.18	20.34	19.87	21.25	18.15	39.30	21.29	9.97	21.84	19.39	22.46	18.62	21.48	13.82
最大回撤（%）	-43.54	-13.48	-30.65	-20.68	-21.85	-10.13	-40.81	-19.63	-5.91	-31.19	-13.48	-16.54	-15.56	-26.29	-21.57
夏普比率（Sharpe）	0.20	1.03	-1.24	0.63	-0.34	2.80	0.21	-0.06	2.53	-1.20	2.27	1.28	0.15	-0.87	-0.79
沪深 300 指数：															
持有期收益率（%）	19.22	9.04	-26.46	9.75	-7.70	52.18	2.46	-4.58	20.60	-26.34	37.95	25.51	-6.21	-21.27	-11.75
年化收益率（复合,%）	1.32	22.77	-26.77	9.84	-7.78	52.54	2.49	-4.63	20.92	-26.66	38.20	25.58	-6.28	-21.53	-11.90
年化波动率（%）	21.61	24.77	20.27	20.05	21.91	18.98	38.76	20.76	9.96	21.07	19.52	22.42	18.29	20.12	13.30
最大回撤（%）	-46.70	-14.19	-31.64	-22.41	-22.16	-10.12	-43.48	-19.38	-6.07	-31.88	-13.49	-16.08	-18.19	-28.65	-21.51
夏普比率（Sharpe）	0.06	0.92	-1.32	0.49	-0.36	2.77	0.06	-0.22	2.10	-1.27	1.96	1.14	-0.34	-1.07	-0.89

英文名称：CSI 800 Hedge Enhanced Index

指数编制：与上述编制过程相似，不再赘述。

（2）指数历史表现。

截至 2023 年 12 月 29 日，衍联中国中证 800 套保增强指数收盘点位为 1720.61 点，与中证 800 指数投资历史净值比较如图 1－12 所示。

2010 年以来不同时间段上的投资绩效的统计如表 1－11 所示。具体地，指数累计涨幅为 72.06%，年化收益为 4.13%，夏普比率为 0.19。从各个业绩评价指标上来看，均显著超越同期中证 800 指数的表现，并且每年的超额收益都比较稳定，显示出了良好的 Alpha 收益的特征。

（二）衍联中国 ESGH 指数及其市场表现

1. 从 ESG 到 ESGH

近年来，随着人民币汇率双向波动幅度扩大、利率市场化改革进一步推进、大宗商品价格波动剧烈，我国上市公司群体越来越多地使用期货与衍生品规避汇率、利率与大宗商品价格波动风险，避险效果越来越显著，社会关注度也越来越高。上市公司套期保值是公司可持续发展的重要财务维度，目前国内 ESG 评级体系并没有覆盖这一领域。相关机构应正视上市公司套期保值业务快速发展的现实，与国内期货和衍生品市场发展现状结合进行融合创新，把 ESG 评级与套期保值（H）[①] 评级相结合，形成更能反映我国上市公司治理特点的 ESGH 评级体系。

建立新的 ESGH 评级体系，主要原因有以下几点。

（1）风险管理与公司治理的关系。

企业风险管理与公司治理是相互关联的关系，而不是从属的关系。风险是指可以规避或转移的未来问题。它由三个变量所组成的函数进行评估，分别是潜在威胁的概率、这些潜在威胁是企业安全漏洞的概率以及对业务或组织潜在影响的概率。企业经营活动中存在这些变量可能导致严重的后果而使企业有必要采取全面、系统的方法进行主动而通盘的风险管理。企业风险管理是一家企业全过程管理风险，它涉及组织中的每一个人，从董事到普通员工。

因此，美国反虚假财务报告委员会下属的发起人委员会（COSO）定义企业风险管理（Enterprise Risk Management，ERM）是指由实体董事会、管理层和其他人员发起的，用于战略目标设定，被设计用于识别潜在可能影响实体的事件，在它们风险偏好之内管理风险，为达到实体目标而采取合理的保险措施的过程。

而公司治理是指由董事会提供目标指引、授权以及为股东利益对管理层的监督过程。是指一系列控制公司运行的制度、规则与因素。简单来讲，公司治理是指公司的决策过程以及执行决策的过程，通常只与负责公司治理的董事会相关。然而，股东们也可通过任命董事、审计师以及监督治理结构是否到位等手段来管理公司。公司治理的目标是尽可能使个人投资者、公司与社会的利益一致。因此，好的公司治理架构对于鼓励公司创造价值、形成会计责任、建立与风险相对称的控制体系等很重要。

① H 为英文 Hedging 的首字母，Hedging 被译为套保、避险、对冲等。

图 1－12　衍联中国中证 800 套保增强指数的历史表现

注：上市公司股价数据和相关指数数据来自于 Wind 数据库，经避险网核对整理。

表 1－11　衍联中国中证 800 套保增强指数历史表现的量化指标

最初交易日	2010/7/30	2010/7/30	2011/1/4	2012/1/4	2013/1/4	2014/1/2	2015/1/5	2016/1/4	2017/1/3	2018/1/2	2019/1/2	2020/1/2	2021/1/4	2022/1/4	2023/1/3
最后交易日	2023/12/29	2010/12/31	2011/12/30	2012/12/31	2013/12/31	2014/12/31	2015/12/31	2016/12/30	2017/12/29	2018/12/28	2019/12/31	2020/12/31	2021/12/31	2022/12/30	2023/12/29
中证 800 套保增强指数：															
持有期收益率（%）	72.06	11.72	-27.27	10.31	-2.20	46.88	17.33	-3.37	16.93	-28.12	40.29	26.07	8.17	-18.03	-9.76
年化收益率（复合,%）	4.13	30.04	-27.59	10.40	-2.22	47.19	17.60	-3.41	17.19	-28.45	40.55	26.15	8.27	-18.26	-9.89
年化波动率（%）	21.96	24.12	20.95	20.49	20.96	17.31	39.86	23.42	10.29	21.83	19.68	22.72	17.08	21.24	13.32
最大回撤（%）	-45.66	-13.35	-32.34	-22.14	-19.79	-9.20	-41.62	-21.60	-7.02	-32.15	-14.77	-15.93	-13.54	-25.98	-20.03
夏普比率（Sharpe）	0.19	1.25	-1.32	0.51	-0.11	2.73	0.44	-0.15	1.67	-1.30	2.06	1.15	0.48	-0.86	-0.74
中证 800 指数：															
持有期收益率（%）	21.41	11.28	-28.70	8.04	-2.06	48.47	11.85	-6.32	14.07	-28.37	35.39	23.95	-1.98	-21.03	-11.01
年化收益率（复合,%）	1.46	28.83	-29.03	8.11	-2.08	48.79	12.03	-6.39	14.28	-28.70	35.62	24.03	-2.00	-21.29	-11.15
年化波动率（%）	21.70	24.67	20.83	20.71	21.49	17.95	39.01	22.65	10.15	21.09	19.84	22.71	16.77	19.89	12.83
最大回撤（%）	-50.91	-13.85	-33.22	-23.60	-19.41	-9.49	-44.13	-21.19	-6.93	-32.61	-14.96	-15.52	-14.18	-26.77	-20.18
夏普比率（Sharpe）	0.07	1.17	-1.39	0.39	-0.10	2.72	0.31	-0.28	1.41	-1.36	1.79	1.06	-0.12	-1.07	-0.87

很显然，企业风险管理与公司治理服务一个相同的目标，它们仅是同一硬币的两面。因此，关于它们两者哪个更大的讨论是不存在的，一个健全的公司治理将使公司风险管理发挥作用，而企业风险管理有效的执行将有助于形成一个有效率的公司治理体系。

金融市场在21世纪的头十年经历了许多重大事件，这些事件极大地改变了公司治理原则。这些重大事件包括21世纪初的“互联网泡沫”，安然等大型公司的丑闻，以及最近的2008年金融危机。作为对2008年金融危机的反应，企业风险管理（ERM）在全球被广泛推介。在美国，把企业风险管理与公司治理整合在一起的呼声很高。为此，纽约证券交易所NYSE成立了公司治理委员会（the Commission on Corporate Governance）来应对影响公司治理的问题。该委员会的第一个任务是对公司治理原则进行全面审查，并在公司治理结构方面为各组织提供建议，并发布报告①。这份由公司治理委员会发布的报告指出，风险管理这一主题和公司治理原则是紧密相关的。一个组织为了达到其目标而实施战略。每项战略都有相关的风险，为了实现目标，对这些风险必须加以管理。遵循以风险管理为重点的强有力的公司治理原则，可以使组织达到他们的目标。

从风险管理对于公司的价值来看，风险对冲是通过公司治理提升公司价值的。基于股东价值最大化理论假定公司风险管理活动是把管理层与股东的利益绑在一起的。然而，如果没有对管理层行动进行适当的控制，那么管理层可能倾向于把风险管理活动仅限于他们自己的目标最大化的考虑，而没有必要顾及股东利益的最大化。这与一系列公司治理机制被建议去控制管理层的行动以最小化两者之间的摩擦相一致。为了确保管理层是基于股东价值最大化的决定，而采取适当风险承受行为，股东应该运用事前治理机制（如管理层薪酬）和事后治理机制（如对管理层进行监督）。

如同理论所支持的，所有权集中度更高的公司，代理摩擦更少，因此，为了最大化股东价值而对冲大部分风险。的确，相对于小股东，大股东更有资源与动机通过公司治理过程去监督管理层。许多实证研究证明了这一点。Lei（2009）通过两个衡量公司治理质量的变量研究了公司治理对公司决定使用衍生品的影响。他遵循 Gompers et al.（2003）的方法构建了一个公司特定治理指数，它表示公司层面的治理质量。这个指数包括7个与所有权及董事会结构有关的治理规则，这些是从公司年报中手工收集的。从公司治理的文献来看，对管理层活动的监督程度越高（也就意味着代理成本越小），公司治理指数值越高，结果使用衍生品对冲的可能性越大。另外，他还使用了一个不同国家公司治理质量的代理变量。他的证据表明，更好治理的公司使用衍生品与股东价值最大化一致。相反，治理差的公司使用衍生品的理由与管理层效用最大化有关。

另外，Allayannis et al.（2009）就公司治理质量对风险管理活动价值影响进行了研究。如同前面提到 Lei（2009）的一样，他也遵循了 Gompers et al.（2003）的方法构建了一个公司特定治理指数，用它来表征公司内部治理结构。指数包括了7个治理规则，分值从0（弱治理）到7（强治理）。同时，他们也构建了不同国家的公司治理指数。他们的研究表明，从全球来看，对冲是一项增加公司价值的策略，具有更强内部与外部治理结构的公司进行对冲能增加公司的价值，而且，他们发现即使内部治理薄弱的公司，但处在具有强大的外部治

① Incorporating Risk Management into Corporate Governance | ERM - Enterprise Risk Management Initiative | NC State Poole College of Management (ncsu. edu).

理结构的国家，也能从对冲中增加公司价值。

（2）风险管理指标的独特性和重要性。

在国际先进的ESG评级体系中，G因子评分已经把风险管理等指标与传统公司治理指标并列。传统上，测量公司治理质量的指标主要是治理指数（G－Index）和防御指数（E－Index）。这两个指数都采用了反向否定法：G指数由24条削弱股东权利的治理条款组成，因此，根据定义，这些条款代表着糟糕的公司治理。将股东权利作为衡量治理质量的一个维度是基于广泛的经验证据得出的，即与股东权利得分最低的公司相比，股东权利得分较高的公司每年有更高的企业价值和8.5%的高回报。G指数得分范围在0～24，在这一项上获得0分代表其有着强大的股东权利和公司治理。E－index的运作方式与此类似，它确定了6项公司治理条款，其中4项是关于股东权利的条款，2项是关于公司收购的条款，这些条款与公司治理不善有关，并可能对公司估值产生负面影响。

这两个指数虽然在全球范围内被用于评估公司治理质量，但它们明显具有美国标准的倾向（Krebbers，2020），专注于特定的美国公司治理要素，并且在ESG兴起之前就已形成，越来越被认为过于狭隘，无法支持投资者通过公司董事会的表现做出决策。

莫扎法尔·汗（2019）也指出，G因子评分须考虑不同国家公司治理实践之间存在的根本性区别。首先是因为各国公司所有权结构存在显著差异。平均而言，美国公司具有较分散的所有权结构。然而其他国家公司所有权结构倾向于更加集中，公司股权被创始人、家族或政府控制。控股股东的存在，使得公司治理问题变成了小数股东与控股股东的利益冲突问题。其次是不同国家股东目标导向的差异。在一些国家，强调广泛的利益相关者的诉求是一项重要的政策影响目标。一个股东目标潜在地指定一个清晰的目的，或者通过成本与收益的衡量指定资本配置的目标层级。而一个漠视股东的利益相关者目标将使业务目标更加混乱，并使在资本分配过程中平衡成本与利益更加困难。目标不清晰将使公司业务长期持续发展受到影响。因此，股东的目标导向出于保持公司业务长期可持续性的目的而为资本配置提供经济约束纪律。

在以ESG为重点的公司治理背景下，经济维度得分（EDS）是一项备受关注的公司治理得分，由ESG评级公司RobecoSAM开发。EDS既评价了公司治理绩效，同时也涵盖其他诸多的关键衡量指标，用以评估公司治理和管理结构的质量及管理长期风险和机会的能力。EDS包括风险和危机管理、供应链管理和影响衡量等ESG问题，与上述更传统的公司治理指标有所不同。EDS的评分标准有八项：公司治理；商业行为准则；风险和危机管理；供应链管理；税务策略；实质性得分；政策影响；对影响进行度量和估值。

可见，在这个更先进的ESG评级体系中，风险和危机管理等重要指标已经与传统的公司治理指标并列，只不过仍被放在广义的G因子评分项下。2019年，标普全球收购了瑞士资产公司RobecoSAM的ESG评级体系。

（3）套保因子作为风险管理指标的重要意义。

把套期保值评价即H因子独立于G因子，有助于落实《期货和衍生品法》的精神，有利于倡导实体企业形成套期保值的商业文化，有利于期货和衍生品市场的功能发挥。《期货和衍生品法》总则提到，“国家鼓励利用期货市场和衍生品市场从事套期保值等风险管理活动。”这标志着鼓励实体企业从事套期保值已经成为国家意志。不过，当下全社会对期货和衍生品市场的认知仍然存在偏差，实体企业套期保值商业文化还没有完全形成，使用期货和衍生品市场从事套期保值等风险管理活动仍处在初级阶段。在这一背景下，通过推广独立的H因子改变社会认知，推动企业套期保值的商业文化进一步发展，更具有其必要性。

国外期货和衍生品市场是市场经济发展的必然产物，从一开始就是应实体企业风险管理的需求而生，不存在需要国家以法律的形式进行鼓励的问题。实体企业使用期货和衍生品市场管理经营风险天经地义。据相关统计，全球500强公司中有94%使用期货和衍生品。而在我国期货和衍生品发展过程中，投机性交易一直占据主导位置，实体企业参与度低，全社会曾在较长的时间内对这个市场持负面态度。在各方面的努力下，全社会对期货和衍生品市场的评价在近些年才逐渐转为中性。当下，国内已全面开展对实体企业的ESG评价，而实体企业套期保值活动是它们实现可持续发展的重要一环。因此，对实体企业套期保值进行评级的必要性自然无需多言。而将实体企业套期保值评级独立于G因子评价，更有助于落实《期货和衍生品法》的精神，有利于倡导实体企业形成套期保值的商业文化，有利于期货和衍生品市场的功能发挥，是国际标准与国内实际情况相结合的要求。

（4）套保因子的独特性。

目前，国内ESG评级体系并没有覆盖到公司套期保值等风险管理指标，且国内披露ESG信息与套期保值信息的上市公司所有制性质明显不同。本报告在前面已经指出，国内ESG评级体系并没有覆盖到公司套期保值等风险管理指标，不能反映A股上市公司参与套期保值快速发展的现实。众所周知，我国国有公司与民营公司在公司治理水平上存在明显差异，如果把套保评价（H）直接归在公司治理评价（G）下，会与实际情况不符。

2. 衍联中国ESGH评级体系构建

（1）H因子背后的套保评价。

为合理评价上市公司套期保值水平，避险网采用上市公司定期和不定期报告信息，从套保理念和套保实效两个维度，从套保成熟度、套保持续性、套保的稳定性效果、套保的成长性效果等方面，构建上市公司套保评价体系。

（2）ESGH评级体系的整体架构（见图1-13）。

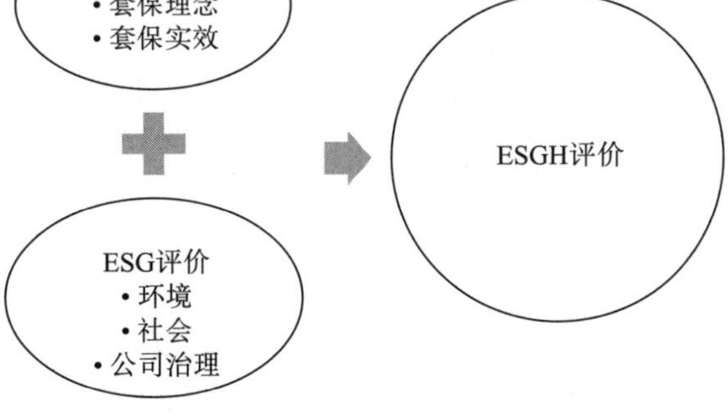

图1-13　衍联中国ESGH评价体系架构

如图1-13所示，首先，我们根据前文分析的上市公司的套保特征，从套保理念和套保实效两个维度，对这些样本公司进行H因子的评价，得到一个经过行业调整后的避险强度得分。

其次，我们选取华证 ESG 评价体系作为 ESG 因子的代理变量。该体系从环境、社会、公司治理三个维度对样本公司进行评价，得到一个 ESG 综合得分。

最后，将 H 评价和 ESG 评价综合考虑，按 50/50 的权重计算得到最后的 ESGH 得分。

（3）最近一期 A 股部分上市公司 ESGH 评级（见表 1－12）。

表 1－12　　最近一期 A 股部分上市公司 ESGH 评级

日期	代码	名称	ESGH_value	ESG_value	H_value
2023/11/1	002352. SZ	顺丰控股	90. 63	88. 89	92. 38
2023/11/1	600282. SH	南钢股份	89. 28	86. 80	91. 76
2023/11/1	603259. SH	药明康德	88. 29	88. 41	88. 18
2023/11/1	000063. SZ	中兴通讯	87. 44	82. 29	92. 60
2023/11/1	000513. SZ	丽珠集团	87. 12	82. 45	91. 79
2023/11/1	600803. SH	新奥股份	86. 97	81. 48	92. 45
2023/11/1	688139. SH	海尔生物	86. 61	100. 00	73. 22
2023/11/1	600690. SH	海尔智家	86. 51	80. 52	92. 51
2023/11/1	002920. SZ	德赛西威	86. 51	81. 32	91. 69
2023/11/1	601231. SH	环旭电子	86. 28	80. 03	92. 53
2023/11/1	300750. SZ	宁德时代	85. 57	79. 23	91. 91
2023/11/1	600019. SH	宝钢股份	84. 29	81. 32	87. 27
2023/11/1	300428. SZ	立中集团	84. 13	80. 52	87. 75
2023/11/1	000002. SZ	万科 A	83. 79	75. 36	92. 21
2023/11/1	600029. SH	南方航空	83. 57	70. 37	96. 77
2023/11/1	002938. SZ	鹏鼎控股	83. 48	75. 85	91. 11
2023/11/1	000333. SZ	美的集团	83. 02	73. 59	92. 46
2023/11/1	002831. SZ	裕同科技	82. 80	73. 27	92. 34
2023/11/1	601618. SH	中国中冶	82. 65	73. 59	91. 71
2023/11/1	600380. SH	健康元	82. 58	72. 79	92. 36
2023/11/1	000977. SZ	浪潮信息	82. 47	86. 31	78. 63
2023/11/1	600497. SH	驰宏锌锗	82. 20	71. 98	92. 41
2023/11/1	003816. SZ	中国广核	82. 06	78. 26	85. 86
2023/11/1	600153. SH	建发股份	82. 02	71. 82	92. 23
2023/11/1	300628. SZ	亿联网络	81. 78	73. 59	89. 97
2023/11/1	600487. SH	亨通光电	81. 53	70. 69	92. 36
2023/11/1	000895. SZ	双汇发展	81. 47	70. 85	92. 08
2023/11/1	600096. SH	云天化	81. 45	70. 21	92. 70
2023/11/1	300124. SZ	汇川技术	81. 34	70. 37	92. 32
2023/11/1	300015. SZ	爱尔眼科	81. 21	74. 88	87. 53

续表

日期	代码	名称	ESGH_value	ESG_value	H_value
2023/11/1	002386. SZ	天原股份	81. 10	70. 05	92. 16
2023/11/1	000100. SZ	TCL 科技	81. 06	72. 30	89. 82
2023/11/1	600438. SH	通威股份	80. 90	69. 08	92. 72
2023/11/1	300677. SZ	英科医疗	80. 88	77. 29	84. 47
2023/11/1	600406. SH	国电南瑞	80. 66	75. 52	85. 80
2023/11/1	000876. SZ	新希望	80. 65	69. 40	91. 90
2023/11/1	600755. SH	厦门国贸	80. 64	69. 08	92. 19
2023/11/1	002851. SZ	麦格米特	80. 59	70. 21	90. 98
2023/11/1	300274. SZ	阳光电源	80. 48	71. 18	89. 79
2023/11/1	000701. SZ	厦门信达	80. 45	68. 44	92. 47
2023/11/1	002202. SZ	金风科技	80. 38	68. 60	92. 16
2023/11/1	002206. SZ	海利得	80. 31	68. 28	92. 35
2023/11/1	600031. SH	三一重工	80. 27	68. 28	92. 26
2023/11/1	002600. SZ	领益智造	80. 21	71. 01	89. 41
2023/11/1	002139. SZ	拓邦股份	80. 17	68. 12	92. 22
2023/11/1	002668. SZ	奥马电器	80. 07	68. 76	91. 37
2023/11/1	000717. SZ	中南股份	80. 01	68. 28	91. 75
2023/11/1	002841. SZ	视源股份	79. 93	67. 63	92. 22
2023/11/1	600011. SH	华能国际	79. 81	67. 31	92. 31
2023/11/1	300729. SZ	乐歌股份	79. 71	68. 44	90. 98

为了全面而真实地展示 ESGH 指数的全貌和特点，我们构建了两个指数：

首先，以 A 股上市公司为样本，按照自由流通市值和 ESGH 评价为权重因子，构建“衍联中国 ESGH 综合指数”。

其次，以上述公司为样本空间，根据 ESGH 评级，优选综合评分最高的 100 家公司为样本，按照自由流通市值和 ESGH 评价为权重因子，构建“衍联中国 ESGH 精选指数”。

3. 衍联中国 ESGH 综合指数

（1）指数编制方案。

指数名称：衍联中国 ESGH 综合指数

指数简称：ESGH 综合指数

英文名称：ESGH Composite Index

指数编制：与上述编制过程相似，不再赘述。

（2）指数历史表现。

截至 2023 年 12 月 29 日，ESGH 综合指数收盘点位为 1169. 13 点，与中证 800 指数投资历史净值比较如图 1 - 14 所示。

图 1－14　衍联中国 ESGH 综合指数的历史表现

注：上市公司股价数据和相关指数数据来自于 Wind 数据库，经避险网核对整理。

2018 年以来不同时间段上的投资绩效的统计如表 1 - 13 所示。具体地，指数年化收益为 2.80%，夏普比率为 0.15。从各个业绩评价指标上来看，均显著超越同期中证 800 指数表现。这印证了前文理论推导的结论，即长期来看，上市公司使用衍生品开展套期保值业务，为公司创造了价值，得到了股票二级市场投资者的认可。

表 1 - 13　　衍联中国 ESGH 综合指数历史表现的量化指标

最初交易日	2018/5/2	2018/5/2	2019/1/2	2020/1/2	2021/1/4	2022/1/4	2023/1/3
最后交易日	2023/12/29	2018/12/28	2019/12/31	2020/12/31	2021/12/31	2022/12/30	2023/12/29
ESGH 综合指数：							
持有期收益率（%）	16.91	-19.75	32.55	24.07	7.35	-15.85	-4.35
年化收益率（复合,%）	2.8	-28.44	32.76	24.14	7.44	-16.05	-4.41
年化波动率（%）	18.39	21.59	18.84	21.66	14.97	19.93	12.15
最大回撤（%）	-26.12	-23.75	-14.08	-14.3	-9.69	-24.98	-14.49
夏普比率（Sharpe）	0.15	-1.32	1.74	1.11	0.5	-0.81	-0.36
中证 800 指数：							
持有期收益率（%）	-8.43	-22.29	35.39	23.95	-1.98	-21.03	-11.01
年化收益率（复合,%）	-1.54	-31.86	35.62	24.03	-2	-21.29	-11.15
月度收益率（复合,%）	19.25	22.39	19.84	22.71	16.77	19.89	12.83
最大回撤（%）	-38.36	-25.73	-14.96	-15.52	-14.18	-26.77	-20.18
夏普比率（Sharpe）	-0.08	-1.42	1.79	1.06	-0.12	-1.07	-0.87

4. 衍联中国 ESGH 精选指数

（1）指数编制方案。

指数名称：衍联中国 ESGH 精选指数

指数简称：ESGH 精选指数

英文名称：ESGH Selection Index

指数编制：与上述编制过程相似，不再赘述。

（2）指数历史表现。

截至 2023 年 12 月 29 日，ESGH 精选指数收盘点位为 1137.41 点，与中证 800 指数投资历史净值比较见注：上市公司股份数据和相关指数数据来自于 Wind 数据库，经避险网核对整理。

2018 ~ 2023 年中国 ESGH 精选指数的历史表现如图 1 - 15 所示。

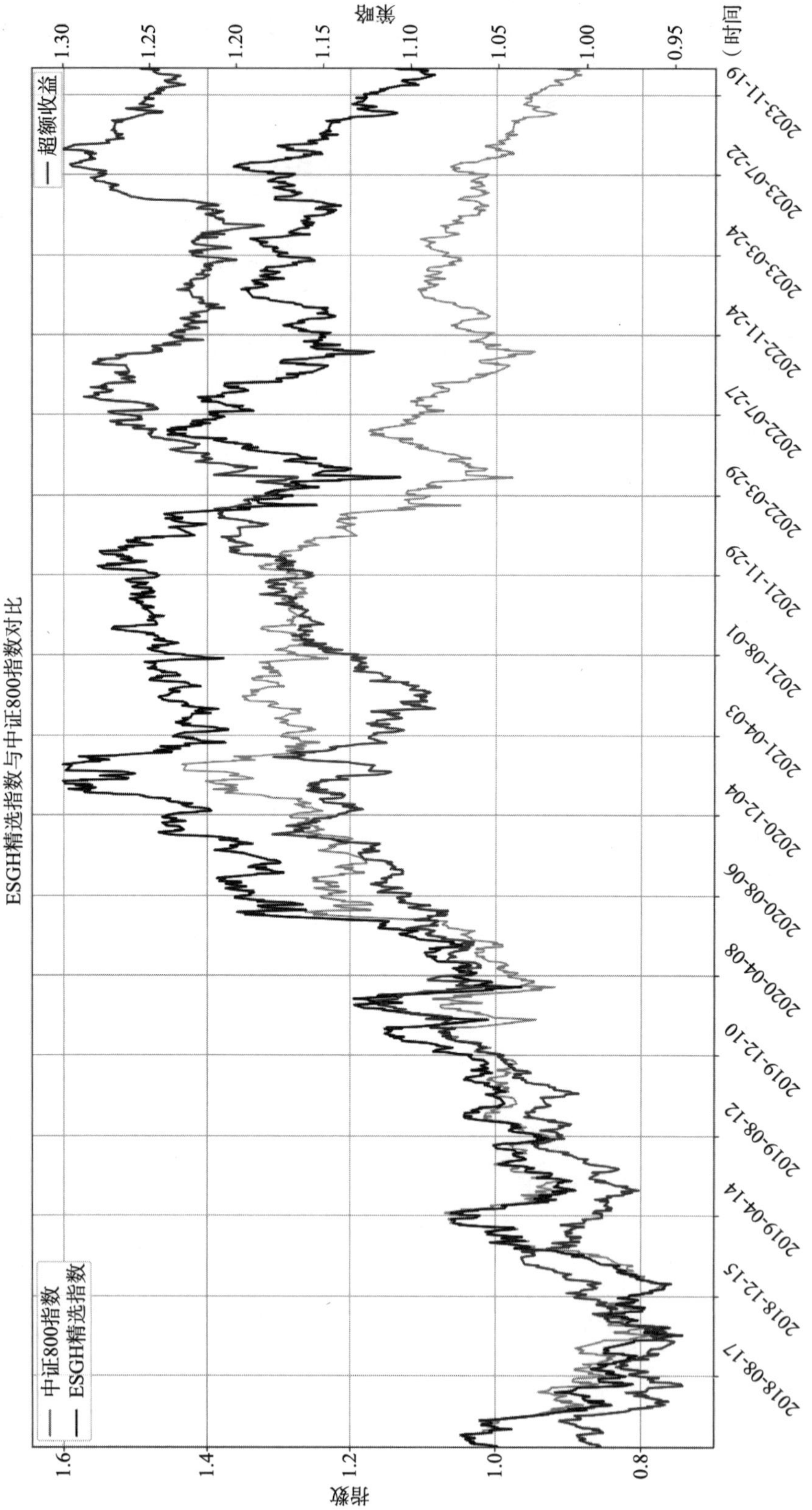

图 1－15　衍联中国 ESGH 精选指数的历史表现

注：上市公司股价数据和相关指数数据来自于 Wind 数据库，经避险网核对整理。

2018 年以来不同时间段上的投资绩效的统计如表 1 – 14 所示。具体地，指数累计涨幅为 13.74%，年化收益为 2.30%，夏普比率为 0.11。从各个业绩评价指标上来看，均显著超越同期中证 800 指数表现，并且每年的超额收益都比较平均，显示出了良好的 Alpha 收益的特征。

表 1 – 14　　衍联中国 ESGH 精选指数历史表现的量化指标

最初交易日	2018/5/2	2018/5/2	2019/1/2	2020/1/2	2021/1/4	2022/1/4	2023/1/3
最后交易日	2023/12/29	2018/12/28	2019/12/31	2020/12/31	2021/12/31	2022/12/30	2023/12/29
ESGH 精选指数：							
持有期收益率（%）	13.74	−22.42	44.14	31.30	3.27	−20.45	−8.25
年化收益率（复合,%）	2.30	−32.02	44.43	31.40	3.31	−20.70	−8.36
年化波动率（%）	21.39	25.80	21.31	24.62	17.82	22.80	15.29
最大回撤（%）	−32.24	−29.07	−16.08	−19.23	−14.37	−27.00	−20.42
夏普比率（Sharpe）	0.11	−1.24	2.08	1.28	0.19	−0.91	−0.55
中证 800 指数：							
持有期收益率（%）	−8.43	−22.29	35.39	23.95	−1.98	−21.03	−11.01
年化收益率（复合,%）	−1.54	−31.86	35.62	24.03	−2.00	−21.29	−11.15
月度收益率（复合,%）	19.25	22.39	19.84	22.71	16.77	19.89	12.83
最大回撤（%）	−38.36	−25.73	−14.96	−15.52	−14.18	−26.77	−20.18
夏普比率（Sharpe）	−0.08	−1.42	1.79	1.06	−0.12	−1.07	−0.87

八、结论及政策建议

（一）主要研究结论

第一，我国上市公司套期保值参与率不断提升，但与成熟经济体比较，还有非常大的提升空间。

2001 年以来，截至 2023 年年末，共有 1825 家实体行业 A 股上市公司发布过套期保值相关公告；其中，大型企业 1434 家，中小型企业 391 家。参与套期保值的上市公司行业覆盖快速延展，由 2006、2007 年 5 个行业的覆盖面，扩展到 2018 年以来对 29 个非金融类实体行业的全覆盖。

上市公司套期保值参与率由 2014 年的 8.79% 提高到了 2023 年的 25.18%。然而，我国上市公司套期保值参与率虽然有了显著提高，但与其他主要经济体相比，还有相当大的提升空间。2023 年，中证 800 股票指数成份股公司的套保参与率为 43.16%，距离 2012 年标普 500 近 90% 的套保参与率还有不小的距离。

第二，上市公司参与套期保值整体上具有良好的财务效果，套期保值效果存在“时间加强效应”。

将上市公司分为套保公司组和非套保公司组，对两组公司 2018 ~ 2022 年的财务数据的统计分析显示，套保公司组在ROE、ROA、杠杆系数、现金比率的均值上都显著优于非套保公司组；在ROA的变异系数上，套保公司组也有非常显著的优势；进一步的分组统计表明，长年限套保公司组在上述财务指标的均值上显著优于短年限套保公司组，意味着套期保值效果具有“时间加强效应”，持续开展套期保值有助于公司财务绩效的提升。

分行业的统计比较表明，多个行业的套期保值公司在ROE、ROA等指标的均值及变异系数上超越了非套期保值公司，而且持续进行套期保值的上市公司，其套期保值的效果更明显。分行的统计比较也揭示了套期保值效果上的“时间加强效应”。

第三，参与套期保值的上市公司整体上具有更好的股价表现，能够给投资者带来超额回报。

基于一个新颖的因子——H因子，以套期保值公司为样本，我们构建了包括衍联中国A股套保综合指数、衍联中国沪深300套保增强指数、衍联中国中证800套保增强指数、衍联中国ESGH综合指数、衍联中国ESGH精选指数在内的一系列套期保值股票指数。

这些套期保值股票指数在年化收益、夏普比率等指标上，均显著超越同期沪深300、中证800等主要指数的表现。其中，截至2023年12月29日，衍联中国A股套保综合指数2010年以来的累计涨幅为108.84%，年化收益为5.64%，夏普比率为0.24；衍联中国沪深300套保增强指数2010年以来累计涨幅为75.61%，年化收益为4.28%，夏普比率为0.2；衍联中国中证800套保增强指数2010年以来累计涨幅为72.06%，年化收益为4.13%，夏普比率为0.19；衍联中国ESGH综合指数2018年以来累计涨幅为16.91%，年化收益为2.80%，夏普比率为0.15；衍联中国ESGH精选指数2018年以来累计涨幅为13.74%，年化收益为2.30%，夏普比率为0.11。

套期保值股票指数相较于主流宽基指数的亮眼表现意味着套期保值能够创造价值，且已经得到了股票二级市场投资者的认可。

课题的研究结果也从一个侧面表明，期货和衍生品市场在服务上市公司高质量发展上已取得显著成效；未来进一步推动上市公司使用期货和衍生品管理风险将会为上市公司高质量发展提供更多助力。

（二）相关政策建议

第一，发布最佳套期保值实践榜单，推动上市公司套期保值业务上的交流学习。

建议上市公司协会携手各相关机构，积极推动公开发布上市公司最佳套期保值实践榜单，褒扬积极开展套期保值业务且套期保值效果良好的上市公司，推动行业的交流学习，倡导套期保值文化。2022年10月24日，中国证监会主席易会满在传达学习贯彻党的二十大精神和二十届一中全会精神时指出：“要坚持将资本市场一般规律与中国市场的实际相结合，与中华优秀传统文化相结合，加快建设中国特色现代资本市场。”降本求利、稳健经营是中华优秀传统文化的组成部分。在社会主义市场经济大环境中，期货市场提供的套期保值功能是实现实体企业稳健经营的重要载体。上市公司协会领导也曾在论坛上提及将推动最佳套期保值实践榜单的发布。建议以学习党的二十大会议精神为契机，由上市公司协会牵头发布上市公司最佳套期保值实践榜单，进一步推动构建实体企业的套期保值文化。

第二，发布上市公司或实体企业套保年度白皮书，加大宣传套期保值的典型案例、先进做法。

课题组在上市公司调研过程中发现，在使用衍生品进行套期保值上，不少上市公司在知识、人才、经验等方面非常欠缺，对套期保值能够实现的效果也存有疑虑。建议上市公司协会发布相关上市公司或实体企业使用期货品种套期保值年度白皮书，作为行业重要参考材料，提升套期保值典型案例的关注度与吸引力，推动实体企业学习交流，打消实体企业在套期保值业务开展上的顾虑。

第三，发布套期保值公司股价指数，作为宣传期货和衍生品市场服务实体经济，助推上市公司高质量发展的重要载体。

随着使用期货与衍生品进行套期保值的上市公司数量逐渐增多，股票市场投资者对上市公司套期保值相关内容的公告也越来越敏感，对涉及期货与衍生品业务的上市公司股价表现也越来越重视。课题初步构建的套期保值股票指数具有超越市场的收益，后续可在此基础上进一步优化，持续向社会发布，参考 ESG 的发展历程，借用机构投资者的力量助推上市公司加强套期保值业务。

主要参考文献

[1] Allayannis, G., Weston J P. The Use of Foreign Currency Derivatives and Firm Market Value [J]. Review of Financial Studies, 2001, 14 (1): 243 -276.

[2] Allayannis, G., Lel, U., Miller, D. P. The Use of Foreign Currency Derivatives, Corporate Governance, and Firm Value around the World [J]. Journal of International Economics, 2012, 87 (1): 65 -79.

[3] Allayannis, G., and Ofek, E. Exchange Rate Exposure, Hedging, and the Use of Foreign Currency Derivatives [J]. Journal of International Money & Finance, 2001, 20 (2): 273 - 296.

[4] Barton, J. Does the Use of Financial Derivatives Affect Earnings Management Decision. The Accounting Review. 2001, 76 (1): 1 -26.

[5] Bartram, S. M., Brown G W, Fehle F R. International Evidence on Financial Derivatives Usage [J]. Financial Management, 2009, 38 (1): 185 -206.

[6] Bartram, S. M., Brown G. W., Jennifer C. The Effects of Derivatives on Firm Risk and Value [J]. Journal of Financial and Quantitative Analysis, 2011, 46 (4): 33.

[7] Bartram, S. M. Corporate Hedging and Speculation with Derivatives [J]. Journal of Corporate Finance, 2017.

[8] Beneda, N. The Impact of Hedging with Derivative Instruments on Reported Earnings Volatility [J]. Applied Financial Economics, 2013, 23: 165 -179.

[9] Bodnar, G. M, Hayt G. S., Marston R. C.. Wharton Survey of Derivatives Usage by US Non -financial Firms [J]. Financial Management, 1995, 24 (2): 104 -114.

[10] Bodnar, G. M., Graham, J., Harvey, C. R., (2012) Marston, R. C., Managing Risk Management, AFA 2012 Chicago Meetings Paper. Available at SSRN: http: //ssrn. com/abstract =1787144 or http: //dx. doi. org/10. 2139/ssrn. 1787144.

[11] Brealey, R. A. and S. C, Myers, Principal of Corporate Finance, McGraw Hill. 2004.

[12] Breeden &Viswanathan. Why do Firm Hedge? An Asymmetric Information Model. Working Paper. Duke University, 1998.

[13] Chang H. S., M. Donohoe and T., Sougiannis. Do Analysts Understand the Economic and Reporting Complexities of Derivatives [J]? Journal of Accounting and Economics, 2016, 61 (2-3): 584 -604.

[14] Clark E, and A. Judge. Foreign Currency Derivatives versus Foreign Currency Debt and the Hedging Premium [J]. European Financial Management, 2009, 15, 606-642.

[15] Demarzo P. M., Duffie D. Corporate Incentives for Hedging and Hedge Accounting [J]. Review of Financial Studies, 1995, 8 (3): 743-771.

[16] Froot K. A., Scharfstein D. S., Stein J. C. Risk Management: Coordinating Corporate Investment and Financing Policies [J]. Journal of Finance, 1993, 48 (5): 1629-1658.

[17] Froot, K. A., Scharfstein, D. S. and Stein, J. C. (1993) Risk Management: Coordinating Corporate Investment and Financing Policies. The Journal of Finance, 48, 1629-1658.

[18] Graham J. R., Rogers D. A. Do Firms Hedge in Response to Tax Incentives? [J]. The Journal of Finance, 2002, 57 (2): 815-839.

[19] Guay W. R., Kothari S. P. How Much do Firms Hedge with Derivatives [J]. Journal of Financial Economics, 2003, 70: 423-461.

[20] Gupta, Pankaj. A Review of Corporate Hedging Models and Their Relevance in Corporate Finance. Theoretical Economics Letters, 2017, 7 (2).

[21] Hentschel L., Kothari S. P. Are Corporations Reducing or Taking Risks with Derivatives [J]. Journal of Financial and Quantitative Analysis, 2001, 36 (1): 93-104.

[22] Jensen M. C., Meckling W. H. Theory of the Firm: Managerial Behavior, Agency Costs and Ownership Structure [J]. Journal of Financial Economics. 1976, 3: 305 - 360.

[23] Jin L. and S. Myers. R2 Around the World: New Theory and New Tests [J]. Journal of Financial Economics. 2006, 79: 257-292.

[24] Jin, Y., and Jorion, P. Firm Value and Hedging: Evidence from U. S. Oil and Gas Producers [J]. Journal of Finance, 2006, 61 (2): 893-919.

[25] Kwong L. C. How Corporate Derivatives Use Impact Firm Performance? [J]. Pacific-Basin Finance Journal, 2016, 40: 102-114.

[26] Lel U. Currency Hedging and Corporate Governance: a Cross-country Analysis [J]. Journal of Corporate Finance, 2012, 18 (2): 221-237.

[27] Leland H. E. Agency Costs, Risk Management, and Capital Structure [J]. The Journal of Finance, 1998, 53 (4): 1213-1243.

[28] Nain A. The Strategic Motives for Corporate Risk Management. University of Michigan Working Paper, 2004.

[29] Nissim D. Reliability of Banks' Fair Value Disclosure for Loans [J]. Review of Quantitative Finance and Accounting. 2003, 20 (4): 355-384.

[30] Sloan R. G. Do Stock Prices Fully Reflect Information in Accruals and Cash Flows about Future Earnings? [J]. The Accounting Review, 1996, 71 (3): 289-315.

[31] Smith C. W., Stulz R. M. The Determinants of Firms' Hedging Policies [J]. Journal of Financial and Quantitative Analysis, 1985, 20 (4): 391 – 405.

[32] Tim R. Adam and Chitru, S. Fernando. Hedging, Speculation, and Shareholder Value [J]. Journal of Financial Economics, 2005, 81 (2): 283 – 309.

[33] Wagner, W. Financial Development and the Opacity of Banks [J]. Economics Letters. 2007, 97: 6 – 10.

[34] YIP W. H., NGUYEN, H. Exchange Rate Exposure and the Use Foreign Currency Derivatives in the Australian Resources Sector [J]. Journal of Multinational Financial Management, 2012, 22 (4): 151 – 167.

[35] 避险网，2022 年衍联中国上市公司套期保值排行榜. https: //mp. weixin. qq. com/s/F9ncYQn GN5aOMtpFpfbhqg.

[36] 曹玉珊. 企业运用衍生品的风险管理效果分析：来自中国上市公司的证据 [J]. 财经理论与实践，2013，34 (5): 59 – 63.

[37] 陈炜，王弢. 衍生产品使用对公司价值和业绩影响的实证检验 [J]. 证券市场导报，2006 (3): 54 – 59.

[38] 杜剑，楚琦，杨杨. 投资者情绪、衍生金融工具与股票收益 [J]. 会计之友，2020 (13): 8 – 14.

[39] 冯帆，黄翌飘. 外汇衍生品对冲对公司价值的影响——基于我国制造业上市公司的实证研究 [J]. 国际商务（对外经济贸易大学学报），2016 (4): 93 – 104.

[40] 冯茜. 新套期会计准则对公司业绩影响的实证研究——来自中国非金融上市公司的证据 [J]. 会计之友，2014 (36): 88 – 90.

[41] 冯晓晴，王德宏，宋建波. 衍生金融工具、套期会计与股价崩盘风险——基于 A 股金融类上市公司的实证研究 [J]. 金融评论，2019，11 (2): 95 – 106 + 125.

[42] 郭飞，郭慧敏，张桂玲. 利润波动性与衍生工具使用：基于国有上市公司的实证研究 [J]. 会计研究，2017 (3): 22 – 29 + 94.

[43] 郭飞. 外汇风险对冲和公司价值：基于中国跨国公司的实证研究 [J]. 经济研究，2012，47 (9): 18 – 31.

[44] 韩颖，徐文虎. 金融和经营对冲对跨国公司外汇风险的影响 [J]. 浙江金融，2013 (10): 16 – 19.

[45] 黄世忠，王晓珂. 衍生工具和企业风险管理——基于 A 股非金融类上市公司的实证研究 [J]. 厦门大学学报（哲学社会科学版），2016 (1): 128 – 137.

[46] 贾炜莹，陈宝峰. 风险管理对我国上市公司价值和业绩影响的实证研究——基于衍生金融工具的运用 [J]. 财会通讯，2009 (27): 6 – 8 + 161.

[47] 李正强，孟祥怡，王曦. 世界 500 强企业衍生工具使用 [J]. 中国金融，2021 (9): 61 – 63.

[48] 刘井建，徐一琪，李惠竹. 金融衍生品投资与企业现金流波动风险研究 [J]. 管理学报，2021，18 (1): 127 – 136.

[49] 刘勇. 不完全市场下的企业避险动机 [J]. 财贸经济，2004 (2): 28 – 34.

[50] 罗孝玲，马世昌，杨怀东. 商品期货套期保值对企业价值的影响 [J]. 商业研究，

2011（7）：1－8.

［51］斯文．外汇衍生品对冲汇率风险的企业价值效应研究——来自中国制造业上市公司的经验证据［J］．中南财经政法大学学报，2013（3）：80－87.

［52］王晓珂，黄世忠．衍生工具，公司治理和盈余质量．会计研究，2017（3）.

［53］王晓珂．衍生工具应用与股价同步性［J］．厦门大学学报（哲学社会科学版），2018（2）：96－105.

［54］易会满．奋发有为 迎难而上 努力开创上市公司高质量发展新局面．易会满主席在上市公司协会第三届会员代表大会上的讲话，http：//www.csrc.gov.cn/csrc/c106311/c23235－58/content.shtml.

［55］张奇峰，张鸣，戴佳君．投资性房地产公允价值计量的财务影响与决定因素：以北辰实业为例［J］．会计研究，2011，8：22－29.

［56］张欣，孙刚．外汇衍生品、汇率风险对冲与出口企业盈利能力——来自中国上市公司的经验证据［J］．财经论丛，2015（1）：39－45.

［57］赵尚梅，孙桂平，杨海军．基于信息传导的期权对股票市场稳定性影响［J］．管理科学学报，2015（6）.

［58］赵胜民，闫红蕾，张凯．Fama－French 五因子模型比三因子模型更胜一筹吗——来自中国 A 股市场的经验证据［J］．南开经济研究，2016（2）：41－59.

［59］赵旭．金融衍生品使用与企业价值、风险：来自中国有色金属类上市公司的经验证据［J］．经济管理，2011（1）：121－130.

［60］郑振龙，汤文玉．波动率风险及风险价格——来自中国 A 股市场的证据［J］．金融研究，2011（4）：143－157.

［61］朱宏泉，余江，陈林．异质信念、卖空限制与股票收益——基于中国证券市场的分析［J］．管理科学学报，2016.

2. 全球产业链格局演变对中国上市公司的影响

中国国际金融股份有限公司　课题组*

工业发展的历史验证了企业和市场不断通过优化分工和交易提高效率，进而主导产业链的配置和布局。国家间要素禀赋差异和要素价格均等化则决定了产业链在效率原则下的国际布局。中国当前在制造业上拥有两项较大的独特优势：规模优势和节点优势，即中国作为超大型经济体所带来的规模经济优势和作为全球产业链分工重要节点所带来的优势地位。当今世界两大技术发展潮流数字化和新能源也为中国的产业发展提供了历史机遇。同时，中国过去四十年积累了完整的产业体系和产业政策经验。在分析产业链形成与中国优势的基础上，本文从实体产业和上市公司两个维度，讨论产业链变迁的过程对中国上市公司的含义。

* 本项目课题组成员为：李求索，中金公司研究部，董事总经理，国内首席策略分析师；谢超，中金研究院，董事总经理，博士；李瑾，中金公司研究部，策略分析师；颜晓畅，中金研究院，研究员，讲师，博士。

一、国际产业链的成因：技术进步+国际关系缓和

2018 年以来，国际竞争日趋白热化。这是由国家之间实力此消彼长、日益接近的客观态势决定的，由此带来的产业链安全冲击也将呈现出一种必然且长期的特征（见图 2－1）。目前，国际竞争正日益显现出逆全球化的趋势，地缘政治正加速这一进程。因此，有必要分析国际产业链的成因，这有助于全面认识中国当前面临的产业链挑战及拥有的优势。

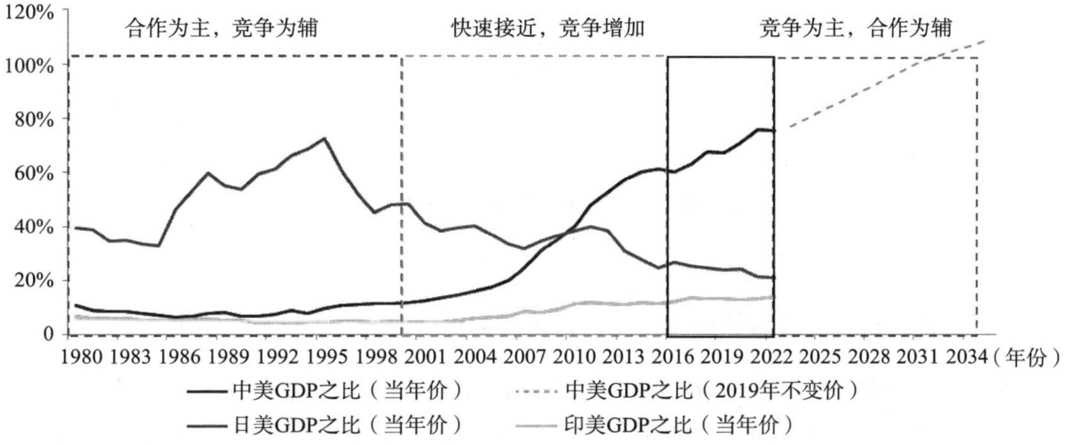

图 2－1　中国、日本、印度与美国 GDP 之比的变化（美元计价）

数据来源：“第一章 科技创新促进产业链安全与效率”，《创新：不灭的火炬》，中金公司研究部，中金研究院(2022)。

从产业组织的视角看，半导体产业链展现了温特制的典型特征，即以模块外包、分工协作为主要特点。但分工协作的模式并非由 Windows、Intel 首创，其历史渊源可以追溯到 20 世纪 70 年代的丰田制时期。流行观点将丰田制的成功归结为精益生产的理念，其重要特点是追求零库存以降低成本，同时积极响应市场的定制化需求。如果说是精益生产理念的高明性带来了外包与分工协作，那么为什么工业化远早于日本的美国在 20 世纪 20 年代“选择”了纵向一体化的福特制，而“没有想到”通过纵向分解、分工外包的模式来提高生产效率？要回答这个问题，可能需要暂时脱离“精益生产”的微观视角，自上而下地重新考察丰田制与福特制出现的时代背景。从自上而下的视角来看，20 世纪 20 年代及其之后福特制盛行时期，“恰好”处于逆全球化的阶段。当时各国市场割裂程度不断加深，贸易占全球 GDP 的比重日益下滑，企业面临的潜在市场规模由全球大市场不断收缩。丰田制虽然盛行于 20 世纪 70 年代后，但在第二次世界大战结束之后的再全球化初期即已开始酝酿。自上而下的角度看，似乎可以说是再全球化成就了丰田制，使精益生产从一种美好的理念得以成为现实（见图 2－2）。

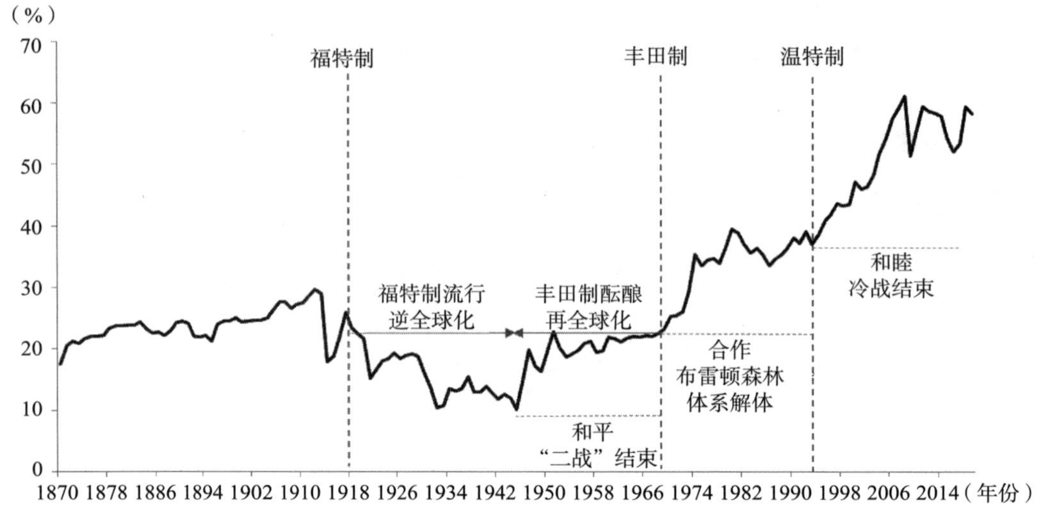

图 2－2　全球贸易占 GDP 的比重与产业组织模式

数据来源：Our World in Data，中金研究院。

（一）提高效率：全球化的纵向与横向产业组织含义

如何理解再全球化与丰田制的上述关系？从产业组织的角度看，企业之所以不将规模报酬递减的业务外包给专业化企业来承担，很大程度是由于该业务的市场规模太小，不足以支撑一个专业化企业或产业来承接该业务。[1,2]因此，全球化对于产业链的一个重要纵向含义，即是通过扩大市场规模促进分工协作，分工深化会反过来推动市场规模进一步扩大，形成两者相互促进的正向循环。[3]从这一逻辑上看，全球化能够为丰田制成功践行"精益生产"理念提供较好的解释。例如，如果没有全球化下的大市场支撑，奉行"零库存理念"的企业即便想将内部的库存管理压力转嫁给市场承担，也不太容易在市场上找到合适的承担者。至于满足客户的定制化需求，很大程度上也是受益于全球化的大市场，让每一个所谓的小众需求都能形成足以实现规模经济的细分市场。总之，丰田制的成功与其说是因为理念先进，不如说是赶上了"二战"后再全球化的时代环境，全球化带来了规模不断扩张的全球大市场，推动了产业链的纵向分工。对于身处逆全球化时代的企业而言，没有足够大的市场规模支撑，即便产生出高明的分工协作理念，也难以在实践上获得成功。

从横向视角看，全球化反映出国际关系的缓和趋势。在"二战"之后，尤其是 20 世纪 90 年代冷战结束之后，东西方国家进入前所未有的和睦相处阶段。伴随着国际关系日渐缓和，全球平均关税逐年下降（见图 2－3）。作为全球最大的发达国家和最大的发展中国家，中美两国具有庞大的经济体量，中美合作成为国际产业链合作的核心，形成了以技术扩散为主要内容的 G2 模式。根据美国经济学家 Posner 于 1961 年提出的技术差距理论，技术水平在不同国家之间的相对差别有利于促进国际分工和国际贸易。[4]具体来说，先发国家创造出新产品后，往往会逐渐将其低附加值的生产环节外包给后发国家。在这个过程中，后发国家通过积极参与国际协作，在产业链分工中通过学习逐渐缩小与先发国家之间的技术差距。整个产业链协作过程为先发国和后发国均创造了更多收益，先发国促进了后发国的技术进步，后发国也为先发国带来更大的市场需求（见图 2－4）。也就是说，技术差距驱动了国际分工合作，全球的生产效率由此得到提升，包括中美在内的世界各国普遍在这种合作中受益。

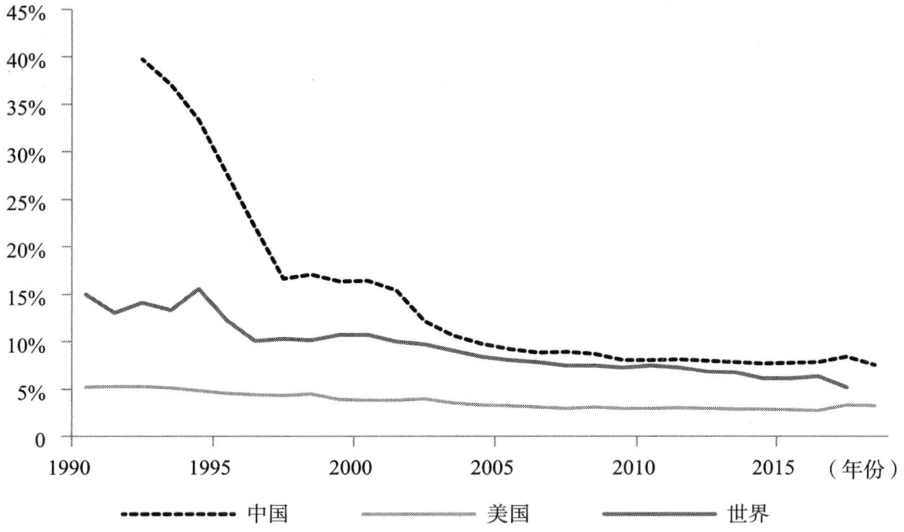

图 2－3　1990～2018 年全球及中美平均关税

数据来源：World Bank，中金研究院。

注：平均关税为所有商品的简单算术平均关税。中美平均关税是指，中国从美国进口的平均关税（上边的线）以及美国从中国进口的平均关税（下边的线）。

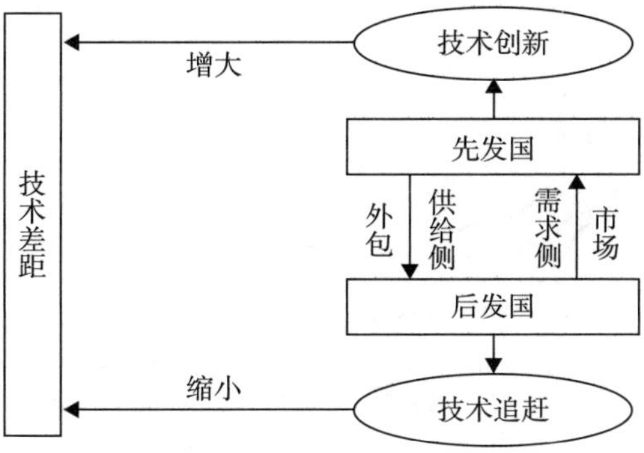

图 2－4　产业链合作的技术扩散模型

数据来源：中金研究院。

（二）降低交易成本：技术进步提供可能性，国际关系缓和将“可能”变为现实

长期以来，传统看法更多强调分工提升效率的收益，却忽视了分工也会带来新的成本。在“二战”后再全球化刚刚起步的 20 世纪 50 年代，产业组织方面的研究即已认识到这个问题，并将其称为“双重边际化”，是指当企业纵向分解为上、下游协作生产的模式时，由于上、下游企业的利益并不完全一致，且均以自身利益最大化为目标，会使整个产业链经历两次加价，最终的产品价格可能会高于纵向一体化时的边际成本。[5,6] 从新制度经济学的角度看，双重边际化体现了分工带来的交易成本上升，例如搜寻成本、契约签订和执行成本、监督控制成本、运输成本等。

考虑到这些交易成本后，国际分工之所以发生，不只是因为分工会带来效率，而是因为分工带来的效率增进幅度超过了交易成本上升幅度。若分工的交易成本很高，甚至吞噬了分工产生的效率，那么分工协作就是无效的，不会产生全球化与国际产业链协作。在过去 70 余年的全球化历程中，有两个因素降低了国际分工带来的交易成本：一个来自于生产力，即技术进步带来了运输、通信等交易成本的持续下降；另一个来自于生产关系，即国际关系缓和降低了国与国之间的交易成本，极大地拓展了市场经济所支配的范围（见图 2－5）。值得注意的是，运输成本、通信成本在“二战”结束前的逆全球化阶段下降得更快、更明显；“二战”后，虽然这些技术进步带来的交易成本下降速度明显放缓（见图 2－6），但再全球化阶段却开始了。

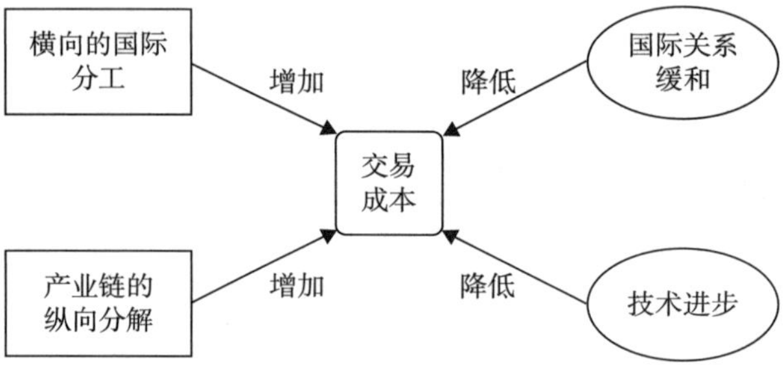

图 2－5　技术进步与国际关系缓和促成产业链

数据来源：中金研究院。

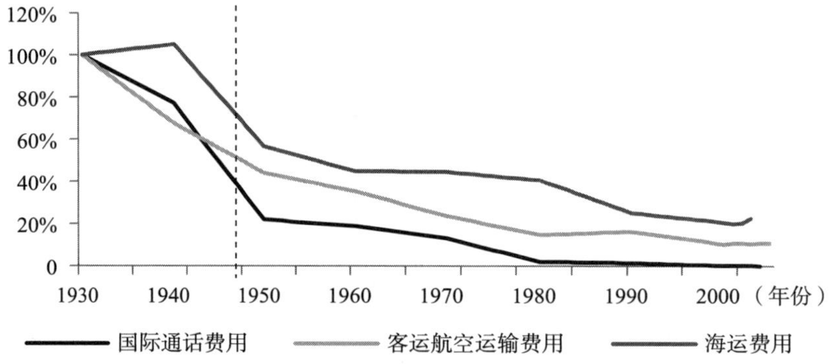

图 2－6　1930 年以来的运输和通信成本指数

数据来源：Our World in Data，OECD（2007），[7] 中金研究院。

注：成本指数为相对于 1930 年的比重。

从全球贸易占 GDP 比重看，1945 年之后的全球化大致可划分为“和平—合作—和睦”三个明显加速的阶段。第一个是“二战”后的和平阶段，开启了再全球化的进程。第二个是 20 世纪 70 年代后的合作阶段，全球化加速在很大程度上受益于布雷顿森林体系的解体。在“二战”结束之初，布雷顿森林体系一度支持了各国经济的战后恢复，促进了贸易等全球一体化。但作为固定汇率制安排，维持布雷顿森林体系需要限制资本的跨境流动，这限制了跨国企业发展与国际产业链合作的深度。因此，布雷顿森林体系解体有利于资本跨境流动，并通过跨国企业的快速发展，形成了第二次全球化加速期。第三个是 20 世纪 90 年代后的和睦阶段，伴随着冷战结束，东西方进入到历史罕见的和睦相处阶段，国际关系日趋缓和、全球化迅速推进，越来越多的国家加入到全球产业链的合作中。反观 1945 年之前，尽管快速的技术进步带来了全球化的可能性，但一战、“二战”等激烈的国际冲突完全抵消了这种技术红利，人类面临的现实是逆全球化。综上，技术进步提供了分工协作的交易成本下降的可能性，但国际关系缓和才将这种可能性真正转化为全球化的红利。

（三）又见逆全球化：国际竞争加剧提高交易成本

综上，过去 70 年国际关系逐步走向缓和，经历了从和平、到合作、再到和睦的发展过程，叠加信息通信等技术进步，大大降低了在横向的国际分工及产业链纵向分解中产生的交易成本，推动了全球化发展，包括美国在内的世界各国均在这样一个全球化的合作中受益。目前，全球化似乎又来到了新的转折点。2018 年贸易摩擦发生后，以 G2 合作为核心的国际产业链格局遭受到了挑战，国际竞争逐步加剧。2022 年，俄乌冲突使国际竞争出现加速向逆全球化转变的迹象，国际产业链分工带来的效率提升，存在被国际竞争引发的交易成本上升吞噬的风险，国际产业链面临的冲击愈发凸显。

实际上，全球化本身就在酝酿着它的一个反作用力，国际竞争加剧也是一个必然发生的过程。我们通过构建一个简单的合作收益分配博弈矩阵进行了分析，结果表明，在国际合作给两国整体均带来可观经济利益的背景下，如果无法处理好国内利益分配问题，“多数原则”可能导致最终结果是“受损者的选择”，也即国际竞争。这意味着，一国经济总量壮大虽能给合作伙伴整体带来更大的经济利益，但也有可能产生更大的冲突风险，伙伴国的既得利益者面对逐步缩小的竞争优势，可能会利用前期受损者的不满情绪，联合起来一起压制后起大国的产业结构升级与持续增长，最终无法避免激烈的国际竞争。

二、中国产业的新优势

上文中我们讨论了国际产业链的成因，从中国的角度出发，还需要分析中国要素禀赋的动态变化和中国经济的根本特征，可以看到中国当前在制造业上拥有两项较大的独特优势：规模优势和节点优势，即中国作为超大型经济体所带来的规模经济优势和作为全球产业链分工重要节点所带来的优势地位。此外，当今世界两大技术发展潮流——数字化和新能源——也为中国的产业发展提供了历史机遇。同时，中国过去四十年所积累的完整产业体系和产业政策方面的经验，也是中国未来面对国际竞争的一大优势。

（一）规模优势

40 年前，中国制造业的优势主要是廉价劳动力，而现在的优势则是规模优势。中国的规模优势体现在三方面：

1. 中国已在长三角、珠三角、京津冀等地形成了大规模的制造业产业集群

这种产业链集聚的情况在世界其他地方并不多见，由此带来的集聚效应使中国制造业遵循规模报酬递增，获得了很大的成本优势。基于廉价劳动力而形成的低成本优势已经退居次要地位。未来，随着中国经济的持续增长，劳动收入也将持续上升，劳动成本优势将进一步消退。但是，中国制造业的成本优势将由于规模经济而继续保持。因此，跨国公司将产业链

迁出中国的主要制约因素并非出于劳动力成本的考量，而是一旦迁出中国后便无法享受产业集聚和规模经济所带来的低成本。

2. 中国已形成巨大的市场规模

20世纪80年代，中国国内市场还很小，跨国公司进入中国时并不在意中国国内市场份额。但随着经济发展，中国居民收入持续上升，中国的购买力也逐步显现。中国的市场对跨国公司日益重要。这其中尤以终端消费品企业为主。比如韩国LG公司，2021年其67%的收入来自中国，且由于其产品为消费品，中国是其不可忽视的终端市场；美国高通公司58%的收入来自中国市场，但高通公司的产品是中间品，所以它对中国市场的依赖没有数据显示得这么强①。此外，美国的苹果公司和特斯拉公司，都有相当比例的收入来自中国市场。因此，那些严重依赖中国市场份额的企业将很难全面迁出中国，尤其是将中国作为终端市场的公司。即使美国政府会对这些公司施压，但企业可能无法承受失去中国市场的巨大损失，而游说美国政府放松相关的产业链安全政策。

3. 中国的规模优势还体现为人口规模为创新人才的涌现提供了巨大的基数

以创新和人力资本为主导的新增长理论，都显示人口规模本身具有促进增长的作用。其机制主要在于创新和人力资本积累的正外部性。人口越多的经济体，所享受到的正外部性也越大。比如，创新人才很可能是按照一定概率在人群中出生的。人口多的国家，拥有的创新人才总数也越多，而创新人才是推动科学技术进步的直接力量，因此人口多的国家科学技术进步的机会就越大。

值得注意的是，中国的规模优势中，产业规模和市场规模都来自于经济增长。而中国的经济增长则是过去四十年全球化和中国改革开放的结果，是效率提升的结果。正是过去长时期的经济效率提升，为中国创造了规模经济优势，使中国能在当前运用规模优势更好地应对产业链安全的挑战。这对中国未来发展的政策选择是有很大启示意义的。中国在逆全球化的背景下，为确保产业链安全，还应继续推动国内的市场化改革，继续推动城市化，建设国内统一大市场。只有继续提高效率，扩大中国的规模优势，才能更好地实行产业链的安全政策。

中国的规模经济优势仍有扩大的空间。对比中国和美国的GDP空间分布，中国的经济中心城市单位面积上的GDP远小于美国的经济中心城市。而且中国经济的集聚度相比美国仍有提升空间。如果我们比较上海郊区和紧邻的江苏昆山市，会发现上海郊区的发展大幅落后仅仅一线之隔的江苏昆山。同样的情况在北京郊区与河北之间也存在着。然而同为一线城市的广州周边这种情况就不明显。一个合理的解释是，与省级行政区划相联系的行政管理和经济管理体制，仍然对资源配置存在显著的限制。而在同为一省内部的广州与东莞之间，这种限制就小得多。这种与行政相关联的体制性限制，可能通过户籍制度作用于劳动市场，通过土地指标作用于资本市场，通过行政管理作用于商品和服务市场。未来，如果要进一步发挥中国的规模经济优势，则需进一步打破与行政相联系的种种藩篱，真正建立和完善国内统一的大市场。

---

① 中国大陆地区的收入占比由FactSet数据库参考2022年一季度结束前公布的各公司最新年报估算。

（二）节点优势

中国在当今全球经贸网络中已经居于重要的节点地位。这种节点优势为中国在后 WTO 贸易体制下发挥贸易影响力提供了条件。由于在全球经贸中的节点地位，中国拥有大量经贸伙伴，因此在后 WTO 的双边及多边特惠贸易协定的时代，仍将成为全球经贸的少数几个主导力量之一。

而美国之所以要推行与中国脱钩的政策，也是出于对其产业链安全的考虑。前文提到，美国对于产业链安全的理解强调供应链的韧性和稳健性，主要的政策是提高供应链的多元化。这在很大程度上与中国已成为全球产业链供应链上的最大节点有关。在全球经贸网络里，中国在二十年来已从一个很小的节点成为最大节点（见图 2 -7）。中国这种独特的节点地位，也意味着美国的供应链多元化政策自然导致一定程度上要与中国脱钩，否则其多元化政策无从谈起。

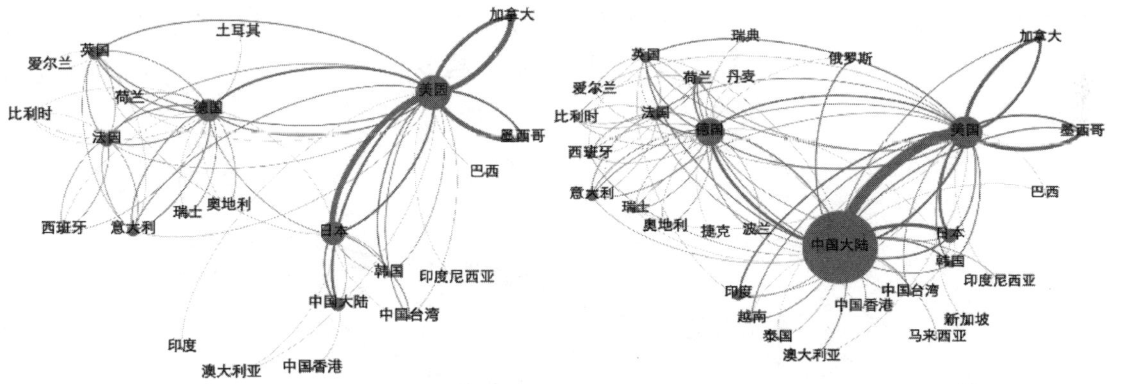

图 2 -7 全球产成品贸易网络变化（左为 2000 年，右为 2021 年）

数据来源：《总贸易核算法：官方贸易统计与全球价值链的度量》（王直等，2015 年），ADB MRIO 数据库，中金研究院。

注：贸易流向图中体现了超过 50 亿美元（以 2000 年美元不变价记）的双边贸易，任意一条曲线代表按顺时针方向的上游节点出口商品至下游节点。节点大小代表经济体的总出口金额，曲线粗细代表双边贸易量的大小。

中国在全球贸易格局中的节点优势，也体现在中国在区域经济中的领导作用。对中国与各国进出口的增加值进行分析，发现中国与东亚邻国之间的产业融合度较深，但与美国、欧洲的产业融合度较低。中国从贸易伙伴进口的商品中所包含的本国增加值比重越高，表明中国有越多中间品出口到该贸易伙伴，然后通过最终品的进口实现了这部分增加值的“出口转内销”。这种增加值在两国间的“出口转内销”，说明两国产业融合程度深（见表 2 -1）。

表 2 -1　　中国大陆进口商品中的自身增加值比重

排名	进口来源	中国内地增加值比重
1	韩国	22. 70%
2	中国台湾	17. 80%
3	越南	9. 80%

续表

排名	进口来源	中国内地增加值比重
4	日本	9.00%
5	泰国	4.80%
6	马来西亚	4.60%
7	美国	4.50%
8	德国	3.60%

数据来源：OECD TiVA，中金研究院。

注：比重 = 中国大陆从该国进口所包含的自身增加值/中国大陆从全球进口所包含的自身增加值。

过去三十年，中国与亚洲邻居的产业内贸易程度越来越深，而与美国之间并没有这种趋势，相反，2001 年“入世”之后中国与美国产业内贸易指数呈现下滑趋势（见图 2－8）。这说明中国和美国之间的贸易主要是产业间贸易，而且随着中国“入世”，中国和美国产业间贸易的比例不断扩大，这在一定程度上证明了中国和美国之间的贸易本质上是基于要素禀赋差异而展开。而中国与亚洲邻国之间的贸易，越来越多是产业内贸易，反映了彼此之间的产业融合程度在加深。

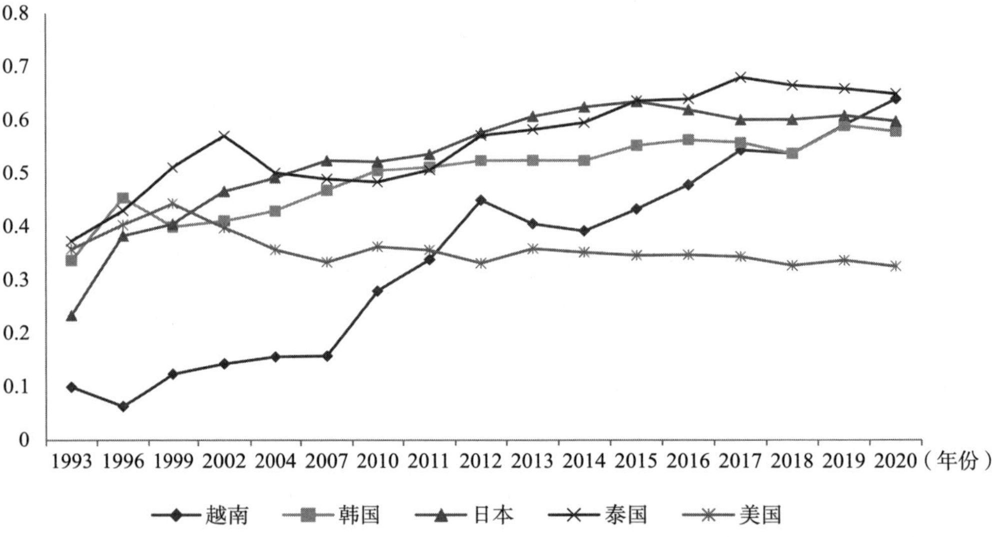

图 2－8 中国与美国、亚洲各国产业内贸易指数

数据来源：UN Comtrade，中金研究院。

注：产业内贸易指数 IIT 越高，产业内贸易程度越强，一般以 IIT 大于 0.5 则意味着产业内贸易程度高，反之是产业间贸易程度高；方法来自于 Greenaway，D.，& Milner，C.（1983）. On the Measurement of Intra－Industry Trade. Economic Journal，93（372）：900－908。

中国与亚洲邻国间深度融合的产业关系，意味着东亚各国的经济高度依赖与中国的经贸关系。同时，这些国家在地缘政治上与美国和欧洲的冲突风险要小很多，因此这些国家有望成为制约美国同中国脱钩的重要维系力量。中国应充分利用与这些国家的经贸联系，使之起到“粘合剂”的作用，在逆全球化背景下，仍通过这些“粘合剂”国家与美国、欧洲维持必要的经贸关系，以尽可能减少逆全球化给中国带来的效率损失。

（三）数字经济和绿色转型赋予中国的新优势

未来可能的逆全球化趋势，无法改变人类技术进步的共同趋势。技术进步有各种方向，但长期来看，存在两个明确的技术进步方向：一个是数字技术，另一个是绿色转型。中国在这两方面都有相应优势，而且可以与规模优势和节点优势相结合，在中美竞争的背景下继续提高自身经济效率。由于中国的超大经济规模，中国在数字技术和绿色转型过程中，将享受丰厚的收益，也将发挥重要的作用。

数字技术同时降低了交易成本和管理成本，对横向分工（产品贸易为主）和垂直一体化（要素流动为主）都可能起到促进作用。哪种力量更大，需要看产业中成本分项的变化。但有一点是明确的，数字技术会进一步降低信息成本，扩大知识传播和人力资本积累的外部性，进而强化规模报酬递增的效应。这有利于中国这样的超大规模经济体。

绿色转型，是人类为了维持必要的生存环境而选择的可持续能源使用政策。绿色转型本身是一项全球范围内的政府干预行为，无法通过市场活动自发实现，严重依赖世界各国政府的协同合作。因此，绿色转型本身就是延缓甚至阻碍逆全球化的一个因素。中美是碳排放最大的两个国家，必须在绿色转型领域协调行动，这将对中美脱钩形成很大的制约。

（四）健全的产业结构

规模经济的延伸是范围经济。中国经济由于规模体量大，自然容纳了更多产业和行业。中国制造业覆盖了当今世界上的绝大部分产品。这种覆盖广泛的产业结构，本身就为中国产业链供应链的安全性提供了较高的保障。例如，在 2019 年底新冠疫情暴发的时候，中国可以在短时间内生产大量的口罩和相关的医疗用品，并出口全球。

中国的产业结构不仅全面，而且日益强健，众多产业已实现国产技术对发达国家技术的赶超。改革开放以来，中国不少产业都实现了对发达国家的赶超，比如家电、挖掘机、高铁、光伏、电动车等产业，国产技术发展较快，国产产品在较大程度上实现对进口产品的替代。需指出的是，这种大面积成功的国产替代，并非世界范围内的典型情况。“二战”后，不少发展中国家的国产替代战略均以失败告终。工业技术发展成功的经济，比如亚洲四小龙等，主要推行的是出口导向战略，通过国际市场取得技术升级和产业赶超。中国上述产业的成功赶超，很大程度上要归功于巨大的国内市场。而且，这些产品市场结构相对简单，但市场容量广阔，为本国企业的产品和技术提供了较大的试错空间。例如挖掘机，主要用于房地产和基建，产品用户类型相对单一。家电、电动车，主要针对消费市场，产品在价格和质量两个维度上具有连续性的替代关系，国内规模庞大的消费市场为早期主要依靠成本优势的国产品牌提供了一定空间。高铁、光伏等产业，政府在国内市场中占据主导地位，使国产技术具有一定竞争优势。当然，在上述产业的赶超过程中，政府的产业扶持也发挥了一定作用。

然而，中国仍有一些产业尚未实现进口替代和赶超，如高端的机床、芯片等行业。这些产品的市场用户特征更为复杂，同时产品要求的技术积累程度深，牵涉的面也更广泛，包括科学原理、特种材料、加工工艺等等。需求和供给方面的复杂性，使这些行业的技术进步需要政府与市场的协调合作，不仅是关乎一个特定产品的开发应用，而是与之相关的创新体系。只有建立和完善创新体系，才能从根本上解决这些行业实现赶超所需要的人才培养、基础研究和市场推广等问题。

三、产业链变迁中的实体产业投资

产业链在区域层面的迁移是企业投资方向在区域间变化的过程，由于地理空间等因素的限制，国际生产要素的流动往往以资本形式为主，一般来说能够创造更多利润的市场对国际资本吸引力更强。本文在测算中国 IFDI（来华直接投资）和 OFDI（中国对外投资）的基础上，分析产业链变迁过程中中国市场的产业投资在区域间和行业间的流向变化，并形成对未来变化趋势的展望。

IFDI 和 OFDI 是我们分析国际资本流动的关键指标。国家外汇管理局使用 FDI 表示来华直接投资，ODI 表示对外直接投资，为了避免混淆，参考部分学者分别使用“IFDI”（Inward Foreign Direct Investment）和“OFDI”（Outward Foreign Direct Investment）的表述。IFDI 与 OFDI 是一组“镜面概念”，对于中国来讲，来自美国的直接投资计入 IFDI，但从美国的角度看，同样的这笔投资，是美国对中国的 OFDI。

分析跨国的产业投资流向要考虑“避税天堂”和“返程投资”的影响。在跨境投资庞大体量和快速增长背后，有两个特点值得关注[8]：第一，中国的 IFDI 或 OFDI，有超过一半来自或流向中国香港、开曼群岛等“避税天堂”，以合理避税。第二，中国本土的“返程投资”现象不容忽视，部分资金以 OFDI 形式流出中国，流入离岸金融中心，享受当地政策或税率优惠[9]，但是最后仍会以 IFDI 的形式流回中国。鉴于此，本节在考虑离岸金融中心的影响后，参照 Damgaard et al.（2019）[10]和肖立晟等（2022）的估算思路，基于 IMF 的 CDIS（Coordinated Direct Investment Survey）数据①，并利用 Orbis 微观企业数据库重新对 IFDI 和 OFDI 进行调整，尽可能准确地反映影响产业链变迁过程中国际直接投资的真实流向。

（一）中国 IFDI 和 OFDI 高增长后面临新变局

调整后中国 IFDI 和 OFDI 的规模和国别结构均发生了改变，原本来自或流向“避税天堂”的投资调减，而相应的其他区域通过避税天堂继续投向中国的部分调增。从行业层面来看，由于 IFDI 与 OFDI 的行业结构受离岸金融中心的影响较为有限，行业维度的数据直接以官方公布口径进行计算展示。具体来看，中国 IFDI 和 OFDI 规模及结构的变化特征如下：

针对投向中国的 IFDI，（1）从规模维度，IFDI 存量近年来维持上升趋势但增速放缓。联合国贸易和发展会议（UNCTAD）的统计数据②显示，截至 2021 年，中国吸引外商来华直接投资 IFDI 存量约 2.1 万亿美元，总体规模较 2011 年增长了 1.9 倍。尽管在中美关系变化和新冠疫情的影响下，全球多数国家对外投资有所下降，但中国 IFDI 的存量和流量规模仍维持上升态势，反映过去中国对外资企业仍有较强的吸引力，未来逆全球化背景下外资对华

---

① CDIS 按照国际通用原则统计 IFDI 及 OFDI，也并未区分投资的直接来源地和最终来源地，我们将 CDIS 的数据作为调整基础，假定估算前后，中国吸收全球各国或地区 IFDI 的头寸保持不变，只是在不同国家和地区之间的分配进行了调整。

② 为了保持比较的一致性，此处比较包含有返程投资的各国 IFDI 总体规模的情况，不做调整，但在下文仅对中国进行讨论时，为了更加清晰地分离出国别情况，我们对此剔除了返程投资的影响。

投资的变化趋势值得关注。(2)从国家或地区维度，IFDI 来源地结构上，目前亚太地区是中国 IFDI 的主要来源地，欧美发达国家对华投资趋势则有所分化。中国香港的 IFDI 占比长期维持 20% 以上，日本是中国最大的 IFDI 来源国，过去十年的占比小幅回落但仍高于 12%，新加坡占比也维持在 6% ~7% 的水平。欧美地区除了部分离岸金融中心，2020 年美国（8%）、德国（5%）、法国、英国等发达国家对华投资占比仍较高，但变化趋势有所分化，美、英两国占比相比过去整体趋降，而德、法两国占比则趋于上升。除了国际关系的变化，当产业链在华发展成熟后，外资可获取利润的占比降低等原因，也导致了部分发达国家将产业链转回国内或转向东盟等低成本区域。(3)从目标行业维度，劳动密集型、中低附加值制造行业占比显著降低但仍占重要地位，服务业占比逐年增加。一方面，2010 年中低附加值的加工制造行业占所有行业投资的 30% 以上，随后逐年下降并且在 2020 年占比已低于 15%，使得来华投资中的制造业占比也由 2010 年的 52% 降至 2020 年的 27%。另一方面，在中国大市场的优势下，服务业开始成为中国吸引外资的新方向，除了租赁和商业服务以及批发和零售业，具备一定技术含量的科学研究和技术服务业、信息传输软件和信息技术服务业投资占比也逐年增加，发展至今，外资对中国服务业的投资占比已超过制造业（见图 2-9）。

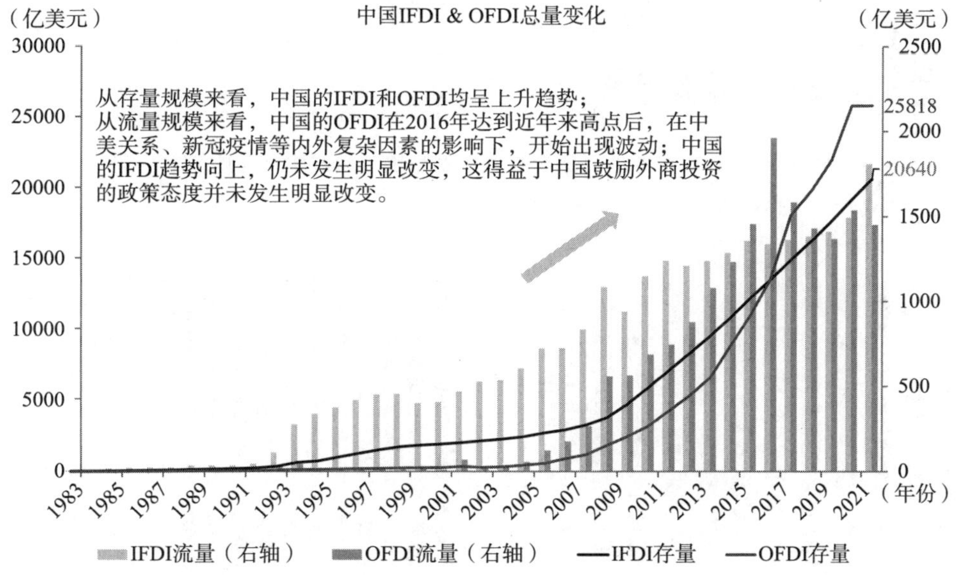

图 2-9　中国 IFDI 及 OFDI 总规模呈上升趋势

数据来源：UNCTAD，中金公司研究部。

中国对海外的 OFDI，(1)从规模维度，中国 OFDI 增长迅速且存量规模已超越 IFDI，2021 年中国对外直接投资的存量规模为 2.6 万亿美元，较 2011 年增长了 5.1 倍，并居于全球前列（如图 2-9 所示）。从发展路径来看，20 世纪 90 年代中国 IFDI 已初具规模，而相比之下 OFDI 则是在 2000 年中国“入世”并实施“走出去”战略后开始明显增长，自 2017 年开始 OFDI 存量规模已超 IFDI。但近年来，中国 OFDI 的增长也受到疫情、地缘冲突等事件的影响，其流量规模在 2015 年后明显回落。(2)从国家或地区维度，中国 OFDI 投向地的结构上呈现重回亚太的趋势。随着中国比较优势的转变及产业升级的需求，目前除中国香港以外，自然资源或劳动力资源丰富的澳大利亚（2020 年为 10%）、印尼、泰国等部分亚太地区，以及美国（2020 年为 7%）、加拿大、新加坡和韩国等发达国家是中国 OFDI 的主要目的地（见图 2-10）。从趋势上看，除内在优势的转变和需求，关税和产业合作政策等也是影响中国 OFDI 的关键因素，中国在亚太地区的 OFDI 整体呈现提升趋势。（3）从目标行业维度，代表产业升级、消费升级的新经济行业，以及劳动密集型的中低附加值制造行业，是中国对外投资的两个主要方向（见图 2-11）。前者体现在科学研究和技术服务业、信息传输软件和信息技术服务业等行业投资占比的快速提升，而后者体现在中国对外投资的制造业占比上升，特别是对“一带一路”共建国家和东盟国家的制造业投资。如果简单假设 OFDI 的增多需要以减少国内投资为代价，那么中国对于东盟国家中低附加值制造业 OFDI 的增加，一定程度上可能反映中国中低附加值制造业、劳动密集型行业外移的趋势。

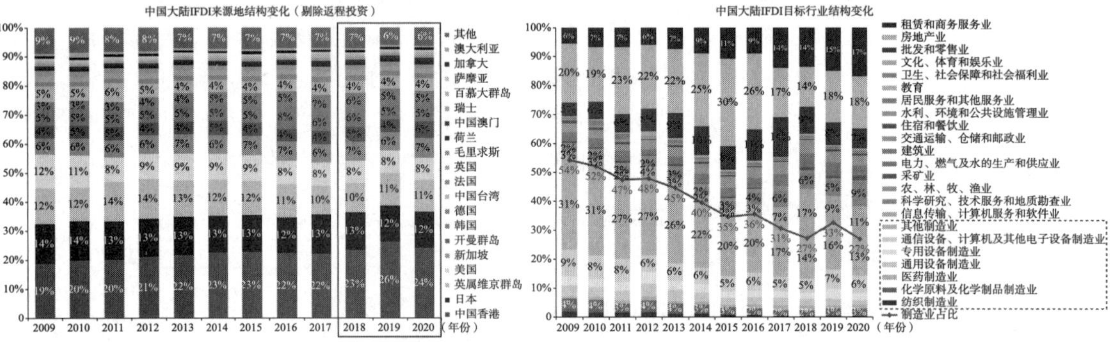

图 2-10 中国大陆 IFDI 来源地（剔除返程投资影响后的最终来源地视角）和行业投向

数据来源：UNCTAD，CDIS，Obis，中金公司研究部。

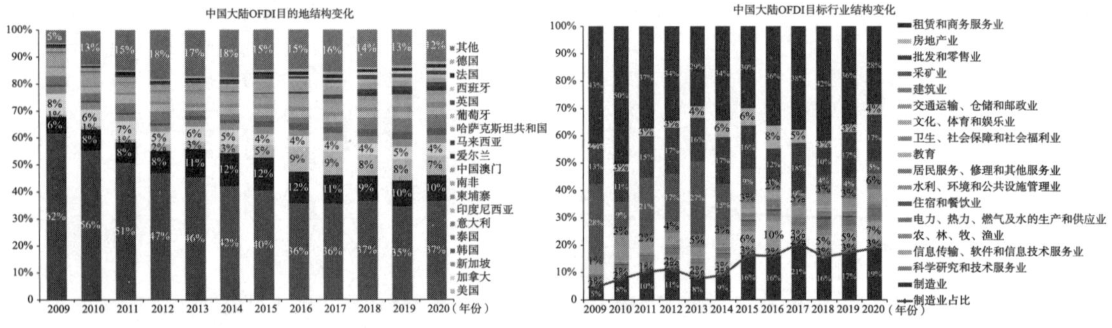

图 2-11 中国大陆 OFDI 目的地（剔除返程投资影响后的最终投向地视角）和行业投向

数据来源：UNCTAD，CDIS，Obis，中金公司研究部。

（二）中国 IFDI 和 OFDI 未来变化趋势展望

1. 从注重效率走向兼顾安全，国际关系变化对产业链投资的重要性上升

产业链投资从注重效率走向兼顾安全。近年来，百年未有之变局叠加疫情冲击，全球地缘风险显著上升。过去全球化趋势下效率为先，但随着逆全球化趋势演绎，国家之间竞争加剧与保护主义的抬头，使得大国经济体必须在追求效率的同时兼顾考虑安全。随着跨国投资的“安全考虑”越来越多，国际关系将成为影响跨国投资不可忽略的变量。

国际关系变化将影响国际资本流动和产业链变迁。回顾国际产业链的发展历程，在过去国际关系相对缓和的环境下，关税、投资限制等国家间交易成本下降，促成国际产业链的合作与发展，领先国家与相对落后国家之间的技术差距以及国际关系的缓和成为助推国际产业链合作的双引擎。以手机产业链的发展为例，2010 年智能手机开始快速渗透的过程中，中国企业开始切入海外龙头的生产供应链，本土品牌在国际巨头的培植下成长壮大。然而，当前国际竞争加剧推升了国家间的交易成本，国际资本流动面临的阻碍逐渐增加，也正在促使产业链由全球化转向区域化。

关注国际关系变化对中国 IFDI 和 OFDI 的影响。当国际关系变得不太有利可能导致东道国对投资限制增多，对国际资本流动产生负面影响，中国与对应国家的 IFDI 和 OFDI 往往受影响而下降。我们基于数据观察发现相比于其他发展中国家，中国与发达国家的 IFDI 和 OFDI 增长受国际关系变化的影响更明显。在新的国际关系趋势下，国家之间的产业关系也可能发生改变。例如小内需制造业技术领先国家向制造大国产业转移的国际合作，可能会因不太有利的双边关系而演变成为与大国制造行业的竞争，而与制造大国关系交好的中立或友好国家及地区，则有可能从承接大国的产业转移中获得机遇。

2. 区域和行业维度的中国 IFDI 和 OFDI 趋势展望

对中国 IFDI 和 OFDI 趋势的分析中，国际关系整体走向相对不利是逆全球化背景下的新特征，但同时也受到资本来源国和投向国自身经济基础、经济结构、制度等多方面因素影响，结合既有学者的研究，分别对外资来华和中国对外直接投资增加以下维度的考虑因素。

外资对华直接投资需要考虑资本来源国对华贸易依存度和投资结构契合度。一方面，某一国家对华贸易依存度越高，在面临国际关系负向影响时可能更难以大幅减少对华投资，贸易依存度可采用对华进出口占自身总进出口贸易的比重表示；另一方面，投资国对中国投资的产业结构与中国本身产业结构演变方向的契合程度，也将影响其对华投资的稳定性，投资结构契合度可采用该国对华投资中的增长型行业的占比表示。如果投资国在华投资的行业以中国未来加速增长的行业为主，例如高端制造等知识密集型产业，那么未来随着该行业的发展和扩张，其对华的投资大概率也将呈上升趋势；反之以房地产、低端制造业等收缩性行业投资为主，则未来对华投资下降的概率更高（见图 2－12）。

中国对外投资需要考虑投向国的经济和制度两个维度。作为发展中国家，中国 OFDI 与发达国家相比有其特殊性，结合既有文献的做法[11,12,13]，选取经济和制度等一系列指标，降维后合成经济维度和制度维度的综合指标，对东道国进行刻画。其中，经济维度的指标包含：市场规模（各国的人均国民收入）、战略资源禀赋（世界银行公布的人力资本指数）、服务业发展水平（服务业增加值占 GDP 的比重）、通信基础设施建设水平（每百人使用移动和固定电话的数量）；制度维度的指标包含：经济制度、法律制度等（见图 2－13）。

结合前文讨论，在传统的国际投资影响因素的分析框架中，结合考虑国际关系变化的因素，分析中国未来 IFDI 来源国及 OFDI 目的地的可能变化趋势。具体分析结果包括：

投向中国的 IFDI 方面，（1）从国别维度，选取贸易依存度变化趋势和投资结构契合度两个维度的指标刻画，并结合国际关系变化因素，对华贸易依存度趋于升高且投资结构契合度高的国家更有可能成为中国 IFDI 的来源国，即使国际关系相对不利，也可能抵消一部分对 IFDI 的负面影响；反之若两个维度的指标都相对较弱，在国际关系相对不利的环境下，IFDI 占比可能将有所下降。（2）从行业维度，在主要考虑中国与外国的产业比较优势及产

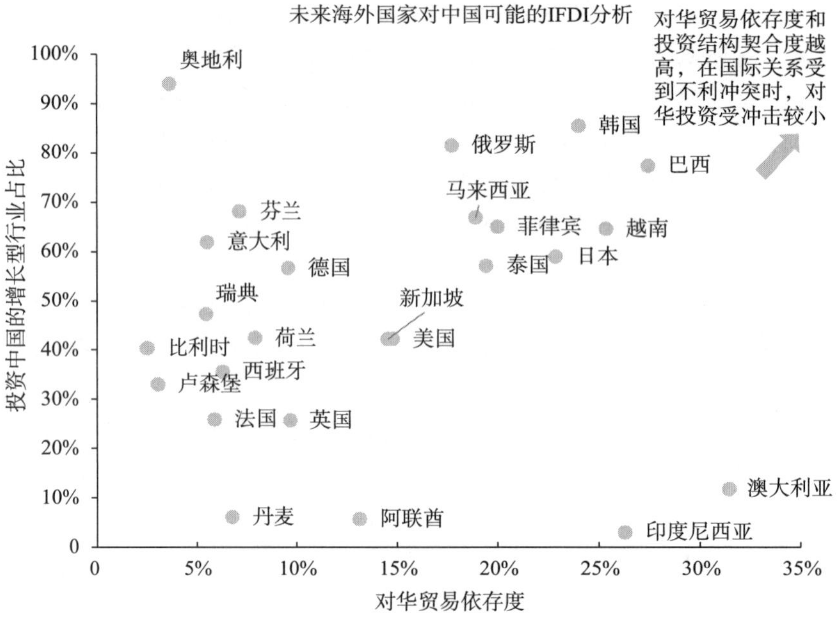

图 2－12　基于对华贸易依存度、投资结构特征和国际关系的中国未来 IFDI 来源地趋势分析

数据来源：UNCTAD，CDIS，Obis，中金公司研究部。

注：图表仅列示客观指标计算结果，具体 IFDI 变化还需要结合国际关系变化程度来分析，不代表右上角国家未来 IFDI 会增加，而是在同等国际关系不利影响下可能 IFDI 下降更少。

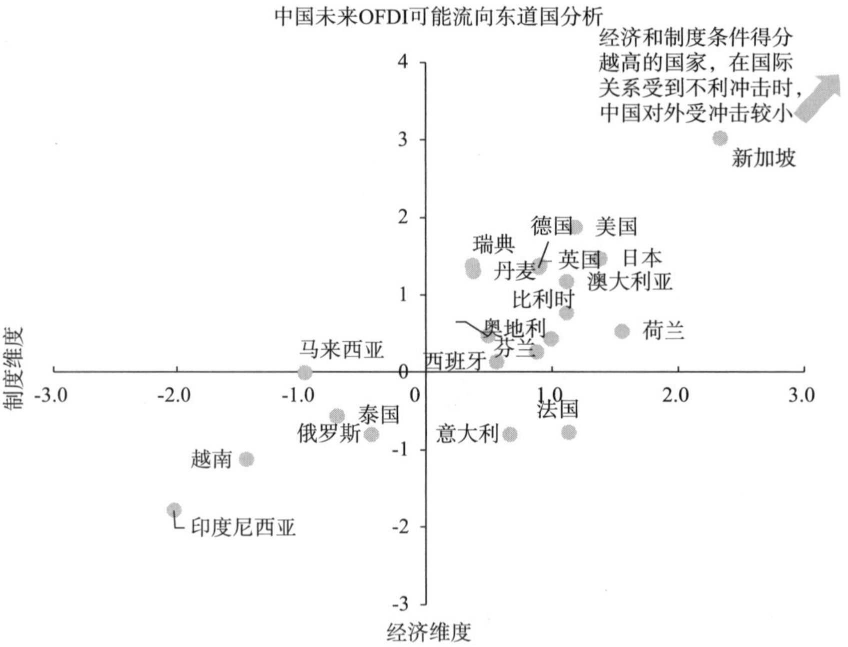

图 2－13　基于经济特征、制度特征和国际关系的中国未来 OFDI 目的地趋势分析

数据来源：World Bank，中金公司研究部。

注：图表仅列示客观指标计算结果，具体 OFDI 变化还需要结合国际关系变化程度来分析，不代表右上角国家未来 OFDI 会增加，而是在同等国际关系不利影响下可能 OFDI 下降更少。

业结构变迁阶段两个关键因素后，资本密集型产业正在成为外资投资的主要领域，中长期中国具有明显竞争优势的中高端技术密集型产业可能也将逐渐成为外资投资的重点领域，而中低附加值制造业和固定资产投资相关的行业可能成为 IFDI 占比下降的领域。

中国对外的 OFDI 方面，（1）从国别维度，选取经济和制度两个维度的指标对东道国进行刻画，并结合国际关系变化因素分析，若东道国的经济和制度维度的条件越好，当国际关系发生不太有利的变化时，中国可能因为其市场仍有吸引力，而并不会大幅减少 OFDI；但如果东道国的经济和制度条件越不佳，国际关系发生不利变化时，则中国可能首先减少对其的直接投资。（2）从行业维度，考虑中国自身与东道国的增长趋势及行业的结构变化，一方面，在优化产业结构的趋势下，国内中低附加值制造业对海外经济体的转移，可能使中国在该领域的投资增加；另一方面，资源、科技制造等涉及经济发展基础和产业升级的领域，也可能在中国 OFDI 的占比提升。OFDI 可能下降的行业主要包括与固定资产投资相关的房地产、建筑业和采矿业等。表 2－2 较为直观地展示了分析结果。

表 2－2　　未来以中国为中心的 IFDI 和 OFDI 变化趋势判断

		IFDI	
	国家特征	外资增加对华投资	外资减少对华投资
OFDI	中国增加投资	经济和制度条件有利于中国投资，例如东道国市场规模相对较大，资源禀赋丰富或科技水平较高，国内制度环境良好等；对华贸易依存度较高，投资中国的增长型行业占比较高；与中国双边关系向好或稳定，对华投资限制较少。	经济和制度条件有利于中国投资，例如东道国市场规模相对较大，资源禀赋丰富或科技水平较高，国内制度环境良好等；对华贸易依存度低，投资中国的增长型行业占比较低；与中国双边关系稳定或趋于紧张，对华投资可能存在部分限制。
	中国减少投资	经济或制度条件不利于中国投资，例如东道国市场规模相对有限，资源禀赋或科技优势相对中国趋弱，国内制度环境相对一般等；对华贸易依存度较高，投资中国的增长型行业占比较高；与中国双边关系向好或稳定，对华投资可能存在部分限制。	经济或制度条件不利于中国投资，例如东道国市场规模相对有限，资源禀赋或科技优势相对中国趋弱，国内制度环境相对一般等；对华贸易依存度低，投资中国的增长型行业占比较低；与中国双边关系趋于紧张，对华投资限制较多。

		IFDI	
	行业特征	外资增加对华投资	外资减少对华投资
OFDI	中国增加投资	行业在东道国处于成熟生产阶段，东道国行业具有比较优势，符合时代背景，投资国未对其形成完全的控制力，具有较强的国际竞争力。 行业代表：科学研究、信息技术等高端服务业，电力、燃气及水的生产和供应业	行业处于标准化生产阶段，投资东道国在中国失去对该产业链的控制力，国际竞争力相对一般 行业代表：中低端制造业
	中国减少投资	行业处于成熟生产阶段，投资东道国在中国仍掌握对该产业链的控制力，中国行业具有比较优势，资金流入中国，但制度因素影响下，中国难以投资 行业代表：采矿业、租赁和商务服务业、住宿餐饮业等中低端服务业	行业处于标准化生产阶段，生命发展末期，不符合时代背景，投资国失去对其的控制力，国际竞争力较弱 行业代表：房地产业、建筑业

数据来源：中金公司研究部。

3. 国际投资流向对产业链变迁的影响

国际资本流向对全球产业链变迁过程有重要影响。当某个产业因生产层面的比较优势获得外来资本的集中投资，意味着该产业获得充分的发展资源，并有望在做大产业的同时逐步形成规模效应，实现成本的下降，逐渐形成全球产业链的中心——过去来华直接投资大幅增长以及中国成为“世界工厂”充分体现了该过程。但如果外来投资单纯基于消费潜力而仅转移销售等非关键环节，则并非产业链中心的转移。

贸易专业化系数是过去全球制造产业链中心向中国转移的证据。当国家之间产业链相对竞争优势发生变化，产业链中心形成的过程中，往往体现为产品出口竞争力提升，产业链上下游配套更加完善也使得进口依赖度逐步下降，我们计算中国出口行业的贸易专业化系数"同一行业（出口 - 进口）/（出口 + 进口）"以反映该过程。当产业链贸易专业化系数由负转正，在一定程度上反映了国家产业链竞争力提升；若贸易专业化系数持续提升并逐渐接近于 1，则意味着该产业在全球出口份额提升，可能反映国际区域间的产业转移，甚至形成全球产业链的中心（见图 2 - 14）。中国 2001 年加入 WTO 后，各领域贸易专业化系数普遍提升，正是过去全球制造产业链中心向中国转移的证据。

国际资本投资的新趋势，可能意味着越来越多的中国中高端制造业有望成为全球产业链中心。结合对中国 IFDI 和 OFDI 趋势的判断，中国部分资本密集型产业可能仍将占据全球重要地位，同时中国越来越多的中高端制造业可能逐渐形成竞争优势，成为全球产业链中心；此外，中国将部分优势逐渐弱化或规模不经济的中低附加值制造业转移至海外新兴市场，则对应新兴市场在逐渐形成新的产业链中心。在这个过程中，逆全球化背景下的国际关系变化可能对国际投资有一定负面影响，例如发达国家减少对中国的投资尽管不一定改变原趋势，但产业链中心在中国形成的过程可能变慢；此外，与中国关系较为友好的新兴市场，在承接中国产能的过程中可能相对受益，更有利于其产业基础的形成。

四、产业链变迁中的上市公司发展与融资

（一）产业链横向布局对上市公司投资价值的影响

中国各领域普遍实现产业升级对应全球产业链在区域间的迁移。在 2010 年后，除了集成电路、药品和部分原材料领域中国产业链优势仍相对偏弱，中国制造业开始从相对低附加值、低技术含量、低质量、弱品牌的状态逐步走出产业升级的道路，比较典型的是家电、科技硬件及机械等领域。以手机产业链为例，2010 年中国市场的中国品牌手机市场份额相对较低，但随着部分零组件开始切入国际供应体系并成长出立讯精密等一批具备国际竞争力的公司，中国智能手机设备制造商在生产和需求两侧同时受益，并在全球市场实现后发赶超，中国品牌的市场份额从 2014 年不足 20% 逐年提升至 2020 年的 51.4%。相比传统手机时代，中国在智能手机时代逐渐成为全球手机产业链的中心，并且逐渐从低附加值的代工组装等环节向价值链两端的设计、品牌和营销环节上移，获取更多附加值。类似地，中国动力电池在全球形成核心竞争力，为新能源汽车的崛起创造了重要条件，在传统燃油车逐步被新能源车替代的过程中，适配新能源汽车的中国零部件也相对受益，中国汽车产业链的出口在 2020 年以来快速增长，也正在初步形成全球汽车产业链的新中心。

对于金融市场投资而言，产业链中心的形成意味着投资的可持续性提升。产业链中心向某个国家迁移，意味着该国的产业具备发展的相对优势，往往将获得更多的发展资源，一方面在本土市场能够抵御海外竞争者的进入，降低竞争处于劣势或竞争格局恶化的风险；另一方面打开潜在的海外需求空间也避免了国内需求见顶后，行业的市场空间走向尽头。因此对于资本市场投资而言，具备全球竞争力且逐渐形成全球中心的产业链，可能拥有更高的永续增长率，投资所获取的价值也往往更具备持续性。具体而言，在资本市场有以下表现特征：

产业链	重点产品	1997	1998	1999	2000	2001	2002	2003	2004	2005	2006	2007	2008	2009	2010	2011	2012	2013	2014	2015	2016	2017	2018	2019	2020	2021
半导体产业链	集成电路	-0.59	-0.62	-0.59	-0.65	-0.73	-0.72	-0.73	-0.69	-0.70	-0.67	-0.68	-0.67	-0.67	-0.68	-0.67	-0.56	-0.45	-0.56	-0.53	-0.57	-0.59	-0.57	-0.50	-0.50	-0.47
	二极管、晶体管等半导体器件	-0.37	-0.39	-0.37	-0.40	-0.46	-0.53	-0.52	-0.50	-0.45	-0.36	-0.22	0.01	0.00	0.18	0.18	0.02	-0.02	-0.01	0.04	-0.02	-0.03	0.01	0.14	0.14	0.19
电子设备及元器件	电话机	0.10	-0.07	-0.09	-0.13	-0.20	0.12	0.25	0.37	0.49	0.53	0.43	0.50	0.46	0.47	0.41	0.31	0.27	0.31	0.32	0.33	0.12	0.12	0.16	0.13	0.11
	印刷电路	0.12	0.05	-0.03	-0.06	-0.12	-0.16	-0.21	-0.14	-0.10	-0.06	-0.06	-0.04	-0.05	-0.04	-0.05	-0.03	-0.01	0.02	0.07	0.11	0.09	0.10	0.13	0.16	0.26
	其他电子元器件	-0.21	-0.20	-0.27	-0.21	-0.07	0.03	0.03	-0.02	0.05	0.12	0.15	0.19	0.21	0.26	0.23	0.23	0.23	0.24	0.21	0.10	0.03	0.04	0.08	0.03	0.03
	监视器及投影机	0.59	0.68	0.70	0.91	0.95	0.97	0.95	0.95	0.97	0.97	0.96	0.97	0.97	0.98	0.98	0.97	0.98	0.97	0.98	0.97	0.97	0.96	0.94	0.93	0.95
机械设备制造产业链	空气泵或真空泵	0.13	0.12	-0.05	-0.04	-0.07	-0.09	-0.06	-0.08	0.05	0.07	0.19	0.15	0.11	0.18	0.23	0.32	0.32	0.36	0.43	0.44	0.44	0.43	0.48	0.53	0.56
	旋塞、阀门及类似装置	-0.08	-0.04	0.01	0.19	0.22	0.22	0.21	0.13	0.16	0.25	0.37	0.31	0.20	0.23	0.23	0.29	0.27	0.32	0.34	0.32	0.31	0.30	0.30	0.29	0.33
	空气调节器	0.14	0.40	0.41	0.58	0.64	0.67	0.73	0.80	0.84	0.83	0.87	0.88	0.84	0.85	0.87	0.89	0.90	0.89	0.89	0.89	0.91	0.91	0.92	0.92	0.92
	传动轴及曲柄	0.11	0.12	-0.04	-0.01	-0.06	-0.14	-0.19	-0.26	-0.24	-0.23	-0.23	-0.16	-0.23	-0.20	-0.12	0.02	0.03	0.05	0.12	0.15	0.10	0.12	0.16	0.14	0.20
	电气或非电气的冷藏箱	-0.40	-0.33	-0.13	-0.04	-0.04	0.01	0.06	0.28	0.43	0.56	0.59	0.63	0.75	0.74	0.67	0.74	0.73	0.73	0.74	0.79	0.79	0.78	0.81	0.83	0.84
汽车产业链	机动车的零件、附件	-0.34	-0.28	-0.23	-0.30	-0.30	-0.24	-0.44	-0.25	-0.01	-0.01	0.07	0.14	-0.04	-0.04	-0.02	0.02	0.03	0.02	0.10	0.05	0.07	0.09	0.14	0.12	0.20
	摩托车（包括机器脚踏两用车）	0.93	0.99	0.96	0.99	1.00	1.00	0.99	1.00	1.00	1.00	1.00	1.00	1.00	0.99	0.99	0.99	0.99	0.97	0.95	0.94	0.95	0.93	0.91	0.85	0.85
	其它机动车零件、附件	0.46	0.48	0.39	0.47	0.61	0.65	0.74	0.73	0.75	0.79	0.79	0.80	0.82	0.81	0.80	0.79	0.81	0.81	0.80	0.83	0.83	0.84	0.86	0.86	0.86
	主要用于载人的机动车辆	-0.79	-0.91	-0.94	-0.92	-0.94	-0.96	-0.95	-0.87	-0.69	-0.64	-0.56	-0.65	-0.82	-0.86	-0.83	-0.81	-0.82	-0.86	-0.83	-0.80	-0.75	-0.70	-0.69	-0.64	-0.37
医药和医疗器械产业链	医疗、外科、牙科等医用仪器	-0.16	-0.14	-0.36	-0.37	-0.45	-0.33	-0.31	-0.22	-0.12	0.04	0.11	0.12	0.05	0.03	-0.01	-0.05	-0.06	-0.07	-0.05	-0.10	-0.11	-0.13	-0.14	-0.05	-0.11
	机械疗法器具、按摩器具等	0.80	0.85	0.79	0.77	0.69	0.66	0.42	0.65	0.75	0.79	0.82	0.80	0.75	0.73	0.74	0.74	0.71	0.75	0.77	0.77	0.75	0.74	0.79	0.87	0.89
	治病或防病用药品	0.12	-0.07	-0.41	-0.47	-0.51	-0.54	-0.58	-0.56	-0.56	-0.58	-0.60	-0.62	-0.67	-0.65	-0.60	-0.62	-0.62	-0.65	-0.64	-0.67	-0.70	-0.64	-0.69	-0.66	-0.63
	血制品、疫苗等	-0.67	-0.89	-0.82	-0.83	-0.88	-0.55	-0.66	-0.79	-0.78	-0.75	-0.78	-0.82	-0.80	-0.77	-0.81	-0.83	-0.84	-0.82	-0.86	-0.80	-0.85	-0.85	-0.87	-0.54	0.25
纺织产业链	女式西服套装、便服套装	0.96	0.95	0.95	0.95	0.94	0.94	0.95	0.95	0.96	0.96	0.95	0.95	0.96	0.96	0.94	0.93	0.92	0.94	0.93	0.93	0.93	0.91	0.90	0.89	0.89
	针织或钩编的套头衫	0.93	0.93	0.93	0.91	0.88	0.88	0.89	0.89	0.93	0.94	0.95	0.96	0.97	0.97	0.97	0.96	0.95	0.95	0.94	0.93	0.91	0.90	0.88	0.86	0.85
	针或钩织的女式西服套装	0.99	0.98	0.98	0.98	0.97	0.98	0.98	0.98	0.98	0.99	0.99	0.99	0.99	0.99	0.98	0.98	0.98	0.97	0.97	0.96	0.95	0.94	0.94	0.94	0.94
	其它针织物或钩编织物	-0.12	-0.06	-0.04	0.02	0.05	0.19	0.22	0.24	0.30	0.34	0.40	0.43	0.46	0.54	0.58	0.62	0.66	0.72	0.75	0.77	0.80	0.81	0.85	0.87	0.90
	男式西服套装	0.96	0.96	0.96	0.96	0.97	0.96	0.95	0.95	0.95	0.95	0.94	0.93	0.94	0.92	0.89	0.87	0.87	0.89	0.89	0.88	0.87	0.87	0.87	0.83	0.83
化工材料产业链	供运输或包装用的塑料制品	0.57	0.65	0.57	0.52	0.56	0.55	0.55	0.55	0.60	0.60	0.60	0.62	0.59	0.58	0.62	0.68	0.73	0.73	0.74	0.73	0.74	0.75	0.77	0.82	0.82
	仅含有氮杂原子的杂环化合物	0.01	-0.09	-0.19	-0.26	-0.12	-0.08	-0.07	-0.15	-0.15	0.05	0.10	0.26	0.18	0.16	0.18	0.24	0.34	0.41	0.38	0.49	0.45	0.43	0.45	0.51	0.63
	初级形状的乙烯聚合物	-0.96	-0.96	-0.98	-0.98	-0.99	-0.99	-0.98	-0.98	-0.96	-0.95	-0.93	-0.91	-0.94	-0.90	-0.86	-0.87	-0.90	-0.90	-0.90	-0.89	-0.91	-0.92	-0.90	-0.90	-0.85
	初级形状的聚缩醛及其他聚酯	-0.74	-0.74	-0.79	-0.78	-0.74	-0.73	-0.68	-0.72	-0.52	-0.46	-0.38	-0.38	-0.52	-0.49	-0.36	-0.34	-0.25	-0.23	-0.30	-0.28	-0.24	-0.17	-0.16	-0.26	-0.07
金属原材料产业链	未锻轧的精炼铜及铜合金	-0.10	-0.25	-0.62	-0.72	-0.89	-0.89	-0.92	-0.82	-0.79	-0.58	-0.84	-0.85	-0.95	-0.97	-0.89	-0.85	-0.83	-0.86	-0.89	-0.80	-0.82	-0.86	-0.84	-0.92	-0.87
	铁合金	0.97	0.96	0.94	0.95	0.87	0.85	0.76	0.68	0.61	0.43	0.24	0.38	-0.44	-0.20	-0.01	-0.28	-0.47	-0.51	-0.68	-0.73	-0.71	-0.53	-0.77	-0.85	-0.71
	宽度≥600mm的铁或非合金钢平板轧材	-0.85	-0.91	-0.90	-0.89	-0.87	-0.91	-0.93	-0.76	-0.71	-0.19	0.04	0.26	-0.03	0.24	0.48	0.51	0.53	0.59	0.63	0.64	0.67	0.72	0.77	0.77	0.84
	其他钢铁制品	0.31	0.38	0.43	0.48	0.55	0.59	0.54	0.54	0.58	0.60	0.58	0.50	0.51	0.48	0.49	0.51	0.53	0.53	0.57	0.53	0.54	0.56	0.59	0.66	0.72
	铝板、片及带，厚度＞0.2mm	-0.80	-0.79	-0.85	-0.80	-0.79	-0.79	-0.76	-0.70	-0.53	-0.39	-0.18	0.12	-0.06	0.25	0.38	0.35	0.53	0.55	0.57	0.59	0.69	0.75	0.75	0.70	0.76

图 2-14　中国各产业的贸易专业化系数变化反映全球制造产业链中心向中国转移

数据来源：UNcomtrade，中金公司研究部。

1. 产业链中心转移的方向对应上市公司全球市值占比提升

以汽车产业链为例，在传统燃油车时代，美国、德国和日本分别在不同阶段成为全球的领先国，尤其在20世纪90年代以来日本和德国的汽车出口规模交替领先，丰田“聚焦核心整车环节，模块化、专业化外包”也取代“纵向一体化”的“福特制”，成为全球汽车的主流生产模式。该阶段日本和德国的汽车产业链市值份额也明显高于其他国家。但随着2015年以来全球和中国新能源车产业链开始成长并对燃油车形成替代，2019年后中国新能源车产业快速崛起，在乘用车、零部件和动力电池环节的出口规模大幅度提升并逐渐接近日本，与此同时“特斯拉模式”也逐渐成为车企生产新模式。在此背景下，中美有逐渐成为全球汽车产业链新中心的趋势，对应股票市场，则中美汽车产业链的市值占比自2015年以来逐渐上升并在2020年后大幅提升，目前产业链的全球市值占比已超过一半（见图2-15）。这背后既包括中美车企自身在业绩增长驱动下市值扩张，也有更多的新能源车产业链的企业上市的因素。

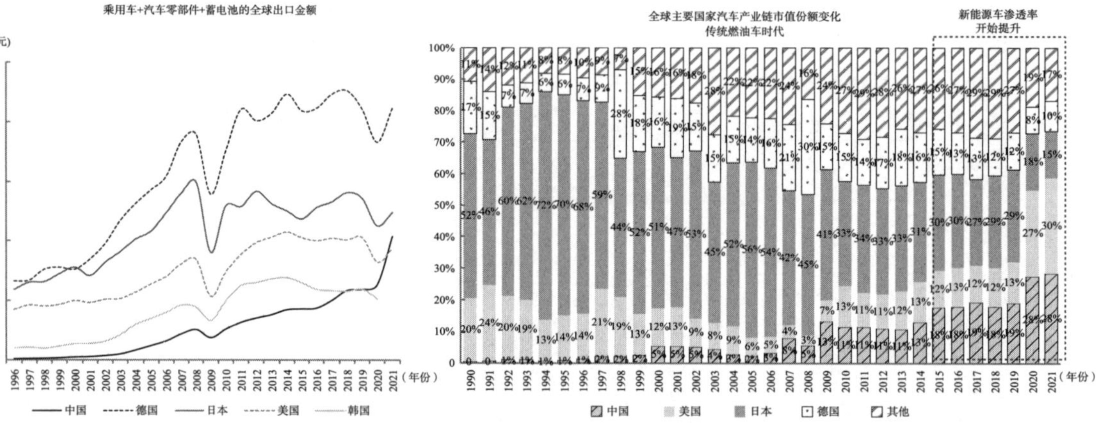

图2-15　当燃油车时代走向新能源车时代，汽车产业链中心逐步向中美转移在全球股票市值占比也有体现

数据来源：UNcomtrade，中金公司研究部。

2. 国际资金通常偏好一个市场中的国际竞争力较强或提升的领域

对于海外资金在不同市场做投资决策，由于对本土产业熟悉程度并不一定高，因而更倾向基于自身认知范围投资具备全球竞争力的产业。例如早期中国台湾股票市场对外资放开后，外资长期增配台湾具备较强优势的半导体和其他电子工业，2000年以来配置比例明显提升，且持股比例也远高于对其他板块的配置（见图2-16）。而过去在2018年中美贸易摩擦和2020年全球疫情之后，中国的高端制造业展示出较强的韧性，在全球份额整体得到提升，外资也一改过去重仓中国消费和金融的局面，对新能源产业链、光伏产业链等高端制造业明显增配。

3. 产业链中心转移过程中带来估值溢价扩张

在产业链投资可持续性提高和全球资金认可度提高的基础上，产业链中心形成也往往带来估值扩张，以日本半导体产业在20世纪80年代赶超美国的经验来看，五大半导体龙头的估值水平与日本在全球市场份额，以及与美国的相对优势有较高的正相关性。当日本半导体

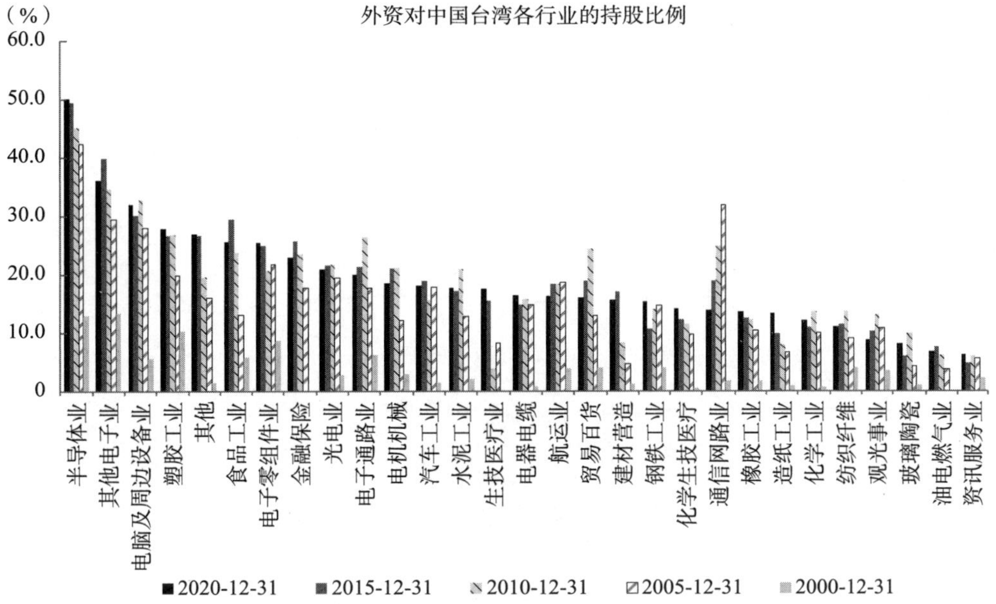

图 2-16　以中国台湾市场为例，外资对科技硬件类行业持仓长期趋势上升且持股比例大幅高于其他板块

数据来源：台湾证券交易所，中金公司研究部。

市场份额上升并超过美国，半导体产业估值整体扩张，而当日本份额在 20 世纪 80 年代末见顶回落后，相关公司的估值也整体回落至常态水平（见图 2-17）。中国市场的高端制造业估值也有类似变化特征，随着中国汽车产业链的全球竞争力提升，2020 年以来无论是中国的汽车零部件还是动力电池，估值相比于海外可比龙头公司的溢价程度均有明显提升。

全球竞争力的差异可能使未来中国不同产业链的市场表现分化。上述全球产业链中心迁移过程中的市场特征，过去在全球和中国的重要产业已得到体现，向未来展望，我们预计中国在全球具备竞争力的产业链都有可能复制类似的投资机会，享受更多的全球资金关注和估值溢价。反之，对于中国不再具备优势的产业，或者未来全球竞争力不确定性较高的产业，可能难以获得外资的青睐，并且相比海外可比公司的估值溢价也有收窄的可能。

（二）产业链纵向分工对上市公司投资价值的影响

产业链的生命周期是投资中不可或缺的另一个维度。产业链自身发展阶段变化同样是投资中的重要考虑因素，即使中国在某一产业的生产制造具备全球比较优势，但如果产业本身同时面临全球性需求萎缩，或者技术进步过程被取代的风险，全球竞争力可能也难以抵消需求收缩的损失，投资该产业同样难以取得收益。因此除了横向全球竞争力以外，产业自身所处的纵向发展阶段也是投资中较为关键的考虑因素，我们以产业生命周期进行刻画，这可能决定了金融投资层面未来面临的潜在收益空间问题。

产业生命周期划分的优化。传统的产业周期理论共分为导入期、成长期、成熟期和衰退期 4 个阶段，其中最受投资关注的通常是成长期。我们进一步将成长期划分为成长前期和成长后期，其中成长前期往往呈现企业收入增速较快且高于利润增速，资本开支和研发费用占收入比重仍相对较高；而成长后期则随着规模效应的释放和竞争格局的优化，企业收入的高

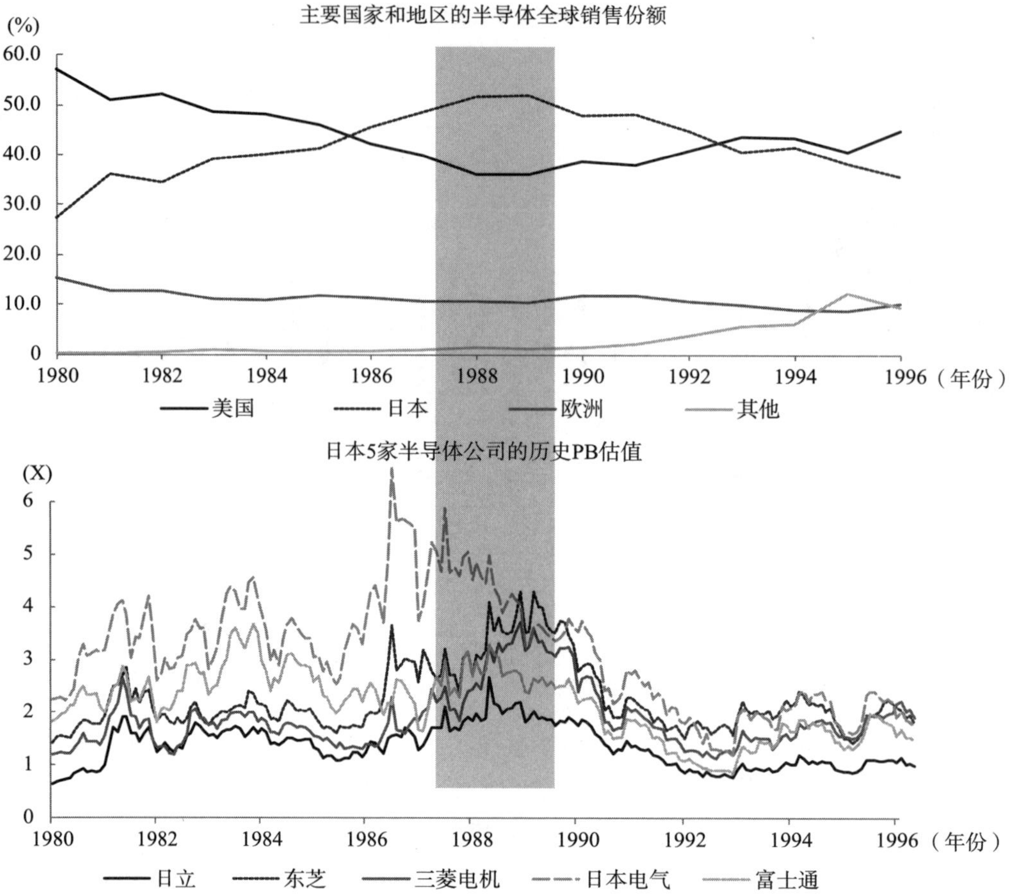

图 2-17 日本半导体份额赶超美国阶段，日本半导体估值整体提升，而在优势弱化阶段则估值重新回落

数据来源：Re-reversal between Japan and the US in the semiconductor industry（2000），Datastream，中金公司研究部。

增长逐步切换至利润高增长，净利润率得到提升，与此同时资本开支占比可能低于成长前期。并且在成熟期以后，部分产业可能因需求萎缩而直接进入衰退期，但也有部分产业通过全球竞争力打开海外市场空间，或者产品供给创新创造新的需求，从而实现生命周期的二次成长（见图 2-18）。

产业生命周期变化往往取决于时代背景。回顾来看，2010 年前后的中国股市表现了不同的结构性特征，如果将与固定资产投资更相关的能源、原材料、工业、公用事业、金融等板块定义为“老经济”，而将与消费和服务扩大及支持消费和服务扩大更相关的板块定义为“新经济”，在 2010 年之后，新经济指数大幅跑赢老经济。产生这种变化的原因在于中国经济增长阶段发生了变化，2000～2010 年，中国处于固定资产投资高速增长、扩建产能的阶段，名义固定资产投资增速年均达 20% 以上，推动中国成为全球最大的原材料消费国，也驱动原材料板块的业绩高速增长和商品牛市。而 2010 年之后，中国较多领域出现了产能过剩，固定资产投资增速开始下行，而消费市场及支持消费升级相关的领域还在稳步扩张。因此在 2005～2007 年被视为成长股的资源行业，进入 2010 年后开始被认为是成熟期甚至是衰

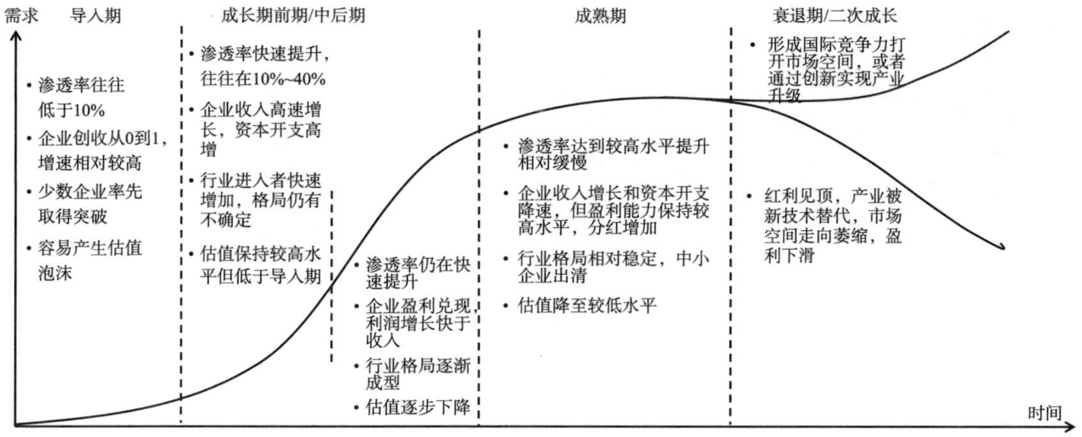

图 2－18　产业纵向分工体现在产业的生命周期

数据来源：中金公司研究部。

退期行业，行业从 PB 估值靠前变为靠后，而消费升级和产业升级相关的领域成为新时代背景下的成长行业（见图 2－19）。

产业生命周期变化特征的刻画。我们选取了 3 年收入复合增速、资本开支/营业收入、总资产周转率和净利润率等指标对产业链的生命周期状态进行刻画。其中 3 年收入复合增速和资本开支/营业收入是区分行业是否为成长行业的主要指标，资本开支增长越快和占收入比重越高，往往是成长阶段的主要特征，结合 3 年收入复合增速则判断的可靠性更高。而净利润率和资产周转率在成长期的不同阶段可能差异较大，成长前期往往利润兑现情况不及收入增长，净利润率处于历史偏低分位，收入增长也快于资产积累使得周转率上升；而成长后期或二次成长阶段，行业格局逐渐稳定对应行业利润逐步兑现，且资产端现金资产的快速积累也往往导致资产周转放缓。除了指标的静态状态，产业所处生命周期阶段也需要考虑动态变化，以家电为例，其净利润率提升和资产周转率下降均为从成长走向成熟时期的特征，但由于行业格局优化、海外市场开拓以及产品创新升级，在部分年份家电又重新呈现出成长期的特征（见图 2－20）。结合上述指标的静态水平和动态趋势，以及行业的渗透状况和格局特征，可能有助于对产业的生命周期阶段进行更好刻画。

（三）投资上市公司可能的机遇与风险

1. 基于产业链全球竞争力和产业生命周期看中国上市公司的投资价值

结合中国当前的发展特征，我们认为具备以下特征的产业能够更好发挥中国大市场、“大长全”的产业链、大基建和人才红利四大优势，有望率先得到发展并形成全球竞争力，成为全球产业链的中心：

有一定技术含量：有一定技术含量的产业能充分利用中国“高知识含量劳动力”的成本优势，同时积极有为的产业政策支持也有助于突破行业发展瓶颈，相比发展中国家的优势突出。然而相较于欧美发达国家，中国科学技术研发起步较晚，例如在制造业发展上以依赖大规模资本开支为主，研发投入不足，制造业有大而不强的特征。根据发达国家－发展中国家技术迭代曲线[14]，中国在前沿核心技术追赶上仍存在一定距离，对于部分创新迭代仍处

行业横向PB估值排名变化	2005				2006				2007				2008				2009				2010				2011				2012				2013				2014				2015				2016				2017				2018				2019				2020				2021				2022		
	Q1	Q2	Q3	Q4	Q1	Q2	Q3	Q4	Q1	Q2	Q3	Q4	Q1	Q2	Q3	Q4	Q1	Q2	Q3	Q4	Q1	Q2	Q3	Q4	Q1	Q2	Q3	Q4	Q1	Q2	Q3	Q4	Q1	Q2	Q3	Q4	Q1	Q2	Q3	Q4	Q1	Q2	Q3	Q4	Q1	Q2	Q3	Q4	Q1	Q2	Q3	Q4	Q1	Q2	Q3	Q4	Q1	Q2	Q3	Q4	Q1	Q2	Q3	Q4	Q1	Q2	Q3	Q4	Q1	Q2	Q3
石油石化	14	17	15	9	8	13	12	11	20	20	19	7	16	11	5	12	22	18	22	22	24	25	25	25	24	25	24	24	24	24	24	24	24	23	24	24	23	23	24	25	26	27	26	26	26	27	27	27	27	27	27	27	27	24	23	25	25	25	25	25	27	27	27	26	26	26	25	27	27	27	25
煤炭	2	8	12	16	14	21	22	22	27	15	5	3	5	3	4	17	20	12	9	13	19	20	20	17	17	14	14	14	14	18	14	17	23	24	25	26	26	26	26	26	27	26	27	27	27	26	26	26	26	26	26	26	26	27	27	27	27	26	24	27	26	26	26	25	25	24	21	24	20	18	18
有色金属	18	19	18	17	7	6	10	12	10	8	2	2	6	13	16	21	5	3	4	4	8	10	4	4	2	3	5	9	4	4	4	4	7	10	12	16	17	15	13	12	16	17	17	17	16	16	16	16	16	16	11	11	9	12	14	14	17	11	13	14	16	16	16	11	13	12	9	9	10	10	11
钢铁	26	27	28	28	28	28	28	27	28	28	28	28	28	28	28	28	28	28	28	28	28	28	28	28	28	28	28	28	28	28	28	28	28	28	28	28	28	28	27	27	25	25	25	25	25	25	25	25	25	25	24	24	25	25	25	26	26	27	27	26	25	24	24	24	23	23	22	23	23	24	24
基础化工	19	20	21	21	19	20	18	20	18	14	16	17	10	5	7	8	12	14	12	10	11	13	12	10	11	9	8	13	12	12	10	12	10	11	13	12	13	13	11	14	12	13	13	13	13	12	11	11	12	12	13	13	13	10	13	13	15	15	14	16	15	15	15	12	11	10	8	8	9	9	9
建材	23	25	24	20	18	17	17	14	14	13	13	16	15	18	24	19	14	19	18	18	16	18	17	14	9	6	16	18	17	19	19	14	21	22	22	20	19	19	19	22	22	22	20	19	19	18	17	17	17	17	16	15	15	15	12	17	14	14	16	12	12	14	14	16	14	15	16	18	16	15	19
建筑	28	28	27	27	27	26	25	25	24	23	20	23	27	25	22	15	24	26	27	27	26	27	26	26	26	24	26	27	27	25	25	25	25	25	26	25	25	25	25	23	23	24	23	24	24	24	24	23	23	24	25	25	24	26	26	24	24	24	26	24	24	25	25	27	27	27	27	26	26	26	27
电力及公用事业	13	12	14	15	21	23	26	24	25	22	23	26	26	23	20	16	19	23	23	26	25	24	24	23	23	23	23	22	23	21	21	21	18	18	20	21	22	21	20	20	21	18	18	21	21	21	21	21	21	20	20	23	22	21	21	19	21	21	20	20	20	21	22	21	19	22	19	17	18	17	15
轻工制造	20	18	22	25	25	25	24	26	23	26	25	27	25	26	27	27	27	27	26	24	23	23	21	21	20	22	20	23	22	22	22	22	16	14	15	14	12	11	12	18	13	9	10	10	9	10	9	9	7	5	6	8	7	7	10	9	9	9	10	10	10	11	12	13	10	13	14	14	13	14	14
机械	5	13	11	14	11	7	7	7	8	3	4	4	8	14	12	9	11	13	11	16	18	15	15	13	12	11	15	16	16	14	16	16	17	19	18	15	15	14	14	13	11	14	12	14	14	14	15	13	13	13	14	14	16	16	15	12	12	13	12	13	13	13	13	10	12	11	12	12	12	13	12
电力设备及新能源	9	7	5	6	6	5	5	9	6	9	7	10	2	2	3	2	1	2	2	3	4	4	7	7	8	10	11	12	13	15	15	19	13	13	11	11	8	10	10	11	9	10	11	12	12	11	12	14	15	15	15	16	17	17	18	15	13	16	15	15	14	12	9	8	9	6	4	3	4	3	4
国防军工	10	11	4	4	5	1	1	4	3	6	12	9	13	15	14	11	10	10	6	5	6	6	6	5	4	2	3	3	3	6	7	10	9	7	8	8	10	6	4	4	4	3	4	5	5	4	5	5	5	9	10	10	12	14	9	10	10	10	9	9	9	10	7	6	8	7	7	6	7	6	3
交通运输	4	5	9	10	17	18	19	16	15	17	14	15	17	19	15	25	25	24	24	23	22	22	23	24	25	26	25	25	25	26	26	26	26	26	23	23	24	24	23	24	24	21	22	22	22	23	23	24	20	21	22	19	19	19	20	21	20	20	21	21	22	22	21	20	20	19	20	20	21	19	20
房地产	17	16	16	11	10	16	11	8	11	5	9	13	11	20	23	20	15	6	15	19	20	21	22	22	21	20	21	21	20	17	20	11	19	17	19	22	20	22	21	19	20	19	21	18	20	20	19	20	22	22	23	22	21	23	24	23	22	23	23	22	23	23	23	23	24	25	26	25	25	25	26
银行	6	3	3	5	4	11	14	5	16	25	27	21	22	17	18	23	26	22	25	25	27	26	27	27	27	27	27	26	26	27	27	27	27	27	27	27	27	27	28	28	28	28	28	28	28	28	28	28	28	28	28	28	28	28	28	28	28	28	28	28	28	28	28	28	28	28	28	28	28	28	28
非银行金融	15	4	6	3	1	3	2	1	1	2	3	5	18	4	2	5	4	5	7	7	13	14	19	20	22	21	22	19	19	13	11	9	14	21	21	19	21	20	22	7	17	23	24	23	23	22	22	22	24	23	21	21	23	22	19	20	18	17	17	17	18	18	18	18	21	20	24	22	24	23	23
汽车	25	21	20	24	23	19	20	21	21	19	17	19	24	27	26	26	23	20	16	12	15	17	13	18	18	18	19	20	21	23	23	20	22	15	16	17	18	18	18	21	19	20	19	20	18	17	18	18	18	18	18	18	18	18	17	18	19	19	19	19	19	19	17	15	17	14	13	13	14	12	13
商贸零售	16	14	13	13	13	8	9	10	7	7	8	11	9	12	13	14	13	11	13	11	12	11	10	11	13	13	10	10	10	10	12	13	12	16	10	13	14	17	16	15	15	16	15	16	17	19	20	19	19	19	19	20	20	20	22	22	23	22	22	23	21	17	20	22	22	21	23	21	22	20	21
消费者服务	8	9	8	8	12	9	6	6	5	10	10	6	3	8	10	10	8	9	10	14	7	5	8	8	6	12	9	7	7	3	3	3	5	6	6	6	5	4	5	5	5	5	5	4	3	7	8	10	11	10	9	7	5	3	3	2	5	2	2	2	4	2	2	2	2	2	2	2	2	2	2
家电	27	26	26	26	26	27	27	28	26	24	24	24	21	21	19	18	16	16	17	15	14	12	14	15	15	15	17	17	15	16	17	15	11	12	14	9	11	12	17	17	18	15	16	15	15	15	13	15	10	7	8	5	6	5	6	8	8	6	8	7	8	7	8	7	6	8	10	10	11	11	10
纺织服装	21	22	23	23	24	22	21	23	19	16	21	25	23	24	21	22	18	17	20	20	17	16	16	16	16	16	13	11	11	11	13	18	20	20	17	18	16	16	15	16	14	12	14	11	11	13	14	12	14	14	17	17	14	11	16	16	16	18	18	18	17	20	19	19	18	18	17	16	17	16	17
医药	11	10	10	12	15	12	13	17	12	11	11	14	14	7	6	3	3	4	3	2	3	2	2	2	3	4	2	2	2	2	2	2	2	3	2	2	3	3	3	3	3	4	3	3	4	3	3	3	4	2	4	2	2	2	2	3	3	5	4	5	5	3	3	3	3	3	3	5	3	4	7
食品饮料	3	2	2	2	2	2	3	2	2	1	1	1	1	1	1	1	2	1	1	1	1	1	1	1	1	1	1	1	1	1	1	1	1	2	5	5	6	5	7	6	10	11	7	9	6	8	4	2	1	1	1	1	1	1	1	1	1	1	1	1	1	1	1	1	1	1	1	1	1	1	1
农林牧渔	24	23	19	22	20	15	15	15	13	18	18	18	7	6	11	7	9	15	14	9	9	9	5	6	7	5	4	6	6	8	9	7	8	8	7	7	7	9	8	10	8	7	6	8	7	6	6	6	9	11	12	9	10	8	8	6	4	4	5	6	3	6	6	9	7	9	11	11	8	7	5
电子	12	15	17	18	16	14	16	19	17	21	22	22	19	22	25	24	21	21	21	17	10	7	9	9	10	7	7	8	9	7	6	6	3	4	4	4	4	7	6	9	7	6	8	7	8	5	7	7	6	4	2	3	4	6	5	7	6	7	6	3	6	5	5	4	4	4	5	4	5	5	6
通信	22	24	25	19	22	24	23	18	22	27	26	20	20	16	17	13	17	25	19	21	21	19	18	19	19	19	18	15	18	20	18	23	15	9	9	10	9	8	9	8	6	8	9	6	10	9	10	8	8	8	5	12	11	13	7	5	7	8	7	8	7	8	10	14	15	16	15	19	19	21	22
计算机	7	6	7	7	9	10	8	13	9	12	15	12	4	10	9	6	7	7	5	6	2	3	3	3	5	8	6	4	8	9	8	8	6	5	3	3	2	1	1	1	1	1	1	1	1	1	1	1	2	3	3	4	3	4	4	4	2	3	3	4	2	4	4	5	5	5	6	7	6	8	8
传媒	1	1	1	1	3	4	4	3	4	4	6	8	12	9	8	4	6	8	8	8	5	8	11	12	14	17	12	5	5	5	5	5	4	1	1	1	1	2	2	2	2	2	2	2	2	2	2	4	3	6	7	6	8	9	11	11	11	12	11	11	11	9	11	17	16	17	18	15	15	22	16

图 2-19 除了全球比较优势，产业链生命周期位置的变化也是资本市场对产业链估值定价的重要因素

数据来源：Wind 资讯，中金公司研究部。

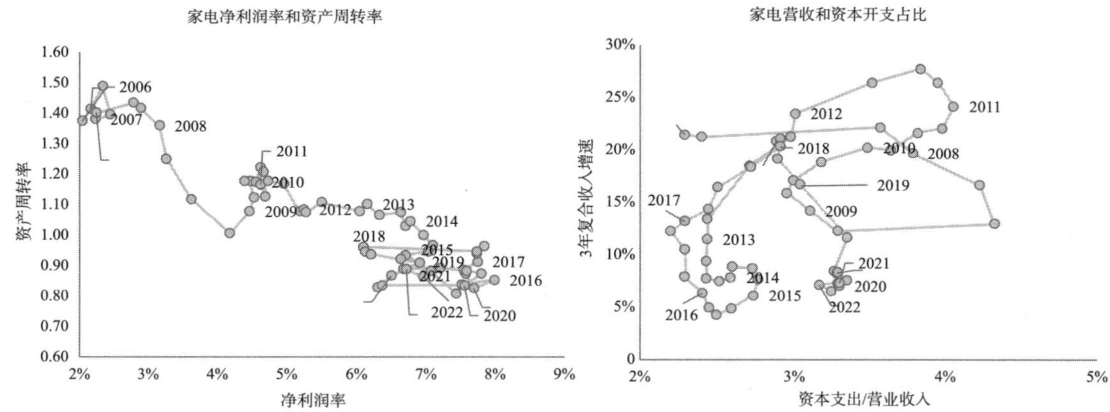

图 2-20 产业生命周期也在动态变化，产业创新升级或打开海外市场也能带动行业从成熟期进入二次成长

数据来源：Wind 资讯，中金公司研究部。

注：右图虚线处为二次成长期。

初期、技术含量过高的产业短期内尚难以形成优势。若使用研发费用率对中国产业链的技术含量进行刻画，中国有优势的区间可能主要是研发费用率处于中高分位的行业。

产业链相对复杂：中国“大长全”的产业链有效缩小企业的采购和物流成本，也缩短对需求及技术变化的响应时间，这意味着产业链比较复杂的行业在中国能够得到较为全面的配套发展，而大多数海外经济体则可能难以承接这类行业。我们利用投入产出表，构建最终品需求网络的模型计算各个产业链长度，以此对产业链复杂程度进行刻画，产业链越长可能隐含中国在全球越具备相对竞争优势，我们将产业链长度高于 50% 分位的区间视为中国具有竞争优势。

产品可标准化制造程度高：对于能标准化生产、产品差异度低且可贸易程度高的行业，能够充分利用中国大市场的优势进行规模化生产，将成本降至尽可能低的水平，例如汽车、家电和大部分机械设备的标准化程度都相对较高，而食品、服装和家具等制造业消费者偏好差别大则难以标准化生产。因此，产品可标准化制造程度高的制造业行业未来更有望充分利用中国大市场的优势而形成强竞争力。

综合上述三个维度，中国未来有望在全球具备较强竞争力或竞争力提升的产业链主要分布在汽车制造、电气机械及器材制造、通用设备制造、交运设备制造、专用设备制造和计算机、通信和其他电子设备、研究及试验发展等领域（见图 2-21）。

2. 关注从效率走向安全以及规模化“红利”存在边界的潜在风险

国际形势正在经历复杂深刻的变化，将影响产业链变迁过程和资本市场投资。技术差距理论[15]指出技术水平在国家之间的相对差别会促进国际分工与国际贸易，领先国家将低附加值环节外包给其他国家，从而将更多精力投入高附加值环节及创新研发，技术的外溢效应也使得技术相对落后国家在积极参与国际分工中实现承接与模仿，逐步缩小与领先国家的差距，甚至在新的技术迭代周期中实现赶超，这也是中国许多制造产业过去成长壮大的过程。但是在国际竞争加剧的背景下，产业链区域间的转移过程可能中断，是投资中不可忽视的风险因素，而部分本可在合作中加速发展的环节也将发展受阻，产业链的横向全球竞争力和纵向的成长周期都受到影响。

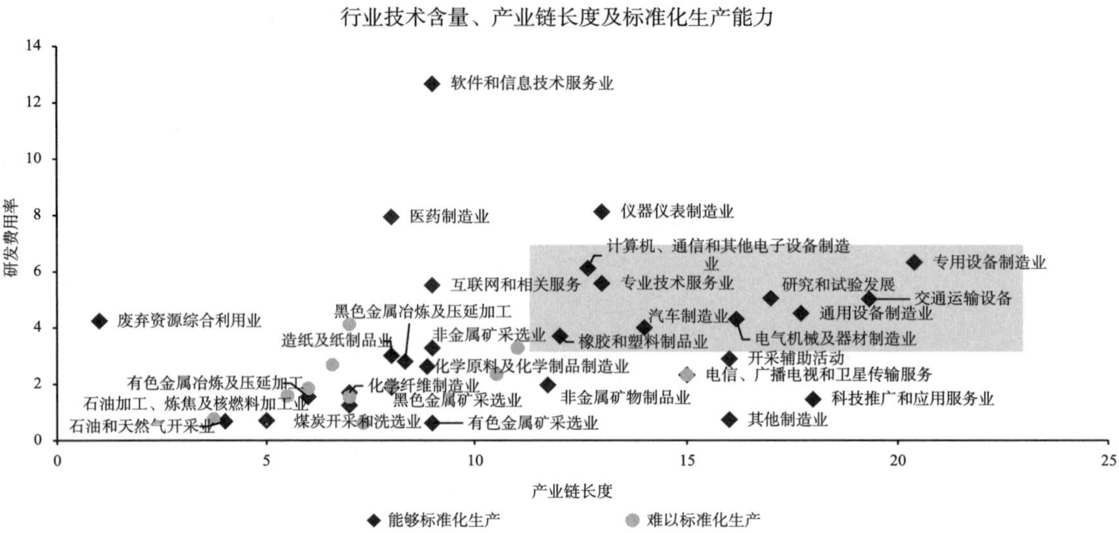

图 2-21　从产业复杂度、技术含量程度、标准化程度看未来中国在全球具备较强竞争力的产业链

数据来源：Wind，中金公司研究部。

注：研发费用率为 2019～2021 年均值。

未来投资的另一潜在隐忧在于规模化的“红利”可能存在尽头，持续的科技创新能力是关键。历史已经证明，开发中国这个规模“史无前例”的单一市场，对促进中国自身、对全球的经济增长都具有重要意义。但是，“规模化”红利在“规模化”实现的过程中也会逐步枯竭，届时中国和全球或将面临增长下行压力。正如美国经济学家 Denison[16] 论述规模经济的作用时提到的，市场扩大带来的规模经济效应，可能也会是一种导致经济增速逐步下降的影响力量①。中国的产业升级的进程，是企业通过大市场规模效应来降低成本、逐步迭代升级、增强竞争力的过程，这种规模化的红利正在越来越多的产品上体现，从此前相对低附加值的鞋袜、玩具、家具等，逐步到手机产业链、通信设备、家电、汽车等项目上。但这种“规模化”红利总会有枯竭的一天。届时，中国的经济增长可能就得更加依赖技术进步来推动。Denison 也指出，技术和商业组织的变化可能已经并且会不断带来规模经济，但这不足以抵消更加依赖于技术进步推动经济增长的基本趋势②。的确，当现代化的生产方式已经覆盖地球上越来越多的人口，尤其在像中国人口规模如此之大的经济体实现现代化、规模化后，类似罗马俱乐部③在当年《增长的极限》[17] 中阐释的，经济增长速度是递减的、可能有极限的，我们认为全球的经济增长将越来越难、越来越依赖和逼近技术进步速度，届时持续科技创新能力对一国和全球经济增长就变得更加关键。

---

① Economies of scale associated with expansion of the national market are presumably an influence tending toward a declining rate of economic growth.

② Changes in technology and in business organization may constantly replenish opportunities for scale economies, and probably have done so, but there is no presumption that this is sufficient to offset the basic tendency.

③ 罗马俱乐部是一个关于未来学研究的国际性民间学术团体，主要创始人是意大利学者和工业家 Aurelio Peccei、苏格兰科学家 Alexander King。

参考文献

[1] Smith, A. The Wealth of Nations [M]. 1776.

[2] Stigler, G. J. The Division of Labor is Limited by the Extent of the Market [J]. The Journal of Political Economy, 1951, 59: 185 - 193.

[3] Young, A. A. Increasing Returns and Economic Progress [J]. The Economic Journal (London), 1928, 38 (152): 527 - 542.

[4] Posner, M. V. International Trade and Technical Change [J]. Oxford Economic Papers, 1961, 13 (3): 323 - 341.

[5] Spengler, J. J. Vertical Integration and Antitrust Policy [J]. Journal of Political Economy, 1950, 58 (4): 347 - 352.

[6] Bartelsman, E. J., Caballero, R. J., Lyons, R. K. Customer - and Supplier - driven Externalities [J]. American Economic Review, 1994, 84 (4): 1075 - 1084.

[7] OECD Insights - Economic Globalisation: Origins and Consequences, OECD Economic Outlook, January 2007.

[8] 肖立晟、徐子桐、范小云：估算中国的IFDI和OFDI——来自“避税天堂”与返程投资的证据，金融研究 [J]. 2022 (2).

[9] Sutherland, D., Matthews, B., & Sutherland, D., 'Round Tripping' or 'Capital Augmenting' OFDI? Chinese Outward Investment and the Caribbean Tax Havens., 2009.

[10] Damgaard, J., Elkjaer, T., & Johannesen, N., What is Real and What is Not in the Global FDI Network?, December 2019.

[11] Ren X., Yang S. Empirical Study on Location Choice of Chinese OFDI [J]. China Economic Review, 2020, 61: 101428.

[12] Zhang X., Daly K. The Determinants of China's Outward Foreign Direct Investment [J]. Emerging Markets Review, 2011, 12 (4): 389 - 398.

[13] Kang Y., Jiang F. FDI Location Choice of Chinese Multinationals in East and Southeast Asia: Traditional Economic Factors and Institutional Perspective [J]. Journal of World Business, 2012, 47 (1): 45 - 53.

[14] Posner, M. V., International Trade and Technical Change. October 1961.

[15] Posner, M. V., International Trade and Technical Change, . October 1961.

[16] Beckerman, W., The Sources of Economic Growth in the United States and the Alternatives Before Us, December 1962.

[17] Meadows, D. H., Meadows, D. L., Randers, J., & Behrens, W. W. (2018). The Limits to Growth. In Green Planet Blues (pp. 25 - 29). Routledge.

3. 全球产业链格局演变对中国上市公司的影响
——以新能源汽车产业为例

中关村中慧先进制造产业联盟 中国企业联合会 联合课题组*

中国新能源汽车产业的迅猛发展不仅重塑了国内产业结构和消费模式，也在全球产业链中占据了显著地位。报告详细分析了新能源汽车全球产业格局的演变及其对中国上市公司的影响，从电池技术、整车制造、政策支持、技术研发等多个维度，深入探讨了中国新能源汽车产业的发展状况、竞争力和前景。在全球产业链格局演变中，中国多家新能源汽车相关上市公司不仅在资本市场中表现活跃，而且得到了市场的认可。这反映了市场对中国新能源汽车产业发展的信心，同时也突显了全球产业链变化对中国上市公司的积极影响。这些公司不仅在国内市场实现了业务扩张和技术进步，其股价和市值的增长也展示了他们在全球市场竞争中的实力和潜力。全球产业链格局的演变为这些上市公司提供了进入新市场、拓展业务范围、在全球范围内参与合作和竞争的机会，反过来也提升了他们的全球影响力和市场地位。

---

* 本项目课题组成员为：朱宏任，中国企业联合会 中国企业家协会 党委书记、常务副会长兼秘书长；田立东，中国企业联合会会员工作部主任；陈玉涛，中国企业联合会常务理事、标委会副主任，中关村中慧先进制造产业联盟专家委主任；杨秀丽，中关村中慧先进制造产业联盟研究部主任；高志勇，中关村中慧先进制造产业联盟研究部研究员。

一、全球新能源汽车产业格局

（一）全球与中国新能源汽车产业规模

1. 全球新能源汽车保有量、产量/销量，中国第一

近年来，新能源汽车行业在全球范围内迅速发展，特别是在中国、欧洲和美国这三大主要市场，新能源汽车的销量显著增长。根据国际能源署（International Energy Agency，简称：IEA）2023 年 4 月 26 日发布的《全球电动汽车展望 2023》报告显示，2022 年全球新能源汽车销量超过 1000 万辆，显示出指数级增长，而 2023 年第一季度，全球新能源汽车销量已达到 230 万辆，同比增长约 25%，预计全年销量将增长 35%，达到 1400 万辆。其中，中国尤其突出，2022 年全球 60% 的新能源汽车销售发生在中国，全球已售出的新能源汽车一半以上在中国注册。与此同时，欧洲和美国市场的增长也十分显著，2022 年分别增长 15% 和 55%。具体来看，中国新能源汽车销售约为 590 万辆，欧洲约为 254.22 万辆，美国约为 99 万辆（见图 3-1）。

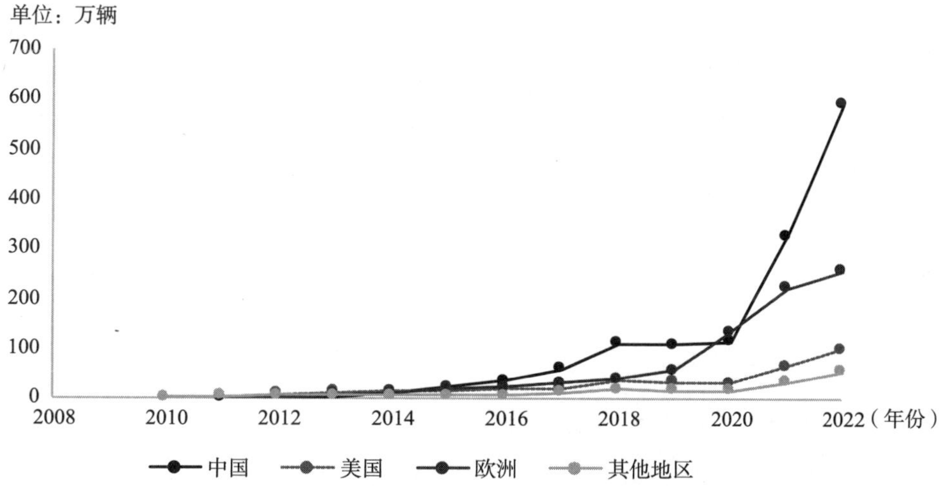

图 3-1　新能源汽车全球主要地区销量

数据来源：国际能源署（IEA），中慧智库整理。

此外，2022 年中国新能源汽车保有量约为 1410 万辆，美国约为 296 万辆，欧洲约为 737.44 万辆，其他地区约为 154.45 万辆，新能源汽车保有量也占据主要地位。表现出新能源汽车在全球汽车市场中占据的重要地位，特别是在中国市场的领先地位。

对可持续交通和低碳生活方式的持续关注，以及各国政府在促进新能源汽车产业发展方面所采取的积极政策和补贴措施，并伴随着电池技术的不断进步和成本降低，预计全球新能源汽车市场将继续保持强劲增长势头。

2. 中国新能源汽车保有量、产量/销量，领先全球

根据公安部 2023 年 10 月 10 日发布最新统计，截至 2023 年 9 月底，全国机动车保有量达 4.3 亿辆，其中汽车 3.3 亿辆，新能源汽车 1821 万辆。新能源汽车占全国汽车保有量的 5.5%。其中，纯电动汽车保有量 1401 万辆，占新能源汽车总量的 76.9%（见图 3-2）。

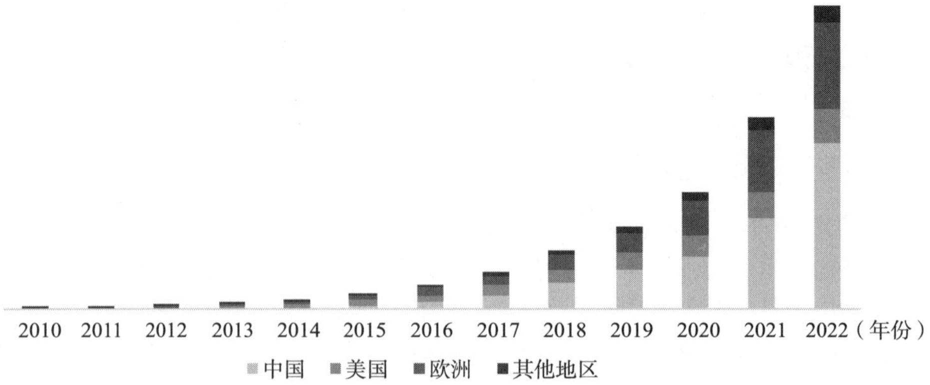

图 3-2　新能源汽车全球主要地区保有量占比

数据来源：国际能源署（IEA），中慧智库整理。

另据国家统计局及中国汽车工业协会最新统计显示，2022 年我国新能源汽车持续爆发式增长，产销分别完成 705.8 万辆和 688.7 万辆，同比分别增长 96.9% 和 93.4%，连续 8 年保持全球第一。其中，2022 年我国新能源汽车全年销售 688.7 万辆，市场占有率提升至 25.6%，高于上年 12.1 个百分点，全球销量占比超过 60%（全球销量约 1147.8 万辆）。此外，截至 2022 年年底，全国累计建成充电桩 521 万个、换电站 1973 座，其中 2022 年新增充电桩 259.3 万个、换电站 675 座，充换电基础设施建设速度明显加快。累计建立动力电池回收服务网点超过 1 万个，基本实现就近回收。2010～2022 年中国新能源汽车产量及销量如图 3-3 所示。

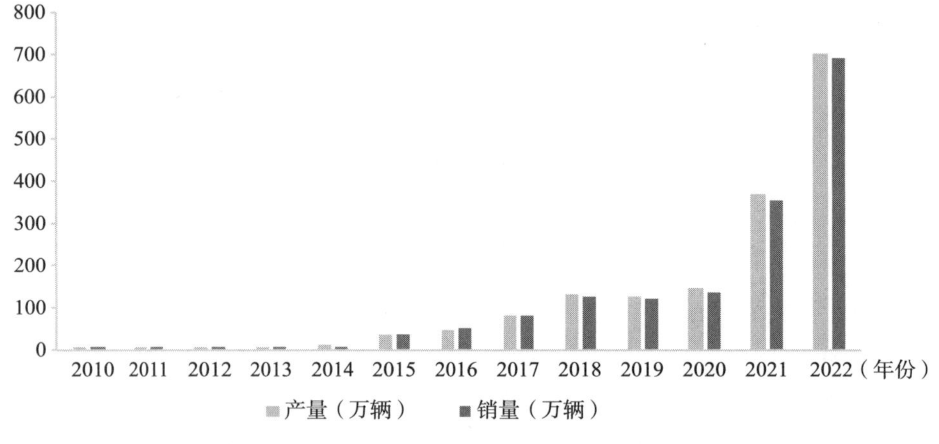

图 3-3　2010～2022 年中国新能源汽车产量及销量

数据来源：国家统计局，公安部，中国汽车工业协会，中慧智库整理。

自 2009 年起，我国开始推动节能与新能源汽车的发展，通过公共服务领域节能与新能源汽车示范推广城市从 13 个城市扩大到 25 个城市，6 个城市启动私人购买新能源汽车补贴试点工作。2012 年 6 月国务院发布《节能与新能源汽车产业发展规划（2012—2020 年）》，进一步为产业发展明确了方向和任务，提供了政策保障。新能源汽车总量逐年递增，2011 年增长 16.53%、2012 年增长 52.96%、2013 年增长 11.27%。

2014 年建立由工业和信息化部牵头、18 个部门参加的节能与新能源汽车产业发展部际联席会议制度。国务院办公厅印发了《关于加快新能源汽车推广应用的指导意见》，相关部门出台了免征车购税、充电设施建设奖励、推广情况公示、党政机关采购等一系列政策措施，提振了发展新能源汽车的信心，使得我国新能源汽车连续两年井喷式增长，其中 2014 年增长 489. 06% 、2015 年增长 290. 94% 。

2016 年、2017 年、2018 年新能源汽车产能逐渐回归平稳增长，分别是连续增长了 39. 94% 、72. 98% 、60. 08% 。2019 年首次出现下降，下降比例为 2. 28% 。2020 年全社会逐步适应新冠疫情影响恢复生产，新能源汽车增长 17. 23% ，同年 11 月国务院办公厅关于印发《新能源汽车产业发展规划（2021—2035 年）》，通过政策引导和市场激励，致力于形成绿色、可持续的汽车产业。到 2021 年新能源汽车产业增长 152. 54%（见图 3 - 4，图 3 - 5）。

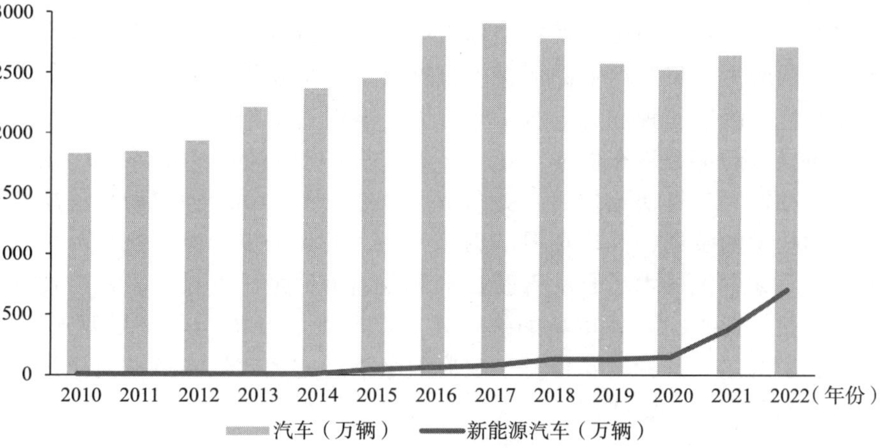

图 3 - 4 中国新能源汽车 2010 ~ 2022 年产量

数据来源：国家统计局，公安部，中国汽车工业协会，中慧智库整理。

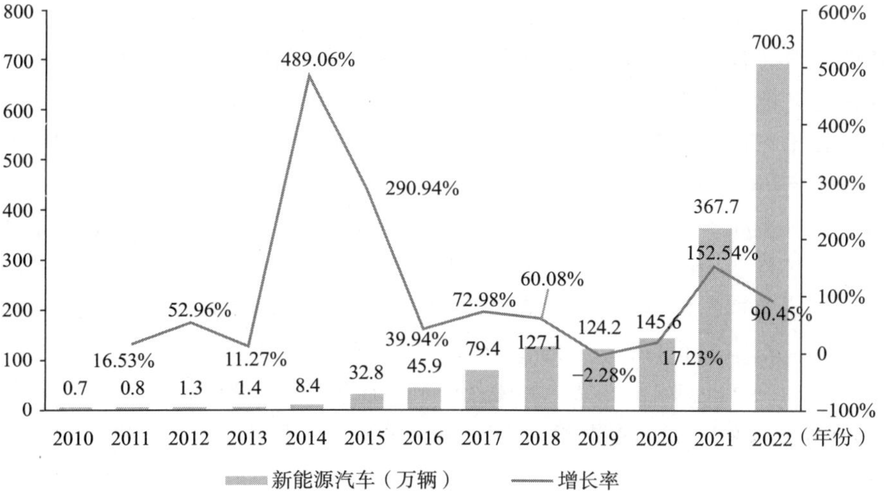

图 3 - 5 中国新能源汽车 2010 ~ 2022 年产量增速

数据来源：国家统计局，公安部，中国汽车工业协会，中慧智库整理。

（二）新能源汽车产业市场格局

1. 全球新能源汽车市场格局

2022 年，全球新能源汽车市场销量创下了历史新高。欧洲和美国也在新能源汽车领域取得了显著的进步。在欧洲，各国政府加强了对碳排放的控制，出台了更为严格的政策，推动新能源汽车的普及。同时，欧洲的汽车制造商也加大了对新能源汽车技术的研发投入，推出了一系列备受好评的新能源汽车产品。

2022 年全球新能源汽车的销售量实现了历史性的飞跃，总销量突破了 1000 万辆。相比于 2021 年，全球新车销售中新能源汽车的比例从 9% 提升至 14%。当然，增长的背后是多种因素的共同作用，包括产业链相关的技术进步、成本降低、政策支持以及消费者对于清洁能源和低碳生活方式的日益关注。

从全球主要市场来看。中国市场在全球新能源汽车市场中占据了主导地位，一是中国政府对新能源汽车的大力扶持和严格的环保政策推动；二是在技术方面也在不断进步，尤其是在智能化、交互性、续航里程和充电技术等方面，是促进增长的主要因素。欧洲市场紧随中国之后，欧洲也成为新能源汽车的一个重要市场。多国政府的支持政策和民众的环保意识，促使新能源汽车在欧洲获得快速发展。美国市场虽然较中国和欧洲市场相对规模较小，但随着政策的推动和技术的发展，其市场需求迅速上升，成为全球新能源汽车市场的重要力量之一。并且美国一直在电池技术、自动驾驶技术等方面不论是研发投入，还是技术应用方面均处于全球领先地位。此外，新兴市场的快速发展，印度、泰国和印度尼西亚等国家与 2021 年相比销量增长了两倍。这种增长得益于政府的激励措施和政策支持，引导投资者快速对新能源汽车市场入局起到了关键作用。

2. 我国新能源汽车市场居全球主导地位

从全球销售数量上来看，我国新能源汽车的销售数量在全球市场中占据主导地位，2022 年约占全球销量的 60%，已经充分表明我国市场对全球新能源汽车销量的贡献度，以及在全球新能源汽车产业中的主导地位。

随着新能源汽车需求的增长，我国本土和国际汽车制造商都在扩大其在我国的生产能力。这包括增加新能源汽车和电池制造的能力，以支持国内外市场的需求，使得我国在新能源汽车的电池技术方面处于领先地位。例如，磷酸铁锂电池技术的发展主要由中国推动，几乎 95% 的磷酸铁锂电池用于在我国生产的轻型新能源汽车。

与此同时，本土化企业中国制造占据主要供应份额。2022 年我国制造商在全球新能源汽车销售中的份额从 2015 年的 35% 上升到 45%。其中比亚迪（002594. SZ/01211. HK）作为领先的中国新能源汽车制造商，在 2022 年占据了全球新能源汽车市场 18% 的份额。除了比亚迪（002594. SZ/01211. HK）之外，中国市场上还有多家重要的新能源汽车制造商，如广汽集团（601238. SH）、蔚来汽车（NIO/09866. HK）、小鹏汽车（XPEV/09868. HK）、理想汽车（LI/02015. HK）、北汽蓝谷（600733. SH）、吉利汽车（00175. HK）、长城汽车（601633. SH）等。

3. 新能源汽车，中国品牌全球突起

根据 CleanTechnica（专注于清洁技术和可再生能源新闻网站）与各大新能源汽车品牌

销售数据统计①，以2023年7月单月数据为例，从中洞察不同品牌在新能源汽车市场中的受欢迎程度，以及它们在该领域的竞争地位和市场接受度。

2023年7月全球最畅销的前20个新能源汽车品牌分别是比亚迪（BYD）、特斯拉（Tesla）、上汽通用五菱（SGMW）、大众（Volkswagen）、广汽埃安（GAC Aion）、宝马（BMW）、理想（Li Auto）、梅赛德斯奔驰（Mercedes）、长安（Changan）、起亚（Kia）、吉利（Geely）、现代（Hyundai）、上汽（SAIC）、奥迪（Audi）、沃尔沃（Volvo）、蔚来（NIO）、福特（Ford）、领跑（Leap Motor）、吉普（Jeep）、丰田（Toyota）（见图3-6）。按国家对新能源汽车销售品牌进行分类如图3-7所示。

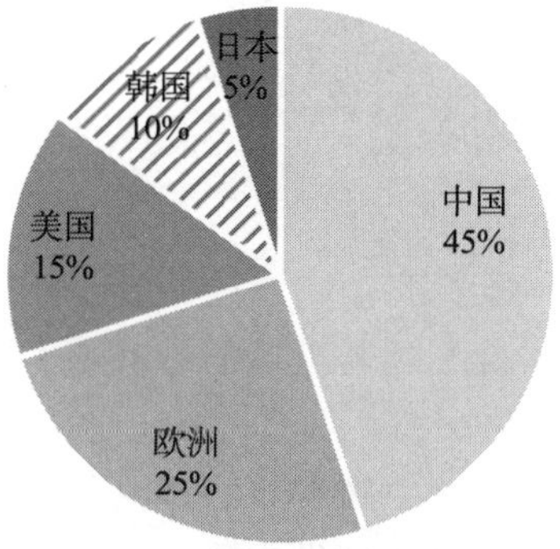

图3-6 2023年7月全球最畅销的前20个新能源汽车品牌占比

数据来源：CleanTechnica，中慧智库整理。

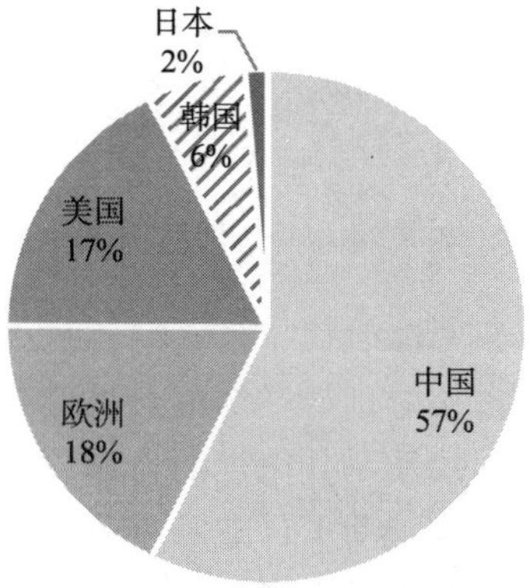

图3-7 2023年7月全球最畅销的前20个新能源汽车销售占比

数据来源：CleanTechnica，中慧智库整理。

（三）全球主要国家及地区新能源汽车产业链特点

新能源汽车产业链的主要环节集中在以下几个重点国家，每个国家发展都具有不同的方式和侧重点。

1. 中国

中国是新能源汽车产业的主要参与者，在新能源汽车的生产和消费方面处于领先地位，在电池制造、整车组装和生产方面尤为强大。在电池制造方面，新能源汽车的动力电池作为动力总成系统重要组成部分之一。磷酸铁锂电池和三元锂离子电池是目前新能源汽车中使用最广泛的动力电池类型。根据统计②，2023年1~6月，全球新能源汽车电池的安装量达到了304.3GWh，同比增长了50.1%。其中全球前十的动力电池生产企业分别是：宁德时代（CATL）、比亚迪（BYD）、LG新能源（LG Energy Solution）、松下（Panasonic）、SK集团（SK On）、中创新航（CALB）、三星（Samsung SDI）、亿纬锂能（EVE）、国轩高科（Gotion）、欣旺达（Sunwoda）（见图3-8）。

① 参见CleanTechnica：World EV Sales 15% Of World Auto Sales.

② 参见SNE Research：Source：2023 July Global Monthly EV and Battery Monthly Tracker, SNE Research.

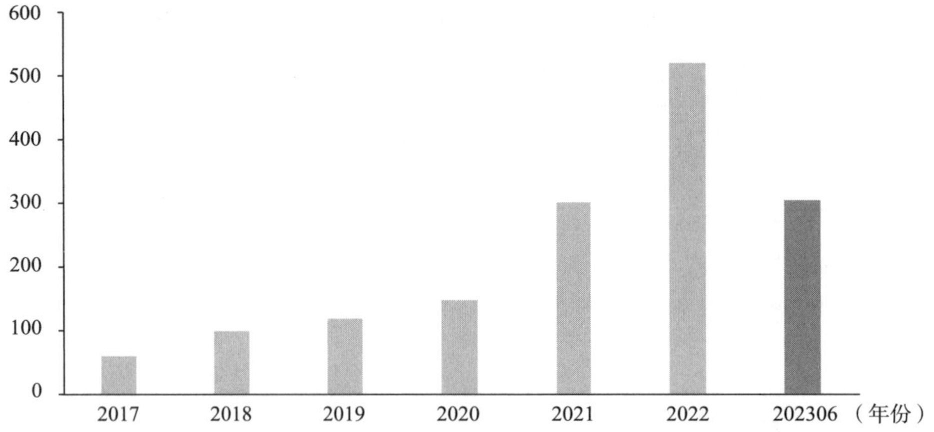

图 3-8　2017～2023 年全球新能源汽车电池安装量（GWh）

数据来源：SNE Research，中慧智库整理。

其中，宁德时代（CATL）以 56.2% 的同比增长，占据了超过 30% 的市场份额，成为世界上市场占比份额最高的电池供应商。而比亚迪依托中国自身整车市场的占有率，并扩大其海外市场，拉动了其电池的份额。

这些企业推动了产业链上下游的发展。在产业链的上游，中国在新能源汽车关键原材料的供应方面取得了重大进展。锂、钴、镍和石墨等关键电池材料的供应稳定，保障了电池制造的连续性和质量。在产业链的中游，电池技术的不断进步，特别是在能量密度和充电速度方面的突破，显著提升了汽车的续航能力。在产业链的下游，新能源汽车的市场和服务网络得到了快速发展，尤其是充电/换电基础设施的建设也日益完善，为新能源汽车的普及和使用提供了强大支撑。

2. 美国

美国拥有新能源汽车领域最具创新性的公司，且处于新能源汽车技术和生产方面领先地位的特斯拉（TSLA）。此外在新能源汽车新技术研发方面也占有重要地位，包括电池存储、充电基础设施（超充）、自动驾驶、车机芯片等方面。尤其是在车机芯片上，如英伟达（NVDA）、英特尔（INTC）、高通（QCOM）和谷歌（GOOG）等。并在新能源汽车产业的科技与创新领域表现出强劲的竞争力和市场领导力。

比如，在车机芯片制造方面，美国依靠在芯片领域的优势与垄断，在自动驾驶、车机互联等方面处于领先及领导地位，其国内芯片巨头如英伟达（NVDA）、高通（QCOM）、英特尔（INTC）和谷歌（GOOG）等正在不断推进车机芯片的研发和生产，其产品已经被广泛应用于各类智能汽车系统中。

3. 欧洲

欧洲在新能源汽车产业中扮演着重要的角色，在传统汽车制造商的转型和技术创新方面展现出强劲的动力。比如在整车制造与转型发展方面，特别是以德国为主的传统汽车制造巨头，如大众（VLKAY）、宝马（BMW）、梅赛德斯－奔驰（MBGAF）等，正在积极转型以适应新能源汽车市场的需求。他们不仅在新能源汽车的设计和生产方面投入巨资，而且在电池技术、车辆智能化等方面进行了深入研究。除德国外，欧洲其他国家如法国的雷诺

（RNO）、英国的路特斯科技（LOT）、荷兰的斯特兰蒂斯（STLA）、瑞典的沃尔沃（Volvo Car AB）、意大利的菲亚特（FIA）、加拿大的麦格纳（MGA）等传统汽车制造商也在新能源汽车领域展现出显著的投入和进步。特别是在电驱动系统和车辆电气化方面的技术开发，这些公司都表现出积极的态度。

4. 日韩

日韩在新能源汽车领域特别是在电池和零部件的开发与制造方面扮演了重要角色。日本拥有丰富的汽车工程历史，其中丰田（TM）、本田和日产等是混合动力技术的先驱，并在开发高效持久的新能源汽车先进电池技术方面处于领先地位。

例如，在高性能电池方面，领先的日本企业包括松下、日立化学、三菱化学、丰田合成等。韩国同样在高性能电池研发方面位于前沿，其代表企业如 LG 新能源、三星、SK 集团等，是全球新能源汽车锂离子电池的主要供应商。根据 2023 年 1～6 月的电池装机量数据显示，日本松下公司作为特斯拉美国市场的主要电池供应商，尤其是在特斯拉 Model Y 上的电池安装量，对其 39.2% 的全球电池安装量增长起到了关键作用。同时，韩国 LG Energy Solution 以 50.3% 的全球电池装机量同比增长表现突出，同样主要得益于全球热销的特斯拉 Model 3/Y、大众 ID. 3/4 和福特野马 Mach－E 等车型上的贡献。SK On 和三星 SDI 分别以 16.1% 和 28.2% 的全球电池装机量增长，显示了韩国电池制造商仍在全球市场上具有影响力。

二、新能源汽车产业在全球的发展

（一）第一阶段，欧美初创

在 19 世纪末到 20 世纪中期，新能源汽车产业在欧美国家已有其萌芽。尽管这一时期，由于技术限制和油价低廉，新能源汽车并没有得到广泛推广，但在英国、法国、德国和美国等国家已经出现了电动汽车和混合动力汽车的原型。这一时期的纯电动汽车和混合动力汽车更多地被视为未来科技的展示，而非大规模商业化的产品。但是，这一时期的尝试为后来的产业复兴和转型留下了重要的技术和市场基础。

（二）第二阶段，日本崛起

从 20 世纪 70 年代到 21 世纪初，新能源汽车产业经历了显著的变革，其中日本在混合动力汽车领域的成就尤为突出。在这个阶段，面对全球石油危机和日益严峻的环境问题，新能源汽车技术开始受到重视，日本企业在这一时期投入巨大资源进行研究与开发混合动力汽车，特别是在电池和电动驱动系统方面。

日本丰田（TM）在 1997 年推出丰田普锐斯（Toyota Prius）成为全球第一款量产混合动力汽车，标志着混合动力技术的商业化突破。丰田普锐斯的成功不仅展示了混合动力汽车的实用性和可靠性，也为全球汽车市场引入了一种更加节能环保的选择。

当然，成功的不只丰田（TM）一家，其他制造商如本田和日产也开始研发和推广混合动力和纯电动汽车。此外，日本及韩国的电池制造商在锂离子和镍氢电池技术上取得了重大进展，这些电池被广泛应用于新能源汽车中（以混合动力汽车为主），显著提升了车辆的性能，大幅度提高了燃油经济性，使得车辆更加节能。同时，混合动力汽车的推出引领了全球汽车产业的绿色转型，作为节能减排和科技领先的代表被广泛出口至全球各地，加速了全球对环保友好型车辆的接受和采纳。这一时期的技术进步和市场的成功不仅提升了日本在全球汽车产业市场的地位，同时也促进了电池技术和电动机技术的进步，并激发了全球各国和企业对新能源汽车研发和生产的兴趣，进一步加速了新能源汽车产业的全球发展和技术创新，为日后纯电动汽车的技术突破和市场普及奠定了基础。

（三）第三阶段，美国创新

在 21 世纪初，美国的新能源汽车产业经历了一场以特斯拉（TSLA）为先锋的科技创新浪潮。特斯拉的诞生和发展，不仅是新能源汽车技术的飞跃，更是一场对传统汽车产业的革命，彻底改变了全球消费者对新能源汽车的看法。

特斯拉依托美国的技术创新环境，融合了先进的电池技术、软件工程和网络技术，推出了具有高性能、长续航能力和独特设计的纯电动汽车。同时，特斯拉通过智能化、网络化的用户体验，重新定义了驾驶。此外，也推动了新能源汽车充电基础设施的建设，进一步提升了新能源汽车的实用性和便利性。

特斯拉的影响远超其本身，它促使全球汽车产业开始重视和加大对新能源汽车的投资。更多的传统汽车制造商和新兴科技企业投入到新能源汽车的研发和市场竞争中，推动了全球新能源汽车技术的快速发展和成本下降。此外，特斯拉的创新在电动汽车领域的成功引发了对电池、电机、自动驾驶技术等相关领域的研究和投资热潮，为整个新能源和智能生态系统的成长提供了动力。因此，这一时期的美国科技创新不仅推动了特斯拉等公司的崛起，也加速了全球新能源汽车产业的发展，带动了汽车产业的结构转型和技术进步。

（四）第四阶段，中国领跑

21 世纪初至今，特别是从 2009 年后期开始，中国新能源汽车产业得到了政府和市场的关注。在政府政策的大力推动下，通过推出一系列支持政策，包括对传统燃油车的限行限购、对新能源汽车的购车补贴、税收减免和建设充电基础设施等，极大地促进了新能源汽车产业在中国的发展和壮大普及。

在这一阶段，中国本土品牌如比亚迪（002594. SZ/01211. HK）、蔚来（NIO/09866. HK）、小鹏（XPEV/09868. HK）、理想（LI/02015. HK）等迅速崛起，通过持续的技术创新和市场扩张，这些公司不仅满足了国内市场的需求，而且开始向国际市场扩张。这些企业凭借在电池技术、智能驾驶和车联网技术等方面的创新，提供了与国际品牌竞争的产品，推动了中国新能源汽车市场的多样化和技术进步。

同时，国际品牌如特斯拉（TSLA）等也看到了中国市场的潜力，纷纷在中国设立生产基地，进一步促进了新能源汽车技术的本地化和产业链的完善。这不仅为中国消费者提供了更多的选择，也推动了国内供应链和技术水平的提升。

中国的新能源汽车产业发展还带动了相关产业的发展，如电池制造、电动车充电设施以及与新能源汽车相关的服务业等，形成了一个完整的新能源汽车产业生态系统。随着技术的进步和市场的扩大，中国的新能源汽车产业不仅满足了国内的环保和能源需求，也在全球新能源汽车产业中占据了重要的地位，成为推动全球新能源汽车产业发展的关键力量。

三、中国新能源汽车产业链上市公司对应了全球产业格局演变

根据国家统计局及中国汽车工业协会最新统计显示，2022 年我国新能源汽车持续爆发式增长，销量连续 8 年保持全球第一（见图 3－9），自主品牌新能源汽车国内市场销售占比达到 79.9%，其配套环境日益完善。这一显著成就背后，是新能源汽车产业链全面发展的结果，涵盖了上游的原材料供应、中游的零部件制造和整车组装，以及下游的市场与服务网络。

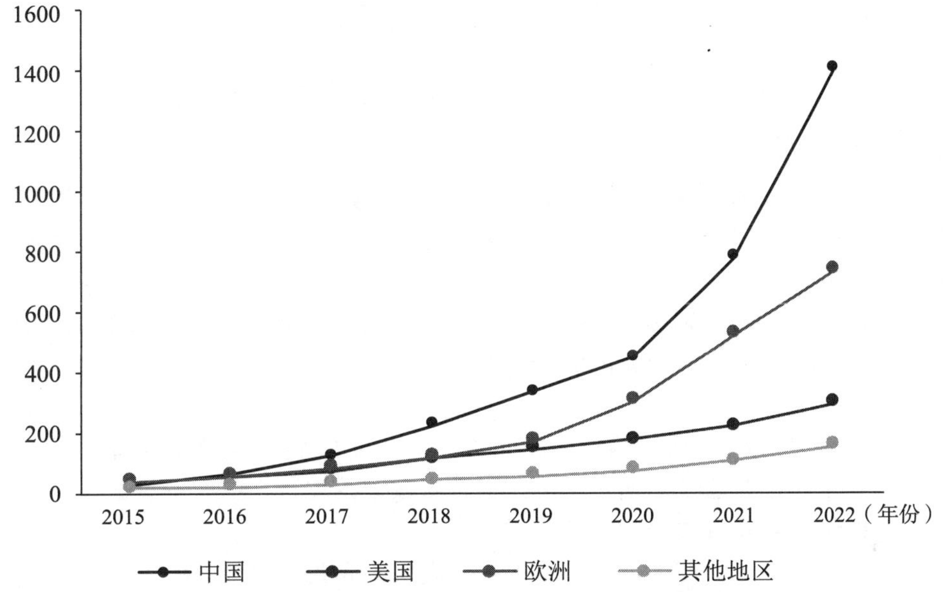

图 3－9　中国新能源汽车销量全球连续 8 年保持第一

数据来源：国家统计局，中国汽车工业协会，国际能源署（IEA），中慧智库整理。

在全球化背景下，中国新能源汽车产业链中上市公司的战略定位和作用日益显著。随着中国新能源汽车的崛起，这些上市公司不仅是国内市场的重要参与者，也逐渐成为国际舞台上的关键竞争者与引导者。比如加速全球布局，积极扩展到海外市场，通过与国外高科技公司和研究机构的合作，不断吸收和融合国际先进技术，推动技术创新。上市公司的这些行动不仅加速了新技术的发展和行业的升级，而且在促进国际合作以及实现可持续发展方面起到了关键作用。

（一）中国新能源汽车产业链上市公司时间分布

1. 成立时期突显产业发展阶段

在对新能源汽车产业链上市公司的分析中，首要关注的是各公司成立日期的分布情况。这一分析帮助我们理解该行业的历史发展和成熟度。通过统计和可视化企业的成立日期，我们可以观察到不同时间段内企业成立数量的变化，这反映了行业发展的阶段性特征。新能源汽车产业链相关上市公司成立日期的分布如图 3－10 所示。

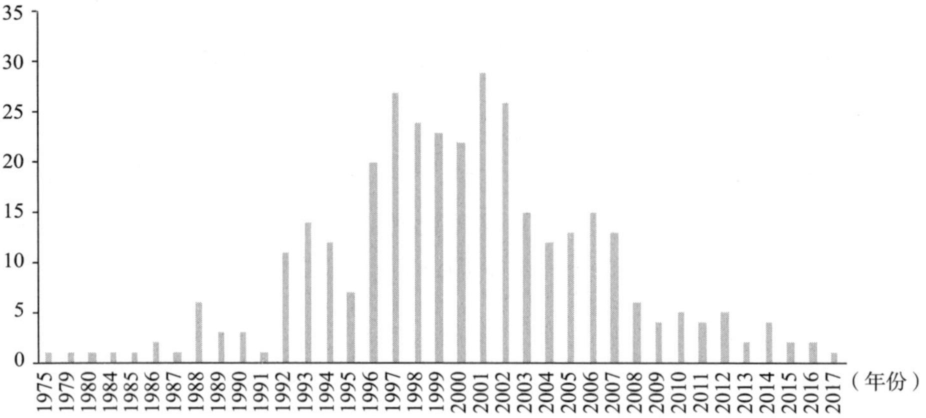

图 3-10　新能源汽车产业链相关上市公司成立日期的分布（企业/个）

数据来源：中慧智库整理。

早期发展阶段（2000 年前后）：在 2000 年前后，新能源汽车产业处于起步阶段，成立的公司数量相对较少。这表明行业在这一时期还未受到广泛关注，可能由于技术限制和市场需求尚未成熟。

逐渐增长阶段（2000～2010 年）：这一时期，我们可以观察到成立公司数量逐年递增，尽管增长速度并不迅猛。这表明新能源汽车行业开始获得更多关注，技术逐渐发展，市场需求开始增长。

快速增长阶段（2010 年后）：在 2010 年之后，成立的公司数量显著增加，这表明新能源汽车行业进入了一个快速发展期。这可能与政府政策的支持、技术的突破以及市场对环保和新能源汽车的增加需求有关。

最近几年的趋势（近 5 年）：在最近几年，成立公司的数量可能保持稳定或略有波动。这可能反映了市场的成熟度以及行业竞争的加剧。

2. 上市年份呈现峰值波段

从 339 家新能源汽车产业链相关公司上市年份分析，这些公司的平均上市年份大约在 2011 年前后，这表明在过去十年中，越来越多的新能源汽车公司获得进入资本市场。按年度划分的首次公开上市年份分布如图 3-11 所示。

在 2010～2021 年前后，IPO 数量增长趋势出现了 3 个增长峰值波段，这可能与几个因素有关。首先，技术进步为新能源汽车行业的发展提供了重要动力。其次，公众对可持续交通解决方案的需求不断增加，这促进了对新能源汽车的关注。最后，政府的支持性政策也在某种程度上促进了该行业的增长。综合来看，这些趋势表明，人们对新能源汽车行业的兴趣和投资在过去二十年中显著增加，预示着该产业面对未来的可持续发展的潜力。

（二）产业链重点环节

中国是新能源汽车产业的主要参与者，在新能源汽车的生产和消费方面处于领先地位，在电池制造、整车组装和生产方面尤为强大。

中国目前是全球最大的新能源汽车动力电池生产大国，拥有大量的电池制造能力。根据工信部对外公开数据显示，2022 年我国锂离子电池行业技术创新和转型升级发展持续加快，

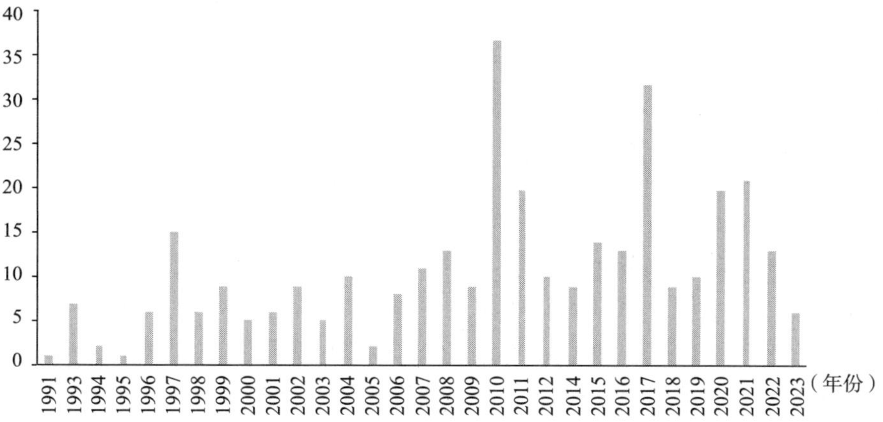

图 3－11　按年度划分的首次公开上市年份分布（企业/个）

数据来源：中慧智库整理。

先进产品供给能力不断提升，中国锂离子电池产量达 750GWh，同比增长超 130%，行业总产值突破 1.2 万亿元，其中动力电池装机量约为 302.3GWh。而根据韩国 SNE Research 统计，2022 年全球电动汽车动力电池装机量约为 517.9GWh，同比增长 71.8%。由此推断，中国动力电池装机量约占全球的 58.37%。2022 年中国锂离子电池产量与动力电池占比如图 3－12 所示，2022 年中国动力电池装机产量全球占比如图 3－13 所示。

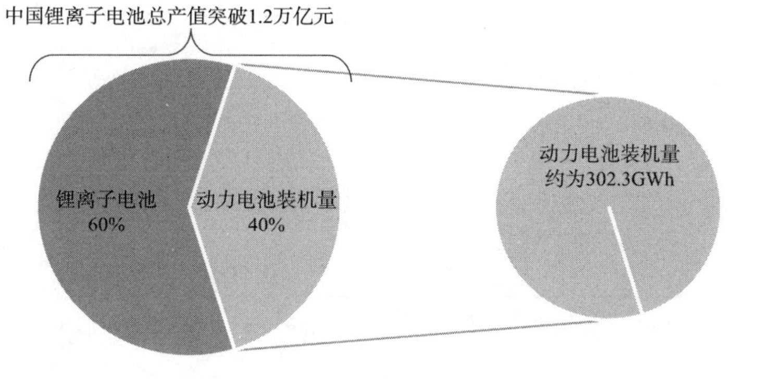

图 3－12　2022 年中国锂离子电池产量与动力电池占比

数据来源：工信部，中慧智库整理。

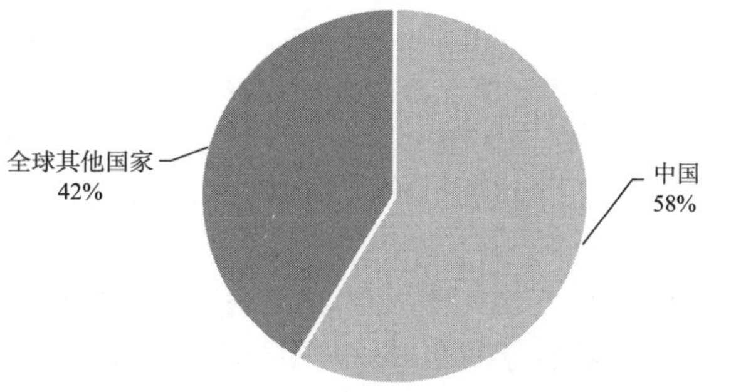

图 3－13　2022 年中国动力电池装机产量全球占比

数据来源：SNE Research，中慧智库整理。

在电池制造方面，新能源汽车的动力电池为动力总成系统重要组成部分。磷酸铁锂电池和三元锂离子电池是目前新能源汽车中使用最广泛的动力电池类型。

在国内上市企业中主要从事电池制造的如宁德时代（002594. SZ/01211. HK）、比亚迪（300750. SZ）、亿纬锂能（300014. SZ）、欣旺达（300207. SZ）、国轩高科（002074. SZ）、阳光电源（300274. SZ）、孚能科技（688567. SH）等公司不仅为中国本地市场提供生产电池，而且为全球多个国家和地区的电动汽车制造商供应电池，主导着全球锂离子电池市场。

同时，这些电池制造环节企业推动了产业链上下游的发展。根据对收集的339家上市企业的数据分析，这些企业从2010年的95家增长至2022年的158家，占339家上市企业的39. 60%，呈现出66. 32%的增长率。特别是在2010～2019年，企业数量经历了主要的增长阶段，之后进入了一个稳定增长的阶段。这一趋势反映出新能源汽车行业的不断成熟和市场的扩展。

从营业收入来看，这些企业的营业收入也呈现出显著增长（见图3－14）。从2010年的6137. 46亿元增长至2022年的37129. 56亿元，实现了近5倍的增长。特别是自2021年起，行业表现出高质量发展的趋势，在2020～2022年的平均年增长率超过30%。此外，2023年中报数据显示，营业收入已达到2022年全年的52. 70%，进一步证实了该行业的快速增长和市场的强劲需求。这些数据共同揭示了新能源汽车产业链特别是动力电池领域的商业潜力和市场活力。

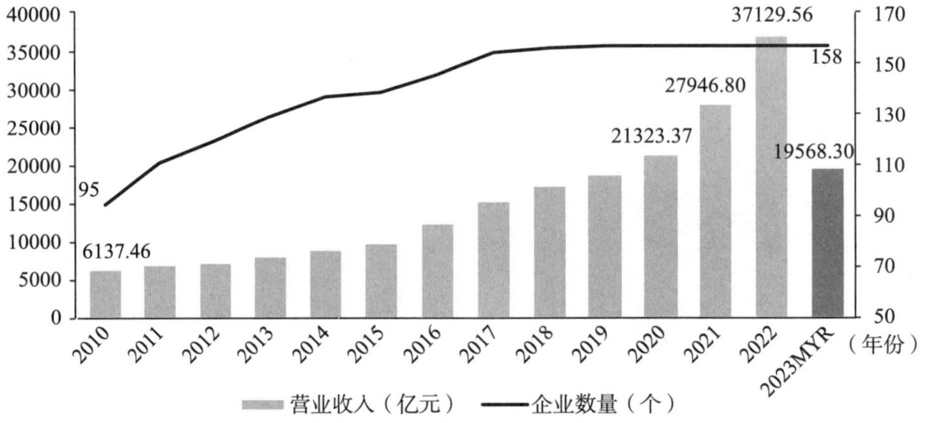

图3－14　2010～2022年电池企业营业收入总额与企业数量

数据来源：中慧智库整理。

在电控方面，根据对收集的339家上市企业的数据分析，上市企业中涉及电控系统相关产业的共31家企业，占7. 77%。从2010年的16家企业，到2022年的31家，增长了93. 75%，其中企业数量主要增长阶段在2010～2017年，继此之后该领域企业数量进入了一个稳定增长的阶段。

从营业收入上来看，从2010年的1288. 30亿元增长到2022年的9662. 44亿元，增长了6. 5倍。尤其是自2021年起，新能源汽车产业链中涉及电控系统的企业表现出高质量发展趋势，其中2020～2022年的平均年增长率超过42%。另外，根据2023年中报数据显示营业收入已达2022年全年的54. 62%。虽然电控系统领域的企业数量相对较少，但其显著的营业收入增长进一步证实了该行业的快速发展和巨大商业潜力。2010～2022 年电控企业收入总额与企业数量如图 3－15 所示。

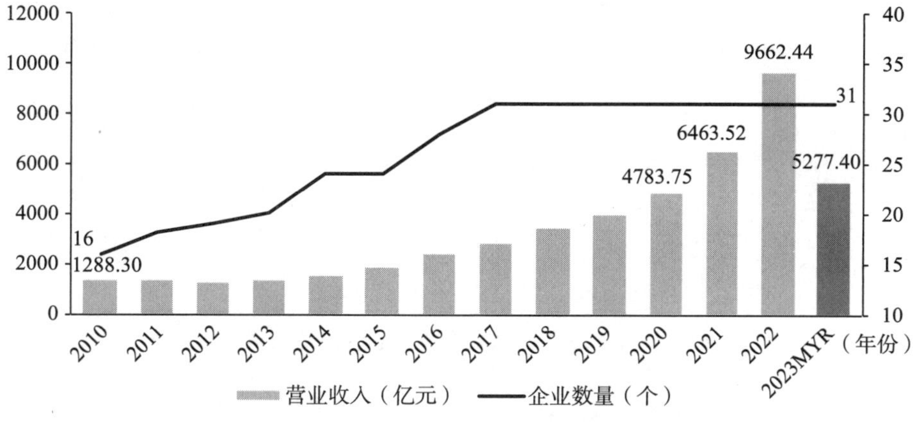

图 3－15　2010～2022 年电控企业收入总额与企业数量

数据来源：中慧智库整理。

在电机方面，如方正电机（002196.SZ）、汇川技术（300124.SZ）、大洋电机（002249.SZ）、江特电机（002176.SZ）、信质集团（002664.SZ）、卧龙电驱（600580.SH）等在中国新能源汽车产业链中发挥关键作用，提供的高效能电机对提升车辆性能和动力至关重要，特别是针对国内品牌的新能源汽车，大大促进了中国品牌新能源汽车在国际市场上的竞争力，从而使它们在全球新能源汽车供应链中的作用越发重要。

根据对收集的 339 家上市企业的数据分析，与电机相关的共有 60 家企业，占比达到 15.04%。这些企业从 2010 年的 35 家增长至 2022 年的 60 家，增长率为 71.43%。企业数量的主要增长发生在 2010～2018 年，此后企业数量进入了稳定增长阶段。

从营业收入上来看，这些企业的营业收入也经历了显著增长。从 2010 年的 2947.93 亿元增至 2022 年的 13891.02 亿元，增长了近 3.7 倍。尤其是自 2021 年以来，涉及电机系统的企业展现了高质量发展的趋势，2020～2022 年的平均年增长率超过了 25%。2023 年中报的数据更是显示出营业收入已达到 2022 年全年的 55.51%，这进一步印证了行业的快速增长和市场的强劲需求。这些数据综合反映了新能源汽车电机系统领域的商业潜力和市场活力。2010～2022 年电机企业营业收入总额与企业数量如图 3－16 所示。

在整车组装和生产方面，中国拥有强大的新能源汽车制造能力以及新能源汽车初创公司，许多国内外品牌在这里建立了生产基地。其中，中国本土品牌如比亚迪（300750.SZ）、蔚来（NIO/09866.HK）、小鹏（XPEV/09868.HK）、理想（LI/02015.HK）等正在推动新能源车的创新和发展，2022 年中国自主品牌新能源乘用车国内市场销售占比达到 79.9%，同比提升 5.4 个百分点；新能源汽车出口 67.9 万辆，同比增长 1.2 倍。

与此同时，新能源汽车行业中的新势力品牌，如蔚来（NIO/09866.HK）的整车代工厂为江淮汽车（600418.SH）、小鹏（XPEV/09868.HK）初期整车代工厂为海马汽车（000572.SZ）、理想（LI/02015.HK）的整车代工厂为重庆力帆（常州）等，它们大多采用轻资产运营模式，并且大多选择在港股与美股上市融资。在这种模式中，品牌、设计、研发

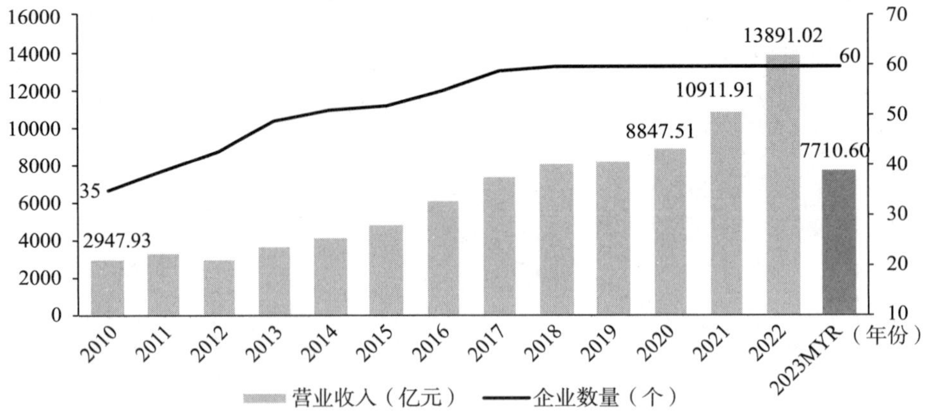

图 3－16　2010～2022 年电机企业营业收入总额与企业数量

数据来源：中慧智库整理。

等核心环节与传统的制造流程分离。新兴品牌更多地专注于品牌建设、产品设计和技术研发，而将实际的制造工作外包给合作伙伴。这种策略使得它们能够更加灵活地应对市场变化和用户需求，快速推出新产品，同时降低资本投入和运营风险。这反映了新能源汽车行业在商业模式和市场策略方面的创新和适应。

根据对收集的 339 家上市企业的数据分析，上市企业中涉及整车制造相关产业的共 24 家企业，占 6.02%。从 2010 年到 2022 年仅增长了 1 家上市公司。从营业收入上来看，2010 年的 8403.20 亿元，增长到 2022 年的 23468.21 亿元，增长了将近 1.8 倍。尤其是自 2021 年起，新能源汽车产业链中涉及整车制造的企业表现出高质量发展趋势，其中 2020～2022 年的平均年增长率超过 7.5%。2010～2022 年整车制造企业营业收入总额与企业数量如图 3－17所示。另外，根据 2023 年中报数据显示营业收入已达 2022 年全年的 50.66%。

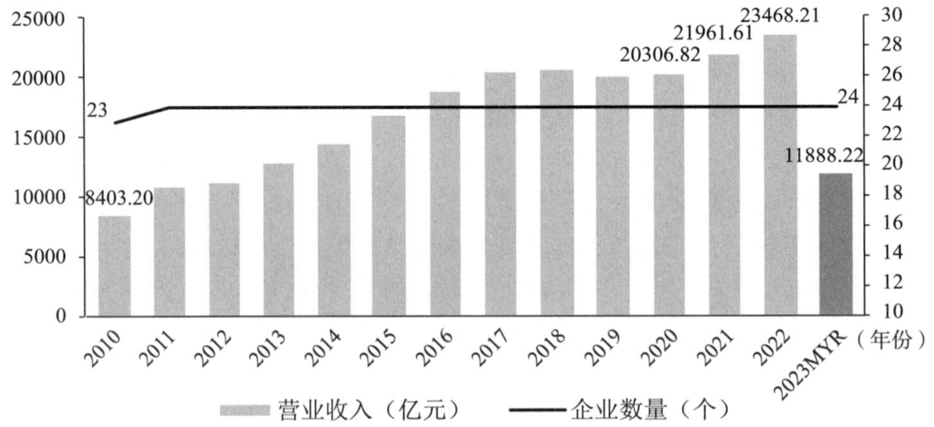

图 3－17　2010～2022 年整车制造企业营业收入总额与企业数量

数据来源：中慧智库整理。

在基础设施建设（充电）方面，根据国家能源局数据显示 2022 年中国充电基础设施数量达到 520 万台，同比增长近 100%。其中，公共充电基础设施增长约 65 万台，累计数量达到 180 万台；私人充电基础设施增长约 190 万台，累计数量超过 340 万台。

根据对收集的 339 家上市企业的数据分析，上市企业中涉及充/换电站相关产业的共 41 家企业，占 10.28%。从 2010 年的 32 家企业，到 2022 年的 41 家，增长了 28.13%，其中企业数量主要增长阶段在 2010～2018 年，继此之后该领域企业数量进入了一个稳定增长的阶段。从营业收入上来看，2010 年的 2379.34 亿元，增长到 2022 年的 11027.34 亿元，增长了 3.6 倍。尤其是自 2021 年起，新能源汽车产业链中涉及充/换电站的企业表现出高质量发展趋势，其中 2020～2022 年的平均年增长率超过 27%。2010～2022 年充/换电站企业营业收入总额与企业数量如图 3－18 所示。另外，根据 2023 年中报数据显示营业收入已达 2022 年全年的 50.70%。这些显示了行业的快速增长和市场的强劲需求，虽然电控系统领域的企业数量相对较少，但其显著的营业收入增长进一步证实了该行业的快速发展和巨大商业潜力。

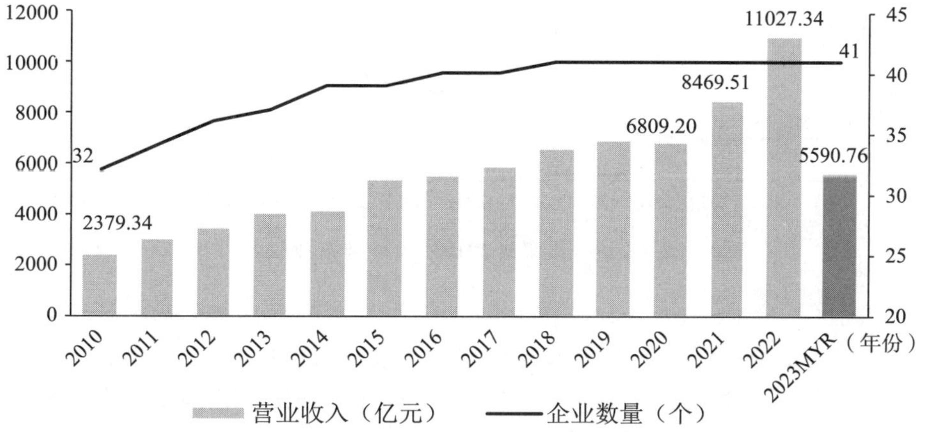

图 3－18 2010～2022 年充/换电站企业营业收入总额与企业数量

数据来源：中慧智库整理。

此外，中国正投入大量资源用于新能源汽车技术的研发，包括电池技术、车辆智能化和自动驾驶技术。然而，在汽车芯片研发和高性能电子部件领域，中国目前主要依赖于国外技术和供应。由于高级驾驶辅助系统（Advanced Driving Assistance System，简称：ADAS）和新能源汽车控制系统所需的高端芯片，设计技术复杂，对运算能力特殊的需求，需要长期的研发投入和专业知识积累。目前，这一领域在全球范围内被美国公司所垄断且主导。

（三）不可忽视的全产业链企业：比亚迪

研究中国上市公司在新能源汽车产业链中位置时，不能忽视的一个在中国新能源汽车产业中涵盖全产业链的本土企业——比亚迪（002594. SZ/01211. HK）。比亚迪因其在新能源汽车全产业链中的深度参与和国内外显著影响力，使其区别于其他企业。比亚迪不仅涉及整车制造，还在其他新能源汽车产业链中如电池、电机、电控等核心技术的开发与生产上，构建了一个完整的新能源汽车生态系统，并为国内外企业提供技术和产品支持，因此成为中国新能源汽车行业讨论中的杰出代表。

比亚迪成立于 1995 年，早年以电池业务为主，2003 年进入汽车制造行业，先后推出多个销售爆款汽车型号，2004 年推出首款纯电动汽车，并于 2013 年出口北美，此后一直以插电混和纯电汽车为发展路线，到 2018 年 7 月比亚迪新能源汽车首次超越传统燃油车销量。从比亚迪营业收入上来看，2013 年开始快速增长，到 2022 年营业收入总额已达 4240.61 亿元。以 27% 的市场份额位居全球新能源汽车销量榜首，在新能源汽车全球动力电池装机总量上排名第二。比亚迪 2010 ~ 2022 年营业收入如图 3 – 19 所示。

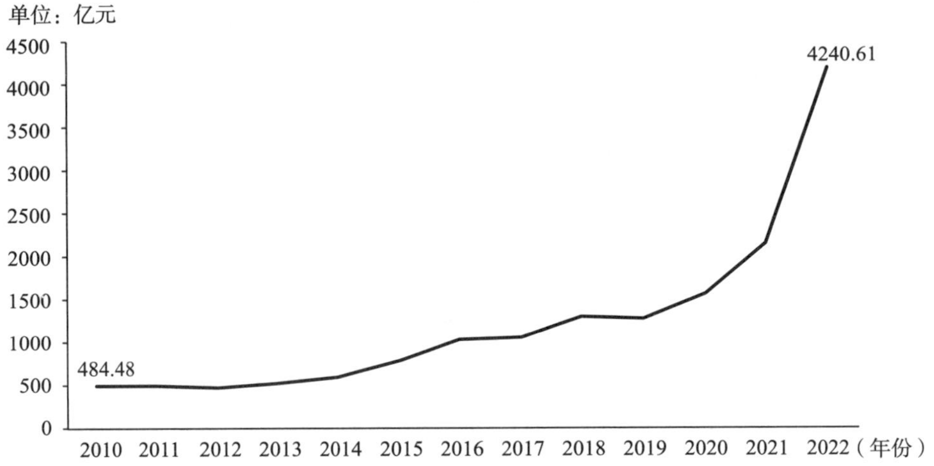

图 3 – 19　比亚迪 2010 ~ 2022 年营业收入

数据来源：中慧智库整理。

比亚迪的电机发展表现出了技术革新和实力。最显著的是其“易四方”技术，这是国内首个量产的四电机驱动技术，能够独立控制四个轮子的扭矩。这种分布式电机技术，包括轮边电机和轮毂电机，为乘用车提供了更高的灵活性和控制力。特别是其仰望 U8 车型，搭载了四个轮边电机，标志着比亚迪在乘用车领域的技术先驱地位。易四方技术平台代表了比亚迪电机技术的全面自主研发能力，涵盖整车及其各大核心组件。

比亚迪的电控系统是其新能源汽车技术核心的一部分，涵盖了能量管理、再生制动控制、电机驱动控制等多个子系统，确保了汽车的高效运行和安全性。其中，EHS 电混系统代表了比亚迪在电控技术上的突破，采用高度集成化设计，实现了多种驱动模式，体现了其电控技术的先进性和创新性。此外，iTAC 智能扭矩控制技术进一步提升了车辆的操控稳定性和驾驶安全性，通过动态调整电机扭矩分配，优化车辆的性能。

比亚迪不仅在车型和技术上进行了创新和多元化，还通过全球市场的拓展和技术的迭代，巩固了其在新能源汽车产业的领导地位。截至目前，比亚迪不断推进海外市场战略，实现了从中国走向世界的转变，目前在全球设立 30 多个工业园，实现了全球化布局，业务除新能源汽车产业外，还涉及新能源、储能、电子、轨道交通等领域，全方位构建零排放的新能源整体解决方案。

总而言之，新能源汽车产业的重要性不仅体现在技术创新、产业升级上，还体现在环境可持续性等方面。在全球新能源汽车产业链中，中国在电池制造、整车组装等关键生产制造上尤为突出，在新能源汽车消费方面已处于领先地位。碳达峰、碳中和的“双碳”目标，为中国新能源汽车产业链提供了巨大的发展机遇。企业自身加大对新能源汽车关键核心技术的研发投入，以科技创新解决如电池、电机、电控等难题，不断提高新能源汽车的性能和竞争力。政府对新能源汽车的支持政策，驱动整个产业链的创新和发展，推动了新能源汽车产业链从上游的原材料供应、中游的零部件制造、整车组装以及下游应用与服务市场的全面发展。当然，这不仅为新能源汽车产业链上市公司的健康发展提供了市场保障，也为增强中国新能源汽车产业的国际竞争力提供了契机，产业链格局演变与上市公司的发展相互促进。

虽然中国新能源汽车产业已取得显著发展，但在全球化的道路上仍面临多方面的挑战。未来，新能源汽车产业还将面临包括原材料成本上升、国际贸易环境的不确定性以及国内外竞争加剧等问题。因此，技术创新、市场的精准定位、供应链的优化也将变得更加重要。尤其对上市公司而言，作为新能源汽车产业链的优秀企业代表，需要加强全球化发展战略，在产品设计、技术创新、全球供应链、制造和销售等方面不断提升，在产业链格局中保持优势地位，深度融入并引领全球产业发展。

参考文献

（一）报纸与期刊类

[1] 田慧芳．“全球新能源汽车产业的发展动向、挑战与启示”[J]．中国社会科学院世界经济与政治研究所国际大宗商品研究室副主任、副研究员，中国发展观察，2023（6）．

[2] Kirk, R. S., & Davis, P. W. (1980 - 1). “The Potential of EHVs (Electric and Hybrid Vehicles).” [J]. Electric & Hybrid Vehicle Program Quarterly Report, 10, 4 - 13.

（二）网络类

[1] 国际能源署．全球电动汽车展望 2023 [EB/OL]. [2023 - 04]. https://www.iea.org/reports/global - ev - outlook - 2023.

[2] 我国新能源汽车产销连续 8 年全球第一 [N/OL]. 人民日报. [2023 - 01 - 24.]. https://www.gov.cn/xinwen/2023 - 01/24/content_5738622.htm.

[3] World EV Sales 15% of World Auto Sales [EB/OL]. CleanTechnica. [2023 - 04]. https://cleantechnica.com/2023/09/10/world - ev - sales - 15 - of - world - auto - sales/.

[4] 2023 July Global Monthly EV and Battery Monthly Tracker [EB/OL]. SNE Research. [2023 - 08 - 03]. https://www.sneresearch.com/en/insight/release_view/150/.

[5] Die IAA wird zur, China - Show “ [N/OL]. WirtschaftsWoche. [2023 - 09 - 04.]. https://www.wiwo.de/my/unternehmen/auto/automobil - ausstellung - warum - die - iaa - zur - china - show - wird/29368970.html.

[6] Chinese Cars Star at Munich Auto Show, Underscoring German Economic Woes [N/OL]. New York Times. [2023 - 09 - 05]. https://www.nytimes.com/2023/09/05/world/europe/chinese - automakers - iaa - mobility - german - auto - show.html.

（三）政策法规

1. 中国

[1]“十城千辆”工程，初探新能源汽车市场化．中国汽车报．[2009 - 01]. http://www.caam.org.cn/chn/8/cate_81/con_5109126.html.

[2] 关于开展私人购买新能源汽车补贴试点的通知（财建〔2010〕41 号）．财政部、科

技部、工信部、发改委．[2010 - 05 - 31]．https：//www. gov. cn/gzdt/2010 - 06/04/content_1620735. htm.

[3]《中华人民共和国国民经济和社会发展第十二个五年规划纲要》．全国人大．[2011 - 03 - 16]．https：//www. gov. cn/2011lh/content_1825838. htm.

[4]《节能与新能源汽车产业发展规划（2012 — 2020 年）》的通知（国发〔2012〕22 号）．国务院．[2012 - 07 - 09]．https：//www. gov. cn/zwgk/2012 - 07/09/content_2179032. htm.

[5]《外商投资准入特别管理措施（负面清单）（2018 年版）》（第 18 号）．发改委、商务部．[2018 - 06 - 28]．https：//www. ndrc. gov. cn/fggz/lywzjw/wstz/201806/t20180629_1046379. html.

[6]《智能汽车创新发展战略》（发改产业〔2020〕202 号）．发改委、中央网信办、科技部、工信部等 11 个部门．[2020 - 02 - 24]．https：//www. ndrc. gov. cn/xxgk/zcfb/tz/202002/t20200224_1221077_ext. html.

[7]《新能源汽车产业发展规划（2021—2035 年）》（国办发〔2020〕39 号）．国务院办公厅．[2020 - 10 - 20]．https：//www. gov. cn/zhengce/content/2020 - 11/02/content_5556716. htm.

[8]《中华人民共和国国民经济和社会发展第十四个五年规划和 2035 年远景目标纲要》．全国人大 [2021 - 03 - 13]．https：//www. gov. cn/xinwen/2021 - 03/13/content_5592681. htm.

2. 国际

[1] FIT FOR 55 [EB/OL]．European Council. [2021 - 07]．https：//www. consilium. europa. eu/en/policies/green - deal/fit - for - 55 - the - eu - plan - for - a - green - transition/.

[2] Inflation Reduction Act of 2022 [EB/OL]．Internal Revenue Service (IRS)．[2022 - 08 - 16]．https：//www. irs. gov/inflation - reduction - act - of - 2022.

[3] Amendments to Advanced Clean Cars II [EB/OL]．California Air Resources Board. [2023 - 10]．https：//ww2. arb. ca. gov/our - work/programs/advanced - clean - cars - program/advanced - clean - cars - ii.

4. 我国银行业估值现状、影响因素及对策建议

中国民生银行 课题组*

本文采用市净率（PB）指标，对比分析2007~2023年以来我国银行业与国内其他金融行业、非金融行业、美国银行业以及上市银行个股的估值表现，构建“PB = ROE × PE”估值体系，探究银行估值的内外部影响因素及传导机制，并从监管部门和银行经营管理两个层面提出对策建议。本文对于在中国特色估值体系下理顺商业银行估值逻辑、提升估值水平具有较强的理论价值与实践意义。

从国内外银行估值对比表现来看，相比证券、保险等非银金融行业，银行业市净率长期处于最低水平；相比具有强周期及弱周期特点的非金融行业，银行业估值水平均显著落后，且估值差距有扩大趋势；我国A股上市银行内部的估值分化愈加明显。从美国银行业来看，相对于其他实体经济行业，美国银行业估值也同样偏低，但以全球1000强银行中前20强为样本进行对比发现，美国上榜的前5大行整体估值高于上榜的10家中资银行，这与中美股市发展情况、投资者结构、银行业监管体制等原因有关。

从银行估值体系影响因素及其传导机制来看，外部环境上，宏观经济周期、银行业监管环境、行业竞争逻辑、整体市场波动以及市场对银行偏好变化是影

---

* 本项目课题组成员为：温彬、崔宏、张箐、应习文、张云峰、欧李君、张超、韩晓。

响银行估值的五大要素。内部经营模式上，通过相关性分析发现，盈利能力、经营杠杆与资本占用结构、资产质量与银行估值水平有较强相关性。本文具体从三个方面展开分析：一是商业银行成长性想象空间有限，盈利能力是影响估值的第一大因素。二是高杠杆经营放大风险波动性，资本补充易得性引发市场对银行资产质量的担忧，经营杠杆和资本补充的有效性是提升估值的重要因素。三是高风险特质易带来戴维斯双杀效应，资产质量问题是影响上市银行估值的关键因素。

围绕打通“增量—增收—增效—增值”的价值创造链，提高银行穿越周期的能力和估值水平，从监管部门和银行业两个层面提出四方面的政策建议。价值创造方面，商业银行应强化经济资本管理，构建差异化经营模式，提升风险防控、业务流程、组织架构、考核激励等内在管理能力，从而实现研究溢价、效率溢价、创新溢价、服务溢价、管理溢价。价值传递方面，监管部门要加强正面宣传，推动重点领域风险防范化解，缓解市场对银行盈利能力的过分担忧；继续保持流动性合理充裕、降低负债成本、防控重点领域风险等政策的连续性和稳定性。价值实现方面，商业银行要主动加强投资者关系管理，建立完善的公司治理机制、有效的市值管理机制，强化信息披露，健全分红政策，稳定市场预期。价值投资方面，加强投资者教育，建立价值投资文化；优化投资者结构，提高机构投资者比例；加强资本市场长效机制建设，为价值投资者行为理性化提供保障，并通过适当的政策红利，引导资金进行长线投资；关注A股、H股两地投资逻辑的变化及差异，加强与监管部门、交易所联动。

一、引言

（一）研究背景

商业银行在我国的金融体系运行中占据主导地位，是国民经济的重要组成部分，从业人员和网点数量均远超其他非银金融机构，是A股第一大权重板块。但回顾2000~2023年，银行业整体表现出运行平稳、经营稳健、估值震荡下行的特征。

2001年前后，银行股曾享受5倍市净率（PB，下同）的高估值。2004~2007年宏观经济高速增长，银行业批量股改上市，业绩增长亮眼，2007年市净率高达6.33倍。2008年金融危机后，受宏观环境和行业利润增速下降影响，银行估值水平一路下滑，尤其是2010年后，随着货币政策收紧，GDP增速放缓，治理通道业务，遏制非标出表，规范银行同业业务与委外投资，加大对影子银行监管力度，除2015年牛市时期和2017年年末的小幅回升外，银行市净率估值水平基本一路探低。截至2023年10月31日，银行业指数市净率为0.44倍。

与国内其他行业以及国外银行业相比，我国银行业估值未能得到资本市场的合理认可。与国内不同行业估值比较看，截至2023年10月31日，与非银金融业、非金融行业对比，银行业估值水平均为最低，且从近年来的走势看，银行业估值水平与非金融行业估值差距呈现扩大趋势。与美国银行业估值比较看，相较于其他行业，美国银行业估值也相对偏低。以2023年英国《银行家》全球银行1000强排名前20强的银行为样本来看，尽管工商银行连续11年位居榜首，工行、建行、农行、中行连续6年蝉联前四名，中资银行在国际市场的竞争力愈加显著，但从前20强的市净率比较来看，上榜的10家中资银行市净率均值（0.53倍）远低于上榜的5家美资银行市净率均值（0.89倍），估值仍较为落后。

传统的西方估值定价理论以股东价值为核心，更看重稳定的自由现金流，而银行业在经营发展过程中所蕴含的社会价值、承担的社会责任以及在国民经济中发挥的重要作用往往容易被忽视。因此，传统的西方估值理论与中国银行业体系的运行现状难以有效契合，成熟市场的估值体系并不能很好地与我国资本市场新兴加转轨的特征相适配。长期的低估值状态，不利于银行业保持市场化权益融资能力，不利于保持合理的盈利和内生资本补充水平，也不利于社会融资功能的发挥。“中国特色估值体系”的提出正是对基于单一价值导向的传统估值体系的重要理论探索和实践创新，银行业有望重塑估值逻辑，迎来价值回归的曙光。

本文聚焦银行业估值主题，一是系统梳理企业估值理论的发展演变，对比常用的价值评估方法，包括绝对值估值模型——现金流量折现模型（DCF）、股利贴现模型（DDM）、资本资产定价模型（CAPM）、套利定价理论（APT）、经济附加值模型（EVA）以及相对估值法，并梳理了现有文献中对中国银行业估值方法的探讨，以及对银行业低估值现象及影响因素的研究。二是采用市净率估值方法，从国内外两个维度进行银行业估值的现状分析。基于对国内外文献的分析总结，为增强估值研究的合理性，本文采用市净率来反映银行估值现状。基于2007~2023年的PB值，将我国银行业与国内其他金融行业、非金融行业以及上市银行个股的估值水平进行对比；同时，将中美银行业的估值水平进行对比，立体式分析我国银行业估值现状及特征。三是构建PB视角下的银行估值体系——“PB = ROE × PE”，深度探讨影响我国银行业估值的内外部主要因素及其传导机制，包括宏观经济周期、监管环境、行业竞争逻辑、市场估值变化、市场对银行偏好变化等外部因素，以及银行盈利能力、经营杠杆与资本占用结构、资产质量等内部因素。四是对“中特估”体系下银行估值的提升提出对策建议。

（二）研究意义

银行业肩负服务实体经济的重任，客观科学的估值有利于真实反映企业价值，满足再融资补充资本金的需求，促进市场资源配置功能更好地发挥作用。近年来，银行业得不到资本市场合理认可，估值水平一直处于各主要行业中最低，持续的低估值状态显著增加银行资本管理难度。一是核心一级资本补充承压。截至 2023 年 10 月 31 日，A 股 42 家上市银行平均市净率为 0.54 倍，其中 42 家上市银行全部破净，最低的仅为 0.31 倍，不同类型上市银行市净率的算数平均值由高到低分别为城商行（0.58 倍）、农商行（0.57 倍）、国有行（0.53 倍）、股份行（0.45 倍）。银行股破净在很大程度上限制了银行补充核心一级资本，特别是部分中小银行面临较大的资本补充压力。二是其他资本工具融资难度增加。2023 年 8 月，《证监会统筹一二级市场平衡优化 IPO、再融资监管安排》发布，旨在进一步严格再融资监管，提出“管控大额再融资”“对于金融行业上市公司或者其他行业大市值上市公司的大额再融资，实施预沟通机制，关注融资必要性和发行时机”等举措，而银行股的长期低估值，使得一级市场的其他资本工具（永续债和二级资本债等）发行的供需矛盾日益加剧。三是声誉和品牌的提升面临挑战。在《巴塞尔协议Ⅲ》中，声誉风险被列为第二支柱中的重要内容，在各类风险中影响范围广、破坏程度大。社会声誉和品牌是银行核心竞争力，如果因为声誉风险导致市场估值大幅下降（如 2016 年富国银行的“虚假账户”丑闻），后续修复需要较长时间，对银行正常经营和资本管理带来较大挑战。加强市值管理、科学估值已经成为商业银行实现高质量发展和银行股价值回归的战略任务，也是商业银行更好地服务于国家战略和实体经济的重要前提。

当前，中国式现代化建设向纵深推进，银行业把自身发展融合于服务国家发展战略中，积极践行金融的政治性、人民性，助力经济实现质的有效提升和量的合理增长。中央金融工作会议鲜明提出“以加快建设金融强国为目标”，为金融体系高质量发展注入强大动能。基于上述背景，本研究具有较强的理论价值与实践意义，主要体现在：

一是探索构建商业银行特色估值体系，丰富对银行估值逻辑的理论探索。当前我国的资产估值体系是模仿或套用海外成熟资本市场的估值体系，不能真实反映企业的实际情况。逐步形成完善、合理的估值体系，对资本市场的价值发现以及资源配置功能的发挥具有重要作用。本文在回顾整理企业价值评估理论文献的基础上，构建“PB = PE × ROE”银行估值体系，系统分析宏观经济、金融环境、监管政策、盈利能力、经营杠杆、资产质量等内外部因素对我国银行业估值的影响和传导机制，进一步厘清当前上市银行的估值逻辑。

二是总结 2007 ~ 2023 年银行业估值水平的阶段性变化特征。从国内外多维度对比分析我国银行业估值表现（历史与现状），揭示 2007 ~ 2023 年以来我国银行业估值水平的变动情况，总结不同因素影响下银行估值表现的分阶段特征。

三是从监管部门和银行经营管理两个层面就商业银行估值提升提出相关对策建议。相较于传统的估值体系，中国特色估值体系在定价过程中，扬弃单一的利润价值取向，结合国家战略、政策导向、社会责任等因素，引导投资者关注长期可持续发展。围绕银行业特色估值体系的建立，本文从价值创造、价值传递、价值实现和价值投资四个方面提出建议，对于探索建立具有中国特色的银行业估值体系具有重要参考价值。

（三）技术路线图

商业银行是现代金融产业链中最基本、最核心的业态，也是整个金融行业中最不可或缺的中坚力量。从诞生之日起，银行业就与实体经济唇齿相依、共生共荣。近几年，商业银行所面临的经营环境尤为复杂严峻。宏观经济从粗放式增长到集约化增长、从要素和投资驱动到供给侧改革与创新驱动，这要求金融体系更加高效地配置金融资源，以支持实体经济的结构化升级。同时，商业银行还面临着跨界竞争不断加剧、数字变革日趋成熟、客户行为悄然转变等多重挑战。近年来，银行市净率这一估值水平不断震荡下行，这既限制银行再融资和资本补充能力，也不利于社会融资功能的发挥，研究我国银行业估值问题，探寻提升银行估值的有效路径具有极为重要的现实意义。

首先，本文论述了研究我国银行业估值问题的背景与意义。其次，本文通过文献综述，对“企业估值理论的衍变”“银行业估值方法及低估值现象”进行总结分析，得出银行具有“亲周期、高杠杆、严监管”等行业属性，在经营模式、业务范围和盈利模式上有其特殊性，以市净率代表银行业估值更为合理。然后，本文采用市净率作为估值指标，从我国银行业与其他金融行业、非金融实体行业、美国银行业以及A股上市银行个股的估值水平四个维度进行对比分析，发现与国内其他行业以及国外银行业相比，A股上市银行估值并未在资本市场得到合理认可；并在数据分析基础上，进一步通过建立基于 PB = ROE × PE 的银行估值体系，得到影响银行业估值的相关内外部因素，分别从外部环境（宏观经济周期、银行业监管环境、行业竞争逻辑、整体市场波动，以及市场对银行偏好）、内部经营模式（盈利能力、经营杠杆与资本占用结构、资产质量），详细阐述关键因素对于银行估值影响的理论逻辑。最后，本文认为提高银行估值水平的核心要点在于“价值”，需要监管部门和上市银行主体从价值创造、价值传递、价值实现和价值投资四个方面，共同努力营造有利于提高对银行价值认可程度的市场氛围。本研究的技术路线如图4-1所示。

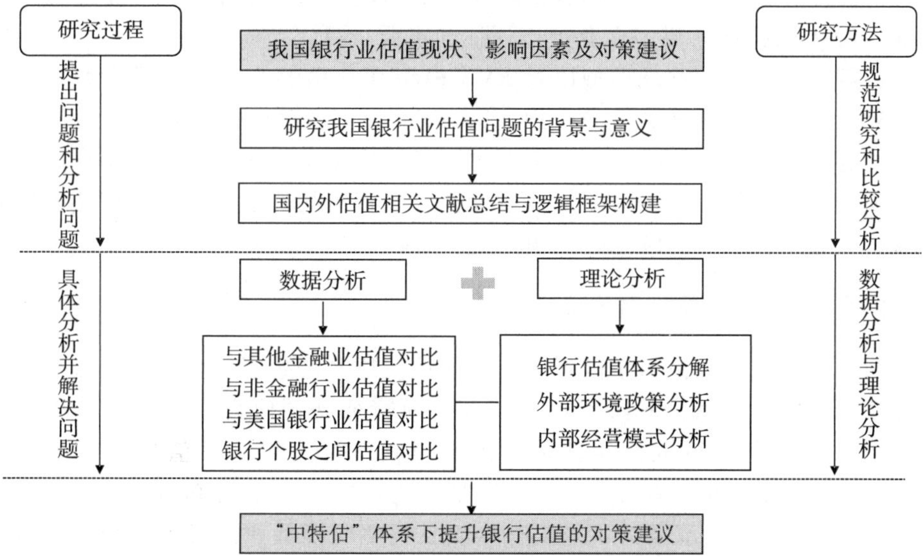

图4-1　技术路线

二、文献综述

（一）企业估值理论的衍变

企业估值方法主要包括相对估值法和绝对估值法。绝对估值法是通过预测未来的现金流来评估公司价值，通常涉及未来收益、利润和现金流，并将预测值折现到当前的现值。相对估值法是通过比较类似的公司（同行业或同市场）来确定公司的价值，通常涉及比较不同银行的财务指标，如市盈率、市净率、市销率、市现率等。

回溯企业估值理论的发展，国外较早形成了较为完善的价值评估理论体系。学界公认的企业价值评估理论起源于资本价值理论，Fisher（1906）在其著作《资本与收入的性质》中提出资本价值理论，认为一切资本价值都源于其生产的预期收入，并由此创立了现金流量折现模型（DCF）。在此基础上，Williams（1938）从投资者的角度指出，公司的内在价值应该等于股东未来可能取得的股息现值之和，提出股利贴现模型（DDM）。Modigliani & Miller（1958）提出 MM 理论，认为未来收益流是不确定的，并把企业加权资本成本率作为企业价值评估的资本率，随后又提出了存在公司收入所得税情况下的公司价值评估理论和模型，MM 理论为研究资本结构问题提供了有力的分析支撑。

Markowitz（1952）提出的现代资产组合理论中包含了风险分类和风险测度的重要思想，是企业价值评估理论的一个突破性发展。Sharpe（1963）构建资本资产定价模型（CAPM），研究资产预期收益率与投资组合风险之间的关系，定量揭示了风险资产收益与风险的关系，即为了补偿某一特定程度的风险，投资者应该获得更多的报酬率。Stephen Ross（1976）随后提出套利定价理论（APT），认为根据无套利原则，风险资产的收益与多个因素之间存在线性关系。资本资产定价模型使现金流折现模型（DCF）和股利贴现模型（DDM）得到逐步完善，也为 EVA 理念的形成提供了条件。Stewart（1991）首次提出经济附加值（EVA）概念，认为企业评价资本收益应考虑机会成本的影响，在计算企业价值时要从资本收益中扣除资本成本，EVA 模型逐渐成为企业价值评估的重要工具。

现金流折现模型、股利贴现模型以及 EVA 模型是常用的绝对值估值模型，但是实际操作过程较为复杂，不便于日常决策的应用。Damodaran（1967）提出相对估值法，认为处于相同行业或具有类似经营条件的公司，可以对比分析市盈率、市净率、市销率、市现率等指标，通过关联相似企业的市场价值，评估目标企业或资产的价值。相对估值法操作简单，且与二级市场联系紧密，成为后续企业估值的重要方法。

（二）银行业估值方法及低估值现象

传统的西方估值定价理论对中国资本市场的估值体系产生了重要影响，银行业估值大多沿用上述方法，国内学者结合我国资本市场及行业特征展开研究。李彦甫（2016）认为绝对估值模型更适合给新兴行业公司估值，传统和成熟行业相对估值模型更适配。刘亚干（2010）指出，对银行股进行估值的最佳方法是采用市净率、市盈率相结合的方式。余程辉（2014）基于三家代表性上市银行，采用三阶段股利贴现模型和银行盈利增速指标，测算得出我国上市银行股票的市场价格长期低于其内在价值的结论。黄陈和孙胜权（2002）、袁明哲（2009）对比分析不同估值方法，认为银行财务指标将更多影响市净率，通过市净率更能有效了解银行经营水平。王颖（2023）指出，市净率在银行业估值中更为合理，主要原因在于：一是银行业资产风险性较高，核心资本充足率要求高，市净率估值适合评估高风险、周期性明显的行业；二是银行业的资产多为以货币计量的金融资产，价值稳定，不受折旧影响，其公允价值容易评估。

针对我国银行业低估值现象及影响因素，学者也从不同角度进行了探讨。侯璐璐和刘元春（2016）发现投资者对商业银行不良贷款率披露不足、未来存贷利差减小是上市银行价值被低估的主要原因，认为银行应提高中间业务及表外业务在总收入中的占比，减少对净息差的依赖。余程辉（2014）认为投资者对中国宏观经济环境的弱势预期、对中资银行信息披露质量的质疑以及银行业自身业绩支撑不足等是导致我国上市银行股票价格长期低于其内在价值的主要原因。李大鹏（2020）认为商业银行经营模式同质化、严监管和强资本的要求以及 A 股本身的市场表现都制约了商业银行的估值。胡尧等（2023）指出传统的估值逻辑以实现股东价值为最终目的，却忽视了银行经营发展过程中所体现的社会价值、承担的社会责任以及在经济金融体系中的重要作用，因此探索建立具有中国特色的估值体系，是建设中国特色现代资本市场的重要支点。

（三）文献述评

综上所述，市场对于不同类型的企业，通常根据企业及其行业特点，选择合适的估值方法或多种方法的组合进行合理估值。目前学界和业界对银行业上市公司的估值尚未建立统一标准，多集中在股利折现模型、市净率和市盈率等方法，但部分学者认为，股利折现法适用的前提是公司拥有稳定的分红政策，我国资本市场开放时间较晚，银行股利支付率不稳定，股利折现法并不适用，且计算方法较为复杂。

银行业具有亲周期、高杠杆、严监管等行业属性，在经营模式、业务范围和盈利模式上有其特殊性，相比市盈率（股价/每股收益），市净率（股价/净资产）在银行业估值中更为常用。从市盈率角度看：一是市盈率易受经济周期影响，银行业作为亲周期性行业，市盈率指标较为波动。二是银行贷款拨备计提、呆坏账处理都有可能作为利润操控的手段，从而使得每股盈余未能真实反映公司的盈利水平，市盈率估值或失之偏颇。从市净率角度看：一是银行受到强监管，核心资本充足率要求高，同时作为较成熟行业，银行成长性偏弱，资本带来的收益通常较为稳定，市净率更适合用于银行估值。二是银行更多采用了资产负债表观下的会计计量理念，其资产负债表比别的行业更能反映经营情况，“账面净资产”更能准确反映银行的“内在价值”。

为增强估值的合理性，本文在研究银行估值问题时，采取市净率来反映银行估值水平。同时，由于净资产收益率（ROE）衡量公司对股东投入资产的使用效率，也是影响银行市净率的重要因素（$PB = ROE \times PE$）。因此，本文在客观描述我国银行业估值现状时，采用市净率指标进行分析；在具体探讨银行业估值影响因素时，建立基于 $PB = ROE \times PE$ 的银行估值体系，对 ROE 和 PE 两个分项进一步拆分细化的基础上，进一步分析影响银行业估值的外部环境因素和内部经营因素。

三、2007～2023 年我国银行业估值表现

结合理论文献分析，在规模驱动、资本依赖、以存贷款业务赚取利差为主的经营模式下，商业银行具有顺周期性，净利润有一定波动性，本文适合选取市净率作为估值方法。市净率是总市值与净资产规模的比值，通过比较相关倍数或比率来判断估值对象的合理价值。接下来，采用市净率作为估值指标，从我国银行业与其他金融行业、非金融实体行业、美国银行业以及 A 股上市银行个股的估值水平四个维度进行对比分析。

由于 2007 年以来，我国股票市场既经历了 2007 年的“6124”大牛市和 2015 年的“杠杆牛”，也经历了牛市之后的快速下跌。为充分展示股市牛熊周期背景下银行估值的波动，以更全面地分析银行估值变化趋势，本文对于银行业估值数据截取的时间跨度为 2007 年 1 月 31 日至 2023 年 10 月 31 日。

（一）与其他金融业估值对比

与非银金融业对比看，银行业估值水平最低。相较于证券、保险等非银金融行业，2008 年金融危机后，我国银行业的市净率水平一直处于金融业最低。截至 2023 年 10 月 31 日，非银金融业指数市净率 1.13 倍，证券业指数市净率 1.27 倍，保险业指数市净率 0.92 倍，银行业指数市净率 0.44 倍。2007～2023 年银行指数与其他金融业指数 PB 如图 4－2 所示。

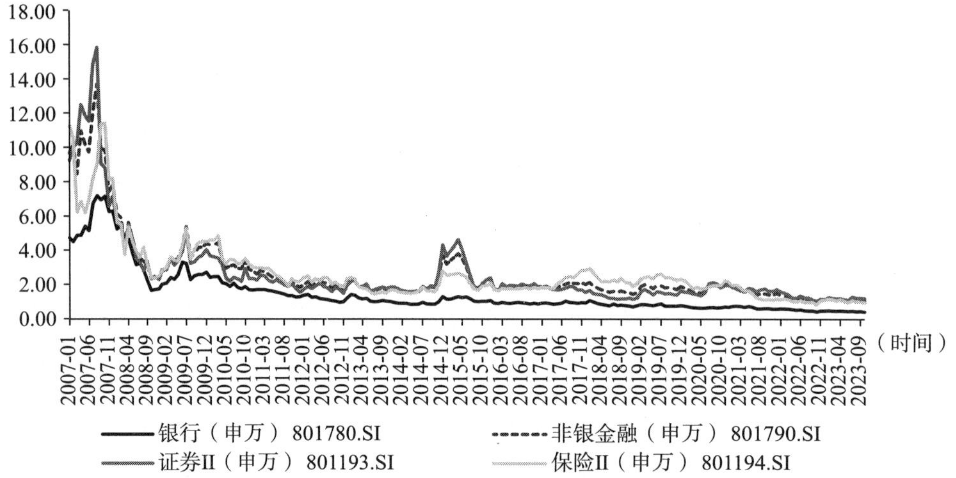

图 4－2　2007～2023 年银行指数与其他金融业指数 PB

数据来源：Wind 资讯。

（二）与非金融行业估值对比

与非金融行业对比看，银行业估值水平最低，且与非金融行业估值差距有扩大趋势。相较于非金融行业，以上证指数市净率为代表衡量所有行业的市净率，对比发现，2007 年大牛市背景下银行业指数市净率高于上证指数市净率，但 2008 年金融危机后，银行业估值水平逐渐落后于市场整体估值水平，尤其是 2009 年 10 月创业板设立后，我国资本市场的服务重心逐渐转向高科技、高成长性板块，银行业估值显著低于市场平均水平且持续下行，即使

在2015年大牛市背景下，银行业指数市净率涨幅也远远落后于上证指数市净率，上证指数市净率与银行业指数市净率之比由2009年10月31日的1.19扩大至2023年10月31日的2.79。2007～2023年银行指数与上证指数PB如图4－3所示。

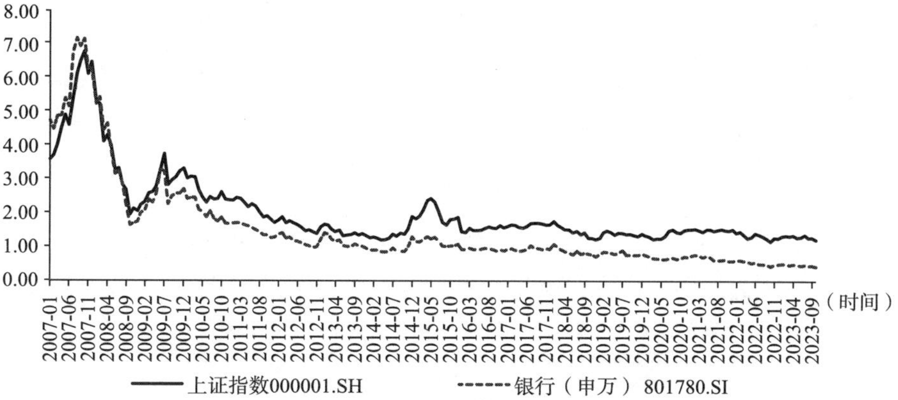

图4－3　2007～2023年银行指数与上证指数PB

数据来源：Wind资讯。

与周期性行业对比看，银行业估值水平最低，与弱周期行业估值差距更为明显。从具体行业对比看，银行业估值水平处于行业低位。相比有色金属、石油石化、煤炭、钢铁、房地产等强周期行业，2008年11月以来银行业估值逐渐走低，与强周期行业的市净率水平差距拉大，汽车、煤炭、石油石化、房地产、钢铁、有色金属行业指数市净率与银行业指数市净率之比由2009年10月31日的1.54、1.99、1.14、1.42、0.63、2.09扩大至2023年10月31日的4.93、2.86、2.86、1.73、2.14、4.68。相比日常消费、医疗保健、信息技术等弱周期行业，银行业估值落后更为明显，日常消费、医疗保健、信息技术行业指数市净率与银行业指数市净率之比由2009年10月31日的2.13、2.09、1.59扩大至2023年10月31日的10.07、7.19、7.01。2007～2023年银行指数与强周期行业指数PB如图4－4所示。2007～2023年银行指数与弱周期行业指数PB如图4－5所示。

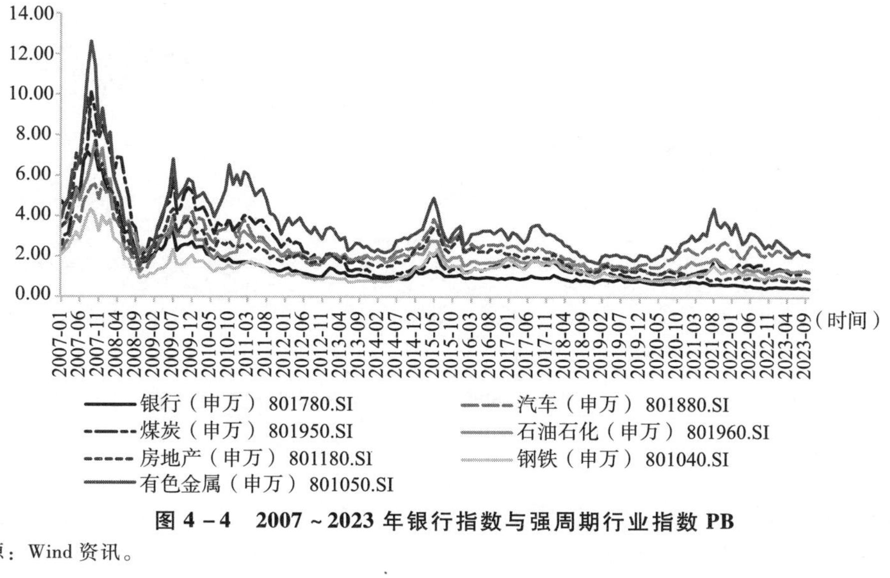

图4－4　2007～2023年银行指数与强周期行业指数PB

数据来源：Wind资讯。

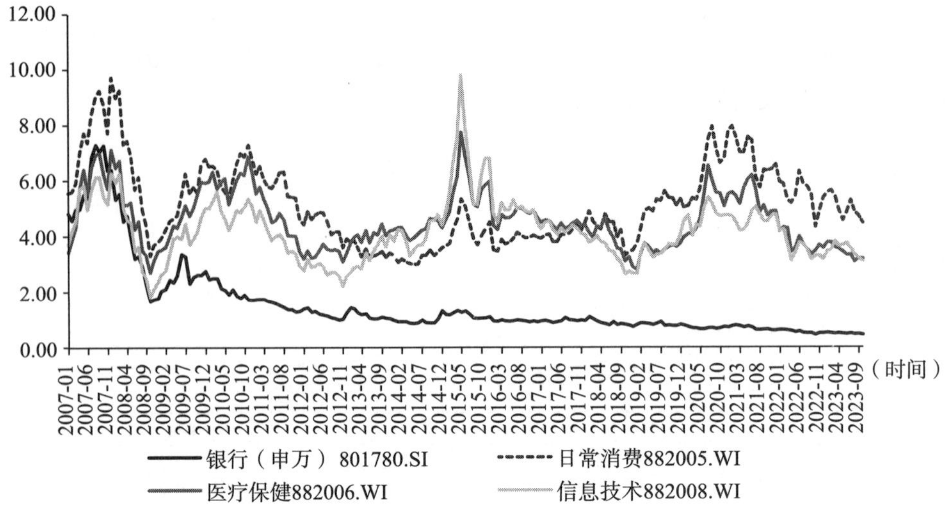

图 4－5　2007～2023 年银行指数与弱周期行业指数 PB

数据来源：Wind 资讯。

（三）与美国银行业估值对比

1. 美国银行业市净率总体呈现震荡下行趋势，且落后于其他行业市净率

与实体经济板块相比，美国银行估值低的现象同样存在，与中国 A 股银行指数和上证指数之间的市净率对比相似。从 2007 年至今的走势看，以摩根大通、美国银行、花旗集团、富国银行、高盛集团为代表的美国前五大银行平均市净率远低于标普 500 指数市净率。2023 年 10 月末，美国前五大银行平均市净率（0.89 倍）不足标普 500 指数市净率（3.89 倍）的四分之一，A 股银行指数市净率（0.44 倍）约为上证指数市净率（1.23 倍）的三分之一。2007～2023 年标普 500 指数 PB 与美国前五大银行平均 PB 如图 4－6 所示。

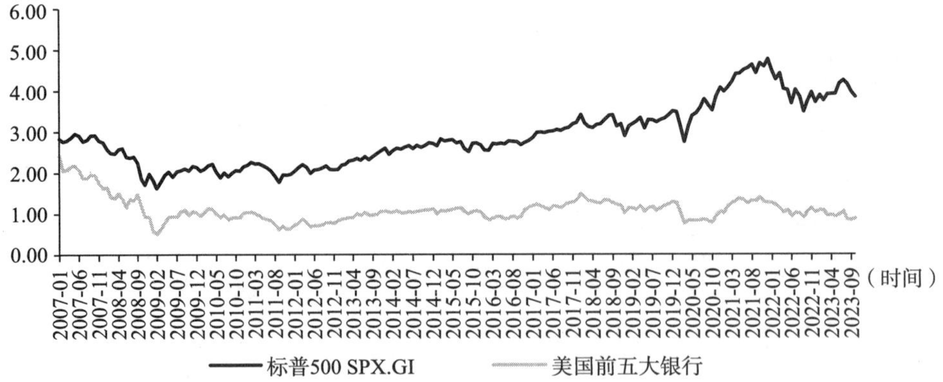

图 4－6　2007～2023 年标普 500 指数 PB 与美国前五大银行平均 PB

数据来源：Wind 资讯。

2. 全球 1000 强前 20 家银行中中资上榜银行估值均值不及美国上榜银行

从排名前 20 的银行看，银行估值水平与盈利能力呈现正相关关系。从全球银行 1000 强

排名前20的银行总体趋势看，银行利用净资产赚钱的能力越强，银行估值水平也越高。截至2023年10月31日，排名前20的银行市净率均值为0.65倍，净资产收益率均值为11.02%，其中，美国上榜的五大银行市净率均值为0.89倍，净资产收益率均值为10.98%，中国上榜10家银行市净率均值为0.53倍，净资产收益率均值为10.35%。

从单个银行看，具备综合金融业务优势的银行享受更高的估值水平。从20家银行中市净率排名第一的摩根大通看，截至2023年10月31日，摩根大通市净率（1.39倍）与净资产收益率（17.60%）均为前20家银行中最高，摩根大通作为综合金融的领军者，以客户为中心，深耕零售、投行、资产管理等多领域，降低了对传统信贷业务的依赖，业务结构更均衡，抗风险能力和经营韧性更强。2023年9月末，摩根大通非息收入占营收的比重（39.52%）居于前20家的第三位（高盛集团非息占比85.47%、美国银行非息占比41.38%分列前两位），净息差（2.66%）居于前20家的第二位（富国银行净息差3.03%居于第一位）。从中资银行中市净率排名第一的招商银行看，招商银行市净率（0.87倍）在前20家银行中居于第五位，净资产收益率（15.51%）在20家银行中居于第三位，招商银行整合银行、集团子公司、第三方合作伙伴的资源，开展综合化的投商行一体化服务，并围绕大财富管理持续深耕核心金融场景服务，为客户提供全方位的综合金融服务。2023年全球银行1000强排名前20的银行市净率与净资产收益率如表4－1和图4－7所示。

表4－1　　2023年全球银行1000强排名前20的银行市净率与净资产收益率

银行名称	国家	PB	ROE（%）
摩根大通	美国	1.39	17.60
三菱日联金融集团	日本	1.01	—
高盛集团	美国	0.94	7.40
富国银行	美国	0.90	11.61
招商银行	中国	0.87	15.51
美国银行	美国	0.81	11.12
汇丰控股	英国	0.77	16.97
邮储银行	中国	0.59	11.61
桑坦德银行	西班牙	0.58	11.85
建设银行	中国	0.54	11.48
农业银行	中国	0.54	10.08
中国银行	中国	0.53	9.34
法国巴黎银行	法国	0.51	—
工商银行	中国	0.51	10.02
交通银行	中国	0.47	8.85
法国农业信贷银行	法国	0.45	—
兴业银行	中国	0.45	11.33
中信银行	中国	0.45	10.03
花旗集团	美国	0.40	7.19
浦发银行	中国	0.33	5.28

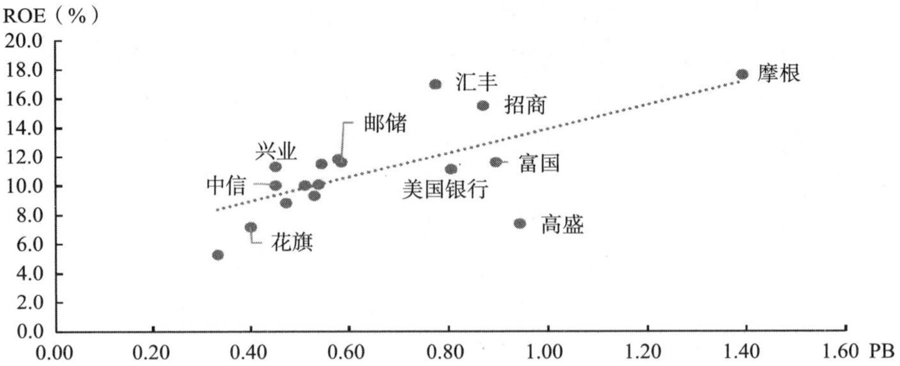

图 4－7　2023 年全球银行 1000 强排名前 20 的银行市净率与净资产收益率

数据来源：Wind 资讯。

备注：（1）图中 20 家银行为 2023 年英国《银行家》杂志基于一级资本排名的前 20 家银行；（2）市净率数据时间截至 2023 年 10 月 31 日；净资产收益率数据时间截至 2023 年 9 月 30 日；（3）PB 为市净率；ROE 为净资产收益率（年化）。

3. 对比美国前五大银行平均市净率，中国银行指数市净率呈现“前高后低”走势

2007 年至 2016 年 9 月，中国银行指数市净率在大多数时间都高于美国前五大银行平均市净率。其中，2007 年至 2013 年 9 月，经历 2008 年金融危机后，全球银行业估值都出现断崖式下滑，但随着中国“4 万亿”投资计划的实施，股市得到反弹，同时，此阶段银行业正处于高速发展期，净息差较高、不良率下降、非息收入增长较快，ROE 支撑中国银行业估值高于美国前五大银行平均市净率。2013 年 9 月至 2016 年 9 月，中国经济增速下滑，银行业估值下降，但融资需求旺盛带来高净息差以及表外业务对银行业绩的支撑，带动中国银行估值表现与美国前五大银行平均市净率不相上下。但从 2016 年 10 月至今的走势看，美国前五大银行市净率呈现震荡上升趋势并持续超过中国银行指数市净率。2023 年 10 月末，美国前五大银行平均市净率（0.89 倍）约为中国银行指数市净率（0.44 倍）的 2 倍。2007～2023 年中国银行指数 PB 与美国前五大银行平均 PB 如图 4－8 所示。

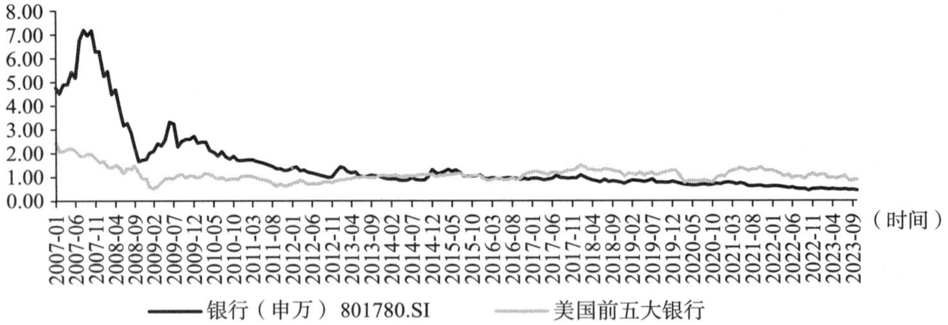

图 4－8　2007～2023 年中国银行指数 PB 与美国前五大银行平均 PB

数据来源：Wind 资讯。

美国前五大银行估值水平整体高于中国银行指数市净率的原因主要在于：一是中美股市发展情况有所差异，美国股市主要作为资本交易、投机、资本保值增值的场所，市场主体推动股市上涨，股市呈现“熊短牛长”。我国股市以融资功能为主，资源配置和价值发现功能

相对弱化，股票市场呈现“牛短熊长”。二是中美股市投资者结构差异明显。美股是机构主导的股票投资市场，中国股市投资者以散户为主、各类理财基金为辅。散户投资者表现出资金量少且较为分散、市场信息及政策延迟、追涨杀跌且寻求短期快速盈利等特征，而银行股波动性和潜在增长空间较小，投资者持有银行股的意愿相对较低。三是中美银行业监管体制有所不同，美国于1999年实行的《金融服务现代化法案》从法律上推动混业经营，银行、证券、信托、保险等跨行业强强联合，优势互补，推动美国银行业业务结构多元化，加快发展中间业务，对资本依赖性低，有利于市场估值提升。相比之下，中国银行业实行分业经营，在金融体系中占据主导地位，强化对银行的审慎监管，突出政治性和人民性，持续强化“金融服务实体经济”的战略要求。因此，从中美两国市场体制机制、银行经营环境、资本市场特征等多角度来看，成熟市场估值理论不能很好体现中国银行业所承担的功能属性和社会价值。

（四）我国A股上市银行估值分化明显

截至2023年10月31日，A股42家上市银行平均市净率为0.54倍。从不同类型的银行来看，城商行整体估值较高。截至2023年10月31日，不同类型上市银行市净率的算数平均值由高到低分别为城商行（0.58倍）、农商行（0.57倍）、国有行（0.53倍）、股份行（0.45倍）。从个股来看，从2016年开始，A股上市银行的估值分化日益明显，有差异化特色化经营优势的银行享受较高的估值溢价。例如，具有零售业务优势的银行，国有行中的邮储银行（PB为0.59倍），打造逆周期能力，加快建设一流大型零售银行。股份行中的招商银行（PB为0.87倍），在保持零售金融板块底盘和战略主体地位的基础上，持续推进“零售金融、公司金融、投行与金融市场、财富管理与资产管理”四大板块，进一步做强做好重资本业务，做优做大轻资本业务。再如，扎根地方经济，深耕中小微企业的银行，如城商行中的宁波银行（PB为0.97倍）坚定不移地实施“大银行做不好，小银行做不了”的经营策略，深耕优质经营区域；农商行中的常熟银行（PB为0.85倍）坚持服务“三农”、服务小企业、服务小微企业的市场定位，深耕江苏地区。2007～2023年不同类型银行指数市净率如图4－9所示。42家A股上市银行市净率PB如表4－2所示。

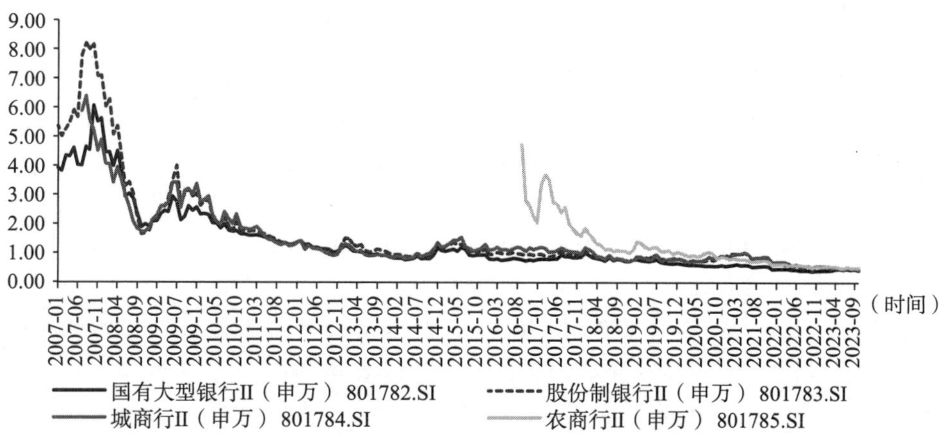

图4－9　2007～2023年不同类型银行指数市净率

数据来源：Wind资讯，数据时间截至2023年10月31日。

表 4-2　　42 家 A 股上市银行市净率 PB（按 PB 从高到低排序）

国有行	PB	ROE	股份行	PB	ROE	城商行	PB	ROE	农商行	PB	ROE
邮储银行	0.59	11.61	招商银行	0.87	15.51	宁波银行	0.97	14.22	常熟银行	0.85	14.26
建设银行	0.54	11.48	平安银行	0.51	11.74	成都银行	0.77	16.84	瑞丰银行	0.65	10.84
农业银行	0.54	10.08	兴业银行	0.45	11.33	杭州银行	0.71	15.06	张家港行	0.64	11.59
中国银行	0.53	9.34	中信银行	0.45	10.03	江苏银行	0.61	15.06	无锡银行	0.61	11.16
工商银行	0.51	10.02	浙商银行	0.44	9.82	兰州银行	0.61	6.15	江阴银行	0.55	9.63
交通银行	0.47	8.85	光大银行	0.40	9.52	苏州银行	0.60	12.09	紫金银行	0.53	10.20
			浦发银行	0.33	5.28	厦门银行	0.60	10.30	沪农商行	0.52	13.10
			华夏银行	0.33	7.60	南京银行	0.60	12.63	苏农银行	0.50	13.06
			民生银行	0.31	7.33	青岛银行	0.59	10.75	青农商行	0.46	10.97
						齐鲁银行	0.59	10.76	渝农商行	0.42	11.35
						重庆银行	0.56	11.10			
						西安银行	0.51	8.53			
						长沙银行	0.50	12.47			
						郑州银行	0.44	7.02			
						上海银行	0.41	10.20			
						北京银行	0.39	8.54			
						贵阳银行	0.35	9.74			
国有行均值	0.53	10.23	股份行均值	0.45	9.79	城商行均值	0.58	11.26	农商行均值	0.57	11.61

数据来源：Wind 资讯。

备注：数据时间截至 2023 年 10 月 31 日；PB 为市净率。

四、银行估值体系及影响因素分析

（一）PB = ROE × PE 的银行估值体系

市净率（PB）是银行市场价值相对于账面价值的溢价或折价水平，银行 PB 的高低，取决于净资产收益率（ROE）和市盈率（PE）两项因素共同作用。本部分基于市净率视角，建立 PB = ROE × PE 的银行估值体系，并将 ROE 和 PE 两个分项进一步拆分细化，得到一系列与银行业经营相关的外部环境因素和内部经营因素，详细分析不同内外部因素对银行估值的传导机制。银行 PB - ROE - PE 估值体系分解如图 4-10 所示。

1. 净资产收益率（ROE）

ROE 代表着银行利用资本获取盈利的能力，是外部经济金融环境、监管政策与银行自身经营决策叠加形成的经营结果。ROE 的分子是银行的净利润，可以拆分为利息净收入加上非利息净收入，再减去资产减值损失和营业成本（含业务及管理费、税金及附加、其他业务成本）。分母是银行的净资产或股东权益。经营业绩好、ROE 相对高的银行，在相对固定的 PE 市场要求下，自然会得到一个更高的 PB 估值。

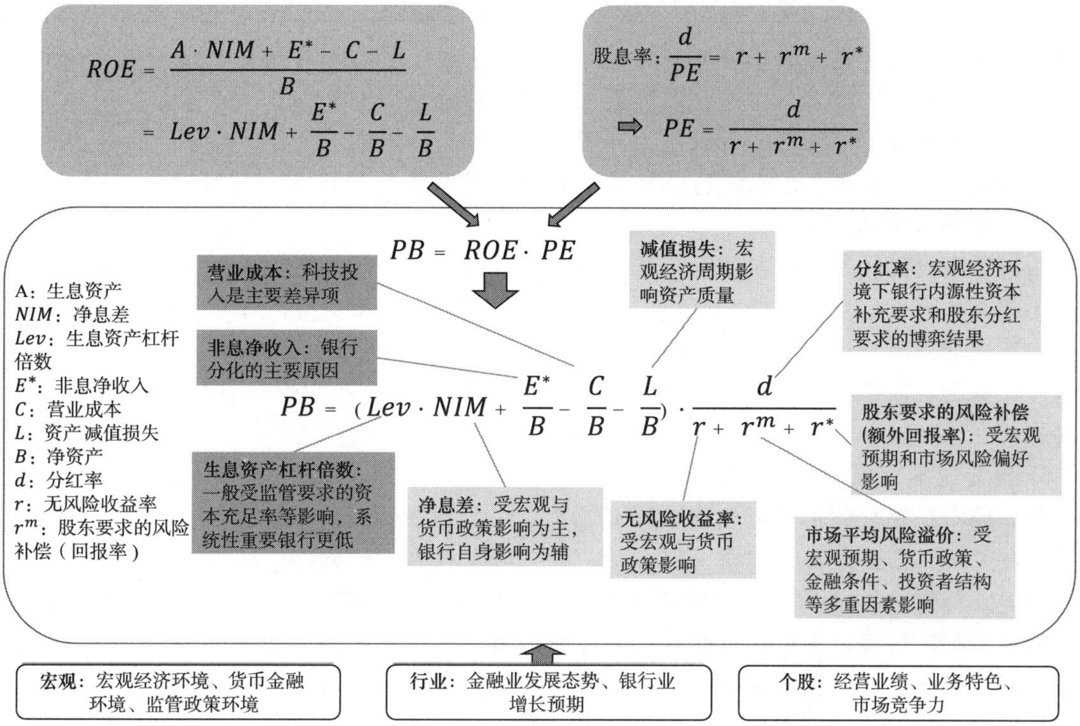

图 4－10　银行 PB－ROE－PE 估值体系分解

2. 市盈率（PE）与股息率

市盈率 PE，是股价相对于每股收益（EPS）的倍数。与 PE 相关的另一个指标是股息率，即每股分红除以股价，又由于每股分红/每股收益（EPS）即为分红率 d，因此，股息率是分红率 d 除以 PE。市场投资者对于银行的股息率要求，可以分解为无风险收益率 r，加上平均风险溢价 rm，再加上对银行的额外收益率溢价 r^*。因此，在分红率相对固定的情况下，市场对于银行的股息率要求，就决定了其能给予银行的 PE 估值水平。

根据不同的宏观环境、市场风险偏好、未来发展预期、流动性水平，市场对于银行的股息率要求不同，也会对应不同的 PE 要求。比如在宏观环境向好、未来成长性有保障的情况下，市场可以容忍银行更低的股息率（对应更高的 PE）；相反，当宏观环境较差，市场厌恶风险，或者对银行业形成悲观预期时，需要更高的银行股息率进行补偿，便会大幅压低银行 PE 水平，导致 PB 下降。

下面，再将 ROE 和 PB 进一步拆解成细项指标。

3. 生息资产杠杆倍数（Lev.）

生息资产杠杆倍数的分子为生息资产规模，分母为净资产或股东权益，代表着银行在一定的股东权益总额下，所能派生出的生息资产规模。由于受到资本充足率的约束，银行的杠杆不能无限放大。越是系统性重要的银行，监管对于银行的资本充足率要求越高，生息资产杠杆倍数也就越低，这虽然不利于银行提升经营收益，但也增加了银行的安全性。

4. 净息差（NIM）

净息差衡量银行通过传统存贷款业务，获取存贷利差的盈利空间，其分子是净利息收入

（利息收入 - 利息支出），分母是生息资产规模。银行整体的净息差规模一般与宏观环境、货币政策相关，在宏观环境景气度较高的加息周期，由于贷款利率的弹性大于存款利率，银行净息差一般趋向于扩大，在宏观环境景气度较低的降息周期则相反。不同银行间的净息差水平差异，则体现了银行资产组织能力和负债经营能力的不同，资产收益率、负债成本率以及资产负债规模因素都会影响银行的净息差表现，进而影响 ROE 和估值水平。

5. 非利息净收入（E^*）

非利息净收入，是银行在传统存贷款息差收入以外的中间业务收入，主要包括支付、结算、代理、托管、汇兑、承兑、代销、资产管理、财务顾问服务等。非利息收入具有轻资本特点，其根本来源是银行为客户提供的服务价值，而非资金价值，是银行扩大收入来源的重要途径，也是各家银行经营业绩差异的重要原因，日益成为不同银行估值分化的主要影响因素。

6. 营业成本（C）

营业成本是银行除了资金成本、资本成本、风险成本以外，其他维持日常运营的开支，包括人员工资、办公设备、房租、宣传费、科技研发投入、税务等。减少营业成本支出，将被动增加银行的净收入水平，但营业成本过度压缩也可能导致运营效率下降、员工士气低落、科技系统落后等，影响银行长期稳健经营。近年来，各家银行加大科技建设投入，虽然增加了营业成本，但这些科技投入有助于银行转型升级，实现高质量发展目标，因此，市场对于科技投入较高的银行愿意给予更高估值。

7. 资产减值损失（L）

资产减值损失主要是银行面临借款无法回收而形成的信用风险损失，以及市场风险、操作风险、国别风险等其他损失。这些因素的损失都会侵蚀银行利润，降低 ROE 水平。衡量风险管理水平的最直观指标包括不良贷款率、逾期贷款率、贷款迁徙率等。此外，对于不良资产认定的严格程度，也是影响市场对银行估值的重要因素。

8. 分红率（d）

分红率本质上是宏观经济环境下银行内源性资本补充要求和股东分红要求的博弈结果。分红率高有助于提升银行估值，但也会导致内源性资本补充减少，削弱银行的成长性，因此，分红率对于银行估值的影响较为复杂。当前主要银行的分红率普遍稳定在 25% ~30% 区间，并不是影响估值分化的决定性因素。

9. 无风险收益率（r）

当货币政策宽松时，市场的无风险收益率下降，持有银行股的机会成本下降，市场对于银行的股息率要求随之降低，有利于银行估值的提高。

10. 平均风险溢价（rm）

市场的平均风险溢价是投资者对于市场全体股票所要求的额外风险补偿。在牛市时，市场风险偏好较强，对于风险的补偿要求很低，有利于整体股票估值水平上升。在熊市时，市场趋向于厌恶风险，会要求很高的风险补偿，导致整体股票估值下降。

11. 对银行的额外收益率补偿（r^*）

由于银行业的高风险特征，市场对银行的风险补偿要求往往高于全体上市公司的平均水平，会形成额外收益率补偿 r^*。当市场相较于其他行业更看好银行业时，r^* 会下降，银行业相对市场整体的估值上升，反之则会下降。值得注意的是，一般也可以用 $r^* + rm$ 表示的

“风险溢价”来进行某个行业估值，其相当于股息率减去无风险利率，衡量的是剔除无风险利率影响的相对股息率水平。

（二）外部因素对银行估值的传导机制

1. 影响银行估值的外部因素及其传导机制分析

外部因素对银行的估值影响主要可以分为宏观经济周期、银行业监管环境、行业竞争逻辑变化、整体市场波动以及市场对银行偏好变化五类。

（1）宏观经济周期。

从净息差来看，宏观经济复苏或繁荣时期，一般实体经济收益率抬升，加上通胀回升，全社会整体的名义利率水平上升。经济繁荣期实体经济贷款需求回升，贷款利率随之上升。尽管存款利率也会同期上升，但由于大量沉淀的活期存款对利率不敏感，导致存款变化的弹性低于贷款，银行净息差趋向于扩大，利润空间也随之扩大。当宏观经济进入减速或衰退期则反之。

从资产质量角度看，经济繁荣期银行业面临的信用风险较低，资产质量转好，为应对资产减值损失的拨备下降，对利润的侵蚀减少。

（2）银行业监管环境变化。

一是对银行业加强资本监管，如巴塞尔协议、新资本管理办法、系统性重要银行总损失吸收能力管理等监管规定，倾向于从严管理银行资本，提升对银行的资本充足率要求，由此降低银行的生息资产杠杆比率。

二是对银行业信贷投放规模、结构和节奏的政策指导，调控银行的表内业务规模。如“四万亿”时期对银行信贷投放的鼓励，以及后期因经济过热对信贷投放的冷却性窗口指导等。这部分监管措施会影响银行的生息资产规模扩张速度，同时规模变化也会影响资金价格，最终体现为银行利息收入的变化。

三是从防风险角度规范银行的业务开展，如规范银行为政府性债务的融资；规范银行通过各类通道进行表外“影子银行”的无序扩张；规范银行的同业业务防止“资金空转”；规范银行的理财与资管业务；实施对于房地产业务的集中度管理等。这部分措施既会影响银行表内的利息收入，也会影响表外管理资产规模，从而影响非息收入规模。

四是要求银行对实体经济减费让利。为落实国家对于金融业服务实体经济的精神，近年来监管层不断推动银行向实体经济让利，包括各类金融手续费减免，在疫情期间为中小微企业降低利率、贷款延期还本付息等政策，短期内在一定程度上对银行的营收产生影响。

五是对互联网金融的监管，互联网企业的跨界竞争对银行业带来一定冲击，近年来对互联网金融的监管态度从鼓励到规范，对银行业的经营环境也产生了较大影响。

（3）行业竞争逻辑变化。

为应对利率市场化、互联网金融竞争等外部环境的挑战，近十多年来我国银行的商业模式也在从重资本、强周期、规模驱动向轻资本、弱周期、服务驱动转变。在传统的表内业务估值逻辑下，银行业的盈利有较强的顺周期性。而在新兴的轻资本业务下，银行对资本的依赖度下降，更易获得高估值。这一特征从2017年开始愈发明显，以招商银行为首的优质银行通过零售转型和大资管业务的发展，开始受到市场普遍青睐，银行业内部各行的股价和估值开始分化。

行业竞争逻辑的变化，主要体现在银行利润结构的变化，最主要的观察指标是净息差、非利息收入占比，以及增加科技投入导致的营业成本变化。一般而言，零售型银行由于一般存款较为稳定，负债成本较低，在利率市场化过程中能保持较高的净息差，而具备表外业务优势的银行，如擅长交易银行、财富管理等轻资本运行的银行，非息收入占比较高。加强数字银行和科技银行建设，则会在短期内增加营业成本。

（4）市场整体估值水平的变化。

2007 年以来，我国股票市场既经历了 2007 年的“6124”大牛市和 2015 年的“杠杆牛”，也经历了全球金融危机期间的大幅下行和 2015 年杠杆破裂后“千股跌停”式的大崩盘，市场估值水平波动较大，如 2007 年 10 月高点时上证综指平均 PE 和 PB 分别为 55 倍和 7 倍，而 2014 年 4 月最低点时上证综指平均 PE 和 PB 仅为 9 倍和 1.2 倍。由于银行股股价会随着股市水涨船高，上市银行的估值也在牛市中上行、在熊市中回落。

市场整体估值水平主要通过无风险收益率和市场平均风险溢价体现，其中，无风险收益率受到宏观经济与货币政策影响，衡量的是投资股票相对投资无风险资产的机会成本高低。平均风险溢价则是市场对整体股票的风险补偿收益。

（5）市场对银行股偏好的变化。

投资者结构的变化、供给侧改革以及重大政策事件的发生都会对银行股估值产生深远影响。一是投资者结构的变化，长期投资者一般更青睐银行股等稳定收益的绩优股，而股市的投机者（游资、散户等）则一度偏好“炒新、炒小、炒差”。二是市场供给的变化，早期股票市场以服务国有企业上市融资为主，优质的银行股一度成为“香饽饽”，而随着创业板、科创板的陆续设立，越来越多的中小型、科创型企业上市，导致银行股的市场关注度降低。三是政策或重大事件对市场投资者偏好的影响。例如，随着近年来科创板、北交所等多层次资本市场加快推进，以及注册制改革落地，我国中小市值股票供给大幅增加，股票退市常态化，导致“炒新、炒小、炒差”策略逐步淡出，市场更偏向于低估值和较为稳健的蓝筹股。再如，2022 年 11 月监管层提出“探索建立具有中国特色估值体系”（简称“中特估”）的看法，市场对于估值偏低的国有银行更为青睐，降低了对银行的额外收益率补偿的要求。

2. 外部因素对银行估值的影响分析

综合上述五大方面因素来看，2007 年以来我国银行业的估值变化大致分为五个阶段。

（1）阶段一（2007 年 1 月至 2009 年 6 月）。

阶段一的主要特征为：跟随市场整体牛熊转换，银行业估值大幅波动。2007 年随着上证指数创下 6124 点的历史新高，银行业估值大幅上升，PE 与 PB 分别达到 42 倍与 5.9 倍。随着全球金融危机爆发，我国股市大幅下行，银行业估值也随之回落。不过随着 2008 年 10 月“四万亿”投资计划公布，股市再次反弹，银行业估值也紧随上升。因此，市场平均风险溢价的大幅波动，成为此阶段银行股估值波动的最主要因素。

此阶段，银行业正处在高速发展期，净息差较高，不良率下行，非息收入增长较快，因此，ROE 整体上行支撑了银行业的估值。但市场对银行的偏好下降，投资者对于银行的额外风险补偿要求抬升（升高约 150bp），拖累了银行估值。

（2）阶段二（2009 年 7 月至 2014 年 7 月）。

阶段二的主要特征为：经济下行、监管加强和市场转弱三重因素导致银行业估值下行。2010 年开始我国经济增速进入“L”型的前期下行阶段，GDP 增速由 2010 年的 10.6% 回落至2014年的7.4%。“四万亿”经济刺激计划引发了通货膨胀和资产价格泡沫等后遗症，迫使监管对表内信贷加紧约束，包括连续提高存款准备金率、压缩银行信贷规模、限制对地方融资平台和房地产行业的表内信贷投放、强化资本金和流动性约束等。

此阶段，整体市场呈现熊市状态，上证综指由2009年7月的3400点一路下跌至2014年6月的2000点附近，也造成银行业估值下降。此阶段，市场对于银行的风险补偿要求继续升高，尽管银行整体跑赢整体市场，但主要依靠每股盈利增加，相反PE则由期初的接近20倍下滑至期末的4.7倍，市场对于银行的风险补偿要求升高了约200bp。

不过，融资需求旺盛带来的高净息差，以及银行业通过发展表外业务，经营业绩保持良好，ROE表现稳定，对估值提供一定支撑。

(3) 阶段三（2014年8月至2017年12月）。

阶段三的主要特征为：经济趋稳、监管加强与互联网竞争下的估值分化。我国宏观经济开始进入GDP增速“L”型的后半段，经济增速基本得以保持，由2015年的7%微降至2018年的6.7%。但银行业进入强监管期，“三三四十”专项治理、127号文、资管新规等监管政策陆续发布，加大了银行表外业务的监管力度。“房子是用来住的，不是用来炒的”给予房地产市场新的定位，紧缩性的房地产调控政策就此全面展开。同时，我国利率市场化加速推进和互联网金融的参与竞争，导致银行业净息差明显收窄。

但此阶段市场对银行的认可支撑了银行业的整体估值，主要是境外资金更加青睐绩优和低估值的优质银行，并引导境内机构改变投资逻辑，跟随推升以招行为代表的绩优银行股，从而不同银行估值出现分化，银行业整体估值保持稳定，投资者对银行的额外风险补偿下降约200bp。

(4) 阶段四（2018年1月至2022年10月）。

阶段四的主要特征为：经济面临内外部挑战增多，金融风险局部暴露，拖累银行估值持续下行。此阶段，我国先后经历了中美贸易战和新冠疫情的巨大冲击，GDP增速由2018年的6.7%，下降至2019年的6.0%。随后，2020年、2021年在新冠疫情影响下，两年平均增速回落至5.1%，2022年继续回落至3%。监管政策开启“金融供给侧改革”，发挥银行主观能动性支持实体、让利普惠、服务乡村振兴发展，银行经营进入结构调整、规范经营、减费让利的新阶段。同时，由于金融市场局部风险开始暴露，房地产市场预期出现转变，市场对银行业的风险担忧加剧，股东对银行业的额外股息率要求大幅升高约230bp，上市银行平均股息率由2018年年初的3%升至6.3%左右，银行业PB则由期初的1倍持续下行至期末的0.5倍。

(5) 阶段五（2022年11月至今）。

阶段五的主要特征为：“中国特色估值体系”对稳定银行估值发挥关键作用。2022年11月21日，“探索建立具有中国特色的估值体系”被提出。随后，市场对“中特估”板块进行了梳理，主要包括偏低的上市银行和部分央企国企，领域大多集中在银行、建筑、电信、石油石化、煤炭等板块，占A股市值比重高、较多属于涉及国计民生的重点领域。对于整体股市而言，“中特估”概念本质上是“中国核心优质资产的特殊估值体系”。对于银行业而言，可以理解为“建设中国特色金融强国目标下，银行业理应具备长期稳健经营和高质量发展的基础，这将对银行的长期估值提供信心和保障”。因此，相对于提出时的偏低估值，“中特估”是对银行业估值的合理修复和纠偏。随着“中特估”概念的提出，市场中的低估值与高分红股票广受关注，银行股在随后的9个月里涨幅达到30%，估值有所恢复，

2023 年 4 月银行业指数市净率升至 0.5 倍（2022 年 11 月为 0.44 倍），市盈率 PE 升至 4.9 倍（2022 年 11 月为 4.4 倍），市场对于银行的额外风险补偿则一度下降超过 90bp。

2007 年以来五个阶段银行估值变化的五大因素分解如表 4－3 所示。

表 4－3　　2007 年以来五个阶段银行估值变化的五大因素分解

	第一阶段 2007.1～2009.6	第二阶段 2009.7～2014.7	第三阶段 2014.8～2017.12	第四阶段 2018.1～2022.10	第五阶段 2022.11 至今
宏观经济周期	高增长的经济增速，遭遇全球金融危机冲击。社会融资需求旺盛，整体利率水平较高	三期叠加效应显现，经济“L”型走势的前半段，GDP 增速下降。但四万亿后续融资需求依然旺盛，整体利率水平较高	我国宏观经济开始进入 GDP 增速“L”型的后半段，经济增速基本得以保持	我国先后经历了中美贸易战和新冠疫情的巨大冲击。融资需求疲弱，利率下行，资产荒明显。利差收窄叠加不良上升	我国进入后疫情时代，经济在波折中逐渐复苏，但房地产供求关系发生根本变化
银行业监管	主要体现在货币政策前宽后紧，但针对银行业的严监管尚未开始	主要以表内加强监管为主，压缩银行信贷规模、限制对地方融资平台和房地产行业的信贷投放，强化资本金、贷存比和流动性约束	监管由表内延伸至表外，包括“三三四十”专项治理、127 号文、资管新规等多道监管令陆续发布。房地产调控全面趋严	延续前期强监管，并整顿互联网金融。开启“金融供给侧改革”，银行经营进入结构调整、规范经营、减费让利的新阶段	二十大与中央金融工作会议提出金融的政治性和人民性，服务实体经济，建设中国特色金融强国，防范化解重大风险
银行业竞争逻辑变化	粗放的外延式扩张发展模式，“四万亿”推升融资需求，银行业规模扩张，净息差空间保持高位，ROE 持续升高，不良率持续下行	依旧保持粗放的外延式扩张发展模式。银行通过加大表外业务的发展，保持了规模扩张，且依托实体旺盛的融资需求净息差保持稳定，不良率也维持低位，ROE 保持稳定	利率市场化与互联网金融的竞争，迫使银行开始转变经营模式，以招行、平安为代表的银行率先转型，获得资本市场青睐，银行估值分化。ROE 整体下行	从重资本、强周期、规模驱动向轻资本、弱周期、服务驱动转变。发挥主观能动性支持实体、让利普惠、共同富裕、专精特新、服务乡村振兴发展	净息差压力持续收窄，资产荒加剧，银行业将保证息差而非规模扩张作为首要经营目标
市场整体估值水平	2007 年 10 月达到 6124 点大牛市，但随后因全球金融危机大幅下行，2008 年 10 月“四万亿”后明显反弹	经济下行导致市场持续走弱，上证综指由 2009 年 7 月的 3400 点一路下跌至 2014 年 6 月的 2000 点	2015 年上证指数经历了罕见的“杠杆牛”和大崩盘。随着后续外资“聪明资金”入场，市场风格切换为青睐绩优股	上证指数宽幅震荡，贸易战与疫情成为波动性冲击来源	“中特估”对市场形成了广泛影响，低估值与高分红股票涨幅明显，大盘整体稳定但结构分化
市场对银行的偏好	市场对银行认可度小幅下降，银行额外风险补偿上升 150bp	市场对于银行的认可继续回落，银行业风险补偿进一步升高约 200bp	市场对率先转型的银行给予了高估值，带动银行整体强于大盘。银行业风险补偿下降约 200bp	银行业未跑赢大盘，市场对银行业的股息率要求提升，担忧加大。银行业风险补偿升高约 230bp	银行在“中特估”概念催化下，显著跑赢大盘，银行业风险补偿下降约 90bp

基于上述五大阶段，图 4 - 11 刻画了 “PB = ROE × PE” 银行业估值模型中的主要因素，对应每个阶段中的关键变量。从上到下依次为：PB 与 PE、ROE 与股息率、与 ROE 密切相关的不良率、净息差和非息收入、股息率分母的两个主要影响因素（上证综指风险溢价和对银行业的额外风险溢价）以及银行业和整体股指表现的差异。

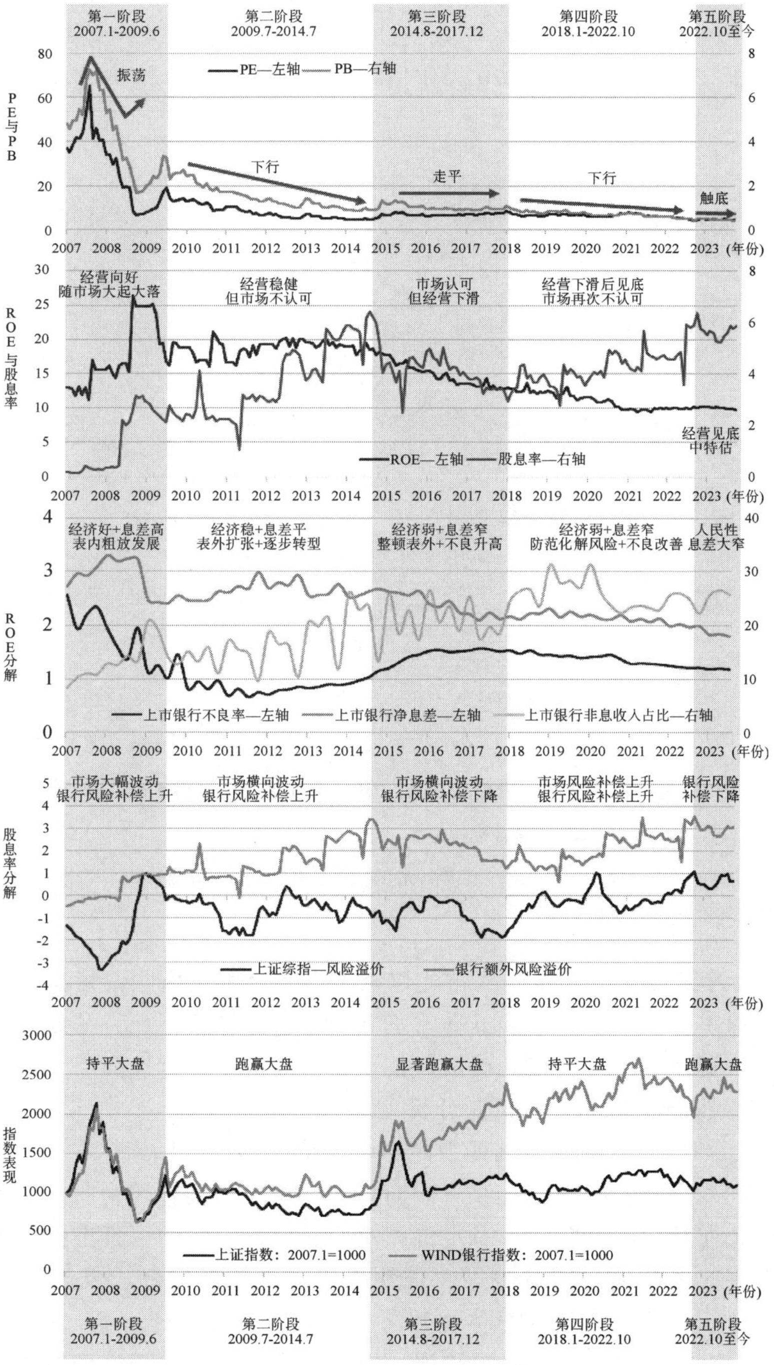

图 4 - 11　五个阶段的银行业估值因素变化

（三）内部因素对银行估值的影响

1. 影响银行估值的内部因素相关性分析

通过散点图与相关性分析 ROE、净息差、非利息收入占比、不良率、成本收入比、核心一级资本充足率以及拨备覆盖率等核心经营指标与银行业 PB 的相关性发现，上市银行的估值水平与 ROE、净息差、非利息收入占比、不良率指标的相关性较高，相关系数分别为 0.84、0.89、0.62、－0.45。2013～2023 年银行 PB 与核心经营指标相关性分析如图 4－12 所示。

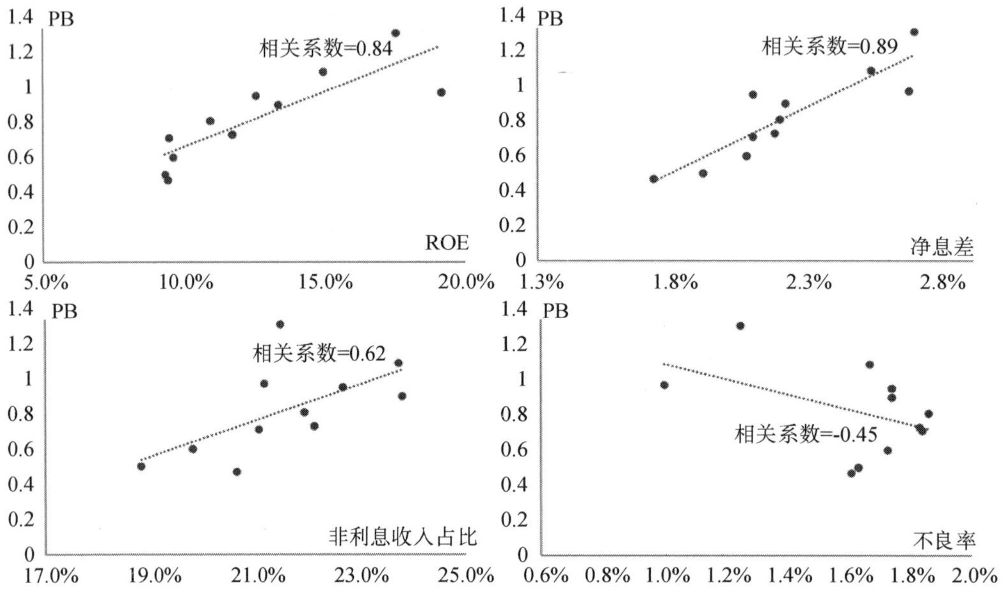

图 4－12　2013～2023 年银行 PB 与核心经营指标相关性分析

数据来源：Wind 资讯，国家金融监督管理总局。

注：数据样本为 2013～2022 年各年末与 2023 年 9 月末的数据；PB 为银行指数对应的市净率，ROE、净息差、非利息收入占比以及不良率为商业银行对应的数据。

其中，ROE、净息差、非利息收入占比以及不良率分别是商业银行盈利能力、资本使用结构、资产质量的主要衡量指标。接下来，基于商业银行经营特征，从盈利能力、经营杠杆与资本占用结构、资产质量三个维度对银行估值的传导机制进行探究。

2. 内部因素对银行估值的传导机制分析

（1）成长性想象空间有限，盈利能力是影响估值的第一大因素。

一是银行盈利能力、资产质量与经济周期高度正相关，具有较为明显的周期性特征。在经济景气周期，企业经营状况向好，对定价相对不敏感，银行的议价空间更大，同时银行对企业的判断偏乐观，风险偏好相对激进，贷款资源向成长性较好、定价相对更高的企业倾斜，ROE、ROA 上升，且由于企业总体经营情况良好，银行不良率低，信用减值损失下降。在经济下行周期，企业收缩，成本控制趋严，银行的议价能力变弱，同时银行风险偏好转向保守，更倾向于资质较好但定价较低的大企业，ROE、ROA 下降，且经济下行期相当数量的企业会陷入困境，银行不良率上升，银行需要计提更多的减值损失。

当前，中国经济正处于从高增长转向高质量发展的换挡期，银行风险偏好偏于稳健，信贷投放向高科技、新能源等行业聚集，向信用评级更高、定价更低的客户集中，导致行业竞争白热化、盈利增速放缓。如图 4 - 13、图 4 - 14 所示，除了在 2014 年等少数年份因市场波动出现些许的偏离外，十年间（2013 年 12 月至 2023 年 9 月）市净率与 ROE、净息差趋势表现出高度的正相关性。根据日本等经济体经验，经济潜在增速下降、人口结构等长期结构性因素将造成长期低利率环境，银行利润持续承压，投资者对银行长期盈利回报的预期相应下降，银行的成长性与想象空间不乐观，导致估值水平持续走低。

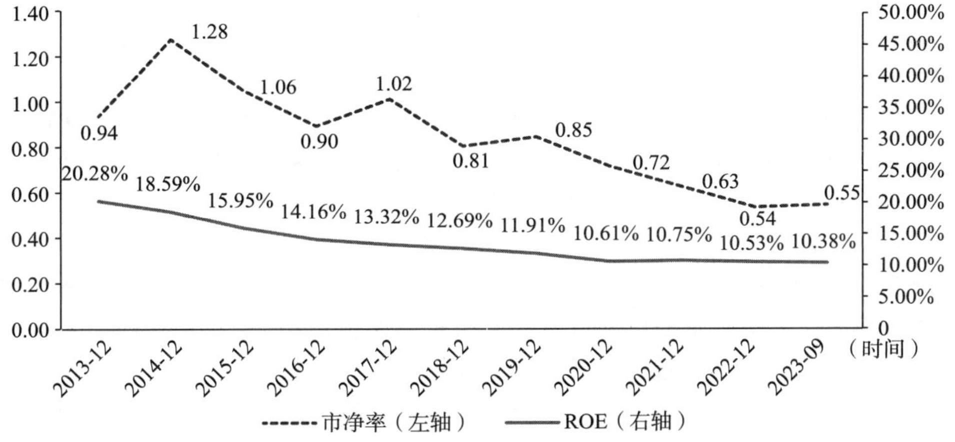

图 4 - 13 银行指数市净率与 ROE（2013 ~ 2023 年）

数据来源：Wind 资讯。

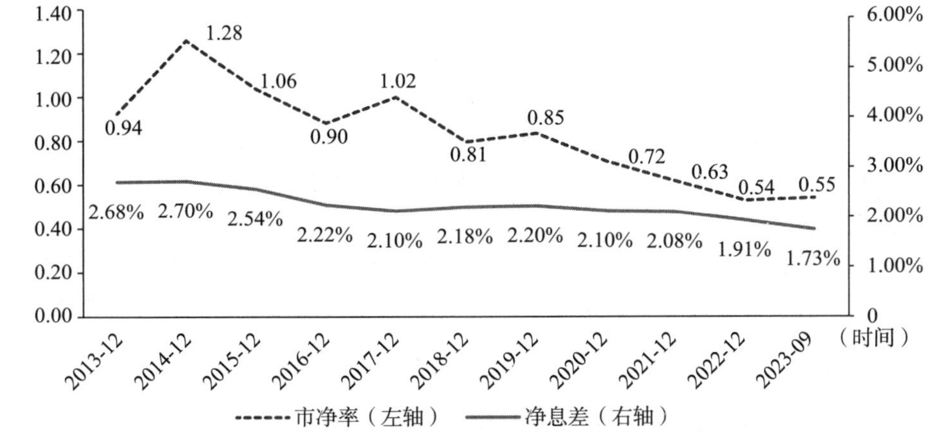

图 4 - 14 银行指数市净率与净息差（2013 ~ 2023 年）

数据来源：Wind 资讯。

二是从目前银行业务结构来看，在低增速、低利率、高杠杆环境下，商业银行盈利增长放缓，息差面临持续收窄压力。从传统信贷业务来看，对公端，金融脱媒化进程加快，优质企业更多选择直接融资方式，一方面，减少银行利息收入，导致净息差收窄；另一方面，可能导致银行贷款客群质量变差。同时，在“先立后破”的总基调下，在高端制造业、绿色、普惠、乡村振兴、科创等重点领域，银行间资产端的竞争会进一步加剧，对银行行业研究、风险管理、客群经营等能力提出更高要求。零售端，随着居民收入的持续增长，居民贷款规模也随之增长。截至 2023 年 6 月末，我国居民杠杆率水平 63.5%（美国 73.7%、欧盟 55.2%、日本 67.5%），短期无法再通过居民杠杆率提升为银行贡献更多的收入增长，但随着房地产回归“房住不炒”的属性，居民贷款会从长期向短期转移，短期消费信贷的收益率仍然可观，但风险管理能力尤为重要。

从中间业务来看，投资银行、财富管理等中间业务具有高回报、低风险、轻资本的特点，资本市场认为其具有更好的成长性，这也是资本市场给予部分零售型银行相对高估值的原因，但是在分业经营的制度环境下，中间业务的创新和成长空间仍然有限。

（2）高杠杆经营扩大盈利能力但放大经营风险，发展“轻资本”业务，提高金融资源使用效率是提升估值的重要因素。

一是高杠杆放大经营风险。总资产收益率（ROA）和净资产收益率（ROE）是通常用于衡量企业运营能力的重要指标。银行的资产显著大于其净资产，银行用于贷款和购置债券的资金绝大部分来源于客户的存款和向同业借来的负债。银行高杠杆经营在放大盈利能力的同时也加大风险的波动性。一个典型例子，就是对影子银行体系的处置。2016 年以来，监管部门持续压降影子银行、推动金融回归本源，坚决打击通过表外、表表外业务加大杠杆的监管套利商业模式，有效降低银行经营杠杆，从短期来看，在一定程度上导致银行营收增长放缓；但从长期主义来看，有效增强了金融系统经营韧性和稳定性，减小系统性金融风险发生概率，所以并没有由于银行表表外业务规模的大幅压降，盈利增速放缓，而导致估值水平出现大幅震荡。

二是资本补充易得性，引发对发展质量的担忧。在宏观经济下行周期，商业银行面临资产收益率下降、负债成本相对刚性、息差趋势性收窄、资产质量承压等多重挑战，除少数银行能通过利润累计，实现内生性资本补充，保持资产中高速增长之外，多数银行通过股权融资以及发行二级资本债、永续债、可转债等工具来补充资本。这种资本的易得性，也在一定程度上引发市场对银行经营发展质量的担忧。

在银行会计处理上，二级资本债、可转债（负债成分）计入金融负债中，可转债（权益成分）计入权益工具中，而优先股、永续债则依据具体条款的不同，计入负债或权益工具中。在巴塞尔协议Ⅲ资本计量上，在满足合格资本工具的情况下，二级资本债、优先股、可转债、永续债都可以计入权益工具。资本市场通常会采用巴塞尔协议Ⅲ的资本补充计量规则，即将原本在会计处理上计入金融负债的部分也考虑纳入净资产，会导致市净率估值模型中净资产“虚增”，比账面实际净资产要大，在市场预期不变的情况下，直接拉低估值水平。

资本市场认为，从“三性”原则中的安全性来看，永续债等资本补充工具计入权益工具，从表面上看是优化了银行资产负债率，但发债融资实质上是银行负债，过多的债券发行，提高杠杆率，可能放大流动性风险，经营的安全性有所下降。从盈利性来看，大量中小银行通过资本补充工具获得的附属资本，实现资产扩张、营收增长，但同时融资成本高，并可能产生新的不良，增长模式与发展质量不高，难以获得较高估值。

三是优化资本使用结构，提高金融资源配置效率，有助于提升估值水平。发展投资银行、财富管理等轻资本业务具有较大成长空间，资本市场易给予较高估值。例如，财富管理业务具有轻资本、弱周期、提升客户黏性等特点，银行刚性兑付被打破后，该业务给银行带来可观的非息收入的同时，有效缓解银行资本缺乏、息差收窄、信用风险等传统存贷业务压力，有助于银行穿越周期，实现稳健经营。截至2022年年末，中国人均GDP突破1.2万美元，城镇化率突破65%，中国个人可投资资产总规模达278万亿元人民币，可投资资产在1000万元人民币以上的中国高净值人群数量达316万人，按照发达国家经验，财富管理业务迎来黄金发展时期。目前招商银行、邮储银行通过大力发展零售银行业务，估值水平在股份制、国有行中均居于前列。

（3）高风险特质易带来戴维斯双杀效应，资产质量问题是影响上市银行估值的关键因素。

一方面，经济基本面景气度会直接传导到银行业资产质量，同时，风险管控的效果会直接影响银行盈利能力，在极端情况下还会导致其破产（如硅谷银行因流动性风险而倒闭）。2012年以来，受宏观经济增速放缓、风险因素增加等影响，我国商业银行资产质量日益承压，不良贷款余额由2012年年末的0.49万亿元逐渐上升至2023年三季度末的3.2万亿元，不良贷款率由2012年年末的0.95%逐渐上升至2023年三季度末的1.61%。

另一方面，不同于实体企业，银行的贷款、投资等表内外资产相对无形，对投资者而言，充满未知、难以准确判断业务风险，典型代表是市场对银行“潜在不良”的担忧，会产生戴维斯双杀效应，当不良率上升时，银行会增提拨备，利润下降，拉低估值水平，同时，对不良率上升的银行，市场还会对现有估值打折，这意味着，“资产质量恶化”这一因素在估值中被计算了两次，很容易压低银行估值。尤其是在房地产行业、地方债务、中小金融机构风险日益显现的背景下，市场投资者普遍认为银行账面资产质量真实性较低，银行股低于1倍PB（市净率），即当前股价低于其每股净资产，反映了银行的真实不良资产在耗尽拨备后还会继续侵蚀其净资产。例如，以零售业务为主且对公历史包袱较轻的招商银行、邮储银行，资产质量相对较好，隐含不良率分别为4.89%、7.09%，市场给予了更高的估值，PB分别为0.96倍、0.65倍。2013～2023年银行指数市净率与不良率如图4－15所示。国有行、股份行的不良率、潜在不良率、隐含不良率与市净率如表4－4所示。

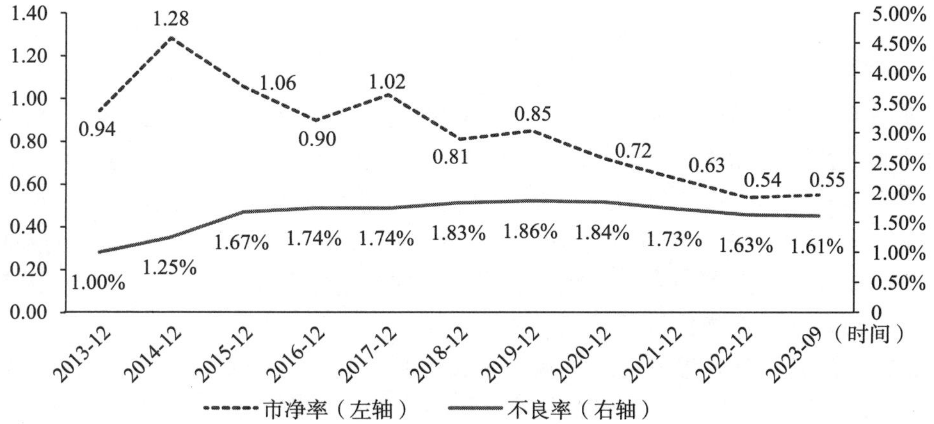

图4－15　银行指数市净率与不良率（2013～2023年）

数据来源：Wind资讯。

表 4-4 国有行、股份行的不良率、潜在不良率、隐含不良率与市净率（2023 年 6 月 30 日）

	不良率	潜在不良率	隐含不良率	市净率
建行	1.37%	3.87%	9.00%	0.56
工行	1.36%	3.15%	9.62%	0.53
农行	1.35%	2.79%	9.88%	0.54
交通	1.35%	2.87%	9.44%	0.49
中行	1.28%	2.51%	8.71%	0.55
邮储	0.81%	1.43%	7.09%	0.65
华夏	1.72%	4.48%	11.56%	0.33
民生	1.57%	4.25%	11.99%	0.32
浦发	1.49%	3.65%	11.91%	0.35
光大	1.30%	3.16%	10.83%	0.42
中信	1.21%	2.77%	8.90%	0.52
兴业	1.08%	2.43%	10.16%	0.49
平安	1.03%	2.77%	8.42%	0.59
招行	0.95%	1.97%	4.89%	0.96

数据来源：Wind 资讯，潜在不良率 = 不良率 + 关注率；隐含不良率 = ［银行贷款减值准备 + （1 - 当前 PB） * 净资产］/贷款余额。

五、“中特估”体系下提升银行估值的对策建议

“估值高低直接体现市场对上市公司的认可程度”。上市银行要想获得投资者认可，具有投资价值是前提。因此，推动构建中国银行业特色估值体系，提升银行估值水平的核心在于提高银行自身价值，需要监管部门和上市银行从价值创造、价值传递、价值实现和价值投资四个方面发力，在共同提高商业银行经济价值、社会价值的同时，努力营造提高对银行价值认可程度的市场氛围。

（一）价值创造

当前我国经济正在从高增速转向高质量发展阶段，处于“老经济”式微、“新经济”壮大的新旧动能转换期。在实体经济“稳中求进、以进促稳、先立后破”的背景下，银行业的业务结构、信贷结构、客户结构等正在发生显著变化，经营模式逐渐从“房地产 + 政府平台 + 金融”转向“科技 + 产业 + 金融”。市场普遍认为，尽管银行目前的业绩表现还不错，但是业务模式、管理内功在一定程度上尚不能很好适应新的经济发展环境。因此，解决低估值困境的根本之道在于持续提升银行内在价值。

商业银行的经营目标是追求资本约束下的价值最大化。综合平衡规模、效益和风险，经济增加值（EVA）① 和风险加权资产回报率（RAROC）体现资本约束下的价值创造，银行

① 经济增加值（EVA） = （净利息收入 + 净手续费收入 + 其他非息收入 - 营业成本 - 资产减值损失 - 所得税支出） - 经济资本 × 经济资本回报率。

着力从价值的内核到外延，重点围绕资本管理、经营模式以及内部管理等方面提升价值创造、传递和获取能力，实现银行内在价值或资本回报水平的最大化，进而提振业绩，收获估值溢价。

第一，强化经济资本管理是提升银行价值创造能力的基石。作为特许经营行业，具有高杠杆经营特征的商业银行受到资本充足率的严格监管，在巴塞尔协议框架和全球系统重要性银行监管体系下，将对资本的监管趋严趋紧趋细。商业银行要坚持并完善以EVA为核心的激励约束机制，并适时重检主要管理参数，持续优化资本占用结构，降低资本消耗，提高资本使用效率。一是深化资本集约化经营导向，优化收入结构，加快提升中收增长能力。目前多数银行的手续费及佣金净收入仍以传统结算类、信贷相关类收入为主，交易银行类及财富管理类收入占比偏低。下一步，商业银行要继续加大对公交易银行和零售财富管理布局，探索数字化驱动的商业模式创新以及推动金融科技开放合作，加快向更高水平的轻资产、轻资本业务转型。二是基于巴塞尔协议Ⅲ对于不同资产类型给予更精细、风险敏感度更高的权重设定，优化资产业务结构，提前做好大类资产配置布局，实现资本收益和成本的平衡。主要包括：对公资产业务方面，优质大型企业、中小企业信贷投放有望增加，投资级公司、中小企业贷款风险权重分别降至75%、85%，对项目资本金比例较低的房开贷项目实施限制，房开贷整体的资本占用或加剧，后续银行开展房地产业务或将主要聚焦资本金比例较高已完工的住宅开发类项目。零售资产业务方面，现房按揭风险权重下降，鼓励银行开展首套和改善型二套的现房按揭贷款业务，利好优质信用卡贷款业务。“合格交易者”的信用卡贷款风险权重降至45%，做好信用卡的贷后管理和资金监管工作。投资业务方面，同业存单、次级债风险权重调升，鼓励加大对地方政府一般债的投资规模。风险管理方面，加强数字化风控和风险数据治理，风险管理向实时化、可视化、动态交互发展。

第二，传统经营模式难以为继，构建差异化经营模式，树立比较优势是价值创造的根本。伴随着中国经济增长方式由高增速转向高质量发展、金融监管日趋严格、中国企业“走出去”、金融改革开放步伐加快等，银行传统的粗放式规模驱动型、高资本消耗的经营发展模式面临诸多发展瓶颈，即驱动业绩增长的信贷规模面临资本约束，存贷利差为主导的盈利结构受到利率市场化、汇率波动的巨大挑战；简单粗放、“一刀切”的风险管理模式面临日益严格的监管约束；服务企业“走出去”过程中暴露出银行自身服务体系和风险管理能力的不足。同时，多年持续性大规模信贷投放的结果，导致社会经济风险过度集中于银行体系。

新形势下，银行业务结构、客户结构、信贷结构都发生显著变化，尤其是信贷模式正在由“以国内为主，房地产＋政府平台＋本土金融”转向“伴随企业‘走出去’，科技＋产业＋国际金融”。在这种背景下，对公领域，银行在行业专业化、客群下沉化、经营综合化、服务全球化等领域持续提升；在个人领域，重点在资产管理领域，建立差异化竞争优势，同时还要苦练内功，不断完善风险管理、业务流程、组织体系、资源配置等方面的支撑体系建设。

一是打造行业专家化服务，提高研究溢价。聚焦重点行业领域，通过培养精通行业背景和金融服务的复合式专家，做深研究，提升对市场、行业与客户的了解，逐渐在某些特定行业、特定领域和特定细分市场建立起竞争优势。例如，招商银行聚焦七大金融（数智金融、科技金融、绿色金融、智造金融、跨境金融、普惠金融和行业金融）、兴业银行深耕五大赛道（普惠、科创、能源、汽车、园区金融）、平安银行布局三新赛道（新能源、新基建、新制造）。从国际经验来看，行业专业化也是优秀国际银行的业务主攻方向之一。例如，德国商业银行聚焦于新能源和交通运输两个领域，成立专门业务单元，目前已成为再生能源行业领域的第一大金融服务商，是多家新能源企业的 IPO 和再融资的主承销商；同时，在船舶建造、海运和内陆运输等业务领域极具市场竞争力。再如，渣打银行聚焦贸易融资领域，花旗银行聚焦健康管理、会计法务等，汇丰银行在贵金属、能源、零售等领域均具有领先优势。行业专家化不仅能提高信贷决策质量，更有助于树立独特的品牌影响力。

二是向中小微金融转型，提高效率溢价。随着中国经济进入高质量发展阶段，中国的产业结构发生巨大变化，信创、光伏、绿色储能、新能源汽车、半导体、机器人等行业面临较大发展机遇，一大批规模小、科技含量高、成长空间大的中小微企业蓬勃发展，但是由于固定资产偏少、短期财务指标表现一般等情况，普遍面临融资难、融资贵等问题，商业银行传统中小微经营模式面临挑战。部分银行围绕结合中小微企业特点优化商业模式，构建中小微企业金融服务体系，在开发策略、准入、审批条件、风险容忍度等方面紧扣中小企业发展规律和行业特色，基于中小微企业全生命周期为初创期、成长期、成熟期等不同阶段的企业适配差异化产品和服务，建立差异化风险定价模式，引入“技术流 + 大数据”智能化风控体系。如招商银行 2010 年推出千鹰展翼计划，重点关注战略新兴行业中的中小企业，包括 5G、云计算、人工智能、集成电路、创新药、新能源汽车等专精特新企业，目前已成功培育超过 480 家企业在 A 股上市；网商银行首创卫星遥感信贷技术“大山雀”，结合人工智能模算法，获取可信动态数据，应用于涉农信用贷款模型，服务全国种植大户。

三是推进大中小微 C 一体化综合开发，提高创新溢价。大公司“金融脱媒”步伐加速，短融、中票等直接融资模式占比逐渐上升，虽然银行贷款仍旧是大公司客户重要的融资模式，但定价水平并不理想，存贷款利率定价倒挂情况屡见不鲜。同时，大公司客户对供应链的影响日益增强（如果链、华为链等），企业间竞争逐步演变成供应链间的竞争，银企合作从单一企业金融服务升级为涵盖全产业链的一揽子综合服务。部分银行围绕大企业客户综合开发全面升级大企业客户服务模式，构建银行高层牵头总对总，客户经理、产品经理（对公、零售）、风控人员等协同服务体系，形成一点接入、公私联动、全国响应的综合服务模式。主要方向一：围绕大客户生态圈推动中小微 C（个人客户）一体化综合开发，提高综合溢价。从过去单纯的存贷款服务提供商转变成大企业的战略合作伙伴，由简单的结算、授信服务到供应链金融、代发工资、消费信贷、联名信用卡等生态服务有机结合，从大企业客户集团、子公司到上下游客户、企业员工、C 端零售客户，提升综合收益水平。如民生银行落地“大中小微零售一体化”特色业务模式，通过以大企业客户为支点，抓住大企业客户这个“牛鼻子”，形成“点、链、圈、区”联动，加强集团内客群开发和产品协同，围绕大企业客户生态圈、零售与财富生态圈，提升大中小微零售一体化综合经营成效；兴业银行围绕供应链核心大企业，强化商投联动，拓展“绿色信贷 + 绿色债券 + 股权”综合化金融服务，加强工资代发沉淀、企业上市服务、自用绿债投资、托管业务拓展，通过公私联动延伸到企业员工个人财富管理、消费信贷等。主要方向二：服务中国企业“走出去”，提高效率溢价。跨国企业一般居于产业链的最高端，易于建立规模效应和品牌效应，但跨国公司面临复杂的国际财务、税收、汇率环境，要求银行有针对性建立产品研发、风险审批、组织人才团队等，有效整合境内外资源，为客户提供全方位、定制化、高效集约的金融服务解决方案。

四是完善以资产管理为核心的个人服务能力，提高服务溢价。产品端，以客户需求为核心，构建并固化全生命周期产品管理体系，着力打通“投资银行—资产管理—财富管理—资产托管”循环价值链，提供财富投资、资产保值、前瞻性专业的风险管理等开放式、全方位的解决方案，包括客户需求解读、产品线规划、精细化产品设计和发行管理、动态风险管理和投后陪伴；同时，健全零售客户权益分层分类体系，为不同层级客户，提供司法服务、财产传承、税务改善、医疗教育等非金融服务解决方案。渠道端，加强数字化客户经营能力，建立贴近客户综合需求的立体化覆盖模式，通过渠道赋能提升前线专业服务能力和效率，并结合数字化营销建立客户影响力和投后陪伴能力。数字化建设端，加速推动平台化系统建设打破数据竖井，通过机器学习、大语言模型等新兴技术的测试和应用，提升对投研、销售、风控、运营等全业务链条的赋能，推动“数字化”向“数智化”转型。

五是持续增强风险防控、业务流程、组织架构、考核激励等内在管理能力，提升管理溢价。构建“多元化”“立体化”风控体系，有效渗透业务体系中各环节，强化对房地产、地方政府信用平台等重点领域的风险防范化解。同时，主动适应环境变化，积极推动组织柔性、流程优化、资源配置、考核激励等管理要素的重新优化组合，以更好地提高管理效率，提升价值创造能力。

（二）价值传递

第一，监管部门要加强正面宣传，做好“两个引导”，推动重点领域风险防范化解，缓解市场对银行盈利能力的过分担忧。

一是引导公众正确理解“金融工作的政治性、人民性”，避免市场解读过于负面。金融是国民经济的血脉，是国家核心竞争力的重要组成部分，金融的本质就是促进实体经济发展。强调金融工作的政治性、人民性，并不是弱化金融体系自主性，也不是只强调金融在中国式现代化进程中的从属性地位，金融工作只有坚持党中央对金融工作的集中统一领导，坚持以人民为中心的价值取向，坚持把金融服务实体经济作为根本宗旨，把防控风险作为金融工作的永恒主题，坚持在市场化法治化轨道上推进金融创新发展，坚持深化金融供给侧结构性改革，坚持统筹金融开放和安全，坚持稳中求进工作总基调，才能推动自身实现高质量发展，才能真正实现以金融高质量发展助力强国建设、民族复兴伟业的金融强国目标。

二是引导公众正确看待商业银行对实体经济减费让利的行为。对银行业而言，减费让利是“惠企利民、救人救己”的行为。从实体经济层面来看，对企业而言，通过金融让利实体经济，降低实体经济金融服务成本，推动扩大内需和经济持续恢复向好；对个人而言，降低客户金融服务消费成本，提升客户消费体验，有助于促进消费和内需加快复苏。从银行层面来看，短期内，减费让利会对银行业营业收入产生负面影响，但长期来看，减费让利推动实体经济恢复向好发展，为银行业营造更好的经济发展环境。

第二，监管部门继续保持流动性合理充裕、降低负债成本、防控重点领域风险等政策的连续性和稳定性，助力商业银行保持合理盈利水平。一是持续推动负债成本下降，稳定息差水平。2019 年以来，严查高息揽储行为，规范结构性存款、靠档计息定期存款、定活两便等产品；2021 年 6 月开始，加强调整自律定价上限、存款定价参考市场利率等机制建设，有针对性地强化对高息定价品种管理，引导存款利率下降。5 年期 LPR 下调 10bps 将影响 2024 年息差约 2. 2bps；综合考虑存款利率下调及存款定期化影响，预计正贡献 2024 年息差

3.2bps。二是持续有效防范化解重点领域风险。积极稳妥化解地产行业债务风险，短期内重点是避免其因流动性风险而困境加剧，避免地产行业风险进一步外溢。目前存量首套房贷利率下调工作基本完成，测算首套房贷利率调整将拖累 2024 年息差 4.3bps。长期将加快构建房地产发展新模式，培育与发展保障性租赁住房市场，突出住房的消费与公益属性，遏制投资投机性需求。测算上市银行涉及化债的融资平台贷款/债券及非标规模分别为 9.1 万亿元/8.3 万亿元，假设对公贷款加权利率下降 150bps、投资加权利率下降 70bps，对息差影响约 8.5bps。有效实施一揽子化解地方债务的方案，“防止一边化债、一边新增”是主基调，鼓励债务低风险地区要在推动高质量发展上能快则快。特别是经济大省要真正挑起大梁，为稳定全国经济做出更大贡献。有效化解中小金融机构风险，预计中小金融机构之间重组步伐将会加快，防止发生系统性风险。

（三）价值实现

在价值创造和有效传递的基础上，商业银行要主动加强投资者关系管理，让市场更好地认可银行经济价值和社会价值，打通“增量—增收—增效—增值”的价值创造链，以穿越周期。

一是建立科学完善的公司治理机制。良好的公司治理既是有效协调公司各方利益关系的保证，也是实现公司市值持续稳定增长的基础。股权结构方面，在保持国家金融安全的前提下，引入多元化战略投资者，形成股东多元稳定、战略投资与财务投资结构合理、大小股东相互制衡的股权结构。激励机制方面，着重解决“重短期轻长期、重物质轻精神”等现象，建立科学多元化的薪酬激励机制。管理机制方面，进一步完善股东回报机制，积极探索现金分红、送股、公积金转增股份等多样化的利润分配方式；适时建立员工股权激励机制，激发全员积极性、主动性和创造性。

二是建立有效的市值管理机制，科学运用市值管理方法，引导投资者价值发现与认同。市值管理以价值创造为基础、价值经营为关键、价值实现为目的，积极运用有效手段维护市值，科学、合规、灵活适度地运用股份回购、高管持股、增减持等手段进行市值管理，引导投资者正确衡量上市公司的内在实力和业绩表现，稳定市值。

三是更加充分透明的信息披露，加强投资者关系维护。加强信息披露的监管与引导，重视信息披露的质量，依法及时准确回应投资者诉求，保障中小股东的知情权和合法权益。披露内容上，重视对战略、成长性、风险、ESG、关联交易等非财务信息的披露，尤其是对公司重大突发事件的及时说明与宣导，避免市场误读，引起估值扰动。传递方式上，“引进来”与“走出去”并重，积极组织投资者活动，做好每季度业绩说明会，主动面向客户、市场、投资人宣传上市公司的发展成效，揭示发展中存在的问题及应对举措；同时，不定期邀请市场投资者走进上市公司，了解公司发展现状与未来趋势。

四是健全分红政策、稳定市场预期。分红是上市公司回报投资者的重要方式之一，在一定程度上反映出其股票的投资价值，是影响投资者偏好的重要变量。上市银行应健全分红政策，稳定投资者的分红预期，提升投资者的获得感，从而得到投资者的价值认同。

（四）价值投资

加强投资者教育，优化投资者结构，鼓励中长期资金入市，提高机构投资者占比，提升

A 股市场运行的成熟性与稳定性，加快改变资本市场整体投资风格。

第一，加强投资者教育，建立价值投资文化。一是监管部门和金融机构应该加强投资者教育。对于机构投资者，应引导其优化业绩评价方式、注重长期业绩；对于个人投资者，应引导其树立价值投资理念，提升自主思考能力和专业化水平，减少“追逐市场热点”等非理性、短期化的行为。二是上市公司应坚守长期高质量发展的价值取向，并真实准确地展示自身的内在价值和发展潜力，避免“炒概念”“蹭热点”，助力投资者进行价值判断。三是保荐中介机构应恪守“看门人”职责，筛选和挖掘符合中国特色发展道路的优秀公司，助力其上市融资和资本运作，为投资者提供更多“价值”选项。

第二，优化投资者结构，提高机构投资者比例。一是加快引导中长期增量资金（如险资、养老金、国家战略基金、公募基金、银行理财等）入市，优化投资者结构，进一步牢固价值投资、长期投资理念，增强投资资金的稳健性。近年来，国家已经在这方面加大力度。例如，2022 年 3 月国务院金融委会议提出“欢迎长期机构投资者增加持股比例”后，监管部门已多次出台相关政策。证监会 2023 年系统工作会议上，明确提出要“引导更多中长期资金入市”，未来更多支持性政策有望出台。二是推进高水平对外开放，改善投资环境，吸引注重长期回报的境外机构投资者，稳健适度增加境外机构投资者占比，稳步推进资本市场专业化与国际化。建议加强与境外机构投资者的解释沟通，缓解偏见和疑虑。包括：充分论证党的领导和公司治理的关系、政策引导和市场引导的关系；在国际经济金融动荡的形势下，国内银行业经营相对更为稳健，符合价值投资理念；国内银行正在经历资产挤水分的过程，资产质量日趋真实等。三是加强投资者适当性管理，使其投资行为与风险承受能力相匹配，预防其非理性、短期化的行为。

第三，加强资本市场长效机制的建设，为价值投资者行为理性化提供保障，并通过适当的政策红利，引导资金进行长线投资。对价值投资、长期投资给予适当政策层面的鼓励和引导，增强公募基金、保险资金等长期资金投资者投资股市意愿。例如，适度优化会计准则，将《商业银行股权管理暂行办法》中“持有商业银行 5% 以上股权，或持有资本总额不足 5%，但可对商业银行经营管理有重大影响，即成为商业银行重要股东”中的标准 5% 降至 3%。根据长期股权投资的会计准则，当投资机构对被投资机构产生重大影响时，可以对被投资机构采用权益法核算。对于保险等长期资金而言，采用权益法计价有利于降低股价波动对收益的影响，进一步提升保险等中长期资金的入市积极性。再如，机构投资者构建以股息率为主的投资策略，不将受过监管处罚的银行纳入投资标的负面清单。又如，为长线资金提供税收优惠、合理扩大长线资金的可投资范围，进一步完善上市公司制度建设，鼓励长期投资者参与公司治理等。

第四，针对 A 股上市银行估值低、H 股估值更低且反过来会影响 A 股估值这一现实。建议关注 A 股、H 股两地投资逻辑的变化及差异，有效发挥香港市场的作用，加强监管部门、交易所之间的联动，避免两个市场的估值越拉越大，也可以尝试引导部分券商做一些国际化的 ETF 等。

参考文献

[1] Fisher, Tobin I, Veblen J, et al. The Nature of Capital and Income [M]. The Macmil-

lan Company, 1906.

[2] Markowitz, Harry. Portfolio Selection [J]. The Journal of Finance, 1952, 7 (1): 77 -91.

[3] Modigliani F, Miller M H. The Cost of Capital, Corporation Finance and the Theory of Investment [J]. American Economic Review, 1958 (58): 261 -291.

[4] Ross S. A. The Arbitrage Theory of Capital Asset Pricing [J]. Journal of Economic Theory, 1976, 13 (3), 341 - 360.

[5] Sharpe W F. A Simplified Model for Portfolio Analysis [J]. Management Science, 1963, 9 (2): 277 -293.

[6] Williams J B. The Theory of Investment Value [M]. Harvard University Press, 1938.

[7] 胡尧，赵建，吴庆跃．探索构建中国特色估值体系上市银行资产定价逻辑迎来重塑 [J]. 中国银行业，2023 (8): 61 -64.

[8] 黄陈，孙胜权．银行评价与主要财务指标关系的实证研究 [J]. 金融研究，2002 (12): 71 -77.

[9] 李大鹏．强化 A 股上市银行市场估值管理探究 [J]. 福建金融，2020 (6): 50 -54.

[10] 李彦甫．行业特征与行业特定估值模型研究 [J]. 经济与管理研究，2016, 37 (10): 126 -137.

[11] 刘亚干．银行股权估值方法选择分析 [J]. 金融论坛，2010, 15 (7): 11 -19.

[12] 侯璐璐，刘元春．我国商业银行的价值被低估了吗?：基于 16 家 A 股上市商业银行的分析 [J]. 国际金融研究，2016 (3): 63 -71.

[13] 余程辉．A 股上市银行股票的内在价值与估值偏离分析 [J]. 金融论坛，2014, 19 (5): 66 -71. DOI: 10.16529/j. cnki. 11 -4613/f. 2014. 05. 003.

[14] 袁明哲．企业价值评估方法的比较：基于我国 A 股市场的实证研究 [J]. 财会通讯，2009 (9): 8 -10.

5. 中国式现代化进程中商业银行可持续发展研究

中国农业银行 课题组*

金融是国民经济的血脉。加快金融强国建设、优化金融服务、防范化解风险，具备可持续发展能力的银行是基本保障和重要支撑。当前，我国经济转型加快，经济高质量增长持续推进，银行尤其是国有大行一方面要履行服务实体经济的职责使命，另一方面要同时做优做强，增强市场竞争力和国际影响力，这就迫切需要银行加强可持续能力建设，增强发展的稳健性和长远性，以有力支持中国式现代化进程。

习近平总书记指出，我们必须坚定不移地走中国特色金融发展之路，推进金融高质量发展，为以中国式现代化全面推进强国建设、中华民族伟大复兴伟业提供有力支撑。[1]在此时代背景下，我国商业银行可持续发展具有新内涵新逻辑新路径。[2]不同于传统意义上的内涵，当前我国商业银行可持续发展在新时代拥有五方面全新内涵，即商业银行可持续发展是坚持党中央集中统一领导、以人民为中心、服务全体人民共同富裕、服务绿色转型、开放包容的发展。

基于此，我们提出了银行可持续发展的新路径。作为一种特殊的企业，银行的可持续发展是，既能满足服务实体经济高质量发展的宏观要求，又能满足

---

* 本项目课题组成员为：韩国强，中国农业银行上海分行行长；邓丽娟，中国农业银行董事会办公室主任；袁江，中国农业银行董事会办公室副主任；韩广智，中国农业银行董事会办公室投资者关系管理处处长；黄胤英，中国农业银行董事会办公室投资者关系管理处资深专员；闫相杉，中国农业银行董事会办公室投资者关系管理处高级专员。

自身可持续的微观要求；既能满足当前可持续发展要求，又不损害未来发展潜能。因此，从单期情况看，银行可持续发展是平衡好服务实体经济和自身财务能力的关系；从跨期情况看，银行的可持续发展是当前能力和未来能力的一种动态平衡。

按照构建的新型指标框架，课题组对我国上市银行的可持续发展能力进行了静态评价分析。

首先，基于2022年数据进行实证研究，结果表明：一是国有大行的综合得分相对较高，各项子指标相对均衡。二是股份行、区域行的得分较为接近，在服务实体经济方面各有擅长。三是国有大行在让利和服务实体经济方面的贡献最大。四是区域行的盈利状况及流动性表现较为突出。

其次，基于2020~2022年数据动态分析得出三种形态，即服务实体经济、自身财务可持续“两线喇叭口放大”“两线平行”“斜率最陡”三种形态。解析其背后的经济含义，2020~2022年国有大行为“两线喇叭口放大”形态，表明其持续加大对实体经济服务力度。一些股份行为代表的银行为“两线平行”形态，表明在服务实体经济和自身可持续发展方面取得较好平衡。农业银行为“斜率最陡”形态，表明其在服务实体经济方面提升幅度最大。

最后，农业银行可持续发展能力突出。实证研究表明，从服务实体经济的效能看，农业银行数字金融、绿色金融、科技金融、普惠金融、制造业金融、消费金融等重点领域均优于国有大行平均水平。从自身财务指标看，农行资产规模优势显著，表明服务实体经济的贡献最大。非财务经营指标方面，农行在客户基础方面优势更为突出，遍布城乡的网点分布为农行拓宽服务覆盖面带来了天然优势。

基于上述研究，课题组提出了四方面建议。一是理念先行，宣传和践行银行可持续发展理念；二是监管指导，加大对银行可持续发展的考核与引导；三是机构分层，结合自身特色持续优化经营战略；四是国际发声，建立有影响力的国际话语权。

一、导论

(一) 问题的提出

虽然以商业银行、资本市场、投资银行及创业投资体系为特征的金融革命推动了人类三次工业革命，为西方国家现代化提供了金融支持，但是西方金融也暴露出其短视性、不可持续性、脆弱性，屡次引发全球金融危机，教训十分惨痛。

党的十八大以来，习近平总书记高度重视金融工作，始终坚持用马克思主义基本原理观察金融、把握金融、引领金融，坚持用马克思主义政治经济学之“矢”射新时代中国金融发展之“的”，对金融工作作出一系列重要论述，实现了马克思主义金融理论的与时俱进。

2023 年 10 月中央金融工作会议指出，必须坚定不移走中国特色金融发展之路，推进金融高质量发展。[3]走中国特色金融发展之路，既要坚守服务实体经济的天职，不断提升服务理念、能力和质效，又要在支持实体经济做实做强做优中实现金融自身高质量发展。

从发展和演进的视角看，就银行而言，落实中央要求，一方面，要顺应经济社会发展的战略需要、阶段特征和结构特点，及时动态优化服务实体经济的重点方向和方式方法，推动金融资源集聚到高质量发展的战略方向、重点领域和薄弱环节。另一方面，银行需要加强资产负债管理，保持合理的利润水平和稳健的财务实力，提升风险抵御能力，保证顺利穿越经济周期。这正是银行可持续发展的核心要义和基本要求。因此，立足于新发展阶段，贯彻新发展理念，构建新发展格局，银行可持续发展被赋予新的时代内涵和价值标准，需要建立一套新的衡量体系和评价准则。

(二) 研究意义

中国式现代化进程中，由于银行可持续发展被赋予新的时代内涵和价值标准，其逻辑和模式均发生重大调整。同时，我们也要清醒认识到，银行适应可持续发展的新要求可能存在风险和挑战。有鉴于此，本文将在充分借鉴前期研究的基础上，进一步厘清中国式现代化下银行可持续发展的新内涵新逻辑和新路径，构建一套具有中国特色、满足中国式现代化要求和中国经济发展特征的银行可持续发展的指标体系和度量标准。因此，本文的研究意义在于：

一是重新定义的银行可持续发展理论，是中国特色金融发展之路在发展理论上的延伸，是金融强国建设、高质量金融发展在银行实践中的具体要求，具有重要的现实意义。

二是重新阐释的银行可持续发展新内涵新逻辑新路径，不仅具有中国时代特征，也在国际上为银行可持续发展理论建设贡献了中国智慧，具有理论价值。

三是基于新范式建立的评价标准和指标体系，以及相应的静态计算结果及动态趋势预测，预计是相关领域的先行者，为后续持续完善提供基础和参考。

四是基于课题相应的研究结论，结合国际国内银行可持续理论实践现状，课题组从理念先行、监管指导、机构分层、国际发声等四方面提出建议。

（三）研究框架

本文具体围绕七个方面展开研究：

第一部分：即导论部分，提出了为什么研究该课题，以及银行可持续发展与中国特色金融发展之路、金融强国、金融高质量发展等之间的关系，分析了该课题研究的现实意义和理论价值。

第二部分：从可持续发展思想、可持续发展金融、银行可持续发展等依次递进进行分析，最后落脚在银行可持续发展的争论和分歧上，为后续探索我国银行可持续发展新内涵新逻辑新路径奠定基础。

第三部分：基于中国式现代化的科学内涵和鲜明特征，结合中国特色金融发展之路的本质要求，课题组提出了中国式现代化下银行可持续发展的新内涵新逻辑新路径。

第四部分：基于银行可持续发展的新范式，构建能够代表中国式现代化特征和要求的银行业可持续发展能力的评价体系与框架。

第五部分：运用新的评价框架，一是基于 2022 年数据对上市银行的综合可持续发展能力和潜力进行静态比较分析；二是基于 2020～2022 年数据动态分析得出“两线喇叭口放大”“两线平行”“斜率最陡”的三种形态，并解析其背后的经济含义；三是对农业银行可持续发展能力进行案例分析。

第六部分：基于四类假设，通过向投资者、分析师等访谈调研、讨论分析等方法，对银行未来可持续发展面临的主要挑战和特点进行了五种趋势预测。

第七部分：结合课题研究结果，并根据银行可持续发展的理论和实践现状，提出具有操作价值的建议。

二、商业银行可持续发展思想探源

从可持续发展思想入手，辨析可持续发展金融相关纷繁复杂的概念，最后落脚于银行可持续发展的分歧和争议上。经过梳理辨析，进一步明确相关概念的异同，为提出中国式现代化进程中商业银行可持续发展的新内涵新逻辑和新路径打下扎实基础。

（一）可持续发展思想的发展脉络

可持续发展思想起源于 1972 年联合国人类环境研讨会，其理念是界定人类在缔造一个健康和富有生机的环境上所享有的权利。目前，广泛被接受的可持续发展定义出自 1987 年世界环境与发展委员会报告《我们共同的未来》，即“可持续发展是能满足当代人的需要，又不对后代人满足其需要的能力构成危害的发展”。

为进一步明确可持续发展目标，联合国于 2000 年千年首脑会议上商定八项具体发展目标，即“千年发展目标”（MDGs），呼吁各国采取行动，开展国际合作，为世界各地的妇女儿童等提供食物、教育、保健和经济机会（见图 5－1）。[4]

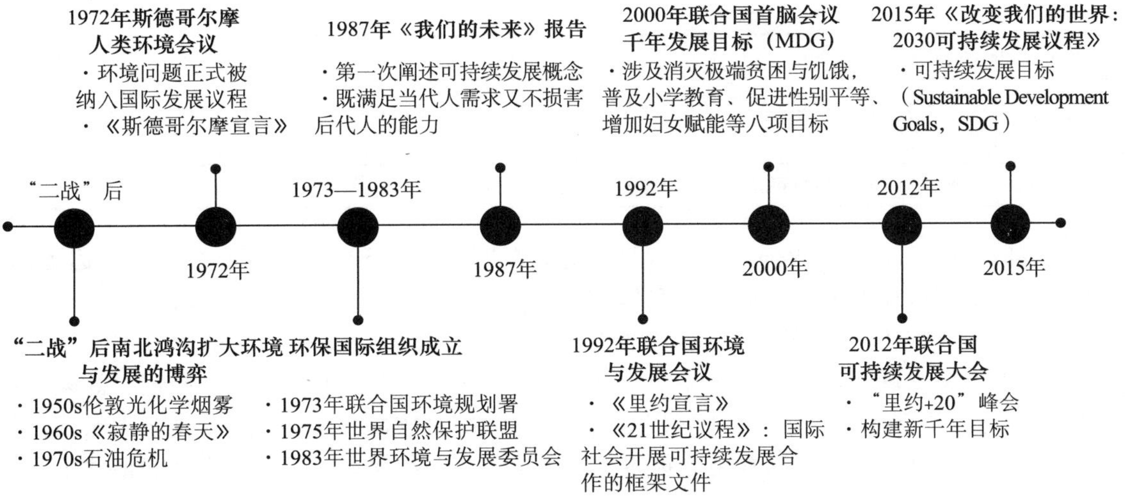

图 5－1　可持续发展在国际的关键事件

到了 2015 年，全球可持续发展又有了新的进展。联合国大会第七十届会议通过了《2030 年可持续发展议程》，提出了 2030 年人类可持续发展目标（SDGs），涵盖 17 项可持续发展目标、169 项子目标和 231 项独特指标，旨在解决贫困、不平等、气候、环境退化、繁荣以及和平、正义等多方面挑战，是所有人实现更美好和更可持续未来的蓝图，成为指导世界各国发展行动的整体框架，全球可持续发展迈入新纪元（见表 5－1）。

表 5－1　　联合国 2030 年人类可持续发展目标

序号	内容
目标 1	在全世界消除一切形式的贫困
目标 2	消除饥饿，实现粮食安全，改善营养状况和促进可持续农业
目标 3	确保健康的生活方式，促进各年龄段人群的福祉
目标 4	确保包容和公平的优质教育，让全民终身享有学习机会
目标 5	实现性别平等，增强所有妇女和女童的权能
目标 6	为所有人提供水和环境卫生并对其进行可持续管理
目标 7	确保人人获得负担得起的、可靠和可持续的现代能源
目标 8	促进持久、包容和可持续的经济增长，促进充分的生产性就业和人人获得体面工作
目标 9	建造具备抵御灾害能力的基础设施，促进具有包容性的可持续工业化，推动创新
目标 10	减少国家内部和国家之间的不平等
目标 11	建设包容、安全、有抵御灾害能力和可持续的城市和人类住区
目标 12	采用可持续的消费和生产模式
目标 13	采取紧急行动应对气候变化及其影响
目标 14	保护和可持续利用海洋和海洋资源以促进可持续发展
目标 15	保护、恢复和促进可持续利用陆地生态系统，可持续管理森林，防治荒漠化，制止和扭转土地退化，遏制生物多样性的丧失

续表

序号	内容
目标 16	创建和平、包容的社会以促进可持续发展，让所有人都能诉诸司法，在各级建立有效、负责和包容的机构
目标 17	加强执行手段，重振可持续发展全球伙伴关系

从我国情况看，1994 年国务院首次将可持续发展战略纳入经济和社会发展的长远规划。党的十五大把可持续发展战略确定为我国“现代化建设中必须实施”的战略。党的十六大把“可持续发展能力不断增强”作为全面建设小康社会的目标之一。党的十八大以来，我国可持续发展理念进一步深化，党中央提出“五位一体”的总布局，树立绿色、低碳、可持续发展理念。[5]我国正以中国式现代化全面推进中华民族的伟大复兴，[6]中国式现代化是人口规模巨大、全体人民共同富裕、物质文明和精神文明相协调、是人与自然和谐共生、走和平发展道路的现代化，这将可持续发展理念升华到一个新高度。[7]当前，我国按照 2015 年联合国大会设立的可持续发展目标持续推进各项工作，每年均在外交部网站上公布工作进展和成效，确保 2030 年如期实现预定目标（见图 5－2）。

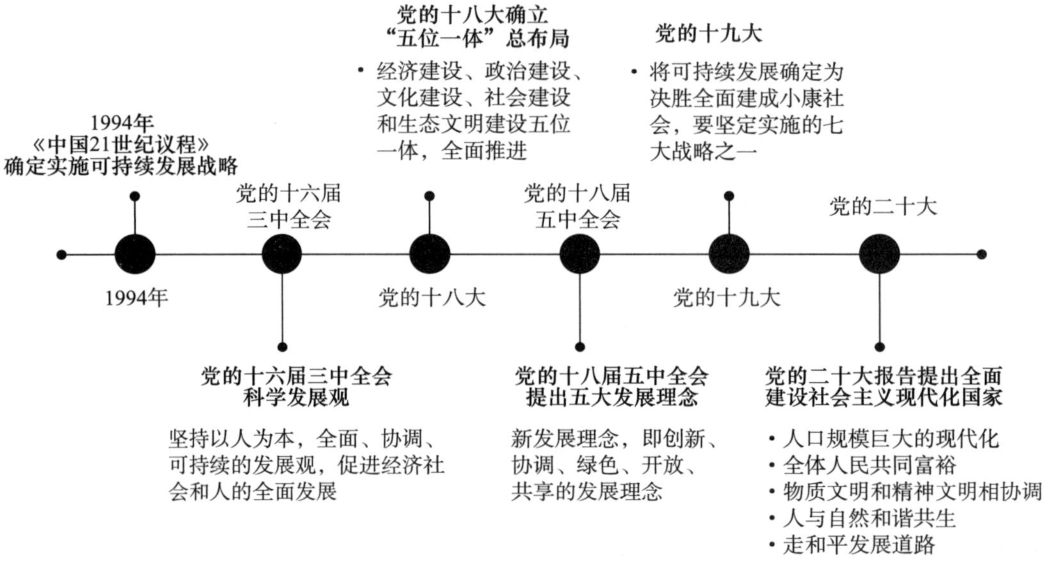

图 5－2　可持续发展在中国的历程

（二）可持续金融的内涵和外延

可持续金融源于可持续发展理念，遗憾的是，目前尚未形成统一的、权威的、国际认可的可持续金融定义。联合国环境规划署、二十国集团、国际货币基金组织、国际资本市场协会、欧盟等均对可持续金融的概念进行阐述和界定（见表 5－2）。归纳起来，核心要点包括三方面：一是涵盖内容包括广泛的经济、社会、环境及治理等方面，不局限于经济目标。二是以可持续性为根本目标，以平衡性增长、包容性增长、强劲性增长为引导。三是将可持续性与金融体系的作用发挥和平稳运行有机统一起来。

表 5-2　　可持续金融的相关概念

组织机构及政府部门	发布时间	报告名称	概念阐述
联合国环境规划署	2016 年	《可持续金融体系的设计》	可持续金融包括广泛的环境、社会、经济和治理相关的内容。
二十国集团	2018 年	《2018 年可持续金融综合报告》	通过直接和间接的方式支持可持续发展目标（SDGs）框架，推动实现强劲、可持续、平衡和包容性增长的融资以及相关的制度和市场安排。
国际货币基金组织	2019 年	《全球金融稳定报告》	可持续金融是将环境、社会和治理（ESG）原则纳入商业决策、经济发展和投资战略中。
国际资本市场协会	2020 年	《可持续金融概要释义》	包括气候、绿色和社会责任金融，并考虑被融资机构长期经济发展的可持续性，以及整个金融体系的作用及运行稳定性等更广泛的内容。
欧盟	2018 年	《可持续增长融资行动计划》	可持续金融，一般是指在投资决策中适当考虑环境、社会和治理因素，从而增加对长期和可持续活动的投资过程。

资料来源：根据公开资料整理。

可持续金融是一个涵盖范围最广的概念，在其之下衍生出大量相对更加聚焦的金融概念，包括碳金融、气候金融、绿色金融、社会责任金融、ESG 投资等概念。国际资本市场协会认为，可持续金融包含绿色金融、气候金融、社会责任金融等概念，具体关系如下图（见图 5-3）。

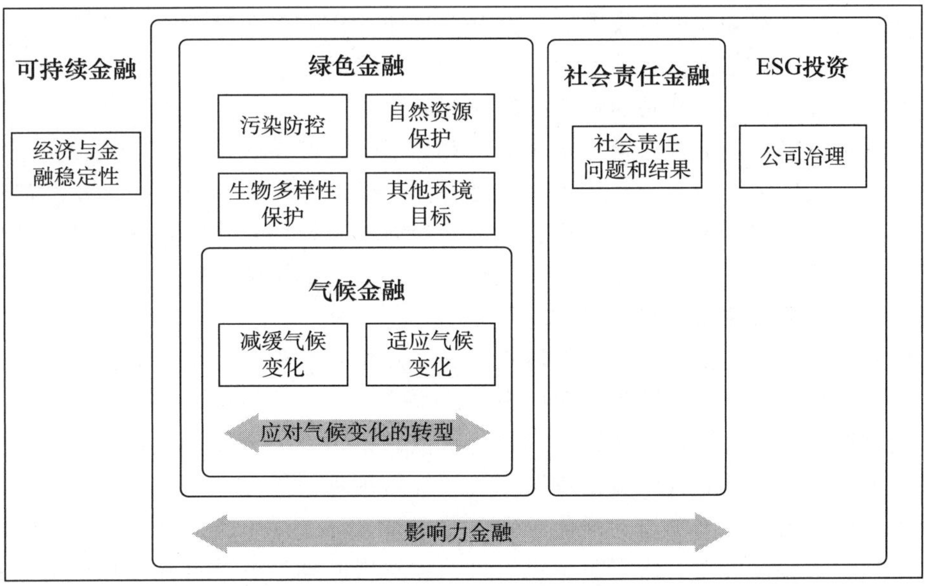

图 5-3　国际资本市场协会可持续金融相关概念的关联

联合国环境规划署指出，可持续金融包含了环境、社会、经济和治理相关的内容，而社会环境金融包含了环境和社会，绿色金融只包含环境相关的金融问题，而气候金融和碳金融包含内容更为狭窄（见图 5 – 4）。

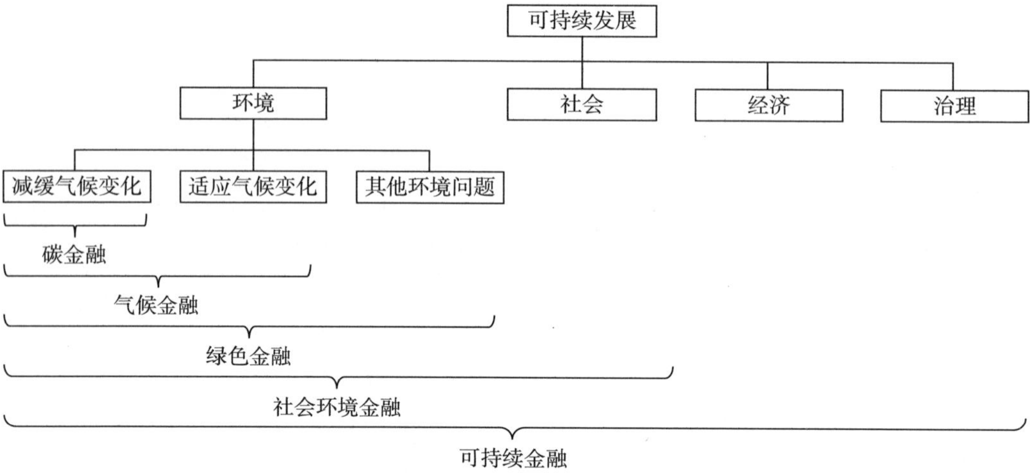

图 5 – 4　联合国环境规划署可持续金融体系构建看板

（三）商业银行可持续发展概念的分歧和争议

商业银行首先是一家企业，企业可持续发展的一般特征同样适用于银行。[8]李占祥等把企业可持续发展定义为一个企业发展的过程，企业规模不断扩大，竞争力不断提升，具有较强的变革能力和成长能力。[9]陆中文等认为“企业可持续发展”的概念包括三个方面：一是从强调企业增长的角度看，企业在财务上可持续；二是从资源与环境相互影响的角度看，企业可持续发展是环境资源友好性发展；三是从产品生命周期的角度看，可持续发展是企业成功经历过一次又一次的革新，企业的发展周期超过产品的生命周期。银行是特殊的企业，除了上述基本特征外，也有自身特殊性。[10]银行可持续发展需要满足三方面条件：从宏观视角看，银行通过资金媒介、融资渠道、信用创造和信贷支持等金融功能，承担促进经济可持续发展、高效服务实体经济等职责；[11]从微观视角看，银行作为特殊的企业，还要能够穿越经济周期，具有可持续的财务能力，保证自身商业经营的可持续；[12]从银行与经济社会的关系看，银行与实体经济相互影响，经营状况受外部经济环境的影响很大，银行需要在经济发展的不同阶段主动去适应新变化与新要求。[13]

基于银行的特殊性，银行可持续发展理论和实践主要集中于三个方面：一是强调银行的经济社会气候责任，例如赤道原则、负责任银行原则、ISSB 披露义务等（见表 5 – 3）。二是强调银行发展的可持续性，例如银行的特许价值理论、大而不能倒理论等。[14]三是银行的管理发展理论，例如银行的资产负债理论、流动性管理理论等。

我国正在加快金融强国建设，强化金融工作的政治性、人民性，推进金融高质量发展，做优做强国有大型金融机构。西方关于银行可持续发展的理论及评价标准难以适应我国当前实践需求，难以契合我国金融体系特点，因此亟待构建适合我国国情的商业银行可持续发展理论框架、评价指标和度量体系。

表 5-3　　银行业可持续发展指引框架国际对比

组织/部门		信息披露标准	对象	内容	环境	社会	治理
国际	全球报告倡议组织	GRI 标准	全球企业	可持续发展信息披露要求	√	√	√
	气候相关金融披露工作组	气候变化相关财务信息披露指南	银行	敦促金融机构披露气候相关财务信息	√	×	×
	联合国环境规划署金融倡议	负责任银行原则	银行	从公司战略、投资组合到实际业务发展各维度融入可持续发展元素	√	√	√
	花旗银行、荷兰银行、巴克莱银行	赤道原则	银行	评估投融资过程中的环境和社会风险	√	√	×
国内	中国银行业协会	中国银行业金融机构企业社会责任指引	银行	提出银行所需社会责任	√	×	×
	中国人民银行	金融机构环境信息披露指南	金融机构	规范金融机构环境信息披露框架	√	×	×
	原中国银保监会	银行业保险业绿色金融指引	银行业保险业	从业务流程细化银行业可持续发展绿色金融框架	√	×	×

（四）多维度解析银行可持续发展与 ESG 的异同

ESG 是一种责任投资理念，立足于投资者视角，最早可以追溯到 19 世纪宗教奉行的"伦理投资"——主动将酒精、烟草、赌博、军火等与"公序良俗"相悖的行业排除在外。随着社会价值取向和经济治理的历史进程，责任投资所涵盖的内容不断演化，大致是沿着社会责任（S 端）、环境保护（E 端）、公司治理（G 端）的三大顺序，针对具体问题的发生和暴露，不断吸取经验教训，积极寻找解决答案，逐步发展为今天的 ESG 投资理念，E 端、S 端和 G 端都涵盖多种因素，并且仍在持续完善中，具体内涵如表 5-4 所示。根据《中国责任投资年度报告 2023》显示，截至三季度，可统计的 ESG 责任投资规模合计 33.06 万亿元，保持较高增速态势。

表 5-4　　ESG 责任投资的主要因素

环境（E 端）	社会（S 端）	治理（G 端）
气候变化和碳排放 空气污染、水污染 水资源短缺 能源效率 垃圾、废物处理 植被破坏 生物多样性	是否牵涉恐怖主义活动 烟酒、军火、色情等有道德瑕疵行业的介入程度 消费者满意度 数据保护和隐私保护 员工多样性 员工参与感 员工权利保护 上游供应链企业的员工健康和权利保护 对周边社区的影响	董事会构成 审计委员会结构 管理层薪酬 行贿和腐败的控制 政治捐款和游说花费的透明度

商业银行可持续发展根植于银行自身发展，从财务指标、服务实体经济、长远发展能力等出发，推动可持续发展目标的实现。[15] 与 ESG 责任投资一样，两者都关注绿色金融、碳金融、气候金融、公司治理、社会责任等内容，但银行可持续发展与 ESG 责任投资的服务目标、视角、内容范围等方面存在显著不同点（见表 5 – 5）。

表 5 – 5　银行可持续发展与 ESG 责任投资的辨义

不同点	银行可持续发展	ESG 责任投资
目标不同	全面评估银行稳健发展能力，涉及银行的自身财务指标、长期发展能力以及供应链企业的整体繁荣	是一种投资理念，旨在评估企业的商业实践是否负责任，强调道德和社会责任，以达到财务和履行社会责任表现的统一
角度不同	银行自身	投资者视角
内容范围交叉但又不同	考量银行自身财务指标、客户和发展基础、科技金融、制造业金融、财富金融、国际金融、融资成本等内容	未包含银行的财务指标、财富金融、国际金融、融资成本等内容
可测量性不同	指标定义依据企业的历史数据，如财务数据、业务数据、监管数据等，数据口径统一，标准统一，便于历史比较、行业比较	指标定义不断更新，数据回测，历史对比存在难度

一是目标和视角不同。银行可持续发展是从银行自身出发，全面评估银行稳健发展能力，涉及银行的自身财务指标、长期发展能力以及供应链企业的整体繁荣。而 ESG 则是站在投资者视角，是一种价值投资理念，在财务回报之外，将环境、社会、治理纳入决策过程，旨在评估企业的商业实践是否负责任，强调道德和社会责任，以使财务和履行社会责任表现的统一。

二是范围不同。两者范围存在交叉但并不统一，银行可持续金融除了考量 ESG 责任投资的内容外，还覆盖自身财务指标、客户和发展基础、科技金融、制造业金融、财富金融、国际金融、融资成本等内容。国际可持续准则理事会（ISSB）发布的《国际财务报告可持续披露准则 1 号》（2024 年实施），主要在于规范企业 ESG 相关的财务信息披露，以使投资者更好了解企业的 ESG 绩效，而非从银行出发关注自身的可持续发展。

三是可测量性不同。银行可持续较 ESG 责任投资相比，数据具有较强的回溯性、可比性，由于 ESG 指标不断更新，决策方法也参差不齐，导致历史数据回溯困难，较难比较。

银行作为现代资本市场的核心，与经济之间相互作用相互影响，是经济发展中的重要推动力量。在当前复杂的国内外经济形势下，研究银行可持续发展问题，对经济、金融和社会的稳定性具有重要意义。[16] 我们认为，银行可持续发展是实现 ESG 责任投资的重要前提，唯有实现自身的长期稳定发展、为投资者创造稳健良好的投资回报，银行才有资格谈论参与 ESG 实践、满足社会期望，投资者才有可能探讨银行投资时，考虑如何衡量 ESG 因素。离开了银行自身可持续发展，一切都是空中楼阁。

三、商业银行可持续发展的新内涵新逻辑新路径

我国已经进入新时代，正以中国式现代化全面推进中华民族伟大复兴，坚定不移地走中

国特色金融发展之路。在分析全球可持续发展思想的基础上，针对银行可持续发展概念的分歧和争议，结合我国当前的时代特征和中国特色金融发展之路的内在要求，我们提出了中国现代化进程中商业银行可持续发展的新内涵、新逻辑和新路径。

（一）历史视角下我国商业银行可持续发展的实践探索

从我国商业银行已经走过的历程看，可持续发展能力建设经历了两个阶段。第一阶段是以风险化解为特征的可持续发展能力塑造，主要是向银行注资化解不良贷款；第二阶段是以完善治理为特征的可持续发展能力塑造，主要是建立中国特色现代企业制度，完善公司治理架构和经营机制。

1. 以风险化解为特征的可持续发展能力塑造

改革开放前，中国实行的是人民银行大一统的银行体制。改革开放后，我国加快金融体制改革，农中建三大国家专业银行相继成立，1984 年又从人民银行中分设成立中国工商银行，人民银行开始专门行使中央银行职能。工商银行、农业银行、建设银行和中国银行被称为国家专业银行。同时，1986 年国务院决定采取国有控股的股份制形式重新组建交通银行，交通银行成为第一家全国性的国有控股的股份制商业银行。1994 年，国家成立了三家政策性银行，将政策性金融业务从国家专业银行中剥离出来。1995 年，《中华人民共和国商业银行法》颁布，从法律上确立了四家国有专业银行的国有独资商业银行地位，明确国有独资银行以效益性、安全性、流动性为经营原则，实行自主经营、自担风险、自负盈亏、自我约束，标志着四家国家专业银行开始向商业银行转变，同时开启了银行探索可持续发展之路。

20 世纪 90 年代，在我国以间接融资为主的大背景下，国家专业银行在为中国经济发展提供了强大动力的同时，自身不良贷款逐步增多，到 1996 年四大国有银行的不良贷款率达到 20% 以上，自身可持续发展能力受到挑战。1997 年亚洲金融危机爆发，中央高度重视金融风险问题。1997 年 11 月，为应对亚洲金融危机，维护国家经济金融的安全与稳定，党中央、国务院召开了第一次全国金融工作会议，国家开始重点解决国有银行的不良资产问题。一是财政发行 2700 亿元特种国债，补充国有银行资本金。二是实施贷款质量五级分类，摸清国有银行不良资产底数。三是成立四大资产管理公司平台，1999 年和 2000 年剥离国有银行不良资产 1.4 万亿元（1999 年中央财政收入仅 1.14 万亿元）。四是成立金融党工委，建立国有银行系统党委，屏蔽地方政府对国有银行的不当干预。五是加强银行经营管理。四家银行进一步强化统一法人体制，实行严格的授权授信制度，同时取消贷款规模管理，实行资产负债比例管理，并将经营效益和资产质量纳入管理者考核，考核制度由行政评价向经济评价转变。

总的来看，这一阶段的改革，主要举措是化解银行不良贷款，卸掉银行可持续发展的包袱，增强发展后劲和动力。

2. 以完善机制为特征的可持续发展能力塑造

2001 年 12 月，中国加入世贸组织，金融业全面开放的承诺进一步加大了我国国有独资商业银行改革的紧迫性。2002 年召开全国金融工作会议，将国有独资商业银行改革明确为中国金融改革的重中之重，作出了“对国有独资商业银行进行股份制改造”“具备条件的国有独资商业银行可改组为国家控股的商业银行”“条件成熟的可以上市”等重大决策，彻底解决国有银行不良资产高企、竞争力低下等影响可持续发展的问题。国务院于 2003 年 12 月

30日召开常务会议，确定选择建设银行和中国银行率先进行股份制改革和上市试点，并通过中央汇金公司注资450亿美元。在相继完成财务重组后，中国建设银行于2005年率先在香港上市，2006年中国银行和工商银行又以A+H模式在香港、上海两地成功上市，成为境内外同时上市的公众持股银行。2010年农业银行完成香港、上海两地上市。

从这一阶段的改革情况看，大型国有银行建立了中国特色的现代企业制度，实现股权多元化，引进境内外战略投资者并公开发行上市，并建立了董事会、监事会和高级管理层各司其职、有效制衡、协调运作的公司治理架构。同时，建立了现代经营理念，发展目标从片面追求市场占有率到追求股东价值的转变，树立了价值意识、资本约束意识、风险管理意识和品牌意识，可持续竞争能力持续增强。

（二）新时代商业银行可持续发展的新内涵

在党的二十大报告中，习近平总书记深刻阐释了中国式现代化的中国特色、本质要求和必须牢牢把握的重大原则，系统而深刻地回答了中国式现代化的基本理论和战略问题，为全面建设社会主义现代化国家提供了理论指引和行动指南，也为商业银行深刻把握全面服务中国式现代化提供了根本遵循，赋予商业银行可持续发展新内涵。

一是银行可持续发展是坚持党中央集中统一领导的发展。全面建设社会主义现代化国家，实现新时代新征程各项目标任务，关键在党。坚持党的领导、加强党的建设，是保障商业银行可持续发展的根本和基础条件。商业银行作为我国现代金融体系的重要支撑，必须把党的政治建设摆在首位，牢记“国之大者”，坚定不移走好中国特色金融发展之路，始终成为党和国家事业发展的重要依靠力量，在服务党和国家事业中保持自身可持续发展能力。

二是银行可持续发展是以人民为中心的发展。人口规模巨大的现代化要求商业银行必须把服务最广大客户作为可持续发展的根本价值取向。习近平总书记强调：“世界上既不存在定于一尊的现代化模式，也不存在放之四海而皆准的现代化标准。”推进人口规模巨大的现代化，艰巨性和复杂性前所未有，发展途径和推进方式也必然具有自己的特点。商业银行需要立足我国国情，准确把握我国金融发展特点和规律，瞄准人民的金融需求，不断加快金融创新，增强金融服务理念，为广大客户提供高质量金融服务。

三是银行可持续发展是服务全体人民共同富裕的发展。党的十八大以来，党中央把握发展阶段新变化，把逐步实现全体人民共同富裕摆在更加重要的位置上。共同富裕是中国特色社会主义的本质要求，是银行发展必须坚守的初心使命。商业银行以不断满足人民日益增长的优质金融服务需求为出发点和落脚点，着力解决好人民群众“急难愁盼”问题，助力实现人民对美好生活的向往。商业银行要持续下沉金融服务重心，构建“线上+线下”的金融服务体系，支持乡村振兴战略，推广普惠金融服务，助力实现共同富裕。

四是银行可持续发展是绿色转型的发展。人与自然和谐共生的现代化要求商业银行必须把促进绿色转型作为可持续发展的长久之策。尊重自然、顺应自然、保护自然，是全面建设社会主义现代化国家的内在要求，是实现中华民族永续发展的必然选择。推动形成绿色发展方式和生活方式，是发展观的一场深刻变革。若要实现可持续发展，商业银行必须贯彻新发展理念，引导资源流向绿色低碳发展领域，倡导绿色消费，促进市场主体正确处理经济发展和生态环境保护的关系，助力绿色、循环、低碳发展迈出坚实步伐。

五是银行可持续发展是开放包容的发展。中国共产党领导下的中国高举和平、发展、合作、共赢旗帜，推动构建人类命运共同体，推动共建“一带一路”高质量发展，以中国的新发展为世界提供新机遇。可持续发展的商业银行，将主动助力完善全球金融治理框架，坚定推动建设开放型世界经济和金融领域高水平对外开放，落实贸易和投资自由化便利化举措，深化“一带一路”投融资合作。在坚定维护世界和平与发展中谋求自身发展，同时以自身发展更好地维护世界和平与发展。

（三）新时代商业银行可持续发展的新逻辑

中国特色金融发展之路下的商业银行可持续发展，并没有完全否定西方发展之路，而是在中外比较中学习借鉴发达国家在环境、经济、社会保障等方面的先进经验，更是基于自身国情的中国特色，为世界可持续发展提供新选择。在此背景下，我国商业银行可持续发展具有四方面新逻辑，为商业银行可持续发展提供了“中国方案”。

一是坚持党中央的集中统一领导是政治逻辑。西方国家政党轮替容易引发政策摇摆、经济衰退和社会动荡，中国共产党长期执政，一代接着一代、一届接着一届的“接力赛”，确保人民安居乐业、社会安定有序、国家长治久安。党中央的高瞻远瞩、未雨绸缪的决策和以人民为中心的价值取向，避免中国出现西方现代化进程中资本无序扩张等综合病症，实现比资本主义更可持续的发展。做好新时代新征程金融工作，必须旗帜鲜明讲政治，以实际行动坚定捍卫“两个确立”、坚决做到“两个维护”，把党中央关于金融工作的大政方针和决策部署不折不扣贯彻落实到位，切实把我们的政治优势和制度优势转化为金融治理效能、转化为银行可持续发展的不竭动能。

二是功能性与营利性的平衡是商业逻辑。西方银行发展更关注营利性，社会贫富两极分化严重，中国特色金融发展则更加和谐、包容，我们在功能性和营利性之间做好平衡，把增进人民福祉作为经济发展的根本出发点和落脚点，着力做好科技金融、绿色金融、普惠金融、养老金融、数字金融“五篇大文章”，扎实推动共同富裕，更好解决区域、城乡、收入分配差距等问题，推动金融资源集聚到高质量发展的战略方向、重点领域和薄弱环节上来，不断满足经济社会发展金融服务需求，不断增强人民群众的获得感、幸福感、安全感。

三是坚持义利相顾以义为先是价值逻辑。与西方现代化进程中长期奉行的“丛林法则”和“零和博弈”思维不同，中国原则是坚持正确义利观，坚持义利相顾、先义后利，这是中华优秀传统文化的重要内容。强调银行与实体经济发展互利共赢、共同发展，“义”体现银行希望与客户共同成长、共同发展，从以营利为单一商业化运作发展目标向环境、社会、治理（ESG）等综合多元目标发展的转变，从“富人理财”到“普惠金融”业务发展的转型，从客户“锦上添花”到“雪中送炭”的服务理念转变，平等服务好每一个客户，杜绝以大欺小、嫌贫爱富的情况发生，实现银行更高质量、更可持续、更加全面的发展。

四是持续的改革创新是动力逻辑。勇于自我革新是银行可持续发展的鲜明品格。顺应经济社会发展的战略需要、阶段特征和结构特点，完善机构定位，强化金融市场规则，健全法人治理，提升金融供给体系适应性、竞争力和普惠性，把握好银行发展的短期利益与长远利益、社会发展与自身发展、整体情况与局部内容之间的关系，不断深化金融供给侧结构性改革，推进金融业不断发展壮大。

（四）新时代商业银行可持续发展的新路径

作为一种特殊的企业，银行的可持续发展是，既能满足服务实体经济高质量发展的宏观要求，又能满足自身企业可持续经营的微观要求；既能满足当前可持续发展要求，又不损害未来发展潜能。

据此，新时代商业银行可持续发展路径具有两个鲜明特征：一是从单期情况看，银行可持续发展是平衡好服务实体经济和自身财务能力的关系。二是从跨期情况看，银行可持续发展是当前能力和未来能力的一种平衡（见图 5－5）。

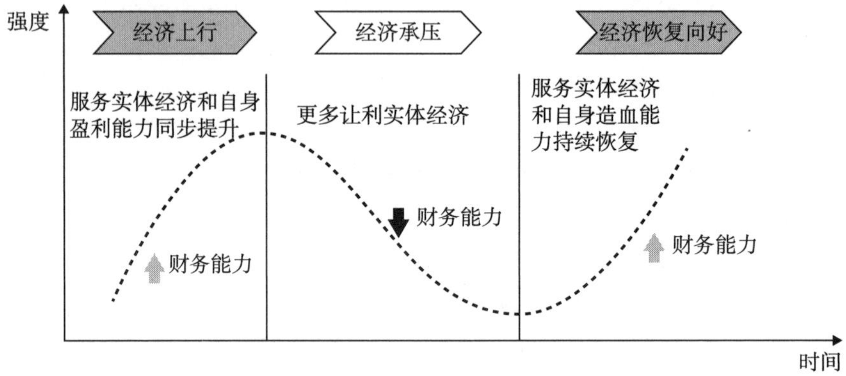

图 5－5　不同经济环境下商业银行可持续发展路径

从单期情况看，银行可持续发展是把服务实体经济作为根本宗旨，推动金融资源向重点领域、薄弱环节聚集；紧紧围绕稳增长、扩内需战略，通过降低综合融资成本，让利实体经济，不断提升金融服务实体经济的质效。同时，在服务实体经济的同时，商业银行能够保持一定的息差水平和盈利能力，维持较好的风险化解能力、新型金融科技投入能力等，保证财务可持续性。

从跨期情况看，银行在保证单期平衡的同时，根据经济社会情况的发展，及时优化服务实体经济的重点，加大对未来产业和潜在领域的前期投入，同时根据盈利能力的变化趋势合理优化财务资源，保持稳健发展。

四、新范式下商业银行可持续发展能力的度量体系

立足我国银行可持续发展的新内涵新逻辑新路径，课题组构建了一套新型可持续发展的评价指标体系，以衡量新型可持续发展的现状、优势和短板，为明确未来发展重点提供参考和借鉴。

（一）方法与原则

首先选择构建银行可持续发展的指标，由于指标较多，本文通过综合评价方法，把不同属性的定性和定量指标转化为无量纲的评价值，然后按一定权重值进行综合得出一个整体评价。[17]

具体的步骤是，明确评价对象——建立评价指标体系——确定评价指标权重系数——定性与定量指标评价值的确定——确定指标间合成关系——求得综合评价值——得出评价结论。其中，关键问题是指标体系的建立、权重系数的确定、指标评价值的确定以及合成关系的处理。[18]具体的工作步骤遵循5个原则：

一是系统性原则，指标体系要系统反映不同类型上市银行的典型指标构成，多维度全面反映评价对象的状态。

二是简洁性原则，指标体系层次清晰、逻辑严密，评价指标少而精、既全面又不过细，更要区别主次轻重。

三是可操作性原则，各项指标数据应该能够方便地采集，否则指标设计再全面也没有意义。

四是可比性原则，指标体系中同一层次的指标，应该满足可比性原则，即指标涉及的数据具有相同的计量范围、计量口径和计量方法。指标取值宜采用相对值，尽可能不用绝对值，以便于比较优劣。

五是定性定量结合的原则，由于评价对象复杂，多项指标难以量化，所以需要设立主观定性指标，以求全面反映被评价对象情况。

（二）指标体系的构建

作为一种特殊的企业，银行要实现可持续发展，既要满足服务实体经济高质量发展的宏观要求，也要满足自身企业可持续经营的微观要求；既要满足当前可持续发展要求，又不损害未来发展潜力与空间。[19]基于此认识，指标体系的构建思想是，在横向指标设计上，将指标分为两大部分，一部分是服务实体经济可持续发展指标，体现银行政治性、人民性，另一部分是商业银行自身可持续发展指标；在纵向指标设计上，选取的指标既能代表当前银行发展能力，也要突出未来发展趋势。即以规模、比率等指标代表银行当前的能力水平，以增速、增量等指标代表银行未来发展趋势（见图5－6）。

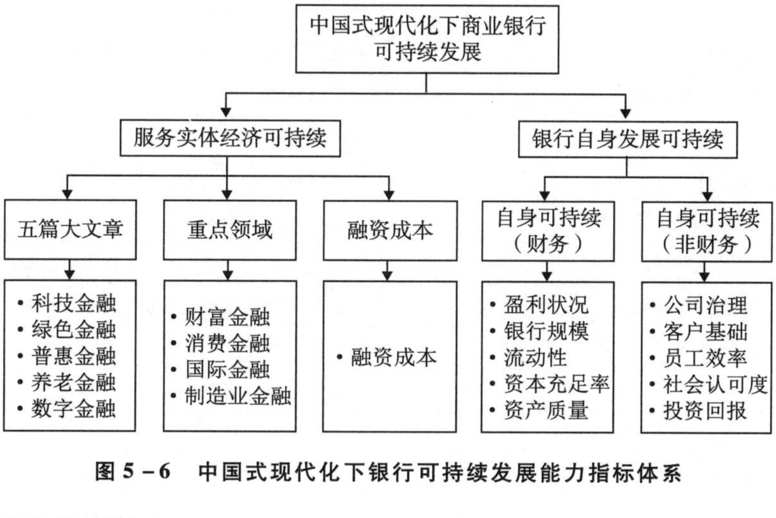

图5－6　中国式现代化下银行可持续发展能力指标体系

1. 服务实体经济指标

服务实体经济不仅体现在对战略重点、重点领域及薄弱环节的支持上，还体现在让利实体、降低综合融资成本上。因此，课题组将服务实体经济指标分为“量”和“价”两个维度，其中“量”包括“五篇大文章”、重点领域等，“价”即融资成本。

（1）五篇大文章：

科技金融方面，银行支持科技发展主要体现在两个方面，一方面，银行通过支持科创企业融资，实现助力科技强国建设的目标；另一方面，银行自身的科技进步。因此从科创融资和科技投入两方面选取指标：“科创融资占比”即科创融资占银行融资总额的比率，用于衡量银行支持科创企业发展的力度，“科技投入增速”代表银行科技投入和未来发展潜力。

绿色金融方面，近年来银行聚焦绿色低碳重点领域，不断创新绿色金融经营理念、管理机制、业务模式、产品服务。其中，绿色信贷既是银行发展绿色金融的重要渠道，也是我国绿色金融中起步最早、规模最大、发展最成熟的部分。因此，课题组选取“绿色信贷规模”“绿色信贷占比”“绿色信贷增速”3 项指标代表银行绿色金融发展能力和潜力。

普惠金融方面，银行普惠金融的发展主要从普惠金融覆盖面、服务能力和发展潜力等方面来考量。其中，“普惠小微贷款余额”“普惠小微贷款占比”分别代表银行向低收入家庭、小微企业以及农村地区提供金融服务和贷款支持的能力和力度，“普惠小微贷款增速”代表发展潜力，“普惠小微客户数量”代表服务覆盖面。

养老金融方面，银行大力发展养老金融，包括养老金金融、养老服务金融和养老产业金融等内容。由于各家银行的养老金账户、养老服务等相关数据披露不够全面，课题组选择“年金托管数量”“企业年金机构客户数”“企业年金个人客户”3 项指标，即企业年金的规模、客户基础与结构，代表银行在养老金融方面的服务水平。

数字金融方面，掌上银行是银行数字化转型的主战场、线上化经营的主阵地、银行与客户交互的主渠道、跨界异业合作的主平台。因此，课题组选取“掌银月活客户数”“月活客户数增速”指标分别代表银行数字金融发展能力、潜力（见表 5－6）。

表 5－6　服务实体经济——“五篇大文章”指标

一级指标	二级指标	定义
科技金融	科创融资占比	科技投入/总投入
	科技投入增速	科技投入增量/上年同期科技投入
绿色金融	绿色信贷规模	绿色信贷规模
	绿色信贷占比	绿色信贷规模/信贷总规模
	绿色信贷增速	绿色信贷增量/年初绿色信贷余额
普惠金融	普惠小微贷款余额	普惠小微贷款余额
	普惠小微贷款占比	普惠小微贷款增量/上年末普惠小微贷款余额
	普惠小微贷款增速	普惠小微贷款增量/年初普惠小微贷款余额
养老金融	年金托管数量	年金托管数量
	企业年金机构客户数	企业年金机构客户数
	企业年金个人客户	企业年金个人客户
数字金融	掌银月活客户数	掌银月活客户数
	月活客户数增速	掌银月活客户数/年初掌银月活客户数

（2）重点领域：

财富金融方面，财富金融是助力“全体人民共同富裕”的中国式现代化的重要方式，银行理财作为财富金融的重要组成，承担着居民财富管理的重要职责。课题组选取“理财产品余额”“理财产品余额增速”“理财产品占总资产比重”等指标代表银行的财富管理能力。

消费金融方面，银行发展消费金融是支持扩大内需战略、提升居民消费能力、服务实体经济的重要落脚点。当前个人住房贷款需求收缩的背景下，经营贷、消费贷成为各家银行个人贷款增长的主力。课题组选取“消费贷+经营贷规模”“消费经营贷占总贷款比重”“非住房消费经营贷增速”等指标代表银行促消费方面的贡献和未来发展潜力。

国际金融方面，国际金融业务是“走和平发展道路”的中国式现代化的必然要求。国际结算量、跨境人民币收付额作为衡量商业银行国际业务发展、人民币国际化水平的重要指标，2021 年分别突破 10 万亿元和 36 万亿元。本文选取“跨境人民币总收付额”“收付额增速”“总收付额占总资产比重”“国际业务结算规模”“国际业务结算量增速”等指标代表银行国际金融发展的水平和潜力（见表 5－7）。

表 5－7　服务实体经济——重点领域指标

一级指标	二级指标	定义
财富金融	理财产品余额	理财产品余额
	理财产品余额增速	理财产品余额增量/上年末理财产品余额
	理财产品占总资产比重	理财产品余额/总资产规模
消费金融	消费贷+经营贷	消费贷与经营贷规模合计
	消费经营贷占总贷款比重	消费经营贷规模/信贷总规模
	非住房消费经营贷增速	非住房消费经营贷增量/年初非住房消费经营贷余额
国际金融	跨境人民币总收付额	跨境人民币总收付额
	跨境人民币总收付额增速	跨境人民币总收付额增量/上年末跨境人民币总收付额
	跨境人民币总收付额占比	跨境人民币总收付额/总资产
	国际业务结算规模	国际业务结算规模
	国际业务结算量增速	国际业务结算规模增量/上年末结算规模
制造业金融	制造业贷款余额	制造业贷款余额
	制造业贷款占比	制造业贷款余额占总贷款比重
	制造业贷款增速	制造业贷款增量/上年同期制造业贷款规模

制造业金融方面，制造业是助推实体经济高质量发展的重要动力，发挥着为实现中国式现代化奠定物质基础的重要作用。银行发展制造业金融是服务实体经济的重要方面。课题组选取制造业贷款、制造业贷款占比、贷款增速指标代表银行对制造业的支持力度和发展潜力。

（3）融资成本：

银行助力实体经济回升向好，不仅体现在对重点领域的信贷投放规模方面，还体现在降低融资成本、让利实体经济方面。本文从绝对值、变化值两个维度来考量银行让利实体经济的程度，选取“贷款收益率”“贷款收益率下降幅度”这两项指标，贷款收益率越低、收益率下降幅度越大，代表让利实体经济的力度越大，此项得分越高（见表 5－8）。

表 5－8　　服务实体经济——融资成本指标

一级指标	二级指标	定义
融资成本	贷款收益率	平均贷款收益率
	贷款收益率下降幅度	贷款收益率较年初下降幅度

2. 银行自身可持续发展指标

从长期发展的视角看，银行为有效支持实体经济、助力“2035 目标”的实现需要保持合理的盈利能力和内生资本补充水平，因此，研究银行自身可持续发展问题亦是衡量银行服务中国式现代化的考量维度。课题组从银行自身可持续发展能力的财务、非财务两方面来评价，采用盈利状况、银行规模、流动性、资本充足率、资产质量、公司治理、客户基础、人力资本回报、社会认可度以及投资回报等十大类指标。

（1）自身可持续发展能力指标（财务）。

盈利状况方面，盈利状况对于银行的商业可持续发展至关重要。我们选取盈利能力、增长趋势以及结构等方面的指标，其中盈利能力重点选择平均净资产收益率 ROE 和总资产回报率 ROA，用于评估银行获得利润能力；以拨备前利润增速和净利润增速评估银行未来的盈利增长趋势，以及通过分析应收结构，用非利息收入占比评估银行非息收入盈利情况。

银行规模方面，从银行总资产及增速、员工数和网点数等角度，描述商业银行的自身长期发展实力。

流动性方面，流动性是维护银行安全稳健运行的重要因素之一，银行流动性在新巴塞尔协议框架下拥有四个主要指标，即流动性覆盖率（LCR）、净稳定融资比例、贷存比和流动性比例。根据指标的重要性及数据可得性，课题组选取 LCR 作为银行流动性的衡量指标，该指标是巴塞尔银行监管委员会为防止银行 2008 年金融危机重演而新增的重要监管指标，用于衡量银行是否具有充足的合格优质流动性资产，满足日常经营的资金需求。

资本充足率方面，资本是银行资产扩张的主要约束，通过选取核心一级资本充足率、杠杆率和风险加权资产回报率三个指标，用于衡量其资本充足程度和风险承受能力。较高的核心资本水平意味着银行有更多的资本作为储备，可以承受更大的损失并保持稳定运营。

资产质量方面，银行的资产质量要从其不良贷款水平、前瞻性风险管理能力以及风险抵补能力等方面综合评估。因此，选取“不良贷款率”作为资产质量最为核心的指标，而“关注类贷款率”“逾期贷款率”代表银行的前瞻风险指标，“拨备覆盖率”代表银行的风险抵补能力，“不良/90 日逾期”用于衡量企业资产认定严格程度，上述指标综合衡量商业银行所持有的各项资产质量和风险程度（见表 5－9）。

（2）自身可持续发展能力指标（非财务）。

客户基础方面，银行客户基础是银行业务发展根基，但银行客户基础又受到银行网点分布影响，因此选择银行的个人客户数、网点数量 2 项指标，用于代表银行的客户和网点分布的覆盖面。

表 5-9　　自身可持续发展能力——财务指标

一级指标	二级指标	定义
盈利状况	ROE	净利润/平均净资产
	ROA	净利润/平均总资产
	拨备前利润增速	拨备前利润增加/期初拨备前利润
	净利润增速	净利润增加/期初净利润
	非利息收入占比	非利息收入/营业收入
银行规模	总资产规模	总资产规模
	资产规模增速	资产增加/期初资产
	员工数量	员工数量
	银行机构网点数	银行机构网点数
流动性	流动性覆盖率	优质流动性资产储备/未来30日的资金净流出量
资本充足率	核心一级资本充足率	核心资本与风险加权资产之间的比率
	杠杆率	一级资本净额/调整后的表内外资产余额
	风险加权资产回报率	净利润/期末风险加权资产
资产质量	不良率	不良贷款/贷款余额
	关注率	关注类贷款余额/贷款余额
	逾期贷款率	逾期贷款余额/贷款余额
	拨备覆盖率	贷款损失准备/不良贷款余额
	不良/90日逾期	不良贷款/90日逾期贷款余额

公司治理方面，公司治理机制是否健全、有效，对银行长远发展具有重要作用。考虑到ESG评价的重要参考是公司治理水平，我们选取万得ESG评级指标间接评价银行公司治理水平。主要理由：一是由于国际的评级并未覆盖全部上市银行，而万得ESG评级覆盖了全部上市银行；二是万得ESG评级的逻辑与国际评级一致，银行的评级结果和排序二者一致，因此具备合理性；三是万得ESG评级分项比较全面，对于社会、环境、管理及负面事件等均做了详细的打分，便于了解各家银行评级比较的归因分析。

人力资本回报方面，人力资本回报是科学衡量人力资本价值最有效的指标，国际上通常用人力资本回报率来衡量人力资本回报水平，即在员工身上投入每单位成本，能为企业带来多少净利润。计算公式为：人力资本回报率＝人均利润/人均费用×100%。

投资回报方面，投资者主要通过资本利得、分红两种方式获取投资回报，因此采用估值水平、分红水平2项指标代表银行为投资者带来的价值回报水平。

社会认可度方面，社会认可度能反映一家银行的良好形象。比较客观的指标是银行发债时使用的信用评级，代表银行被社会的认可程度。课题组选择国内评级机构的评级结果作为衡量银行社会认可度的指标（见表5-10）。

表 5－10　　自身可持续发展能力——非财务指标

一级指标	二级指标
客户基础	零售客户数
	银行机构网点数
公司治理	ESG 评级－争议事件
	ESG 评级－治理维度
人力资本回报	人力资本回报率
投资回报	估值水平
	分红水平
社会认可度	信用评级－国内评级机构

（三）数据处理与权重分配

1. 数据处理

一是通过数据清理，提升数据有效性。对影响数据质量的数据进行清理，删除 41 家上市银行的原始数据集中的无关数据、重复数据、异常值等数据。由于银行可持续发展的指标较为庞大，数据来源主要是从不同的软件平台和网站进行手工查找，一些数据的披露准确性需要进一步验证，因此，在数据预处理中对无效数据进行确认和处理。

二是对缺失数据作插补处理，提升数据完整性。由于 41 家上市银行的披露数据口径和披露颗粒度不同，存在一些指标的数据不全、个别银行缺少数据的现象。对于不同类型的数据，我们采用不同的数据插补方法。对于连续型数据，采用同类银行的平均值和中位数进行插补；对于离散型数据则采用同类银行中的众数、最近邻值进行插补。

三是归一化处理，提升数据可比性。由于选取的衡量银行可持续发展的指标来自不同维度，包括规模、比率、增速等不同单位的数据，为使各类数据之间具有可比性，采取归一化方法，达到数据可比的目标。假设第 i 项指标的原始数据为 x_i，则归一化后的可比较数据为：

$$x_i = (x - x_{min}) / (x_{max} - x_{min})$$

经过归一化处理后的数值在 0 到 1 之间，最小值取 0，最大值取 1。最后，各上市银行的可持续发展指标由各维度指标值的加权平均计算得出。S 代表可持续发展的指标得分，W_i 代表第 i 项指标的权重，d_i 代表第 i 项指标值。

$$S = \sum_{i=1}^{10} W_i \times D_i = \sum_{i=1}^{20} w_i \times d_i$$

2. 权重分配

指标权重设定对可持续发展评价结果具有重要影响。考虑到选取的指标包括 20 类、55 项，为最大程度减少主观判断以及防止个别指标对结果的重大影响，课题组采用均等赋值法，即初始赋予服务实体经济、自身财务可持续发展 50% 的权重，且每类的权重为 5%（具体指标权重如表 5－11 所示）。

表 5－11　　指标权重分布

<table>
<tr><th>一级分类</th><th>二级分类</th><th>三级分类</th></tr>
<tr><td rowspan="10">服务实体经济可持续性（50%）</td><td rowspan="5">五篇大文章（25%）</td><td>科技金融（5%）</td></tr>
<tr><td>绿色金融（5%）</td></tr>
<tr><td>普惠金融（5%）</td></tr>
<tr><td>养老金融（5%）</td></tr>
<tr><td>数字金融（5%）</td></tr>
<tr><td rowspan="4">重点领域（20%）</td><td>制造业金融（5%）</td></tr>
<tr><td>消费金融（5%）</td></tr>
<tr><td>财富金融（5%）</td></tr>
<tr><td>国际金融（5%）</td></tr>
<tr><td>融资成本（5%）</td><td>融资成本（5%）</td></tr>
<tr><td rowspan="10">自身可持续性指标（50%）</td><td rowspan="5">自身可持续性指标（财务，25%）</td><td>盈利状况（5%）</td></tr>
<tr><td>银行规模（5%）</td></tr>
<tr><td>流动性（5%）</td></tr>
<tr><td>资本充足率（5%）</td></tr>
<tr><td>资产质量（5%）</td></tr>
<tr><td rowspan="5">自身可持续性指标（非财务，25%）</td><td>公司治理（5%）</td></tr>
<tr><td>人力资本回报（5%）</td></tr>
<tr><td>客户基础（5%）</td></tr>
<tr><td>社会认可度（5%）</td></tr>
<tr><td>投资回报（5%）</td></tr>
</table>

五、商业银行可持续发展能力的实证分析：2020～2022 年

借助于构建的新型指标体系，按照静态分析法开展三项研究：一是以 2022 年数据为基准，以 41 家 A 股上市商业银行作为研究样本（6 家国有大型商业银行、9 家股份制商业银行、16 家城商行、10 家农商行）对我国银行的可持续发展水平进行评价。二是基于 2020～2022 年的数据分析了不同类型银行（国有大行、股份行、农商行、城商行）在服务实体经济能力、自身可持续发展方面的历史变化情况。三是分析了农业银行可持续发展的优势和特点。

（一）基于 2022 年数据的静态比较分析

课题组对 41 家 A 股上市银行进行综合评价，将各家银行的综合评估分数进行排名。

1. 国有大行得分靠前

所有上市银行综合相对排名情况如图 5－7 所示，前三名均是国有大行。课题组观察到，最高得分只有 57.2、最低得分是 28.8。得分较低的主要原因在于：此评分方法是相对比较法，某些银行在个别领域指标排名靠前，但其他领域的指标排名相对靠后，优势并不集中，

导致单家银行的整体得分较低。

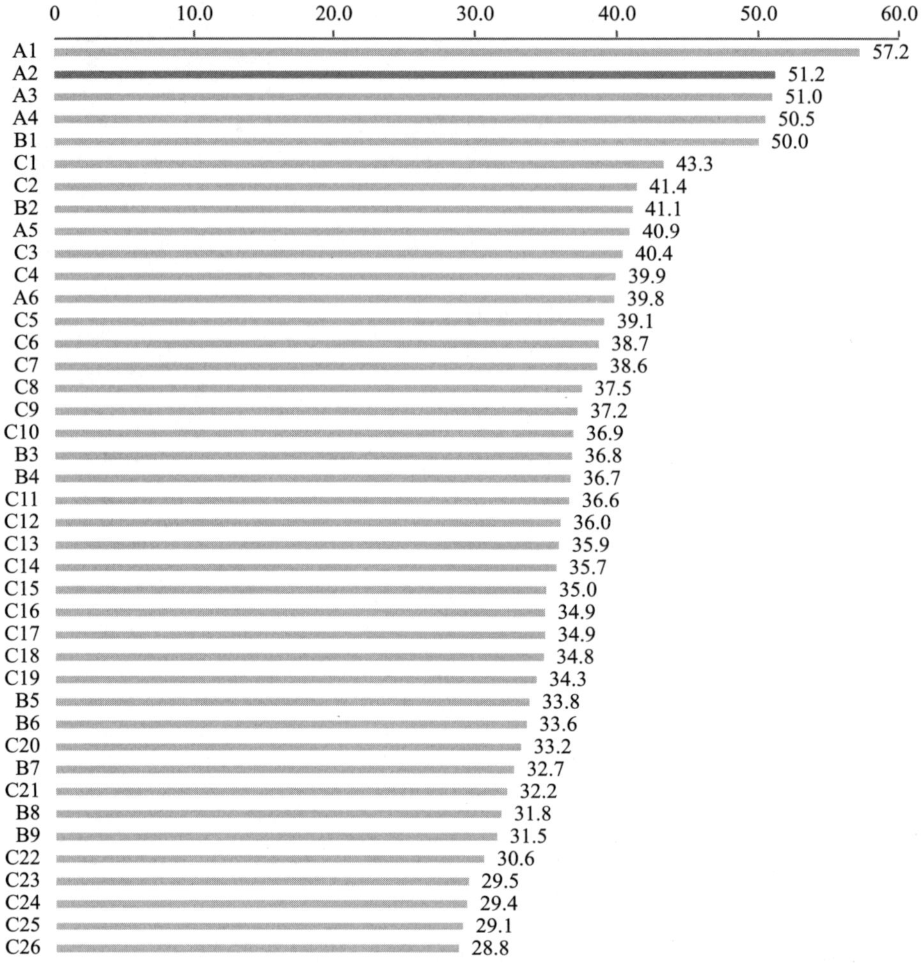

图 5－7　上市银行可持续发展能力评价总得分排名

注：A1～A6 代表 6 家国有大型商业银行，B1～B9 代表 9 家股份制商业银行，C1～C26 代表 26 家区域行（包括 16 家城商行和 10 家农商行）。

从分组排名情况观察，国有大行第一名是 A1，得分 57.2（见图 5－8），股份行组别的第一名是 B1，得分 50.0（见图 5－9），区域行组别的第一名是 C1，得分 43.3（见图 5－10）。

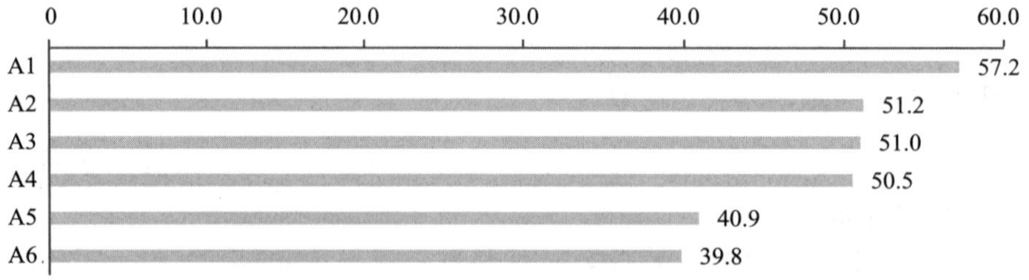

图 5－8　国有大行——可持续发展能力得分排名

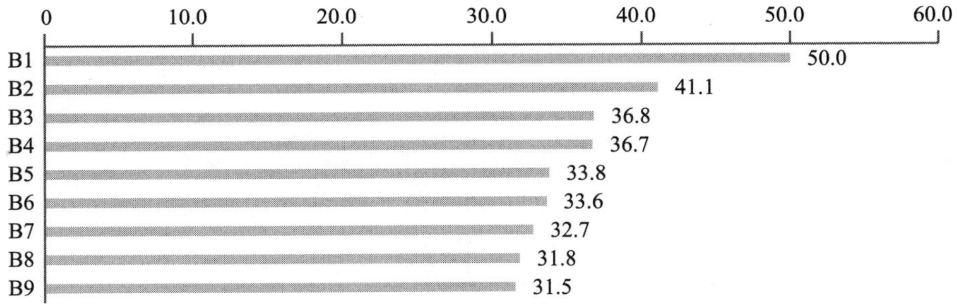

图 5－9　股份行——可持续发展能力得分排名

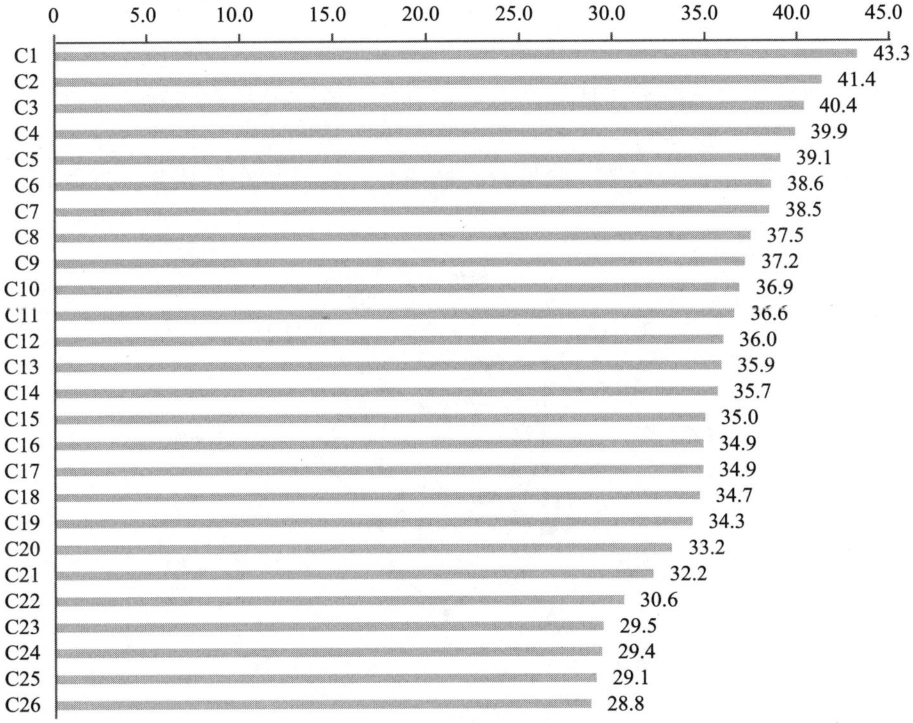

图 5－10　区域行——可持续发展能力得分排名

2. 股份行、城商行和农商行的得分接近

课题组按照国有大行、股份行、城商行、农商行四种组别进行对比分析发现，除了国有大行以明显优势领先外，股份行、城商行、农商行的可持续发展能力得分相当接近，均在35.0～36.5区间。城商行平均得分略高于农商行，主要得益于城商行的非财务指标表现相对较优（见表5－12）。

表 5－12　不同类型上市银行可持续发展能力结构比较

银行	总分	服务实体经济				自身可持续发展		
		得分	五篇大文章	重点领域	融资成本	得分	财务指标	非财务指标
国有大型商业银行	52.5	24.7	12.8	8.6	3.3	27.8	13.8	14.0
股份制商业银行	36.4	18.9	8.0	8.5	2.4	17.6	8.6	8.9

续表

银行	总分	服务实体经济				自身可持续发展		
		得分	五篇大文章	重点领域	融资成本	得分	财务指标	非财务指标
城市商业银行	35.9	17.1	8.3	6.5	2.4	18.8	9.7	9.1
农村商业银行	35.0	17.2	8.3	6.6	2.4	17.7	10.5	7.3
全部上市银行	37.6	18.5	8.7	7.2	2.5	19.2	10	9.1

3. 让利和服务实体经济国有大行贡献最大

从让利实体经济看，国有大行融资成本最低（得分越高代表成本越低），在让利实体方面发挥了主要作用。股份行、城商行和农商行的融资成本相对较高（得分较低），在让利实体方面的贡献相对较小。从服务实体经济看，国有大行各项表现均较好，股份行、城商行和农商行各有侧重。其中，股份行的优势在于财富金融、国际金融等方面，城商行和农商行在数字金融的表现优于股份行。此外，股份行、城商行和农商行在科技金融方面表现均较为突出（见图 5－11）。

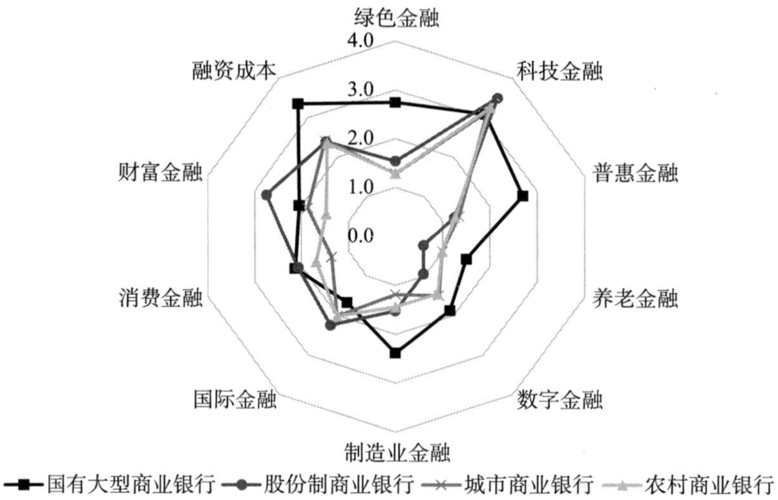

图 5－11　上市银行服务实体经济各领域得分分布

4. 区域行的盈利状况及流动性表现突出

区域行（包括城商行、农商行）的盈利状况、流动性等表现好于国有大行，其中，城商行的人力资本回报更加优秀。国有大行的公司治理、客户基础、银行规模、资本充足率等更加优秀，两者在资产质量方面差异不大（见图 5－12）。

（二）基于 2020～2022 年数据的动态分析：三种形态

基于 2020～2022 年数据，对国有大行、股份行、城商行和农商行在服务实体经济、自身可持续方面的趋势进行了历史研究（注：此部分是基于不同年份的比较，考虑到指标体系的可比性，故对每家银行的三年数据进行单独计算和比较）。具体结论是，2020～2022 年，国有大行持续加大服务实体经济力度。其中农业银行服务实体经济的力度最大。相对而

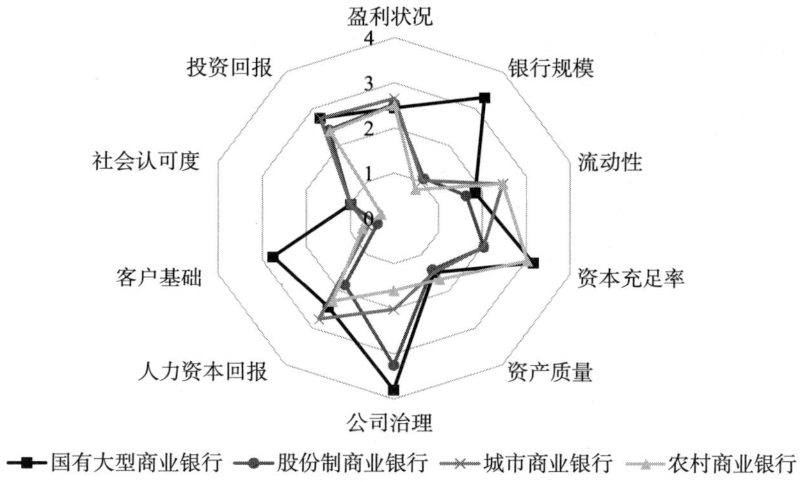

图 5－12　上市银行自身可持续发展能力得分分布

言，股份行、城商行和农商行服务实体经济的力度相对较小，对自身可持续发展能力的影响有限。

1. “两线喇叭口放大”形态

四大行均属此种形态。2020～2022 年国有大行可持续发展能力变化趋势如图 5－13 所示。从 2020～2022 年的数据看，国有大行的自身可持续发展能力曲线呈下降趋势，但服务实体经济曲线呈上升趋势，而且上升斜率逐步变大，即服务实体经济的力度在明显加大。整体来看，由服务实体经济、自身可持续发展能力组成的“喇叭口”开口拉大，显示国有大行在自身财务可持续受限的情况下，持续为实体经济发展贡献巨大力量。

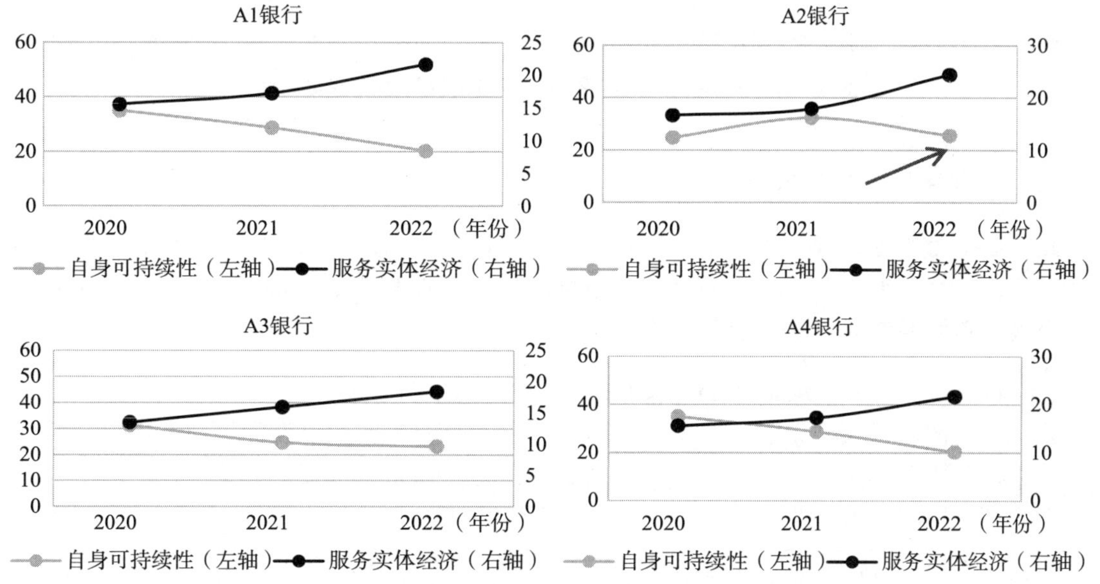

图 5－13　2020～2022 年国有大行可持续发展能力变化趋势

2. “两线平行”形态

课题组选取B3、B7、C1、C19等银行进行说明。2020～2022年股份行可持续发展能力变化趋势如图5-14所示。自2020～2022年，从图5-14可以看出，上述银行服务实体经济的曲线斜率逐步下降，即服务实体经济的力度逐步减弱，而自身可持续发展能力曲线斜率上升，即自身可持续发展能力逐步增强。整体来看，由服务实体经济、自身可持续发展能力基本呈现平行形态，表明这些银行在服务实体经济中较好地实现了自身财务能力的提升。2020～2022年区域行可持续发展能力变化趋势如图5-15所示。

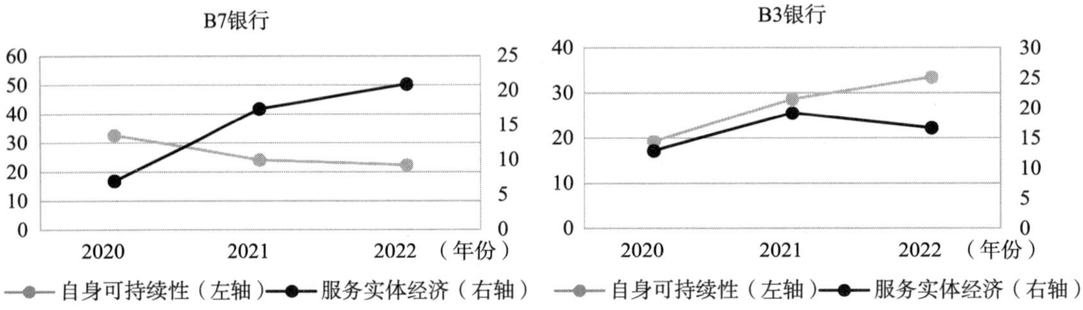

图5-14　2020～2022年股份行可持续发展能力变化趋势

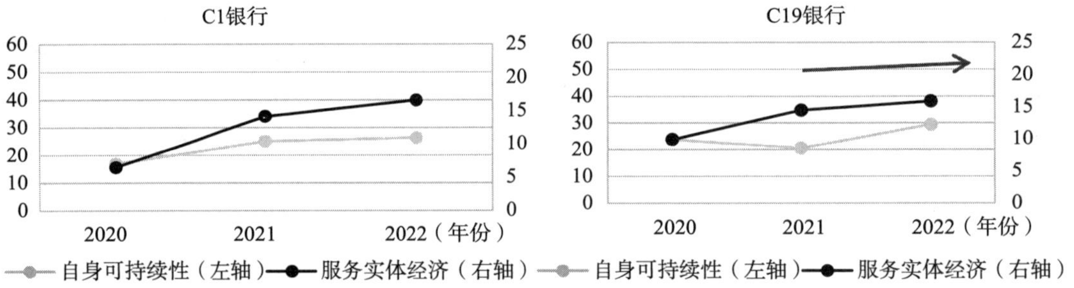

图5-15　2020～2022年区域行可持续发展能力变化趋势

（三）“斜率最陡”形态

此种形态为农业银行。从2020～2022年趋势图来看，农业银行服务实体经济曲线斜率上升最快，2021～2022年的服务实体经济指标上升幅度明显高于2020～2021年，即在可比同业中服务实体经济的力度最大（见表5-13）。

表5-13　2020～2022年国有大行可持续发展能力变化趋势

年　份	2020		2021		2022	
银行名称	服务实体经济	自身可持续性	服务实体经济	自身可持续性	服务实体经济	自身可持续性
A1银行	15.6	35.0	17.2	28.7	27.2	30.0
A2银行	16.7	24.9	17.9	32.4	23.2↑	28.0
A3银行	13.5	31.2	16.0	24.7	23.0	28.0
A4银行	15.6	35.0	17.2	28.7	25.2	25.3

（三）农业银行案例分析

将农业银行与国有大行进行比较，从服务实体经济的效能看，“五篇大文章”方面，数字金融、绿色金融、科技金融、普惠金融发展较为突出，发力较为均衡（见图5－16）。重点领域方面，农业银行在制造业金融、消费金融方面的优势较为明显（见图5－17）。制造业方面，农业银行坚持将做好制造业金融服务作为支持实体经济的重要着力点，截至2023年年末，制造业贷款余额2.95万亿元，增速28%，制造业中长期贷款余额1.21万亿元。消费金融方面，截至2023年年末，农行个人贷款余额8.06万亿元，增量、增速均居可比同业首位。其中个人消费、经营类贷款增量均居大行领先。

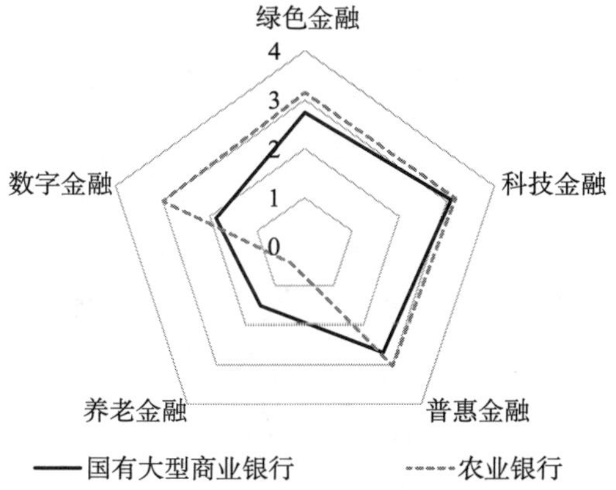

图5－16　农行与其他国有大行服务实体经济得分比较——“五篇大文章”

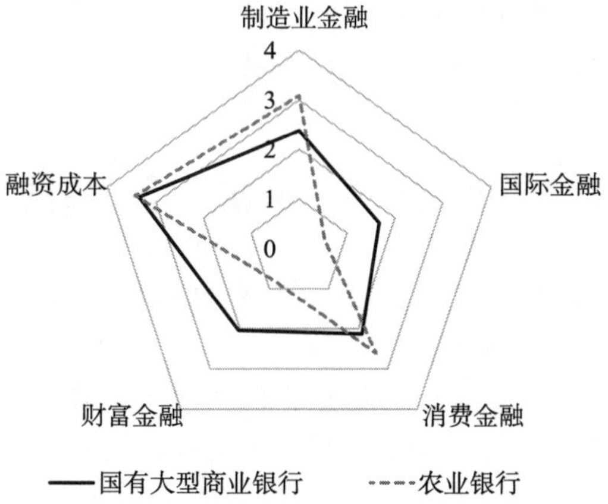

图5－17　农行与其他国有大行服务实体经济得分比较——重点领域与融资成本

从自身可持续发展来看，财务经营指标方面，农业银行的整体得分较高，尤其是资产规模的优势显著，资产的快速（“银行规模”指标）增长也代表了服务实体经济的力度持续加大。资产质量和流动性表现亦好于其他国有大行，盈利状况和资本充足率水平处于大行可比水平（见图5－18）。非财务经营指标方面，国有大行在公司治理、人力资本回报、投资回报和社会认可度方面的表现较为接近，差距并不明显。其中，农行在客户基础方面优势更为突出，遍布城乡的网点分布为农行拓宽服务覆盖面带来了天然优势（见图5－19）。

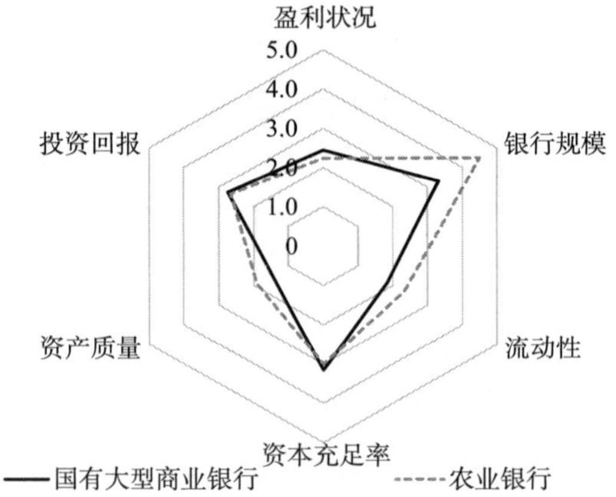

图 5-18　农行与其他国有大行自身可持续性得分比较——财务指标

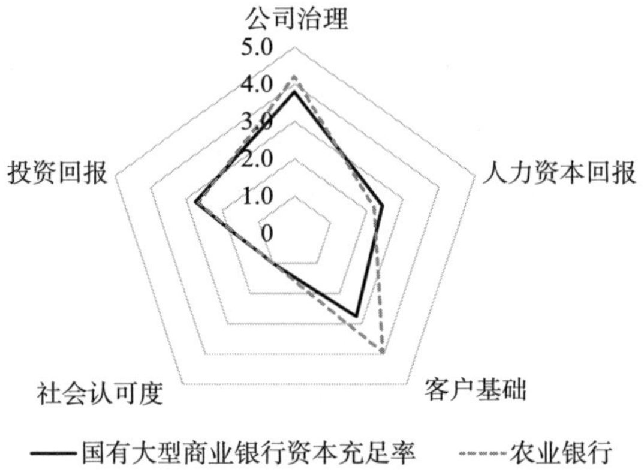

图 5-19　农行与其他国有大行自身可持续性得分比较——非财务指标

六、商业银行可持续发展能力的动态分析：趋势预测

基于 2020 ~ 2022 年数据的静态分析有助于理解和分析当前我国银行业可持续发展水平的行业状况、优势不足。但是，可持续发展是一个动态过程，考验的是银行的长期发展能力、服务能力以及适应能力。历史的统计数据难以展示未来情况但是趋势预测可以帮助提升银行在未来可持续发展能力的塑造和构建，尽管可能存在误差误判。

（一）动态预测的假设

为了在预测上达成更多共识，课题组基于如下假设进行趋势预测：

一是中国经济转型持续加快，银行资产负债继续适应经济结构变化而发生调整，绿色信贷、普惠小微等领域贷款继续保持较快增速。

二是银行财务指标继续延续当前的变动趋势，息差仍然承压，盈利增速继续放缓，主要风险指标保持稳健，主要风险领域没有大的变化。

三是银行的发展目标是进一步做优做强，进一步发挥自身禀赋以提升市场竞争力和影响力，公司治理稳健。

四是现代科技进步继续对银行经营产生重大影响，银行有动力努力采用新金融科技以提升经营效率和竞争实力。

基于以上假设，课题组通过向投资者、银行业分析师、银行资深从业人员等访谈调研、讨论分析等方法得出趋势预测的基本结论。

（二）动态趋势预测

对于未来商业银行可持续发展能力的展望，主要聚焦于以下方面：银行服务实体经济与自身可持续发展之间的平衡将如何演化？前述3种形态中的“喇叭口”能否继续扩大？金融科技变革对银行带来哪些影响以及如何应对？银行战略管理及经营理念将发生哪些转变？围绕上述核心问题，通过向投资者、分析师访谈调研，未来银行发展需要重点关注“1个极限，2个统筹，3个适应”。

1. “1个极限”

银行关键财务指标已接近极限，“喇叭口”难以持续扩大。

2020年前，我国银行盈利能力较强，过去十年的盈利积累是其有能力服务实体经济的根本保障。其中2019年银行业税后利润达到2.6万亿元，具有较好的让利实体经济的条件。

近年来，银行息差持续收窄，盈利增速明显下降，在前述的3种形态中，国有大行在自身财务可持续受限的情况下，持续为实体经济发展贡献巨大力量，“喇叭口”开口逐步拉大。

当前，银行关键财务指标均已接近极限值，“喇叭口”难以继续扩大（详见附件《商业银行可持续发展能力的财务分析》）。课题组通过对银行未来的资产增速、盈利空间以及息差、不良的极限进行测算，得出：当前银行ROE、息差水平均已接近下限水平，不良率也已接近上限。

银行自身稳健经营是有效服务实体经济的基础，若银行自身财务能力持续下降，将会带来服务实体经济质效下降，导致“喇叭口”向下倾斜（见图5－20）。

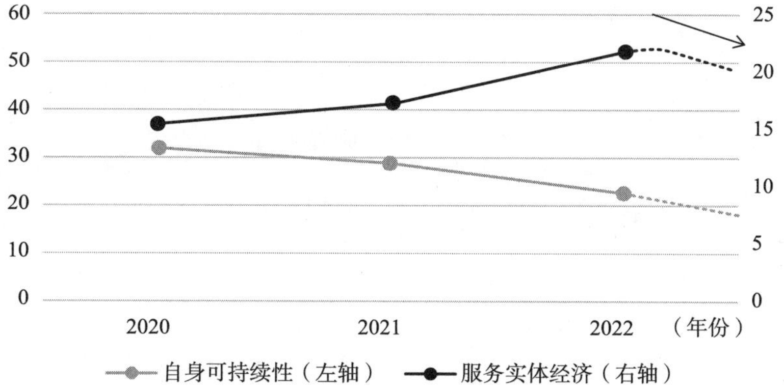

图5－20 商业银行“喇叭口”难以持续扩大

一是银行内生增长能力无法支撑经济长期发展需要。根据课题组测算，无论从中国式现代化经济增长要求看，还是从经济增长的长期均衡状态来看，未来银行资产增速中枢在7%

左右。根据银行当前息差水平及资本充足率约束，若要保持资产“量”的合理增长，ROE 至少为 10% ~11%，才能实现内生增长。2022 年上市银行的 ROE 降至 11.2%，已接近该水平（见图 5－21）。但是，银行的 ROE 水平还在下降，未来内生增长能力受到挑战，亦无法满足经济增长长远目标的要求。

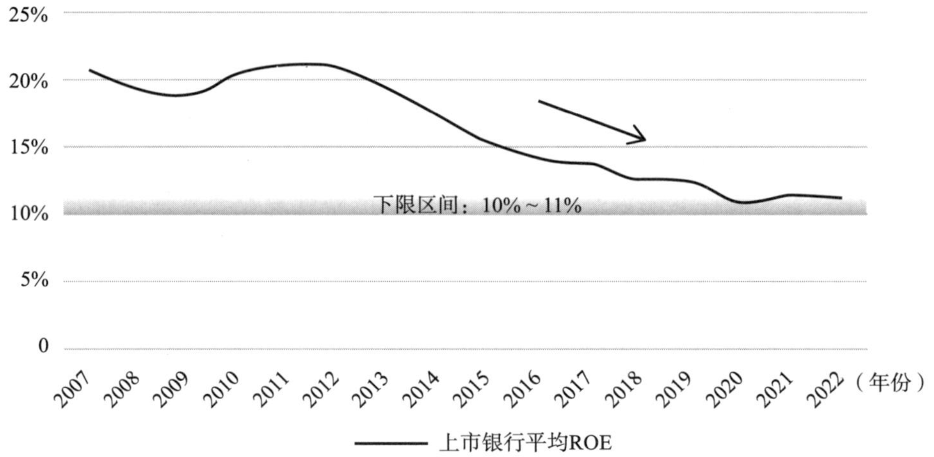

图 5－21 上市银行 ROE 走势及下限区间

二是盈利水平下降造成应对资产质量风险的能力下降，以及支持实体经济的动力不足。2020 年三季度至 2023 年上半年，银行净息差由 2.1% 降至 1.7%，但不良率仍在 1.5% 以上较高水平（见图 5－22）。未来，若银行贷款利率无法覆盖资金成本、风险成本和经营成本后，银行信贷就要承担损失，信贷投放越多、损失越大、资本消耗越多。在这种情况下，银行不但没有信贷投放意愿，信贷投放能力也会因为资本消耗而下降，这不仅不利于支持实体经济，还将面临经济体系金融风险的累积。

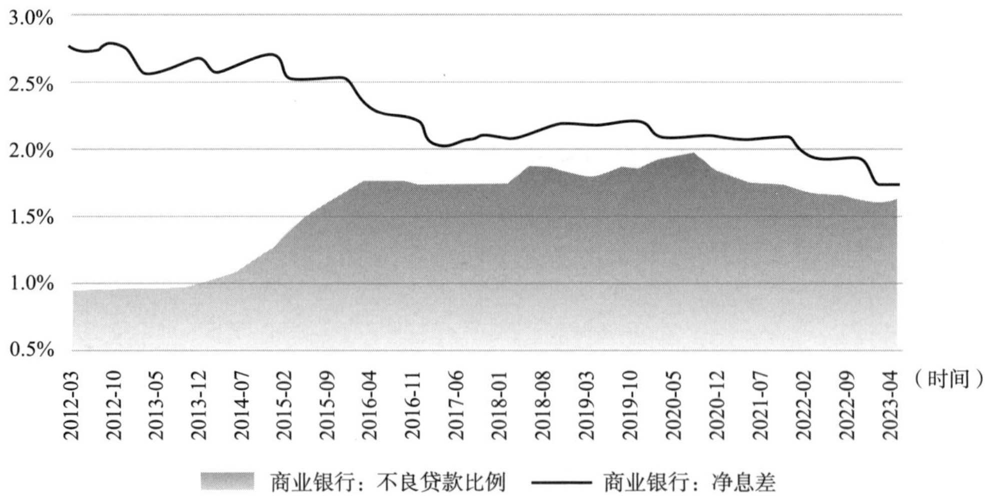

图 5－22 商业银行息差与资产质量变化趋势

三是快速扩表造成资本压力较大。“稳增长”政策刺激下，银行保持较快扩表增速，但对银行的资本充足水平形成一定压力。2021 年以来，商业银行扩表节奏加快。根据万得统计数据，截至 2023 年一季度，境内商业银行资产同比增速为 11.8%，为 2017 年以来的最高水平（见图 5－23）。随着资产规模快速增长，风险加权资产（RWA）增速相应上升，2022 年达到 7.5%。根据测算，在 40 家上市银行中，未来 10 年内将有 40% 的上市银行需要资本补充才能满足监管要求。

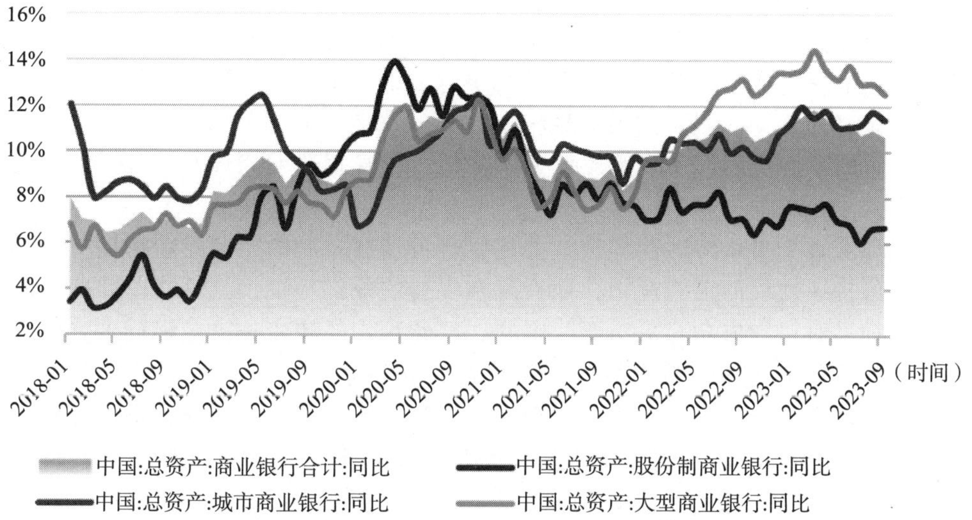

图 5－23 不同类型商业银行总资产增速变化趋势

2. “2 个统筹”

一是统筹好服务实体经济与银行自身财务可持续，其中自身财务可持续是根本前提。从长期来看，保持合理利润是银行自身可持续发展和服务实体经济的根本前提。央行在《2023 年二季度货币政策执行报告》中首次提到“银行合理利润”，商业银行维持稳健经营，防范金融风险，需要保持合理的利润和净息差水平。

二是统筹好当下经营与未来发展，金融技术变革是决定银行未来发展的核心变量。前述实证分析得出股份行、城商行和农商行在科技金融方面表现均较为突出，近年各家银行在科技金融方面的投入持续加大，金融技术变革成为决定银行未来可持续能力的核心变量，传统银行业面临颠覆性变革的威胁。一方面，金融科技深刻改变了金融的业态和内在逻辑。特别是 2023 年以来，以 ChatGPT 为代表的生成式人工智能异军突起，为银行业带来了机遇和挑战。中小银行互联网金融联盟 11 月刚发布的报告显示，针对“人工智能技术对传统经营模式带来的冲击和挑战”问题，50% 的受访银行选择了“挑战较大”。另一方面，需要进一步思考金融科技变革给银行业特别是中小银行带来的机遇、挑战以及应对策略。当前工商银行、农业银行等国有大行均已布局 AI 大模型，数智融合逐步迈向新台阶。银行的数字化转型必须建立一个长远的科技战略目标，引领银行未来数字化发展方向。而大多数中小银行未能把金融科技提升到战略高度，数字化转型仍面临许多现实困难，如：对数字化转型的理解和支持不足，数据传输和使用机制不完善，支撑数字化转型的数据资产不足，数据分析和大数据应用缺乏人才等。

3. “3个适应”

一是自身禀赋要适应新经济形势。随着新经济形势变化，银行战略敏锐性管理不断凸显。基于前述实证分析，课题组得出银行可持续发展的综合得分并不高，即可持续发展的各项指标优势并不集中，不同类型银行的先天禀赋不同、各有千秋。展望后期，战略定位和资源禀赋的契合是决定银行可持续能力的主要支撑。新时代商业银行改革转型迫切需要摆脱过去经营管理模式的“路径依赖”，明确发展理念、实施战略聚焦，创新与重塑业务模式，这是解决银行“怎么转型”的问题。传统模式下，银行同质化经营趋势明显，战略转型就是要通过打造差异化的前台业务战略与商业模式，实现银行的价值成长和可持续发展。面对当前银行收入增速下降、成本不断上升、资源竞争激烈的挑战，“大而全、小而全”的粗放发展方式越来越难以为继。不同类型银行战略定位不同，要从自身资源禀赋出发，聚焦客户、市场、产品与区域等各维度，实现重点业务的突破，量身打造能充分发挥自身比较优势的差异化市场竞争力。

二是经营理念转变要适应时代演进。前述银行可持续发展的新逻辑新路径中，论证了改革创新是银行可持续发展的动力逻辑，面对复杂多变的外部环境，能够快速准确地洞察市场趋势、竞争态势，对银行成功至关重要。因此，经营理念的转变是决定银行未来可持续能力的关键因素。银行作为实体经济发展的基础设施，如果希望维持和提高服务实体经济的能力，保持商业可持续，内部变革是银行实现高质量发展的必选项。当前，银行经营环境出现新变化，2022年下半年开始上市银行单季度营业收入/拨备前利润增速转负，是继2008年、2016年之后又一次营收负增长。相比前两轮周期，外部环境有三个新变化：

首先，经济步入高质量增长阶段，银行进入存量时代，深度客户经营越发重要。过去银行业利润增长主要来自规模扩张驱动，随着GDP和社融增速的下降，加上资本充足率硬约束，部分银行不得不被动放缓扩表节奏。银行步入存量业务经营时代，新获客更多依赖投研驱动，对于银行商业模式转型升级、精细化管理提出更高要求。

其次，产业结构呈现新变化，银行需要调整信贷投放重心，加强对新兴领域风险的识别能力。我国经济处于产业结构调整过程中，房地产行业对GDP增速贡献较前期下降，房地产行业贷款占2023年上半年新增贷款比重为1.6%，较2016～2017年40%以上的水平下降明显，新增贷款主要投向基建、制造、绿色、普惠小微等新兴领域，信贷结构发生重大调整。

最后，逐渐摆脱片面追求业务规模和增速的粗放式发展路径依赖，逐步向精细化发展路径转变。未来银行商业模式将会向提供差异化、个性化及专业化服务转变，发展理念也由传统产业向个人、中小企业主等零售业务倾斜，经营策略虽然营业收入仍以利差为主，但资金运用效率、中间业务收入占比将进一步优化。

三是盈利模式要适应经营环境变化。近年来，随着银行加大向实体经济减费让利力度，叠加贷款市场报价利率（LPR）多次下调，存量首套房贷利率调整等因素影响下，银行息差逐步收窄。未来银行的盈利驱动模式要与较低息差的新常态相适应，一方面，从资产和负债两端综合施策，努力将净息差保持在合理区间；另一方面，要稳住中间业务服务价值贡献，从资产驱动转向交易驱动以提高中间业务收入。

七、相关建议

课题组通过对银行历史数据静态分析，并预判未来银行可持续发展呈现的“三种形态”，相关内容或随着时间推移、环境调整而发生改变，需要持续跟进研究，不断迭代更新。为此，我们从理念先行、监管指导、机构分层和国际发声四个方面提出建议，以期让银行业实现可持续发展，以强大旺盛的生命力助力中国式现代化。

（一）理念先行，宣传和践行银行可持续发展理念

本文从理论层面对银行可持续发展问题开展研究，为进一步促进课题研究的成果转化，建议加大宣传力度，让商业银行可持续发展的理念在实践中落地生根，以实现中国式现代化为目标，有效指导银行未来发展方向。充分利用各类新媒体和传播平台，通过设立专题网站、公众号等，面向金融机构、社会公众等广泛开展商业银行可持续发展理念的宣传。将中国式现代化下的商业银行可持续发展理念根植到商业银行的运营管理中，成为指导和评价银行经营发展的标准。

（二）监管指导，加大对银行可持续发展的考核与引导

银行可持续发展能力是衡量其健康状况的综合指标，类似年度体检，建议由监管部门对商业银行开展动态监测，定期评估发展优势及有待补齐的短板及不足。

一是建立定期监测评估机制。建议由监管部门定期组织商业银行可持续发展能力的评估和考核，从总体发展水平、自身财务实力、服务经济社会等多个维度，密切监测商业银行可持续发展情况。在监测评估中如发现问题或异常，及时提醒和引导，必要时采取相应措施，以保障商业银行在保持自身可持续发展的基础上能够有效服务实体经济、积极助力中国式现代化。

二是持续优化评估指标体系。商业银行可持续发展能力评价指标体系及算法是一个动态更新的过程。为达到有效评估的目标，在现有框架的基础上，及时更新影响因素，使得评估体系更加全面客观。同时，密切跟踪国家及监管部门对商业银行提出的新要求，持续更新评估体系以确保能够全面准确体现国家的大政方针和政策导向。另外，在实践操作中不断总结经验，认真研究参评银行对评估体系的反馈，确保评估过程的公正透明。

三是建立“培训—实践—反馈—提升”完善机制。通过线上、线下等多种方式开展培训，增强商业银行对可持续发展新思想及其评价体系、发展路径的认识。同时，督促商业银行积极落实可持续性发展的有关建议，并认真研究实践过程中存在的问题，尤其是对评估得分较低内容进行专项研究，指导银行提升可持续发展能力。

（三）机构分层，结合自身特色持续优化经营战略

课题研究表明，不同类型的商业银行在服务实体经济、自身可持续发展能力方面存在显著差异。我国银行业机构类型丰富，在业务结构、客户类型、机构设置等方面各具特色，应结合自身特色和优势持续优化经营战略。

一是国有大行发挥“头雁领航”作用，努力保持银行自身可持续发展与服务实体经济

发展的动态平衡。国有大行是银行业龙头企业，具有资产规模大、影响范围广、竞争力强、盈利能力稳的特点，是服务实体经济的主力军、排头兵，是银行业未来发展的压舱石、稳定器，承担着经济政策的贯彻和执行使命。根据本文研究，国有大行近三年服务实体经济和自身可持续发展呈现“两线喇叭口放大”形态，资本消耗加速。2023 年金融稳定委员会（FSB）发布的全球重要性银行名单（G－SIBs）中，农行、建行提档，交行首次入榜，意味着对资本充足率的限制更多。银行要加强自身业务发展，提升资本管理效率，实现内源资本补充的长期正向增长。

二是中小银行要建立差异化竞争优势，重点保持可持续发展和风险管理的动态平衡。从历史数据来看，股份行、城商行为代表的中小银行，已较好地实现服务实体经济和自身可持续发展的平衡。展望未来，一方面，中小银行要继续加大打造差异化商业模式，立足服务类别、品牌形象、数字转型、产品设计等多方面，不断打造自身特色竞争优势，例如股份行持续发力财富金融、国际金融等方面，城商行继续巩固下沉市场的数字金融领先优势。另一方面，平衡好自身可持续发展与风险管理能力。随着房地产业务持续出清、城投债务化解，中小银行资产质量面临冲击，未来将重点通过“前瞻防控”“完善全面风险管理体系”“提升风险防控智能化”等手段，努力在“业务快速发展”和“资产质量稳健”两个目标间实现平衡。

（四）国际发声，建立有影响力的国际话语权

我国商业银行的国际话语权与其资产规模、盈利水平、竞争能力、发展态势等指标不匹配。2023 年 12 月 7 日穆迪下调我国 8 家银行展望评级，影响我国银行的国际业务经营和国际市场形象。建议以商业银行可持续发展研究为突破口，增强相关领域的国际话语权。

一是加强国际交流。当前世界经济复苏充满不确定性，经济领域话语权竞争相当激烈。在国际上加强对我国银行可持续发展新理念新逻辑新路径的宣传，传递银行可持续发展的中国标准，努力提高国际认可度。

二是加强国际合作。我国银行可持续发展标准要积极吸收全球银行治理的经验教训，加强与国际可持续发展相关组织的联系与合作，在立足我国实践的同时积极反映国际银行可持续发展成果，努力提升中国标准的全球价值。

三是提升国际话语权。着力在可持续发展相关领域及国际规则制定中，提升我国商业银行的话语权和影响力，努力实现从跟跑者到领跑者的转变。

参考文献

[1][2] 刘纪兴．论中国式现代化的基本内涵、历史进程与实践逻辑［J］．社会科学动态，2023（10）．

[3] 谷澍．更好发挥金融力量奋力推进中国式现代化［J］．中国金融，2022（22）．

[4] 联合国．Report of the World Commission on Environment and Development：Our Common Future．https：//sustainable development．un．org/content/documents/5987our－common－future．pdf．

[5] 李愿．专访农业银行董事长谷澍：全方位助力推进中国式现代化［N］．21 世纪经

济报道，2023－01－03.

［6］支宝才．中国式现代化历程中商业银行的机遇、挑战和应对策略［R］．毕马威咨询公司研究报告，2023（6）．

［7］王国刚，赵伟霖．中国式现代化建设中的现代金融体系构建［J］．经济理论与经济管理．2023（5）．

［8］方军雄．公司治理视角下的企业持续经营研究［D］．复旦大学，2005.

［9］杜晓荣，张玲．基于资源和能力的我国商业银行可持续发展影响因素研究［J］．生产力研究，2007（19）．

［10］付明．我国国有控股商业银行公司治理研究［D］．复旦大学，2012.

［11］爱德华·肖．经济发展中的金融深化［M］．上海：三联书店，1988.

［12］雷蒙德·戈德史密斯．金融结构与发展［M］．北京：中国社会科学出版社，1993.

［13］韩莎莎．企业持续经营及其披露问题研究［D］．中国海洋大学，2014.

［14］王国刚．中国银行业70年简要历程、主要特点和历史经验［J］．管理世界，2019（35）．

［15］顾常超．企业持续经营计划（BCP）研究——以中国建设银行为例［D］．清华大学，2005.

［16］白钦先．金融可持续发展研究导论［M］．北京：中国金融出版社，2001.

［17］陈敬全．科研评价方法与实证研究［D］．武汉大学，2004.

［18］苏为华．多指标综合评价理论与方法问题研究［D］．厦门大学，2000.

［19］何昌．中国银行业可持续发展的初步评估［J］．金融与经济，2005（10）．

6. 建设现代化产业体系与上市公司高质量发展报告

——以半导体集成电路、新能源汽车、风电产业链为例

中关村中慧先进制造产业联盟 中国企业联合会 联合课题组*

建设现代化产业体系，是党中央从全面建设社会主义现代化国家的高度作出的重大战略部署，党的二十大报告进一步指明了前进方向、提供了根本遵循。推动高质量发展是建设现代化产业体系的基本支撑：半导体集成电路产业是现代化产业体系的基石，新能源汽车产业是现代化产业体系的重要一环，以风电为代表的清洁能源是现代化产业体系的重要支撑。围绕半导体集成电路、新能源汽车、风电，在产业链上下游主要环节催生出了一大批重要企业，尤其以上市公司为典型代表。

本研究在A股上市公司中根据产业链范围，重点研究了259家半导体集成电路产业链上市公司、339家新能源汽车产业链上市公司、100家风电产业链上市公司。对这三个产业链上市公司的产业链环节分布、营收、利润、人均产出、

---

* 本项目课题组成员为：朱宏任，中国企业联合会‘中国企业家协会’党委书记、常务副会长兼秘书长；田立东，中国企业联合会会员工作部主任。陈玉涛，中国企业联合会常务理事、标委会副主任，中关村中慧先进制造产业联盟专家委主任；杨秀丽，中关村中慧先进制造产业联盟研究部主任；刘晓彤、高志勇、于广昌为中关村中慧先进制造产业联盟研究部研究员。

研发投入等多维度进行了分析，并发现上市公司是我国半导体集成电路产业链、新能源汽车产业链、风电产业链的核心企业，上市公司的高质量发展反映产业质量水平。通过对代表性产业链的研究以期为产业的进一步发展提供建议与决策依据支撑。

一、前言

建设现代化产业体系与上市公司高质量发展相辅相成。高质量发展是全面建设社会主义现代化国家的首要任务，是谋求国家发展和推动民族复兴的必由之路。党的二十大报告中指出："坚持以推动高质量发展为主题，加快建设现代化经济体系，着力提高全要素生产率，着力提升产业链供应链韧性和安全水平，着力推进城乡融合和区域协调发展，推动经济实现质的有效提升和量的合理增长。"这为进一步推进高质量发展指明了实践路径，也是打造行业、企业发展和竞争新优势的重要保障。

上市公司是实体经济的"基本盘"。提高上市公司质量对于促进资本市场高质量发展、加快建设现代化产业体系、构建新发展格局具有重要意义。上市公司也是产业高质量发展的主体，不断提升产业链供应链安全水平，助力打造自主可控、安全可靠的现代化产业体系。

半导体集成电路产业是现代化产业体系的重要支撑。半导体集成电路是众多电力电子产品实现功能的基础和载体，在工业生产、消费电子、国防军工等众多领域有着广泛应用，对于社会发展有重要意义。半导体集成电路产业是现代化产业体系的基石，也是推动经济高质量发展、实现中国式现代化进程的关键所在，并直接关系到国家安全和国家高科技产业的竞争力，在国际产业竞争乃至国家竞争中的战略地位越来越重要。

新能源汽车产业是现代化产业体系的重要一环。新能源汽车产业是实现现代化产业体系的关键环节，覆盖能源、材料、制造、交通等多领域。它不仅代表了高科技和绿色发展方向，促进了传统汽车产业向环保、高效和智能转型，同时作为新经济的增长点，在现代化产业体系发展和经济高质量发展中扮演重要角色。当前，全球新能源汽车市场正在经历前所未有的增长，我国在产量、销量和保有量方面领先全球，占据了新能源汽车销量的主导地位。根据国家统计局及中国汽车工业协会最新统计显示，2022 年我国新能源汽车持续爆发式增长，连续 8 年保持全球第一，自主品牌新能源汽车国内市场销售占比达到 79.9%，其配套环境日益完善。这一显著成就背后，是我国新能源汽车产业链全面发展的结果，涵盖了上游的原材料供应、中游的零部件制造和整车组装，以及下游的市场与服务网络。

以风电为代表的清洁能源是现代化产业体系的重要支撑。绿色转型是我国产业体系转型升级的重要内容，建设现代化产业体系需要厚植高质量发展的绿色底色，打造绿色低碳产业体系。清洁能源以可再生能源为主要资源，是我国实现绿色低碳发展的重要支撑。以风电产业为代表的清洁能源具有广泛的产业链和市场空间，衍生出一系列高技术、高附加值、高效益的细分领域，可以带动装备制造、信息技术、科技服务等多个方面的发展。

上市公司在现代化产业体系中作用明显。企业是现代化产业体系的主体，是制造业高质量发展的微观基础和关键所在，国家的崛起和振兴需要一大批具有国际竞争力和影响力的优质企业提供强大支撑。上市公司是我国 5200 多万户①企业中的优秀代表，是建设现代化产业体系的主力军，是支撑产业发展和现代化产业体系建设的中坚力量。同时，上市公司还是我国资本市场的重要参与者，是资本市场资源配置的主要对象，上市公司通过资本市场的融

---

① 根据国家市场监督管理总局在 2023 年一季度例行新闻发布的数据：截至 2022 年年底，全国登记在册的企业为 5282.6 万户。

资、并购重组、债券发行等方式，促进资金的流动与调配。促进上市公司的高质量发展，不仅是我国产业及资本市场的质量提升，也对其他众多企业具有典型引领和示范作用。

本文通过研究 259 家半导体集成电路产业链上市公司、339 家新能源汽车产业链上市公司、100 家风电产业链上市公司发现，上市公司是半导体集成电路产业链、新能源汽车产业链、风电产业链的核心。如在晶圆代工环节，全球十大晶圆代工厂中我国大陆企业占三家，均为上市公司；关键材料中的特种气体以及关键设备中的沉积设备，主要企业也均为上市公司；而在作为产业核心的存储器环节，有超 80% 的企业为上市公司。总之，上市公司的发展对于半导体集成电路产业的高质量发展意义深远。

建议继续发挥企业主体作用，优化发展环境，发挥平台支撑作用。发展集成电路产业既是一项长期工程，也是一项系统工程。要不断优化产业发展环境，强化平台支撑，完善产业政策，加大人才引进培养，不断优化产业发展生态。要强化规划引领，围绕国家战略和产业发展重大需求，聚焦提高自主可控率，进一步完善发展规划，着力培育产业集群，加快构建产业创新生态，促进产业链、创新链、人才链、资金链、政策链、服务链深度融合。此外，应加快构建产业平台，完善服务配套，搭建产业链上下游企业交流合作平台，拓宽企业沟通渠道，着力帮助解决产业链技术创新堵点痛点，整合产业链各方面资源，推动资源统筹使用，助力产业高质量发展。

二、半导体集成电路产业链上市公司

（一）产业链环节分布

（1）A 股上市公司中半导体集成电路产业链企业 259 家，其中芯片、材料环节企业居多。

截至 2023 年 11 月 14 日，A 股上市公司共计 5307 家，其中涉及半导体集成电路产业链相关业务的上市公司 259 家，占整体上市企业数量的 4.88%。按照产业链环节划分，259 家半导体集成电路产业链上市公司中：85 家为芯片制造企业，占比 32.82%；68 家为材料相关企业，占比 26.25%；设备、器件模块、封装测试、晶圆硅片企业分别有 34 家、21 家、21 家、20 家；存储器企业有 14 家。半导体集成电路产业上市公司产业环节分布如图 6－1 所示。

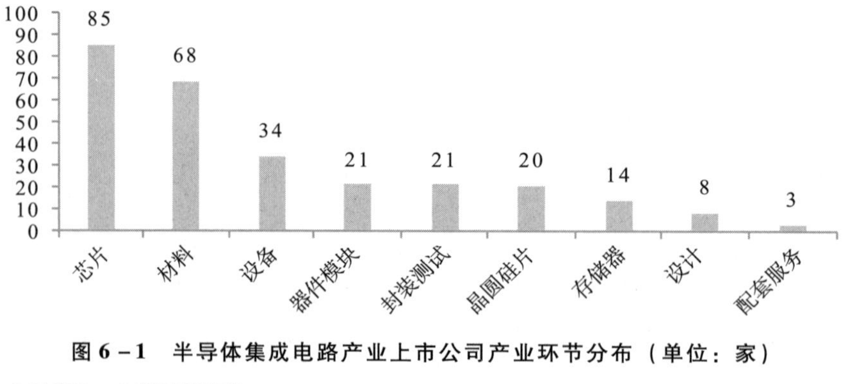

图 6－1 半导体集成电路产业上市公司产业环节分布（单位：家）

数据来源：公开信息，中慧智库整理。

注：以公司简介、主营产品、2022 年营收排名前三产品进行划分，有同时涉及两个及以上环节的企业。其中芯片企业不再记入设计环节，存储器企业不再记入芯片环节。

（2）芯片环节企业涉及产品众多，主要有电源管理芯片、LED 芯片、存储芯片、功率半导体芯片等。

芯片环节企业涉及的具体产品种类众多，约 50 种。其中，电源管理芯片企业有 13 家，LED 芯片企业有 8 家，功率半导体芯片和存储芯片企业各 7 家，通信芯片企业有 4 家，蓝牙音频芯片和芯片定制服务企业各有 3 家。半导体集成电路产业芯片环节企业具体产品分布如图 6－2 所示。

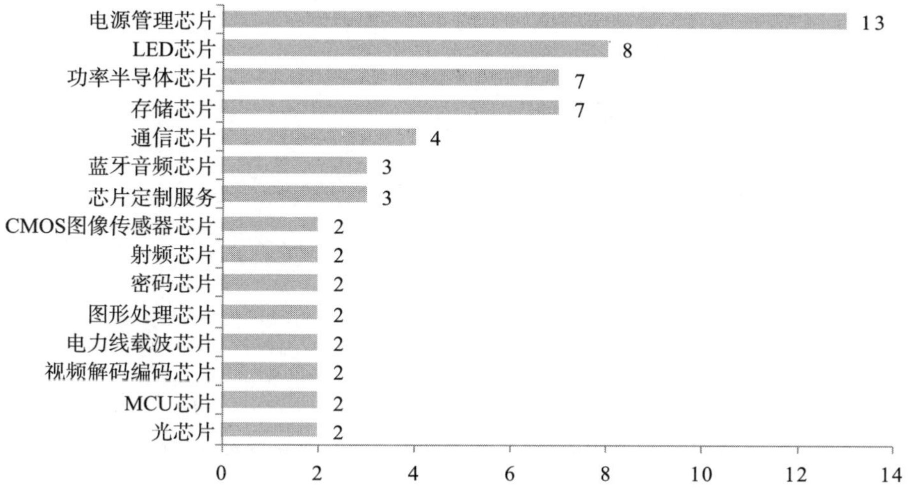

图 6－2　半导体集成电路产业芯片环节企业具体产品分布（单位：家）

数据来源：公开信息，中慧智库整理。

注：仅显示涉及 2 个及 2 个以上芯片企业的相关芯片环节，有同时涉及两个及以上产品的企业。

（3）材料环节中封装材料企业数量遥遥领先，其次是特种气体、光刻胶及配套试剂企业。

材料环节企业中，封装材料企业数量遥遥领先，有 38 家，其次是特种气体企业，有 10 家，光刻胶及配套试剂企业 8 家。半导体集成电路产业材料环节企业具体产品分布如图 6－3 所示。

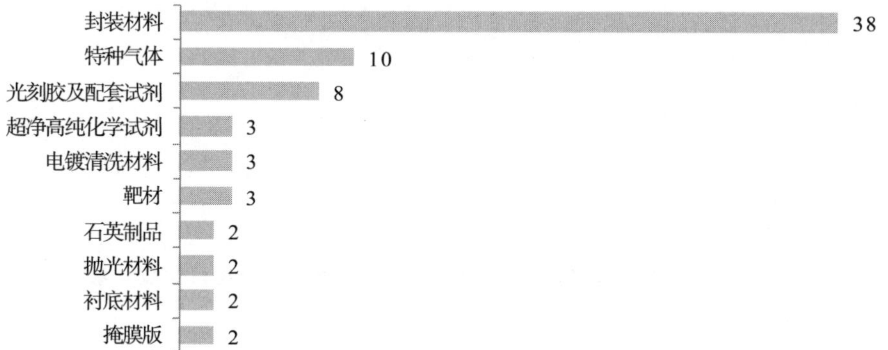

图 6－3　半导体集成电路产业材料环节企业具体产品分布（单位：家）

数据来源：公开信息，中慧智库整理。

注：有同时涉及两个及以上产品的企业。

（4）设备环节主要为封测设备企业，其次为沉积设备、清洗设备、单晶炉、切割机等企业。

设备环节企业中，封测设备企业数量最多，有 15 家，其次是沉积设备企业，有 5 家，清洗设备、单晶炉、切割机企业均有 4 家。半导体集成电路产业设备环节企业具体产品分布如图 6－4 所示。

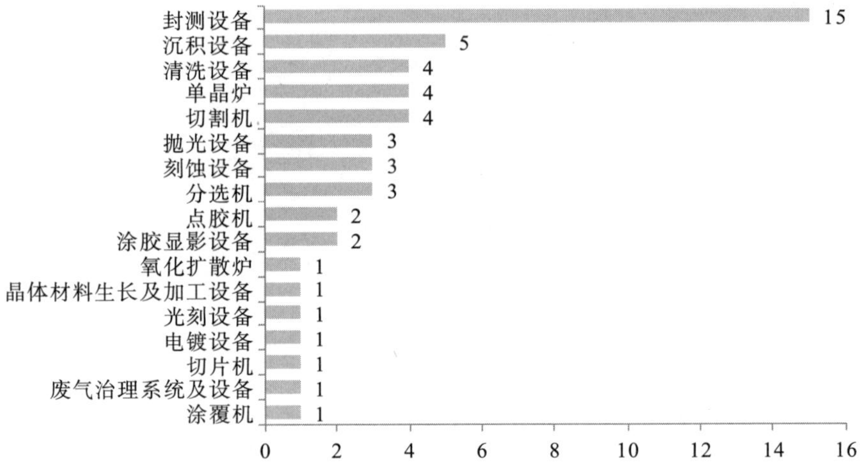

图 6－4 半导体集成电路产业设备环节企业具体产品分布（单位：家）

数据来源：公开信息，中慧智库整理。

注：有同时涉及两个及以上产品的企业。

（5）晶圆与硅片环节主要光伏硅片企业，其次为晶圆企业、半导体硅片企业。

晶圆硅片环节企业中，光伏硅片企业数量最多，有 9 家，其次是晶圆企业，有 6 家，半导体硅片企业有 4 家。半导体集成电路产业材料环节企业具体产品分布如图 6－5 所示。

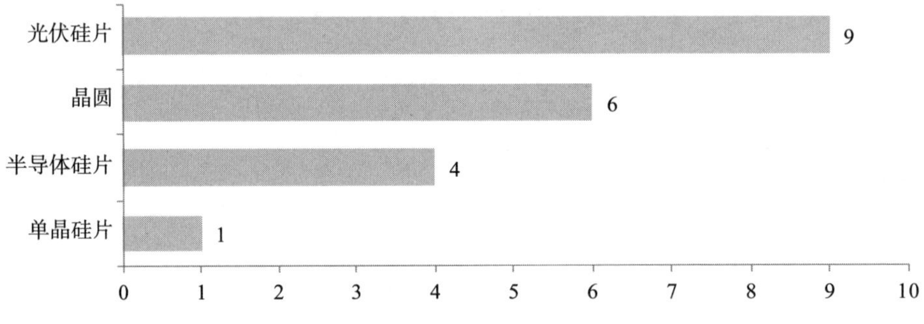

图 6－5 半导体集成电路产业材料环节企业具体产品分布（单位：家）

数据来源：公开信息，中慧智库整理。

（二）地域与企业性质分布

1. 地域上，广东与长三角三省一市占总数的一半以上

从地域分布上看，259 家半导体集成电路产业链上市公司中，广东、江苏、上海、浙江、安徽分别占 23.94%、19.31%、14.29%、6.95% 和 3.47%，总计占 67.96%，即超过

了总数量的六成以上，具体如图 6－6 所示。

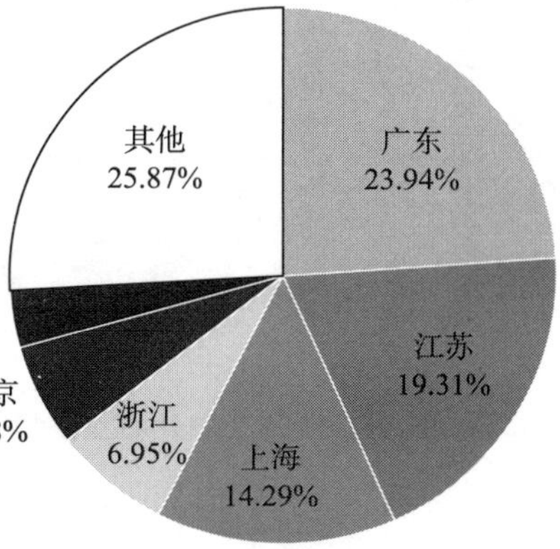

图 6－6　半导体集成电路产业链上市公司地域分布

数据来源：公开信息，中慧智库整理。

2. 民营企业数量占比最大

从企业性质上看，259 家半导体集成电路产业链上市公司中，民营企业占总数的 66.02%。具体如图 6－7 所示。

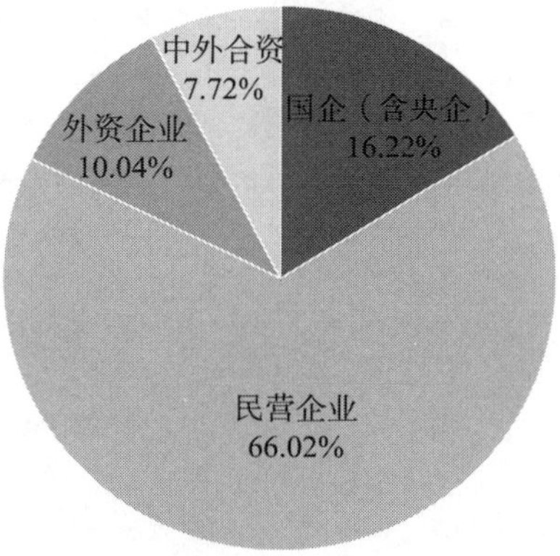

图 6－7　半导体集成电路产业链上市公司的企业性质占比

数据来源：公开信息，中慧智库整理。

259 家半导体集成电路产业链上市公司中，主要省份，如广东、江苏、上海、浙江、北京、安徽等数量前六省市中，外资与中外合资企业均有一定的占比，具体如图 6－8、图 6－9 所示。

（三）营业收入分析

1. 营业收入逐年增长，2022 年超 1.3 万亿元，其中晶圆硅片环节企业最高

2019～2022 年，259 家半导体集成电路产业链上市公司总营业收入年均增长率为 28.69%。其中，2022 年总营业收入为 13240.9 亿元，同比增长 26.69%；2021 年增速最快，同比增长 38.36%。半导体集成电路产业链上市公司总营业收入变化如图 6－10 所示。

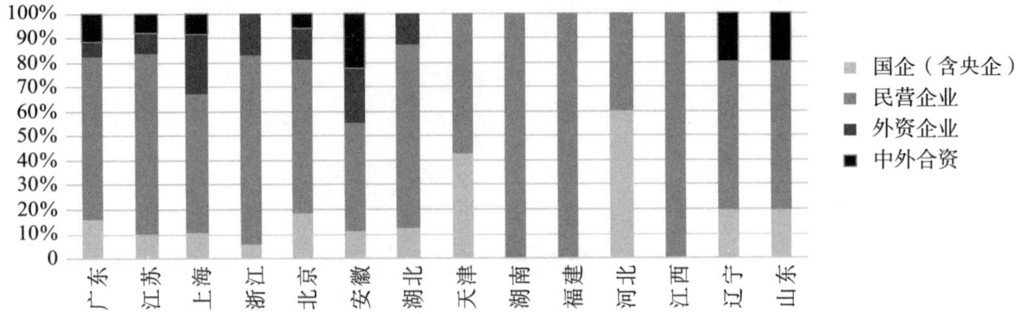

图 6－8　半导体集成电路产业链上市公司主要省份分企业性质情况

数据来源：公开信息，中慧智库整理。

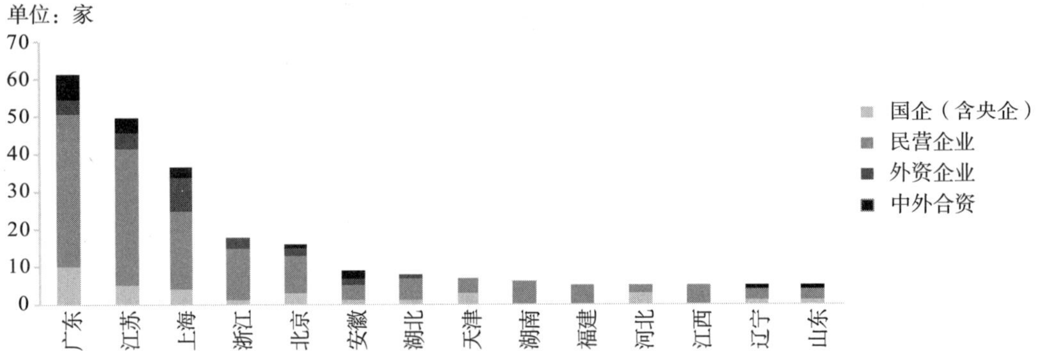

图 6－9　半导体集成电路产业链上市公司主要省份分企业性质情况

数据来源：公开信息，中慧智库整理。

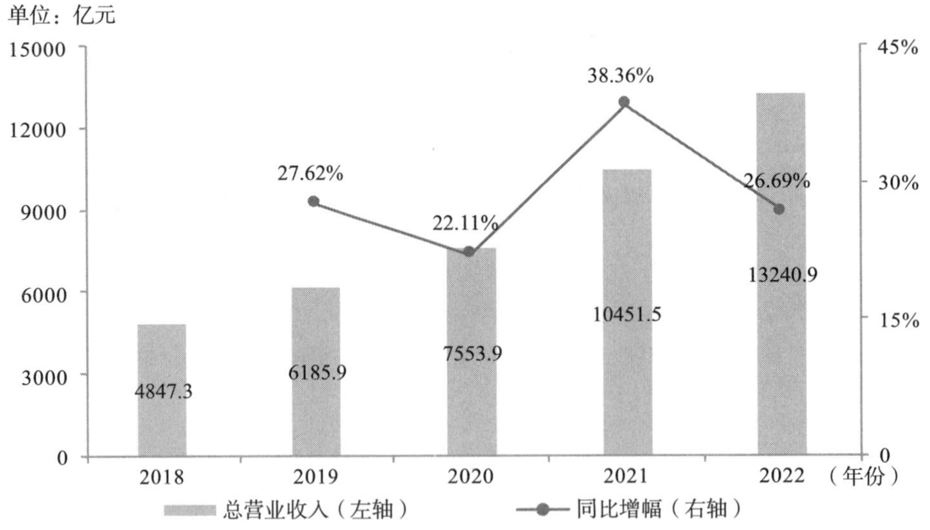

图 6－10　半导体集成电路产业链上市公司总营业收入变化

数据来源：公开信息，中慧智库整理。

注：2018 年统计口径为 245 家上市公司，2019 ~ 2022 年统计口径为 259 家上市公司。

2022 年，晶圆硅片环节企业营业收入最高，为 5104.1 亿元，其次是材料环节企业，为 2436.2 亿元。2018 ~ 2022 年半导体集成电路产业链主要环节营业收入如图 6 - 11 所示。

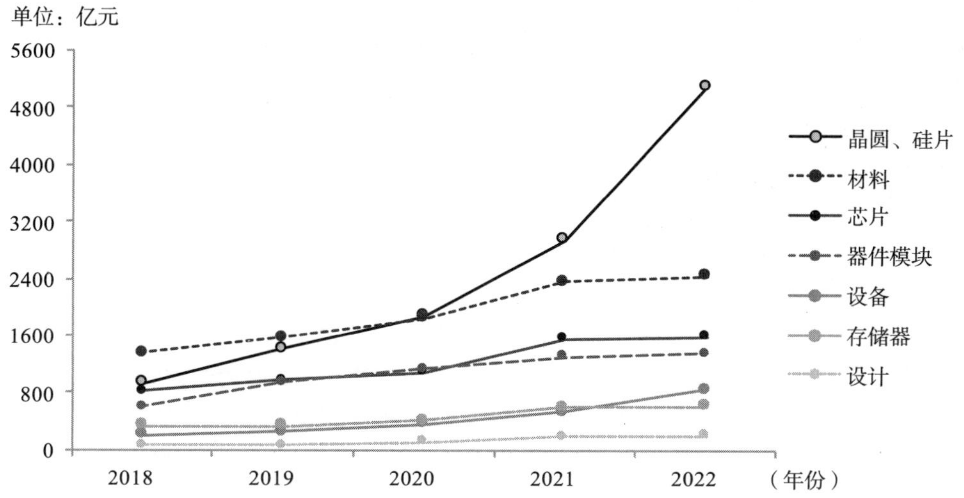

图 6 - 11　2018 ~ 2022 年半导体集成电路产业链分环节营业收入

数据来源：公开信息，中慧智库整理。

2. 营业收入同比增速高于中国集成电路产业销售额增速

2019 ~ 2022 年中国集成电路产业销售额年均增长率为 16.5%，低于产业链上市公司总营业收入增长率。从各年来看，产业链上市公司总营业收入同比增速也均高于中国集成电路产业销售额增速，2022 年中国集成电路产业销售额同比增长 14.8%，2021 年同比增长 18.2%。上市公司营业收入同比增速与中国集成电路产业销售额增速对比如图 6 - 12 所示。

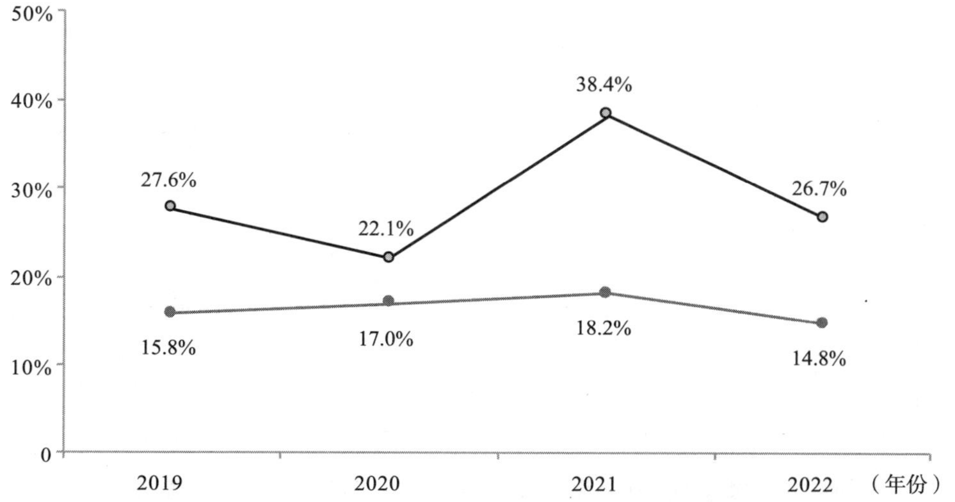

图 6 - 12　产业链上市公司营收增速与中国集成电路产业销售额增速对比

数据来源：中国半导体行业协会，中慧智库整理。

3. 营收同比增幅较大主要是因晶圆硅片环节企业增长较快

从 2019～2022 年半导体集成电路产业各环节营业收入平均增幅来看，晶圆硅片环节企业增长最快，平均年增幅为 53.63%，其次是设备环节企业，平均年增幅为 42.96%。2019～2022 年半导体集成电路产业链各环节上市公司营业收入平均增幅如图 6－13 所示。

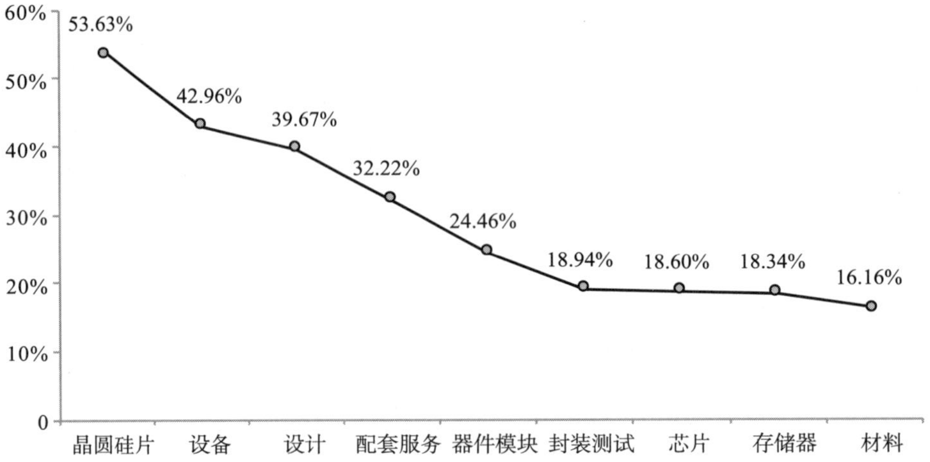

图 6－13　2019～2022 年半导体集成电路产业链各环节上市公司营收平均增幅

数据来源：公开信息，中慧智库整理。

注：有同时涉及两个及以上环节的企业。

近三年，晶圆硅片和设备环节企业营业收入同比增幅逐年上涨，2022 年分别达到 72.95% 和 58.59%，远高于其他环节企业。此外，设计、配套服务、芯片等环节企业营收波动较大。近三年半导体集成电路产业各环节上市公司营业收入同比增速如图 6－14 所示。

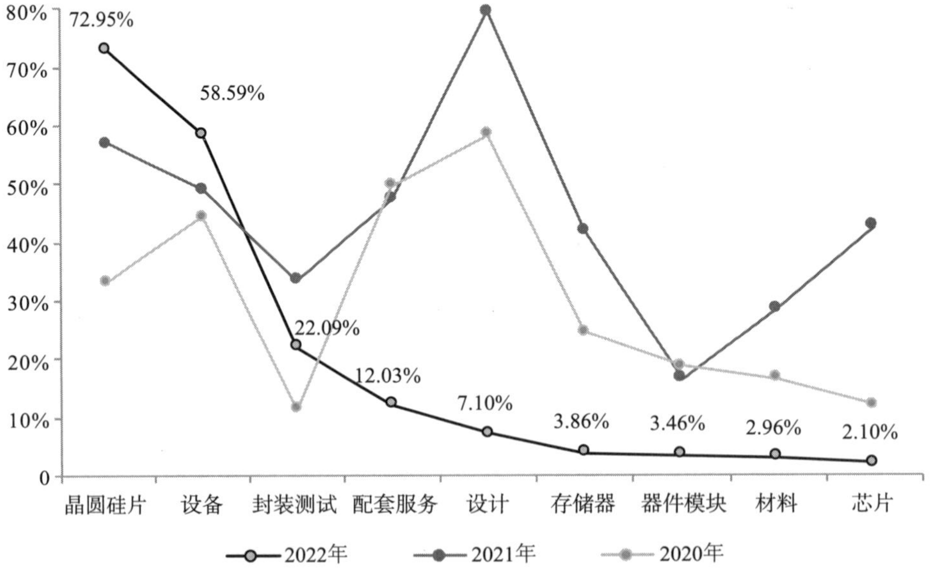

图 6－14　近三年半导体集成电路产业链各环节上市公司营收同比增速

数据来源：公开信息，中慧智库整理。

注：有同时涉及两个及以上环节的企业。

但因设备环节企业营业收入总金额并不高，影响不大，晶圆硅片营业收入总金额远高于其他环节，其影响最大。2022 年，晶圆硅片环节企业营业收入总金额为 5104. 1 亿元，其次是材料环节企业，为 2436. 2 亿元，设备环节企业营业收入总金额仅为 848. 9 亿元。2022 年半导体集成电路产业各环节上市公司营业收入如图 6 – 15 所示。

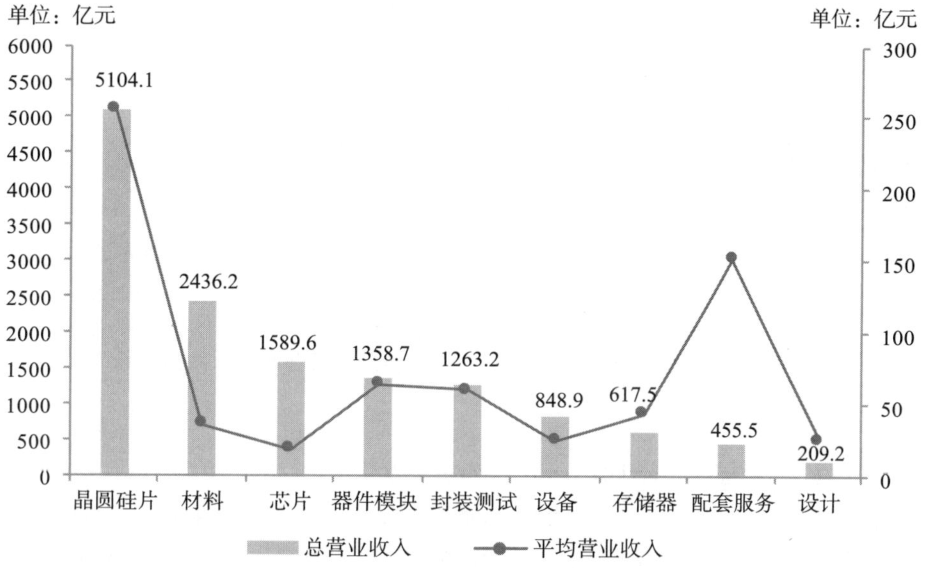

图 6 – 15　2022 年半导体集成电路产业链上市公司分环节营收

数据来源：公开信息，中慧智库整理。

注：有同时涉及两个及以上环节的企业。

4. 晶圆硅片环节企业中光伏硅片营收金额和增速贡献度均最高

2022 年，晶圆硅片环节中，光伏硅片企业营业收入总金额为 4179. 2 亿元，占比 81. 88%。2022 年晶圆硅片环节企业各细分产品营业收入占比如图 6 – 16 所示。

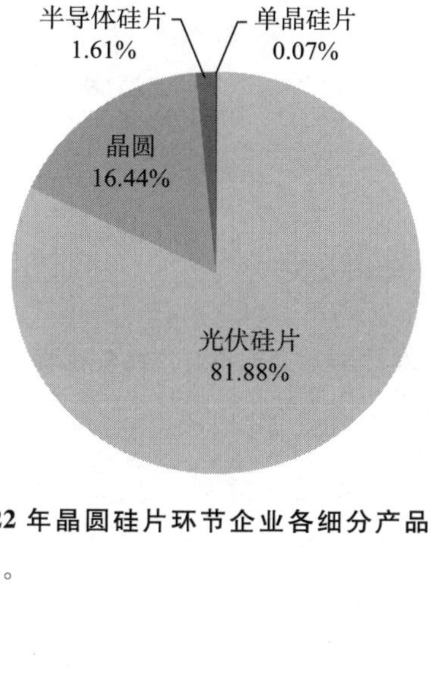

图 6 – 16　2022 年晶圆硅片环节企业各细分产品营业收入占比

数据来源：公开信息，中慧智库整理。

光伏硅片企业营业收入同比增幅也是最高的，2022 年同比增长 80.40%，远高于其他环节。2022 年晶圆硅片环节企业各细分产品营业收入同比增幅如图 6－17 所示。

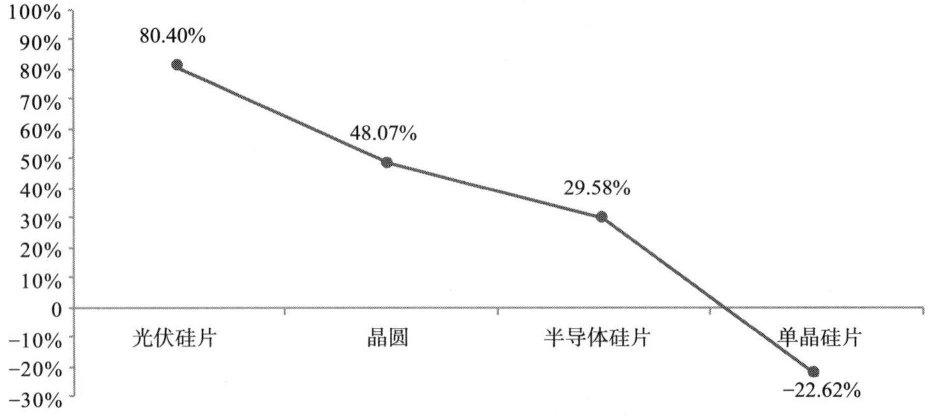

图 6－17　2022 年晶圆硅片环节企业各细分产品营业收入同比增幅

数据来源：公开信息，中慧智库整理。

5. 芯片、材料、设备环节不同产品营收表现有所不同

2022 年，芯片环节中各产品营收有同比增长的，也有同比下降的，基本各占一半。其中，视频解码编码芯片、密码芯片、功率半导体芯片、存储芯片等产品相关企业营业收入同比增幅超 10%，MCU 芯片、CMOS 图像传感器芯片、蓝牙音频芯片、电源管理芯片等产品相关企业营业收入同比下降超 10%。2022 年芯片环节各产品营业收入同比增幅如图 6－18 所示。

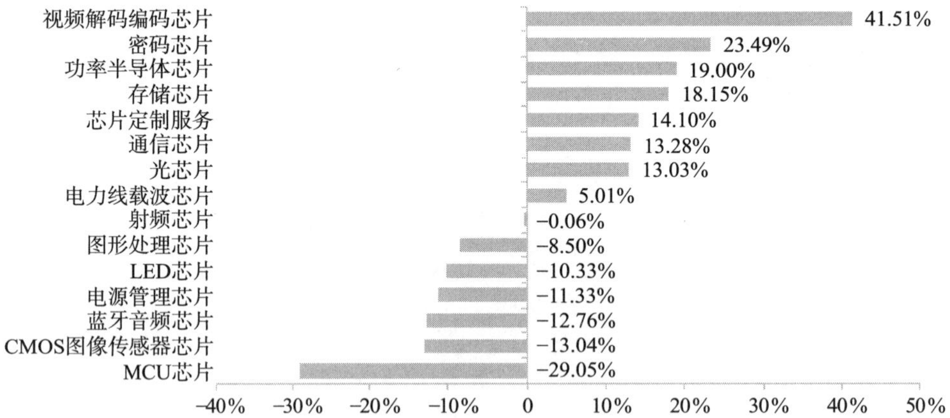

图 6－18　2022 年芯片环节各产品营业收入同比增幅

数据来源：公开信息，中慧智库整理。

材料环节中除封装材料营收同比略有下降外，其他各产品营收基本呈增长的，其中石英材料、掩膜版、电镀清洗材料、特种气体、抛光材料等企业营收同比增幅超 20%。2022 年材料环节各产品营业收入同比增幅如图 6－19 所示。

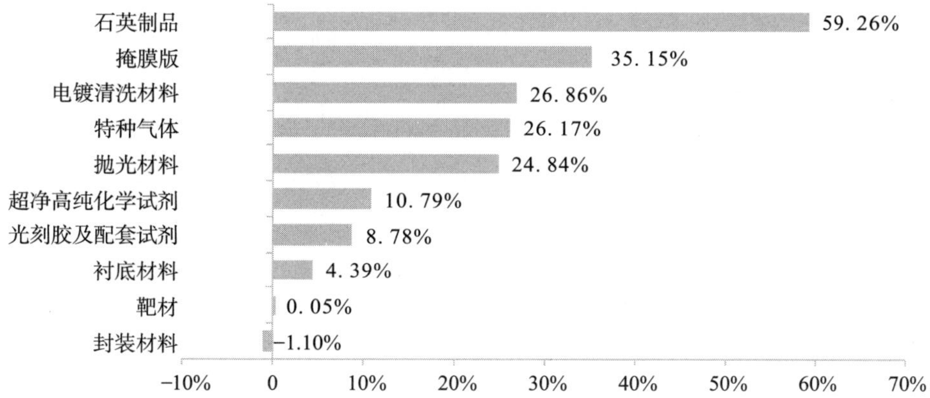

图 6-19　2022 年材料环节各产品营业收入同比增幅

数据来源：公开信息，中慧智库整理。

注：仅统计企业数量大于等于 2 的产品环节。

设备环节中，抛光机、涂胶显影设备、沉积设备、刻蚀设备等营收同比增幅超 50%，而封测设备、点胶机营收同比增幅低于 10%，单晶炉营收同比下降。2022 年设备环节各产品营业收入同比增幅如图 6-20 所示。

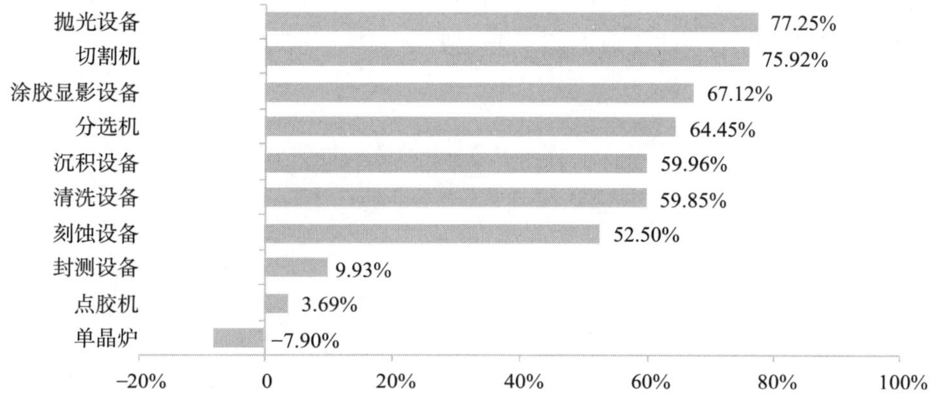

图 6-20　2022 年设备环节各产品营业收入同比增幅

数据来源：公开信息，中慧智库整理。

注：仅统计企业数量大于等于 2 的产品环节。

（四）净利润分析

1. 近五年半导体集成电路产业净利润逐年增长，2022 年接近 1500 亿元

2018～2022 年，半导体集成电路产业净利润逐年增长，从 2018 年的 305. 3 亿元增长到 2022 年的 1462. 3 亿元。其中 2009 年、2020 年、2021 年净利润增速呈高速增长，分别增长 31. 20%、53. 52%、104. 90%，且高于营收增速。2022 年净利润增速下降为 16. 05%。2018～2022 年半导体集成电路产业上市公司净利润及增速如图 6-21 所示。

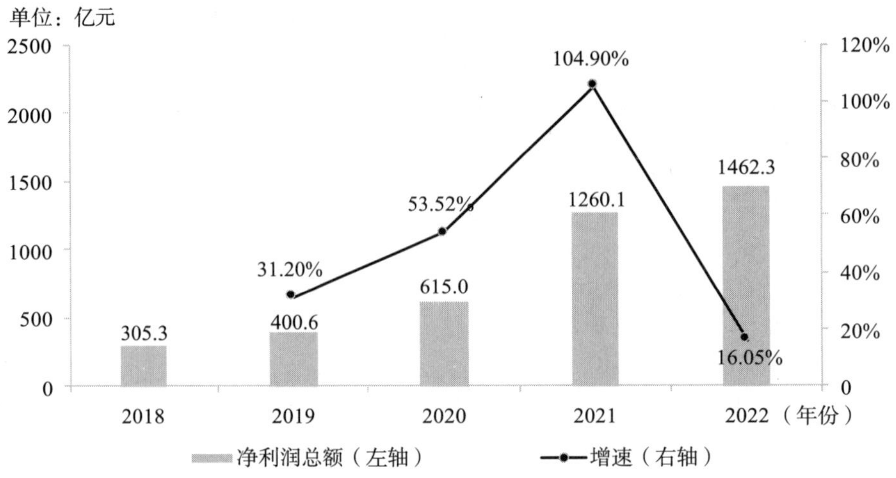

图 6－21　2018～2022 年半导体集成电路产业上市公司净利润及增速

数据来源：公开信息，中慧智库整理。

2. 晶圆硅片环节企业净利润年均增速超 100%，到 2022 年占比达到 50%

2018～2022 年，晶圆硅片企业净利润从 42.2 亿元增长到 2022 年的 735.2 亿元，增长迅速，年均增速 107.98%。晶圆硅片企业净利润占比也从 2018 年的 13.83% 增长到 2022 年的 50.28%。2022 年，除晶圆硅片企业外，材料环节企业占比 13.68%，设备环节企业占比 10.09%。2018～2022 年半导体集成电路产业主要环节净利润如图 6－22 所示。

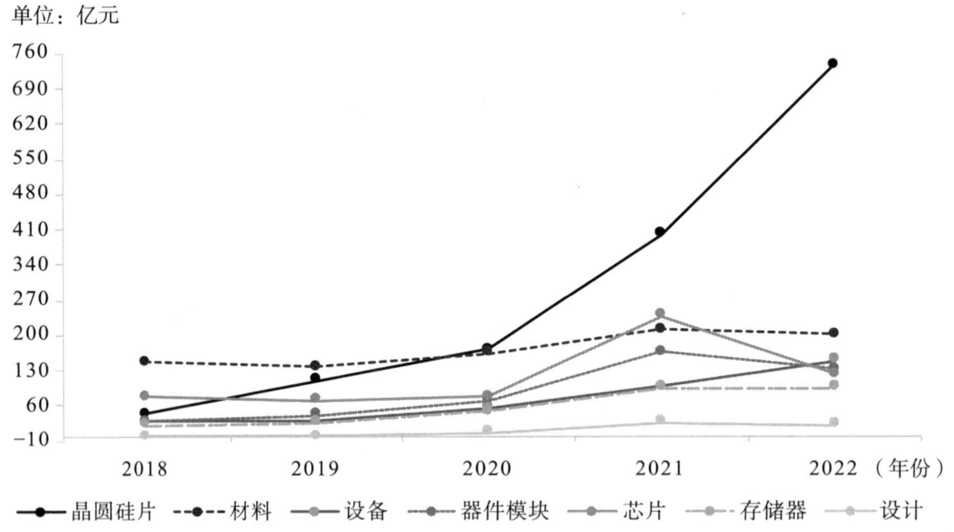

图 6－22　2018～2022 年半导体集成电路产业链主要环节净利润

数据来源：公开信息，中慧智库整理。

3. 近五年晶圆硅片环节企业平均净利润从 2.5 亿元增长到 36.8 亿元

2022 年，半导体集成电路产业上市公司平均净利润为 5.6 亿元，其中晶圆硅片、存储器、器件模块环节企业平均净利润高于平均值 5.6 亿元，分别为 36.8 亿元、6.8 亿元、6.2

亿元。其中，晶圆硅片环节企业平均净利润增速最快，从 2018 年的 2.5 亿元增长到 2022 年的 36.8 亿元，年均增速 98.37%。2018～2022 年半导体集成电路产业主要环节企业平均净利润如图 6－23 所示。

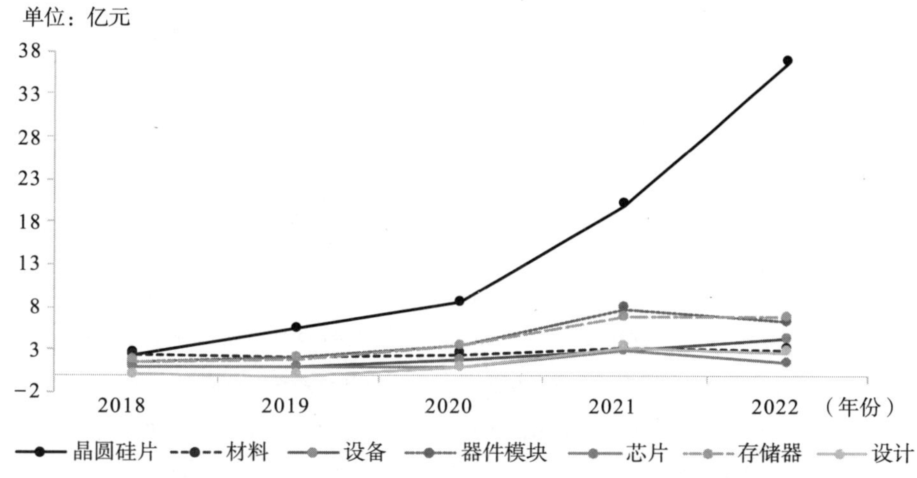

图 6－23　2018～2022 年半导体集成电路产业链主要环节企业平均净利润

数据来源：公开信息，中慧智库整理。

4. 晶圆硅片环节中光伏硅片企业平均净利润最高，其次是晶圆企业

晶圆硅片环节企业中，光伏硅片企业平均净利润最高，2022 年为 58.5 亿元，其次是晶圆企业，平均净利润 32.1 亿元。2018～2022 年晶圆硅片环节企业平均净利润如图 6－24 所示。

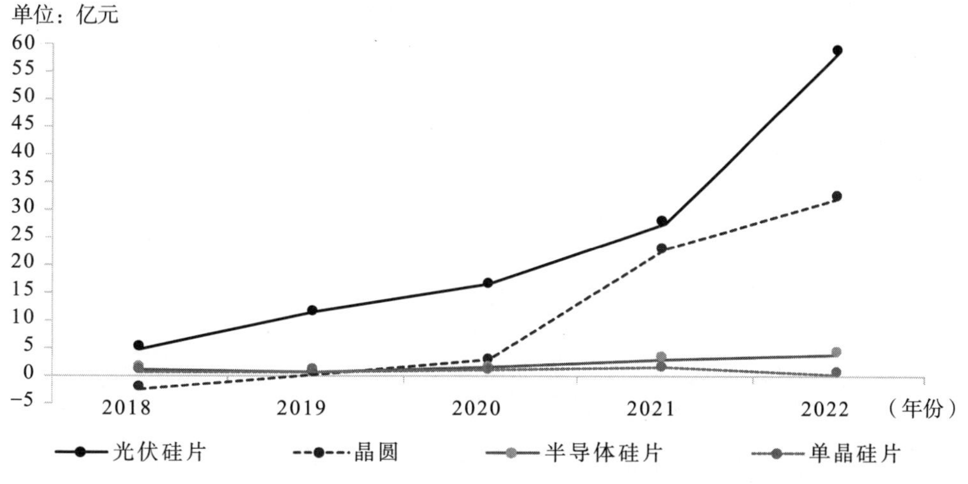

图 6－24　2018～2022 年晶圆硅片环节企业平均净利润

数据来源：公开信息，中慧智库整理。

（五）研发投入分析

1. 研发费用增长稳定，年增速在 30% 左右

2018～2022 年，半导体集成电路产业研发费用增长稳定，从 2018 年的 285.4 亿元增长

到 2022 年的 811.5 亿元，年增速始终保持在 30% 左右。2018～2022 年半导体集成电路产业上市公司研发费用及增速如图 6－25 所示。

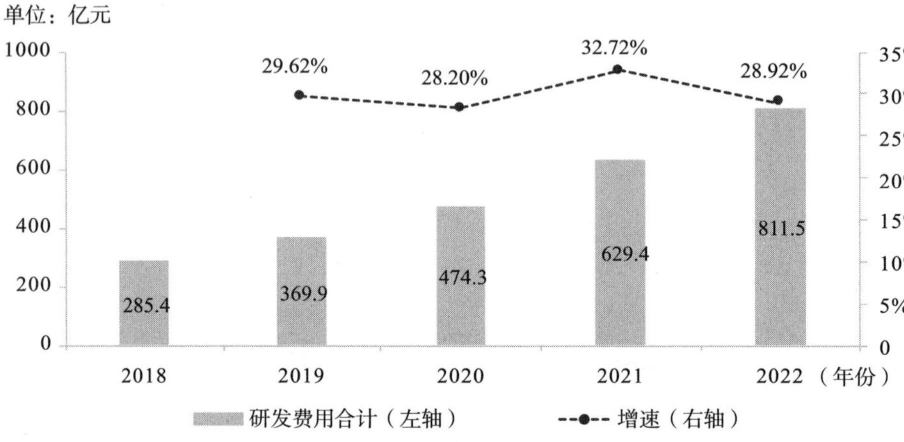

图 6－25　2018～2022 年半导体集成电路产业上市公司研发费用及增速

数据来源：公开信息，中慧智库整理。

2. 芯片环节企业研发费用合计最高，其次是晶圆硅片

2018～2022 年，各环节企业研发费用均保持增长，且增幅大体一致。芯片环节企业研发费用合计最高，其次是晶圆硅片环节企业，2022 年研发费用分别为 240.0 亿元、167.1 亿元。2018～2022 年半导体集成电路产业主要环节研发费用如图 6－26 所示。

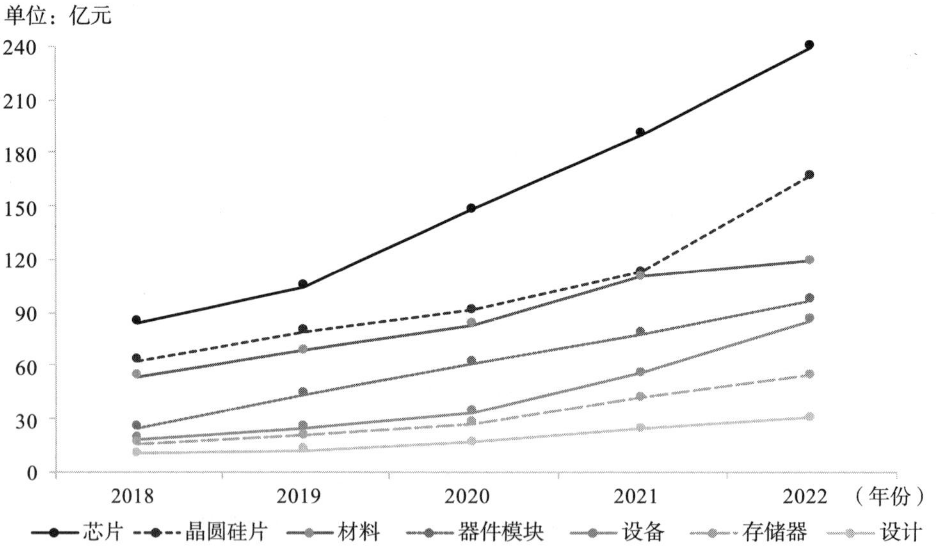

图 6－26　2018～2022 年半导体集成电路产业主要环节研发费用

数据来源：公开信息，中慧智库整理。

3. 晶圆硅片环节企业平均研发费用最高，其次是器件模块、存储器、设计企业

虽然芯片环节企业研发费用合计最高，但是企业数量也多，其平均研发费用低于晶圆硅

片、器件模块、存储器、设计环节企业。2022 年，晶圆硅片环节企业平均研发费用最高，为 8.4 亿元，其次是器件模块企业，4.6 亿元，存储器和设计企业分别为 3.9 亿元和 3.8 亿元，芯片企业平均研发费用为 2.8 亿元。2018 ~ 2022 年半导体集成电路产业主要环节企业平均研发费用如图 6 – 27 所示。

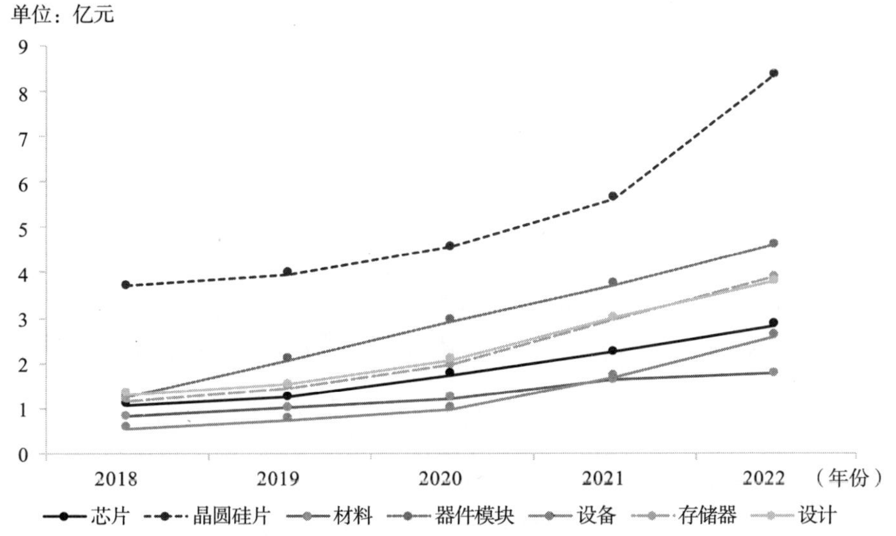

图 6 – 27　2018 ~ 2022 年半导体集成电路产业主要环节企业平均研发费用

数据来源：公开信息，中慧智库整理。

4. 研发费用占比超 10%，其中设计、芯片企业研发费用占比较高

2018 ~ 2022 年，半导体集成电路产业上市公司平均研发费用占比分别为 17.36%、19.21%、12.46%、10.74%、12.84%。其中，设计、芯片环节企业每年研发费用占比均高于平均值，2022 年设计环节企业平均研发费用占比为 21.69%，芯片环节为 21.35%。2018 ~ 2022 年半导体集成电路产业主要环节企业平均研发费用占比如图 6 – 28 所示。

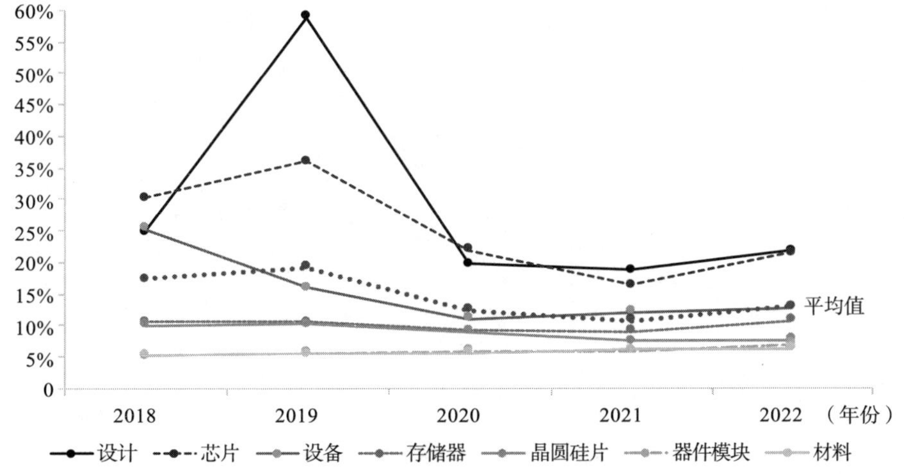

图 6 – 28　2018 ~ 2022 年半导体集成电路产业主要环节企业平均研发费用占比

数据来源：公开信息，中慧智库整理。

（六）人均产出分析

1. 2022 年人均营收近 200 万元，其中设计、存储器环节人均营收较高

2018～2022 年半导体集成电路产业上市公司人均营收分别为 141.3 万元、152.5 万元、164.2 万元、207.1 万元、194.5 万元，其中 2021 年人均营收增长最快，同比增长 26.11%。半导体集成电路产业上市公司人均营业收入变化如图 6－29 所示。

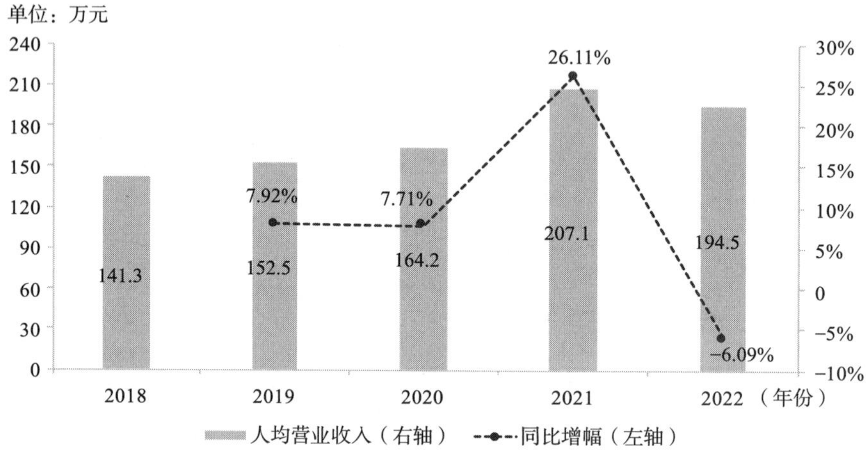

图 6－29　2018～2022 年半导体集成电路产业上市公司人均营业收入变化

数据来源：公开信息，中慧智库整理。

2022 年，设计、存储器环节企业人均营收较高，分别为 439.6 万元、361.8 万元，其中存储器环节企业 2018～2022 年均维持在较高水平，而设计环节企业是 2019 年之后增长迅速。此外，近两年晶圆硅片环节企业人均营收增速较快。2018～2022 年半导体集成电路产业主要环节人均营收如图 6－30 所示。

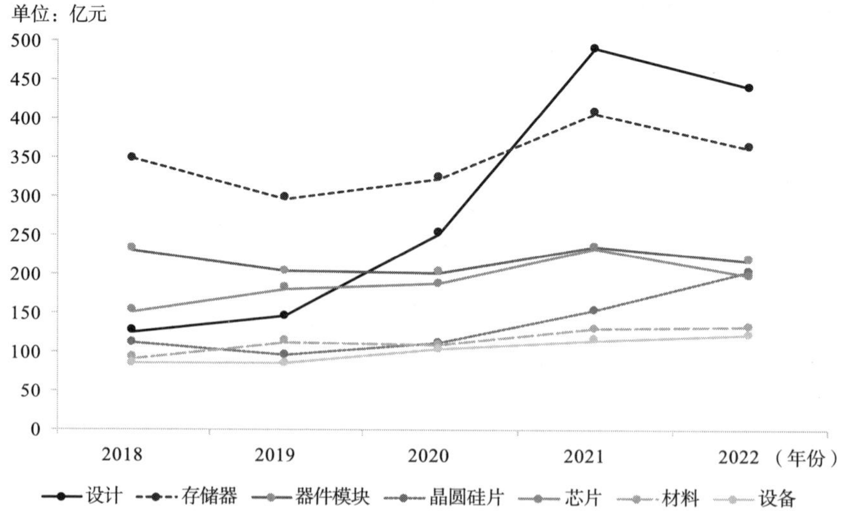

图 6－30　2018～2022 年半导体集成电路产业主要环节人均营收

数据来源：公开信息，中慧智库整理。

2. 2022 年人均净利润约 23 万元，存储器环节企业人均净利润最高

2018～2022 年半导体集成电路产业上市公司人均净利润分别为 9.3 万元、9.7 万元、16.5 万元、33.1 万元、22.9 万元，其中 2020 年、2021 年增长迅速，增速分别为 68.91%、100.80%。半导体集成电路产业上市公司人均净利润变化如图 6－31 所示。

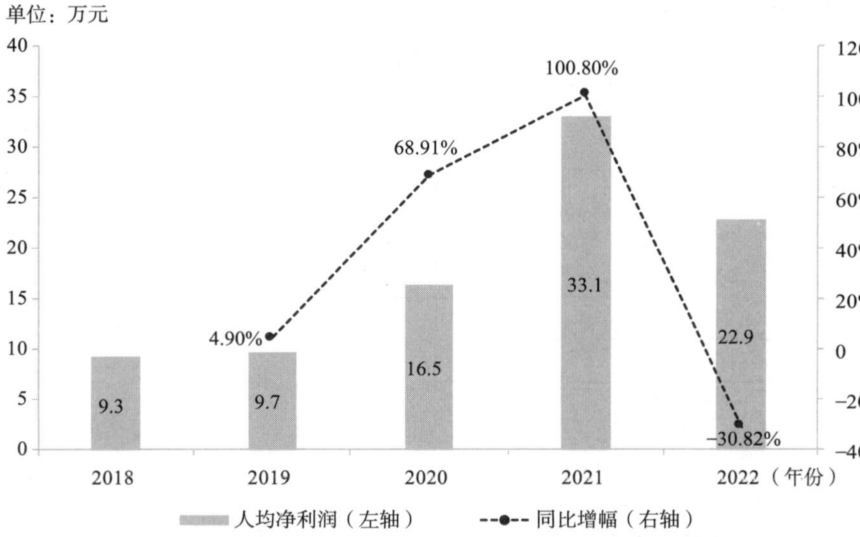

图 6－31 2018～2022 年半导体集成电路产业上市公司人均净利润变化

数据来源：公开信息，中慧智库整理。

2022 年，存储器、晶圆硅片、器件模块环节企业人均净利润较高，分别为 65.5 万元、43.2 万元、39.6 万元，其中存储器环节企业 2018～2022 年均高于其他环节企业。2018～2022 年半导体集成电路产业主要环节人均净利润如图 6－32 所示。

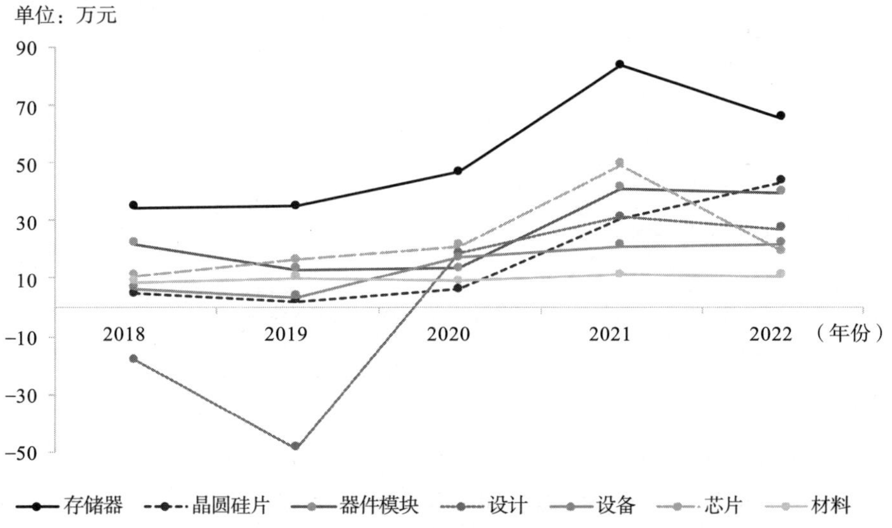

图 6－32 2018～2022 年半导体集成电路产业主要环节人均净利润

数据来源：公开信息，中慧智库整理。

（七）上市公司是半导体集成电路产业链的核心主体

1. 三大晶圆代工厂均为上市公司

全球十大晶圆代工厂中，中国大陆有三家，分别是中芯国际、华虹集团、晶合集成，均为上市企业。晶圆上市公司主要产品/业务如表 6－1 所示。

表 6－1 晶圆上市公司主要产品/业务

证券名称	主要产品/业务
中芯国际	晶圆代工
华虹公司	晶圆代工
晶合集成	晶圆代工
中芯集成－U	晶圆代工
燕东微	IDM 模式
赛微电子	MEMS 晶圆

数据来源：公开信息，中慧智库整理。

注：华虹公司属于华虹集团。

2. 特种气体主要企业均为上市公司

特种气体主要企业华特气体、中船特气、南大光电、雅克科技等均为上市公司。特种气体上市公司主要产品/业务如表 6－2 所示。

表 6－2 特种气体上市公司主要产品/业务

证券名称	主要产品/业务
华特气体	高纯六氟乙烷、高纯四氟化碳、高纯二氧化碳、高纯一氧化碳、光刻气、高纯一氧化氮、高纯三氟甲烷等
中船特气	高纯三氟化氮、高纯六氟化钨、高纯氯化氢、高纯氟化氢、高纯四氟化硅、高纯氘气等
南大光电	砷烷、磷烷、六氟化硫
雅克科技	四氟化碳、六氟化硫
和远气体	三氟化氮、三氯氢硅
昊华科技	三氟化氮、四氟化碳、六氟化硫
三孚股份	三氯氢硅、高纯四氯化硅
金宏气体	六氟乙烷、高纯氨
中巨芯－U	高纯氯气、高纯氯化氢、高纯六氟化钨、高纯氟碳类气体等
硅烷科技	电子级硅烷气

数据来源：公开信息，中慧智库整理。

3. 沉积设备主要企业均为上市公司

沉积设备主要企业北方华创、中微公司、拓荆科技、盛美上海、微导纳米等均为上市公司。沉积设备上市公司主要产品/业务如表 6－3 所示。

表 6－3　　沉积设备上市公司主要产品/业务

证券名称	主要产品/业务
北方华创	刻蚀设备、物理气相沉积、化学气相沉积等
中微公司	刻蚀设备、MOCVD 设备
拓荆科技	等离子体增强化学气相沉积（PECVD）设备、原子层沉积（ALD）设备和次常压化学气相沉积（SACVD）设备
盛美上海	清洗设备、半导体电镀设备、立式炉管系列设备、涂胶显影 Track 设备、等离子体增强化学气相沉积 PECVD 设备等
微导纳米	薄膜沉积设备

数据来源：公开信息，中慧智库整理。

4. 存储器环节主要企业有 80% 已上市

存储器环节中，仅长江存储、长鑫存储、福建晋华三家企业未上市，其余 14 家主要企业均为上市公司，上市公司占比 82.35%。长江存储主要产品为 3D NAND Flash，长鑫存储、福建晋华主要为 DRAM。存储器环节上市公司主要产品/业务如表 6－4 所示。

表 6－4　　存储器环节上市公司主要产品/业务

证券名称	主要产品/业务
兆易创新	NOR Flash、Nand Flash 和 DRAM
北京君正	DRAM、NOR Flash
复旦微电	NOR Flash
紫光国微	DRAM
恒烁股份	NOR Flash
德明利	NAND Flash
东芯股份	中小容量 NAND/NOR/DRAM
普冉股份	NOR Flash 和 EEPROM
深科技	硬盘、DRAM、NAND Flash
朗科科技	SSD 固态存储、DRAM、NAND Flash
聚辰股份	EEPROM
澜起科技	内存接口芯片
江波龙	嵌入式存储、固态硬盘
佰维存储	嵌入式存储、固态硬盘

数据来源：公开信息，中慧智库整理。

三、新能源汽车产业链上市公司

（一）产业链环节分布

本研究将 A 股上市①公司进行梳理，并将新能源汽车产业链相关的 339 家上市公司进行具体分析。这些企业在新能源汽车产业链各个环节中扮演着重要角色，从原材料供应、核心部件制造到整车组装和后市场服务等多个方面，均有所涉猎。

339 家新能源汽车产业链上市企业中：涉及动力总成系统 239 家企业，主要包括电池管理系统（BMS）、电池组、电池热管理、电驱动系统等；涉及中控系统 31 家企业，主要包括车载智能终端、中控屏/中控屏组件、仪表、地图、智能驾驶车、通信、交互系统、自动驾驶、智能辅助 ADAS 系统等；涉及充电设施 24 家企业，主要包括充电桩、充电站、换电站、高压电缆、充放电管理系统、电源管理等；车身及零部件、整车制造等 45 家，主要包括整车设计、悬挂、车毂、底盘、制动、玻璃、内外饰、高压铸造、新能源汽车运输等。

当然，由于许多上市企业的业务是多元化且相互交织的，产业的综合性和互联性尤为显著。例如，一些主要从事整车设计和制造的公司，也可能参与到锂电池、电机等其他关键组件的设计与制造中。这种跨领域的业务模式不仅突显了行业的多样性，也反映了其复杂性，展现了在新能源汽车领域中各企业在多个生产类型上的并行发展。

鉴于新能源汽车产业链的此特性，本节首先对新能源汽车产业链进行整体概述，包括动力总成系统、中控系统、充电设施、整车制造能力以及车辆车身和零部件等方面的分类。其次，基于这一产业链特性的认识，将深入探讨更具体的领域。这包括对主要电池、电机、电控系统和电池管理系统（BMS）等关键组件的详细分析。

1. 产业链整体概述

通过对收集的 339 家上市公司新能源汽车产业链环节分析，如图 6－33、图 6－34 所示。

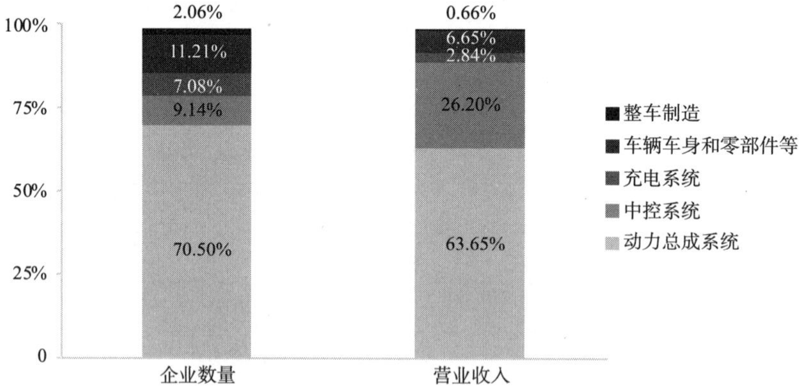

图 6－33　新能源汽车产业链各环节上市公司的数量与营收占比分布

数据来源：中慧智库整理。

注：营业收入取 2022 年营收。

① 时间截至 2023 年 11 月 10 日。

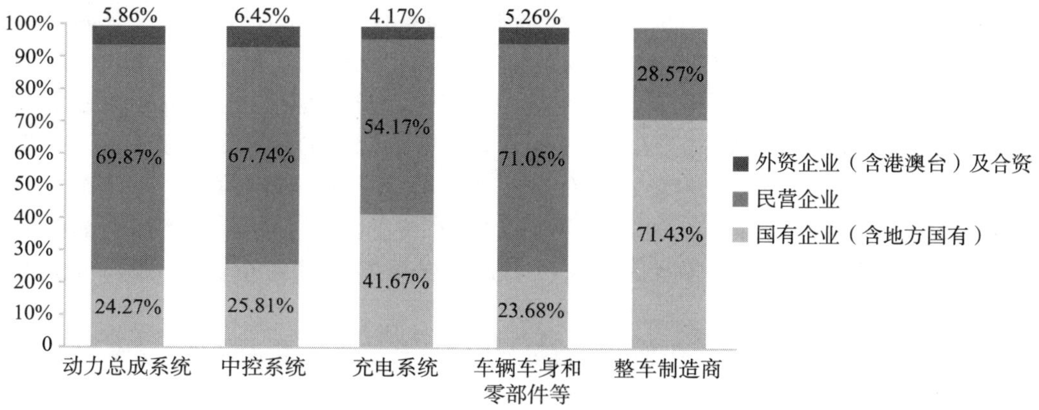

图 6－34　新能源汽车产业链各环节上市公司的企业性质占比

数据来源：中慧智库整理。

（1）动力总成系统涉及 239 家企业，企业数量占比约 70.50%，营收占比 63.65%。其中民营企业 167 家，国有及地方国有企业 58 家，外资企业（含港澳台）及合资 14 家；

（2）中控系统涉及 31 家企业，企业数量占比约 9.14%，营收占比 26.20%，其中民营企业 21 家，国有及地方国有企业 8 家，外资企业（含港澳台）及合资 2 家。在产业链中企业数量相对占据较小比例，但仍是关键组成部分；

（3）充电设施涉及 24 家企业，企业数量占比约 7.08%，营收占比 2.84%，其中民营企业 13 家，国有及地方国有企业 10 家，外资企业（含港澳台）及合资 1 家；

（4）车辆车身和零部件等涉及 38 家企业，企业数量占比约 11.21%，营收占比 6.65%，其中民营企业 27 家，国有及地方国有企业 9 家，外资企业（含港澳台）及合资 2 家；

（5）整车制造商涉及 7 家企业（主要选取以整车制造为主要销售经营的企业），企业数量占比约 2.06%，营收占比 0.66%，其中民营企业 2 家，国有及地方国有企业 5 家，虽然在产业链中占比最小，但作为产业链的终端，其重要性不容忽视。

整体而言，新能源汽车产业链的不同环节显示了不同类型企业在各环节中的参与程度和市场影响力。动力总成系统作为产业链中最大的环节，吸引了大量民营企业参与，显示了市场的活力和竞争性。而在整车制造这一环节，国有及地方国有企业占据较大比例，主要受其资本和规模较大影响，其具有相对优势。整体上反映产业链各环节的竞争程度和发展态势。

此外值得注意的是，在新能源汽车产业迅速发展的过程中，市场和技术的演变正在重塑产业链中各环节的价值。在传统意义上，整车制造被视为汽车产业的核心，但在新能源领域汽车产业链中，这一情况正在发生变化，以三电系统作为高附加值，因此本报告未将比亚迪此类企业列为传统意义上的整车制造商。首先，新能源汽车产业链的核心正在从整车制造转向电池和动力总成的技术创新。其次，电池技术的进步不仅直接决定了新能源汽车的性能和成本，而且在环保和能效方面也起着至关重要的作用。因此，比亚迪在这方面的领先地位，通过其在电池技术和动力总成创新方面的投入和成果上得到体现，同时在价值链上占据更高的位置。

2. 产业链核心部件

在新能源汽车产业链中，由于许多企业的业务是多元化且相互交织的，产业的综合性和互联性尤为显著。电池、电机、电控系统和电池管理系统（BMS）作为构成新能源汽车的核心部件，对新能源汽车的性能、效率和安全性有着决定性影响。从 339 家上市公司涉及的产业链核心部件种类可以看出，企业在产业链中的多元参与程度不一，反映了新能源汽车领域的多样化和复杂性。具体来看，仅涉及 1 类产业链核心部件的企业 232 家，占 339 家上市公司的 68.44%。涉及 2 类产业链核心部件的企业 146 家，占上市公司的 43.07%。涉及 3 类产业链核心部件的企业 57 家，占上市公司的 16.81%。涉及 4 类产业链核心部件的企业 16 家，占上市公司的 4.72%。涉及 5 类及以上产业链核心部件的企业 33 家，占上市公司的 9.73%。

新能源汽车产业链核心部件企业涉及数量如图 6－35 所示。新能源汽车产业链核心部件企业涉及数量占比如图 6－36 所示。

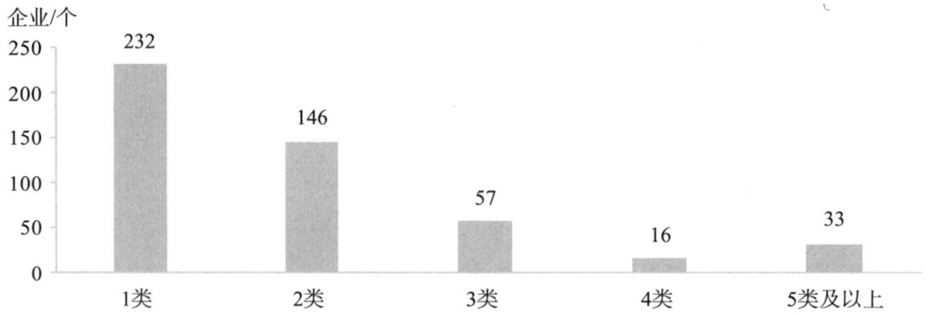

图 6－35　新能源汽车产业链核心部件企业涉及数量

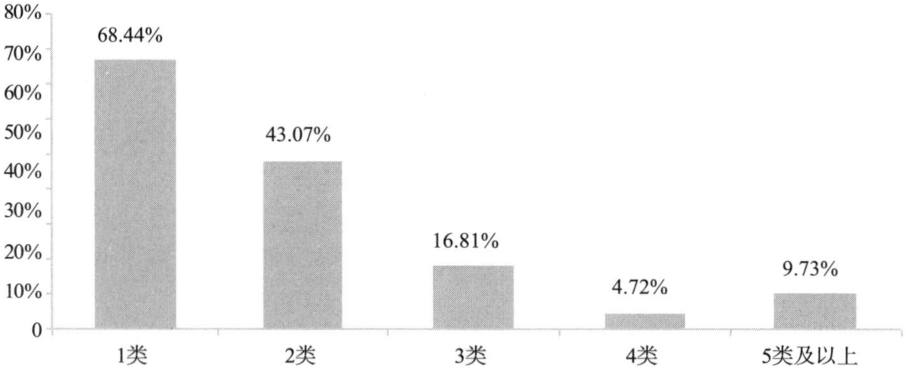

图 6－36　新能源汽车产业链核心部件企业涉及数量占比

数据来源：中慧智库整理。

这种多元化的业务布局不仅体现了企业对市场变化的适应性，也反映了整个产业链上的企业在追求技术创新和业务拓展过程中的动态发展。因此，本小节选取 2020～2022 年新能源汽车产业持续发展阶段，特别是在高质量发展转型期间的情况具体如图 6－37 所示。在这一时期，核心组件技术的进步和创新在行业成长中发挥了关键作用。并且随着行业向高质量发展的转型，对这些关键部件的研发和创新变得尤为重要。在这个转型期，企业面临着技术持续进步的挑战，同时也需要适应市场对智能化、网络连接和环保等方面日益增长的需求。由此可见，电池、电机、电控系统和 BMS 的技术创新，不仅是推动新能源汽车行业向更高质量、更可持续方向发展的关键，也是体现产业综合性和互联性的核心要素。

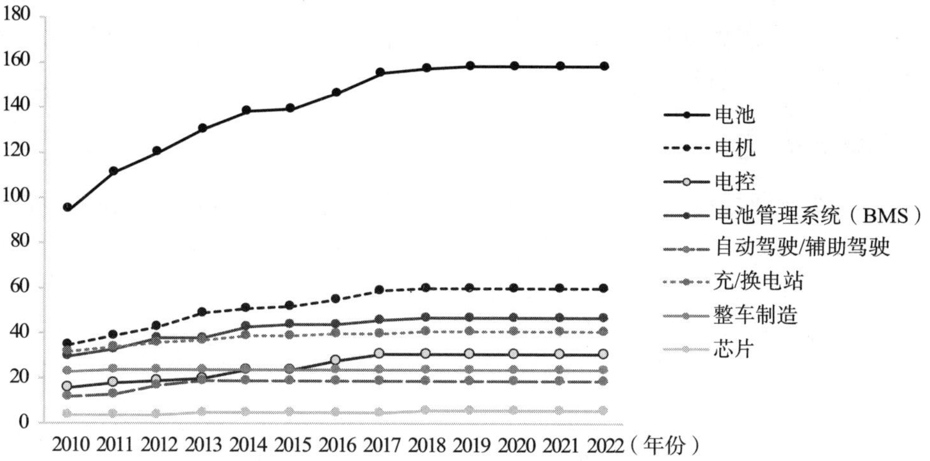

图 6-37 2010~2022 年新能源汽车产业链核心部件涉及的上市企业数量

数据来源：中慧智库整理。

新能源汽车产业链中，涉及动力电池产业的上市企业数量在过去十余年中显著增长。根据数据分析，这些企业从 2010 年的 95 家增长至 2022 年的 158 家，占 339 家上市企业的 39.60%，呈现出 66.32% 的增长率。特别是在 2010~2019 年，企业数量经历了主要的增长阶段，之后进入了一个稳定增长的阶段。这一趋势反映出新能源汽车行业的不断成熟和市场的扩展。

新能源汽车产业链中涉及电机系统的 339 家上市企业中，与电机相关的共有 60 家企业，占比达到 15.04%。这些企业从 2010 年的 35 家增长至 2022 年的 60 家，增长率为 71.43%。企业数量的增长主要发生在 2010~2018 年，此后企业数量进入了稳定增长阶段。

涉及电控系统相关产业的共 31 家企业，占 7.77%。从 2010 年的 16 家企业，到 2022 年的 31 家，增长了 93.75%，其中企业数量主要增长阶段在 2010~2017 年，继此之后该领域企业数量进入了一个稳定增长的阶段。

涉及电池管理系统（BMS）的企业数据分析，在 339 家上市企业中涉及电池管理系统（BMS）相关产业的共 47 家企业，占 11.78%。从 2010 年的 30 家企业，到 2022 年的 47 家，增长了 56.67%，其中企业数量主要增长阶段在 2010~2018 年，在此之后该领域企业数量进入了一个稳定增长的阶段。

涉及自动驾驶及辅助驾驶技术的企业数据分析，在 339 家上市企业中涉及自动驾驶及辅助产业的共 19 家企业，占 4.76%。从 2010 年的 12 家企业，到 2022 年的 19 家，增长了 58.33%，其中企业数量主要增长阶段在 2010~2013 年，此后该领域企业数量进入了一个稳定增长的阶段。

涉及充/换电站的企业数据分析，在 339 家上市企业中涉及充/换电站相关产业的共 41 家企业，占 10.28%。从 2010 年的 32 家企业，到 2022 年的 41 家，增长了 28.13%，其中企业数量主要增长阶段在 2010~2018 年，此后该领域企业数量进入了一个稳定增长的阶段。

涉及整车制造相关A股上市企业共24家，占6.02%。从2010~2022年仅增长了1家上市公司。当然，新能源汽车行业中的新势力品牌，如蔚来（NIO/09866.HK）、小鹏（XPEV/09868.HK）、理想（LI/02015.HK）等，它们大多采用轻资产运营模式，并且大多选择在港股与美股上市融资。

（二）所属地域分布

从新能源汽车产业链地理分布来看，主要集中在我国东部沿海地区。新能源汽车产业的339家新能源汽车产业链上市企业的属地分布中，广东省以85家公司领先，其次是江苏省55家、浙江省43家、上海市21家和安徽省19家。这一分布表明新能源汽车公司在东部沿海地区呈集中趋势，具体如图6-38所示。

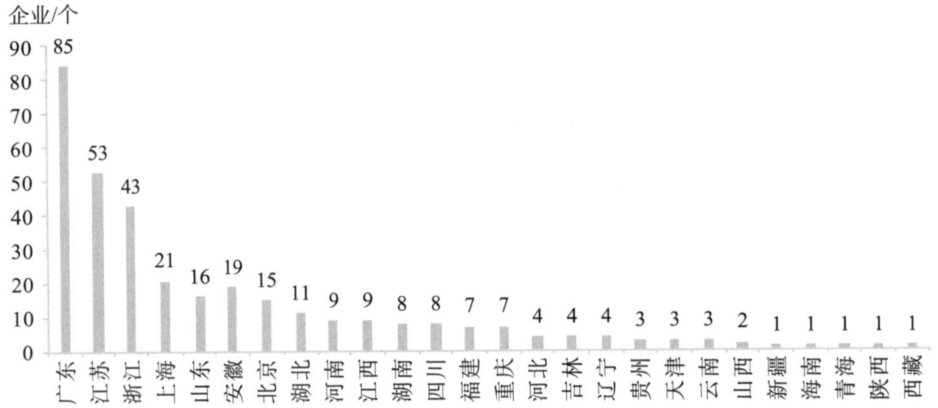

图6-38 新能源汽车产业链全国分布上市公司情况

数据来源：中慧智库整理。

从新能源汽车产业链上市公司的2022年表现来看，广东省企业总收入最高达到21914.49亿元人民币，其次是北京市的18057.11亿元和上海市的12424.97亿元。反映出北上广在新能源汽车产业发展中的带头作用与实力。

在这些新能源汽车产业链上市公司中，2022年营业收入超过千亿元的企业共20家，其中广东省5家，北京市4家、上海市3家，河北省、福建省、重庆市、河南省、安徽省、山东省、浙江省、江苏省各1家。超过千亿元企业营业收入达53715.39亿元，占339家新能源汽车产业链企业总营收的58.76%。

研发费用平均投入位于领先的前5个地区是北京市、福建省、河北省、上海市、广东省，固定资产平均投入位于领先的前5个地区是北京市、福建省、吉林省、云南省、山西省，其中北京市和福建省在新能源汽车行业投入均保持领先。

在增长趋势（2021~2022年）方面：增长率在100%以上的企业共36家，其中广东省10家，显示该地区新能源汽车领域的快速发展。其他省市，如四川省、湖南省各4家，江西省3家，贵州省、江苏省、浙江省各2家，北京市、上海市、安徽省、福建省、山东省、湖北省、重庆市、西藏自治区、青海省各1家。

中国新能源汽车产业的关键中心包括广东、江苏、浙江等东部沿海省份，以及北京和上海等。数据表明，各地区在研发投资和增长方面表现显著，凸显了该行业的动态和发展潜力。因此，我国新能源汽车产业分布和发展呈现出各具特色的格局。其中，东部沿海地区凭借其经济、技术优势成为产业的主导力量；中西部地区在国家的平衡发展战略下迅速崛起；东北地区则正通过产业转型寻求新的发展机会。这种多元化的区域发展模式对于整个产业的可持续发展和创新具有重要意义。

（三）企业性质分布

民营企业是新能源汽车产业链的主要力量。在339家新能源汽车产业链相关的A股上市公司中，民营企业230家，占比约67.85%，为最高，这表明民营企业在新能源汽车产业链中扮演着主要角色。国有及地方国有企业90家，占比约26.55%，这些企业反映出国家对这一战略性新兴产业的重视和投入。外资企业（含港澳台）及合资19家占比约为5.60%，这一比例虽然不高，但显示了新能源汽车产业对外资的吸引力，以及国际合作在产业发展中的重要性。新能源汽车产业链上市公司性质数量如图6-39所示。新能源汽车产业链上市公司性质占比如图6-40所示。

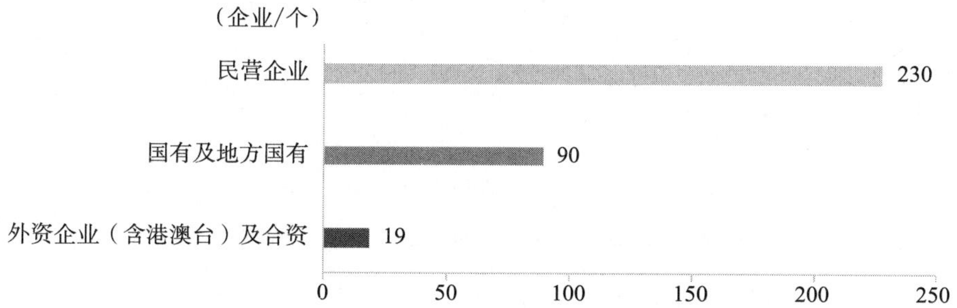

图6-39 新能源汽车产业链上市公司性质数量

数据来源：中慧智库整理。

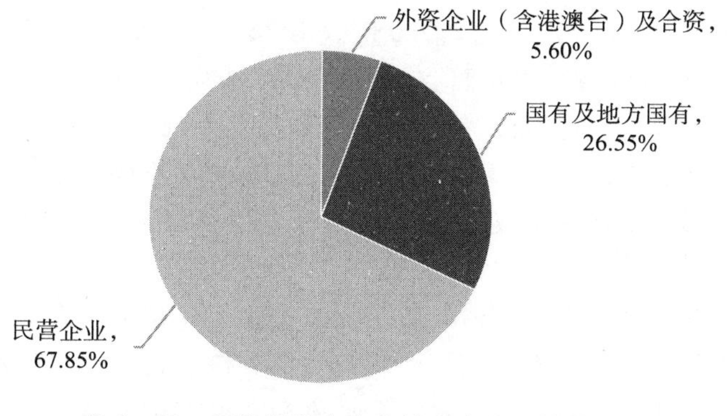

图6-40 新能源汽车产业链上市公司性质占比

数据来源：中慧智库整理。

（四）营收与盈利分析

从2010~2022年财务利润指标来看，主要包括营业收入、毛利率、净利润和人均指标等，这些指标相对稳定，波动不大。其中，营业收入年平均增长率为 15.21%，毛利率平均值约为 18.02%，净利率平均值约为 6.15%，人均营收和人均净利润分别为约 149.54 万元和 8.51 万元。这表明产业链上市公司的盈利能力和效率相对稳定，产业链整体处于高速增长阶段。另外，从 2022 年中报和 2023 年中报对比来看，2023 年上半年总营业收入继续保持良好增长趋势。

1. 营收趋势

新能源汽车产业链上市公司 2010～2022 年的营收数据对于理解整个行业的经济健康状况和增长势头至关重要。通过评估可以初步掌握营收趋势，揭示行业的发展速度、市场需求的变化以及行业对外部经济环境变化的响应情况。新能源汽车产业链 2010～2022 年营业收入如图 6－41 所示。

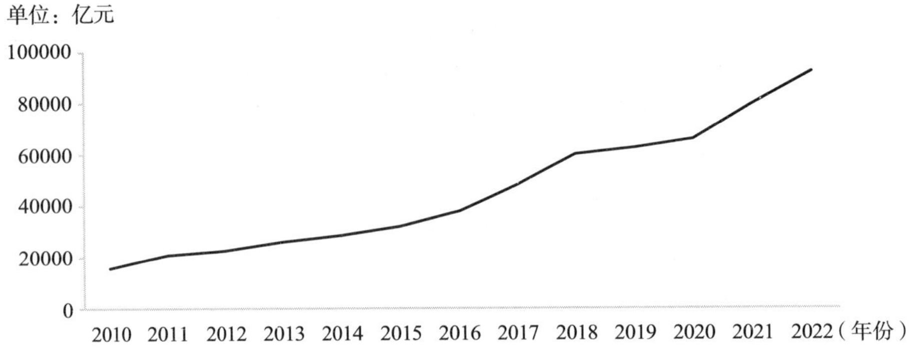

图 6－41 新能源汽车产业链 2010～2022 年营业收入

数据来源：中慧智库整理。

从 2010 年营收数据来看，平均营收规模约为 64.78 亿元，最低营业收入为 0.16 亿元，这反映出行业中存在非常小的参与者。第 25 百分位数为 5.39 亿元，意味着 25% 的公司营收低于此值。中位数为 16.55 亿元。第 75 百分位数为 38.56 亿元，有 75% 的公司营收低于此水平。从 2022 年营业收入来看，平均营收规模增长到约为 269.66 亿元，反映出行业的增长和扩张。最低营业收入为 0.58 亿元，依然显示市场中有小规模的参与者。第 25 百分位数为 23.67 亿元，中位数为 65.72 亿元，显示了营收数据的中心趋势。第 75 百分位数为 191.35 亿元，与 2010 年相比第 25 百分位数大幅提升约 3.3 倍，中位数提升 2.9 倍，第 75 百分位数提升了 3.9 倍。

新能源汽车产业链在过去十二年中经历了快速扩张。一是多年来营收的持续增加表明新能源汽车的需求持续且在增长侧面印证了由政府政策支持、技术进步和对环境关切等因素驱动。二是由于新技术带动产业对电池技术、电动机和充电基础设施的进步，有助于市场的扩展。三是营收增长，代表了企业盈利能力的不断增强，也表明健康的企业财务状况和新能源汽车产业市场环境吸引了更多的投资者、消费者参与，促进了企业创新增长，得到了良性循环。同时，也看到即使在产业增长的情况下，市场中仍存在小规模的参与者，这表明产业链的多样化和具有竞争性，为更多的企业提供了发展空间。未来，随着技术进步和市场成熟，预计产业仍将保持增长轨迹。并且随着新能源汽车市场的继续扩大，特别是随着规模经济的实现和新能源汽车变得更加主流，营收可能会进一步增加。

2. 毛利润与净利润

具体来看，新能源汽车产业链上市公司的“毛利”，从2010年的3365.58亿元，增长到2022年的16545.80亿元，增长了近4倍，年平均增长率达到了14.94%。从图6－42可以看到，除2011年、2019年出现下降外，其余年份均保持增长（2011年下降幅度较大，同比上一年度下降了10.88%）。而2023年中期已达到2022年全年的近50%。新能源汽车产业链2010～2022年毛利如图6－42所示。

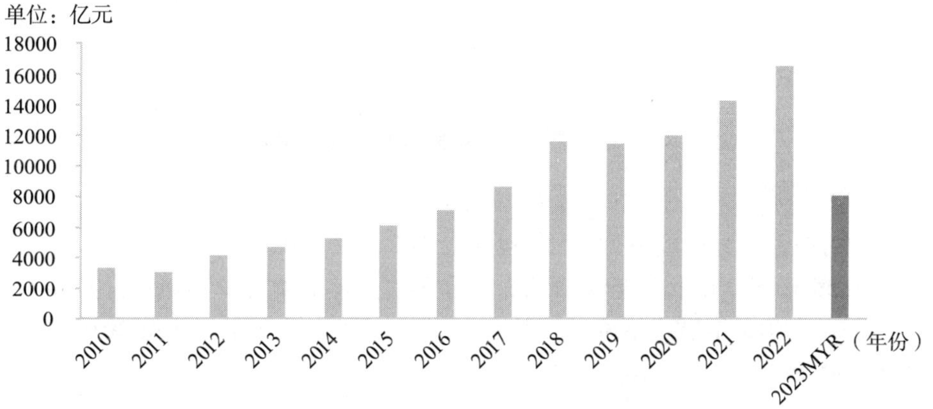

图6－42　新能源汽车产业链2010～2022年毛利

数据来源：中慧智库整理。

此外，通过对毛利的中位数发展趋势来看，仅2012年出现较大幅度（－12.61%）下降，但整体发展趋势仍保持增长，并且在2016年和2021年出现两次增长高峰，与在2010～2021年前后的IPO上市企业增长数量3个峰值中的2016年和2021年的增长相吻合。新能源汽车产业链2010～2022年毛利年中位数增长率如图6－43所示，新能源汽车产业链2010～2022年毛利率如图6－44所示。

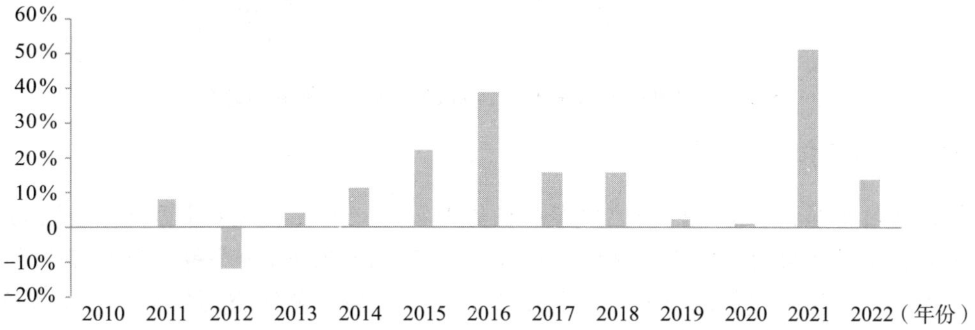

图6－43　新能源汽车产业链2010～2022年毛利年中位数增长率

数据来源：中慧智库整理。

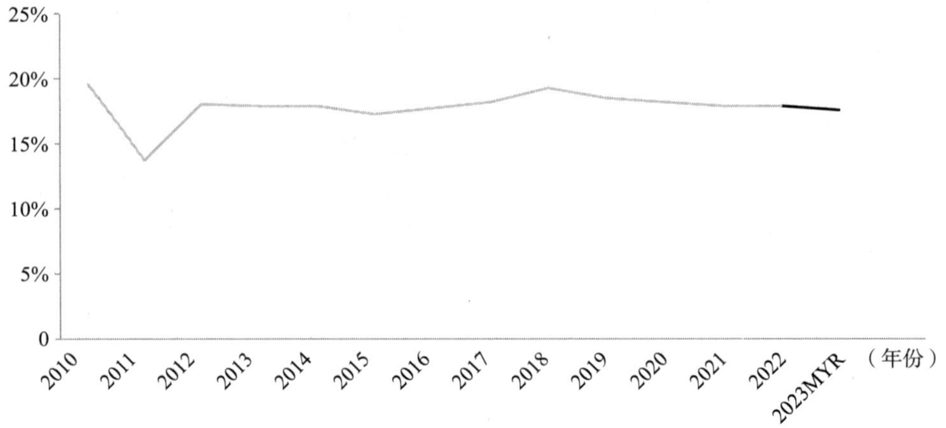

图 6－44　新能源汽车产业链 2010～2022 年毛利率

数据来源：中慧智库整理。

新能源汽车产业链上市公司的“净利润总额”，从 2010 年的 1107.83 亿元，增长到 2022 年的 6283.56 亿元，增长了近 4.7 倍，年平均增长率达到了 22.84%。从图 6－45 可以看到，除 2012 年、2019 年出现下降外，均保持增长。新能源汽车产业链 2010～2022 年净利润总额如图 6－45 所示。

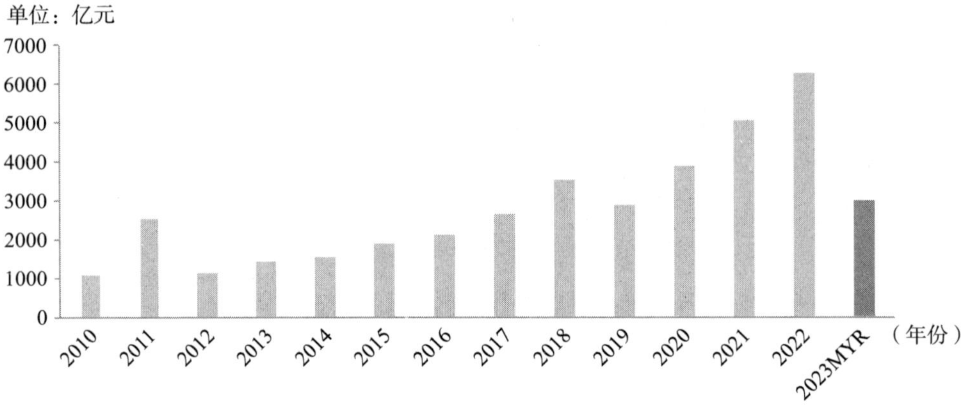

图 6－45　新能源汽车产业链 2010～2022 年净利润总额

数据来源：中慧智库整理。

此外，通过对净利润总额的中位数发展趋势来看，产业链上的企业盈利能力波动幅度较大，这可能表明虽然总盈利能力仍然保持增长，但产业链中的每个关键环节所带来的盈利表现相差很大，并反映出产业链中大多数企业盈利能力不高，利润空间较低。其中以 2018 年为例，由于不振的经济形势与居民的高杠杆率引发的挤出效应致使当年中国汽车市场整体短期遇冷，但是 2018 年新能源汽车 127.1 万辆，与 2017 年新能源汽车产量（79.4 万辆）相比大幅提升，并且 2018 年产销比达到了 98.82%。

而从 2017 年与 2018 年的净利润分布上来看，2018 年净利润为负的企业占比 10.36%，比 2017 年（5.42%）增加了 4.93%；2018 年净利润在 0～10 亿元的企业占比 75.15%，比

2017 年（79.22%）减少了 4.07%；2018 年净利润在 10 亿～100 亿元的企业占比 12.43%，比 2017 年（14.16%）减少了 1.73%；2018 年净利润在 100 亿元以上的企业占比 2.07%，比 2017 年（1.20%）仅增加了 0.87%。虽然 2018 年相对 2017 年产量上大幅提升，但 2018 年的经济形势和市场因素对企业净利润产生了影响，导致净利润为负的企业比例上升，低利润企业占比下降，而高利润企业的增长有限。从图 4－46 中也可以明显看出这种发展趋势。新能源汽车产业链 2010～2022 年净利润总额中位数年增长率如图 6－46 所示。新能源汽车产业链 2010～2022 年净利率如图 6－47 所示。

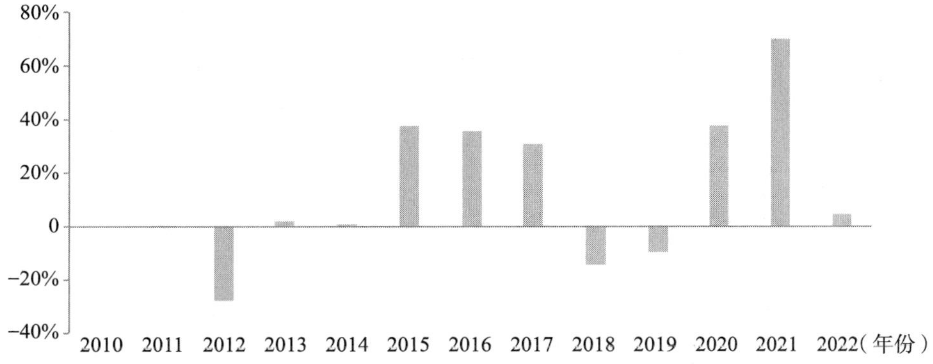

图 6－46　新能源汽车产业链 2010～2022 年净利润总额中位数年增长率

数据来源：中慧智库整理。

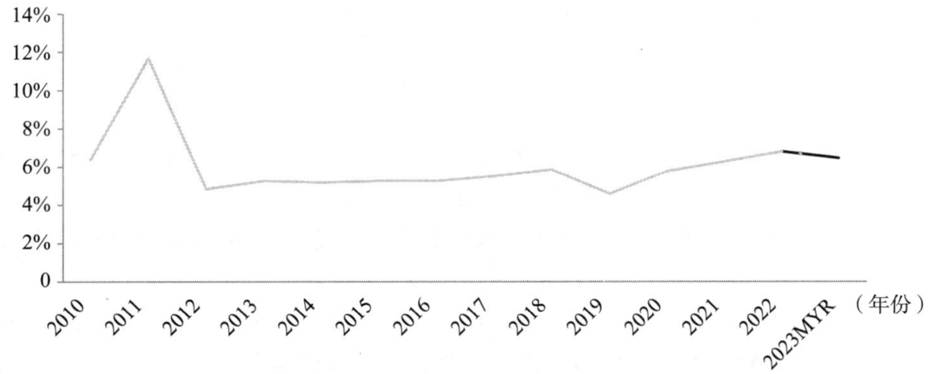

图 6－47　新能源汽车产业链 2010～2022 年净利率

数据来源：中慧智库整理。

3. 人均营收与人均净利率

新能源汽车产业链上市公司的人均营收，从 2010 年的 126.33 万元，增长到 2022 年的 183.43 万元，增长了 45.21%。新能源汽车产业链 2010～2022 年人均营收如图 6－48 所示。

新能源汽车产业链上市公司的人均净利润，从 2010 年的 7.76 万元，增长到 2022 年的 12.61 万元，增长了 62.37%。新能源汽车产业链 2010～2022 年人均净利润如图 6－49 所示。

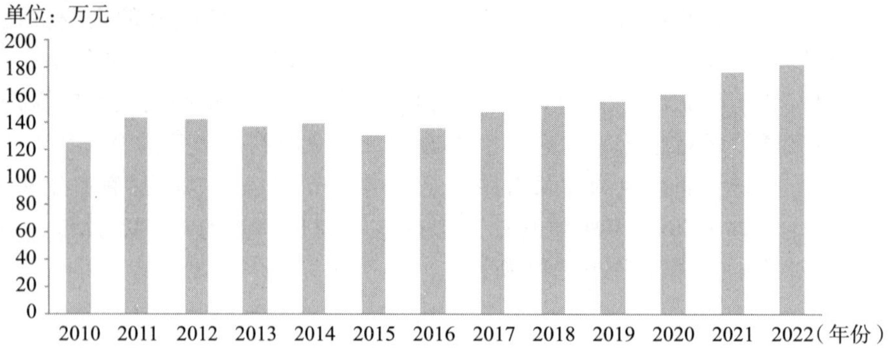

图 6-48　新能源汽车产业链 2010~2022 年人均营收

数据来源：中慧智库整理。

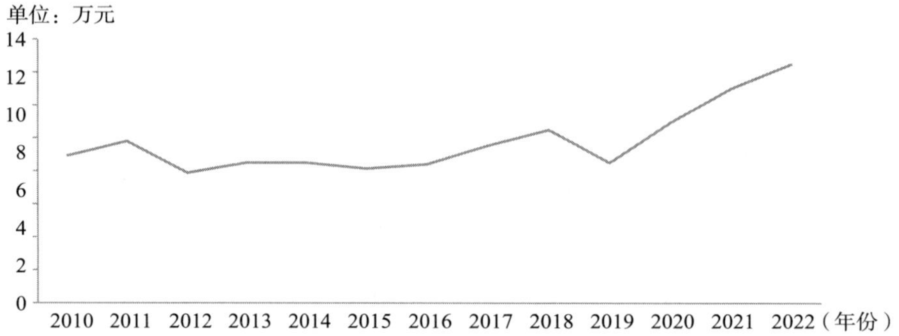

图 6-49　新能源汽车产业链 2010~2022 年人均净利润

数据来源：中慧智库整理。

通过以上数据，可以看到从 2010~2022 年这一期间内，新能源汽车产业链整体盈利能力和运营效率令人印象深刻。其中，人均营收的显著增长，从 2010 年的 126.33 万元上升至 2022 年的 183.43 万元，表明行业在提升每个员工产出的价值方面取得了显著进展。这种增长可能与新能源汽车被消费者广为接受和需求增长，以及企业在市场营销和产品创新方面的积极努力有关。

同时，人均净利润的增长，从 2010 年的 7.76 万元增加到 2022 年的 12.61 万元，更是强调了产业链整体在提升利润率方面的成功。这不仅是由于收入的增长，更重要的是，这反映了企业在技术升级、控制成本、提高价格效率、优化产品和服务组合等多方面取得了显著成就。

此外，人员总数的增长几乎是 2.9 倍，这揭示了新能源汽车产业链的迅猛发展和对人力资源的巨大需求。尽管如此，仍然能够保持甚至提高每位员工的生产力，这可能归功于多方面的因素。首先，技术进步可能提高了生产效率，减少了对人力的依赖，同时也提高了单位劳动力的产出价值。自动化和智能化制造的引入可能是其中一个关键因素，使企业能够以更高的效率和更低的成本生产产品。其次，规模经济的实现可能降低了平均成本，提高了盈利空间。最后，企业可能在内部管理和培训上投入了大量资源，提高了员工技能和效率。

（五）研发投入分析

从 2010~2022 年投入指标来看。主要包括研发费用、研发占比以及资产总额指标进行分析研究。其中，从研发投入的样本数量来看，2010～2014 年仅有 1 家公司公布了研发投入数据，2015 年 7 家公司公布了研发投入数据，2016 年从 31 家企业至今开始翻倍增长公布研发投入的企业，到 2022 年已全部公布。因此该组数据前期偏差较大，主要以 2018～2022 年的研发投入数据作为主要参考进行发展趋势研究。

1. 研发费用

新能源汽车产业链上市公司的研发费用，从 2018 年的 1573.24 亿元，增长到 2022 年的 3294.41 亿元，增长了 1 倍多，年平均增长率达到了 20.39% 具体如图 6－50 所示。这意味着新能源汽车产业链的研发投入在过去近 4 年时间里得到了显著提升，反映了产业链各方对市场投资的信心，并且为未来带来更多的技术创新、技术突破、市场发展和市场竞争等奠定了基础，有助于推动新能源汽车产业链的发展与应用。

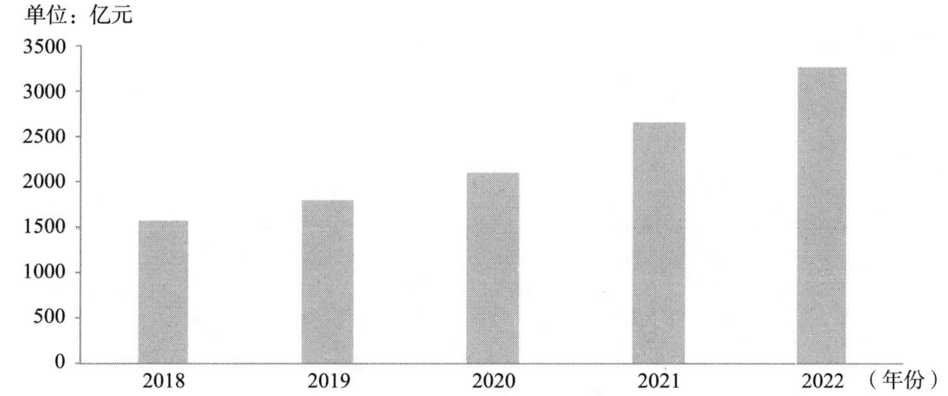

图 6－50　新能源汽车产业链 2018～2022 年研发费用

数据来源：中慧智库整理。

2. 研发占比

新能源汽车产业链上市公司的研发占比，从 2018 年的 2.64%，增长到 2022 年的 3.60%，增长了 1 倍多。并且 2023 年上半年新能源汽车产业链的研发投入占比已经超过 2022 年全年的研发投入占比。新能源汽车产业的研发投入持续增加，将有助于推动新能源汽车的发展和应用。新能源汽车产业链 2010～2022 年研发占比如图 6－51 所示。

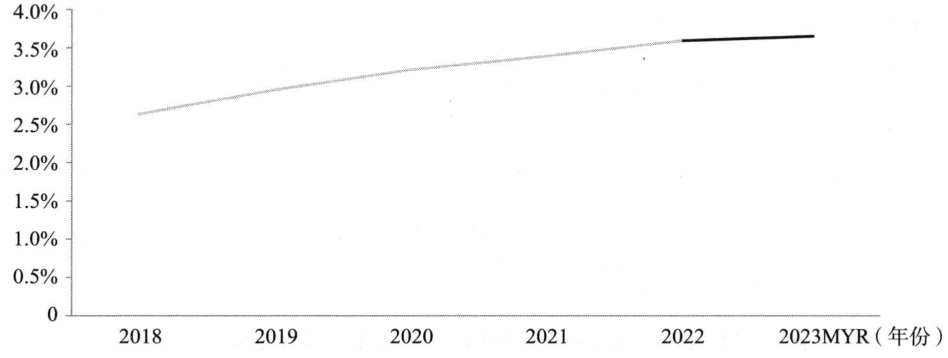

图 6－51　新能源汽车产业链 2010～2022 年研发占比

数据来源：中慧智库整理。

（六）分产业链核心部件的经营分析

通过对新能源汽车产业链核心部件的分析，可以看出整个产业的发展存在不均衡的现象。以 2022 年数据为例，这种不均衡主要体现在不同领域企业的数量、营业收入增长等方面。

1. 企业数量的不均衡

电池制造领域的企业数量明显高于其他领域的企业。这反映出从电池技术、研发、原材料等是新能源汽车产业链中的核心组成部分，拥有更多的市场参与者。相反，在其他产业领域里的企业数量相对较少，尤其是自动驾驶/辅助驾驶、芯片等相关企业。2022 年产业核心部件企业涉及数量如图 6－52 所示，2010～2022 年产业核心部件企业涉及数量增长速度如图 6－53 所示。

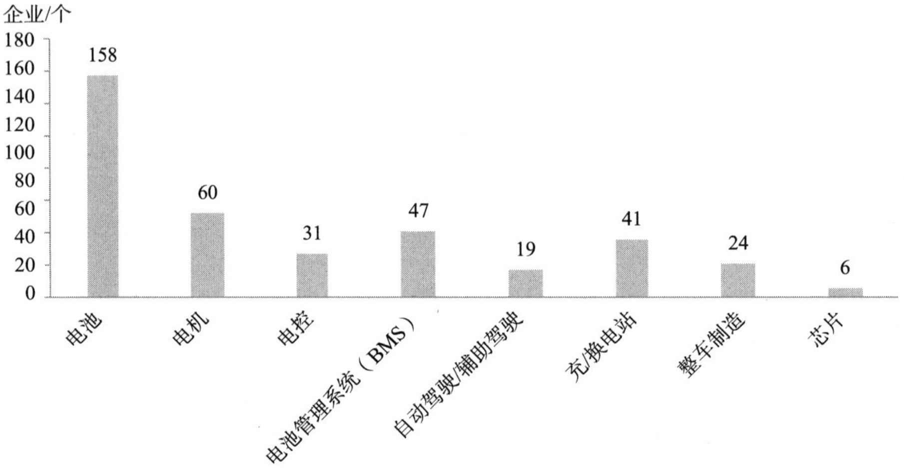

图 6－52　2022 年产业核心部件企业涉及数量

数据来源：中慧智库整理。

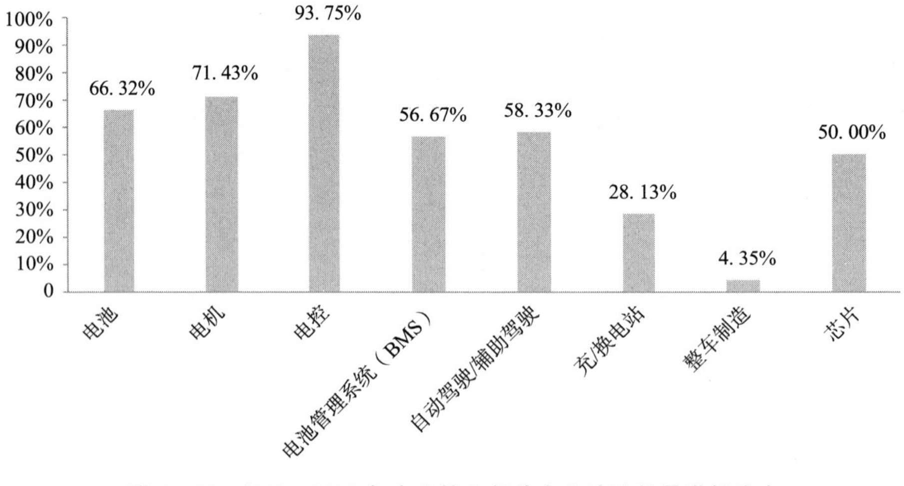

图 6－53　2010～2022 年产业核心部件企业涉及数量增长速度

数据来源：中慧智库整理。

2. 营业收入增长的不均衡

新能源汽车产业链中的不同领域在营业收入增长上同样表现出明显的不均衡。电池、电机和电控领域的增长速度明显高于自动驾驶/辅助驾驶技术领域，这可能与各自领域的技术成熟度、市场需求和政策支持等因素有关。此外，这种不均衡也反映了新能源汽车产业链的多样性和复杂性。2022 年产业核心部件企业营业收入如图 6 – 54 所示。2010 ~ 2022 年产业核心部件企业营业收入增长速度如图 6 – 55 所示。

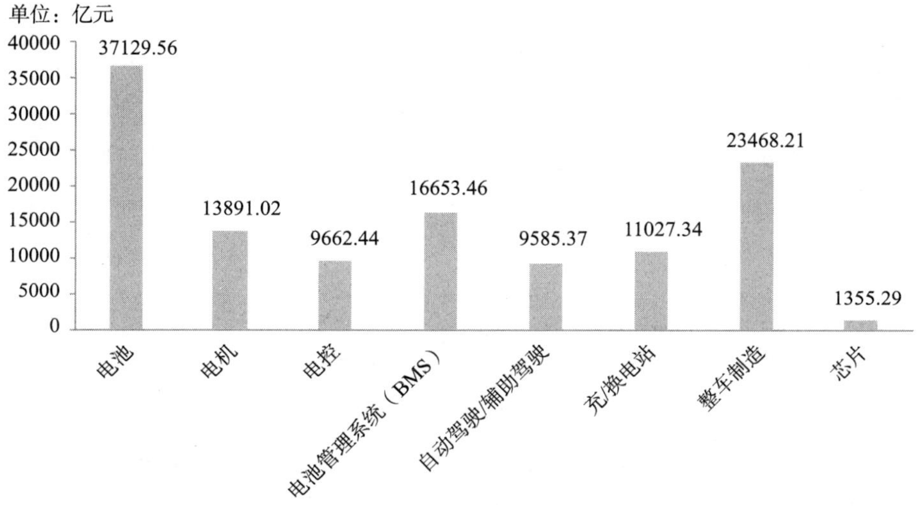

图 6 – 54　2022 年产业核心部件企业营业收入

数据来源：中慧智库整理。

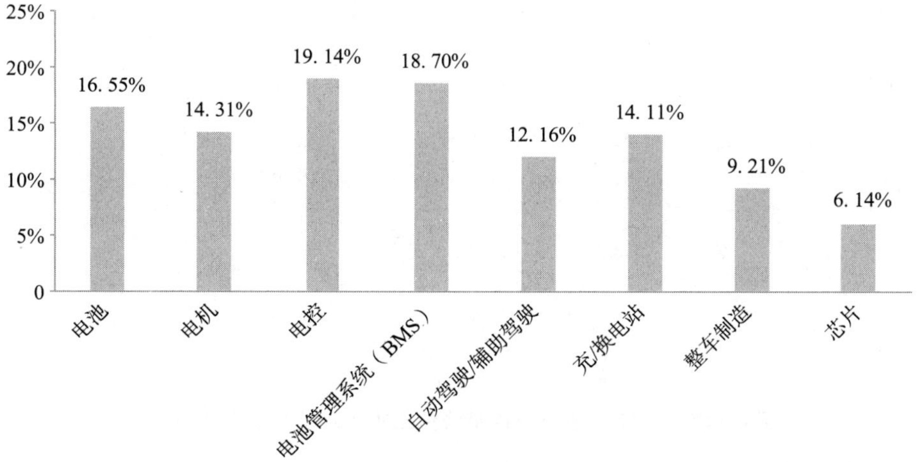

图 6 – 55　2010 ~ 2022 年产业核心部件企业营业收入增长速度

数据来源：中慧智库整理。

在 2022 年的总营业收入中，电池领域相关企业在新能源汽车产业链中表现最为突出，达到了 37129. 56 亿元，也是参与企业最多的领域。其次是整车制造商、电池管理系统（BMS）、电机、充换电站、电控系统、自动驾驶/辅助驾驶技术领域等。从总利润情况来看，电池领域相关企业同样位于领先地位，紧随其后的是电池管理系统（BMS）、整车制造商、充/换电站、电机、电控系统、自动驾驶/辅助驾驶技术领域等。2022 年核心部件总利润如图 6－56 所示。

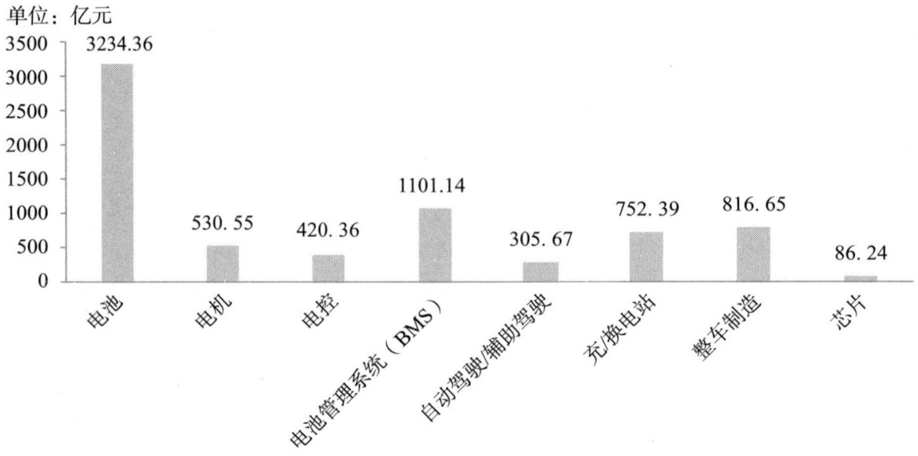

图 6－56 2022 年核心部件总利润

数据来源：中慧智库整理。

2022 年电池、电机、电控、电池管理系统（BMS）、自动驾驶及辅助驾驶、充/换电站、整车制造、芯片领域各涉及企业 158 家、60 家、31 家、47 家、19 家、41 家、24 家、6 家。其平均营收、营收中位数、平均利润、利润中位数如图 6－57、图 6－58 所示。

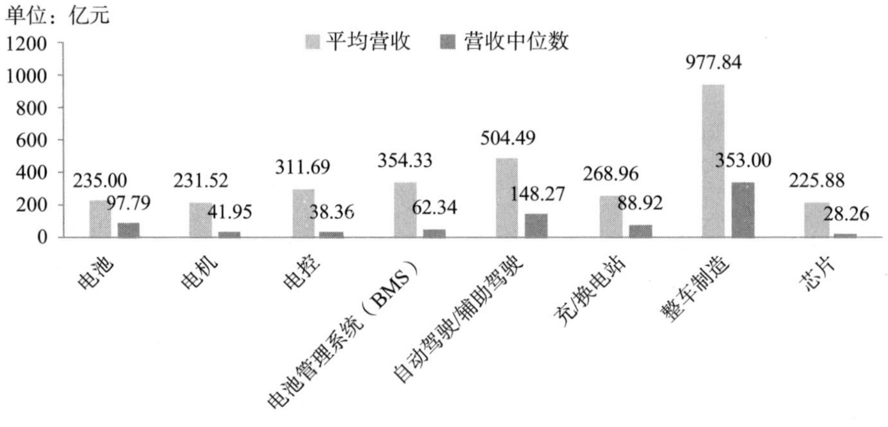

图 6－57 2022 年核心部件平均营业收入及营业收入中位数

数据来源：中慧智库整理。

3. 从行业集中度和竞争程度看

电池领域：拥有最多的参与企业，显示出具有成熟的技术与高度的竞争性。尽管如此，该领域总营业收入最高，表明市场需求强劲。

电控领域：企业参与数量表明该领域存在一定的技术和资本门槛，但并非像芯片或自动驾驶领域那样高度专业化。且市场价值和盈利能力相对较低，可能因为产品标准化程度较

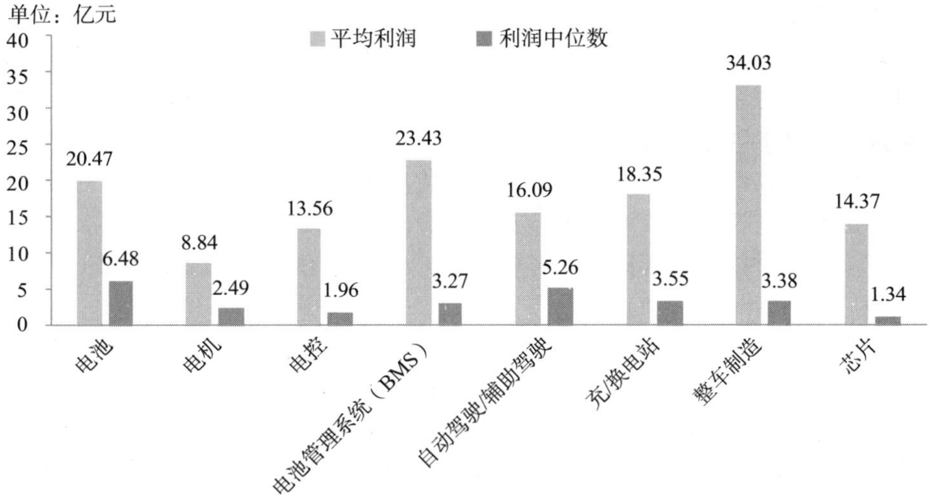

图 6－58　2022 年核心部件平均利润及利润中位数

数据来源：中慧智库整理。

高，且差异化竞争不明显。

整车制造商和自动驾驶/辅助驾驶技术领域：企业参与数量相对较少，表明这些领域存在较高的准入门槛。

芯片、工业机器人等：多年来涉及芯片与工业机器人领域的公司数量很少，这表明该领域技术壁垒很高，并且由少数公司主导，需要大量的技术专长和资本投资。

4. 从营业收入和利润角度看

电池、电机、电控和电池管理系统（BMS）领域：在新能源汽车的核心动力系统方面，包括电池、电机和电控领域的上市企业数量增长迅速，表明这些领域是新能源汽车产业链发展的主要驱动力。这些领域企业数量众多，且平均营业收入和利润都相当高，这反映出这些领域的技术门槛高和附加值大，并且是新能源汽车产业链发展的主要驱动力。与此同时，相对于电池领域相关产业，其他领域相关企业的数量较少，均未达到电池领域相关企业数量的一半，并且电池管理系统（BMS）在上市企业数量的增长上相对较慢，这可能与这些领域的技术复杂性和高研发成本有关。

自动驾驶及辅助驾驶：虽然涉及企业不多，但平均营业收入和利润都较高，说明这是一个高增值的行业。但是相比电池、电机、电控和电池管理系统（BMS）领域的企业数量增长速度要慢，这反映出自动驾驶技术在研发难度和市场认可程度上的差异。

充/换电站领域：作为新能源汽车基础配套设施，直接影响新能源汽车的普及和用户体验。虽然近年来这个领域的发展速度保持稳定，但在整个产业链中，充/换电站的盈利能力相对较低。

（七）上市公司是新能源汽车产业链主要环节的核心

中国新能源汽车产业链的快速发展彰显了上市公司的核心作用。这些公司通过上市获得的资金不仅体现了社会及社会资本对新能源汽车发展趋势的认可，也为产业的创新和扩张提供了强大动力。其中主要体现在以下四个方面。

一是在技术研发方面。这些资金主要被用于电池技术、电机设计以及电子控制系统等关键核心技术领域的创新。这些技术是新能源汽车与传统汽车的显著区别所在，也是产业发展的核心。同时，资金的注入加速了传统汽车制造业向新能源汽车领域的转型，促进了新旧产业的有效对接，为整车制造业的升级提供了动力。

二是在资金筹集方面。上市公司展现出其独特的优势。新能源汽车产业的发展需要大量的初始投资，这不仅包括研发费用，还涉及生产设施的建设和现代化。上市公司通过股票市场吸引的投资，不仅为技术创新提供了资金保障，也支持了企业的快速增长、品牌建立和市场扩张。

三是在行业标准和法规制定方面。上市公司同样扮演着至关重要的角色。随着产业的发展和市场占有率的不断提升，这些公司通过其规模化优势，积极参与到行业标准的制定过程中。此外，他们也在推动形成对新能源汽车发展有利的政策和法规方面发挥了显著作用。这些标准和政策的确立对于确保整个新能源汽车行业的健康发展和可持续性至关重要，同时也为产业的长期稳定奠定了基础。

四是在发展整合全球供应链方面。上市公司通过整合全球供应链，显著提升了新能源汽车产业的全球竞争力。他们与国内外的供应商和合作伙伴建立的关系，不仅提高了生产效率，还降低了成本，这对新能源汽车的普及和市场接受度产生了直接的积极影响。

以整车制造为例。国内涉及整车制造的企业共 39 家，其中在中国内地股市（A 股）上市的企业 24 家，在香港股市（H 股）上市的企业 11 家，在美国股市（美股）上市的企业 4 家。同时，可以看出，传统汽车制造企业在资本市场的选择多倾向于 A 股上市或 A + H 股同时上市，而新能源汽车整车制造企业则更倾向于选择 H 股与美股同时上市。这种趋势揭示了新能源汽车制造企业对全球资本市场的重视，以及他们在追求国际化和技术创新方面的战略布局。

在全球化背景下，中国新能源汽车产业链中上市公司的战略定位和作用日益显著。随着中国新能源汽车的崛起，这些上市公司不仅是国内市场的重要参与者，也逐渐成为国际舞台上的关键竞争者与引导者。

首先，中国新能源汽车产业链的全球布局显著加速。这些上市公司不仅在国内设立研发中心和生产基地，还积极扩展到海外市场。例如，他们在欧洲、北美和东南亚等地建立研发机构和制造工厂，这不仅提高了对当地市场的响应速度，也增强了对全球供应链的控制力。此外，这些企业通过与国外高科技公司和研究机构的合作，不断吸收和融合国际先进技术，推动技术创新。

其次，上市公司在推动新能源汽车产业国际化方面扮演了重要角色。这些公司通过参与国际展览、论坛和标准制定等活动，不断提升自身的国际影响力，也为中国新能源汽车产业的国际话语权作出了贡献。同时，他们在国际合规性、产品标准化以及市场适应性方面的不懈努力，有助于中国新能源汽车更好地融入全球市场。

最后，中国新能源汽车产业链中的上市公司在环境保护和可持续发展方面也显示出了巨大的责任感。面对全球减排和绿色发展趋势，这些企业积极投入大量资源于清洁能源和环保技术的研发，不仅体现了对全球可持续发展趋势的响应，也提高了企业的国际竞争力。

中国新能源汽车产业链中的上市公司在国内市场扮演着核心角色，并且在全球化的背景下显示出其重要的战略意义和国际影响力。这些公司的活动不仅加速了新技术的发展和行业的升级，而且体现了市场对新能源汽车未来发展的信心，为整个产业的健康和可持续发展提供了坚实的支持。他们在推动行业创新、促进国际合作以及实现可持续发展方面起到了关键作用。

随着全球新能源汽车市场的不断扩大和深化，这些上市公司将继续在技术创新、资金筹集、推动行业标准和整合全球供应链等方面发挥决定性作用。中国新能源汽车产业的发展不仅是国内经济转型的重要组成部分，也是中国在全球经济中日益增长影响力的体现。随着这些上市公司在技术、资金和市场布局方面的不断努力，中国新能源汽车产业有望在未来成为全球市场的重要竞争者。

四、风电产业链上市公司[①]

围绕着风电场的开发、建设和日常运营，风电产业链可分为上游、中游和下游三大环节：行业上游主要是风电的零部件制造商，包括叶片、发电机、轴承、电控系统等；中游主要是风电整机和风塔的制造商，整机（风机）是发电机组，风塔是风力发电的塔杆；下游主要是风电场运营和运维环节。

（一）产业链环节分布

上市公司基本覆盖主要环节，以投资运营和风电零部件居多。截至 2023 年 11 月 30 日，A 股上市公司中涉及风电产业链企业共 100 家。如图 6－59 所示，属于上游——材料、设备、零部件等企业有 46 家；属于中游——整机、风塔等产品制造的企业有 14 家；属于下游——产品应用、电厂运营的企业有 33 家；电网等配套产品、服务有 7 家企业。

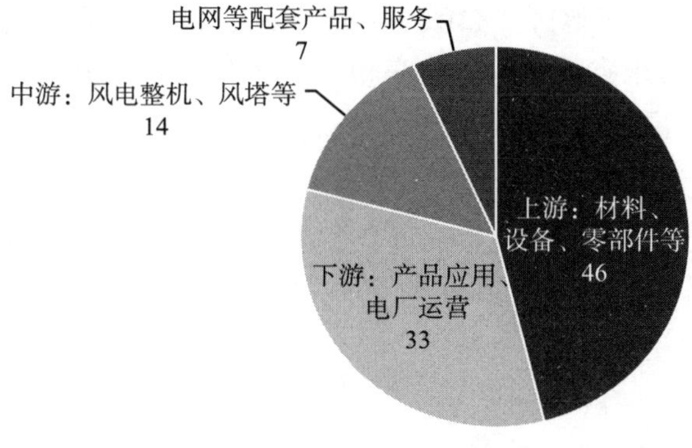

图 6－59　风电产业链上市企业上中下游分布（单位：家）

数据来源：中慧智库整理。

从所属环节来看，100 家企业共涉及 16 个环节，覆盖面比较广。如图 6－60 所示，投资运营环节有 33 家企业；风电整机有 12 家企业，占比 10.6%；风电零部件企业最多，共有 46 家，其中叶片材料企业 10 家，主轴、轴承或相关部件企业共有 8 家，叶片、铸件、锻件

① 本部分选取与风电产业相关度高的 100 家上市企业，其中包含中上游企业 67 家，下游风电运营企业 33 家，数据截至 2023 年 11 月 30 日。因中国海装（现更名为中船海装）为排名前十整机企业，在海上风电占有较大市场份额，且有年度数据，因此列入统计，其上市年份列为 2023 年。

或法兰件、齿轮箱、线缆等产品企业均为 4 家。中游环节塔筒、塔架企业有 6 家，其他各个环节的上市企业数量均在 4 家以下，部分环节上市企业数量较少。

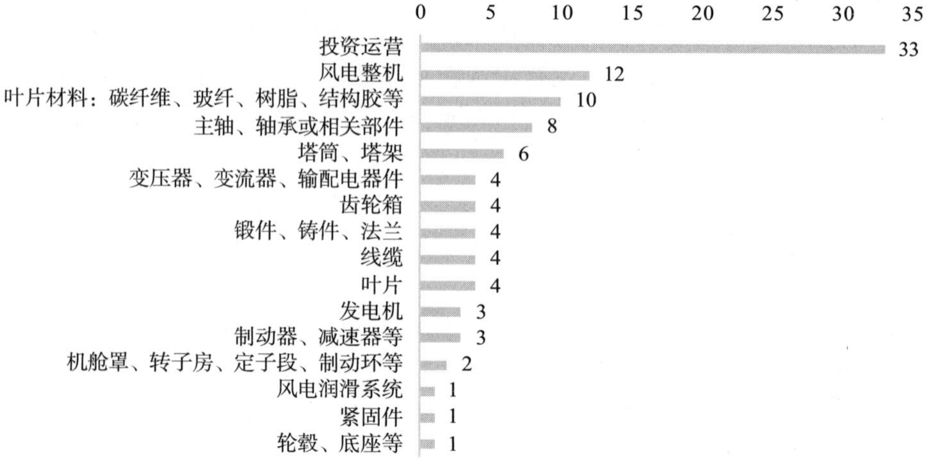

图 6-60　风电产业链上市公司所属环节分布（单位：家）

数据来源：中慧智库整理。

（二）属地分布

从地域分布来看，主要分布在东部省份。100 家上市企业共计分布在 26 个省份，其中有 6 家以上相关上市企业的省/直辖市有 6 个——江苏省、浙江省、北京市、山东省、上海市和广东省，均位于我国东部地区。如图 6-61 所示，江苏省有 19 家上市公司，浙江省有 10 家，北京市有 9 家，山东省有 7 家，上海市和广东省均有 6 家企业。

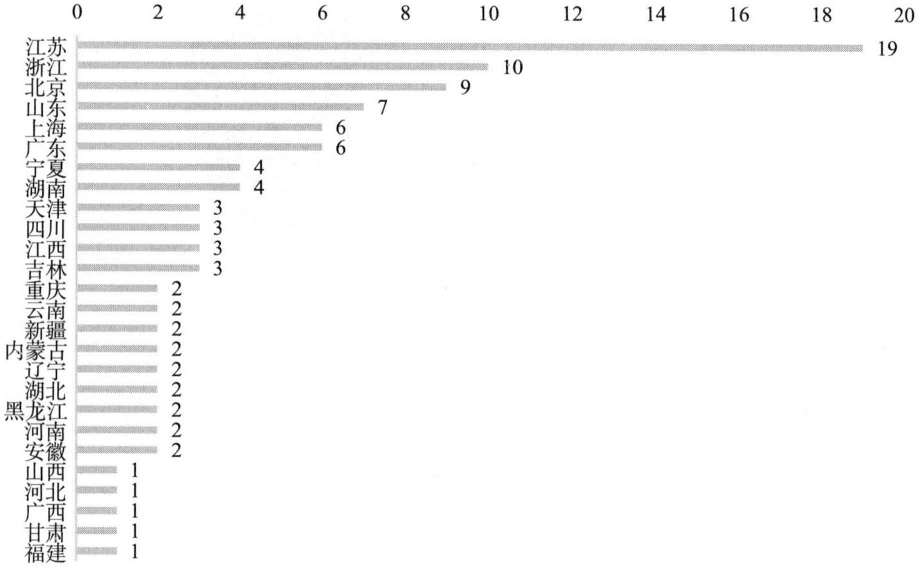

图 6-61　风电产业链上下游上市公司地域分布（单位：家）

数据来源：中慧智库整理。

通过对六个主要省份[①]的风电产业链上市企业及其所属环节分析，发现这些省份呈现出了一定程度的产业集聚特征。如表6－5所示，风电产业第一大省江苏，19家企业中有13家企业为产业链上游企业，占本省风电上市企业的68.42%，占全部企业数的13.00%。山东7家企业中，5家企业位于产业链上游，占本省上市企业数量的71.43%。浙江10家企业中，也有一半企业处于产业链上游。相比之下，北京市上市企业9家中有6家位于产业链下游环节，占比为66.67%；上海市6家企业中有3家位于产业链中游，广东省则各产业链上中下游企业分布较为平均。

表6－5　　主要省份上市企业产业链环节分布（N≥6）

省份	产业链环节	企业数量（家）	省市占比	全国占比
江苏		19	100.00%	19.00%
	上游：材料、设备、零部件等	13	68.42%	13.00%
	电网等配套产品	3	15.79%	3.00%
	下游：产品应用、电厂运营	2	10.53%	2.00%
	中游：风电整机、风塔等	1	5.26%	1.00%
浙江		10	100.00%	10.00%
	上游：材料、设备、零部件等	5	50.00%	5.00%
	下游：产品应用、电厂运营	2	20.00%	2.00%
	电网等配套产品	2	20.00%	2.00%
	中游：风电整机、风塔等	1	10.00%	1.00%
北京		9	100.00%	9.00%
	下游：产品应用、电厂运营	6	66.67%	6.00%
	中游：风电整机、风塔等	3	33.33%	3.00%
山东		7	100.00%	7.00%
	上游：材料、设备、零部件等	5	71.43%	5.00%
	中游：风电整机、风塔等	1	14.29%	1.00%
	电网等配套产品	1	14.29%	1.00%
上海		6	100.00%	6.00%
	中游：风电整机、风塔等	3	50.00%	3.00%
	上游：材料、设备、零部件等	2	33.33%	2.00%
	下游：产品应用、电厂运营	1	16.67%	1.00%
广东		6	100.00%	6.00%
	下游：产品应用、电厂运营	2	33.33%	2.00%
	上游：材料、设备、零部件等	2	33.33%	2.00%
	中游：风电整机、风塔等	1	16.67%	1.00%
	电网等配套产品	1	16.67%	1.00%

数据来源：中慧智库整理。

---

① 即风电产业链上市公司大于等于6家的省份。

（三）企业性质分布

从企业性质来看，以民营企业和国有企业为主，其中民营企业占比最高，如图 6－62 所示，100 家企业中：民营企业 41 家；国有企业 55 家（央企 29 家、地方国有企业 26 家）；合资企业和外资企业数量较少，各 2 家。

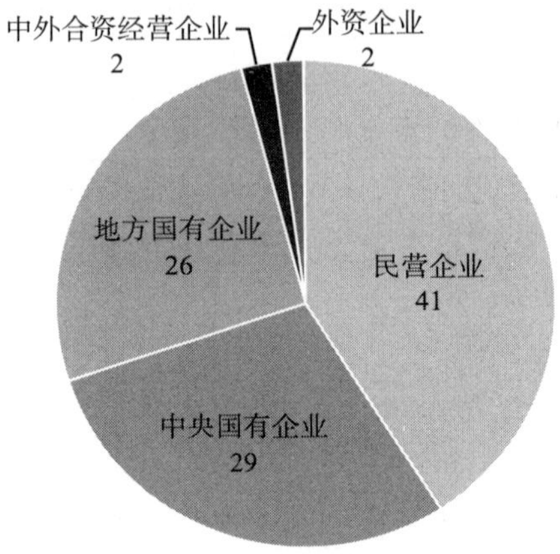

图 6－62 风电上市企业组织形式分布（单位：家）

数据来源：中慧智库整理。

注：内环为风电企业，外环为风电与电力运营企业。

（四）营收与利润情况

1. 营业收入连续四年增长

从营业收入来看，如图 6－63 所示，2022 年风电与电力运营[①]上市企业营业收入总额为 19489.0 亿元，同比增长 8.94%，整体呈逐年上涨趋势；风电上市企业营业收入为 8906.0 亿元，较上一年下降 0.90%。

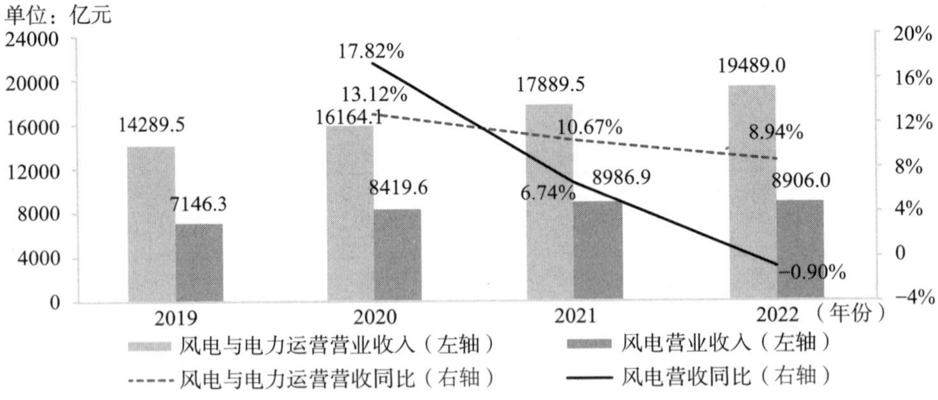

图 6－63 2019～2022 年风电产业链上市企业营业收入

数据来源：中慧智库整理。

① 本报告所指电力运营企业一般为综合运营企业，即不仅运营风力发电。

2. 利润、净利润较上一年明显改善

从利润总额来看，如图 6－64 所示，2022 年风电与电力运营上市企业利润总额为 1408.8 亿元，同比增长 44.87%；风电上市企业利润总额为 595.1 亿元，较上一年增长 25.33%。

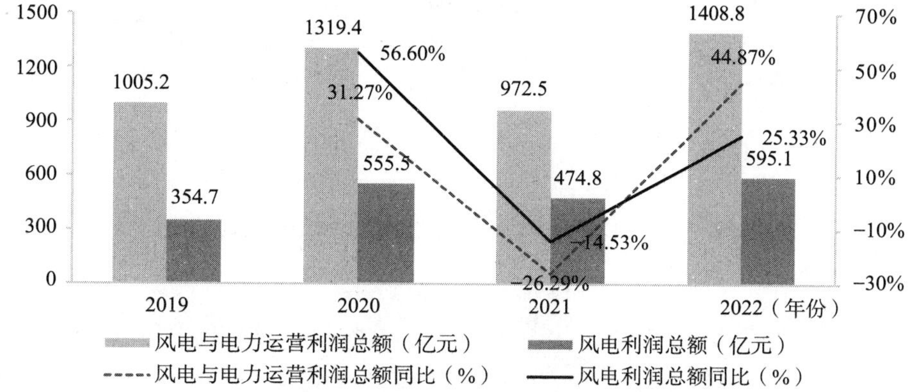

图 6－64　2019～2022 年风电产业链上市企业利润总额

数据来源：中慧智库整理。

从净利润来看，如图 6－65 所示，2022 年风电与电力运营上市企业净利润总额为 1191.9 亿元，同比增长 55.07%；风电上市企业净利润为 520.5 亿元，较上一年增长 31.37%。

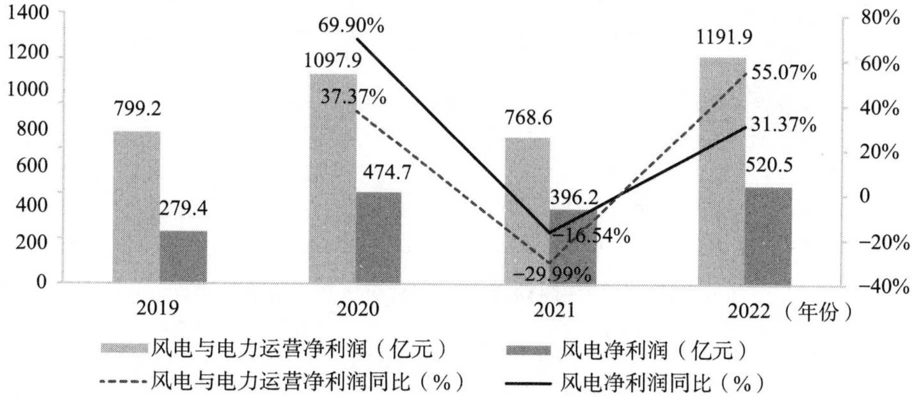

图 6－65　2019～2022 年风电产业链上市企业净利润

数据来源：中慧智库整理。

3. 人均营收①、人均利润明显改善，不同环节和组织类型企业分化较大

（1）人均营收与人均利润均有所增长。

从人均营收来看，如图 6－66 所示，2022 年风电与电力运营上市企业人均营收为 263.9 万元/人，同比增长 9.05%；风电上市企业人均营收为 199.5 万元/人，较上一年减少 0.84%。

① 因中国海装未对外公布员工数量，本部分对于人均指标的分析均不包含中国海装。

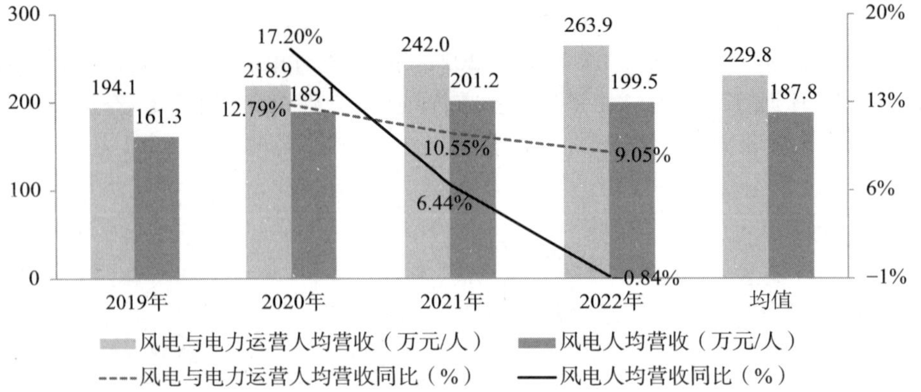

图 6－66　2019—2022 年风电产业链上市企业人均营收

数据来源：中慧智库整理。

2022 年，风电与电力运营行业和风电行业人均营收的表现均高于均值。

从人均利润来看，如图 6－67 所示，2022 年风电与电力运营上市企业人均利润为 19.2 万元/人，同比增长 44.94%；风电上市企业人均利润为 13.5 万元/人，较上一年增加 25.42%。

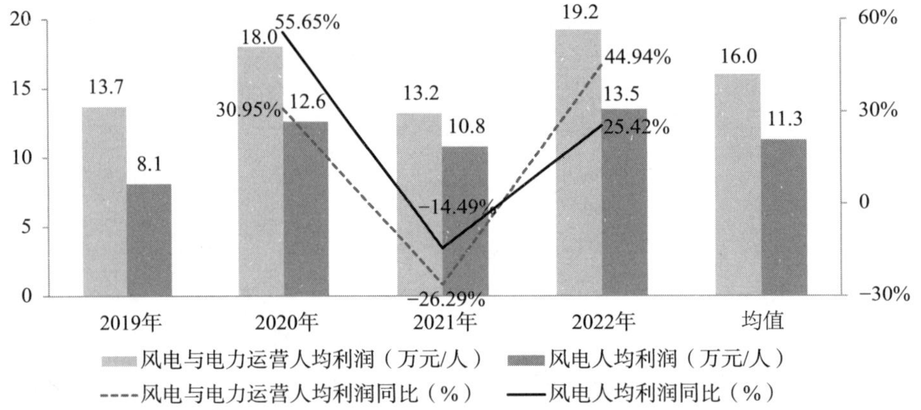

图 6－67　2019～2022 年风电产业链上市企业人均利润

数据来源：中慧智库整理。

从人均净利润来看，如图 6－68 所示，2022 年风电与电力运营上市企业人均净利润为 16.2 万元/人，同比增长 55.24%；风电上市企业人均净利润为 11.8 万元/人，较上一年增加 31.58%。

（2）不同产业链环节有增有减，变化幅度较小。

从不同环节的人均营收来看，如图 6－69 和图 6－70 所示，2022 年，仅主轴和轴承的上市企业实现人均营收的同比增长（2.20%），为 113.9 万元/人，高于近四年的均值 100.2 万元/人；塔筒和塔架上市企业人均营收为 297.4 万元/人，同比下降 20.16%，近四年的均值为 298.1 万元/人；风电整机上市企业人均营收为 208.8 万元/人，较上一年减少 2.98%，近四年的均值为 203.8 万元/人。

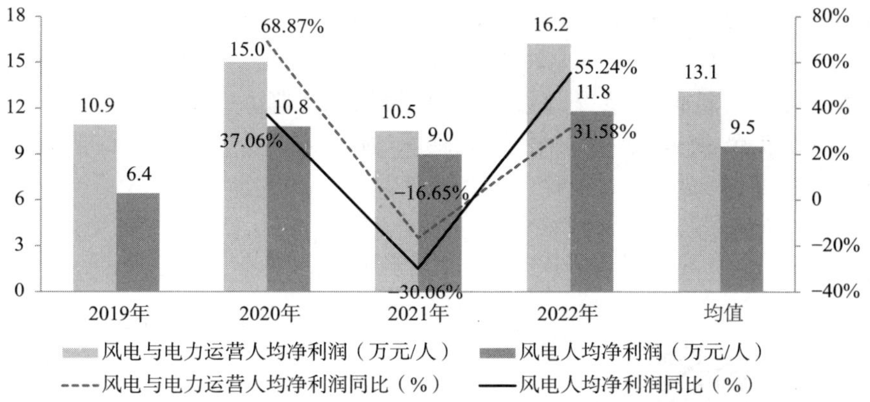

图 6－68　2019～2022 年风电产业链上市企业人均净利润

数据来源：中慧智库整理。

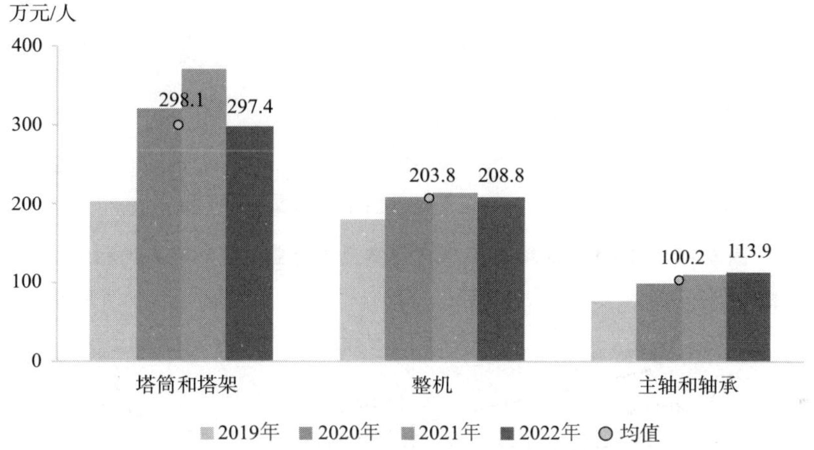

图 6－69　2019～2022 年风电产业链上市企业分环节人均营收

数据来源：中慧智库整理。

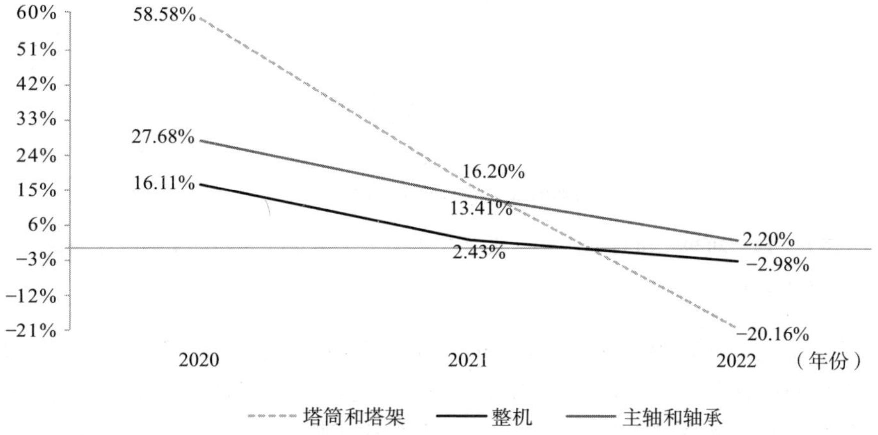

图 6－70　2020～2022 年风电产业链上市企业主要环节人均营收同比增长率

数据来源：中慧智库整理。

从不同环节的人均利润来看，如图 6－71 和图 6－72 所示，2022 年仅整机的上市企业实现人均营收的同比增长（53.71%），为 10.1 万元/人，高于近四年均值 0.2 万元/人；塔筒和塔架上市企业人均利润为 25.9 万元/人，尽管同比下降 54.56%，但仍旧保持盈利；风电主轴和轴承上市企业人均利润再次呈现亏损状态，为－7 万元/人，较上一年减少 156.43%。

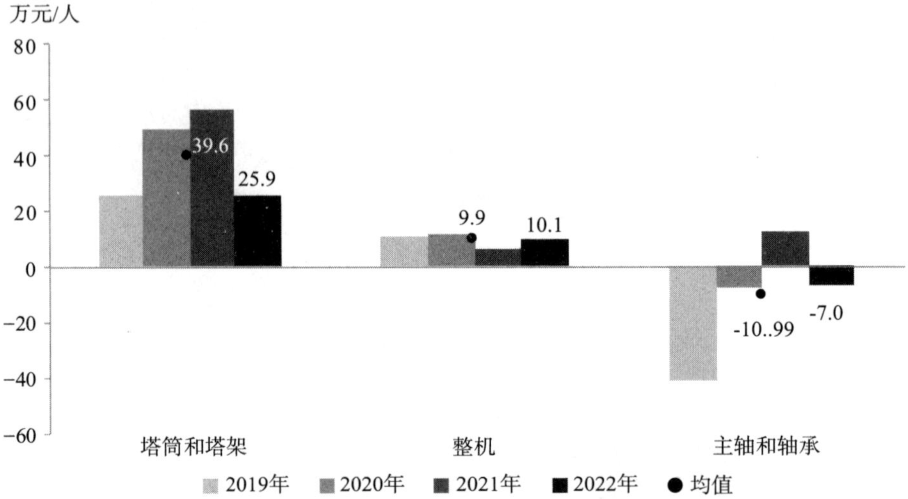

图 6－71　2019～2022 年风电产业链上市企业主要环节人均利润

数据来源：中慧智库整理。

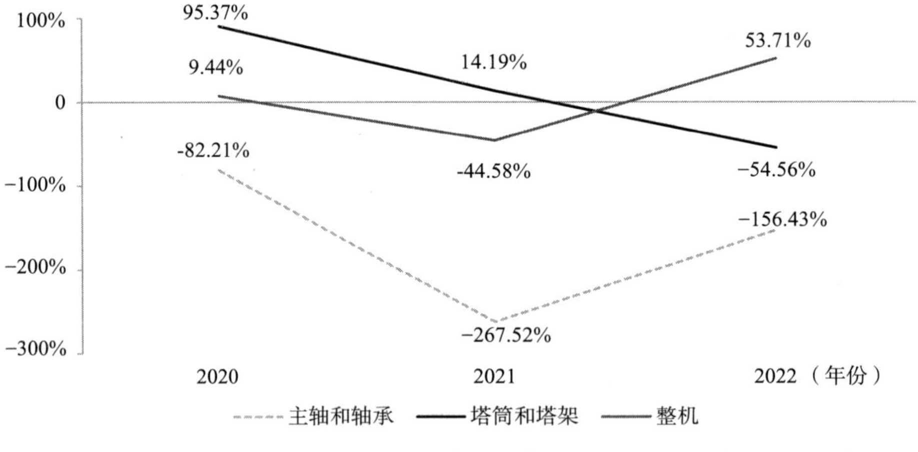

图 6－72　2020～2022 年风电产业链三大环节上市企业人均利润同比增长率

数据来源：中慧智库整理。

从不同环节的人均净利润来看，如图 6－73 和图 6－74 所示，2022 年仅整机的上市企业实现人均营收的同比增长 66.10%，为 8.8 万元/人，高于近四年均值 0.4 万元/人；塔筒和塔架上市企业人均利润为 23.3 万元/人，尽管同比下降 52.32%，但仍旧保持盈利；风电主轴和轴承上市企业人均利润再次呈现亏损状态，为－8.3 万元/人，较上一年减少 188.71%。

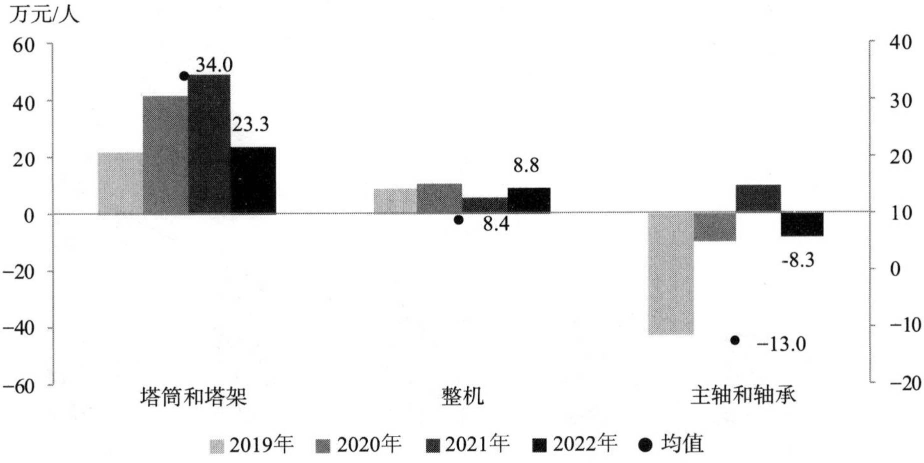

图 6－73　2019～2022 年风电产业链上市企业主要环节人均净利润

数据来源：中慧智库整理。

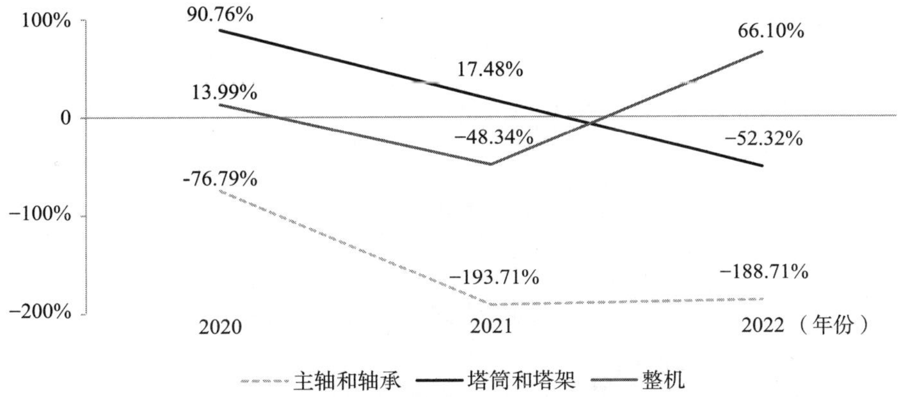

图 6－74　2020～2022 年风电产业链三大环节上市企业人均净利润同比增长率

数据来源：中慧智库整理。

（3）外资、合资企业人均营收较高。

从不同组织形式的风电上市企业人均营收来看，如图 6－75 和图 6－76 所示，2022 年，TOP3 分别为外资企业、中外合资企业和中央国有企业，且较上一年均有不同程度的下降。其中，外资企业首次出现同比下降的态势（－21.88%），但仍旧以 566.5 万元/人居首位；其次为中外合资企业，较上一年的 342.8 万元/人下降到 340.4 万元/人，同比下降 0.70%。

中央国有企业与民营企业均实现人均营收的同比增长。中央国有企业涨幅最大，为 14.34%，人均营收 271.4 万元/人；民营企业较上一年增长 0.58%，人均营收 203.1 万元/人。

从不同组织形式的风电上市企业人均利润来看，如图 6－77 所示，2022 年，外资企业的人均利润最高且连续四年快速增长，为 85.9 万元/人，同比增速 195.33%；其次是中外合资企业，尽管较上一年有一定程度的下降（－16.38%）但仍旧以 29.2 万元/人保持高位；地方国有企业人均利润由上一年的－1 万元/人增长至 10.5 万元/人，受基数效应影响，同比迅速增长，高达 1185.89%。

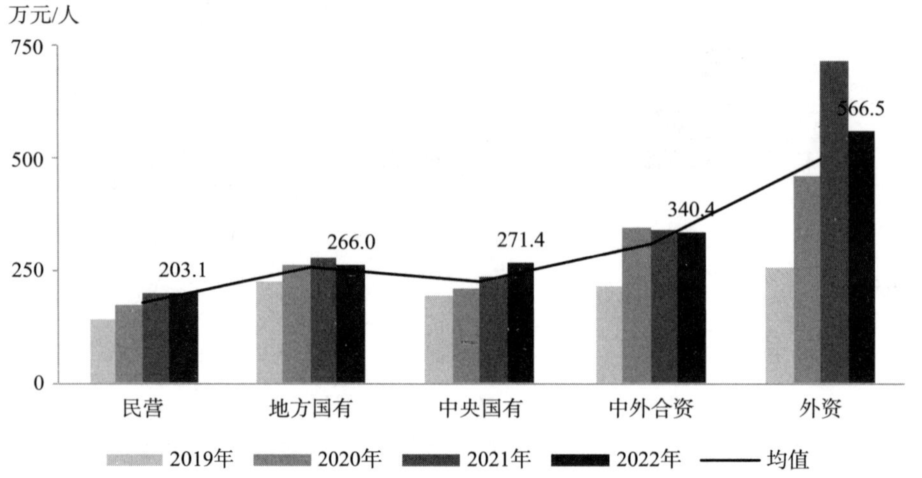

图 6－75 2019～2022 年风电产业链上市企业人均营收

数据来源：中慧智库整理。

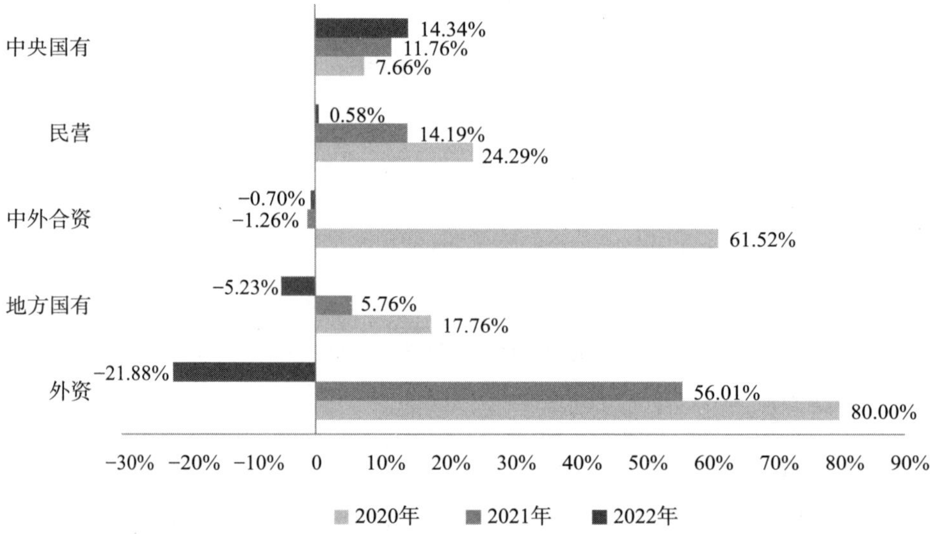

图 6－76 2020～2022 年风电产业链上市企业人均营收同比增长率

数据来源：中慧智库整理。

从不同组织形式的风电上市企业人均净利润来看，如图 6－78 和图 6－79 所示，2022 年，外资企业的人均净利润最高且连续四年快速增长，达到 73.3 万元/人，同比增速 40.55%；其次是中外合资企业，尽管较上一年有一定程度的下降（－8.76%）但仍旧以 26.0 万元/人保持高位；中央国有企业人均利润由上一年的 11.0 万元/人增长至 17.2 万元/人，同比增长 56.72%。

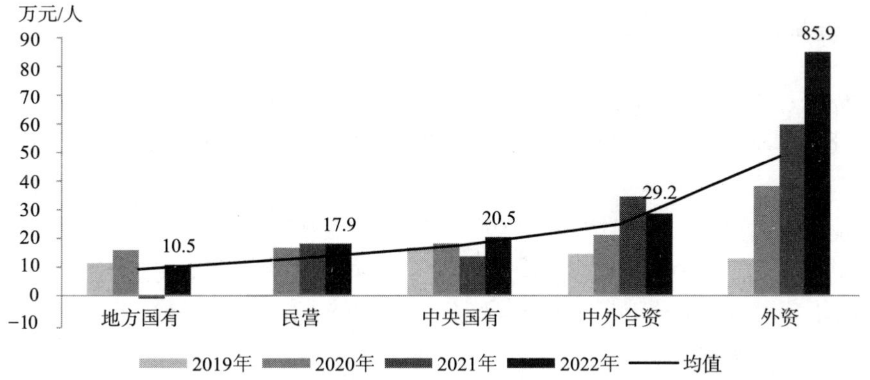

图 6 – 77　2019 ~ 2022 年风电产业链上市企业人均利润

数据来源：中慧智库整理。

注：上图中民营企业 2019 年人均利润为 –0. 2 万元/人，主要受到 3 家企业影响：江特电机亏损 19. 49 亿元、华仪电气亏损 29. 14 亿元，新光圆成亏损 50. 95 亿元。2022 年 5 月 24 日，深交所发布公告，决定对新光圆成股份有限公司终止上市。

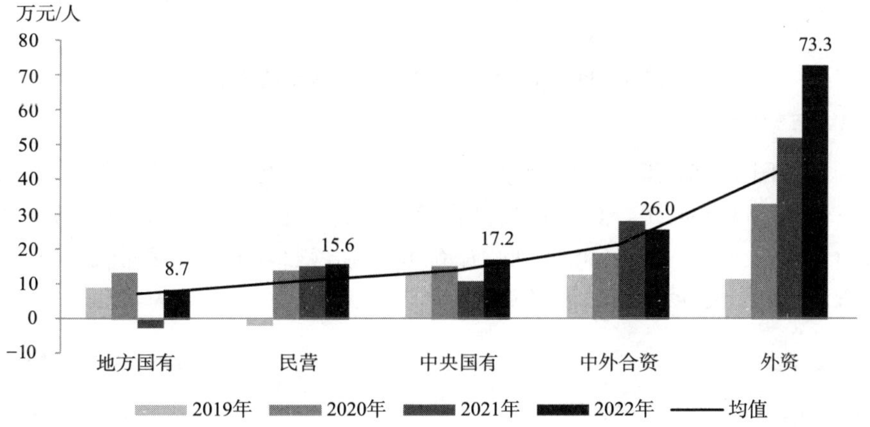

图 6 – 78　2019 ~ 2022 年风电产业链上市企业人均净利润

数据来源：中慧智库整理。

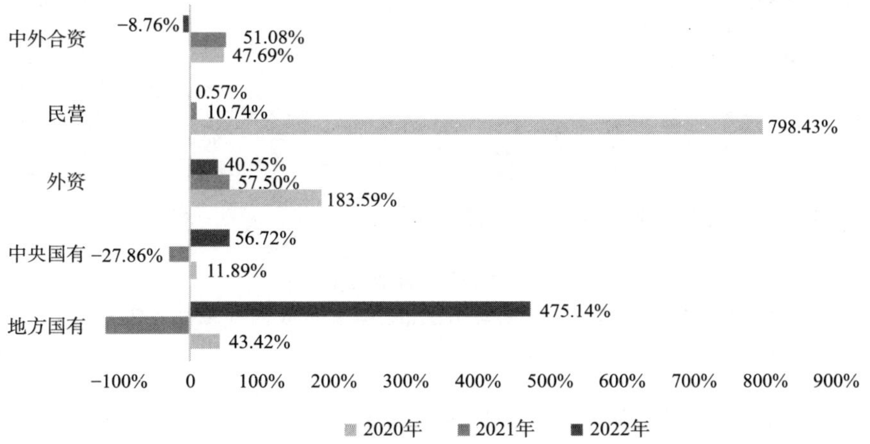

图 6 – 79　2019 ~ 2022 年风电产业链上市企业人均净利润同比增长率

数据来源：中慧智库整理。

（五）主要产业链环节上市企业发展情况

1. 风电整机：总营收有所下降，6 家企业同比营收增长，5 家企业同比下降

如图 6－80 所示，2022 年风电整机企业共计实现营收 5628.0 亿元，较上一年同比下降 3.02%。

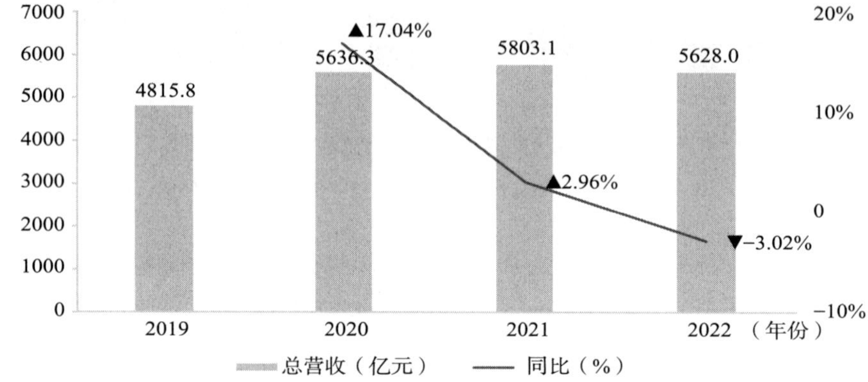

图 6－80 风电整机环节上市企业营收情况

数据来源：中慧智库整理。

具体来看，如图 6－81 所示，11 家企业中上海电气营收规模最大，为 1176.2 亿元，其次是东方电气，为 553.5 亿元，金风科技排在第三位，营收为 464.4 亿元，明阳智能和中国一重分列第四位和第五位。11 家企业中，有 6 家企业营收增长，5 家企业营收下降，11 家企业营收均值为 309.0 亿元，同比下降 4.15%。

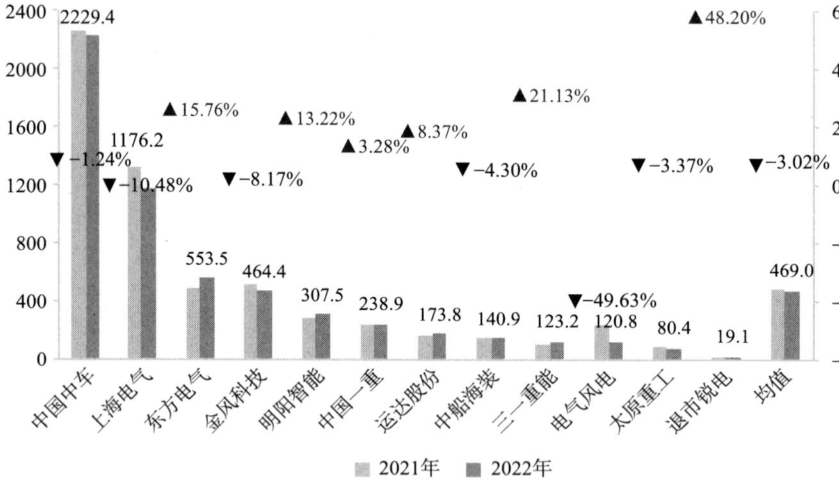

图 6－81 2021～2022 年风机环节上市公司营业收入（单位：亿元）①

数据来源：中慧智库整理。

如表 6－6 所示，从 2023 年第三季度的净利润来看，11 家企业净利润均值为 15.4 亿元，

① 中国海装缺少第三季度数据，未列入其中。

11 家企业中有 10 家企业实现了盈利，其中有 5 家企业净利润在均值以上，中国中车以 80.2 亿元净利润排在首位，东方电气以 30.4 亿元位列第二位，也是此环节中唯一一家在近四年第三季度实现净利润连续增长的企业。与上年同期相比，有 5 家企业营收高于上年同期，其中上海电气净利润情况明显改善，金风科技和明阳智能盈利较上年同期明显下滑，三一重能与上年同期基本持平，略有下降。

表 6-6　2020Q3～2023Q3 风机环节主要上市公司净利润

企业股票名称	各季度净利润（单位：亿元）			
	2020Q3	2021Q3	2022Q3	2023Q3
中国中车	83.1	77.8	77.5	80.2
东方电气	14.3	19.8	26.1	30.4
上海电气	34.2	-37.7	-2.8	24.2
金风科技	20.9	30.6	24	13.7
明阳智能	9.1	21	35.5	12.7
三一重能	6.8	10.9	10.5	10.3
运达股份	0.7	2.6	4.6	2.5
太原重工	-3.1	2.4	1	1.5
中国一重	0.6	0.7	0.7	0.5
退市锐电	-0.4	0.2	0.1	0.2
电气风电	1.4	4.8	0.1	-6.5
均值	15.2	12.1	16.1	15.4

数据来源：中慧智库整理。

注：中国海装没有相关数据，未列入此统计。

2. 主轴、轴承企业总营收略有提升，超七成企业营收同比增加

如图 6-82 所示，在风电主轴、轴承环节共有 8 家企业，2022 年该环节共计实现营收 167.2 亿元，较上年同期略有增长，同比增加 2.20%。

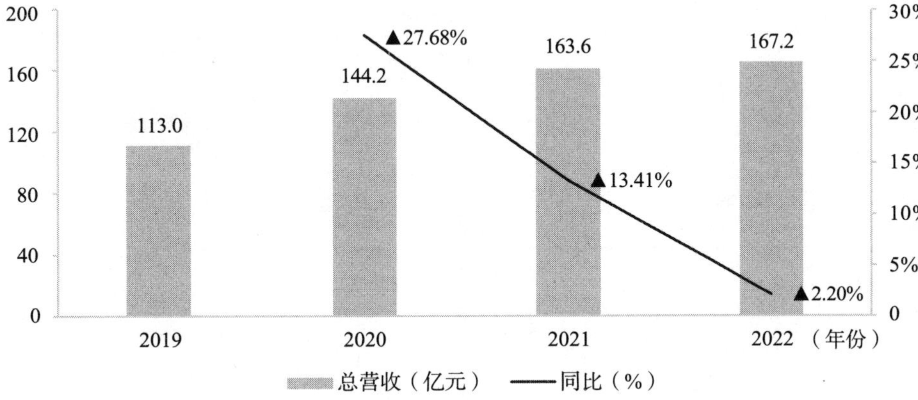

图 6-82　2020～2022 年风电主轴、轴承企业营业收入

数据来源：中慧智库整理。

从 2022 年度营业收入来看，如图 6－83 所示，通裕重工以 59.1 亿元排在首位，其次是广大特材，营收为 33.7 亿元，新强联营收为 26.5 亿元，排在第三位。金雷股份以 18.1 亿元排在第四位，新光圆成营收为 10.4 亿元，其余三家企业营收均在 10 亿元以内。从营收增长情况来看，8 家企业中有 6 家企业实现了同比增加，两家企业营收同比下降。

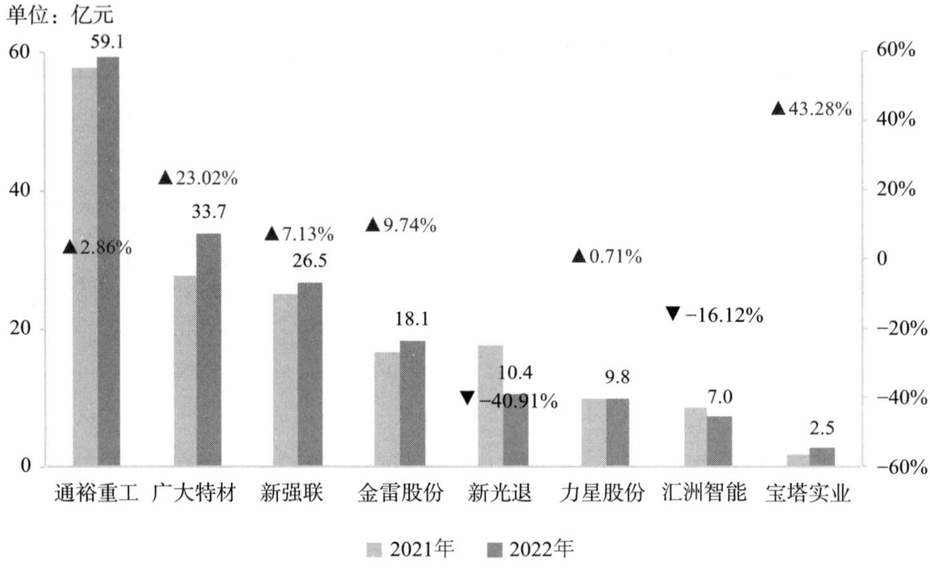

图 6－83　2021～2022 年主轴、轴承环节上市公司营业收入

数据来源：中慧智库整理。

从截至 2023 年第三季度的净利润来看，如表 6－7 所示，此环节中新强联和金雷股份表现突出，净利润均在 3 亿元以上，分别为 3.6 亿元和 3.3 亿元，分列第一位和第二位。通裕重工排在第三位，净利润为 2.5 亿元，这 3 家企业营收在此环节均值以上。8 家企业中有 6 家企业实现净利润同比增长。

表 6－7　2020Q3～2023Q3 主轴、轴承环节企业净利润情况

企业证券名称	各季度利润（单位：亿元）			
	2020Q3	2021Q3	2022Q3	2023Q3
新强联	2.6	4	3.4	3.6
金雷股份	3.4	4.1	2.4	3.3
通裕重工	3.4	2.8	1.7	2.5
汇洲智能	1.2	1.5	－3	1.4
广大特材	1.4	1.8	0.9	1.2
力星股份	0.4	0.9	0.4	0.6
宝塔实业	－0.5	－0.6	－0.4	－0.5
新光退	－10.2	9.5	－2.3	——
均值	－0.2	5.1	1.3	3.1

数据来源：中慧智库整理。

3. 塔筒、塔架营收下滑幅度较大，2023 年第三季度利润状况有所改善

如图 6－84 所示，在塔筒、塔架环节共有 6 家上市公司，共计实现营收 225.4 亿元，较上一年下滑 20.16%，下降幅度较大。

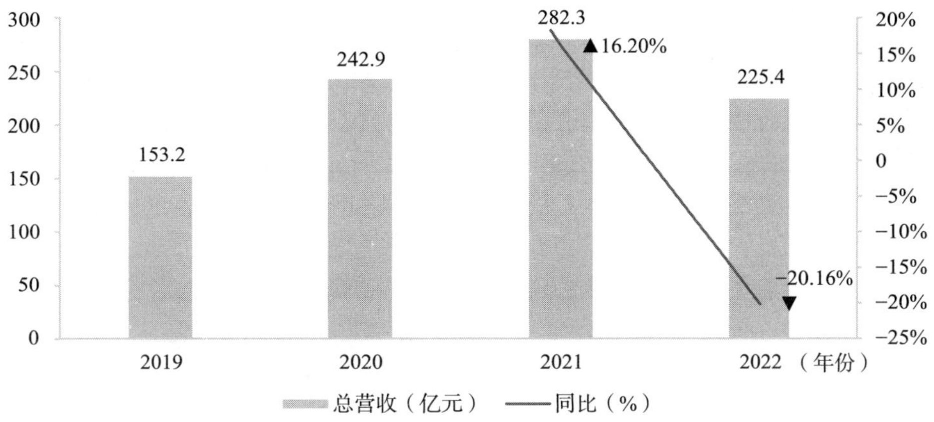

图 6－84　2020～2022 年塔筒、塔架环节营收情况

数据来源：中慧智库整理。

具体来看，如图 6－85 所示，天顺风能共计实现营收 67.4 亿元，排在此环节首位，大金重工以 51.1 亿元排在第二位，天能重工以 41.8 亿元位列第三位。6 家企业中，共有 2 家企业实现营收同比增长，4 家企业营收同比下降。从降幅来看，海力风电营收出现明显下滑，同比下降超 70%，其余三家企业下降幅度也较大。

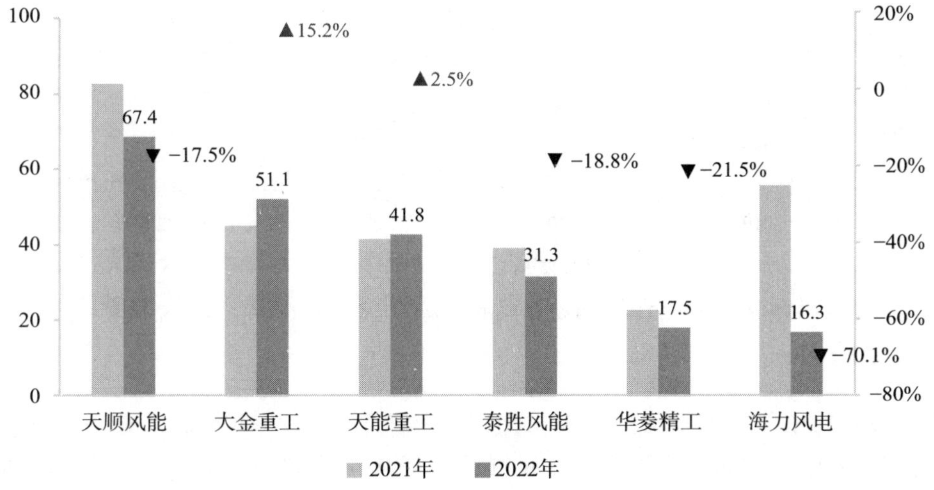

图 6－85　2021～2022 年塔筒塔架环节上市公司营业收入

数据来源：中慧智库整理。

如表 6－8 所示，从 2023 年 Q3 利润情况来看，6 家企业中有 5 家企业实现盈利，1 家企业亏损，其中天顺风能以 7.2 亿元排在首位，大金重工 2023Q3 净利润为 4.1 亿元，排在第二位，这两家企业营收超过此环节均值。同比来看，4 家企业同比增长，两家企业同比

下降。

表 6-8　2020Q3～2023Q3 主轴、轴承环节企业净利润情况

企业证券名称	各季度净利润（单位：亿元）			
	2020Q3	2021Q3	2022Q3	2023Q3
天顺风能	8.5	10.3	3.8	7.2
大金重工	3.1	4.3	3.3	4.1
泰胜风能	2.3	2.0	1.7	2.3
天能重工	2.8	2.8	1.6	2.1
海力风电	4.3	9.7	2.4	0.7
华菱精工	0.9	0.0	0.1	-0.6
均值	5.8	7.3	3.5	5.7

数据来源：中慧智库整理。

（六）研发费用分析

1. 研发费用①连续四年增长，均值与中位数分化较大

如图 6-86 所示，2022 年 89 家企业共计投入研发费用 614.2 亿元，相比于上年同比增加 10.37%。2019 年～2022 年研发费用实现了连续 4 年增长。

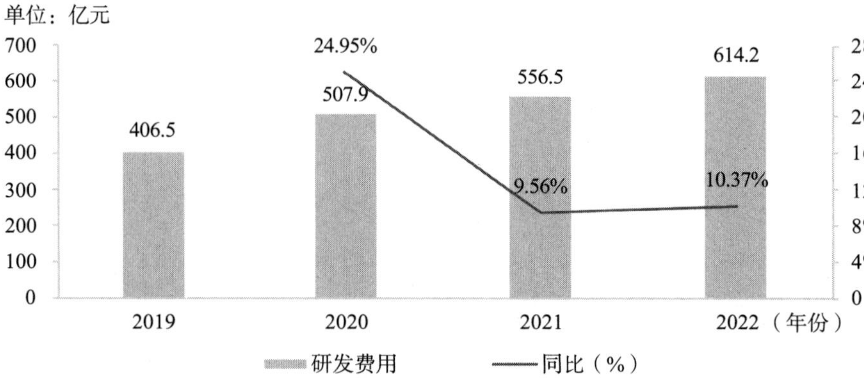

图 6-86　2019～2022 年风电产业链上市企业研发费用情况

数据来源：中慧智库整理。

从研发费用的中位数和平均数来看，如图 6-87 所示，2022 年研发费用平均数为 6.98 亿元，中位数为 0.95 亿元，实现连续四年增长。造成平均数与中位数严重分化的原因在于如中国电建、中国中车、上海电气等大型企业集团相关费用无法进一步拆分，造成研发费用远高于其他企业，拉高了研发费用总数值。例如在研发费用支出较高的风电整机环节，如表 6-9 所示，东方电气 2022 年研发费用为 22.7 亿元，金风科技 15.9 亿元，明阳智能研发费用为 8.4 亿元，三一重能为 7.7 亿元。其他电气风电、中国一重、运达股份三家企业研发费

① 本部分内容剔除了 2019～2022 年间数据不全的企业，共计统计了 89 家企业的研发费用情况。

用在 5 亿～6 亿元。

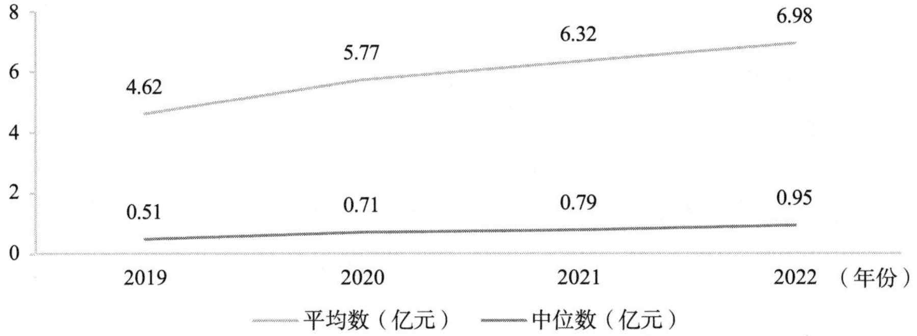

图 6－87　2019～2022 年风电产业链上市企业研发费用中位数与平均数

数据来源：中慧智库整理。

表 6－9　风电整机环节上市公司研发费用情况

企业名称	各年研发费用（单位：亿元）			
	2019 年	2020 年	2021 年	2022 年
中国中车	120.2	133.5	130.9	131.3
上海电气	40.9	48.5	54.1	50.3
东方电气	18.9	20.0	21.1	22.7
金风科技	9.5	14.8	15.8	15.9
明阳智能	3.0	6.0	8.7	8.4
三一重能	1.4	4.6	5.4	7.7
电气风电	2.9	5.6	9.3	5.8
中国一重	3.7	4.7	5.2	5.5
运达股份	1.8	4.0	5.8	5.1
太原重工	1.8	2.2	3.4	3.5
退市锐电	0.4	0.4	0.6	0.8

数据来源：中慧智库整理。

2. 研发费用占比逐年提升

从研发费用占比来看，如图 6－88 所示，2022 年风电上市企业研发费用占营业收入的比重为 4.38%，较上一年增长 0.12 个百分点，整体呈缓慢上升趋势；风电与电力运营上市企业①研发费用占营业收入的比重为 3.28%，较上一年增长 0.04 个百分点。

2019 年，风电行业的研发费用占比高于风电与电力运营 1.08 个百分点，2022 年为 1.10 个百分点。从整体上看，差距有增大的趋势。

3. 整机企业研发费用占比最高，主轴和轴承环节增幅较大

从风电行业三大环节研发费用占比来看，如图 6－89 所示，2022 年研发费用占比最多

① N＝89

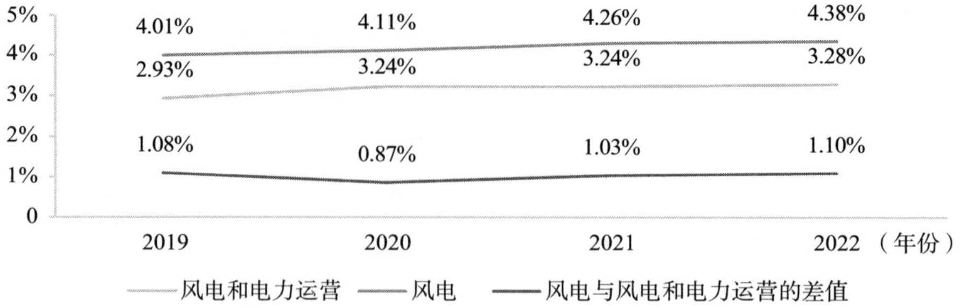

图6－88　2019～2022年风电产业链上市企业研发费用占比

数据来源：中慧智库整理。

的是整机环节，达到4.64%，近四年保持缓慢上升趋势；其次为主轴和轴承环节，上涨幅度最大，较上一年增长0.61个百分点达到3.98%；最后是塔筒和塔架环节，较上一年增长0.54个百分点，为2.54%。

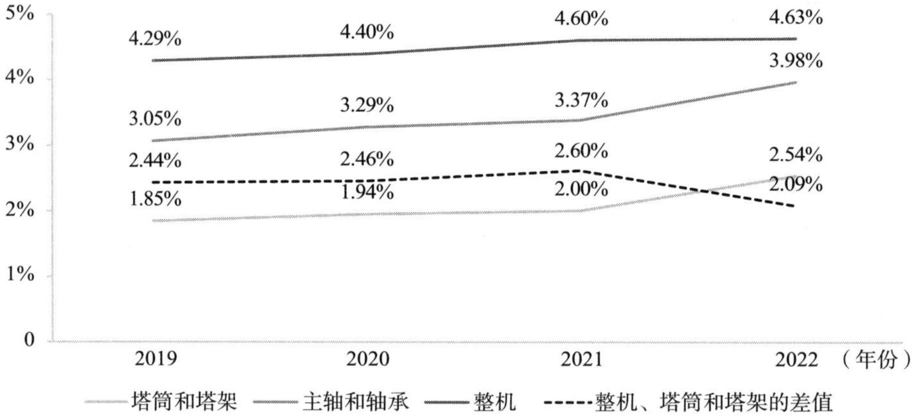

图6－89　2019～2022年风电产业链三大环节上市企业研发费用占比

数据来源：中慧智库整理。

2019年，整机的研发费用占比高于塔筒塔架2.44个百分点，该值在2019～2021年间保持扩大的趋势，2022年降至2.09个百分点，不同环节间研发费用占比的差距相对缩小。

4. 民营企业和地方国有企业连续四年保持增长趋势

从不同组织形式的研发费用占比来看，如图6－90所示，2022年民营企业研发费用占比最大，较上一年增长0.39个百分点，为3.94%；其次为地方国有企业①，增长0.15个百分点，为3.72%，民营企业和地方国有企业连续四年保持增长趋势；中央国有企业②近期连续缓慢下降，较上一年减少0.05个百分点，为3.15%。

2019年，民营企业研发费用占比高于外资企业0.9个百分点，2022年达到1.94个百分点，不同组织形式在研发费用比重上的差距逐渐增大。

① N＝20。

② N＝24。

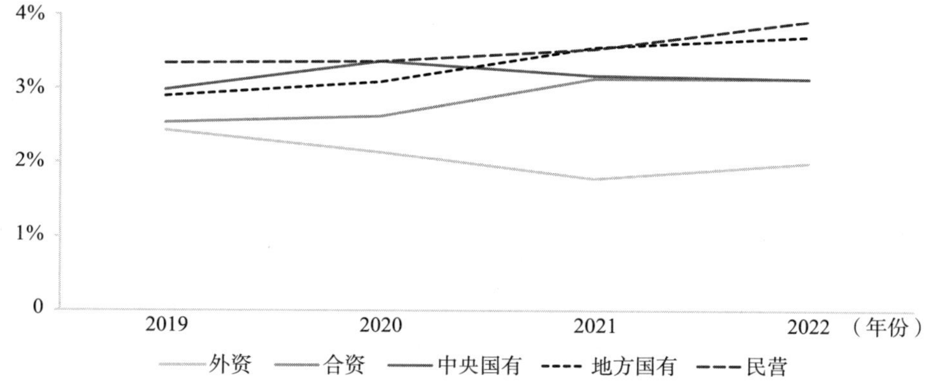

图 6－90　2019～2022 年风电产业链上市企业研发费用占比

数据来源：中慧智库整理。

（七）上市公司基本涵盖了我国风电产业主要环节的核心企业

当前，从相关 A 股上市公司的产业链环节分布来看，上市公司基本上覆盖了我国风电产业链的主要核心环节。

1. 风电整机：前十企业有八家企业上市

以风电整机企业为例，根据中国可再生能源学会风能专业委员会（CWEA）公布的 2022 年中国风电吊装统计数据。如表 6－10 所示，2022 年新增吊装容量中国风电制整机制造商前四名分别是金风科技、远景能源、明阳智能和运达股份。相较上年，前四名排名未发生变动。三一重能凭借陆上风电装机优势位列第五位，进步明显，较上一年提升 3 个名次。中国中车位列第六位，中国海装（现为“中船海装”）和电气风电分列第七和第八位。东方电气和联合动力分别位列第九和第十位。

表 6－10　2022 年中国风电整机制造商新增吊装容量排名①

排名	2022 年	吊装容量（万千瓦）	2021 年	吊装容量（万千瓦）
1	金风科技	1136	金风科技	1138
2	远景能源	782	远景能源	815
3	明阳智能	621	明阳智能	693
4	运达股份	610	运达股份	677
5	三一重能	452	电气风电	321
6	中国中车	374	中国海装	329
7	中国海装	336	中车风电	353
8	电气风电	325	三一重能	555
9	东方电气	184	东方电气	313
10	联合动力	92	联合动力	126

数据来源：《2022 年中国风电吊装容量统计简报》，中慧智库整理。

① 不同研究机构吊装容量和排名情况存在差异，本处采用中国可再生能源学会风能专业委员会（CWEA）的统计数据。

从 2022 年新增吊装容量前十企业名单来看，前十企业中金风科技（002202. SZ）、明阳智能（601615. SH）、运达股份（300772. SZ）、三一重能（688349. SH）、中国中车（601766. SH）、中国海装（A17296. SZ）、电气风电（688660. SH）、东方电气（600875. SH）均已上市，只有远景能源和联合动力两家企业未上市。根据公开消息检索，远景能源已进行了多轮融资，企业正处在转型期，创始人曾公开表示，未来五年内，远景一定不会上市。联合动力为国家能源集团子公司，上市与否与总公司的发展规划相关，可以说整机商基本完成了上市工作。除了上述上市企业，也有一些其他环节企业开始进入风电整机市场，比如太原重工可设计制造 1.5MW ~8MW 系列风电整机及核心零部件。中国一重也正在大力推进风电业务，整机装配项目已经投产，覆盖陆上风机全部机型；风机轴、塔筒生产线已通过验收；叶片厂建设目前正在推进中。

2. 齿轮箱、主轴、海缆：主要企业完成上市

再比如主要零部件齿轮箱领域，全球风电齿轮箱行业形成由南高齿、采埃孚和威能极形成三足鼎立的竞争格局，其中南高齿为全球第一的风电齿轮箱制造企业，已在港股上市（中国高速传动）。大连重工、杭齿前进、二重（国机重装）、宁波东力等企业也已上市，重庆重齿暂未上市。海上风电海缆领域国内市场主要被中天科技、东方电缆、亨通光电三家龙头企业占据，2021 年市占率分别为 41%、33%、16%，合计达 90%。国内风电主轴行业双寡头企业是金雷股份和通裕重工，二者均为上市企业，除此之外，新强联、广大特材等上市企业也生产主轴产品，需要注意的是部分企业经营状况不容乐观，部分企业盈利能力较差，存在 ST 甚至退市风险。

当然，并非所有领域都由国内上市企业占据主导，部分领域如主轴轴承领域，高端市场依然被 SKF、舍弗勒、NSK 等跨国巨头占据，本土企业洛轴、瓦轴等市场份额较小。轴承滚子领域目前有 1 家企业上市，国内滚子厂商主要以生产 III 级滚子为主，具备生产Ⅱ级、I 级滚子的企业相对较少，尤其是能批量生产高端滚子的专业滚子厂商屈指可数。风电铸件的企业超过 10 家，其中产能规模大和专业性强的企业主要包括日月股份、通裕重工、吉鑫科技、豪迈科技、广大特材等，但是这一领域市场集中度并不高。此外，还有部分细分产品，上市公司数量较少。

五、发展建议

（一）立足全球，推动重点产业链与上市公司“摸底”研究

除半导体集成电路、新能源汽车、风电以外，针对支撑现代化产业体系的重点产业链，对全球范围内主要上市公司进行深入“摸底”研究，全面把握国内上市公司在重点产业链供应链中的产品与技术保障、市场地位、科技创新要素，与全球其他交易所的行业内上市公司对标的核心竞争力及相对优劣势等。

（二）完善工具手段，加强产业链企业分析和产业跟踪监测

建立完善产业链重点企业和项目统计监测目录，搭建产业链企业库，加强对龙头企业的监测分析，加强产业链经济运行相关数据分析和监测，定期分析产业链中企业发展现状、技

术水平，以及核心原材料、零部件对国外依存度等情况，对标国内外产业发展分析产业链存在的问题，跟踪分析国内外相关产业链动态趋势，及时掌握重大项目实施、技术创新进展、政策落实情况，完善实时动态监测和反馈机制，做好跟踪分析、监督检查、量化评估等。建立产业链发展日常调度通报机制，形成能反映产业链发展成果的统计体系，强化产业链运行常态化监测分析，定期召开专题会议研究产业链提升工作，确保产业链稳定。

（三）加大平台建设力度，为企业提供支撑与服务

支持半导体集成电路、新能源汽车、清洁能源等重点产业平台建设，加大对上市公司监管与赋能平台的建设力度，围绕科技创新、投融资监管、产业情报、产业导航、科技赋能、人才赋能、同业探查、区域对标、供应链协同等不同方面，为上市公司及产业的高质量发展、推动经济社会进步作出积极贡献。坚持问题导向、需求导向，搭建企业合作交流平台，全面了解企业生产经营情况，着力帮助解决产业链技术创新堵点痛点，加快推动产业链与创新链深度融合，为产业链发展保驾护航。强化指导服务，通过开展产业链企业集中采购、政银企对接、集中办证等活动，帮助企业解决“急难愁盼”问题，保障产业链供应链顺畅运转，帮助企业线上精准对接原材料、产品、资金等供需信息，为产业链上下游企业协同协作提供有力支撑。

（四）发挥企业创新主体作用，深化产学研，不断提高产业发展质量

发挥企业创新主体作用，大力鼓励与支持企业针对产业链上缺失的关键环节与“卡脖子”技术，加大研发投入，提升创新能力，提高产品结构层次和产品附加值。积极帮助符合条件的产业链企业申报高新技术企业、“专精特新”企业等，强化培育指导。加大知识产权保护力度，维护企业知识产权合法权益，激发企业创新积极性。加强校企合作，围绕重点产业链关键核心技术开展综合研究，实现互利共赢。加强创新平台建设，深化与国内外著名研发机构、行业协会合作，打造一批重点实验室、产业研发中心、技术创新中心等科创平台，夯实创新基础。健全科研成果转化和产业化机制，打通从项目结题到成果有形化再到产业化通道，让更多成果惠及产业链发展。要充分发挥科技创新在产业高质量发展中的引领作用，不断强化企业科技创新主体地位，持续提升企业创新能力，支撑发展方式从规模速度型向质量效益型转变，塑造发展新动能新优势。

（五）加快补足短板，构建自主可控产业生态

虽然近年来我国新能源汽车产业、风电产业及集成电路产业发展已取得了积极成效，但产业链部分环节与国际先进水平仍然有较大的差距，在关键领域和环节的自我保障能力较弱，尤其在制造以及设备和材料领域急需补足短板。加强对龙头企业及产业的监测分析，跟踪分析国内外相关产业链动态趋势，定期分析产业链发展状况，完善实时动态监测和反馈机制。以半导体集成电路产业为例，应鼓励企业自主开展基于新器件、新材料、新工艺的ARM、X86及RISC－V芯片架构、EDA及IP研发设计。鼓励发展大硅片、特种气体、光刻胶、抛光材料、高纯靶材等高端半导体制造材料，支持光刻机、刻蚀设备、离子注入、沉积设备、关键零部件及工具等国产化替代。加快补齐短板，培育一批具有国际竞争力的大企业和具有产业链控制力的生态主导型企业，构建自主可控产业生态。

（六）持续加大对资本市场的支持力度，为产业赋能

资本是支持产业发展的重要要素，对于构建现代化产业体系具有天然适配性。资本市场可以增强金融供给和实体经济融资需求的适配性，通过充分发挥资源配置功能，引导各类要素资源向实体经济特别是制造业集聚，从而在优化经济结构、加快形成现代化产业体系等方面发挥至关重要的作用。尤其是资本密集型和技术密集型行业如半导体集成电路产业、新能源汽车产业等，技术门槛高、研发投入大、回报周期长，其发展离不开市场上大量投资机构的资本投入，更需要资本赋能。应持续加大对资本市场的支持力度，借助资本市场加强对集成电路产业供应链及产业生态的渗透，进而提高产业的掌控能力。加快发展多层次资本市场，吸引和培育各类支持科技创新的投资机构，集聚一批优质天使投资、创业投资、股权投资机构，推动信托、保险等机构成为促进资本市场发展、维护资本市场稳定的重要力量。围绕企业成长全生命周期，不断培育优质上市资源。充分发挥科创板资本市场改革“试验田”作用，把握科创板战略定位，支持集成电路产业借助资本市场加快发展。

（七）继续加大对产业的扶持力度

2023 年政府工作重点提到要鼓励和吸引更多民间资本参与国家重大工程和补短板项目建设，激发民间投资活力。此外，在加快建设现代化产业体系方面，提到要围绕制造业重点产业链，集中优质资源合力推进关键核心技术攻关。

以半导体集成电路产业为例，其高投资、长周期和高风险特征决定了其发展离不开有效的外部支持，在产业发展初期完全依靠单个企业进行研发是很难实现技术突破的，还需要政策支持、资本加持以及产业配套，这也是日本和韩国集成电路行业赶超发展的经验。因此，各级政府基金、投资机构、国内银行和资本市场要继续加大对半导体集成电路等产业的扶持力度。

7. “双碳”背景下上市钢铁企业应用期货衍生品管理风险研究

银河期货 课题组*

钢铁行业是中国制造业中碳排放量最大的行业，也是中国应对气候变化最重要的领域之一。因此，“双碳”目标对我国钢铁产业的发展提出了严峻的挑战，这也对上市钢铁企业提出了更高的要求。

目前已经有较多论文从如何改进钢铁冶炼以及产业结构调整的角度出发，对如何应对“双碳”目标进行探讨。本文主要是从金融角度出发，研究企业如何通过衍生品工具解决目前面临的困境，尤其是在尚未取得定价权的情况下，通过衍生品工具进行风险管理是必要且可行的。考虑到工信部未来规划以及期货衍生品应用在上市企业普及度不足的情况，本文重点对期货衍生品在上市公司风险管理中的应用进行分析，在明确发展过程中可能存在问题的基础上，提出对应的解决方案，从而加快上市钢铁企业应用期货衍生品工具实现风险管理的进程，帮助上市钢铁企业有效地进行风险管理，提高企业的国际竞争力，从长远来看，也将更有利于争夺商品的国际定价权。

通过实证案例分析发现，目前黑色产业链的上市品种并不完善，加上采用完全套保对冲风险的企业越来越少，这就导致套保风险的增加，因此企业需要

---

* 本项目课题组成员为：蒋洪艳，银河期货大宗商品研究所副所长、本科；万一菁，银河期货大宗商品研究所投资咨询部项目经理、博士研究生；尉俊毅，银河期货大宗商品研究所黑色组负责人、硕士研究生；陈界正，银河期货大宗商品研究所研究员、硕士研究生；贾瑞林，银河期货大宗商品研究所研究员、硕士研究生。

更深入地研究套期保值方案的可行性以及研究选择何种套期保值工具更有利。此外，专业团队缺乏以及人才流动较大，也是企业目前面临的重要问题。所以，如何借助 AI 等新手段搭建一套适合自身的套期保值量化系统，将是企业未来的研究方向。

一、绪论

2020年9月22日，习近平主席在第七十五届联合国大会上提出：“中国二氧化碳排放力争于2030年前达到峰值，努力争取2060年前实现碳中和。” 自此，“双碳”（碳达峰、碳中和）攻坚战拉开帷幕。钢铁行业作为国民经济的中流砥柱之一，碳排放占全国碳排放的18%，仅次于电力行业，是碳中和的重要责任主体。国务院正式印发《2030年前碳达峰行动方案》（以下简称《方案》），明确工业领域要加快绿色低碳转型和高质量发展，力争率先实现碳达峰。《方案》指出，深化钢铁行业供给侧结构性改革，严格执行产能置换，严禁新增产能，推进存量优化，淘汰落后产能。这就对钢铁行业提出了更高的要求。

对钢铁企业而言，受到全球经济下滑预期以及地缘政治风险的影响，当下及未来钢铁行业将面临需求下滑与原材料价格上涨的双重问题，这会进一步压缩企业利润空间。因此，研究如何应用期货衍生品进行风险管理就显得尤为重要。通过研究期货及衍生品工具在上市钢铁企业的使用方法，不仅有助于上市钢铁企业降本增效、规避风险，而且也将加快金融工具在相关行业中的发展步伐，从而更好地推进实体企业升级转型。

（一）背景及意义

“双碳” 目标是党中央、国务院统筹国内国际两个大局做出的重大战略决策，具有深远意义。钢铁、焦化、化工行业是碳排放大户，而中国的钢铁行业碳排放量约占全国碳排放总量的15%～18%，是制造业31个门类中碳排放量最大的行业，因此钢铁行业深度脱碳是实现“碳达峰”和“碳中和”的必经之路，是应对气候变化、缓解能源危机、推动绿色健康发展的重要战略举措。但钢铁又是工业最重要的粮食，是国家建设最重要的保障，如何在保证不影响钢铁行业发展的情况下实现“双碳”目标，已经迫在眉睫。目前，钢铁行业面临着较为严峻的形势，这与其自身发展以及国际环境均有一定关系。

1. 碳排放压力大

从数据来看，中国粗钢产量占全球产量的一半以上，且累计粗钢产量并没有大幅下降的趋势。按照统计局2023年1～10月数据，全国粗钢产量87469.5万吨，累计增长1.4%。需求方面，虽然受房地产行业萧条的影响，黑色下游需求小幅下滑，但在扩内需、稳投资、促消费等政策促进下，预计下降幅度有限。按照统计局和海关1～10月数据，钢材净出口6911万吨，粗钢表观消费量约94296万吨，同比下降2.2%。因此，预计在“十四五”期间，粗钢生产规模仍将处于高位，碳排放压力较大。2019～2023年中国粗钢产量占全球比重如图7－1所示。

2. 炼钢工艺有待提高，产业结构有待完善

二氧化碳排放主要来自化石能源消费，因此“双碳”的关键是实施能源结构调整、创新工艺流程、低碳生产。目前，中国的粗钢生产主要以高炉－转炉炼钢为主，该工艺涉及从原料加工到炼铁、炼钢的全流程，具有较高的能耗和碳排放强度。欧美较常用的电弧炉短流程炼钢工艺则以回收的废钢作为主要原料，以电力为能源介质，利用电弧热效应，将废钢融化为钢水，实现了“以电代煤”，具有良好的降碳效应，其能耗仅为长流程的1/3，废气、废水、废渣产生量仅为长流程的86%、76%和97%。但目前，我国电弧炉短流程炼钢工艺

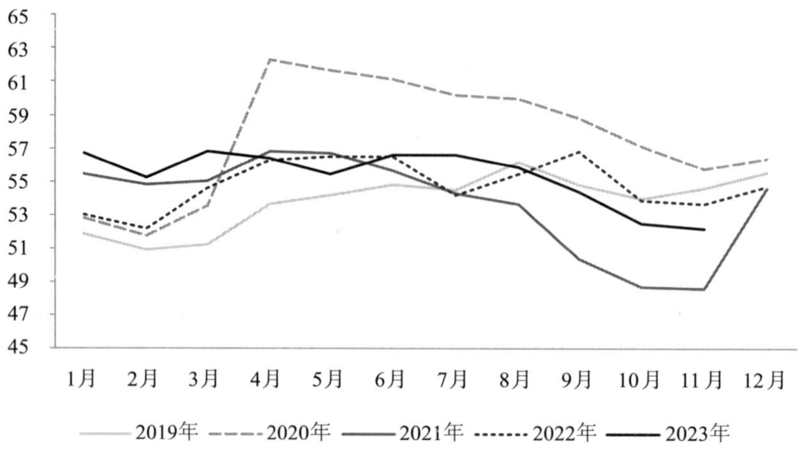

图 7－1　中国粗钢产量占全球比重

数据来源：同花顺、银河期货。

生产的粗钢产量仅占总产量 10% 左右，远低于美国 68%、欧盟 40%、日本 24% 的发展水平；废钢比仅为 18.7%，因此仍具有较大改进空间。

3. 绿色发展水平不均衡，产业集中度有待提高

我国钢铁企业绿色发展水平尚不均衡，大型上市企业全流程超低排放管理水平较强，但也存在一些能源粗放管理以及环保投入不足的企业。在碳排放约束下，预计钢铁企业兼并重组或将提速。淘汰落后产能，企业集中度提高，已经是必然趋势。工信部提出，到 2025 年力争前 5 位钢铁企业产业集中度达到 40%，前 10 位钢铁企业产业集中度达到 60%。

4. 未享有定价权，价格往往"受制于人"

尽管我国的钢铁生产规模较大，铁矿石以及钢材的产量在世界上都居于前位，但却未能享有定价权，许多钢铁企业也曾为此付出过沉重代价。目前，国际形势更为复杂，全球经济下滑预期增强，局部地区地缘政治风险加剧，再叠加"双碳"目标，对钢铁企业而言，在上游原材料端价格缺乏话语权的情况下，保持企业利润的增长将更为严峻。

本文与其他研究不同，主要是从金融的角度出发，研究企业如何通过衍生品工具解决目前面临的困境，尤其是在尚未取得定价权的情况下，通过衍生品工具进行风险管理是必要且可行的，这可以帮助企业安全度过"阵痛期"。此外，考虑到工信部未来规划以及期货衍生品应用在上市企业普及度不够的情况，本文重点对期货衍生品在上市公司风险管理中的应用进行分析，在明确发展过程中可能存在的问题基础上，对发展策略进行系统的规划，希望能够构建完善的期货衍生品风险管理体系，从而加快上市钢铁企业应用期货衍生品工具实现风险管理的进程，帮助上市钢铁企业有效地进行风险管理，提高企业的国际竞争力，从长远来看，也将更有利于争夺商品的国际定价权。

（二）相关文献综述

企业运用期货及衍生品管理风险有较多的研究先例。20 世纪 50 年代以来，随着期货市场深度和广度的拓展以及金融投资理论及其分析技术的发展，西方学者就开始关注套期保值策略的运用问题。其中，Working（1960）率先提出了基于基差预测的选择性套期保值的思

想，自从 Johnson（1960）、Stein（1961）开始引入 Markowiz 资产组合理论来解释套期保值问题后，企业如何进行套期保值成为国际市场的研究焦点。随着期权工具使用越来越广泛，期权定价理论及其可用性得到学界的广泛讨论，Black & Scholes（1973）提出了著名的 Black - Scholes 期权定价模型，解决了期权定价问题，推动了金融衍生产品的迅速发展和现代金融风险管理市场的形成。Wahab & Leshgari（2011）采用 ECM 对期货和现货进行建模研究，得出股指期货和现货之间存在着因果关系。Phoebe S.（2014）运用误差修正模型 ECM 研究出现货价格和期货价格之间的协整关系，并且通过反向研究二者之间的协整关系，从而通过 ECM 计算出最优套期保值比率。Lien & Tse（2012）通过对众多套期保值模型进行对比分析，从而得出利用误差修正模型计算出的套期保值比率为最优解。Christian L.（2015）建议企业结合自身财务状况和整体战略目标制定相应的套期保值方案，并且在开展套期保值过程中密切关注套期保值有效收益和总收益。

国内方面，李前对成本收益假说、系统性风险假说和非系统性风险假说前提、理论背景以及作用机理进行评述，发现以往的研究主要集中于对冲结构与企业特征的关系，提供了风险管理提升企业价值的一些间接证据。龚艳冰等对企业战略风险管理理论、模型和应用研究进行了综述，认为风险管理是企业不断通过承受风险来寻找新的竞争优势的过程。窦登奎对上市公司 2007 ~2009 年衍生品使用情况进行了实证研究，结果显示上市公司运用衍生金融工具套期保值在一定程度上可以提高企业的价值。张华等（2014）利用 GARCH 对粮食期货动态套期保值率进行研究。梁斌（2016）等学者采用了 OLS、VAR、ECM、diagonal - BEKK、scalar - BEKK 对期货市场中的仿真交易进行套期保值深入研究，得出不同的动态模型有着不同的套期保值结果。赵树然（2016）等利用 ECM - DCC 模型，分析期货和现货之间的协整关系，描述期现货联合收益的短期动态变化性、两者波动率以及相关程度的结构动态性，建立期货动态最优套期保值比率模型 CvaR。

（三）研究内容和方法

1. 研究内容

本文将以“双碳”政策可能对钢铁行业产生影响为前提，从多角度对上市钢铁公司如何运用期货衍生品管理风险进行研究，根据上市钢铁企业面临的困境提出相应的解决方案，并设计一套行之有效的风险管理体系。具体研究框架如图 7 - 2 所示。

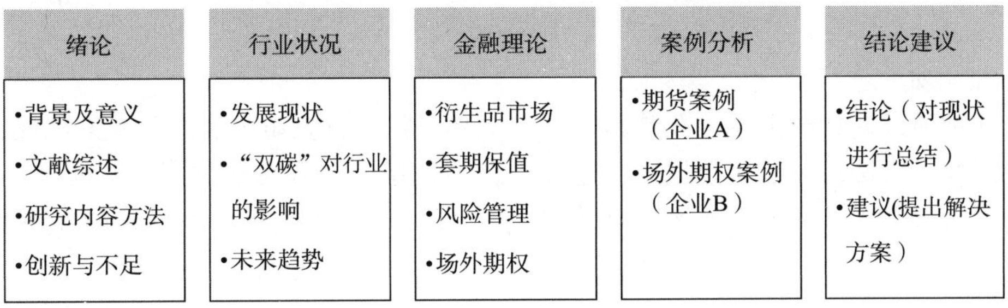

图 7 - 2　研究框架

数据来源：银河期货。

首先，阐述了钢铁行业目前的发展现状以及“双碳”政策的路径，并分析未来“双碳”政策可能对行业产生的影响。其次，简单介绍了目前衍生品和衍生品市场现状，以及衍生品在上市企业风险管理中的应用。其中，着重介绍了套期保值的风险管理方法以及场外期权在风险管理中的应用，并通过案例分析进行论述。最后，总结上市钢铁企业现有的困境，并针对这些问题提出相应的解决方案。

2. 研究方法

本文主要是通过研究“双碳”对钢铁行业可能产生的变革，对未来黑色系商品可能存在的风险进行预判，并通过案例分析就钢铁行业上市公司在未来遇到风险时，如何应用衍生品工具做风险管理进行探讨，从而帮助上市企业提前做好风险预案。

首先，通过文献研究法和调查法收集现有的“双碳”政策以及钢铁行业存在的问题。结合钢铁行业现存的问题以及未来政策可能的走向，探索钢铁行业是否存在结构性变革的可能性，比如整合重组提高企业集中度、优化产品结构等。

其次，使用实证的方法研究期货及衍生品工具对于上市钢铁企业风险管理及生产经营的价值，采用比较的方式探索是否使用期货衍生工具对于企业生产经营成果的差异。并通过个案分析的方法，挑选上市钢铁企业使用期货衍生工具成功或失败的案例，分析不同使用模式对于风险关系效果的差异。

最后，将通过数量研究法与模拟法，研究在“双碳”政策影响下，上市钢铁企业可能面临的困境，以及在面临这些问题时，如何应用期货及衍生品工具进行应对，并提出合理的风险管理使用框架，为期货衍生品管理体系的领域做出新的理论探索。

（四）本文的创新和不足

1. 创新点

以往的研究往往着力于“双碳”对行业技术变革的影响，对于风险管理也仅仅是从大方向上搭建一个宽泛的管理体系。与以往的研究不同，本文创新主要有以下两点：

（1）研究思路的创新。本文将研究的重点放在了“双碳”背景下，如何应用套期保值等措施对冲风险，平滑上市公司利润曲线。

（2）研究视角的创新。本文将套期保值方案扩展到场外期权等国内较新的衍生品工具的使用上，且从上下游多角度设计风险管理方案，丰富了钢铁企业作为双向风险敞口企业的经营风险的规避方法，从而帮助上市企业进一步完善风险管理的体系，达到平滑利润曲线的作用。

2. 不足之处

由于种种原因期货衍生品，尤其是场外衍生品，在上市公司中的应用并不广泛，案例相对较少。因此，无法通过量化数据进行论证，仅能使用实证分析法进行归纳与总结。此外，由于钢铁产业链中并非所有品种都在期货上市，因此，无法搭建较为完整的体系实现完全套保。

二、“双碳”背景下我国钢铁产业现状及未来发展趋势

（一）我国钢铁产业发展现状

1. 我国钢铁产业链分析

一直以来，钢铁产业都是工业发展的重点部门，根据国家统计局历年钢铁产品产量数据显示，钢铁产业主要产品产量整体呈上升趋势。2000～2022年，中国的粗钢产量从12850万吨增长到101796万吨，钢材从13146万吨增长到134033万吨。受《关于印发对钢铁、电解铝、船舶行业违规项目清理意见的通知》和《国务院关于钢铁行业化解过剩产能实现脱困发展的意见》的制约，2015和2016年产量有所回落，但总体来看并未改变2016年以后钢铁产品产量继续增加的趋势。具体如图7－3所示。

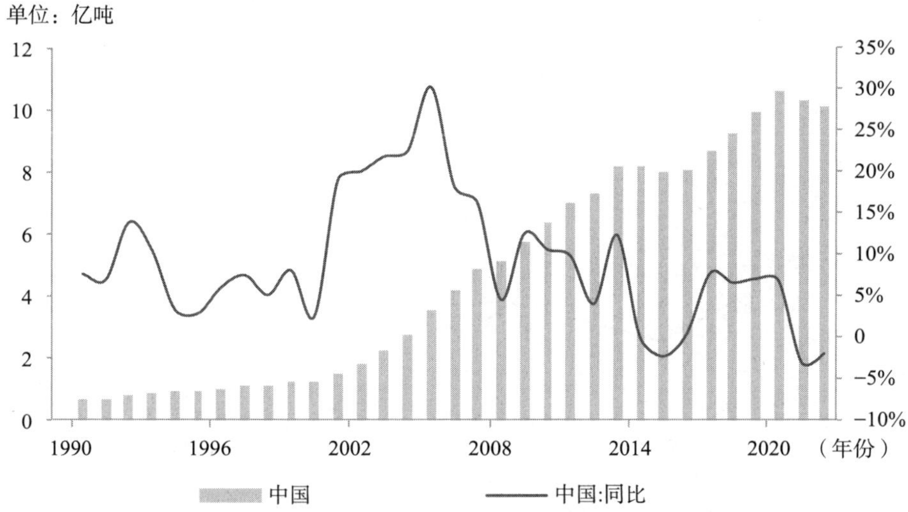

图7－3 中国粗钢产量

数据来源：同花顺、银河期货。

我国的钢铁生产模式主要有高炉－转炉长流程（BF－BOF流程）和电炉短流程（EAF流程）两类。BF－BOF长流程以矿物、煤炭等为源头材料，EAF短流程以废钢为主要原料，长流程生产工序的能耗和二氧化碳排放量要远大于短流程。中国高炉－转炉长流程钢厂的平均吨钢二氧化碳排放量在2.1吨左右，电炉短流程吨钢二氧化碳排放量仅0.9吨。相较于长流程，电炉流程每吨钢可以节约1.3吨铁矿石，降低能耗350kgce。目前中国钢铁产业的生产以高炉－转炉的生产工艺为主。根据中国钢铁工业年鉴中转炉钢和电炉钢的统计数据，2022年钢协会员企业生产的转炉钢产量占重点企业钢产量的88.05%，而电炉钢产量占比仅4.93%。我国以长流程为主的钢铁生产模式无疑是造成钢铁产业高能耗、高排放的重要原因，进行钢铁生产的流程变革、工序变革，提高短流程生产模式和其他低碳生产模式的应用比重，是实现“双碳”目标的重要手段。

2. 我国钢铁企业发展面临的困境

2021 年以来，钢铁市场波动加剧，钢铁行业正面临并将继续面临产能过剩、需求下降等问题，导致行业利润水平较低。随着建筑用钢材需求的大幅下降，产能过剩将更加突出。另外，由于社会对钢铁行业的社会责任要求不断提高，环保和减碳成本也将上升。2023 年是我国疫情防控平稳转段后的第一年，国民经济持续恢复，总体回升向好，但经济恢复是一个波浪式发展、曲折式前进的过程。面对复杂严峻的市场形势、转型升级的诸多阵痛，以及国内外形势的深刻变化，我国钢铁行业面临着一些新问题、新挑战。

从产业集中度来看，目前国内钢铁行业 CR10 集中度在 43% 左右，低于日韩等国家，距离到 2025 年达到 60% ~70% 政府目标还存在一定距离。而钢铁行业集中度的提升将有望实质性改变行业格局，优化上中下游产业链利润分配。发达国家美国、日本、欧盟的 CR4 分别达到 65%、75%、73%，韩国仅前两大钢企的产量就占到总产量的 85%。虽然近年来我国钢铁产业的集中度不断提升，但从绝对水平来看钢铁产业集中度还是处于较低水平。2019 ~2023 年钢铁行业单月利润如图 7 -4 所示。

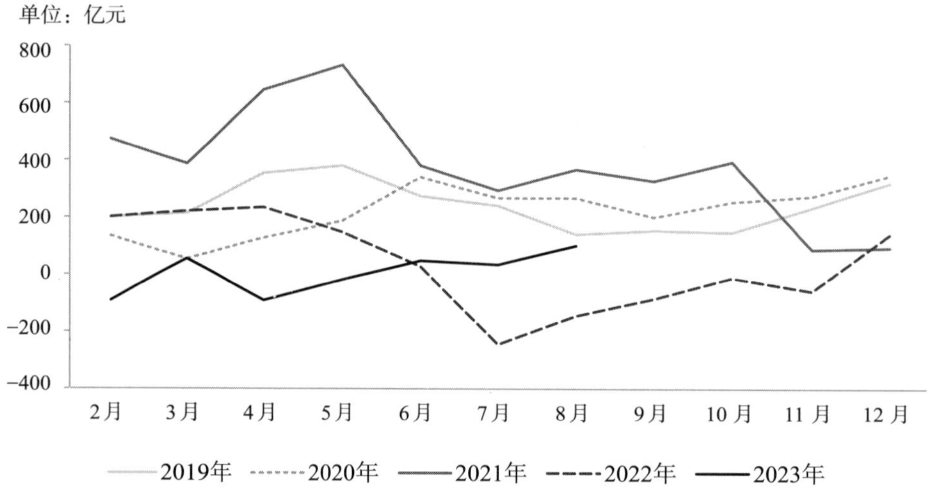

图 7 -4 钢铁行业单月利润

数据来源：Mysteel、银河期货。

（二）钢铁行业的未来发展趋势

1. 上游原料供给情况分析

（1）铁矿石对外依存度大且受制于人。

根据 2023 年中国矿产资源报告，中国铁矿石表观消费量（国内产量 + 净进口量）为 14.9 亿吨。2022 年全年，中国累计进口铁矿石 11.07 亿吨，进口额高达 1280 亿美元，占中国总进口额的 7%。近 15 年来，我国铁矿石平均对外依存度高达 75%。2016 ~2020 年连续 5 年铁矿石对外依存度更是高达 80% 以上，进口来源国高达 53 个。同时，全球铁矿石平均品位 46.7%，其中印度及俄罗斯铁矿品位均超过 50%，而我国国产铁矿石平均品位仅 34.5%。

就全球铁矿石储量分布而言，整体较为集中，大洋洲、亚洲和美洲地区是主要分布地。数据显示，2022 年全球可用铁矿石储量约 1800 亿吨左右，澳大利亚、巴西和俄罗斯位列前三，累计占全球铁矿储量比例高达 61%（CR3），呈现明显的高度聚拢型特征。金属铁（含铁量）分别为 270 亿吨、150 亿吨和 140 亿吨，中国位于第四，可用铁矿石储量为 200 亿吨，金属铁（含铁量）为 69 亿吨。数据显示，2022 年全球可用铁矿石产量 26 亿吨，澳大利亚、巴西和中国可用铁矿石产量分别占比全球可用铁矿石产量的 33.8%、15.8% 和 14.6%。

从产能周期来看，自 2013 年高峰之后，全球矿山资本开支进入低位维持阶段，而产能端资本开支到产量释放的高点 2018 年周期大概在 5 年。2018 年四大矿产量达到最高值，资本开支则从 2015～2021 年一直处于低位，基本维持不变，预计产能难有增量。2022 年全球铁矿储量分布占比如图 7－5 所示。

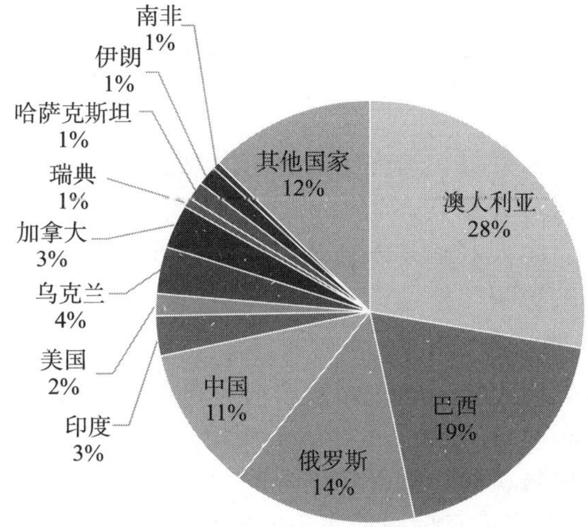

图 7－5　2022 年全球铁矿储量分布占比

数据来源：同花顺、银河期货。

（2）煤焦供应情况全球优质炼焦煤供给增量有限。

我国炼焦煤供给整体呈现“以国内供给为主、外部进口补充”的格局。2022 年我国炼焦原煤产量为 13.19 亿吨，炼焦精煤产量为 4.9 亿吨，炼焦煤进口量为 6387 万吨，炼焦煤进口量/（炼焦煤精煤产量＋炼焦煤进口量）为 11.5%。

炼焦煤作为我国的战略性资源，其稀缺性或愈加凸显。汾渭数据显示，预计 2023～2027 年全国新增煤炭产能共计 50318 万吨，炼焦煤新增产能 8783 万吨，仅占总新增产能的 17.5%。此外，开采难度大，资源面临劣化。我国炼焦煤开采多以井工煤矿开采，炼焦煤资源埋深普遍高于动力煤，1000m 以浅的资源量仅占 33%（褐煤 1000m 以浅占比 77%），随着矿井开采深度不断延伸，煤与瓦斯突出、冲击地压、复杂水文地质条件等伴生安全隐患不断增大，开采条件和安全生产压力较大。2019～2022 年炼焦煤进口量及增速如图 7－6 所示。

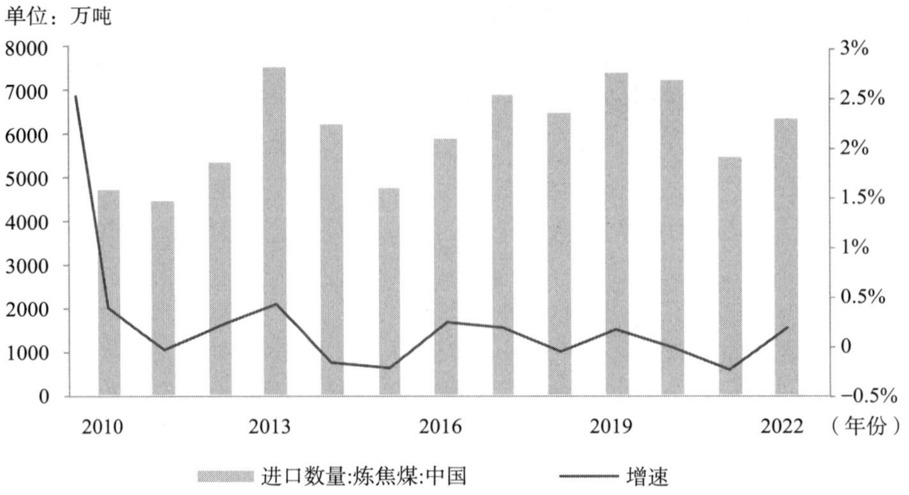

图7-6 炼焦煤进口量及增速

数据来源：Mysteel、银河期货。

全球优质炼焦煤供给增量有限，同时印度和东南亚焦煤进口量将持续增加，我国焦煤进口仍有较大不确定性。根据IEA预计，到2025年，澳大利亚将为国际冶金煤市场带来1300万吨的增量。但长期来看，澳大利亚煤炭工业仍可能面临多重因素影响（如环保及气候等ESG政策影响、劳动力短缺影响、极端天气影响），产量增长具有不确定性。

（3）废钢供应量有望进一步上升。

废钢和铁矿同为钢材生产中含有铁元素的原料，存在较强的替代品关系。长流程炼钢中铁矿是生铁的主要原料，2022年我国生铁产量占粗钢产量的85%，废钢占比15%；短流程炼钢中废钢是炼钢的主要原料，估算1.1吨废钢生产1吨粗钢。

随着废钢的可用性继续增长，回收行业将需要扩张以处理更大数量的废钢，通过提高效率以提高盈利能力。目前，社会废钢发生量已接近2亿吨，为废钢循环利用量的逐年增长提供了保障。按照我国钢铁产品报废周期为8~30年估算，“十四五”期间除报废车辆、机械装备等之外，桥梁、房屋、军工设备、煤矿用钢等更新换代加速，都将推动废钢铁供应量进一步上升。

2. 钢铁行业生产情况及前景分析

2023年前三季度，黑色金属冶炼和压延加工业利润率仅为0.37%，在全国41大工业行业中排名倒数第三。钢铁行业总体呈现“高产量、高成本、低价格、低效益”的“两高两低”状态。

随着需求中枢不断下移，解决之道仍在供给侧。国家产业政策应顺应时代潮流，推进钢铁企业有序退出。产业政策应在促进兼并重组的同时，考虑如何有序推进企业有效且公平地退出，尽量避免大量钢铁企业的破产，工人失业，以及给地方经济带来负面影响。过去几年的产能置换为愿意退出的钢铁企业提供了尝试机会，通过出售其产能弥补退出所带来的损失。

3. 钢铁行业下游终端发展趋势

2023年，中国粗钢产量预计维持在10亿吨左右，将是连续第四年实现这一目标，但下游需求却渐显颓势。在下游钢材消费中，大约有60%用于建筑业，其中房地产和基建各占约30%；机械行业钢材消费占比则接近20%，其中工程机械与房地产和基建密切相关。包括铁路、公路、机场、地铁和港口等的基础设施建设，正趋近饱和，未来发力点将主要在高速信息网络、数字中心、智慧城市等新基建方向，而新基建对钢材需求相对较为有限。与此同时，国内汽车消费也趋于饱和，且随着新能源汽车占比上升，汽车用钢材消费强度也将下降。新能源转型将带来钢材需求增量，但无法抵消其他行业钢材需求下降，全社会钢材消费中枢仍将逐渐下移。

（1）建筑业下滑趋势明显。

随着城镇化进程放缓和人口年龄结构老化，社会抚养比回升，住房需求会逐渐回落。与此同时，房屋建设已经开始趋于饱和并逐渐下降。全社会房屋竣工面积从 2014 年开始逐渐下降，虽 2021 年有所反弹，但下降趋势不变。与建筑钢材消费相关性更高的房屋新开工面积也从 2019 年的 22.7 亿平方米下降到 2022 年的 12 亿平方米。2007 ~ 2022 年房地产分项数据如图 7 – 7 所示。

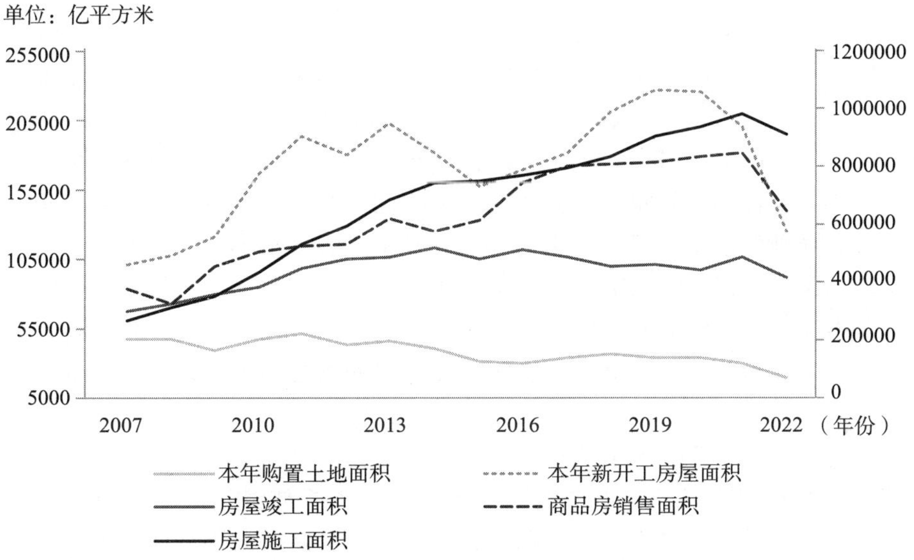

图 7 – 7 房地产分项数据

数据来源：Mysteel、银河期货。

（2）汽车行业绿色钢材使用比例将逐年增加。

中国汽车产量在 2017 年达到了高峰，约为 2902 万辆，最近几年有所增加，2023 年汽车产量可能达到 3000 万辆左右，主要系出口拉动。目前，汽车产业包括汽车相关零部件制造业，每年消耗钢材 6000 万吨左右。考虑到汽车行业正处于转型之中，新能源汽车渗透率已经超过 30%，未来新能源汽车的生产比例将越来越高。由于电池续航里程的限制，大多数新能源汽车的钢材使用量在减少，更倾向使用轻质材料（如铝合金），以减轻汽车自重，为电池和电子器件腾出更多重量空间。基于此，平均每辆新能源汽车消耗的钢材将呈下降趋势，汽车行业钢材消耗或许呈下降趋势。同时，汽车行业钢材将更多地转向使用绿色钢材。目前，全球主要汽车生产商已经签订了绿色钢材采购意向，绿色钢材使用比例也将逐年增加。

（3）家电行业普及率趋向饱和。

在其他下游消费行业中，家庭耐用品领域如洗衣机、冰箱、空调等白色家电，城市地区每户拥有的平均台数已经趋于饱和。即使在农村地区，现在家电产品的普及率也趋向饱和，每户的拥有量已经接近 1 台。因此，未来白色家电增长主要会来自于更新换代和出口，包括能耗提升带来的新需求。

（4）电力行业对钢材需求将会增加。

电力工程和电网建设领域，未来钢材需求将增加，新能源如风力发电、太阳能发电等将部分替代传统能源发电。同时，由于新能源的间歇性特点，发同样的电量，需要更多新能源发电产能，相比煤电，新能源发电将消耗更多钢材。并且，由于风力发电和太阳能发电的地域特殊性，需要更多的电网建设配套，也将进一步增加钢材消耗。随着能源转型的深入，相关钢材消耗也将逐步增加。但是，新能源转型所带来的钢材增量无法抵消其他行业钢材需求的下降，全社会钢材消费中枢仍将逐渐下移。

（三）碳达峰、碳中和对钢铁行业的影响

1. 碳达峰、碳中和概念及其逻辑关系

“双碳”目标即中国提出的争取在 2030 年前实现碳达峰，并在 2060 年前实现碳中和的目标，也被称为“3060”目标或碳达峰、碳中和目标。碳达峰是指二氧化碳排放量在某一年达到最大峰值，之后不再增长，进入下降的过程，标志着碳排放与经济发展实现脱钩。碳中和是指通过植树造林、节能减排、碳捕获、利用和封存等方式吸收的二氧化碳，与人类活动产生的二氧化碳排放量相互抵消，实现二氧化碳的“净零排放”。碳达峰是实现碳中和的基础和前提。可以说，碳达峰和碳中和分别是碳排放的近期和远期目标。碳达峰、碳中和目标的提出符合中国低碳发展战略的内在演化逻辑，奠定了我国未来数十年绿色低碳发展的基调。当前仍存在一些亟待补齐的短板，要实现碳达峰和碳中和，必须科学谋划碳达峰、碳中和的行动路径与方案。

2. 关于碳达峰、碳中和的政策分析

自“双碳”目标提出以来，中央和地方政府加快决策部署和战略规划，出台了一系列有关碳达峰、碳中和的政策文件。在国家层面，“双碳”目标对我国单位国内生产总值能耗和二氧化碳排放量、非化石能源消费比重、森林覆盖率和蓄积量等提出了具体目标和要求。从产业层面来看，钢铁产业是产生碳排放的主要部门之一，对我国整体实现碳达峰和碳中和具有重要影响，推动钢铁产业率先碳达峰是实现全国碳排放“3060”目标的必然要求。综合来看，根据国家对碳达峰、碳中和实现路径的部署，钢铁产业的规划可以分为四个阶段，如表 7－1 所示。

表 7－1　“双碳”目标实现路径

阶段	国家层面目标	钢铁产业目标
到 2025 年	优化重点行业的能源利用效率，深化重点领域的低碳行动	优化能源结构，大幅提高能源利用率，实现绿色低碳可持续的发展格局
到 2030 年	实现碳达峰	确保钢铁工业 2030 年前碳达峰
到 2035 年	国家层面碳排放达峰后稳中有降	实现较大幅度下降
到 2060 年	全国整体实现碳中和	实现深度脱碳，争取实现碳中和

数据来源：银河期货。

3. 钢铁行业碳达峰、碳中和路径分析

（1）优化能源消费结构，降低高碳能源占比。

①开发和应用新能源，提高清洁能源消费比重。在钢铁产业的生产活动中，化石能源不但被作为燃料使用，还发挥作为还原剂、熔剂等的作用。钢铁产业要寻找可以替代化石燃料的清洁能源，减少对化石能源尤其是高碳排放系数化石能源的消费。国外对氢能冶金技术的探索已经有了较大进展，用氢替代碳作为还原剂，可以大幅度减少二氧化碳的排放量。钢铁产业要逐步推广氢能冶金技术，利用风能、太阳能等替代煤炭生产电能和热能，通过清洁能源的替代减少能源消耗产生的二氧化碳排放量。

②加大废钢的回收和利用，提高电炉冶炼的使用比例。与长流程相比，电炉短流程消耗的煤炭、矿石等能源少，二氧化碳排放量低，且具有工序短、随开随停，生产更加高效的优点。世界钢铁工业的粗钢产量中，电炉钢比例已经达到40%以上，发达国家的电炉钢占比更高，其中美国电炉钢产量的占比更是高达67%。而在中国钢铁产业中，电炉钢的比例尚不足10%。推动电炉短流程生产模式的应用是钢铁产业节能减排的重要途径。钢铁产业要加大对社会废钢的回收和利用，并进一步开发废钢分拣技术，加快推进电炉短流程在行业内的应用，提高电炉钢在粗钢产量中的比重。

（2）降低能源强度，提高能源利用效率。

①生产高性能钢材，延长钢铁产品的使用年限。中国是钢铁生产和消费大国，但在钢铁产品结构中，低附加值产品比重高，特钢、板材等高附加值产品比重低。从生命周期的角度考虑钢铁产品从生产到废弃的全过程，提高钢铁产品的性能，延长钢铁产品的使用年限，意味着能源利用效率的提高。通过调整钢铁产品结构，生产高性能、高质量、高附加值的钢材产品，有利于提高钢材的使用效率，减少对原材料的消耗，进而降低碳排放水平。

②通过技术创新提高能源的转化率。通过技术创新提高能源的转化率主要包括两个方面，一是提高一次能源的转化率，如提高单位化石燃料燃烧时放出的热量，但这类技术通常研发难度大，周期长，在现实中很难实现。二是通过对二次能源的回收提高转化率，利用回收技术将原本无法利用的能源回收为可利用能源，这类技术研发相对更易实现，是提高能源转化率的主要方面。

（3）推动技术创新和进步。

①加大研发投入，提供科研资金保障。钢铁产业要加大研发投入，提高经费支出在收入中的占比，为技术研发提供资金保障。钢铁企业在制度中可以规定每年收入或盈利中用于研发经费支出的比例，在经费支持下，钢铁企业可以成立专门的技术研发部门，升级技术研发设备，培养专业的技术人才，组织技术人才定期进行学习和交流，提高技术创新能力。还可以引入国外先进的环保技术和经验，推动我国钢铁产业的减排技术向国际看齐。

②开发和应用CCUS技术。CCUS技术即碳捕集、利用与封存技术，是包括对生产活动中产生的碳排放进行捕获，对捕获后的二氧化碳进行利用和封存的技术组合。我国政府部门明确提出将钢铁产业作为CCUS试点项目行业，大力推动碳捕集、碳运输、碳利用和碳封存方面的技术创新，这将为钢铁产业碳达峰、碳中和提供有力的技术支撑。

（4）控制钢铁产量。

①推进钢铁企业兼并重组，提升钢铁产业的集中度。迫使竞争力弱的钢铁企业退出市场，可以改变钢铁产业内的竞争格局，有利于集中力量办大事，增强对钢铁产品产量的控

制。鼓励钢铁企业做大做强，可以发挥钢铁企业的规模经济效应，避免资源的浪费。提升产业集中度可以从以下三个方面进行，一是推进兼并重组，钢铁产业的头部企业要做好示范引领，例如中国宝武钢铁集团有限公司就是由原宝钢集团和武钢集团重组而成。二是淘汰不符合政策要求，污染能耗高且规模小的钢铁企业。三是给予具备发展潜力的民营钢铁企业政策补贴和支持，帮助优质民营钢铁企业做大做强。

②严格执行产能置换，控制钢铁产能。要实现碳达峰和碳中和，控制粗钢产量势在必行，但粗钢产量很大程度上取决于经济社会发展对钢铁产品的需求。就我国经济发展的现状和未来发展趋势而言，对钢铁产品的需求不会在短期内大幅下降。因此，控制粗钢产量不能“一刀切”，而是应当制定阶段性目标，首先要化解钢铁产业的过剩产能，其次要严格执行钢铁产能置换政策，逐步压减粗钢产量。

三、钢铁企业运用套期保值和风险管理理论基础

（一）我国黑色系衍生品市场发展现状

根据中国期货业协会的统计数据，自2017年商品期权上市以来，期货市场的期权规模每年都呈现迅猛增长。截至2023年10月底，期权成交量一直保持着高速增长的势头，即使在2022年整个期货市场成交量同比下降了9.93%的情况下，期权成交量依然出现了73.68%的增长。截至2023年10月，期权的成交量同比增长已达到258.64%。此外，持仓量方面，2023年同比增幅也达到了84.05%。

截至目前，国内黑色系期货品种已经形成相对完整的产业链结构，促使国内公正、客观、透明的定价体系形成，为产业链上下游企业规避价格风险，稳定日常生产和经营提供了丰富的保值工具。黑色产业链共上市8个期货品种，成材、原料均有涉及，成材期货品种在上海期货交易所上市，包括螺纹钢、热轧卷板和线材；原料期货品种在大连商品交易所和郑州商品交易所上市，包括铁矿石、焦炭、焦煤、硅铁、锰硅。从钢铁产业链流程来看，成本端铁矿石、焦炭和废钢三足鼎立，原材料的供需变化和价格波动对钢材生产的影响较大，其中废钢是钢铁工业短流程炼钢、节能减排的原料保障，更是降低铁矿石对外依存度的“压舱石”。但废钢也是目前唯一没有上市期货品种的主要炼钢原料。由于废钢在未来产业链中的地位将不断加大，因此废钢的价格波动也是企业面临的较大风险，其期货上市提上日程的需求较为迫切。

衍生品方面，虽然铁矿石期货上市晚于螺纹钢，但其期权上市却非常迅速。近两年，受到市场波动较大的影响，黑色系期权上市步伐明显加快，螺纹钢、硅锰和硅铁期权相继上市，这也为钢铁企业风险管理提供更多的选择。此外，由于黑色系期货商品尚未完全，加上场内期权种类较少，因此场外衍生品市场也应运而生，逐渐进入钢铁企业的视野。场外期权的产生将更利于企业利用更为灵活的方式进行套期保值。

（二）套期保值理论和风险管理理论

1. 套期保值理论

套期保值起源于19世纪三四十年代的美国芝加哥农产品贸易，经历了传统套期保值理

论和基差逐利理论之后，目前研究主要集中于 Johnson（1960）和 Stein（1961）率先提出的现代组合套期保值理论。该理论认为交易者进行套期保值实际上是对现货市场和期货市场的资产进行组合投资，并将研究重点放在最优套期保值比率和套期保值的有效性上。由于套期保值的目的存在差异，因此最优套期保值比例的风险度量方法和效用函数选择也会不同，一般可以分为两类：从组合收益风险最小化以及收益最大化角度进行度量。对于上市公司而言，显然组合收益风险最小化才是其追求的目标。

2. 风险管理理论

Huber（1930）首次提出“风险管理”这一概念后，越来越多的学者开始研究风险管理的作用、应用方法及应用领域等内容。风险管理是指将如何在项目或者企业有不确定风险因素的环境里，把风险可能造成的不良影响或损失减至最低的管理过程。2017 年 COSO 在发布的《企业风险管理框架》中融入了新风险，新框架将八大元素修改为：治理与文化、战略与目标设定、实施与运行、审查和修订、信息沟通与报告。因此，企业若制定一套风险管理体系的话，可以按照该元素制定相应的框架，如图 7－8 所示。

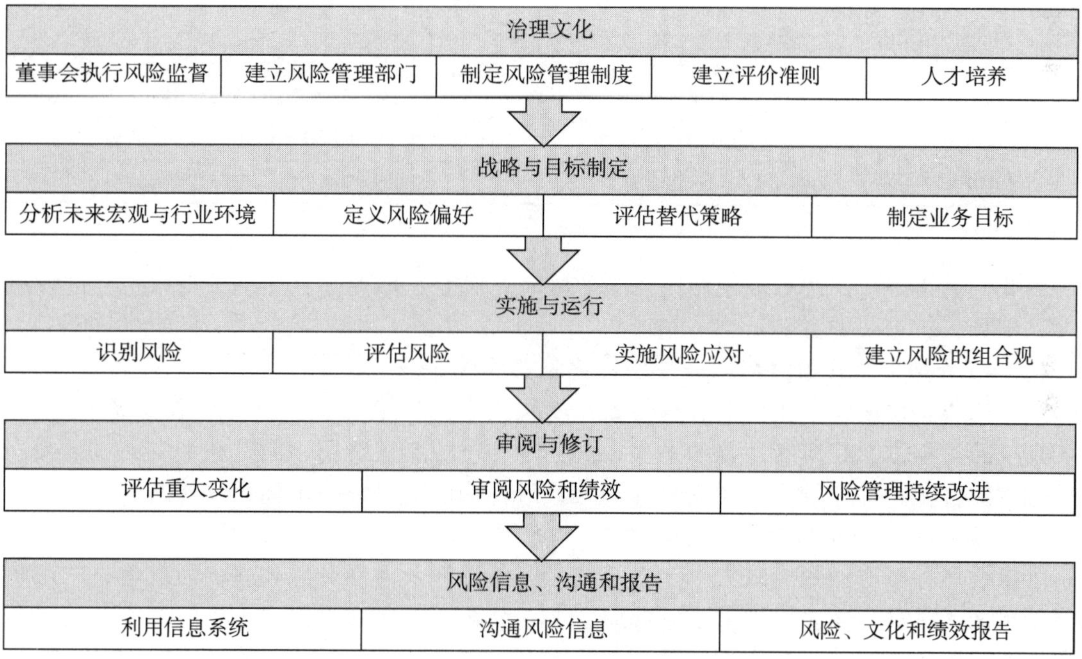

图 7－8 企业风险管理框架

数据来源：银河期货。

（三）场外期权原理及意义

1. 场外期权原理

十八世纪，期权被引入了金融市场，初期期权交易也属于场外交易；直到 1973 年 4 月 26 日芝加哥期权交易所（CBOE）推出了标准化的认购期权合约，这才标志着有组织、标准化的场内期权的诞生。与成熟的国外期权市场相比，我国期权市场无论从品种的多样性、制度的完善性以及利用的普及度而言，都有待进一步发展。尤其是场外期权，由于媒体宣传的片面性以及信息误导等原因，导致场外期权在我国实体企业，尤其是上市公司中的推广尤为艰难。实际上，相较于场内期权而言，场外期权的结构更多样，因此在应对风险时更加灵活。

场外期权是指在非集中性的交易场所进行的非标准化的金融期权合约的交易，其性质基本上与交易所内进行的期权交易无异。两者不同之处主要在于场外期权合约的条款没有任何限制或规范，但交易所内的期权合约则是以标准化的条款来交易。我国在2013年才开始推出场外期权，允许符合相关资质的机构参与场外期权交易。

2. 场外期权意义

场外期权与场内期权有一定的区别，具体对比如表7－2所示。

表7－2 场外期权与场内期权对比

区别		场内期权	场外期权
产品设计	产品特征	标准化	个性化
	灵活性	小	大
	流动性	高	低
交易场所		交易所	证券、期货公司场外柜台市场
主要风险		市场风险	市场风险、信用风险、流动性风险、结算风险
市场监管体系		政府监管和行业自律	以行业自律为主，政府监管为辅

数据来源：银河期货。

因此，上市公司在注意规避相应风险的同时，对合适的商品采用场外期权组合进行风险对冲，则具有较重要的意义。

（1）场外期权组合策略可以进一步优化收益曲线。

期权的收益曲线是非线性的，这使期权的买入者可以享有损失有限、收益无限的权利。对于期权的买入方，其所能面临的最大损失就是支付的期权费用，但是获利空间非常大。而场外期权组合由于种类较多，所以设计更为灵活，从而可以进一步优化收益曲线。

（2）满足上市公司需求的多样性和灵活性。

上市公司一般产业规模较大，产业链较为完备，涉及商品种类较多，因此单一的期货套期保值可能无法满足其多样性需求。此外，上市公司不仅要应对国内市场的竞争，还要面对更复杂的国际市场变化。场内期权是标准化的合约，无法完全满足上市公司个性化的需求，但场外期权可以设计不同到期日期、不同行权价格、买卖方向等，所以可以设计更多的套期保值策略组合。由于场外期权灵活性更高，组合性更强，有利于其在风险管理上发挥更灵活的作用，目前很多企业开始探索利用场外期权进行库存风险管理。

四、钢铁企业运用期货套期保值案例实证研究

（一）“双碳”背景下钢铁企业运用期货工具进行套期保值的实际效果

2020年9月至2021年3月以来，习近平总书记共计7次在重大国际场合就“中国力

争于2030年前二氧化碳排放达到峰值、2060年前实现碳中和”发表了系列重要讲话。随后，各省市和地区也纷纷推出了相应的“碳中和、碳达峰”计划。在此背景下，煤炭供应受到限制，钢厂成本不断攀升。尽管成材价格同样上涨，但大部分利润被原料端吞噬，钢厂运营情况举步维艰。在“双碳”政策实施的历程中，除了传统原料价格上涨，降低碳排放的环保成本也在上升，钢厂或将长期维持低利润的情况。在面临这样的困境下，从2021年伊始，有部分钢铁企业运用期货工具进行套期保值，达到了规避一部分成本上涨风险的目标，以下面5家在2021～2023年公告过套期保值的钢铁上市公司为例，如表7－3所示。

表7－3　　5家上市公司利润表　　单位：亿元

公司	项目	2022年	YoY	2021年	YoY
上市公司A	营业总收入	3690.58	1.02%	3653.42	29.42%
	净利润	121.87	－48.43%	236.32	86.15%
	销售毛利率	5.84%	－7.42%	13.26%	2.42%
上市公司B	营业总收入	1686.37	－1.71%	1715.75	47.24%
	净利润	63.79	－34.10%	96.8	51.36%
	销售毛利率	63.79	－34.10%	96.8	51.36%
上市公司C	营业总收入	1021.54	－10.27%	1138.51	39.50%
	净利润	－8.58	－116.09%	53.32	168.95%
	销售毛利率	3.42%	－9.69%	13.11%	3.33%
上市公司D	营业总收入	1310.72	－3.71%	1361.2	35.45%
	净利润	1.56	－97.76%	69.64	252.07%
	销售毛利率	2.32%	－7.37%	9.69%	0.48%
上市公司E	营业总收入	706.67	－7.69%	765.54	42.45%
	净利润	21.61	－48.60%	42.04	47.72%
	销售毛利率	10.75%	－0.93%	11.68%	0.77%
中钢协重点会员钢铁企业	营业总收入	65875	－4.95%	69308	32.68%
	净利润	982	－72.13%	3524	56.69%
	销售毛利率	1.49%	－3.59%	5.08%	0.85%

数据来源：上市公司财报、银河期货。

根据上市公司财报整理发现：在“双碳”政策出台下的2021～2022年内，上述5家上市公司均发布了将在年内对主营业务进行套期保值的公告；且通过套期保值的方式，5家上市企业的表现均好于行业平均水平。2021年，钢材价格普遍上涨，中钢协统计的重点会员钢企销售毛利率仅为5.08%，而这5家上市公司的毛利率在9.5%～11.5%之间，企业盈利水平偏强，远高于行业平均水平；2022年，受到疫情影响，钢厂盈利情况普遍低下，5家上市公司的销售毛利降至2%～11%，仍然高于重点会员钢铁企业平均的1.49%。通过企业财报可以看出：套期保值能够在“双碳”政策导致的压力下，大幅改善钢铁企业的盈利水平。

为了能更好地证明套期保值有利于改善上市企业盈利水平，将上市公司在进行套期保值前后（2015～2022年）的企业财务状况进行对比，如表7－4所示。2015年，国内钢铁行业陷入大规模的过剩情况，国内钢铁企业产业集中度分散，而全球经济仍处于国际金融危机后的深度调整期，钢铁行业遭受产能过剩危机，这也导致了许多国家针对中国钢材出口产品采取了各种各样的反倾销、反补贴等贸易保护政策，加大对中国钢材产品的进口限制，致使中国钢材外贸数量下滑，钢企陷入大面积亏损。此时，国内大部分钢铁企业尚未存在通过期货工具对冲经营风险的意识。类比2022年，国内房地产行业持续下滑，钢铁产能出现过剩，叠加疫情影响下国内需求受限，原料成本不断上涨，导致钢铁企业的利润被不断吞噬，行业盈利水平持续下滑，行业出现了普遍的亏损及低利润的情况。在2015年遭遇市场冲击的情况下，5家上市公司不同程度上遭受了较大的亏损，但到了2022年，企业在经历宏观及供需层面的冲击下，却获得了稳定的盈利空间。这是因为企业已学会灵活地运用期货及期权等手段进行风险对冲，优化企业盈利能力。2015～2022年间，这5家上市公司陆续公布了当年的套期保值计划，到了2021～2022年，这5家公司均发布了当年的套保公告。

表7－4　　5家公司财报对比（2015年VS 2022年）　　单位：亿元

公司	项目	2015年	YoY	2022年	YoY
上市公司A	营业总收入	1641.17	－12.61%	3690.58	1.02%
	净利润	9.44	－83.70%	121.87	－48.43%
	销售毛利率	8.87%	－0.99%	5.84%	－7.42%
上市公司B	营业总收入	414.99	－25.46%	1686.37	－1.71%
	净利润	－29.59	－4064.60%	63.79	－34.10%
	销售毛利率	2.81%	－5.01%	10.32%	－2.53%
上市公司C	营业总收入	451.09	－24.59%	1021.54	－10.27%
	净利润	－48.04%	－2277.67%	－8.58	－116.09%
	销售毛利率	－0.84%	－7.49%	3.42%	－9.69%
上市公司D	营业总收入	527.59	－28.75%	1310.72	－3.71%
	净利润	－45.93	－594.94%	1.56	－97.76%
	销售毛利率	6.24%	－5.32%	2.32%	－7.37%
上市公司E	营业总收入	222.52	－20.20%	706.67	－7.69%
	净利润	－24.32	－933.23%	21.61	－48.60%
	销售毛利率	2.92%	－6.47%	10.75%	－0.93%
中钢协重点会员钢铁企业	营业总收入	28900	－19.46%	65875	－4.95%
	净利润	－645	－211.86%	982	－72.13%
	销售毛利率	－2.23%	－3.08%	1.49%	－3.59%

数据来源：上市公司财报、银河期货。

这5家上市公司的营业总收入、净利润、销售毛利率如图7－9、图7－10和图7－11所示。

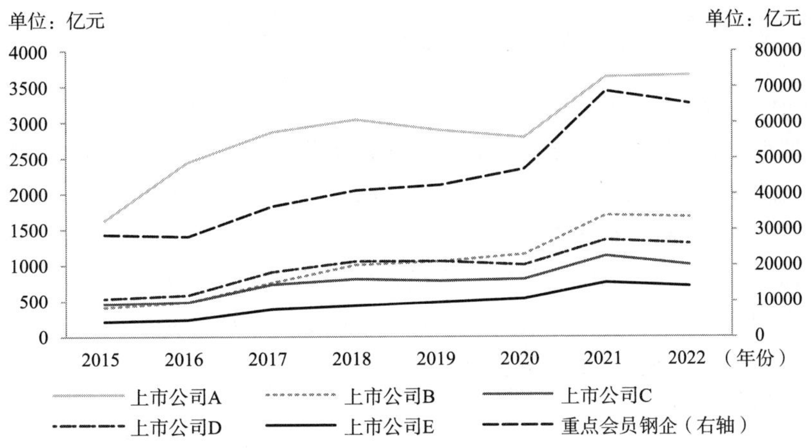

图7－9　5家上市公司营业总收入

数据来源：上市公司财报、银河期货。

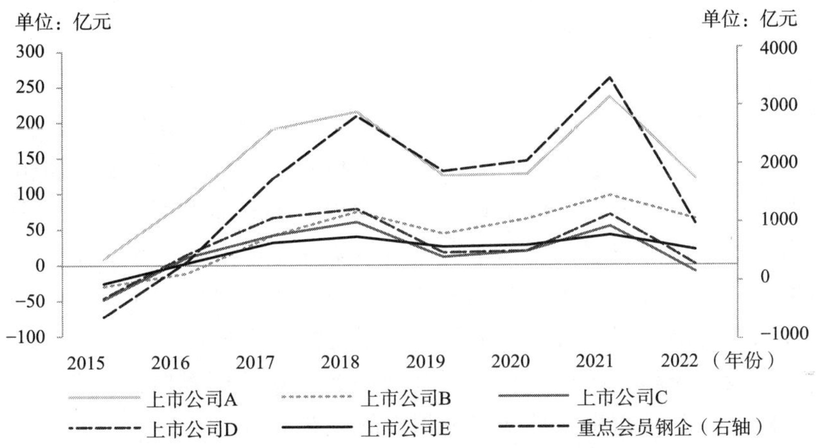

图7－10　5家上市公司净利润

数据来源：上市公司财报、银河期货。

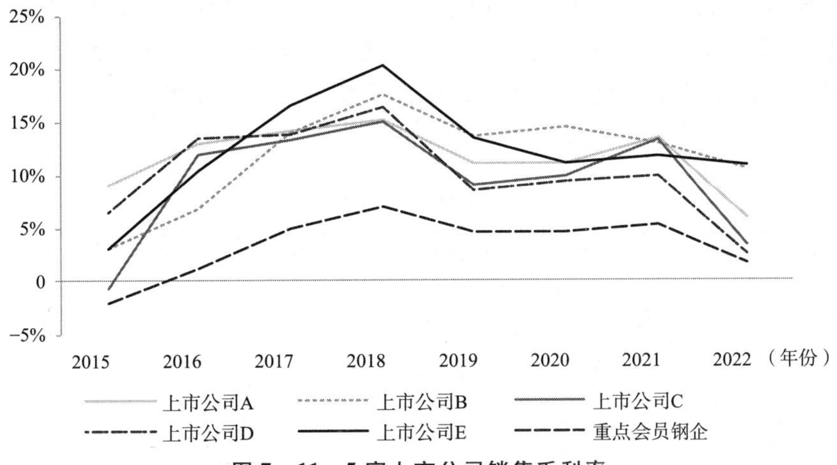

图7－11　5家上市公司销售毛利率

数据来源：上市公司财报、银河期货。

（二）某大型钢铁集团 A 套期保值业务风险识别与评估

1. 某大型钢铁集团 A 的发展现状

以参与套期保值的国内某大型钢铁集团 A（以下简称钢企 A）为案例，通过对该企业应用期货实现“虚拟钢厂”策略的案例进行实证研究，证明套期保值在实际应用中发挥着正向效果。钢企 A 是中国特大型钢铁合资企业，目前已具备年产 100 万吨钢铁的综合生产能力，坚持生产高端品种、高附加值产品的特点，已形成宽、中、厚板（卷）、棒材、高速线材、钢带、异型钢五大门类，拥有近 300 个钢种、1 万多个规格品种，且其产品广泛应用于国内外多个标志性项目，出口到 30 多个国家和地区。

2. 钢企 A 所面临的风险

（1）外部风险。

成立初期，得益于良好的产业氛围和较快的经济发展环境，钢企 A 得以蓬勃发展。但 2010 年以来，钢铁行业整体存在产能过剩、杠杆率高的行业问题，以及国家启动的供给侧改革、双碳等政策限制，构成钢企 A 的外部风险。

（2）内部风险。

由于钢企 A 所处地区没有原料矿，公司管理模式冗余落后等原因，钢企 A 在经营过程中面临一系列问题，包括：产业链利润分配存在零和博弈，利润分配矛盾加剧；采购成本和销售收入两端波动，传统的采购定价模式容易出现剪刀差；盈利情况呈现周期性波动趋势，政策依赖性较强，宏观经济敏感；旺季库存过剩与淡季库存消除、大宗商品价格大幅波动的矛盾常态化。由此，钢企 A 的营业利润大幅下降，资产负债率大幅上升。

此外，大多数企业的生产经营计划都是事先制定的，很难临时改变。钢铁产品存在生产周期长、固定资产投资偏高、需求波动大等客观问题。这些问题既是风险点，也是切入点，所以企业根据风险点、利用衍生工具来制定相应的应对策略。

（二）钢企 A 套期保值业务效果

为了摆脱经营困境，钢企 A 利用期货进行套期保值交易以降低风险。2009 年以来，钢企 A 持续开展钢铁套期保值业务，也是最早开始参与套期保值的钢铁企业之一。它在钢铁行业整体低迷的情况下获得了良好的利润，这也得益于它参与了期货市场的对冲风险管理。2000 ~ 2022 年钢企 A 财务报表如表 7 – 5 所示。

表 7 – 5　　2000 ~ 2022 年钢企 A 财务报表

年份	净利润（万元）	营业收入（万元）	净资产收益率（%）	资产负债率（%）
2000	20148.5	338977.5529	23.83	41.89
2001	20618.59	400102.6137	12.9	38.03
2002	24315.5	466526.3093	14.12	45.71
2003	48953.81	682737.2489	24.2	55.01
2004	52321.02	1022567.026	22.31	66.09
2005	41023.46	1485910.447	12.21	57.5

续表

年份	净利润（万元）	营业收入（万元）	净资产收益率（%）	资产负债率（%）
2006	39057.27	1595165.242	10.79	62.62
2007	103085.29	2200465.101	26.46	60.25
2008	12160.81	2835436.645	2.84	60.98
2009	58123.65	2445206.695	3.15	64.9
2010	91870.36	3005499.29	9.45	71.17
2011	32992.92	3856515.098	3.2	71.76
2012	-57026.79	3203205.225	-6.07	74.29
2013	-61845.03	2682251.36	-7.24	77.44
2014	29192.72	2788548.08	3.47	78.32
2015	-243242.59	2225188.881	-33.16	82.61
2016	35373.52	2417385.912	5.44	80.19
2017	320034.94	3760066.415	36.8	58.77
2018	400819.22	4364678.889	29.81	51.91
2019	260622.44	4797048.315	16.37	49.72
2020	284591.5	5312286.409	14.53	49.59
2021	420399.93	7655372.027	16.49	52.96
2022	216146.65	7066692.384	7.94	58.83

数据来源：上市公司财报、银河期货。

通过表7-5的财务报表可以发现，2016年，钢企A的资产负债率从82.61%降至80%，扭亏为盈，实现营业收入242亿元，净利润3.54亿元；2017年钢企A钢铁产量首次突破1000万吨，业绩实现大幅增长，净利润完成25.6亿元；2018年净利润突破4亿元，资产负债率降至51.91%。除了供给侧改革前钢铁产能过剩，行业普遍陷入亏损，2022年，在疫情和房地产三条红线政策的影响下，行业盈利能力大幅下滑，但钢企A在剩余时间内保持了较高的利润增长。研究发现钢企A正是通过套期保值交易，使公司净利润由负转正，扭亏为盈，各项指标恢复正常，且高于行业平均水平。

（三）钢企A期货套期保值业务的具体实施情况

1. 前期准备

期货市场由于具有杠杆效应，价格波动较大，企业贸然进入将会承担较大的风险，这就需要制定一系列期货交易制度。就钢厂套期保值操作而言，钢企A的前期就对决策小组选择、订单签订以及实施流程做了规范，尤其是入场条件和时机的选择尤为重要。

钢企A选择的虚拟钢厂套期保值策略是以产业链商品的价格波动性差异来锁定高额利润的。因此，虚拟钢厂套期保值操作的入场条件设定为：当虚拟钢厂交易毛利率高于企业年均毛利率，同时对订单进行原燃料买入套保时，应充分考虑原燃料采购周期和订单排产周期，并以订单合同（或协议）、中标通知书和预付款为前提；对产成品进行卖出套保，应确定敞口库存量并评估存货跌价风险。入场时机则指当螺纹钢价格与铁矿石和焦炭价格之间的差异变大，意味着此时钢厂利润处于高利润水平，即原材料的价格偏低，螺纹钢的价格偏高。此时是虚拟钢厂套期保值的合理入场时机，可以在期货市场进行买入相应月份的铁矿石和焦炭期货合约，同时卖出对应月份的螺纹钢期货合约的交易。当螺纹钢与铁矿石和焦炭的价差缩小，并低于钢厂平均毛利率水平时，入场时机消失，企业不能在此时对期货进行建仓交易。

2. 具体操作过程

2022 年 7 月，钢企 A 与乙单位签订一笔远期订单，该笔订单约定 11 月份交付 10 万吨螺纹钢。当时该笔订单签订时的毛利为 203.4 元/吨，签单时现货的原材料铁矿石为 680 元/吨。A 公司以当前现货铁矿石 680 元/吨制定采购成本预算，不愿提前购进原料占用公司资金和库存，但是又担心三个月后原材料价格上涨，钢企 A 决定在收到乙单位的预付款后，买入铁矿期货进行套期保值。同时，钢企 A 还担心螺纹钢价格会在 4 个月后下跌，因此为了锁定当前阶段的高毛利，钢企 A 决定在上海期货交易所卖出 10 万吨螺纹钢期货。螺纹钢基差价格如图 7－12 所示。

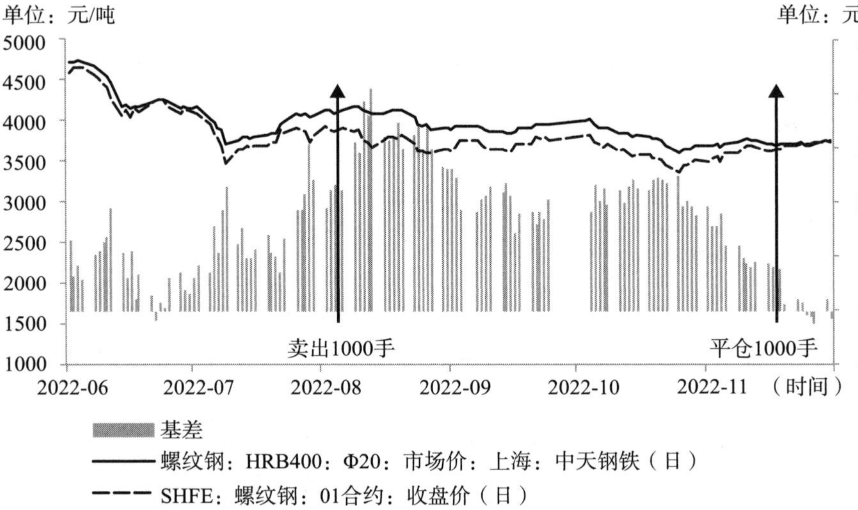

图 7－12　螺纹钢基差价格

数据来源：Mysteel、银河期货。

2022 年 8 月，螺纹钢现货市场售价为 3840 元/吨，期货 2301 合约 8 月 9 日收盘价为 3739 元/吨。钢企 A 根据订单的交付日期和交付数量，在现货部门向证券部提交了订单明细后，公司也制定了相对应的卖出套保方案，在决策小组批复同意后，开始做空螺纹钢 2301 合约，卖出 10000 手螺纹钢 2301 合约（10 吨/手）。

2022 年 9 月钢企 A 收到预付款，此时大连商品期货交易所铁矿石 2301 合约价格为 696 元/吨。9 月 20 日，钢企 A 对 2301 铁矿石合约进行建仓。铁矿石基差价格如图 7－13 所示。

2022 年 10 月，钢企 A 进行第一轮现货排产，开始购入铁矿石。10 月 10 日，现货市场，铁矿石价格为 765 元/吨，上涨 12.5%。10 月 10 日，钢企 A 在期货市场对第一批现货排产购入的原材料数量进行对应平仓，平仓价格为铁矿石 2301 合约价格 739.5 元/吨，上涨 6.25%。

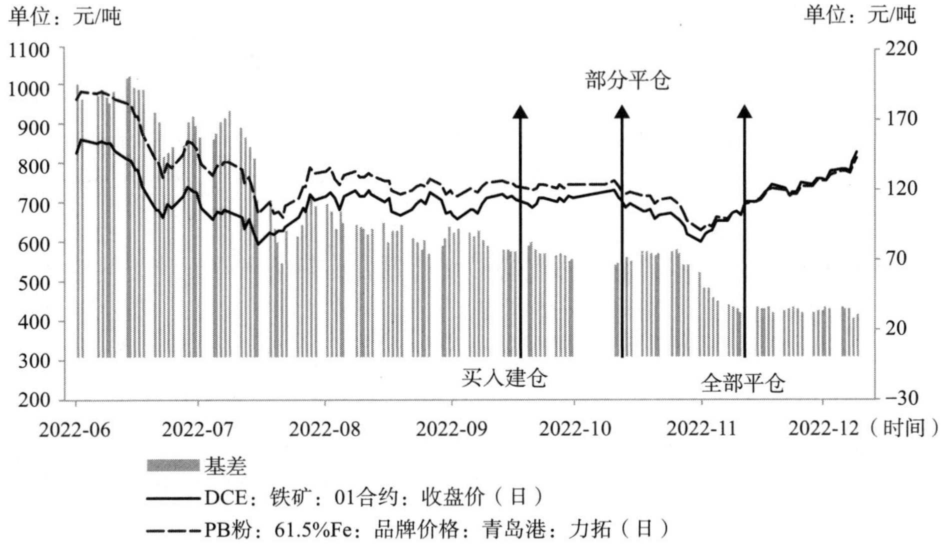

图 7－13 铁矿石基差价格

数据来源：Mysteel、银河期货。

2022 年 11 月，钢企 A 开始第二轮现货排产，再次购入铁矿石和焦炭进行加工。此时现货方面，铁矿石价格为 740 元/吨，较 7 月份上涨 8.82%。钢企 A 在买入原材料现货排产的同时卖出期货合约进行平仓，11 月 21 日，铁矿石 2301 合约价格上涨至 745.5 元/吨，涨幅为 7.11%。

2022 年 11 月份，钢企 A 向乙公司交付全部 10 万吨螺纹钢，乙公司向钢企 A 支付订单尾款。同时在期货市场买入 10000 手螺纹钢期货进行平仓，此时螺纹钢 2301 合约价格为 3671 元/吨。期货市场实现盈利 68 元/吨。

由于原材料价格上涨，使得现货方面，该笔订单毛利由 203.4 元/吨降至 −121.68 元/吨，现货成本减利 325.08 元/吨。但由于钢企 A 在期货市场上进行了买入套期保值，平仓后期货端总共获利 114.5 元/吨。最终，期现对冲之后，该笔订单实现毛利润 −7.18 元/吨，套期保值为该笔订单增利 114.5 元/吨，总共增利 1145 万元。

通过以上案例得知，钢企 A 套期保值工作存在巨大的优势。

（1）锁定利润。

虚拟钢厂套期保值原理是在订单签订时，企业在期货市场上做多原材料期货，做空产成品期货。在钢材生产期，企业在现货市场上买入上游原材料铁矿石，同时在期货市场上平仓铁矿石，控制成本。在产品交付时，企业在现货市场上卖出产成品螺纹钢，同时在期货市场上了结螺纹钢期货头寸，从而保障了收入。通过对成本和收入的双重控制，最终锁定目标利润。

（2）可以实现 100% 套期保值，最大限度控制市场价格波动风险。

虚拟钢厂套期保值模型是对钢铁生产企业产业链上下游所涉及的主要商品进行套期保值，即对原材料进行买入套期保值，又对产成品进行卖出套期保值。该方案可以实现对生产阶段 100% 的套期保值，可以最大限度对冲生产周期中产品价格波动所带来的风险和损失。

（3）根据产业链商品价差，合理安排生产经营规模。

虚拟钢厂套期保值模型是从事钢材生产的钢企 A 根据实际生产经营规模在期货盘模拟

出来的。该模型中螺纹钢和铁矿石的期货价格是紧随现货价格变化的，因此虚拟钢厂上钢材毛利润一定程度上反映现货市场上企业生产经营利润水平。同时，由于期货市场具有价格发现功能，因此企业可以根据虚拟钢厂利润来预测公司未来生产经营利润，并以此来调整生产经营规模。当虚拟钢厂利润水平较高时，此时铁矿石处于低位，公司可以提前预订或购入铁矿石来扩大生产规模。当虚拟钢厂利润水平较低时，公司可以相对缩小生产经营规模。

（4）钢企 A 期现结合的考评机制。

最值得一提的是钢企 A 套期保值工作的考评机制，有两方面的优势，一方面是证券部是套期保值业务的执行部门，另一方面是不单纯以盈利作为考核指标。钢企 A 采用的是期现结合的考评方式，将期货和现货两个市场的盈亏作为一个整体来考核评价。考评的原则是，期货损益归属发起方，规避利益冲突。即期现对冲后进行效益测算，期货套保实际执行过程中产生的盈亏均归期货套保现货业务的相关部门、子公司。而对于执行期货套保方案的部门证券部，不仅对虚拟钢厂套期保值盈亏进行考核，同时还考核操作优化和预案的有效性、合理性。

（四）钢企 A 运用螺纹钢、铁矿石套期保值效果评估

1. 案例套保效果评价

通过上述案例分析发现，钢企 A 通过对该笔订单进行买入和卖出双向套期保值共实现增加毛利润 1145 万元。企业以现货端的对冲需求，在期货合约上进行与现货交易方向相反的套期交易，从而成功完成了买入和卖出套期保值，既规避了原材料价格的上涨，控制了成本，又防止了螺纹钢价格下跌造成的降利，保障了收入，最终既为公司降低了风险，又锁定了收益。但上述案例依然存在一定的问题，具有一定的改进空间。

（1）品种的可替代性。

上述案例中，钢厂仅选用了与现货品种相同的铁矿石和螺纹钢合约，并未对焦炭进行套保，因此无法完全覆盖焦炭的价格波动风险。分析原因是自 2021 年 10 月 28 日开始，交易所规定一般客户各月份合约上单日开仓量不得超过 50 手，套期保值虽不受限制，但合约流动性受到了影响，因此在焦炭期货上进行套期保值存在一定风险。

经过数据分析发现，铁矿石和焦炭一定情况下存在一定的相关性，故可以考虑采用铁矿石进行替代，从而可以进一步优化虚拟钢厂策略。由于焦炭和铁矿石主力合约均为 1 月、5 月和 9 月合约，虽然主力合约换月步调并不完全一致，但主力合约变更日期相差不大。因此，按照主力合约切换的大致时间进行划分，对铁矿石和焦炭价格主力合约价格的相关性进行分析。如表 7 – 6 所示，铁矿石和焦炭在 2022 年期货价格相关性较高，存在替换的可能，如图 7 – 14 所示。

表 7 – 6　铁矿石和焦炭相关性

日期	合约	相关性
2022. 1. 4 – 2022. 4. 19	2205	0. 91
2022. 4. 20 – 2022. 8. 19	2209	0. 83
2022. 8. 22 – 2022. 12. 30	2301	0. 8

数据来源：银河期货。

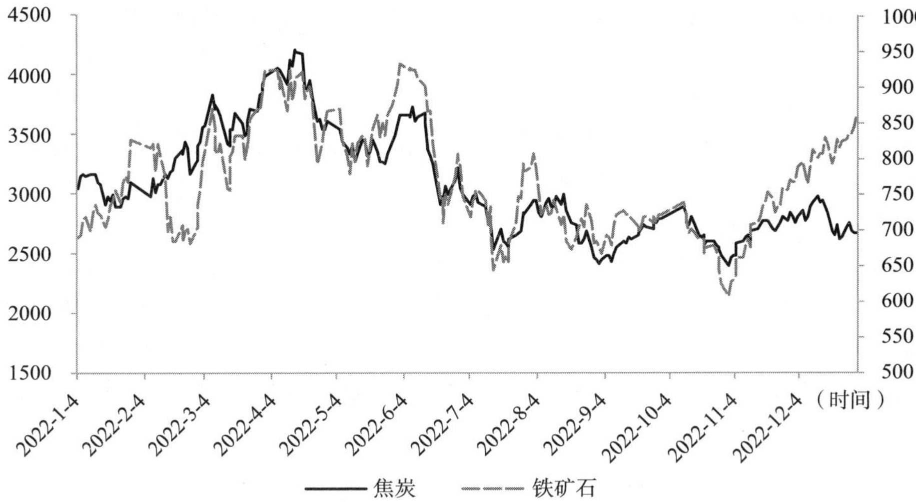

图 7-14　2022 年焦炭和铁矿石期货价格走势

数据来源：Mysteel、银河期货。

当然，由于价格走势并非完全一致，因此如何替换在操作上还需要根据实际情况进行设定。此外，通过对其他月份的测算发现，两者并非在所有阶段都有较强的相关性，受到政策等其他非常规因素的影响，两者有时一致性会较弱，此时就不适合用铁矿石替代焦炭的策略。

（2）套期保值配比的优化。

优化虚拟库存策略使用的难点主要在成本与产品套期保值配比的问题，即螺纹钢、铁矿石和焦炭配比。目前主要有两种方式：一种是从螺纹钢实际生产出发，按所消耗对应数量原料和产出对应数量成品之间的生产配比，另一种是从期货合约价值角度出发，在合约价值相等的情况下确定的配比。

（3）生产配比。

按照螺纹钢生产成本占比，1 吨螺纹钢需要消耗 1.6 吨铁矿石和 0.5 吨焦炭，因此，期货端也应该按照 1 吨螺纹钢对 1.6 吨铁矿石和 0.5 吨焦炭进行配比。结合期货合约螺纹钢 10 吨/手，铁矿石和焦炭均是 100 吨/手，因此，折算后螺纹钢和铁矿石期货手数配比是 100:16:5，这样可以更贴合钢厂的生产成本。

（4）合约价值配比。

螺纹钢和铁矿石期货合约价值相等原则。若螺纹钢、铁矿石和焦炭盘面价格分别为 3860 元/吨、960 元/吨和 2540 元/吨，那么对应的合约价值分别是 38600 元/手、96000 元/手和 254000 元/手。螺纹钢和铁矿石的期货合约手数配比大约是 25:10:4。

当然，上述两种方案也都各有利弊。生产配比可以最大程度上复制钢厂利润，对产业尤其是钢厂能够起到很好的利润保值的作用，但是缺点在于涉及品种较多，操作较为复杂。第二种合约价值配比保证了两方向头寸数量在开仓时等价值，收益主要取决于两者强弱关系，这是目前市场主流的配比方式，但缺点在于具体配比数量根据每日螺纹钢与铁矿石价格涨跌不同，该比例可能在不断地变化，较难确定统一标准。因此，不同的套期保值团队即使采用了相同的方法，但套期保值效果也会存在较大的差异，这就对套期保值团队提出了较高的要求，需要根据行情以及团队自身的特点设计出最适合公司以及团队的套期保值策略。

2. 企业套期保值存在的问题

上述案例仅仅只是钢企 A 套期保值案例中的冰山一角，通过分析发现，钢企 A 在进行虚拟钢厂套期保值时，还存在着较为普遍的问题。

（1）套保时机相对主观。

钢企 A 虚拟钢厂套期保值模型入场时机一般是结合合同签订的时间与生产的销售时间来确定建仓和平仓时机的。但是，有时合约签订时机并不是整个合约周期内利润最大时机，往往会导致毛利润仅仅高于公司生产经营的平均水平，而不是处于一个相对高位。同时，由于钢企 A 是根据往期订单的平均毛利润来衡量当前订单的利润水平，这种方法带有局限性和误差性。

（2）合同定价方式较为固定。

钢企 A 虚拟钢厂套期保值是围绕公司所签订的产品交易合同开展的。该合同的签订采用的是固定钢材销售价格的模式，该模式由于固定了钢材的销售价格，因此使钢企 A 不能获得现货市场上钢材价格上涨所带来的增利。基差贸易是一种新兴的贸易方式，可以帮助企业更好地进行风险管理并制定经营规模。

（3）虚拟钢厂套期保值方向固定。

因虚拟钢厂套期保值模型是根据公司实际生产经营活动在期货市场上模拟的，而钢铁制造公司的钢铁生产过程只有买入原材料和卖出产成品这一个方向这就导致虚拟钢厂套期保值模型只能做多，即买入原材料套期保值和卖出产成品套期保值，因此，只有当虚拟钢厂利润较高，高于公司规定的开仓阈值时才能在期货市场上进行操作，而当虚拟钢厂利润过低时，是不能做空虚拟钢厂的。虽然期货可以进行做多和做空双向交易，但由于现货市场的限制，使得企业只能获得每吨钢材毛利润处于高位时的利润，而不能获得利润低于正常值时的收益。

（4）衍生品工具单一。

虚拟钢厂套期保值涉及的衍生产品仅为期货。期货只是金融衍生工具的一种，除了期货工具外，还可以运用期权、远期等工具对产品进行风险控制。由于虚拟钢厂套期保值模型只运用了期货，因此钢企 A 要面临期货市场波动性等许多不确定风险，同时由于期货合约的不连续性，离到期日较远的合约价格易受到投机资本的操纵，而且即期期货价格波动剧烈，这些都导致期货价格偏离合理性，此时如果公司根据期货市场虚拟钢厂利润水平来调整生产规模和经营节奏，将导致公司受到价格过度波动带来的伤害，从而造成巨大亏损。此外，钢企 A 运用的期货产品（螺纹钢期货、铁矿石期货）的金融属性非常强，容易受到市场及政策的影响，造成剧烈波动，而且由于期货交易需要支付总金额 5% ~20% 的保证金，这将造成公司资金的占用，加大公司现金流压力。最后，由于期货杠杆率较大而且采取逐日盯市制度，当市场当日波动幅度较大，而保证金账户没有足够的余额时，就会被交易所强行平仓，从而给公司造成巨大损失。

（五）“双碳”背景下企业应该如何应用期货工具进行套期保值

通过企业 A 的案例可以得知，运用期货工具对冲企业经营风险，是真实且有效的风险化解手段。进入2021年，钢铁行业不仅面临着"后疫情时代"新的冲击，还面临着更新的经营模式。比如房地产收缩的大背景下，国内钢铁行业将陷入长期的产能过剩、低利润的情况，而"双碳"政策也增加了企业的运营成本，提升了传统煤炭、铁矿石、电力的成本下沿，也同样增加了一部分环保成本，比如碳排放限制等。而通过衍生品工具，比如螺纹钢期货、热轧卷板期货、铁矿石期货、双焦期货、铁合金期货，甚至未来即将上市的碳排放期货，都能更全面地对冲价格波动风险。另一方面，企业也可以更加灵活地运用场内场外期权工具、互换、点价等，降低套期保值的资金占用和利息成本，从时间和空间等更多的维度上平滑企业利润曲线，减少亏损风险，甚至增加企业的盈利率。

五、钢铁企业运用场外期权套期保值案例实证研究

目前越来越多的钢铁企业开始接触场外期权，通过逐步地接触以及尝试发现场外期权在套期保值时的灵活性与便利性，能够进一步对套期保值策略进行优化。面对愈加复杂的国际环境以及国内"双碳"目标，仅通过单一、标准化的期货工具，往往很难满足企业的个性化风险规避需求。而场外期权以其个性化定制的优势，将企业的现货与期货有机结合，可以实现风险的完全锁闭，同时保留盈利空间。

（一）传统套期保值难以应对大幅波动行情

2021年是商品市场大年，国内在"双碳"政策和国内粗钢压减政策预期主导下，上半年国内黑色系商品价格大幅上涨，尤其炉料价格的上涨对钢厂利润形成较大侵蚀。下半年铁矿石价格大幅下跌，对于长协比例较高的国内钢厂又形成较大的成本压力。

从传统意义来看，企业对于原料采购可以通过期货市场进行买入保值，但对于2021年铁矿石价格大幅波动市场，钢厂进行买入保值需要较高的择时能力，而传统套期保值一般基于历史统计数据进行操作。传统套期保值思路如图7-15所示。

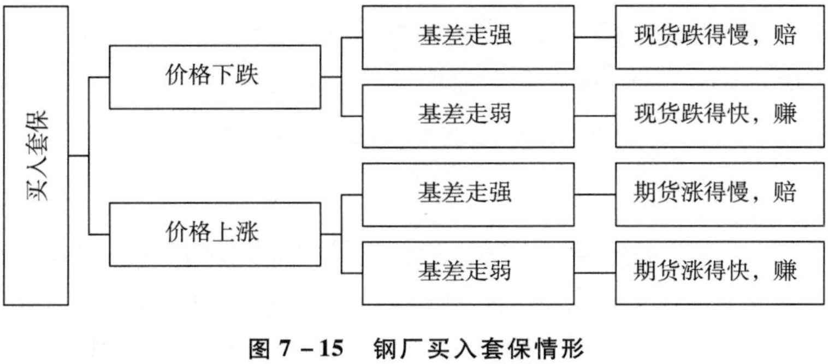

图7-15 钢厂买入套保情形

数据来源：银河期货。

钢厂首先通过对现货价格和期货价格统计规律得出：首先，年底11月、12月现货和期货价格呈现上涨走势；第一季度现货和期货整体走势偏强；第二季度、第三季度现货和期货一般先强后弱。其次，从基差统计得出规律：01合约基差大概率会呈现走弱趋势；05合约基差大概率不会走弱；09合约基差涨跌规律不明显。最终得出如下结论：01合约基差季节

性走弱和现货价格年底回升这一规律非常适合做买入保值；移仓到 05 合约也大概率会具有一定的优势。由于静态套保简单易懂，因此传统企业采用比较多，主要从统计学角度分析基差、价格的走势规律，从而制定套期保值策略。铁矿石主力合约基差率如图 7－16 所示，普氏铁矿 62% 价格指数如图 7－17 所示。

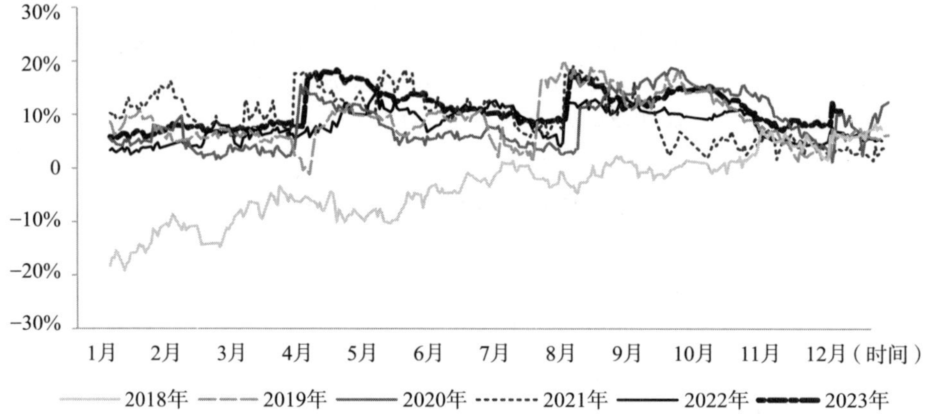

图 7－16　铁矿石主力合约基差率

数据来源：Mysteel、银河期货。

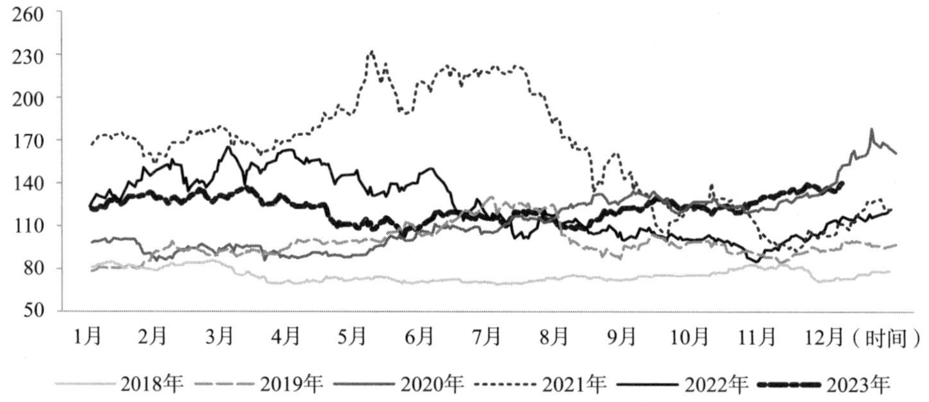

图 7－17　普氏铁矿 62% 价格指数

数据来源：Mysteel、银河期货。

从理论上来说，这一方法的效率水平往往较低，因此单纯静态分析的策略往往很难在实际运作中起到很好的效果：（1）基于统计规律的套期保值很难对复杂或极端行情做出反应；（2）基于统计的套期保值规律一旦失效，可能接下来较长时间规律都失效。这两点因素在 2021 年分歧非常大，所以对于大量采购长协铁矿的钢厂难以达到风险转移或“降本增效”目标。

上述基础套保的策略可以在判断正确的情况下，帮助企业规避风险，但也不难发现需要缴纳的保证金数额较大，且一旦方向判断错误则期货端也将承受较大的损失。从套期保值效果评估的准则来看，结合现货与期货端账面盈亏才是判断的依据，但对不熟悉期货套期保值原理的普通投资者而言，若公司财务报表的期货损失较大，会引发投资者的不满。因此，如何在保证期货端账面损失有限，但又能实现套期保值的目的，对上市企业而言就显得尤为重要。

（二）B钢铁企业（以下简称钢企B）运用铁矿石场外期权实现“降本增效”

国内铁矿石期货市场长期保持贴水结构，这为企业经营过程中降低成本提供了极大的便利条件，同时铁矿石期权市场正日趋成熟，风险对冲工具的完善也促进市场不断向精细化管理阶段发展。

钢企B作为国内大型钢铁企业，每年从澳洲和巴西进口大量铁矿石，每天有大量海外矿山长协合约落地，客户希望通过衍生品工具，降低美元长协固定采购价格，同时实现港口库存管理。为了满足长期寻求市场低价采购的机会，从而更好地实现“降本增效”的目标，可以考虑设计铁矿条件贸易方案，提供市场最优卖价。

1. 铁矿累购条件贸易方案降低采购成本

在与期货子公司协商之后，从2021年3月1日开始，在接下来的20个交易日，B公司采用与期货子公司签订含权贸易合同，每天根据市场情况，期货子公司分条件采购PB粉，青岛港提货，并且双方约定：

（1）当期货i2105收盘价在小于或等于1050时，钢企B以1100价格，采购1000吨铁矿；

（2）当期货i2105收盘价在1050～1150之间时，双方无现货成交，子公司按照1000吨规模，每吨补贴16元给B钢铁企业；

（3）当期货价格i2105收盘价大于1150时，当天双方无成交。

每日具体采购情况如表7－7所示。

表7－7　铁矿石衍生品套期保值策略

期货价格	1050元及以下	1050～1150元	1150元以上
客户采购情况	客户每日以固定价1100，从子公司购买铁矿1000吨	无现货成交，子公司按照1000吨规模，每吨补贴16元给钢企B	双方无成交

数据来源：银河期货。

结论：根据期货盘面情况，在一定价格区间内，钢企B每天以低于现货市场价格采购PB粉，盘面价格较低时，仍以相对低的价格采购PB粉。

2. 铁矿长协美元货库存管理

2021年8月17日，钢企B与子公司签订两份购销合同，约定期初钢企B按9月、10月普氏指数均价P向子公司销售5万吨PB粉，未来再向子公司按照9月、10月普氏指数均价P－5美金采购5万吨PB粉，交收地均为青岛港。9月17日，子公司向钢企B支付暂估价130美元（对应人民币），钢企B将5万吨PB粉货权转移至子公司，双方开具发票，子公司处置PB粉对外销售。10月17日，子公司以暂估价130美元（对应人民币），子公司将港口5万吨相同规格PB粉买回，销售给钢企B，双方开具发票。11月1日，双方按照9月、10月普氏指数均价P－5美金（对应人民币），最终结算两笔购销合同。

钢企 B 9 月、10 月损益情况预估如表 7－8 所示。

表 7－8　　铁矿石衍生品套期保值策略

预估普氏指数	9 月 120 美元	10 月 121 美元	2021 年 11 月 1 日
损益情况	卖出价按 130 美金预结算，单笔浮亏 3 美元	买回价按 130 美元预结算，单笔浮盈 6 美元	最终结算，B 钢铁企业按照 9 月、10 月均价 120 美元卖出，按照 120 美元－5 美元买回，双方多退少补差价

数据来源：银河期货。

结论：子公司代持美元货铁矿，为钢企 B 实现美元货落地，市价降低 5 美元成本，同时一定程度上降低美元货汇率波动的风险。

3. 场外期权“降本增效”总结

衍生品套期保值效果的判定与一般套期保值策略相同，都需要从资产价值的角度进行评估，考察当收益率发生改变时，期现总资产的变动情况。而与一般衍生品相比，当行情与预测的方向相反时，衍生品套期保值策略则更有利。

2020 年以来，钢企 B 开展了以期货价格为基准的含权贸易以及场外期权策略，为企业节省采购成本 50～100 元/吨。这将钢铁企业传统的线性采购模式转换为更灵活的价格区间采购模式，化解传统采购压力，起到避风险和保供应的双重效果。

随着我国衍生品市场发现价格和对冲风险作用日益显现，越来越多的钢铁企业开始利用衍生品进行预期管理和贸易定价，将现货价格风险合理转移到期货市场，以规避原材料上涨、库存减值等风险，稳定价格预期、锁定利润。此外，由于市场逐步开始理解和接受衍生品套期保值的方式，目前市场衍生品套期保值策略也在不断完善，根据不同企业的需求制定了“累购（累沽）＋固定赔付（plus）”等模式。

（三）场外期权满足钢企 B 的多样化需求

1. 钢企 B 带敲出累购策略的应用背景

2021 年，铁矿石经历了“牛转熊”的行情，国内铁矿石现货价格大幅波动。上半年，在国内和海外需求旺盛下，京唐港 61.5% PB 粉价格从年初的 1230 元/吨一度上涨至 5 月上旬高点 1625 元/吨，上涨幅度超过 32%。青岛港 PB 粉价格如图 7－18 所示。随后，由于中国粗钢平控政策的强力实施，同时海外钢铁产量 3 月见顶后环比呈下降趋势，在国内外需求下滑的共同作用下，铁矿石价格出现回落。随着中国粗钢平控政策稳步实施和中国钢材消费的大幅下滑，7 月以后铁矿石现货价格断崖式下跌。在短短的几个月内，京唐港 61.5% PB 粉和普式指数分别从 1625 元/吨和 233.1 美元/吨下跌至 11 月 23 日的 610 元/吨和 99.5 美元/吨，分别下跌 62.45% 和 57.31%。在这样波动较大的情况下，若企业没有进行适当的套期保值的话，将存在较大的风险。因此，2021 年 2 月初，B 钢铁企业考虑到下游基建需求强劲，春节后铁矿石大概率上涨，价格走势振荡偏强，企业考虑提前做好采购布局。

2. 套期保值方案制定

在基础套期保值的模式下，企业以往会选择买入一定比例的铁矿石期货进行对冲，以防

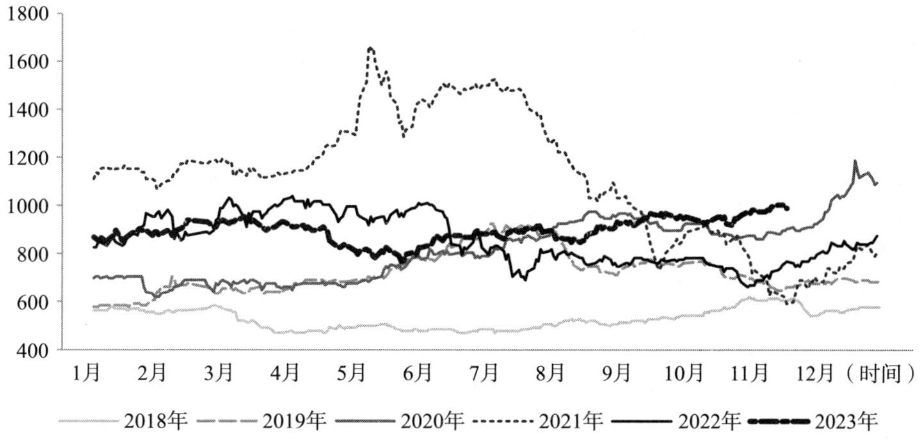

图 7－18 青岛港 PB 粉价格

数据来源：Mysteel、银河期货。

范价格上涨的风险。B 企业每天铁矿石用量在 1500～2000 吨，若以 1500 吨/天为基准，则一个月的用量约为 45000 吨。若考虑套期保值的量为总量的 80%，则基础套期保值的具体策略如表 7－9 所示。

表 7－9 铁矿石基础套期保值方案

现货标的	铁矿石
数量	36000 吨（未来 1 个月计划产量的 80%）
期限	1 个月（2021 年 2 月）
套保工具	铁矿石期货
合约选择	I2105 合约
交易方向	买入出开仓
套保操作量	买入量 36000 吨，折期货盘面 360 手
保证金比率	15%

数据来源：银河期货。

假设按照 2 月 1 日的开盘价 990 元/吨作为买入价格，买入铁矿石期货 360 手，初始保证金为 540 万元，若以 3 月 19 日收盘价 1042 作为平仓价的话，则期货端收益为：

（1042－990）×36000＝187.2 万元

现货方面，以青岛力拓价格为例，2 月 1 日 PB 粉现货价格为 1087 元/吨，到 3 月 19 日则上涨至 1115 元/吨，现货端亏损为：

（1087－1115）×36000＝100.8 万元

最终结果来看，由于采用了基础套期保值策略做风险对冲，因此期货端盈利弥补了现货端亏损，帮助企业以较低的价格实现了原料的采购，帮助企业减少采购成本 86.4 万元。

铁矿石期货价格走势如图 7－19 所示，期间 PB 粉现货价格如图 7－20 所示，铁矿石 5 月合约基差（与 PB 粉）如图 7－21 所示。

图 7-19 铁矿石期货价格走势（2021 年 2 月 1 日至 2021 年 3 月 19 日）

数据来源：同花顺、银河期货。

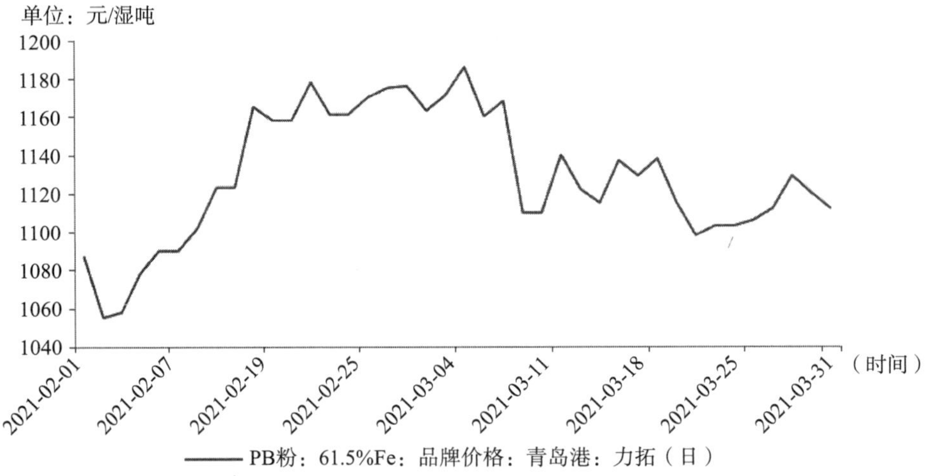

图 7-20 PB 粉现货价格（2021 年 2 月 1 日至 2021 年 3 月 19 日）

数据来源：同花顺、银河期货。

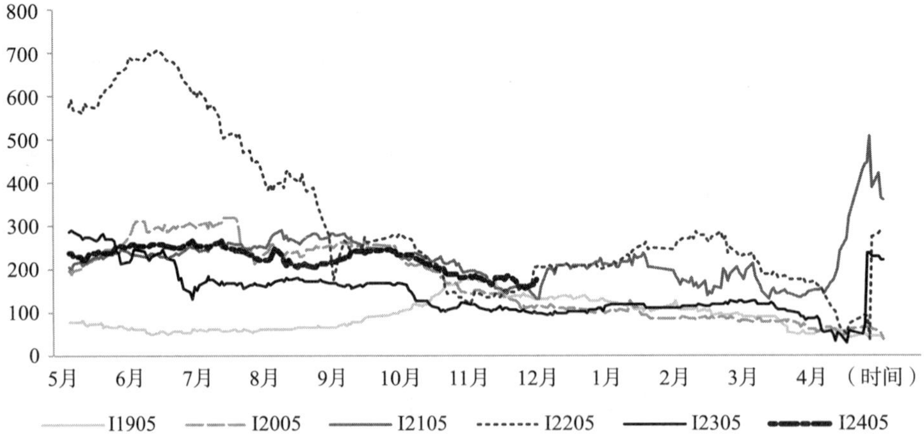

图 7-21 铁矿石 5 月合约基差（与 PB 粉）

数据来源：同花顺、银河期货。

3. 建立模型

虽然上述基础套保的策略可以在判断正确的情况下，帮助企业规避风险，但也不难发现需要缴纳的保证金数额较大，且一旦方向判断错误则期货端也将承受较大的损失。从套期保值效果评估的准则来看，结合现货与期货端账面盈亏才是判断的依据，但对不熟悉期货套期保值原理的普通投资者而言，若公司财务报表的期货损失较大，会引发投资者的不满。因此，如何在保证期货端账面损失有限，但又能实现套期保值的目的，对上市企业而言就显得尤为重要。场外衍生品期权策略就可以实现。

采用场外衍生品模式可以在提高资金利用率的同时，降低当行情往不利方向运行时的风险，将期货端账面损失控制在一定范围之内。因此在与期货子公司协商之后，B 公司采用了敲出累购套期保值的解决方案。为了控制风险，衍生品策略的制定考虑了可能产生的最大亏损的情况。考虑到钢企 B 每天铁矿石用量在 1500 ~ 2000 吨，因此若出现连续 30 个交易日企业按照 980 元/吨的价格每日采购 1500 吨，则 30 日也仅采购 4.5 万吨 PB 粉，并未超出企业用量。价格方面，2 月 1 日现货价格为 1087 元/吨，采购成本将降低 107 元/吨。具体方案设计如表 7 - 10 所示。

表 7 - 10　　铁矿石衍生品套期保值策略

标的合约	I2105
期权类型	敲出累购
入场价	900
执行价	980 （ +80）
敲出价	1100 （ +130）
生效日	2021 年 2 月 1 日
到期日	2021 年 3 月 19 日
交易天数	30 天
倍数	3 倍
每天数量	500 吨
客户权利金	0
保证金预估	377 万元

数据来源：银河期货。

参考铁矿石期货 2105 合约未来 30 个交易日的每日收盘价来定价，如果某日 2105 合约收盘价在 900 ~ 1100 元/吨，则当日企业以 980 元/吨采购 500 吨 PB 粉现货；如果收盘价低于 900 元/吨，企业以 980 元/吨采购 3 倍（即 1500 吨）PB 粉现货；如果收盘价超过 1100 元/吨，则企业不进行采购。

（四）存在的问题

上述案例是企业合理利用衍生品套期保值策略的结果，无论行情如何发展，均能够通过套期保值策略优化采购成本，但并非每一笔套期保值都能达到预期的效果。通过对上市企业的研究分析发现，目前上市企业在衍生品套期保值中主要面临如下问题：

1. 部分企业无法运用期权甚至期货进行套期保值

对于上市公司而言，虽然进行场外期权策略的目的是进行套期保值，但其损益最终是计入投资收益的，因此一旦出现亏损也容易引起普通投资者的不满。正由于市场的误解，导致一些企业无法运用期权，甚至期货，进行套期保值。考虑到这样的问题，企业则可以采用含权贸易进行替代。

由于含权贸易属于贸易类型，因此即使行情判断不够精准，也能避免引发不必要的误解。从交割方式来看，还可以通过期货一次性交割或期转现交割等方式，直接进行出货和接货，相当于利用期货交割增加了现货购销的途径。

2. 缺乏专业的团队和复合型人才

上市企业的经营业务往往较为复杂，若设计好一套完整的套期保值体系，很大程度上能起到完善库存管理、降低生产成本、拓宽销售模式等作用。但这需要设计套期保值策略的人员对公司各项业务都能有一定的了解，真正知道企业的痛点在何处，以及如何优化整个流程。目前，有金融专业知识和实际套期保值经验的人员往往对公司整体业务并不熟悉，而对业务熟悉的人员又不具备专业的金融知识，因此，缺乏复合型人才以及专业的团队也是目前面临的问题之一。

3. 套期保值缺乏管理体系

对套期保值效果的评估不能单看一笔业务的成败，需要从长期发展的角度来看，是否能帮企业达到降低采购成本等目标。此外，由于上市企业规模较大，产品较多，因此原材料采购也较为繁复，所以需要建立一个更系统的体系进行管理，也便于做整体的评估。

六、结论与建议

（一）结论

本文通过运用套期保值理论、场外期权工具应用，结合两家钢铁公司开展套期保值工作实际情况，发现企业套期保值过程中存在的问题，并对套期保值方法进行改进，最后给出相关对策建议。

“双碳”背景下钢铁行业面临着更大的成本压力，钢铁公司需要不断调整产品结构，探索新的生产工艺以满足市场需求，减少碳排放。因此，钢铁公司使用期货及衍生品工具进行套期保值已经成为了企业经营的必选项。目前除了废钢、钢坯等品种外，黑色主流品种已经上市，近几年我国场外期权快速发展，铁矿石、螺纹钢、硅铁和锰硅场内期权也已经上市，这给企业提供了充分的套期保值工具进行选择。在对 A 钢铁企业和 B 钢铁企业的案例进行研究后，本文主要的研究结论如下：

首先，钢企 A 充分认识到了自身的风险敞口，证券部、期货部共同负责套期保值工作，公司运用期货工具进行套期保值已经比较成熟，对相关人员的绩效考核制度比较合理。考虑到黑色品种不仅自身价格波动非常大，基差波动也非常大，并且成材价格与原料价格波动幅度差异很大，需要持续加强对行业基本面的研究，做好风险控制。由于公司期货团队存在人员流失问题，公司需要加强套期保值团队的梯队建设，通过内部培训、外部学习不断提升团队专业能力，避免人员变化带来的风险。

其次，钢铁企业越来越少采用机械式套期保值来对冲风险，但这也意味着风险的增加，尤其是最近几年时常显现的尾部风险。钢企 A 通过螺纹钢、铁矿期货品种来构建虚拟钢厂模型对生产加工利润进行套期保值，考虑到盘面利润与现货利润走势经常不同步，公司需要对各品种基本面分别进行深入研究，持续提高专业能力，积累经验，并需要加强对国内外宏观经济的研究，以提高套期保值的成功率。

最后，衍生品工具的应用可能是未来钢铁企业套期保值能否成功的关键，与期货相比，期权策略更加多样化，对专业度的要求更高。在期货工具无法顺利应用的场景下，场外期权等工具的使用可以达到增加公司利润的效果。目前国内大量钢材贸易商已经大量使用场外期权工具来管理风险，钢铁企业体量更大，更有必要加强对金融衍生品工具的运用。

（二）建议

1. 推动碳期货、碳期权等衍生品上市交易

目前黑色产业链的上市品种并不完善，碳排放权衍生品未上市，加上采用完全套保对冲风险的企业越来越少，这就导致套保风险的增加，因此企业需要更深入地研究套期保值方案的可行性以及研究选择何种套期保值工具更有利。建议相关部门明确碳排放权金融属性，推动碳期货、碳期权等衍生品上市交易。加快绿色金融标准体系建设，继续深化绿色金融试点，鼓励金融机构探索碳金融产品创新。推动钢铁企业根据自身条件选择适合的减碳路线，开展碳排放权研究，积极开发碳管理系统，为将来参与碳排放权交易做好准备。

2. 选择最适合公司的套期保值规模

A、B 钢企的套期保值规模均未达到最优套期保值比率，A、B 钢企对套期保值的理解依旧不够深刻，均希望通过套期保值获得更多利润，且对对冲风险过程中期货及衍生品端产生亏损的忍耐力不强。由于 2016 年以来钢铁行业利润回升，公司仍未充分意识到“双碳”背景下可能存在的巨大风险，套期保值规模过小。考虑到目前 A、B 钢企仍有较充裕的闲置资金，可以适当提高套期保值规模，使之接近最优套期保值计划量，并且将综合运用金融衍生品工具提高到战略管理层面，进一步培养套期保值人才队伍，拥有足够实力操作更大规模的资金。公司需要对套期保值效果的考核进行完善，使相关员工的收入能够与套期保值效果充分挂钩，督促员工勇于承担责任。同时，作为上市公司，企业需要与投资者保持良好沟通，当产品价格持续上涨，套期保值影响公司利润时，需要及时公告套期保值的情况，公司管理层需要不被市场所左右，坚定持续套期保值的决心。

3. 对未在期货市场上市产品进行套期保值

A 钢企除了生产螺纹钢外，还生产宽、中、厚板（卷）、棒材等其他品种，棒材、钢带等品种仍未上市，考虑到螺纹钢与棒材、钢带的相关系数超过 0.9，可以选择螺纹钢来进行套期保值。各品种的基本面有所不同，容易出现涨跌幅不同的情况，这时可以适当降低套保比率，进行不完全套期保值，也能达到企业风险管理的目的。期货公司风险管理子公司备有期现团队，公司也可以和风险管理子公司合作，签订含权贸易合同，在宽、中、厚板供应偏宽松、价格波动时，帮助企业以高于传统贸易方式下的价格销售宽、中、厚板，以保障公司的销售。公司需要采购铁矿石，也可以与风险管理子公司合作开展以期货价格为基准的含权贸易，风险子公司负责参与衍生品交易，为公司供应 PB 粉远期现货，从而节省采购成本。

4. 进行有效的风险管理

目前正处于百年未有之大变局，事前无法预知的风险频频发生，公司需要由“一把手”牵头来建立一套完善的风控制度以应对不同类型的风险。现货端公司面临着采购困难、销售困难、对手方违约、库存减值等风险，期货及衍生品端面临极端行情下过大的对冲损失，交易所为防范投机过热采取限仓使得出现品种流动性下降风险。公司需要做压力测试，模拟发生不利情况时公司可能面临的潜在损失，并针对极端情况带来的尾部风险采取相应的预防措施。当公司发现宏观政策及产业层面的极端事件时，需要第一时间根据变化来调整套期保值策略，及时做好风险对冲，并且不要轻易认为风险已经结束，只有做好最坏的打算才能顺利度过危急时刻。

5. 招聘熟练使用金融衍生品工具的专业人才

利用金融衍生品工具进行套期保值是复杂而又专业的，经常有公司预测对了行情走势，但是由于衍生品工具选择错误，造成重大损失，因此从事套期保值工作的团队以及人员需要对金融衍生品非常熟悉。A、B 钢企都未对金融衍生品有足够了解，考虑到金融衍生品的复杂性和专业性，通过内部培养的方式很难实现灵活运用衍生品工具的目的，需要外部招聘成熟人才来进行研究和操作。目前期货公司风险管理子公司开发了累沽累购产品，雪球结构化产品以及含权贸易，给企业提供了更加丰富的风险管理新工具和新策略。公司基本面研究团队通过对品种供需等因素进行分析，预测品种未来的价格走势，而金融衍生品人才可以根据研究团队的结论选择最合适公司的产品进行套期保值，从而提高企业套期保值的成功率，减少内部执行风险。考虑到专业人才的招聘难度较大，招聘应届生的培养周期过长，公司也可以先采用与大型期货公司合作套保的模式。

6. 使用人工智能来辅助套期保值决策

随着 ChatGPT 的发布，当前人工智能已进入到加速发展阶段，建议工信部等部门牵头推动钢铁行业进行数字化转型。钢铁公司的优势在于对自身行业更为熟悉，对当地产品的供需有第一手信息，但是期货行情通常由宏观经济、品种整体供需以及市场对于未来的预期来决定，公司不得不面对更加海量的数据。与金融机构相比，钢铁公司缺少有效方法来分析处理数据，为套期保值决策提供依据。充分利用人工智能机器学习来辅助公司对基本面进行分析，基于行业历史数据、技术面和市场情绪制定出合适的交易策略，在优化整体套期保值操作表现的同时，公司风险监测和管理水平也将得到有效提高。钢铁公司亟须利用人工智能等新手段来搭建一套适合自身的套期保值量化系统，并将生产、销售、采购等流程节点充分连接，各节点的数据相互贯通，为公司降本增效带来巨大帮助。

参考文献

[1] H. Working. New Concerning Futures Markets and Prices [J], American Economic Review, 1960 (52): 431 -459.

[2] L. L. Johnson. The Theory of Hedging and Speculation in Commodity Futures [J], Review of Economic Stydies, 1960 (27): 139 -151.

[3] Black F. and M. Scholes (1973). The Pricing of Options and Corporate Liabilities [J]. Journal of Political Economy, Vol. 81 (3), 637 -654.

[4] Christian L. Dunis, Jason Laws, Peter W. Trading and Hedging the Corn/Ethanol Crush Spread Using Time - Varying Leverage and Nonlinear Models [J]. The European Journal of Finance. 2015 (4).

[5] Lo, A. W. (Eds.) (2007b). The International Library of Financial Econometrics Series, Volumes 1 - 5. Cheltenham, UK: Edward Elgar Publishers.

[6] 李前，黄聪．风险管理价值理论综述 [J]．山东社会科学，2008：119 - 122.

[7] 龚艳冰，丁德臣，何建敏，吴广谋．企业战略风险管理理论、模型及应用综述 [J]．科学学与科学技术管理，2008：29 (9).

[8] 马晶晶．基于套期保值的钢铁企业风险管理研究——以 HL 钢铁利用铁矿石期货为例 [D]．硕士学位论文，东北财经大学，2020.

[9] 赵树然，吴云霞，任培民．基于 ECM - DCC 模型的期货动态 CVaR 套期保值模型及其实证分析 [J]．运筹与管理，2016，25 (4)：172 - 178.

[10] 何格钢．未来 10 年中国钢铁行业发展趋势展望 [J]．冶金管理，2023 (12)：57 - 66.

[11] 王晓娟．“双碳”目标与中国钢铁产业优化发展路径研究 [D]．中南财经政法大学，2022. DOI：10.27660 /d. cnki. gzczu. 2022. 002875.

[12] 祝惠春．期市服务钢铁、煤焦产业保供稳价 [N]．经济日报，2023 - 08 - 25 (007). DOI：10.28425/n. cnki. njjrb. 2023. 005978.

[13] 刘志强．钢铁产业降本增效优化供给 [N]．\人民日报，2023 - 09 - 20 (018). DOI：10.28655/n. cnki. nrmrb. 2023. 009540.

[14] 杨铁．浅议我国钢铁产业园的发展现状 [J]．中国钢铁业，2022 (10)：10 - 14 + 30.

[15] 谭亚敏．铁矿石期货上市十周年 践行初心使命 与钢铁产业同频共振 [N]．期货日报，2023 - 10 - 19 (002). DOI：10.28619/n. cnki. nqhbr. 2023. 002731.

[16] 徐欢欢．钢铁企业跨品种套期保值策略设计——以 A 公司“虚拟钢厂”为例 [D]．硕士学位论文，南京师范大学，2021.

[17] 童丹．HL 钢铁公司期货套保业务风险控制研究 [D]．硕士学位论文，长沙理工大学，2014.

8. 建设现代化产业体系与上市公司高质量发展

中信建投证券股份有限公司 课题组*

建设现代化产业体系是我国长期以来的重要战略部署，对于实现“两个一百年”奋斗目标具有重要意义，推动上市公司的高质量发展是建设现代化产业体系的必要条件和应有之义。部分代表性行业在建设现代化产业体系方面已取得了重要成果，一批上市公司利用资本市场不断做大做强，积极服务于国家战略，但其同时也存在一些有待解决的问题。

在新能源行业，我国已建立较为完善的现代化产业体系，并在世界范围内具有竞争优势。然而，产业链发展不协调、利润分配不均衡、阶段性产能过剩以及少数核心技术待突破等问题仍亟待解决。课题报告通过分析新能源行业现状，强调建设现代化产业体系为上市公司带来的发展机遇，并提出利用技术创新、市场及供应链逐步平稳等方式，提升行业核心竞争力，推动智能化、高端化、绿色化，实现产业升级和上市公司高质量发展。在 TMT 行业，我国已建立较为完善的产业体系，并诞生了华为、阿里、腾讯等具有国际竞争力的企业，

* 本项目课题组成员为：张钟伟，中信建投证券股份有限公司，并购部负责人，硕士研究生学历；袁钰菲，中信建投证券股份有限公司，并购部总监，博士研究生学历；刘斌，中信建投证券股份有限公司，并购部高级副总裁，硕士研究生学历；王宇泰，中信建投证券股份有限公司，并购部高级副总裁，硕士研究生学历；陈露萌，中信建投证券股份有限公司，并购部副总裁，硕士研究生学历；董克念，中信建投证券股份有限公司，并购部副总裁，硕士研究生学历；吴杨佳君，中信建投证券股份有限公司，并购部副总裁，硕士研究生学历；武立华，中信建投证券股份有限公司，并购部副总裁，硕士研究生学历；包桉泰，中信建投证券股份有限公司，并购部副总裁，硕士研究生学历。

但与国际顶尖企业相比在前沿技术方面仍存在一定的差距、对产业链掌控程度不足以及资本市场助力产业发展潜力未充分发挥等问题。研究建议通过引导主流资金投入以科技创新为核心的融资项目、鼓励提升并购重组对前沿技术估值包容度，增加TMT行业上市公司并购重组活跃度等方式实现产业高质量发展。在医疗健康行业，我国上市公司在政策的支持下迅速发展，但仍与国际巨头公司差距悬殊，存在规模化不足、创新产品欠缺的核心问题。研究建议上市公司通过资本市场运作，并购整合产品与核心技术，同时拓展国际销售渠道，达到迅速发展壮大的目标。在化工行业，我国取得了世界领先的产业规模，但整体呈现大而不强、大而不优的态势，制约了现代化产业体系的建设和上市公司的高质量发展。研究建议通过增强创新能力、调整结构布局、加快转型升级、推动绿色发展和数字化改造等手段，助力化工产业提质增效，实现化工大国向化工强国的迈进。各行业需要通过精准的战略布局，推动相关行业向更高水平发展，以实现现代化的产业体系和上市公司的高质量发展。

课题组通过深入分析不同行业的现状和问题，为建设现代化产业体系与上市公司高质量发展提供了专业的建议。这些建议和观点对相关领域的政策制定和实践操作具有指导意义。

一、研究背景与研究综述

（一）研究背景

1. 建设现代化产业体系是推动国民经济高质量发展的必然要求

党的十七大报告提出，要“加快转变经济发展方式，推动产业结构优化升级”“发展现代产业体系”。此后的多次“五年规划”中，发展现代产业体系得到了进一步明确。当前，党的二十大报告对建设现代化产业体系作出了重大部署：“坚持把发展经济的着力点放在实体经济上，推进新型工业化，加快建设制造强国、质量强国、航天强国、交通强国、网络强国、数字中国”。由此可见，现代化产业体系是长期以来我国经济发展战略的核心概念，建设现代化产业体系是新时代的重大任务。

我国目前正处于经济和产业转型的关键阶段，推动高质量发展，要求持续优化生产要素配置，不断提高劳动效率、资本效率、土地效率、资源效率，不断提高全要素生产率，形成高效的产业供给体系。高质量发展，是创新成为第一动力的发展，要求从主要依靠资源和低成本劳动力等要素投入转向创新驱动，加快新旧动能转换，不断提升产业基础能力，推动传统产业优化升级，培育具有国际竞争力的战略性新兴产业，建立起优质高效创新的现代化产业体系。

2. 提高上市公司质量是加快完善社会主义市场经济体制的重要内容

2020 年，《国务院关于进一步提高上市公司质量的意见》提出：“资本市场在金融运行中具有牵一发而动全身的作用，上市公司是资本市场的基石。提高上市公司质量是推动资本市场健康发展的内在要求，是新时代加快完善社会主义市场经济体制的重要内容。”2022 年 11 月，证监会印发《推动提高上市公司质量三年行动方案（2022—2025）》，提出了优化制度规则体系等八个方面的具体举措，在巩固现有成果的基础上进一步明确了上市公司提质增效的工作方向。

作为社会主义市场经济的主要参与者之一，上市公司为我国经济发展和转型升级作出了重要贡献，资本市场服务实体经济的效果显著。上市公司发展质量的提升有助于进一步激发资本市场的活力与竞争力，优化资源配置，对于社会主义市场经济机制的完善尤为重要。

3. 建设现代化产业体系为上市公司高质量发展提供基础保障

二十届中央财经委员会第一次会议指出，现代化产业体系是现代化国家的物质技术基础，要建设具有完整性、先进性、安全性的现代化产业体系。在加快建设现代化产业体系的政策背景下，上市公司将迎来重要发展机遇。一方面，以科技创新为引领的现代化产业体系能够提高产业链整体水平，技术进步和产业升级将带动上市公司生产效率和盈利能力稳步提升，同时系统性的完整产业链也可以让上市公司与上下游的客户、供应商更好的协同，从而在市场竞争中更具优势。另一方面，现代化产业体系与资本市场之间的良性互动有利于优化资源配置，引导市场资金流向重点发展领域。通过股票、债券等多元化的金融工具，上市公司能够更便捷地获得资金支持，满足业务发展需求，在关键领域做大做强。

当前，我国正处于加速建设现代化产业体系的关键时期，不断涌现的新兴产业和市场机遇为企业寻找新的增长点和业务拓展提供了更多可能性，上市公司高质量发展离不开现代化产业体系的助力和保障。

（二）研究综述

现代化产业体系概念的提出较好地反映了在全面建设社会主义现代化国家过程中我国产业发展战略思路的演变。已有研究明确指出了产业体系建设的重要性，认为一个适合本国产业发展的产业体系，将对该国产业结构升级、培育产业发展新动能、形成产业竞争新优势起到至关重要的引导作用，助力经济高质量发展和国家现代化发展（Zhang，2010）。

自党中央提出加快建设现代化产业体系以来，已有文献从不同的角度探讨了现代化产业体系的特征和实现路径等要素。在现代化产业体系的特征方面，现有研究普遍认为现代产业体系具备不断自我革新、与时俱进的动态性、协同发展的系统性、绿色集约的生态性、全球资源配置的开放性以及信息化智能化的高技术性等特征（芮明杰，2018；陈曦，2020）。在实现路径方面，胡西娟等（2021）分析了我国“十四五”时期以数字经济构建现代产业体系的路径。盛朝迅（2019）分析了我国构建现代产业体系面临的瓶颈制约，提出培育高端要素、构建协同机制、优化发展环境与促进四个协同的破解思路。任保平和张倩（2020）认为新时代我国要以新型工业化、再工业化、继续工业化及工业现代化为基本逻辑构建我国现代化产业体系。

根据现代化产业体系的已有研究情况可以发现，虽然现代化产业体系的内涵和构成要素在逐渐丰富和发展，但如何建设和实现现代化产业体系仍未形成统一的思路和研究框架，且实现路径大多集中在理论框架层面，尚未落实到以上市公司为代表的具体的经济主体上，对于现代化产业体系建设与经济主体发展质量间的关系仍不明确。因此，进一步从现代化产业体系建设方面探究上市公司如何实现高质量发展具有较强的必要性和紧迫性。

二、研究范围与研究意义

（一）研究范围

1. 现代化产业体系建设的内涵

随着全球治理、新发展格局等理念的提出，许多学者基于开放经济和国际竞争力视角对现代产业体系进行界定。例如，赵霄伟和杨白冰（2021）认为现代产业体系是服务经济占主导、创新链条协调、创新要素协同、产业链细分环节科学合理布局、高端资源全球配置的产业体系；芮明杰（2021）基于“双循环”的视角认为现代产业体系的本质是低碳环保、数字智能化、互联网平台化的投入产出体系。

在现代化产业体系的构成要素方面，已有研究指出，中国特色现代化产业体系包括五个构成要素，分别为：（1）以高端化、智能化、绿色化和战略安全性为特征的现代化产业结构体系；（2）以各类企业及其衍生的现代化产业链和产业集群为主体承担直接优化配置资源并创造价值职能的产业组织体系；（3）推动产业体系整体素质和效率向更高层次演进的现代化创新生态体系；（4）具有高度适应性、竞争力和普惠性特征的现代化金融体系；（5）引导产业良性运行的产业政策体系（孙智君等，2023）。

由于现代化本身是一个不断变化发展的过程，现代化产业体系尚无统一定义，学术界对此问题仍处于讨论之中。在现有研究的基础上，结合我国国情以及党的二十大报告等相关论述，本文认为现代化产业体系是先进制造业、现代服务业、现代农业深度融合，具备高端化、智能化、协同化、绿色化等特征，能够实现实体经济、科技创新、现代金融、人力资源协同发展的产业体系。

2. 高质量发展的内涵

有学者提出，高质量发展的内涵具有动态性，其评价标准随着经济社会发展和利益相关者观念变化而动态调整，目标在于促使企业发展具备时代合意性（吴浩强和胡苏敏，2023）。在全面建设社会主义现代化国家的新时代，作为经济高质量发展的微观基础，企业的高质量发展需要以创新、协调、绿色、开放、共享的新发展理念为引领，即强调加强科技创新、助力提升区域协调水平、推进低碳绿色转型、拓宽开放融通空间、打造共创共享发展范式，并在其发展系统、价值实现层次和价值对象范围三个维度，形成更高水平、更高层次和更高效率的多元价值创造范式（黄速建等，2018）。

党的十八大以来，习近平总书记在多个场合就什么是高质量发展进行了全面系统的阐述："高质量发展，就是能够很好满足人民日益增长的美好生活需要的发展，是体现新发展理念的发展，是创新成为第一动力、协调成为内生特点、绿色成为普遍形态、开放成为必由之路、共享成为根本目的的发展。"党的二十大报告指出，要坚持以推动高质量发展为主题，推动经济实现质的有效提升和量的合理增长。上述科学论断表明，高质量发展不仅追求 GDP 的增长，更注重发展的内涵和质量，必须贯彻落实创新、协调、绿色、开放、共享的新发展理念，实现经济发展和人民福祉的良性互动。

3. 重点行业领域服务国家战略，助推经济高质量发展

在建设现代化产业体系和高质量发展进程中，既要面面俱到，也要有所侧重，部分行业领域扮演着关键角色。2023 年 12 月，中央经济工作会议将"以科技创新引领现代化产业体系建设"作为重点工作的第一项，强调 2024 年要"围绕推动高质量发展，突出重点，把握关键，扎实做好经济工作"。同月召开的全国发展和改革工作会议提出，要"聚焦'牵一发而动全身'的重点领域和关键环节推进改革攻坚"。

重点行业领域不仅是推动我国经济高质量发展的重要引擎和保障，更是服务国家战略的重要组成部分。例如在新能源行业，我国已经建立起了较为完善的现代化产业体系，上市公司规模和市值稳步增长，汽车产销量、动力电池及储能电池出货量、光伏装机量等均领先全球，为"双碳"目标作出了突出贡献。在 TMT 行业，以科技创新为引领，诞生了华为、阿里、腾讯等具有国际竞争力企业，贯彻落实了"网络强国""数字中国"战略。在医疗健康行业，医药器械产业集群正在升级，中医药产业稳步发展，助力于我国医疗体制改革走深向实。在化工行业，部分关键化工新材料实现技术突破并完成了产业化，产业规模已跃居世界前列，多种大宗化工品的产能居全球第一。

本文选取上述四个具有代表性的行业作为重点研究对象，在此范围内对其已取得的成果及尚存在的不足展开详细论述，以期为我国现代化产业体系建设和上市公司高质量发展提供思路借鉴。

（二）研究意义

建设现代化产业体系是党中央从全面建设社会主义现代化国家的高度作出的重大战略部

署，我国从顶层推动现代化产业体系的建设，是上市公司实现高质量发展的重要历史机遇。

从证券从业者的角度出发，研究重点行业领域现代化产业体系建设以及上市公司如何把握历史机遇、利用资本市场实现高质量发展具有重要意义。一方面，研究成果可以为资本市场层面对现代化产业体系的政策支持措施提供依据。通过资本市场服务实体经济的作用，引导资金等资源向现代化产业体系关键领域集聚，从而惠及现代化经济体系中的微观主体，为助力现代化产业体系建设做出金融领域的应有贡献。另一方面，现代化产业体系的形成和上市公司高质量发展相关政策的落实，将进一步提高我国资本市场现代化产业门类下上市公司的丰富程度和质量水平，从而提升我国资本市场的竞争力、吸引力和国际地位，进一步增强我国资本市场服务实体经济的能力。

三、部分代表性行业现代化产业体系建设及上市公司发展情况

（一）新能源行业产业体系建设与上市公司发展情况

1. 新能源产业链情况

新能源行业涉及的领域与企业众多，发展较好的主要细分领域包括新能源汽车（锂电）、光伏、风电、氢能以及生物质能等产业，本文以新能源汽车（锂电）、光伏、风电三大产业为例展开对新能源行业产业体系的分析。

（1）新能源汽车（锂电）产业链情况（见图 8－1）

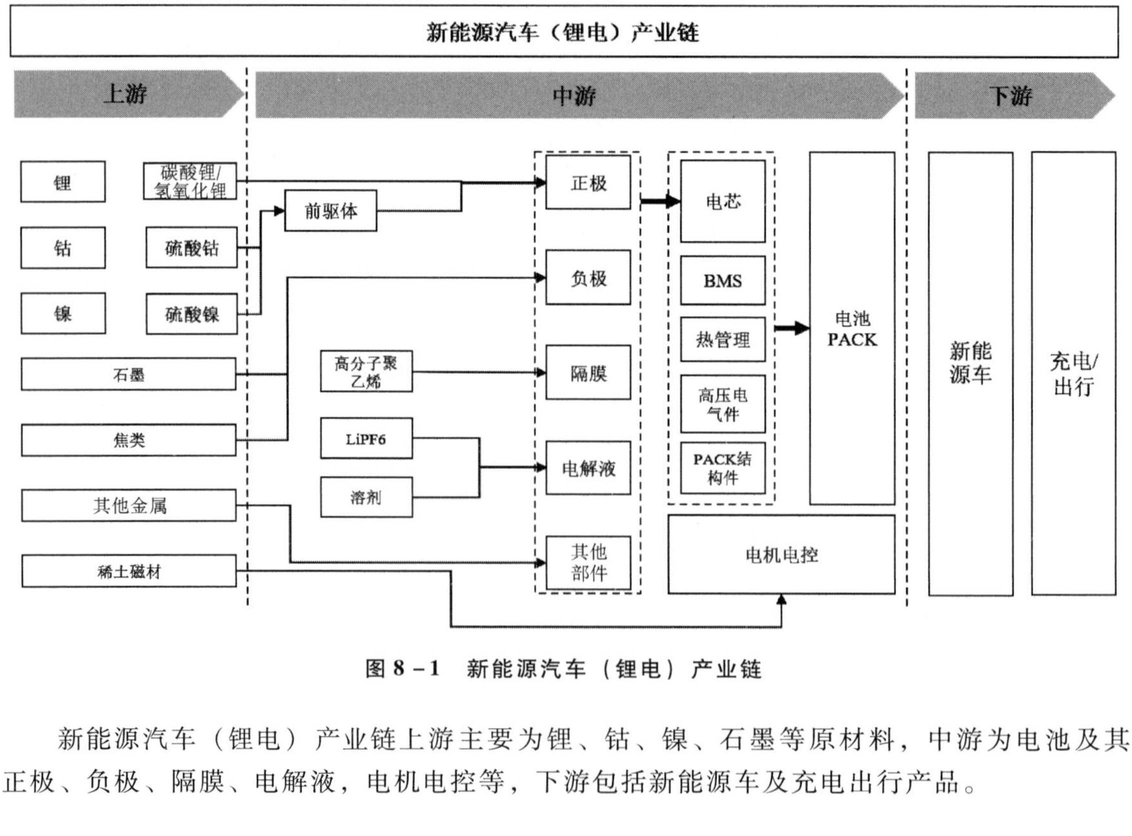

图 8－1　新能源汽车（锂电）产业链

新能源汽车（锂电）产业链上游主要为锂、钴、镍、石墨等原材料，中游为电池及其正极、负极、隔膜、电解液，电机电控等，下游包括新能源车及充电出行产品。

（2）光伏产业链情况（见图 8－2）

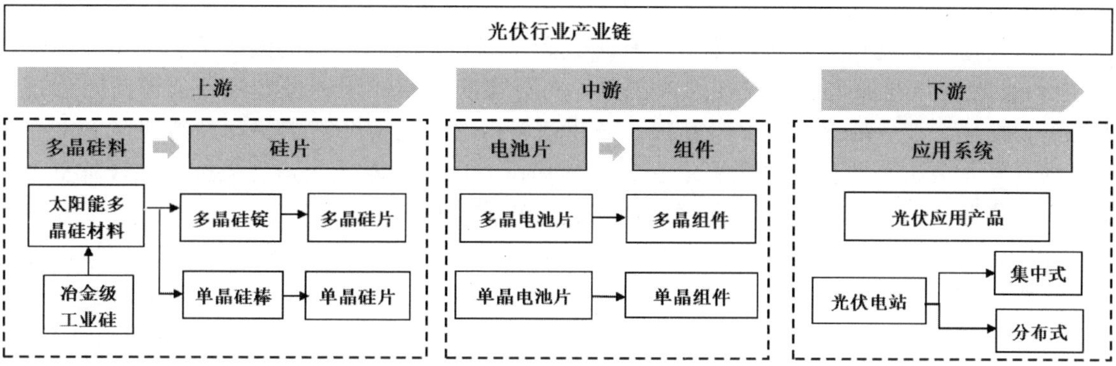

图 8－2 光伏行业产业链

光伏产业链上游为高纯多晶硅的生产、拉棒、切片，中游为光伏电池、光伏组件等环节，下游包括集中式光伏电站、分布式光伏电站等光伏发电应用系统。当前，光伏产业链各个环节的主要产能均集中在中国。

（3）风电产业链情况（见图 8－3）

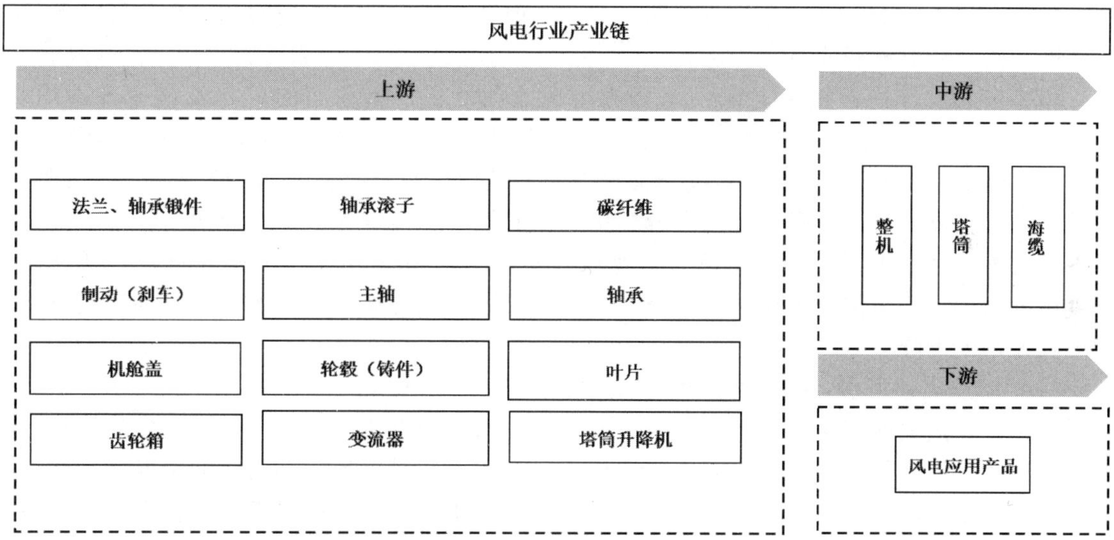

图 8－3 风电行业产业链

风电产业链上游主要为轴承、叶片等零部件，中游为整机、塔筒、海缆等，下游为风电应用产品。

2. 国内外新能源现代化体系建设现状

（1）中国新能源现代化体系建设已处于全球领先水平。

中国在新能源行业建立了较为完善的现代化产业体系，产业链主要环节在世界范围内占据了主导地位，具有明显的竞争优势，新能源产业的崛起已成为中国现代化产业体系的亮丽名片。

在光伏行业领域，中国企业在技术、生产成本、市场占有率上均存在较为明显的优势。根据中国光伏产业协会的数据，2022 年度我国在多晶硅（硅料）、硅片、电池片、组件的产量分别占全球产量的 85.6%、97.4%、90.3%、84.8%，在技术和产量上均处于世界领先地位；在风电领域，我国建设并投入运营的风电装机容量已超过 3000 万千瓦，这一数字超过了全球其他国家的风电总装机容量，我国成为全球风电装机容量的领头羊；在新能源汽车（锂电）领域，该行业已从政策性因素占主导的行业萌芽期，顺利过渡到新能源汽车渗透率及销量大幅提升、C 端消费及非限牌限行城市消费占主导的市场需求驱动新阶段。新能源车企从供给侧发力，为消费者提供更丰富的车型选择，在汽车电动化潮流中扮演越来越重要的角色，新能源车国内零售渗透率亦水涨船高，2023 年 11 月份首次突破 40%。

（2）国外加快新能源现代化体系建设步伐。

新能源产业在国外现代化体系建设中同样扮演着至关重要的角色，推动着绿色、可持续、高效的能源体系的崛起。美国在 2022 年出台《2022 通胀削减法案》，其中明确将有 300 亿美元生产税收抵免和 100 亿美元投资税收抵免用于支持太阳能电池板等产业发展。欧盟委员会于 2023 年 3 月正式公布《净零工业法案》和《关键原材料法案》，计划到 2030 年将光伏和电池等关键绿色工业的本土产能提高到 40%。综合来看，新能源产业已经成为国外现代化体系建设的重点方向之一，但其建设进展相对缓慢。

3. 新能源现代化产业体系建设存在的问题与不足

（1）产业链发展不协调，利润分布不均衡。

我国尽管形成了较为完善的新能源产业链，但产业链发展不平衡问题逐渐凸显，尤其是产业链中各个环节利润分布不均衡。

2022 年度，新能源板块上市公司普遍实现盈利增长，但利润的分布及增速并不均衡，获取高额利润的多为上游资源型公司。如主营锂矿及碳酸锂的天齐锂业归母净利润达 241.25 亿元，同比大涨超 10 倍；高纯晶硅龙头通威股份归母净利润达 257.26 亿元，同比增长超 2 倍。整体而言，全产业链利润分配更向上游锂矿、硅料等资源企业倾斜，中下游企业面临着成本上涨的难题，导致少部分企业增收不增利。2023 年度，上游原材料碳酸锂、硅料价格波动较大，并传导至相关上市公司层面，天齐锂业与通威股份的归母净利润及市值均出现较大幅度下降。

（2）产业高速发展，导致阶段性产能过剩。

光伏行业过去两年来涌入巨量资金，导致各环节产能扩张已达 2～3 倍。多晶硅料、硅片、电池片及组件等各环节整体规划产能出现一定程度超过市场短期需求的情况，形成上游原料产能对中游电池、组件需求的结构性产能过剩，中游组件产能对下游装机需求的阶段性产能过剩。与此同时，新能源汽车（锂电）行业也面临相同的问题。自 2020 年起，受益于新能源汽车销量及渗透率的大幅度提升，新能源汽车（锂电）行业呈现出需求端带动产业高速扩张的趋势，以碳酸锂为代表的一系列锂电关键原材料价格水涨船高。然而，2023 年以来，随着新能源汽车（锂电）行业众多企业的涌入及新增产能的不断落地，行业各环节逐渐暴露出结构性产能过剩的问题。同时，碳酸锂等关键原材料价格快速回落，为锂电产业链企业成本管理和保障供应带来了较大的挑战。

未来，新能源行业需要更好地引导资金进入，避免出现落后产能过剩及同质化发展的局面。

（3）部分细分领域关键技术仍待突破，市场竞争力需进一步提高。

我国新能源行业发展迅速，新能源汽车产销量、光伏装机量等领先全球。以光伏产业链为例，我国用十年时间攻克了全产业链“卡脖子”技术实现全球领先。但是新能源汽车部分细分领域依然存在被“卡脖子”的问题，目前我国高端车载芯片仍依赖进口，自主芯片供给不足10%。随着汽车智能化水平的提高，单车芯片需求量将持续提升，我国上市公司若能在这些“卡脖子”环节实现技术突破，推动国产替代，便能在市场竞争中取得更大的竞争优势。

4. 新能源上市公司发展情况

(1) 新能源上市公司整体情况。

截至2023年11月底，新能源各板块上市公司数量及市值情况如图8-4、图8-5所示。

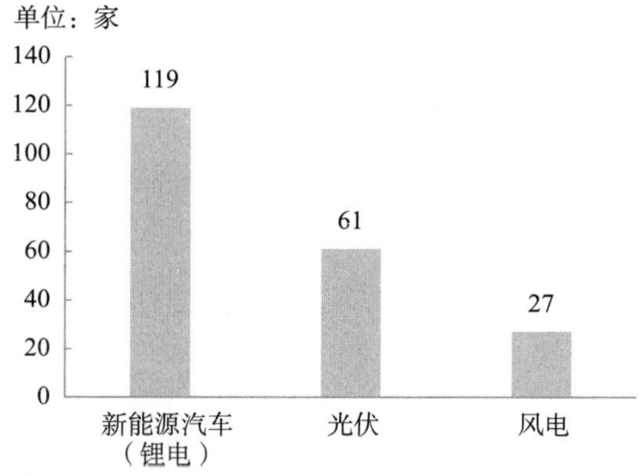

图8-4 新能源主要行业上市公司数量

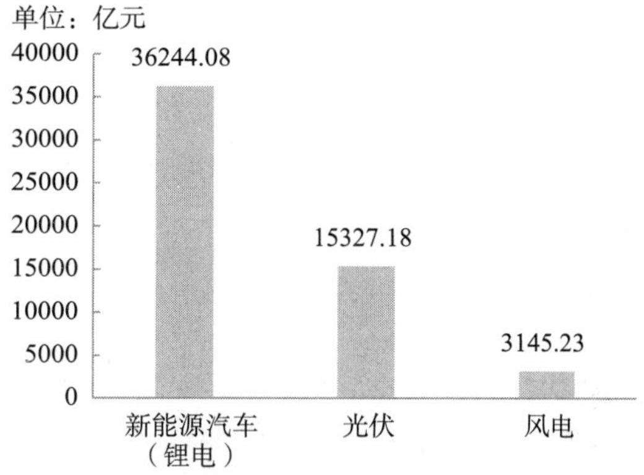

图8-5 新能源主要行业上市公司总市值

近年来，新能源行业的上市公司无论是数量还是市值均取得了较快增长。2018年年末，新能源行业上市公司数量为65家，整体市值占当时A股总市值比例仅为2.70%。经过接近五年的发展，截至2023年11月末，行业上市公司已达207家，总市值达5.36万亿元，占A股总市值的6.31%，市值占比上升3.61个百分点。2023年前三季度，新能源行业上市公司实现营收34241.99亿元，同比增长17.92%；归母净利润2148.45亿元，同比增长3.39%。

(2) 代表性上市公司。

在“双碳”目标的大背景以及我国各类产业政策的培育下，大部分新能源行业企业的收入规模及净利润水平实现了高速增长，并在这一过程中涌现出一批具有代表性的企业。截至2023年11月30日，行业市值超过500亿元的上市公司共有19家，其主要财务数据和主营业务情况如表8-1所示。

表8-1 新能源行业市值超500亿元上市公司情况

序号	企业名称	股票代码	市值(2023-11-30)(亿元)	2022年营业收入（亿元）	2022年归母净利润（亿元）	所属板块	主要业务所在细分领域	最近五年净利润复合增长率（%）	最近五年股权融资金额（亿元）
1	宁德时代	300750. SZ	7346. 40	3285. 94	307. 29	新能源汽车	动力电池系统	51. 28	647. 00
2	比亚迪	002594. SZ	5797. 54	4240. 61	166. 22	新能源汽车	整车制造	32. 52	0. 00
3	长城汽车	601633. SH	2285. 53	1373. 40	82. 66	新能源汽车	整车制造	10. 46	35. 00
4	长安汽车	000625. SZ	2021. 56	1212. 53	77. 98	新能源汽车	整车制造	1. 79	60. 00
5	上汽集团	600104. SH	1738. 50	7440. 63	161. 18	新能源汽车	整车制造	-14. 07	0. 00
6	隆基绿能	601012. SH	1608. 82	1289. 98	148. 12	光伏	硅片、一体化组件	32. 96	158. 75
7	阳光电源	300274. SZ	1235. 65	402. 57	35. 93	光伏	光伏逆变器	28. 54	36. 38

续表

序号	企业名称	股票代码	市值（2023-11-30）（亿元）	2022 年营业收入（亿元）	2022 年归母净利润（亿元）	所属板块	主要业务所在细分领域	最近五年净利润复合增长率（%）	最近五年股权融资金额（亿元）
8	赛力斯	601127.SH	1140.94	341.05	-38.32	新能源汽车	整车制造	-239.52	135.73
9	通威股份	600438.SH	1102.98	1424.23	257.26	光伏	硅料、一体化组件	66.47	229.83
10	广汽集团	601238.SH	1040.21	1100.06	80.68	新能源汽车	整车制造	-5.64	0.00
11	晶科能源	688223.SH	888.00	826.76	29.36	光伏	一体化组件	63.12	200.00
12	亿纬锂能	300014.SZ	863.09	363.04	35.09	新能源汽车	锂电池	54.13	140.00
13	TCL 中环	002129.SZ	674.39	670.10	68.19	光伏	硅片、组件	63.45	140.00
14	大全能源	688303.SH	660.43	309.40	191.21	光伏	硅料	95.43	174.47
15	晶澳科技	002459.SZ	659.93	729.89	55.33	光伏	一体化组件	201.61	266.60
16	福莱特	601865.SH	595.12	154.61	21.23	光伏	光伏玻璃	37.85	142.50
17	天合光能	688599.SH	585.99	850.52	36.80	光伏	一体化组件	46.66	166.48
18	恩捷股份	002812.SZ	575.60	125.91	40.00	新能源汽车	电池隔膜	91.35	141.00
19	晶盛机电	300316.SZ	565.06	106.38	29.24	光伏	光伏产品生产设备	49.87	14.20

近年来新能源行业规模实现了快速扩张，除部分拓展新能源汽车制造业务的传统整车制造企业外，行业主要龙头企业均实现了远高于同期 GDP 增长水平的净利润复合增长率。表 8-1列示的光伏企业中，最近 5 年净利润复合增长率中位数高达 56.50%，最近 5 年股权融资金额合计超过 1500 亿元。在行业快速发展的背景下，光伏行业作为资金密集型行业，企业需要大量资金用于资本性支出，该行业的上市公司除利用自身积累的资金外，积极利用资本市场进行融资，对企业把握市场规模扩张带来的发展机会起到关键性作用。

（3）新能源上市公司资本运作情况。

①IPO 情况（见图 8-6）。2020 年 1 月 1 日至 2023 年 6 月 30 日期间，新能源行业上市公司完成首次公开发行并上市企业共 79 家，其中主板 6 家、创业板 24 家、科创板 35 家、北交所 14 家，募集资金总额共计 1393.57 亿元。

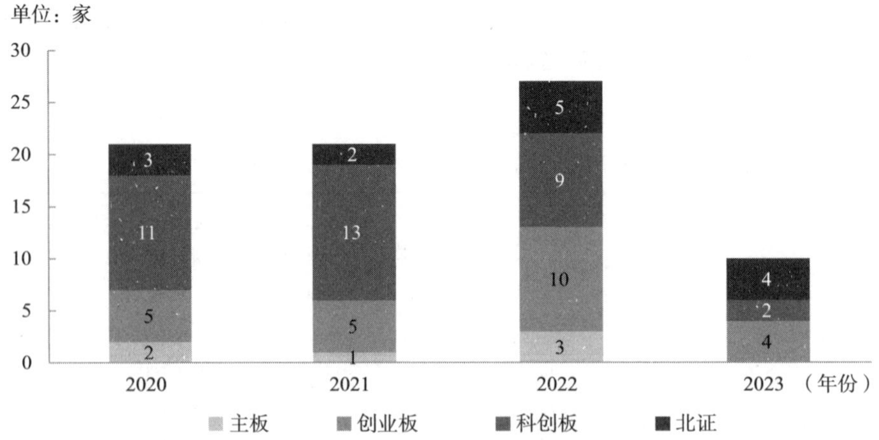

图 8-6 新能源行业各年度 IPO 企业数量

注：2023 年数据截至 2023 年 6 月 30 日。

数据来源：Wind 资讯。

②再融资。2020 年 1 月 1 日至 2023 年 6 月 30 日期间，新能源行业上市公司再融资发行共计 95 单，募集资金总额为 2893.65 亿元，具体如图 8－7 所示。其中，新能源汽车（锂电）板块的融资金额共计 1733.38 亿元，占比为 59.90%。新能源细分行业再融资实际募集资金额如图 8－8 所示。

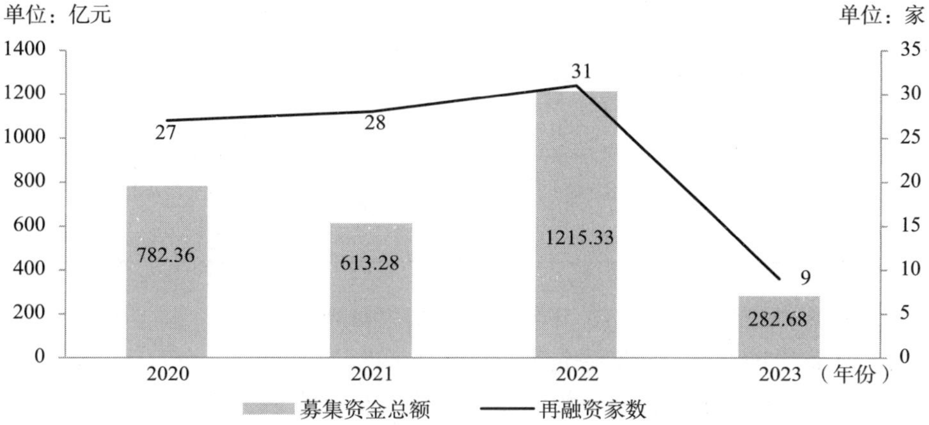

图 8－7　新能源行业分年度募资家数及募资总额

注：2023 年数据截至 2023 年 6 月 30 日。
数据来源：Wind 资讯。

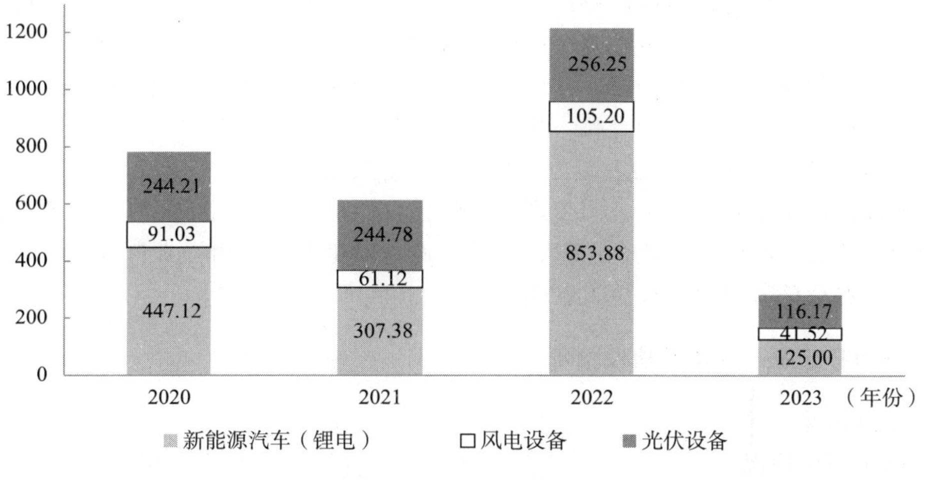

图 8－8　新能源细分行业再融资实际募集资金额

注：2023 年数据截至 2023 年 6 月 30 日。
数据来源：Wind 资讯。

③并购重组。2020 年 1 月 1 日至 2023 年 6 月 30 日期间，新能源行业上市公司重大资产重组交易数量共计 5 单，交易金额共计 43.84 亿元，占全市场重大资产重组交易金额的 0.25%，交易规模和金额整体较不活跃，具体如表 8－2 所示。

表 8 - 2　2020 年 1 月 1 日至 2023 年 6 月 30 日间新能源行业上市公司重大资产重组情况

股票代码	股票名称	行业	首次披露日期	重组进度	重组事件
002506. SZ	协鑫集成	光伏设备	2022 - 06 - 20	完成	协鑫集成孙公司 OSW25. 89% 股权变动
002309. SZ	ST 中利	光伏设备	2022 - 07 - 01	完成	ST 中利出售广东中德 100% 股权和苏州科宝 30% 股权
688155. SH	先惠技术	电池	2022 - 02 - 11	完成	先惠技术收购宁德东恒 51% 股权
002202. SZ	金风科技	风电设备	2019 - 08 - 31	完成	津劝业收购国开新科 100% 股权
300111. SZ	向日葵	光伏设备	2019 - 12 - 04	完成	向日葵出售向日光电 100% 股权及聚辉新能源 100% 股权

5. 建设现代化产业体系为上市公司带来的主要发展机遇

（1）技术创新促进上市公司高质量发展。

高质量发展是制造业企业转型升级的必经之路。在新能源领域，“双碳”目标的出台推动了新能源行业现代化产业体系的建设，并因此加速了行业的技术创新、技术迭代，产业链向高端化、智能化、绿色化发展，为上市公司提供了更多的技术研发和创新机会，让发展更加可持续，实现高质量发展。

（2）现代化产业体系助力上市公司降低生产成本，提高盈利能力。

现代化产业体系的建设强调产业链的整合和优化，该方式有助于上市公司实现产业链的协同和资源共享，并且促进了新能源产业链的国产化替代，从而有助于上市公司降低生产成本，提高效益。如新能源汽车行业，上市公司比亚迪紧抓新能源转型机遇，推出更具性价比、智能化的产品，获得消费者青睐，从而提高了公司的盈利能力。

（3）现代化产业体系建设为上市公司带来国际化发展机遇。

建设现代化产业体系为上市公司带来了国际化发展机遇，包括拓展海外市场、交流先进技术和管理经验、参与国际产业合作等，这些机遇有助于上市公司提升自身竞争力，实现可持续发展，并在全球范围内发挥更大影响力。

（二）TMT 行业产业体系建设情况

1. 产业链情况

（1）TMT 行业概况。

TMT，即技术（Technology）、传媒（Media）、电信（Telecommunication），A 股上市公司中可将电子、计算机、通信、传媒四个细分行业归类为 TMT 行业板块，如图 8 - 9 所示。

（2）电子行业概况。

电子行业产业链可以分为上游的原材料、中游的元器件以及组装环节和下游的终端产品。电子行业产业链具体环节及内容如图 8 - 10 所示。

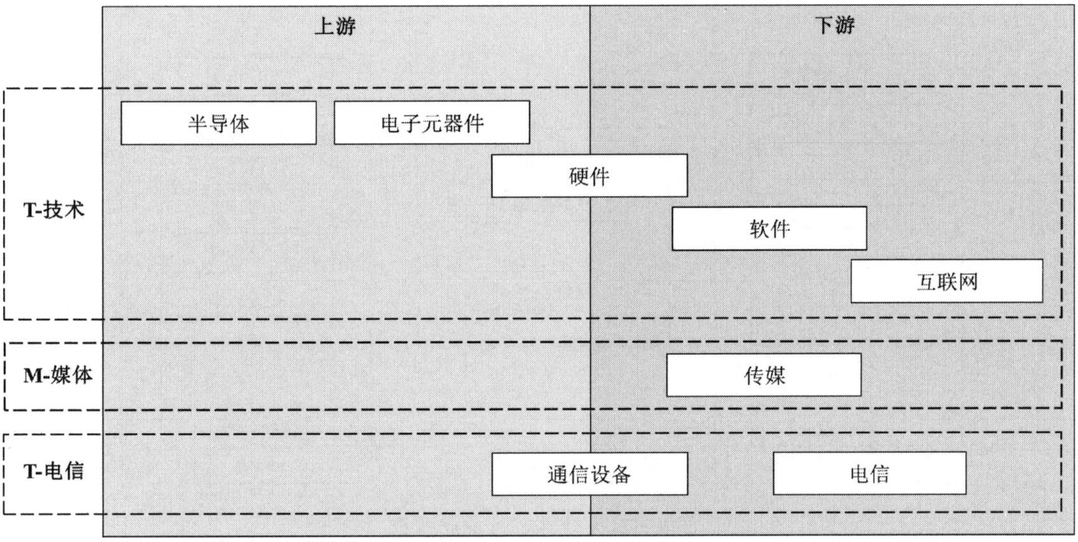

图 8-9 TMT 行业板块

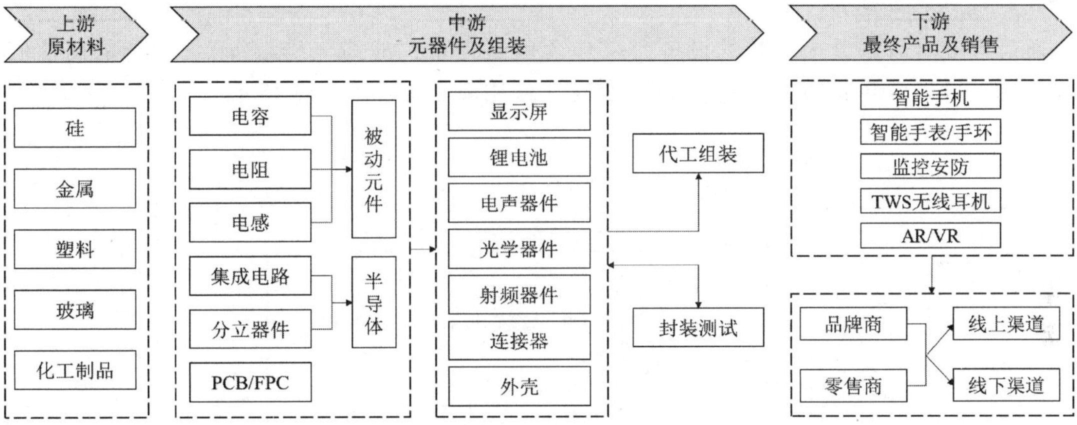

图 8-10 电子行业产业链

资料来源：新时代证券研究所。

电子行业的终端产品大多是围绕着消费者应用而设计，也称为“消费电子”，按照使用场景可以分为：通信类（手机等）、办公类（电脑、打印机等）、娱乐类（可穿戴设备、VR（虚拟现实，Virtual Reality）/AR（增强现实，Augmented Reality）、平板电脑等）以及其他（白色家电、婴儿家具等）。电子行业的上市公司则主要集中在中游环节，比如：半导体、元器件、光学、电学、组装等。

（3）计算机行业概况。

计算机行业包括硬件、软件及 IT 服务商等。硬件处于上游环节，如通信设备、网络设备、安防设备、IDC（互联网数据中心，Internet Data Center）等，软件则处于中游环节，包含横向通用软件以及垂直应用软件，如图 8-11 所示。

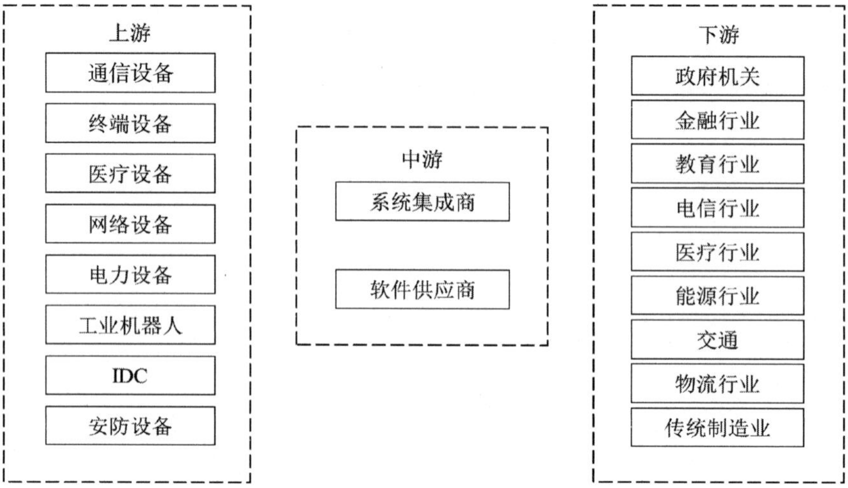

图 8-11　计算机行业产业链

资料来源：前瞻产业研究院。

（4）通信行业概况。

通信行业可以划分为上游的设备商（包含网络设备、线缆、终端等）、中游的通信服务商（移动、联通、电信以及其他）及下游终端使用者，如图 8-12 所示。

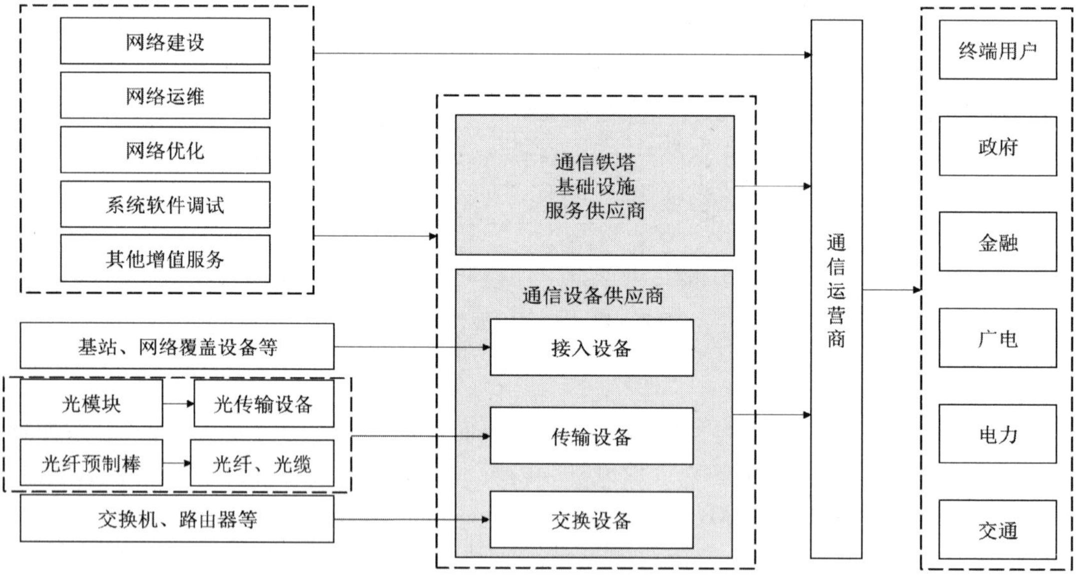

图 8-12　通信行业产业链

资料来源：华金证券研究所。

（5）传媒行业概况。

传媒行业包括数字媒体、广告、电影、出版以及游戏等。其中，游戏、短视频是当前众多企业布局的重点领域。以游戏为例，其细分产业链如图 8-13 所示。

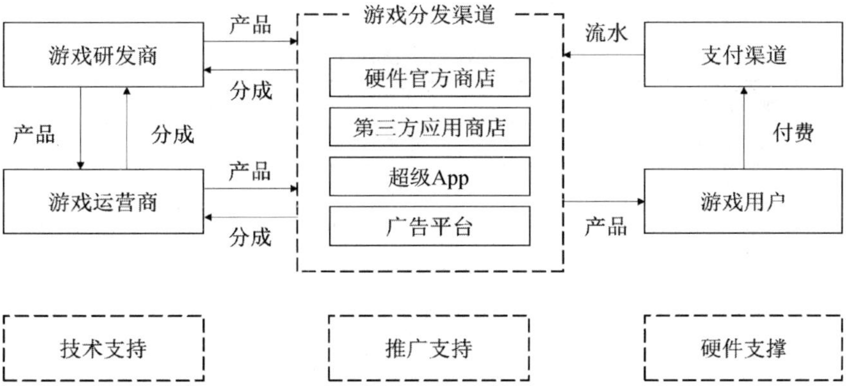

图 8－13 传媒（游戏）行业产业链

资料来源：艾瑞咨询。

2. 国内外现代化产业体系建设现状

目前，全球范围内的新一轮科技革命和产业变革正向纵深推进。在计算机及电子行业，生成式 AI（人工智能，Artificial Intelligence）带来的算法及硬件竞赛方兴未艾，未来几年，人工智能专用芯片需求预计将以每年 50% 以上的速度增长，而这些芯片大多需要最新、最先进的制造技术；在电信行业，宽带卫星部署大幅增长，Space X 星链计划目前在轨卫星已超过 4500 颗，并已实现了广泛的用户覆盖；在互联网和传媒行业，2023 年全球社交媒体用户将达到 50 亿，社交电商的增长速度远超传统电商。

（1）美国 TMT 产业具有体系完善、创新能力强、企业规模大的特点。

美国在高端芯片、互联网、人工智能等领域拥有大量具有原始创新能力和新兴商业模式的大型企业，根据 2023 年《财富》世界 500 强排行榜，TMT 领域美国营业收入前十大企业如表 8－3 所示。

表 8－3 美国 TMT 领域营业收入前十大企业

世界 500 强排名	公司名称（中英文）	营业收入（百万美元）	是否在美国上市	细分行业
4	亚马逊（AMAZON. COM）	513983	是	互联网服务和零售
8	苹果公司（APPLE）	394328	是	计算机、办公设备
17	Alphabet 公司（ALPHABET）	282836	是	互联网服务和零售
30	微软（MICROSOFT）	198270	是	计算机软件
64	威瑞森电信（VERIZON COMMUNICATIONS）	136835	是	电信
77	美国康卡斯特电信公司（COMCAST）	121427	是	电信
78	美国电话电报公司（AT&T）	120741	是	电信
81	Meta Platforms 公司（META PLATFORMS）	116609	是	互联网服务和零售
97	戴尔科技公司（DELL TECHNOLOGIES）	102301	是	计算机、办公设备
211	英特尔公司（INTEL）	63054	是	半导体、电子元件

资料来源：2023 年《财富》世界 500 强排行榜（排名依据为营业收入）。

截至 2023 年 11 月 30 日，TMT 领域美国市值前十大企业如表 8 – 4 所示。

表 8 – 4　　美国 TMT 领域市值前十大企业

排名	证券代码	证券简称	市值（亿元人民币）
1	AAPL. O	苹果（APPLE）	209804. 59
2	MSFT. O	微软（MICROSOFT）	199997. 95
3	GOOG. O/GOOGL. O	谷歌（ALPHABET）	118365. 93
4	AMZN. O	亚马逊（AMAZON）	107215. 77
5	NVDA. O	英伟达（NVIDIA）	82041. 34
6	META. O	脸书（METAPLATFORMS）	59707. 01
7	V. N	VISA	33495. 04
8	AVGO. O	博通（BROADCOM）	30777. 20
9	MA. N	万事达卡（MASTERCARD）	27560. 66
10	ORCL. N	甲骨文（ORACLE）	22679. 24

资料来源：Wind 资讯。

注：选取 Wind 行业分类中信息技术、电信服务、可选消费 – 媒体 Ⅱ、可选消费 – 零售业 – 互联网与售货目录零售 – 互联网零售。

美国产学研体系、竞争制度、市场化、全球化及资产市场等方面为 TMT 产业发展提供了良好的发展环境。TMT 行业是典型的技术密集型行业，是国民经济中创新最为活跃的产业类型，具有高研发强度、高利润率、高关联性等特征。美国拥有苹果、微软、英特尔等一系列 TMT 行业的顶尖科技公司，其 TMT 行业产业体系主要具备以下特点：

①成熟的“产学研”生态体系。企业与大学之间建立合作研究、企业咨询、数据共享等多种形式的协作机制，形成相互依存的关系。企业可以为大学科研人员提供更多以解决现实问题为导向的研究方向，并给予研究人员市场、资金、技术等方面的支持。

②市场化的竞争制度。美国的市场经济体系为科技创新提供了动力和竞争的平台，政府不过多干预科技创新，而是让市场需求和社会问题引领科技创新的方向。此外，美国政府还通过税收、补助和采购等方式来支持和激励科技创新。

③全球化的产业体系。TMT 行业的全球分工，是美国主导的全球化产业体系下的一个子集。以 TMT 领域的半导体行业为例，在全球产业链中美国、韩国、日本、欧洲、中国台湾各自发挥产业优势，形成了完整的产业体系，其中美国在 EDA（电子设计自动化，Electronic Design Automation）、IC（集成电路，Integrated Circuit）设计、设备等方面市场份额最高，日本在材料领域表现出色，欧洲在 IP（知识产权，Intellectual Property）核与光刻设备方面占据优势，中国台湾在制造和封测方面相对较为突出。

④充分借助美国资本市场进行发展。美国 TMT 领域前十大公司均为美股上市公司，美国 TMT 领域各个阶段的企业充分借助资本市场，满足公司发展的资金需求，快速扩大其发展优势。

（2）我国 TMT 产业体系完善且进步速度较快，但对产业链的掌控能力仍待提高。

根据 2023 年《财富》世界 500 强排行榜，TMT 领域中国大陆前十大企业如表 8 – 5 所示。

表 8－5　　中国 TMT 领域营业收入前十大企业

世界 500 强排名	公司名称（中英文）	营业收入（百万美元）	是否上市公司	细分行业
52	京东集团（JD. COM）	155533. 3	港股、美股上市	互联网服务和零售
62	中国移动（CHINA MOBILE COMMUNICATIONS）	139597. 1	A 股、港股上市 *	电信
68	阿里巴巴（ALIBABA GROUP HOLDING）	126812. 5	港股、美股上市	互联网服务和零售
111	华为控股（HUAWEI INVESTMENT & HOLDING）	95489. 9	未上市	网络、通信设备
132	中国电信（CHINA TELECOMMUNICATIONS）	87166. 4	A 股、港股上市 *	电信
147	腾讯控股（TENCENT HOLDINGS）	82439. 6	港股上市	互联网服务和零售
217	联想集团（LENOVO GROUP）	61946. 9	港股、美股上市	计算机、办公设备
267	中国联通（CHINA UNITED NETWORK COMMUNICATIONS）	52765. 9	A 股上市	电信
360	小米集团（XIAOMI）	41631. 3	港股上市	电子、电气设备
368	中国电子（CHINA ELECTRONICS）	40326. 3	未上市	电子、电气设备

资料来源：2023 年《财富》世界 500 强排行榜（排名依据为营业收入）。

截至 2023 年 11 月 30 日，TMT 领域中国大陆市值前十大企业如表 8－6 所示。

表 8－6　　中国 TMT 领域市值前十大企业

排名	证券代码	证券简称	市值（亿元人民币）
1	0700. HK	腾讯控股	28287. 29
2	PDD. O	拼多多	13911. 49
3	9988. HK/BABA. N	阿里巴巴	13485. 14
4	600941. SH/0941. HK	中国移动	12619. 41
5	9999. HK/NTES. O	网易	5170. 56
6	601728. SH/0728. HK	中国电信	4486. 03
7	1810. HK	小米集团	3562. 68
8	002415. SZ	海康威视	3246. 12
9	9618. HK/JD. O	京东集团	3086. 65
10	9888. HK/BIDU. O	百度	2954. 14

资料来源：Wind 资讯。

我国 TMT 产业体系较为完善，下游市场规模庞大，技术革新进步速度较快，诞生了包括华为、阿里、腾讯等一系列具有国际竞争力企业，但在 AI 大模型、高端芯片制造等前沿技术环节的掌控能力仍有待提高。

3. 现代化产业体系建设存在的问题与不足

（1）前沿技术与国际顶尖厂商相比仍有差距。

我国在 TMT 相关的前沿技术领域，比如 AI 大模型、先进制程芯片制造、高端电子元器件及底层材料等方面与国际顶尖厂商相比仍有一定差距，我国企业虽然在模式创新方面领先世界潮流，但改变行业生态的新技术浪潮多发生在美国。

（2）对产业链的掌控程度较弱。

我国TMT行业对产业链的掌控度较弱，基础硬件如各类高端芯片、高端设备等受制于外国产业链，硬件终端利润大量被国外厂商攫取，且产业链的后续升级难以做到自主可控。

（3）资本市场对TMT产业的发展助力仍有较大潜力。

TMT领域头部企业中，除移动、电信、联通三大运营商在A股上市外，其他企业尚未在A股上市，随着我国注册制的做深做实，资本市场对TMT产业的发展助力仍有较大潜力。

4. TMT行业上市公司发展情况

（1）TMT行业上市公司发展概况。

借鉴《以上市公司质量为导向的保荐机构执业质量评价实施办法（试行）》对上市公司质量的评价体系，本研究以2022年为评价的基准年度，计算TMT行业上市公司的质量得分，其数量和比例分布情况如图8-14、图8-15所示。

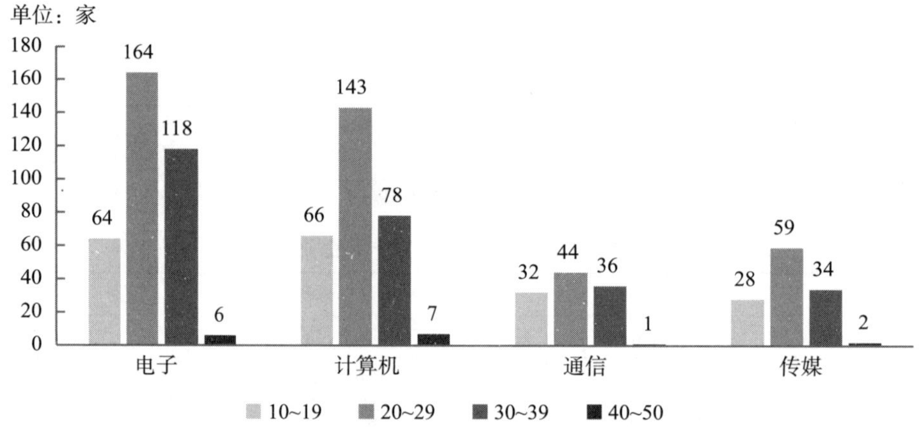

图8-14 TMT细分行业上市公司质量指标分布数量情况

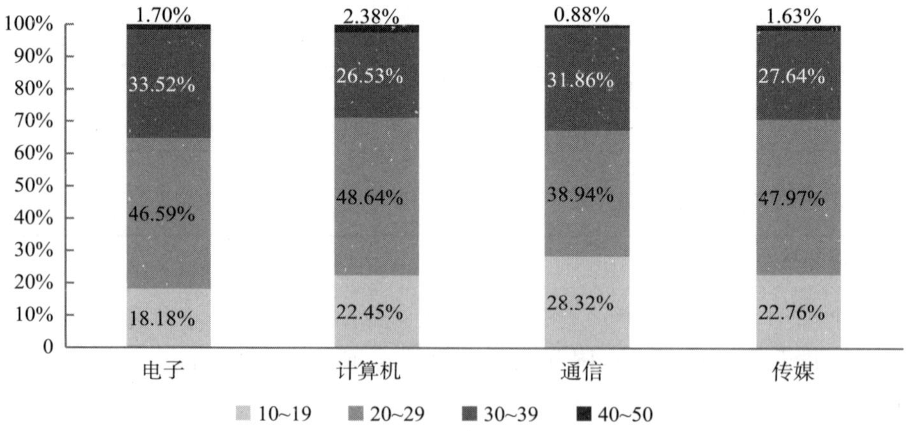

图8-15 TMT细分行业上市公司质量指标分布占比情况

TMT行业上市公司质量得分均位于10~50之间，近半数分布于20~29分段，30分以上的上市公司占比仅不到三分之一，TMT行业上市公司质量仍有进一步提升的空间。

（2）TMT 行业上市公司高质量发展典型案例。

本研究选取了上市公司质量指标得分 30 以上的部分典型案例做进一步深度分析，研究上市公司如何结合资本市场发展自身竞争优势，实现高质量发展。

①三环集团（300408. SZ）。三环集团主要从事电子元件及其基础材料的研发、生产和销售，主要包括通信部件、半导体部件、电子元件及材料、新材料等，产品主要应用于电子、通信、消费类电子产品、工业用电子设备和新能源等领域。

三环集团成立以来产品线围绕电子陶瓷展开，不断深入研发丰富产品矩阵。2019～2021 年，三环集团营收季净利润持续稳定增长，2022 年主要受下游需求疲软影响公司业绩。2018～2022 年三环集团营收及归母净利润如图 8－16 所示。

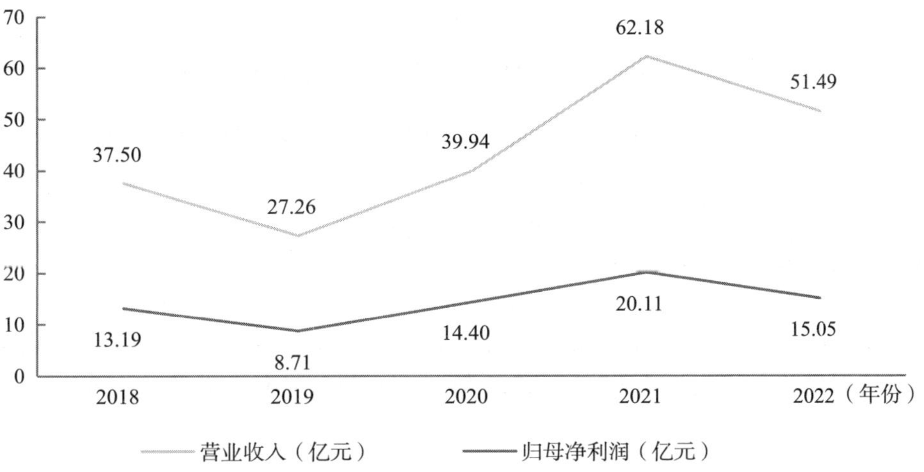

图 8－16　三环集团近五年营收及归母净利润

三环集团实现高质量发展的因素包括以下三方面：

第一，三环集团深耕电子陶瓷领域 50 余年，多元化业务布局促进高质量发展。产品结构覆盖从陶瓷材料到电子元件到封装模组，上下游产业链覆盖全面，品类丰富，应用广泛。

第二，全产业链垂直一体化，具备技术和成本优势。三环集团以其“研发平台＋经验积累”模式，率先突破多产品线的全流程制备工艺，材料自研与设备自制优势显著。

第三，借助资本市场快速实现产品应用领域延伸及扩产。三环集团 2020 年实施非公开发行，将所募集资金 18. 95 亿元投向“5G 通信用高品质多层片式陶瓷电容器扩产技术改造项目”，未来有望受益 5G 需求提升及进口替代之双重机遇，实现业务起量；2021 年再次实施非公开发行，将所募资金 37. 5 亿元投向“高容量系列多层片式陶瓷电容器扩产项目”，以扩建高容产能。

②启明星辰（002439. SZ）。启明星辰是网络安全产业的龙头企业。除了基础安全产品市场份额持续多年领先外，启明星辰在数据安全、工控安全、物联网安全等新兴安全领域也具备较强的竞争力，多项产品市场排名第一。

启明星辰经营稳健，在同行业可比公司中，收入体量位居前三，启明星收入增速保持稳健，毛利率位居行业平均水平，不考虑 2022 年疫情影响，公司净利率保持在 20% 左右，位居行业第一。启明星辰 2018～2022 年营收及归母净利润趋势如图 8－17 所示。

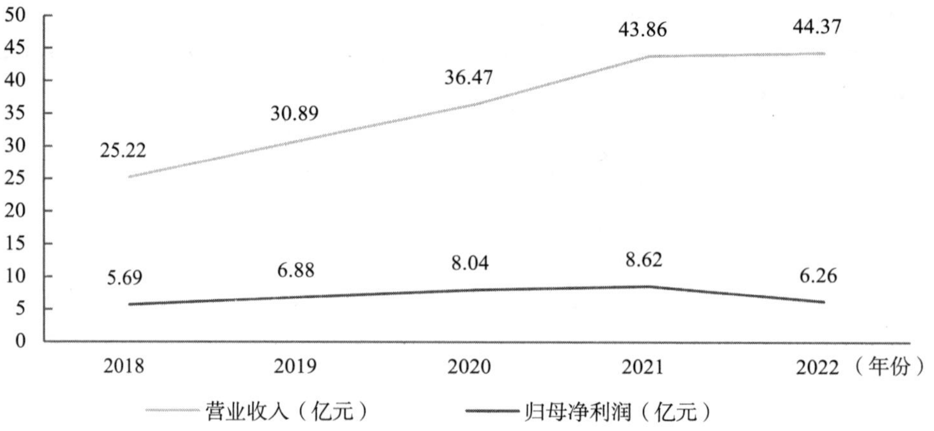

图 8－17　启明星辰 2018～2022 年营收及归母净利润趋势

启明星辰当前高质量发展的关键因素是其在网络安全领域的长期积淀和布局，同时也借助资本市场引入中国移动集团战略入股，为未来高质量发展奠定基础。根据市场预测，预计中国移动未来三年给公司带来的安全增量将超 60 亿元。

③通富微电（002156. SZ）。通富微电是集成电路封装测试服务提供商，为全球客户提供封装测试一站式服务，是全球第五、中国大陆第二 OSAT（外包半导体（产品）封装和测试，Outsourced Semiconductor Assembly and Testing）厂商。近五年来，通富微电始终保持营业收入持续快速增长。通富微电 2018～2022 年营收及归母净利润趋势如图 8－18 所示。

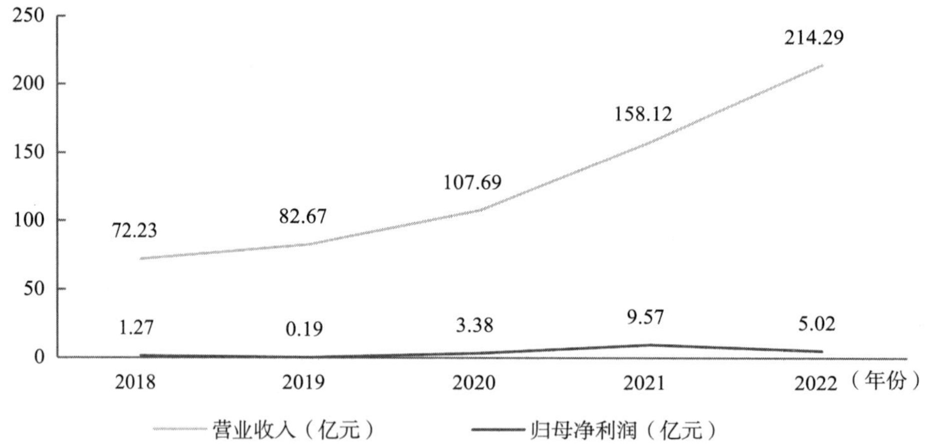

图 8－18　通富微电 2018～2022 年营收及归母净利润趋势

通富微电实现高质量发展的因素包括以下三方面：

第一，多元化的产品布局，持续增加优势产品投资。目前，通富微电已掌握一系列高端集成电路封装测试技术，并积极布局高性能计算、5G 通信产品、存储器和显示驱动等先进产品领域。

第二，客户黏性高，优质客户资源奠定良好市场基础。凭借先进的工艺和技术、良好的产品品质及优质的客户服务，通富微电已与 50% 以上的世界前 20 强半导体企业和绝大多数国内知名集成电路设计公司成功建立合作等。

第三，抓准时机借助资本市场助力其扩大竞争优势。2016 年，通富微电通过并购通富超威苏州和通富超威槟城，深度锁定了 AMD 供应链并占据 AMD 封测订单的大部分份额；2018 年，完成向大基金的发行股份购买资产，引入大基金作为战略投资者，获得更多的优势资源；2020 年完成定增，募集 32.72 亿元，面向 5G 市场、汽车电子、高性能处理器等领域深化布局，启动了新一轮扩产；2022 年再次完成定增，募集 26.93 亿元，主要用于存储器芯片封装测试生产线建设项目等五大封测项目。

5. 上市公司高质量发展面临的困难与挑战

根据对 TMT 行业评分较低企业的分析，上市公司实现高质量发展主要面临如下困难与挑战：

（1）产品及业务可替代性较强。相关企业在上市时以及后续利用募集资金进行发展的过程当中，缺乏在相关领域形成护城河的能力，可替代性较强。

（2）产品及技术自主创新能力不足。部分上市公司对模仿创新过度依赖，自主创新动力不足。

（3）治理结构有待改善，风险处理能力不足。上市公司存在独立性不强、决策程序不规范、内部治理不健全等问题。部分上市公司及其控股股东通过高杠杆扩张，在经济和金融政策的调整过程中，暴露出较大的债务风险。

（4）缺乏利用并购重组等资本市场工具的能力。部分上市公司在并购重组的过程中风险识别能力不足，重组完成后缺乏整合能力。

6. 建设现代化产业体系为上市公司带来的主要发展机遇

（1）借助产业高端化增加 TMT 行业企业的发展动能。具有产业竞争力的 TMT 上市公司能够通过自主研发和创新创造融入我国及全球的创新链，提升企业创新能力，增加高端产品比重，进而为其创造新的利润增长点。

（2）通过提升企业智能化水平提高企业效率。以数字化的手段对销售、采购、研发、市场、合规管控等各个环节赋能，助力 TMT 行业企业增强管理水平和盈利能力。

（3）在助力“双碳”目标实现的过程中开拓市场。“双碳”目标的实现要求企业借助新能源、新技术提高资源配置的效率，其中必然需要通过信息技术及互联网工具提升自动化、智能化水平，有助于 TMT 相关企业产品的应用和升级。

（4）通过国产替代解决“卡脖子”问题。我国在实现战略安全的过程中，需要解决全产业链自主可控的问题，突破 TMT 产业链中存在的各种“卡脖子”问题，该过程必将伴随着国内需求和市场的不断扩大，有利于我国企业抓住机遇实现国产替代，打开新的增长空间。

（三）医疗健康行业产业体系建设情况

1. 产业链情况

以人类生命健康为核心延展，医药健康产业形成了一个庞大而复杂的体系，包括但不限于各级医事服务机构、医药器械企业以及老龄化社会带来的养老及康养产业等。其中医药器械企业因其生产制造业的特性具有较为独立的产业链条及为数众多的上市公司，本文将重点分析医药健康产业链中医药器械细分行业。

（1）医药器械产业链整体情况。

医药器械产业链上游为医药研发及生产环节，制药公司、医疗器械公司会同外包研发公司和科研主体（如综合性医院的前沿科室、高校重点学科实验室等）作为主要参与方进行新技术、新产品的研发与创新，并最终落地生产。产业链中游为医药的销售和流通，包括药品和医疗器械的推广介绍、分销、批发和零售。最终药品、器械进入产业链下游的医院、药店、电商平台，并应用于患者。具体如图 8－19 所示。

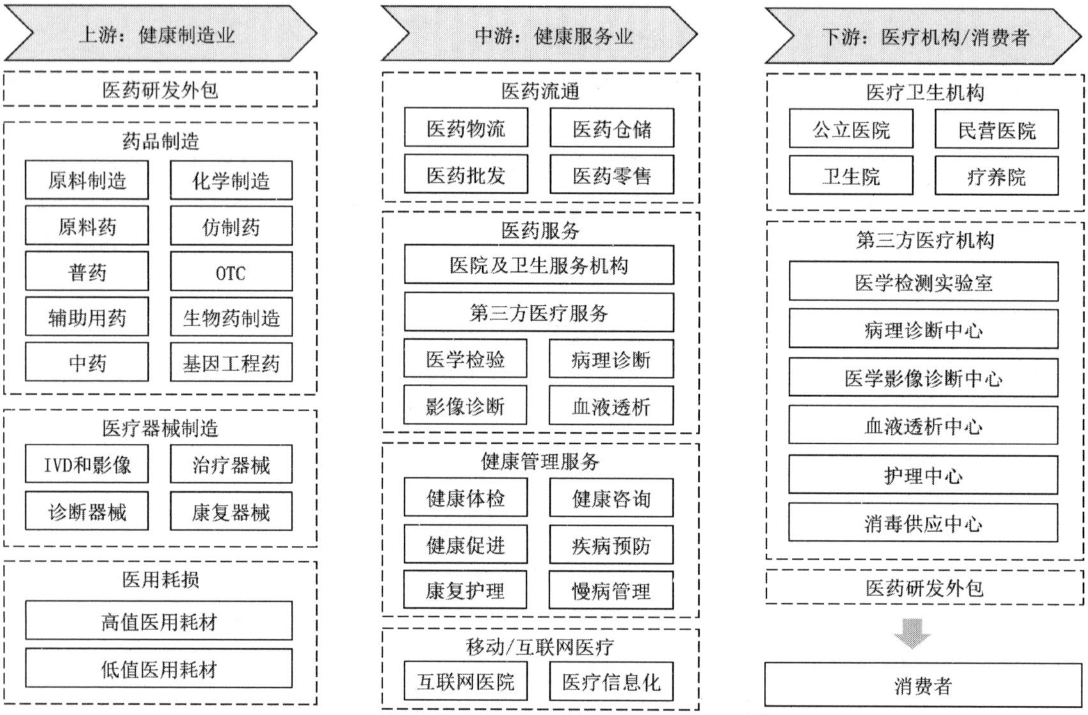

图 8－19 医疗健康产业链

（2）生物制药的研发流程。

生物制药的研发从药物发现到最终新药获得审批，可能需要 10～15 年的研发时间，这期间皆为研发支出阶段，具有研发耗时长且资金消耗大的特性。其中“靶点到苗头化合物”到“II 期临床试验”阶段具有极大的不确定性，被称为“死亡之谷”，如图 8－20 所示。雄厚的资金实力奠定了医疗巨头们的耐心，多年积累的专业优势使其得以做出最优的战略选择，这也是生物医药被医疗巨头把控的重要原因。

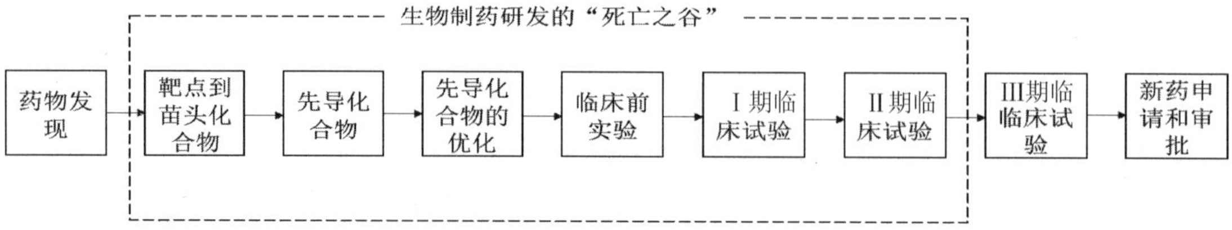

图 8－20 生物制药研发流程

2. 国内外现代化体系建设现状

（1）全球医疗行业现状。

①疫情加速产业更迭。新冠疫情导致短期内全球范围患者人数激增，造成医疗劳动力短缺及供应链体系紧张，医疗系统不堪重负。顺应市场需求，全球医疗行业正向虚拟医疗和数字化转型方向快速发展，互联互通的医疗体系和在线数据的收集将加快产业内的合作，进而达到降本增效的目标。根据德勤《2023 年全球医疗行业展望》，因行业对医疗数据的收集需求不断增加，全球医疗技术投资显著增长，2021 年全球医疗技术投资高达 440 亿美元，2022 年虚拟医疗支出增长约 39%。

②以创新发展保障企业延续并带动市值增长。对于医药及器械企业来说，核心技术和创新能力是保持竞争力和实现营收增长的关键因素，因此研发成为各大企业的发展重点。在重要治疗领域拥有核心技术和前沿创新能力，一方面是企业收入的保障，另一方面是上市公司股票价值增长的催化剂。以 2022 年行业收入排名第一的辉瑞制药为例[①]，其收入为 1003. 3 亿美元，收入中的 82% 来自其排名前 10 的核心药品，净利润为 313. 72 亿美元，研发支出为 114. 28 亿美元，核心技术及产品是保障其营业收入和持续研发投入的基础。以激进研发著称的礼来制药因其突出的创新能力，在 2022 年营业收入为 285. 41 亿美元、净利润为 62. 46 亿美元的情况下，市值达到 5610. 79 亿美元。

③以并购整合为主的扩张方式。医药器械公司具有产品研发周期长、投入成本大、失败率高的特点，完全依赖自主研发无法满足公司快速发展的需求。同时行业内竞争激烈、产品更新迭代速率较快，拥有资金流和融资能力的医疗巨头选择并购整合的方式在短期内实现业务板块的扩张，以保持市场竞争力。

以罗氏为例，从 1963 年开始，通过 67 笔以上的并购交易由原先的化学药剂企业，并购整合成为生物制药与诊断检测业务并行的行业巨头。[②] 从行业角度来看，2023 年重要交易包括：辉瑞通过收购 Seagen 加入肿瘤赛道、默沙东通过收购 Prometheus Biosciences 完善其免疫疗法业务板块、艾伯维收购肿瘤上市公司及两家临床试验阶段的生物制药企业等。上述案例实际展现了并购整合对于医药企业的重要性。

④全球医疗产业多元化发展各具特色。美国医药企业通过产业与资本市场结合的方式发展迅速，处于世界领先地位，龙头企业在美股行业板块中占据较高的市值比重，市值排名前 39 家上市公司，单家市值百亿美金以上，总市值达到了 2. 3 万亿美元，家数占比为 4. 5%，但市值占比为占 92. 1%。其他上市公司多为研发型新兴企业，若研发成功通常会被医疗巨头收购整合，失败则最终退市清算收场。

受欧盟相对严格的生物药法规的影响，欧洲企业整体更加注重制造水平、研发成功率和供应链稳定性，且高科技和新技术为导向的生物科技企业占比较大。欧洲在生命科学方面的研发实力突出，2022 年前 200 名生命科学与医学领域的大学排名中，有 96 所位于欧洲，企业发展也围绕教学科研核心地区展开，形成了大型制药企业主导的生物医药产业集群，汇集了罗氏、诺华、赛诺菲、葛兰素史克、阿斯利康、拜耳等知名生物药企业。

日本医学在近代发展中与西方医学碰撞，逐渐形成了“以汉方医学为经，西洋医学为

① 信息来源：辉瑞制药 2022 年年报及 10K 文件。

② 信息来源：罗氏集团官方网站。

纬”的医学体系。“医药，何以成为日本经济下行期的黄金赛道”一文中提到日本在“失去的三十年”中，医药行业在老龄化社会和药品价格控制的宏观背景下，千余家医药器械企业逐渐消亡，市场迎来了整合和飞速发展的黄金时期，武田制药正是在这一时期内完成转型并成为可与医疗巨头相抗衡的优质企业。

（2）我国医疗行业发展现状。

①我国医疗数字化建设不断向前发展。2009 年，我国启动深化医疗体制改革措施，指导医疗信息化高效有序推进。2015 年开始，医疗改革进入关键时期，医疗控费及药品降价政策不断出台，市场增速明显放缓，企业为获得更大发展空间，加速发展数字化技术。一方面数字化技术可协助医疗机构提高诊疗效率；另一方面医疗大数据的收集及有效整理对于药品及器械的研发有着极大的支持，有助于企业提高运营和研发效率，实现可持续发展。

②我国医药器械产业集群正在升级。中国的生物医药产业主要分布在环渤海、长三角、珠三角和成渝都市圈四大区域，目前已形成产业集群优势，但尚未实现产业升级。近年来，我国积极推动“产学研”结合政策，通过保护知识产权、提供资金及研发资源支持等政策，积极推动产业升级。从数值上来看，中国每年获批的创新药数量已与美国相当，中国创新药的研发环境及创新成果正在逐渐与国际接轨。

③中医药产业稳步发展。我国中医药产业围绕中医医疗体系发展、行业政策的快速实施将进一步推动市场的扩张。中药注册分类的重大改革和三结合的中药评审体系为中医药研发路径指明了方向，助力中药的传承和创新。2021 年我国中药申报数量达 1371 个，相较 2020 年增长 190%，其中获批新药上市 12 个，较往年的 2～3 个相比，获批数量创下了新高。

3. 现代化医疗产业体系建设存在的问题与不足

（1）数字化转型对医疗体系提出挑战。

近年来，我国医疗体系对虚拟和数字医疗工具的需求稳步增长，但医生对数字医疗在临床环境中的应用尚有疑虑，数字化产业全面升级还处于理论阶段，未来仍面临众多难题和挑战。

（2）我国医药健康产业亟须高质量发展。

目前欧美国家仍占据全球医药器械市场的主要份额，我国因行业起步较晚且规模较小，存在产品同质化严重、缺乏差异化竞争优势、不规范商业竞争手段等问题。以医疗器械为例，我国医疗器械分为 I、II、III 类，其中 III 器械风险程度最高、管控最严格、申请难度最大，相较于 I、II 类，III 类器械发展较慢。根据国家药品监督管理局信息中心数据显示，2009～2022 年，我国 I、II 类医疗器械企业家数突飞猛进，但 III 类医疗器械企业数量维持在 2500 家左右，我国医药健康产业的高质量发展势在必行。具体如图 8－21 所示。

（3）中医药行业产业链条尚未完成标准化。

吴宪等（2021）研究发现，我国中药材交易市场持续向好发展，批发市场占据主导地位，市场年平均复合增长近 10%。中药材新品种和种子种苗质量作为影响中药材质量的主要因素，其生产环节涉及动植物的养殖、药材的炮制与存储运输，天气地理等自然因素可直接影响产品药性，若能实现药材生产标准化，稳定产品药性，我国中医药产品的功效将得到有效保障，进而达到产业高质量发展的目标。

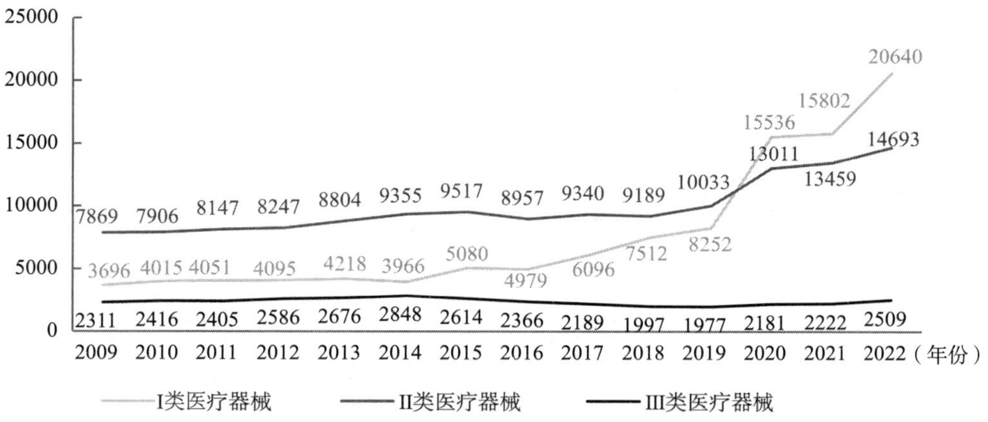

图 8－21　我国 Ⅰ、Ⅱ、Ⅲ类医疗器械生产企业数量统计

数据来源：国家药品监督管理局信息中心。

4. 医药器械上市公司发展情况

（1）上市公司整体情况。

根据 Wind 数据，截至 2023 年 11 月 30 日，我国医药制造行业共 417 家公司在 A 股沪深主板、创业板、北交所及科创板上市，其中生物医药类 86 家，中药生产类 76 家，化学制药类 144 家，医疗器械类 111 家。生物医药类与医疗器械类上市公司多分布于科创板和创业板两大创新板块，中药生产类上市公司则更多集中于主板，化学制药类上市公司集中于主板与创业板，科创板也有零星分布。

根据 Wind 数据，截至 2023 年 11 月 30 日，我国医药制造行业 A 股上市公司市值为 6.72 亿元至 3526.63 亿元，市盈率（TTM）为 11.05 倍至 1447.86 倍。整体来看 A 股市值 100 亿元以上的上市公司共 153 家，合计家数占比 36.69%，总市值占比 78.47%，行业已初步显现集中效应与规模效应。其中生物医药行业平均市值水平最高，为 183.94 亿元；在剔除异常值的情况下，医疗器械行业平均市盈率最高，为 74.67 倍。

（2）代表性上市公司。

医药器械行业主要上市公司市值和财务数据情况如图 8－22 所示。

截至 2023 年 11 月 30 日，A 股市场千亿市值以上的医药器械公司包括迈瑞医疗、恒瑞医疗、百济神州、联影医疗、智飞生物和片仔癀 6 家上市公司。

（3）A 股上市公司资本运作情况。

2020 年 1 月 1 日至 2023 年 11 月 30 日，医药制造行业 IPO 共 147 家、定向增发共 101 单、可转债共 40 单、重大资产重组共完成 23 单，与我国医药器械类企业尚在初步资本化阶段情况相符，IPO 与再融资的需求远超并购重组，未来行业并购整合的发展空间较大。行业 IPO 多集中于科创板与创业板，体现了 A 股市场为研发阶段的医药制造企业创造了良好的机遇，同时也反映了我国医药器械企业在产业政策的支持下，从量产基础产品向以发展核心技术为重点过渡的状态。

5. 医药器械上市公司高质量发展面临的困难与挑战

（1）与国际巨头企业的规模存在巨大鸿沟。

在营业收入、净利润以及研发投入金额方面，我国医药器械企业与国际巨头企业规模存

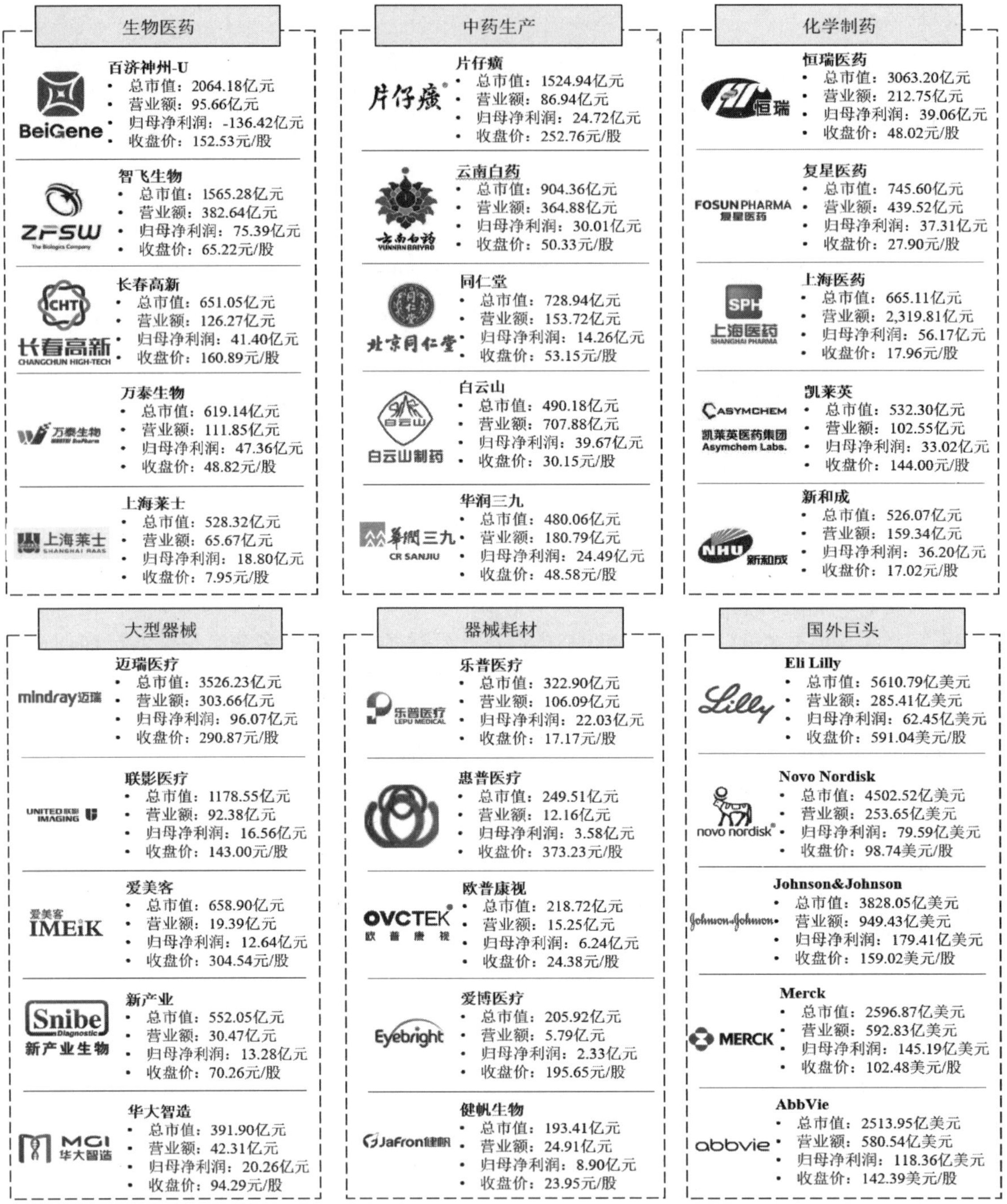

图 8－22　医药制造行业重点企业图谱

数据来源：Wind 资讯。

注：总市值与收盘价基准日皆为 2023 年 11 月 30 日，营业额与归母净利润为 2022 年年报数。

在巨大鸿沟。资金基础决定了研发基础，医疗巨头拥有雄厚的专利技术与资金壁垒，在研发、合作方面都具备初创企业不可比拟的优势。若没有国界屏障及我国政策对于本土企业的保护，拥有核心技术的新兴公司可轻易被国际巨头并购整合。此外国际巨头为捍卫其现有市场地位，防止蚕食其利益，势必将与我国新兴医药器械企业构成竞争关系，给企业成长带来困难与挑战。

（2）核心技术产品全球化困难。

我国医药器械企业因核心技术欠缺以及不具备地缘优势，尚未完成药品及器械的全球化销售。截至目前，国产创新药中仅百济神州的抑制剂泽布替尼以及传奇生物的靶点药物西达基奥仑赛被认为在全球范围内获得商业化成功。前者由百济神州自建团队销售，后者则是由传奇生物将海外权益授予强生公司共同开发、生产和商业化。2023 年 10 月，恒瑞医药与印度制药企业达成一致，将其自主研发的小分子靶向药物在印度地区的开发和商业化权利予以转让。我国医药器械企业“出海”刚刚起步，尚未得到全球范围内使用者的认可。

（3）股东获利与长久发展的潜在矛盾。

医药器械企业在其核心产品实现商业化的情况下，一般具备良好的利润及充足的现金流，一方面股东面临着分红诱惑，另一方面是企业为长久发展需加大研发投入，在短期内影响股东利益。因此平衡股东分红需求与企业长远发展的研发支出至关重要。

6. 建设现代化产业体系为上市公司带来的主要发展机遇

近年来我国为实现医疗控费，在全国范围内大力推行集采，医药器械企业收入锐减。但为保护企业研发动力，推动产业升级，国家未将创新药品与器械纳入集采范围。根据我国国家医保局发布的《国家医疗保障局对十三届全国人大五次会议第 4955 号建议的答复》，创新药及器械以及孤儿药暂不纳入带量采购范围，产业政策为创新产品发展提供了空间与动力。

从全球格局下医药器械企业的发展路径来看，通过并购整合成为医疗巨头企业是医药器械企业发展的最优选择。近期我国 A 股市场大力鼓励并购重组，为医药器械企业通过并购整合发展壮大提供了良好的发展机遇，有助于推动企业实现高质量发展的目标，进而带动企业所在地周边产业链发展，形成规模化、集群化的现代化产业体系。

（四）化工行业产业体系建设情况

1. 化工产业链情况

化工产业体系庞大、产业链条复杂，本文将其分为上游原材料、中间产品、下游制品三个产业环节进行分析，如图 8 – 23 所示。

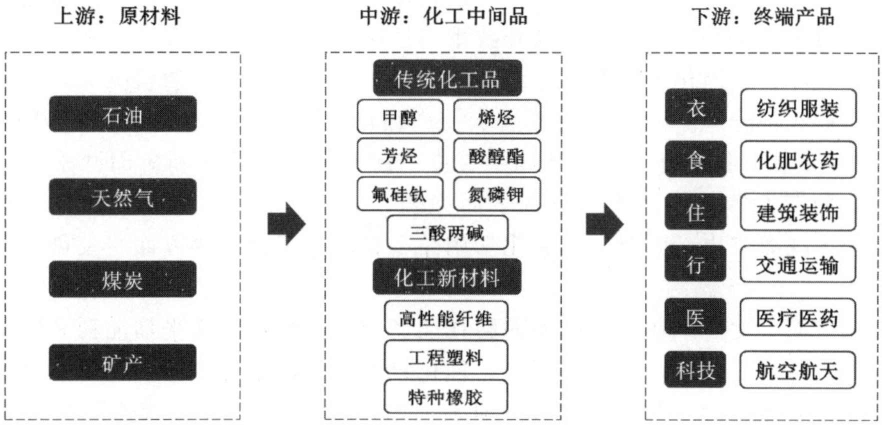

图 8 – 23　化工产业链

上游原材料包括石油、天然气（包括石油气、页岩气等）、煤炭以及各种无机矿物（如原盐）。多数有机化工产品可以通过油、气、煤三种原料制成。无机化工品可以通过无机矿物制造，代表性的无机矿物包括石英砂、磷矿石、硫铁矿、钛铁矿、钾矿、萤石矿、原盐等。

中间产品分为传统化工品和化工新材料两类。传统化工品包括有机化工产品（如甲醇、烯烃、芳烃以及各种酸醇酯）和无机化工产品（如三酸两碱、氮磷钾以及氟硅钛）。化工新材料与传统材料相比，具有性能优异、功能性强、技术含量高等特点，包含高端聚烯烃、工程塑料、特种工程塑料、高性能合成橡胶、碳材料、高性能纤维、功能性膜材料、电子化学品八大类别产品。

下游制品主要是与终端应用相关的产品。传统化工品应用领域广泛，涉及工业生产和日常生活的各个方面，如衣（纺织服装）、食（化肥农药）、住（建筑装饰）、行（交通运输）等。化工新材料在高新技术及尖端技术领域具有重要作用，广泛应用于航空航天、新能源汽车、轨道交通、医疗医药、先进装备制造、节能环保等国民经济重要领域。

2. 国内外化工产业发展状况

（1）国内化工产业发展现状。

据中国石油和化学工业联合会数据显示，截至 2022 年年底，我国石油和化工行业规模以上企业 28760 家，累计实现营业收入 16.56 万亿元，占规上工业企业营业收入总额的 12%；实现利润总额 1.13 万亿元，占规上工业企业利润总额的 13%。2022 年，我国化工新材料产能超过 4500 万吨，产量超过 3300 万吨，消费量超过 4300 万吨，实现销售收入超过 1 万亿元。多年来，我国化工产业快速发展，产业规模已位居世界前列，多种大宗化工品的产能居全球第一，部分化工新材料在工艺技术和产业化方面取得了重要突破，但与现代化产业体系建设要求相比，在技术水平、产业结构、绿色发展、关键材料、产业园区和数字智能等方面仍存在不小的差距。

技术水平方面，我国化工产业原始创新能力仍有待提升。虽然乙烯、芳烃等成套技术和装备基本实现自主化，煤化工等技术取得突破，但仍缺少部分关键核心技术及下游配套技术，如聚乙烯的技术对外依存度超过了 90%。此外，我国化工产业在前沿技术上与国际仍有较大差距，主要体现在高端化工和大型化工项目方面：我国精细化工品主要使用国外配方，国内企业的工艺技术不成熟，大多数工艺只停留在试验性项目上；在大型化工领域，如炼化一体化项目中，仍存在大量使用国外技术的情况。

产业结构方面，我国化工产业存在结构性供给不足和过剩并存的状况。经过多年的快速发展，化工行业大部分产品的产能迅速增加，产品供应从“整体数量短缺”转变为“结构性短缺”。总体来看，我国化工产业结构主要集中在原油、天然气和矿山开采业、基础原料加工业或一般制造业等低端层次，市场全面饱和、产能过剩，产能利用率长期低于 80%，资源闲置和挤占现象突出。同时，高端化学用品、新型化工材料等方面研发创新不足，自给率较低。

绿色发展方面，化工产业作为典型的高耗能产业，尽管近年来平均能耗和碳排放持续下降，但与国际先进水平相比，在催化裂化、催化重整等能耗指标方面仍有较大进步空间。在能量优化与综合利用方面，与国际领先企业存在较大差距。面对“双碳”目标，化工产业亟须发展出一条符合我国长期战略目标的绿色发展道路。但目前，我国自主开发的低碳技术大部分处于小试或示范阶段，与国际领先水平仍有差距，需要加快攻关。

关键材料方面，我国化工新材料产能增长迅速，部分关键技术取得突破，但与国际先进水平相比，在原始创新、基础理论等方面仍有差距，例如，在高性能聚烯烃、含氟高分子材料、聚酰亚胺、碳纤维和树脂等高端材料领域，我国与国际先进水平的差距依然显著。此外，部分重点化工新材料对外依存度高，化工高端装备及技术严重依赖进口，目前我国化工新材料自给率约54%，在关键单体及精细化工领域自给率仅为10%。

产业园区方面，我国化工产业园区集聚效应低。近年来，在政策推动下，一批化工产业园区快速发展，产业集聚效应逐步显现，成为我国化工产业发展的主要承载区。但同时，一些化工园区在发展过程中缺乏具体的产业分工原则、对相关产业经济效应的规划缺乏考虑，导致园区企业产业集群不集中，优势不明显。部分产业园区还存在创新能力弱、信息化水平低、品牌建设不足、公共服务滞后、基础设施不配套等问题，亟须有效提升精细化、规范化的运行管理水平。

数字智能方面，我国化工行业正处于数字化转型起步、探索阶段，缺乏公认的理论体系和应用案例。在如何推进数字化从试点项目扩大到全行业，甚至产业链协同层面，还面临巨大挑战。同时，我国化工领域软件开发能力不强、标准化水平低，工程设计、产品设计、工艺仿真、流程模拟、优化和生产过程控制等软件长期被国外垄断。因此，必须补齐制约我国化工行业数字智能化的关键技术和软件、硬件短板，实现化工产业由大到强的发展方式转变。

（2）国外化工产业发展现状。

德国、美国、日本作为传统化工强国，均已走出各具特色的绿色化工之路。德国通过法规政策约束化工企业的生产行为，严格控制其对环境的负面影响，并通过政策引导和激励，激发企业实施绿色战略，实现绿色化工发展转型。美国则以技术创新为动力，支持跨国公司在高附加值领域占据领先地位，并转移低端生产环节，以实现价值集中和污染转移。日本作为进口替代型国家，通过推动化工产业集聚发展实现转型升级，例如日本鹿岛石化产业集群内上下游产品协同发展，企业相互配合、相互依存，形成了完善的化工体系。

对比来看，上述国家的化工产业发展水平整体领先国内，在某些细分领域甚至形成绝对优势。究其原因，可以发现国外化工强国在发展化工产业方面具有以下特点：①注重系统协调、产业链配套，创新与产业融合紧密，原创技术方案较多；②注重知识产权保护，善于利用知识产权战略制定合理的产品发展方案，从而保持长期的领先优势；③与上下游产业结合紧密，有利于推动整体技术解决方案实施。

3. 国内化工行业上市公司情况

（1）上市公司整体情况。

截至2023年11月30日，A股上市公司总市值约85万亿元。按照Wind分类，石油石化和基础化工行业上市公司总市值为6.46万亿元，占比7.60%；上市公司数量为456家，占比8.58%。截至2023年第三季度末，这些公司的总资产合计10.97万亿元，占比2.64%；2023年1~9月实现营业总收入合计7.75万亿元，占比14.49%；净利润合计4306亿元，占比9.07%。

（2）代表性上市公司。

根据美国《化学与工程新闻》（C&EN）公布的“2023年全球化工企业50强”，中国大陆共有 6 家化工企业上榜，包括中国石化、中国石油、恒力石化、先正达集团、荣盛石化、万华化学，具体情况如表 8－7 所示。

表 8－7 中国代表性化工企业

序号	企业简称	股票代码	总市值（2023/11/30）	2022 年化学品销售额	主营业务
1	中国石化	600028. SH	6107. 95 亿元	668. 62 亿美元	主要从事石油天然气勘探开发、工程技术服务、油气销售、公用工程经营服务等业务
2	中国石油	601857. SH	12610. 74 亿元	383. 14 亿美元	主要从事原油及天然气的勘探、开发、输送、生产和销售及新能源业务
3	恒力石化	600346. SH	987. 59 亿元	311. 26 亿美元	主要从事炼油、石化、聚酯新材料和纺织业务
4	先正达集团	–	–	285. 00 亿美元	主要从事植保、种子、作物营养、MAP 及数字化农业四大业务
5	荣盛石化	002493. SZ	1088. 49 亿元	266. 07 亿美元	主要从事石化、化纤相关产品的生产和销售
6	万华化学	600309. SH	2532. 21 亿元	246. 06 亿美元	主要从事聚氨酯、石化、精细化学品业务

表 8－7 中的 6 家化工企业中，有 5 家企业已在 A 股上市（先正达集团已于 2023 年 6 月通过交易所上市审核），总市值合计为 2. 33 万亿元，占 A 股石油石化和基础化工行业上市公司总市值的 36. 07%，显示出较强的行业示范性和引领性。

（3）上市公司资本运作情况。

根据 Wind 统计，2020 年年初至 2023 年 11 月末，A 股石油石化和基础化工行业上市公司累计融资 4111. 56 亿元，占全市场融资总额的 6. 75%，其中 147 家公司通过 IPO 实现融资 1505. 34 亿元，218 家公司通过再融资募集资金 2606. 22 亿元。并购重组方面，A 股石化行业上市公司累计完成并购交易 651 起，占 A 股全市场并购交易完成总数的 10. 43%，其中作为收购方的并购交易共 481 起，构成市场中的一股重要买方力量，具体地，收购方中民营企业有 300 起，国有企业有 154 起，外资企业有 14 起，其他企业有 24 起，民营企业并购活动较活跃。

（4）上市公司高质量发展情况。

本文根据企业高质量发展的内涵，结合化工企业的特点和现有研究，选取绿色环保、安全生产、高效经济、领先企业 4 个维度分析化工行业上市公司的高质量发展情况。

绿色环保方面，我国化工行业在过去几年里取得了积极成效，但仍有较大提升空间。根据 Wind ESG 环境维度评分，截至 2023 年 6 月 30 日，A 股 Wind ESG 评级覆盖的 440 家石油石化和基础化工行业上市公司中，行业平均得分为 2. 82（满分 10 分），其中，细分的环境治理行业的得分最高为6.41，塑料和橡胶行业得分最低。面对全球区域性环保政策的密集出台，以及发达国家不断提高的绿色环保壁垒，我国石油化工行业的上市企业亟须加快转变发展模式，将绿色环保融入企业发展中，推行可持续发展，增强绿色竞争力。

安全生产方面，化工行业门类繁多、工艺复杂、产品多样，在生产、储藏和安全管理等各个环节都存在着风险。近年来，我国化工企业生产安全事故仍有频发，根据2023年2月8日全国危险化学品安全监管工作视频会议上应急管理部公布的数据，2022年，全国共发生化工事故127起、死亡143人，其中，较大事故7起、死亡24人，化工行业的安全生产形势依然严峻复杂，危险化学品重大安全风险防范化解任务依然繁重艰巨。在此背景下，强化企业的合规管理成为关键，2021年9月1日，新修订的《安全生产法》正式实施，对安全生产合规提出了新的要求，安全生产合规越来越成为化工企业生产经营关注重点。

高效经济方面，近年来，受益于供给侧改革带动的落后产能的出清以及环保监管升级带动的行业集中度的提升，国内化工行业的景气度不断上升，上市公司的盈利能力持续向好，从每股基本收益（EPS）来看，石油石化、基础化工的上市公司平均EPS分别从2016年的0.18元、0.29元增长到2022年的0.24元、0.74元，年复合增长率分别达到了5.39%、16.90%；从总资产报酬率（ROA）来看，石油石化、基础化工的上市公司整体ROA分别从2016年的3.33%、4.39%上升到2022年的8.37%、9.47%，平均每年分别提升0.84个百分点、0.85个百分点。从细分行业看，农化制品、非金属材料和油气开采的上市公司盈利能力提升最为显著，油服工程的上市公司实现了扭亏为盈，橡胶、塑料、化学纤维和炼化及贸易的上市公司盈利能力提升相对缓慢，某些指标存在下滑情形。

领先企业方面，目前我国化工领域已经涌现出一批优质上市企业，部分细分领域甚至实现了弯道超车，特别是新能源汽车驱动的对新材料、锂电池及相关材料的研究，已经达到了全球领先水平。此外，头部上市公司在资源采储和炼化产能等方面也具备一定国际竞争力。截至2023年，我国有5家化工上市企业进入世界化工50强序列，但与世界一流化工企业相比，我国头部化工企业的整体技术水平差距仍较大，部分领域创新能力不强，国际竞争优势不显著，在高端化工领域的规模体量仍然偏小，国际市场占有率较低，在资本市场中，由于较低的ROE导致企业的PE、PB等估值指标长期徘徊在较低区间。

4. 化工行业上市公司高质量发展引领现代化产业体系建设

2022年3月，工业和信息化部等六部委联合发布《关于“十四五”推动石化化工行业高质量发展的指导意见》，提出“到2025年，石化化工行业要基本形成自主创新能力强、结构布局合理、绿色安全低碳的高质量发展格局，高端产品保障能力大幅提高，核心竞争能力明显增强，高水平自立自强迈出坚实步伐”。具体地，意见聚焦了5个方面的产业发展目标，包括加快创新发展、调整产业结构、优化产业布局、推动数字化转型和坚守绿色安全等。

意见的出台为推进我国化工产业现代化建设、加速化工行业转型升级提供了重要的政策指引和行动指南，而作为产业发展“领头羊”和“主力军”的上市公司，在实现自身高质量发展目标的过程中，将率先承担起引领产业变革和现代化建设的重要任务。同时，我国多层次的资本市场也将为化工企业高质量发展和产业体系现代化建设提供必要的金融支持。

四、各行业研究结论与建议

（一）新能源行业的研究结论与建议

1. 研究结论

在“双碳”目标大背景和我国产业政策的培育下，我国新能源行业快速发展，形成了具有全球竞争力的新能源产业体系，培育了一批具有世界影响力的上市公司。在这一过程中，资本市场的融资功能为企业快速发展提供了重要助力，同时新能源行业的发展亦实现了行业内上市公司的健康发展，为提升上市公司的整体质量作出了贡献。新能源行业现代化产业体系建设过程中亦面临着产业链发展不协调、利润分配不均衡、产能阶段性过剩、少数核心技术仍待突破等问题，需要在未来现代化产业体系建设中予以关注和解决。新能源产业体系建设推动了行业内上市公司的技术创新，帮助上市公司降低生产成本、提高盈利能力、创造国际化发展机遇；行业内上市公司亦可以利用资本市场的融资和并购重组工具，为新能源行业建设提供有效助力。

2. 研究建议

（1）适当控制产能扩张，引导行业健康发展。

在过去几年新能源行业快速发展的背景下，部分生产环节出现了产能过剩的情况。建议新能源行业主管部门应该适当控制过剩落后产能的建设批复，引导行业健康发展。同时新能源行业公司积极响应“一带一路”倡议政策，做好出口，消化过剩产能。

（2）注重技术变革，提高产品竞争力。

新能源行业属于新兴行业，具有技术创新难、技术变革快等特点。针对这一情况，新能源行业公司尤其是头部企业，应该更加注重研发投入，不断加大技术创新，提高产品竞争力，保持我国在新能源领域的领先地位。

（3）鼓励上市公司行业内并购重组。

鼓励上市公司利用资本市场进行横向及纵向的产业整合，新能源行业并购是推动新能源产业升级的重要手段。通过并购重组，上市公司可以整合资源，提高产业链的完整度，实现规模效益，提升上市公司质量。此外，随着全球对于减少碳排放和推动可持续发展的要求不断加强，各个国家都在加大新能源发展的力度，而新能源行业并购正是推动全球能源转型的重要途径。通过跨境并购，我国新能源上市公司可以获取全球范围内的新能源技术、市场和人才资源，进一步提升在全球产业链价值链中的话语权，提高产业链控制影响力，成为大型跨国公司。

（二）TMT 行业的研究结论与建议

1. 研究结论

我国 TMT 产业发展速度较快，诞生了华为、阿里、腾讯、字节跳动等在内的一系列具有国际竞争力的大型企业。但同时，我国 TMT 行业对产业链的掌控度较弱，且产业链的后续升级尚未做到自主可控。

面对地缘政治冲突加剧和“逆全球化”浪潮蔓延带来的挑战，我国的产业体系从“外循环主导”的发展模式变轨为“内循环为主，国际国内互促的双循环”模式。经济转轨的过程为TMT企业参与我国现代化产业体系建设，实现高端化、智能化、绿色化提供了历史机遇，同时资本市场逐步成为我国进行现代化产业体系建设和实现高质量发展的重要工具。

2. 研究建议

根据对相关典型案例的研究，发展较好的TMT行业上市公司具有如下特点：（1）长期深耕某一领域，长期的积累构筑了较深的技术壁垒；（2）在发展的关键时点，利用资本市场进行融资，实现高端产品的量产；（3）抓住机遇通过并购重组实现产业整合和企业的跨越式发展。

因此，从资本市场的角度，建议一方面引导主流资金投入以科技创新为核心的融资项目，另一方面支持上市公司通过并购重组实现高质量发展，提升并购重组对前沿技术相关标的的估值包容度。

（三）医疗健康行业的研究结论与建议

1. 研究结论

医疗健康行业是一个庞大而繁杂的产业体系，而细分行业医药与器械企业是其间的重要一环。医药与器械行业的上市公司通过建设现代化产业体系可实现带动产业链发展，并最终实现高质量发展。而该行业的核心竞争力来自对于“硬科技”核心技术的研发与掌握。我国医药与器械行业的上市公司主要竞争对手来自于历史悠久且体量庞大的国际巨头公司，而国际巨头经年累积的核心技术与雄厚资本是我国上市公司所面对的直接关卡。

我国上市公司在产业政策的支持下，经过多年发展已在原料药、基础药等产业上游形成初步的规模优势，并在部分地方形成产业集群，但在涉及研发与高端生产制造一端与国际巨头有明显差距和足量的发展空间。而中医药作为我国本土文化与医疗系统的特色产业，尚未能完成产业链条的全方位发展与整合，亦有可发展空间。

2. 研究建议

我国医疗健康行业，尤其是药品及器械生产制造企业在产业升级和发展壮大的过程中，主要面对的竞争对手是国际医疗巨头。由于现代医学体系由西方世界缔造，国际巨头的药品及供应体系亦具有极高的先发优势与资本积累，导致我国企业在发展路径中层层受阻。因此，我国除去发展自有的中医药产业链条外，西药及器械企业可以在产学研的大政策下，通过与具有教学资质的高等院校附属三甲医院及专家团队合作来提高研发水平。同时，充分考虑利用资本市场力量，通过有战略规划的产业并购，尤其是并购具有原研优势的研发型企业及海外开拓渠道的中小企业迅速发展壮大，发展出可以媲美国际巨头的大型医疗集团。

（四）化工行业的研究结论与建议

1. 研究结论

我国化工产业取得了世界领先的产业规模，多种大宗品的产能居全球前列，部分关键新材料取得重要突破，但与现代化产业体系建设要求相比，诸多方面仍存在差距，如技术原始创新能力不足、产业结构布局不合理、绿色化工发展道路漫长、关键新材料亟待理论技术突破、产业园区集聚效应较低、数字智能化水平有待提升等。反观国外先进化工产业的发展，可以发现注重系统协调、产业链配套、创新产业融合、知识产权保护、上下游紧密结合等是国外化工高水平发展的重要因素。

我国化工产业大而不强、大而不优的现状一定程度上制约了化工产业现代化产业体系的建设和上市公司的高质量发展。根据《关于“十四五”推动石化化工行业高质量发展的指导意见》，到2025年，我国化工行业将在加快创新发展、调整产业结构、优化产业布局、推动数字化转型、坚守绿色安全5方面实现具体的产业目标。而作为产业发展“领头羊”和“主力军”的上市公司，在实现自身高质量发展目标的过程中，将率先承担起引领产业变革和现代化建设的重要任务。

2. 研究建议

我国化工产业已进入新发展阶段，面对新的机遇和挑战，我国化工产业必须顺应环境变化和发展趋势，从以下六方面发力建设现代化化工产业体系和推动上市公司高质量发展：（1）不断增强原始创新和集成创新能力，稳健提升产业链稳定性和竞争力；（2）加速产业结构调整与转型升级，大幅增强化工新材料保障能力；（3）优化调整产业布局，加强引导和规范，推进高水平集聚发展；（4）加快产业数字化转型，赋能企业运营管理；（5）推动绿色循环低碳发展，提高安全和清洁生产水平；（6）对标国际先进化工企业，打造具有全球竞争力的世界一流企业。

五、利用资本市场助推现代化产业体系建设，实现上市公司高质量发展

（一）新时代背景下资本市场成为经济运行的重要引擎

党的二十大报告强调“着力推动高质量发展”，核心抓手在于实体经济，提出“加快建设制造强国、质量强国、航天强国、交通强国、网络强国、数字中国”，中央金融工作会议将金融定位为国民经济血脉，是国家核心竞争力重要组成部分，进一步提出加快建设金融强国。如何利用金融资源、通过资本市场更好地服务实体经济，建设现代化产业体系，从而实现高质量发展成为新时代的重要课题。上市公司作为微观经济主体的代表，是发展实体经济的基础和关键。因此，新时代背景下，利用资本市场助推现代化产业体系建设，实现上市公司高质量发展成为核心。

在这一宏观背景下，资本市场作为经济运行的重要引擎，被赋予了更为重要的使命。政策的引导与鼓励为资本市场提供了清晰的方向，为上市公司提供了更为广阔的发展空间。这一过程中，资本市场与上市公司相互促进、共同发展，将推动中国经济在高质量发展的道路上不断迈进。

（二）现代化产业体系建设与上市公司高质量发展相辅相成

本文通过论述新能源、TMT、医疗健康和化工这四个代表性行业在建设现代化产业体系和上市公司高质量发展方面的现状与问题，通过比对国内外现代化产业体系建设差异，研究了行业产业链情况及行业重点上市公司现状，发现各行业在蓬勃发展过程中，虽然取得了一些重要成果，但也仍面临着产业链协同不足、技术水平提升难等挑战。建设现代化产业体系是我国长期以来的战略部署，上市公司高质量发展是其必要条件。各行业在现代化产业体系建设中迈出更为坚实的步伐，离不开其中上市公司的成长和投入，与上市公司高质量发展相

辅相成。因此，在总结前文发现问题的基础上，为实现上市公司高质量发展，我们既要寻求上市公司规模的扩张，也要关注其核心竞争力的提升。

在规模扩张方面，我们可以通过政策引导激发企业家创新的积极性，借此可为上市公司规模的扩张提供动力；上市公司规模的扩张反过来又可以为资本市场提供更为广阔的投资空间，而资本市场又可通过引导资源流向实现政策的目标诉求，从而可形成一种良性循环。这种循环不仅实现了资本的高效配置，也促使了产业体系的不断升级和现代化建设的深入推进。在这一发展过程中，我们需要更加注重在政策引导和企业家培育上的投入，以实现资本市场、上市公司和整个现代化产业体系的共同繁荣。

在核心竞争力提升方面，我们需要正视并努力解决上市公司在发展过程中所面临的一些问题和挑战，充分发挥主体的力量和能动性。这不仅要求上市公司积极响应政策号召，优化调整发展战略，加强技术研发和投入，注重人才培养以及公司管理等各项制度完善。同时，也需要政府在政策层面提供更为有力的支持，例如通过税收政策、创新基金等手段引导资本更加关注高质量发展的上市公司，从而形成企业、市场、政府三方共同助推的局面。

在未来的发展道路上，上市公司将继续发挥资本市场的核心功能，为建设现代化产业体系提供有力支持。通过总结历史经验、深刻认识发展现状、积极回应政策号召，上市公司必将在推动我国经济实现跨越式发展的伟大征程中展现出更为强大的生命力。资本市场的引领作用将成为建设现代化产业体系发展的关键动力，为上市公司实现高质量发展创造更加有利的条件。

参考文献

[1] 杜传忠. 我国现代化产业体系的特征及建设路径 [J]. 人民论坛, 2022 (24).

[2] 申珅, 祁苑玲. 习近平关于现代化产业体系重要论述的内在逻辑及重要价值 [J]. 理论视野, 2023 (5).

[3] 张侃. 碳中和背景下光伏新能源产业发展研究 [J]. 现代商业, 2021 (9).

[4] 郑舒允. 高质量绿色发展下中国新能源汽车产业发展现状及其问题分析 [J]. 科技和产业, 2022 (22).

[5] 赵明楠, 孙锌, 张铜柱. "双碳" 目标下新能源汽车产业高质量发展的思考与建议研究 [J]. 中国汽车, 2022 (7).

[6] 柳磊. 上市公司高质量发展的战略意义与方向定位 [J]. 国家治理, 2022 (24).

[7] 高培勇, 李扬, 蔡昉, 等. 深化经济与金融改革 推进中国式现代化——学习贯彻党的二十大精神专家笔谈 [J]. 金融评论, 2022 (14).

[8] 张望军. 加快完善多层次资本市场体系 提升服务经济高质量发展质效 [J]. 清华金融评论, 2022 (1).

[9] Zhang M.. Study on Characteristics and Development Tendency of Modern Industry System [J]. Contemporary Economy & Management, 2010, 32 (1): 42-46.

[10] 陈曦. 构建协同发展现代产业体系的国际经验与启示 [J]. 宏观经济管理, 2020 (6): 32-38.

[11] 胡西娟, 师博, 杨建飞. "十四五" 时期以数字经济建设现代化产业体系的路径

选择［J］. 经济体制改革，2021（4）：104－110.

［12］黄速建，肖红军，王欣．论国有企业高质量发展［J］. 中国工业经济，2018（10）：19－41.

［13］贾丽桓，肖翔．资本市场开放与企业高质量发展——基于代理成本与创新激励视角［J］. 现代经济探讨，2021（12）：105－115＋132.

［14］任保平，张倩．新时代我国现代化产业体系建设的工业化逻辑及其实现路径［J］. 江苏行政学院学报，2020（1）：42－48.

［15］芮明杰．构建现代产业体系的战略思路、目标与路径［J］. 中国工业经济，2018（9）：24－40.

［16］芮明杰．双循环核心：建立有强大国际竞争力的现代产业体系［J］. 上海经济，2021（1）：1－10.

［17］盛朝迅．建设现代化产业体系的瓶颈制约与破除策略［J］. 改革，2019（3）：38－49.

［18］孙智君，安睿哲，常懿心．中国特色现代化产业体系构成要素研究——中共二十大报告精神学习阐释［J］. 金融经济学研究，2023，38（1）：3－17.

［19］吴浩强，胡苏敏．数字化转型、技术创新与企业高质量发展［J］. 中南财经政法大学学报，2023（01）：136－145.

［20］赵霄伟，杨白冰．顶级“全球城市”构建现代产业体系的国际经验及启示［J］. 经济学家，2021（2）：120－128.

［21］资本市场改革课题组．创新驱动高质量发展要深化资本市场改革——兼谈科创板赋能创新发展［J］. 经济学动态，2019（10）：93－100.

［22］郑华，涂宏钢．医药行业估值［M］. 北京：机械工业出版社，2023.

［23］Medical Design & Outsourcing. Medtech Big 100：The World's Largest Medical Device Companies.［EB/OL］.［2023－08－30］. https：//www. medicaldesignandoutsourcing. com/2023－medtech－big－100－argest－medical－device－companies/.

［24］PharmExec. com. 2023 Pharm Exec Top 50 Companies.［EB/OL］.［2023－06－11］. https：//www. pharmexec. com/view/top－social－media－trends－of－2023.

［25］德勤．2023 年全球医疗行业展望．［EB/OL］.［2023－03－16］. https：//www2. deloitte. com/content/dam/Deloitte/cn/Documents/life－sciences－health－care/deloitte－cn－lshc－2023－global－health－care－outlook－zh－230316. pdf.

［26］前瞻网．健康服务行业产业链全景梳理及区域热力地图．［EB/OL］.［2022－09－11］.［3］. https：//www. qianzhan. com/analyst/detail/220/220909－d98cadd6. html.

［27］头豹研究院．全球化背景下，中国与海外医疗健康产业发展现状与趋势对比分析．［EB/OL］.［2022－06］. https：//pdf. dfcfw. com/pdf/H3_AP202304171585513513_1. pdf?1681760936000. pdf.

［28］Eli Lilly，J&J，Novo Nordisk，Novartis and AstraZeneca. Zacks Industry Outlook Highlights.［EB/OL］.［2023－08－22］. https：//www. nasdaq. com/articles/zacks－industry－outlook－highlights－eli－lilly－jj－novo－nordisk－novartis－and－astrazeneca.

［29］前瞻网．2022 年中国手术机器人行业上市公司全方位对比．［EB/OL］.［2022－

03－23]. https://www.qianzhan.com/analyst/detail/220/220323－eacddf2c.html.

[30] 洞察2022. 中国医疗器械行业竞争格局及市场份额.[EB/OL].[2022－09－28]. https://www.qianzhan.com/analyst/detail/220/220928－94a5cef6.html.

[31] 头豹研究院. 2022年中国中药行业概览.[EB/OL].[2022－04]. https://pdf.dfcfw.com/pdf/H3_AP202206171572818424_1.pdf.

[32] 亿欧智库. 2023年中国医疗产业数字化转型现况及能力研究.[EB/OL].[2023－08－14]. https://www.iyiou.com/research/202308141255#pdf－tips.

[33] 徐康宁. 开放经济中的产业集群与竞争力[J]. 中国工业经济, 2001 (11): 22－27.

[34] 杨健, 荆竹翠. 我国医疗器械制造业研发活动现状与思考[J]. 经济研究参考, 2016 (10): 72－77.

[35] 褚淑贞, 王恩楠, 都兰娜. 我国医疗器械产业发展现状、问题及对策[J]. 中国医药工业杂志, 2017 (48): 930－935.

[36] 吴宪, 兰青山, 赵润怀, 等. 打造中药全产业链科技创新体系 引领支撑中药产业高质量发展——中国中药有限公司科研守正创新15年[J]. 中国现代中药, 2021, 23 (2): 195－201.

[37] 陈静, 任玉兰. 近代日本汉方医学的转型[J]. 医学与哲学, 2022, 43 (14): 76－80.

[38] 石建勋, 卢丹宁, 徐玲. 第四次全球产业链重构与中国产业链升级研究[J]. 财经问题研究, 2022 (04): 36－46.

[39] 国信证券. 化繁为简, 看懂化工产业链[M]. 深圳: 国信证券, 2020.

[40] 中化新网. 对化工产业高质量发展的思考及建议[EB/OL].[2023－9－25]. https://www.ccin.com.cn/detail/376f76086e92de7bf5c6f5de8626ae94.

[41] 罗公利, 杨青, 边伟军. 我国化工企业高质量发展水平评价研究[J]. 青岛科技大学学报(社会科学版), 2022 (38).

[42] 搜狐网.2023年化工新材料行业现状和前景分析[EB/OL].[2023－07－20]. https://www.sohu.com/a/704636877_821386

[43] 王红秋. 新发展阶段我国石化化工行业面临的机遇与挑战[J]. 石油科技论坛, 2022 (41).

[44] 张涛. 建设绿色生态安全的现代化工产业体系路径探索[J]. 经济研究导刊, 2022 (506).

[45] 中国石化新闻网."以质取胜"还是"以量取胜"?——化工新材料发展的机遇与挑战[EB/OL].[2023－10－18]. http://www.sinopecnews.com.cn/xnews/content/2023－10/18/content_7079150.html.

[46] 中国信息通信研究院. 制造业上市公司高质量发展研究报告(2023)[M]. 北京: 中国信息通信研究院, 2023.

9. 构建中国特色资本市场估值体系研究

中信证券股份有限公司 课题组*

2024年1月，国务院国资委首提将央企上市公司市值纳入对央企负责人考核中，或有利于央国企的市值提升。国有企业是中国特色社会主义的物质基础和政治基础，提升国有企业在资本市场的估值水平，与建设中国特色资本市场、构建中国特色估值体系一脉相承，契合金融市场支持实体高质量发展的内在逻辑，也有助于打造资本市场长效增长的新引擎。过去，我国国有企业经营效率较高但估值较低，主要原因或在于国企承担着关乎国计民生的重要职能，较难做到完全市场化运作；央企较民企市场化改革仍有空间，资本运作层面较民企差距较大；以及央企与资本市场沟通不足，无法有效传递企业的利好信息。在借鉴日本和美国上市公司市值管理经验的基础上，建议从如下三个方面进一步提升央企上市公司估值：在短期内，鼓励上市公司回购、加大现金分红、实施股权激励以及做好市场沟通等方式是助力央企控股上市公司进行市值管理的有效手段；在中期，建议着力推动A股上市公司并购重组，并助力相关港股标的估值提升；从长期来看，仍需修炼内力回归本源，聚焦提升企业自身经营效率。

---

* 本项目课题组成员为：杨帆，中信证券研究部，宏观和政策首席分析师，香港大学金融学硕士；于翔，中信证券研究部，联席首席政策研究分析师，北京大学经济学硕士；遥远，中信证券研究部，海外政策联席首席分析师，南开大学金融学博士；窦子豪，中信证券研究部，政策研究分析师，清华大学五道口金融学院金融硕士。

一、引言

（一）政策背景

早在 2014 年，国务院国资委就已有“市值管理”的提法，态度上以鼓励为主。从后续几年国资委的表述来看，市值管理主要包括增强股东回报、依托上市公司平台整合优质资产、强化上市企业资本运作以及加强投资者沟通交流等手段。从地方动态来看，上海市在 2021 年 2 月的国资国企改革发展暨党建工作会议上提出，探索将市值管理纳入企业考核评优体系。广州市国资委则于 2021 年 4 月提出，“修订完善监管企业负责人经营业绩考核办法。加强市属国有控股上市公司市值管理，分类分批推动上市公司资本运作。”

虽然国资委此前并未直接把市值管理纳入央国企考核体系，但制定的目标通常可以起到提高市值的作用。此前，国资委已将央企经营指标纳入央企考核绩效评价体系，具体来看，2019 年国资委提出“两利一率”（净利润、利润总额、资产负债率）；2020 年增加营业收入利润率和研发经费投入强度两个指标，形成“两利三率”指标体系，引导中央企业关注经营效率，加大科技创新投入力度；2021 年，增加了全员劳动生产率指标，完善为“两利四率”，引导央企改善劳动力配置效率，提高人力资本水平；2022 年针对两利四率提出了“两增一控三提高”，即利润总额和净利润增速要高于国民经济增速、资产负债率要控制在 65%以内、营业收入利润率要再提高 0.1 个百分点、全员劳动生产率再提高 5%、研发经费投入要进一步提高；2023 年年初国资委提出的“一利五率”考核指标体系，则更进一步增加了净资产收益率。央企考核体系的持续完善，有助于不断提高央企经营效率，能够在一定程度上间接提升央企市值。

近期，“央企市值管理”及“考核体系优化”在政策层面多次被提及。2024 年 1 月 24 日，国务院国资委产权管理局负责人谢小兵在国新办发布会上表示，“国务院国资委将研究把市值管理成效纳入对中央企业负责人的考核中，引导中央企业负责人更加重视所控股上市公司市场表现，及时通过应用市场化增持、回购等手段，传递信心、稳定预期，加大现金分红力度，更好地回报投资者”。在 1 月 29 日的中央企业、地方国资委考核分配工作会议上，国务院国资委副主任袁野明确“全面推开上市公司市值管理考核，坚持过程和结果并重、激励和约束对等”。1 月 30 日，国资委印发《关于优化中央企业资产评估管理有关事项的通知》，以推动企业改革发展、解决企业实际问题为出发点，明确多种情形可以不进行资产评估，合理降低企业改革重组成本。

国资委负责人提出将要把市值管理纳入央企负责人考核，或促进央企估值提升。整体来看，政策层面关于将市值管理纳入央企负责人业绩考核的明确表态，能够提升央企上市公司对自身市值的重视程度，有利于提振投资者情绪。而央企资产评估管理相关事项的明确，为央国企通过并购重组优化市值水平这一路径“明确章法，破除障碍”。我们预计未来央企进行市值管理的路径将愈加多元，短期内可通过鼓励回购、提升现金分红比例、加强股权激励、增进投资者沟通交流等方式加强市值管理，中长期可通过并购优质资产、盘活存量资源等方式，提高资产证券化率，实现央企的进一步做优做强。

（二）提升央国企估值的重要意义

提升央国企估值水平与“中特估”的内涵一脉相承。在 2022 年 11 月的北京金融街论坛上，时任证监会主席易会满提出“对于当前制约资本市场功能发挥的诸多因素，要深刻认识我们的市场体制机制、行业产业结构、主体持续发展能力所体现的鲜明中国元素、发展阶段特征，深入研究成熟市场估值理论的适用场景，把握好不同类型上市公司的估值逻辑，探索建立具有中国特色的估值体系，促进市场资源配置功能更好发挥”。中国特色估值体系的核心内涵，或在于助力国家战略，履行社会责任，与发展方向的契合程度或成为估值溢价或折价的重要驱动因素。[4]一方面，党的二十大报告强调建设现代化产业体系，实现高水平科技自立自强，助力国家战略的领域有望迎来持续的政策支持。另一方面，党的二十大报告强调扎实推进共同富裕，依法规范和引导资本健康发展，履行社会责任的政策要求也将成为影响企业长期价值的关键因素。因此，中国特色的估值体系在一定程度上也可理解为中国特色的 ESG 投资体系，基于对党的二十大政策精神的深刻理解，实现更为长期、更为可持续的价值创造。

提升央国企估值体现金融高质量发展的内在逻辑。目前，央国企基本覆盖了我国的战略性产业体系，包括：第一类是“国本”，比如核能、高产农业，新材料和特殊材料产业等。第二类是“国基”，包括国家的基础产业，例如装备工业、软件、航空等。第三类是“国关”，包含产业关键点、关键技术，如民用大飞机、卫星、航母、发动机、操作系统软件、大规模集成电路、第五代移动通信（5G）芯片、加密算法等行业。第四类是“国富”，包括汽车、造船等复杂型制造业带动制造业产业链的全面发展。提升央国企估值即是将传统经济金融学之外的符合中国国情的重要因素，如国家安全、社会责任、产业升级、国有资产保值增值和企业高质量发展等考量在内，在充分发挥市场在资源配置中的决定性作用的基础上，鼓励企业在打造战略性新兴产业、更好履行社会责任等方面积极作为，不仅为投资者提供长期稳定的投资回报，而且更好服务经济社会高质量发展。

提升央国企估值是资本市场长效发展的新引擎。党的二十大报告指出，要“推动战略性新兴产业融合集群发展，构建新一代信息技术、人工智能、生物技术、新能源、新材料、高端装备、绿色环保等一批新的增长引擎”。随着新一轮科技革命和产业革命的深度融合，中央企业在战略性新兴产业上加大布局力度，切实发挥央企在建设现代化产业体系、构建新发展格局中的科技创新、产业控制、安全支撑作用。布局战略性重点行业的央地国企上市公司，将通过发挥产业竞争优势，锚定以战略性新兴产业为主导的核心资产，实现央地国企板块的价值重塑与回归，助力探索形成符合中国特色的估值定价体系，提升投资人长期回报水平，更好推动中国资本市场的长效发展。

二、国有企业的重要地位和改革路径

（一）国有企业是中国特色社会主义的重要物质基础和政治基础

国有企业是国民经济的顶梁柱、压舱石，在新时期发展与安全权衡下，国企将发挥更大作用。[8]因此，从更宏观的视角来看，提升国有企业的市场认可意味着应从安全与发展的角度出发，为能够克服难点、打通堵点的国有企业提供宽松的估值提升空间。[7]

在粮食安全方面，打造现代一体化农业产业体系，筑牢粮食安全防线。农业国企是国家粮食安全的重要保障力量，是推动乡村振兴、实现农业农村现代化的重要引领力量。2023年两会政府工作报告着重强调了粮食安全，强化粮食和重要农产品的稳产保供，保障农事活动有序开展，扩种大豆油料，优化生产结构布局，提高单产和品质，加快种业、农机等科技创新和推广应用，始终不懈地把14亿多中国人的饭碗牢牢端在自己手中。根据农业农村部近日发布《关于落实党中央国务院2023年全面推进乡村振兴重点工作部署的实施意见》，2023年我国将开始实施新一轮千亿斤粮食产能提升行动，粮食产量保持在1.3万亿斤以上。中粮集团为整合国家粮油行业资源，形成全产业链布局，陆续收购了华孚集团（糖肉储备、食品加工物流和销售）和中纺集团（棉毛纺织、粮油仓储贸易），强化了粮、油、糖、棉的主业布局。中储粮、华粮物流等为代表的大型农业行业国企承担了粮油及农副产品的生产、仓储、加工、贸易和物流完整产业链条的畅通运转，保障粮食和重要农产品稳定供应，满足农化产品旺盛需求。打造集粮食生产商、产品制造商、农地运营服务商、粮食和农产品贸易商等于一体的国家现代化农业产业体系，让国企成为深化农村改革、探索中国特色农村社会主义发展道路、实现共同富裕的重要推动力量，是实施农业“走出去”，应对世界粮食危机挑战的重要依靠。

在能源安全方面，一次能源探产并进，保障基础油气供应。2022年俄乌冲突开始以来，全球地缘政治局势持续紧张，油气供给波动性增加。而国内大型油企承担国家能源保供职责，不断加强油气勘探、提升资源禀赋。2022年以来，能源类主要国央企扎实推进“七年行动计划”，在勘探领域相继取得一系列重大突破。根据中石油、中石化和中海油官网信息及新闻公告，中石油2022年全年原油产量1.05亿吨，天然气产量1455亿立方米；中石化、中海油在超深层、页岩油气勘探开发方面产量创历史新高，全年石油新增探明地质储量分别达2.02和3.3亿吨，天然气探明地质储量分别达2786和1200亿立方米，在塔里木盆地顺北油气田新区、渤海湾盆地隐蔽型潜山等地勘探获得亿吨级油气田重大发现。在当前日趋紧张的能源供应形势下，能源国企将起到至关重要的“压舱石”作用，实现能源价格相对稳定，为不确定的能源市场增添了一份“确定性”。

电能供需平衡问题突出，新能源消纳需国有资本统筹布局。短中期内，针对极端天气引发的局部能源供应不足的问题，需要以大型电力行业国有企业为支点，从电网建设、电源多元化以及电动汽车普及等方面进行应对。中长期来看，我们将面对风电光伏大比例接入后的电力安全供应问题，需要将能源转型视作一个系统工程，改善能源结构，实施煤电行业地方国企的结构改造和转型升级，并从市场端推动电力市场化改革，推进能源企业在储能、微网、虚拟电厂等方面的布局，增强电力市场灵活性调节能力和裕度，实现“源网荷储”一体化发展。

在推动产业链自主可控的过程中，国企在实现重大关键难题的攻坚方面独具优势，是提升产业链韧性和安全的重要动力源。2023年政府工作报告指出，将持续完善国家创新体系，推进科技自立自强，开展重点产业强链补链行动。国资委同样提出未来在科技领域将围绕补短板、抓创新等方面实施新一轮深化提升行动。尽管中国产业核心竞争力不断增强，在全球价值链中的地位持续攀升，但产业链供应链发展不平衡问题仍较为突出，不同产业在发展速度、阶段和现代化水平上有明显差异。大型国有企业在参与市场经营的基础上，更肩负着产业升级、实现高质量发展的重任。未来我国将依托新型举国体制，充分发挥国有企业在资金调动、技术基础、人才引进等多方面的资源整合能力，在制造业的关键核心技术和核心零部件方面降低对外依存度，在工业专精特新领域增强基础性研究投入，提升自主创新水平，解决一系列“卡脖子”问题，实现产业链自主可控。

在支撑军事体系建设方面，构建一体化国家战略体系和能力需要强大的军工产业体系支撑，大型国企责无旁贷。习近平主席在 2018 年提出，建设能够打赢信息化战争、有效履行使命任务的中国特色现代军事力量体系，并在 2023 年两会代表团会议时提出，加强各领域战略布局一体融合、战略资源一体整合、战略力量一体运用，系统提升我国应对战略风险、维护战略利益、实现战略目标的整体实力。一体化战略体系的建设离不开坚实军工产业体系的配套支撑，然而目前军工产业中高科技产品的自主可控能力仍有较大提升空间。在 78 类 HS4 级高科技商品名录中，我国有 17 类商品出口份额未进入全球前三，具体如图 9－1 所示。军工领域则主要涉及航空航天领域，包括发动机、发射装置及导航仪器等，主要来源地为美国、德国及法国等西方主要国家。

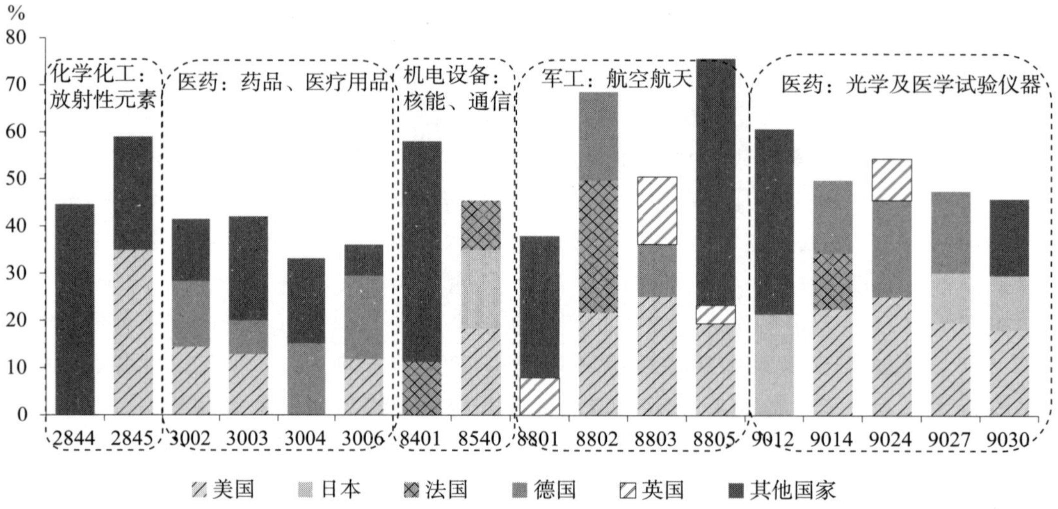

图 9－1　17 类我国出口额未进入前三商品的出口格局

资料来源：中国海关总署，UN Contrade，UNCTAD，中信证券研究部（图中行业编码均为 HS4 级编码。2844：放射性化学元素及放射性同位素；2845：其他同位素；3002：人血；治病、防病或诊断用的动物血制品；3003：两种或两种以上成分混合而成的治病或防病药品；3004：由混合或非混合产品构成的治病或防病用药品；3006：本章注释 4 所规定的医药用品；8401：核反应堆及零件；8540：热电子管、冷阴极管或光阴极管；8801：无动力航空器；8802：其他航空器；8803：航天器；8805：航空器的发射装置；9012：显微镜、衍射设备；9014：其他导航仪器及装置；9024：试验设备；9027：理化分析仪器及装置；9030：示波器及频谱分析仪等。中文名字略有简化）

（二）党的十八届三中全会以来国企改革路径剖析

第一阶段（2013～2015 年）顶层设计下严防制度漏洞，磨刀不误砍柴工。党的十八届三中全会后强调反腐，国企改革更加注重顶层设计严防漏洞。党的十八届三中全会以后，党中央以雷霆手段和高压态势严厉反腐，取得了阶段性胜利，但也暴露出目前的腐败形势要更为严峻，官商勾结的腐败形式也更为多样。因此，从这个大的形势出发，国改需要更加注重国有资产流失的漏洞，这对国改提出了更高的要求。为此，本轮国企更加注重顶层设计。2015 年 9 月中共中央、国务院专门出台了《关于深化国有企业改革的指导意见》，并发布了十几个配套文件，俗称“1 + N”顶层设计，为规范新一轮国改奠定了基础，如表 9 - 1 所示。“1 + N”体系分为三个层面，一是带有“四梁八柱”性质、支撑国企改革总体框架的重要政策；二是针对重点问题、力求攻坚克难的专项文件；三是带有工作推动性质、指导部署落实的工作计划和方案。

表 9 - 1　　国企改革 1 + N 方案梳理

<table>
<tr><th colspan="2">定位</th><th>文件名</th></tr>
<tr><td colspan="2">1</td><td>《关于深化国有企业改革的指导意见》</td></tr>
<tr><td rowspan="22">N</td><td rowspan="2">分类推进国有企业改革</td><td>《关于国有企业功能界定与分类的指导意见》</td></tr>
<tr><td>《关于完善中央企业功能分类考核的实施方案》</td></tr>
<tr><td rowspan="4">完善现代企业制度</td><td>《关于进一步完善国有企业法人治理结构的指导意见》</td></tr>
<tr><td>《关于开展市场化选聘和管理国有企业经营管理者试点工作的意见》</td></tr>
<tr><td>《关于深化中央管理企业负责人薪酬制度改革的意见》</td></tr>
<tr><td>《关于合理确定并严格规范中央企业负责人履职待遇、业务支出的意见》</td></tr>
<tr><td rowspan="2">完善国有资产管理体制</td><td>《关于改革和完善国有资产管理体制的若干意见》</td></tr>
<tr><td>《关于推动中央企业结构调整与重组的指导意见》</td></tr>
<tr><td rowspan="3">发展混合所有制经济</td><td>《关于国有企业发展混合所有制经济的意见》</td></tr>
<tr><td>《关于鼓励和规范国有企业投资项目引入非国有资本的指导意见》</td></tr>
<tr><td>《关于国有控股混合所有制企业开展员工持股试点的意见》</td></tr>
<tr><td rowspan="4">强化监督防止国有资产流失</td><td>《关于加强和改进企业国有资产监督防止国有资产流失的意见》</td></tr>
<tr><td>《关于建立国有企业违规经营投资责任追究制度的意见》</td></tr>
<tr><td>《企业国有资产交易监督管理办法》</td></tr>
<tr><td>《上市公司国有股权监督管理办法》</td></tr>
<tr><td rowspan="2">加强和改进党对国有企业的领导</td><td>《关于进一步加强和改进外派监事会工作的意见》</td></tr>
<tr><td>《关于在深化国有企业改革中坚持党的领导加强党的建设的若干意见》</td></tr>
<tr><td rowspan="2">为国有企业改革创造良好环境</td><td>《关于支持国有企业改革政策措施的梳理及相关意见》</td></tr>
<tr><td>《关于印发加快剥离国有企业办社会职能和解决历史遗留问题工作方案的通知》</td></tr>
<tr><td rowspan="3">其他</td><td>贯彻落实《中共中央国务院关于深化国有企业改革的指导意见》改革举措工作计划</td></tr>
<tr><td>贯彻落实《中共中央国务院关于深化国有企业改革的指导意见》重点任务分工方案</td></tr>
<tr><td>《关于国有企业改革试点工作事项及分工的方案》</td></tr>
</table>

资料来源：国务院，中信证券研究部。

第二阶段（2015 ~ 2018 年）自上而下落实改革文件，十项试点各司其职。良好的文件体系需要改革实践进行反馈，国家通过十项改革试点针对性地从四个方面进行突破，改革进入新的篇章。国企暴露出的一系列问题，其根源在于国企治理结构、国资布局、国资监管、过度垄断等一系列问题。因此，国家通过采用针对性的手段从这四个层面进行突破。一是完善治理结构和市场化体制。为弥补国企在发挥董事会作用、经理人选聘、薪酬市场化改革、激励机制等方面的不足，该阶段政策着重从落实董事会职权、市场化选聘、推行职业经理人、差异化薪酬、剥离社会和遗留问题、信息公开、员工持股、国资上市、引入战投等方面展开。二是调整国有资产布局。针对国有资产在传统领域布局相对落后的情况，合并重组、国资入股一些新兴行业民企成为改革方向。三是破除行政垄断。党的十八届三中全会明确提到要破除行政垄断，放开竞争性业务。政府力推的七大垄断行业混改、PPP 模式（公共服务领域打破垄断）均有利于打破行政垄断，引入民间资本，提高效率。同时，国家特殊管理股也是一个新的改革举措，有利于在传媒、军工等特殊领域放开民资。四是改革国资监管制度。主要是从管资产向管资本转变，彻底改变国资委既当裁判员又当运动员的局面。国有资本投资、运营公司的成立，有利于改变这一局面。可以看出，国资委所提出的国企改革十项试点任务，均涵盖在以上四个方面的改革路径中，如表 9－2 所示。

表 9－2　国企改革四大方向及其改革路径

改革方面	改革路径
完善治理结构和市场化体制	落实董事会职权、市场化选聘、推行职业经理人、差异化薪酬、剥离社会和遗留问题、信息公开、员工持股、国资上市、引入战投
调整国有资产布局	央企合并重组、国资入股民企
打破行政垄断	七大垄断行业混改、国家特殊管理股、PPP 模式
改革国资监管制度	国有资本投资、运营公司

资料来源：国资委，中信证券研究部 。

由国资委主导的央企合并重组有助于优化产业布局，提升国企竞争力。以南北车合并为标志，新一轮央企兼并重组成为国资改革的一个重要方面。一方面，传统行业在进入成熟期后会面临竞争加剧、利润下滑等问题，通过兼并重组应对需求放缓，并提升对上下游环节的议价能力，是领军企业生存之道。但是，由于国有企业的市场化经营机制仍不成熟，地方利益、部门利益和企业利益常常会成为企业间并购整合的主要阻碍，因此需要借助政府之手解决国企并购重组的行政化阻碍，推动国有企业兼并重组，以更好实现产业兼并重组。另一方面，从国际经验看，全球资本垄断与行业集中度的提高是必然趋势，央企的合并重组有助于做大做强企业，以应对外部挑战，实现“走出去”战略。

由发改委主导的混改有助于打破行政垄断，并为落实董事会职权、推行职业经理人、员工持股等后续改革打下基础。2017 年中央经济工作会议和《政府工作报告》均将混合所有制改革作为国企改革的突破口。我们认为，混改的作用并不仅限于公司治理层面，而是对整个国资布局、打破垄断均有着重要意义。从不同作用出发，混改分别对应着不同的具体模式。如完善公司治理，典型模式有国资证券化、引入民营资本（战投）、员工持股等；如优化国资布局，主要是国资入股民营企业，尤其是新兴产业的民企，有利于提高国资布局效率；再如打破垄断，除了引入民资外，PPP、国家特殊管理股等均是重要形式。PPP 有利于打破国企对公共服务领域的垄断，而国家特殊管理股则对传媒、军工等行业放开民资准入有着重要意义。国有企业“十项改革试点”如表 9－3 所示。

表 9-3　　　　国有企业“十项改革试点”

试点类型	试点内容
落实董事会职权试点	国资委将向试点企业董事会授予中长期发展战略规划、高级管理人员选聘、业绩考核、薪酬管理、工资总额备案制管理和重大财务事项管理等6项职权，通过试点有效调动董事会积极性，促进董事会作用的发挥
市场化选聘经营管理者试点	落实董事会在经理层成员选聘、业绩考核、薪酬分配等方面职权；界定国资监管机构、企业董事会、企业党组织在经营管理者选聘和管理工作中的职责等。具体可采取公开遴选、竞聘上岗、人才中介机构推荐等市场化方式，遴选、吸纳一批确有真功夫、市场充分认可的优秀人才到国有企业干事创业
推行职业经理人制度试点	在市场化选聘经营管理者试点基础上，探索推行职业经理人制度。对职业经理人，主要考核经营业绩指标完成情况，实行市场化薪酬，聘任关系终止后，一并解除劳动合同，自然回到人才市场，体现“市场化来、市场化去”的原则
企业薪酬分配差异化改革试点	完善国有企业负责人薪酬分类管理制度，建立健全职业经理人薪酬管理制度。对市场化选聘的职业经理人实行市场化薪酬分配机制，建立科学合理的业绩考核评价体系。到2020年左右，全面形成与国有企业负责人选任方式相匹配、与企业功能性质相适应的负责人薪酬管理办法和业绩考核评价办法
国有资本投资、运营公司试点	国资委探索由管资本向管资产转变。国有资本投资公司侧重于服务国家战略和产业升级，以对战略性核心业务的控股为主；国有资本运营公司则侧重于实现国有资本合理流动和保值增值，以财务性持股为主
中央企业兼并重组试点	根据国家战略需要，探索中央企业重组整合的路径选择和具体模式；探索企业重组后，实施业务整合、消除同质化竞争、实现提质增效的有效做法等
部分重要领域混合所有制改革试点	在电力、石油、天然气、铁路、民航、电信、军工等领域开展混合所有制改革试点，通过引入非国有资本多元化投资，形成有利于参与市场竞争的治理结构和运行机制。试点中引资规模要达到一定比例，要引入负责任的积极股东，要依照公司法严格落实混合所有制企业董事会职权
混合所有制企业员工持股试点	试点主要探索在什么样的企业实行员工持股、以什么样的方式实行员工持股、员工怎样转股退股等，确保员工持股公开透明，防止利益输送
国有企业信息公开工作试点	促进企业完善公司治理结构，规范企业管理，健全国资监管体系，打造“阳光国企”，防止国有资产流失。在中央企业围绕董事会信息披露、财务信息公开等方面开展试点，指导地方国资委选择若干重点企业试点。国资委将建设统一的国有企业信息公开平台，为中央企业信息公开提供支持，为社会公众查阅信息提供服务
剥离企业办社会职能和解决历史遗留问题试点	国有企业仍存在大量办社会职能和历史遗留问题。只有彻底解决这些问题，国有企业才能轻装上阵、建立市场化的优胜劣汰机制、公平参与市场竞争

资料来源：国资委等，中信证券研究部。

第三阶段（2018～2020年）内外倒逼，思路转为自下而上方能深化改革。内外压力倒逼下，国企改革需要加速推进。中国面临的内部减税降费与地方政府债务等财税压力，叠加外部贸易摩擦中对于国企竞争中性的要求，共同倒逼国企改革加速。2018年10月9日全国国有企业改革座谈会召开，国企改革领导小组组长刘鹤发表讲话，表示要以“伤其十指不如断其一指”的思路，扎实推进国有企业改革，大胆务实向前走，国企改革被按下加速键。

从监管者角度看，内外压力倒逼国企改革试点的全面铺开，之前自上而下的试点方式需要消耗监管层较大的人力资源，同时之前十项试点也为之后的改革积累了较多的经验，自下而上的改革试点具备实施的可能性与必然性。由于外部对于国企竞争中性的压力，以及内部财税对于国企提升效率进而带来更多税收和利润上缴的压力，传统自上而下试点的企业范围过小，国企改革试点的全面扩张势在必行。但是考虑到之前自上而下试点需要国资委和发改委对改革试点方案进行深入研究、仔细设计，并且针对不同企业不同情况也要进行相应的调整，需要耗费较大的人力资源，在改革试点迫切需要全面铺开的背景下，传统的改革试点模式难以持续，因此通过试点企业自身设计改革方案，监管层在把握大方向的基础上进行审核的方式有助于提升改革效率，可以适应当前的改革需求。与此同时，之前十项改革试点也积累了较多的改革经验，为之后“自下而上”的改革奠定了坚实的基础。

从国企角度看，自身设计的方案更加贴近改革实际，自下而上有助于改革的落地。自上而下的方案设计虽然经过深入调研，但是考虑到方案制定者精力的有限性，对企业的了解必然不如企业自身，自下而上的方案设计能够更好地切合实际，让改革更加容易落地。以薪酬激励为例，企业想要进行薪酬激励势必要带来其薪酬包的扩大，但是由于央企集团的薪酬总包的增长要与利润等指标相挂钩，子公司的薪酬激励必然会导致兄弟公司薪酬包的下降，内部的阻力较大。为了解决这一问题，2019年1月16日《中央企业工资总额管理办法》出台，文件规定“两类公司”与混改试点企业可以更加灵活地调整其工资总额，其增长幅度或可突破企业经济指标的限制，而这样将有望做大薪酬总包。在薪酬总包扩大的情况下，试点集团可以在不影响其他子公司薪酬的基础上，对目标子公司进行薪酬激励，提升其薪酬以调动员工积极性，意义重大。因此，从企业角度来看，自下而上推进的改革方案更加符合实际情况，有助于改革落地。

第四阶段（2020~2022年）三年方案承上启下，范围铺开叠加纵深推进。2020年6月30日，中央全面深化改革委员会第十四次会议审议通过了《国企改革三年行动方案（2020—2022年）》。本次文件更多起到承上启下的作用，其性质与2015年出台的《关于深化国有企业改革的指导意见》十分类似，可以看作更新版的“1+N”文件。方案对国有企业在核心竞争力、创新引领、产业链供应链水平、社会民生保障和应对重大挑战、维护国家经济安全五方面提出具体的目标要求。2020~2022年国企改革政策事件梳理。

表9-4　2020~2022年国企改革政策事件梳理

时间	事件	主要内容
2020/5/22	《政府工作报告》	提升国资国企改革成效，实施国企改革三年行动；健全现代企业制度，完善国资监管体制，深化混合所有制改革；国企聚焦主责主业，健全市场化经营机制，提高核心竞争力
2020/5/30	《中央企业控股上市公司实施股权激励工作指引》	系统梳理股权激励计划制定的政策要点，明确提出股权激励业绩考核的导向要求，重点阐明股权激励计划的管理规范，详细介绍股权激励计划的实施程序加大专项行动改革力度与深度
2020/6/30	《国企改革三年行动方案（2020—2022年）》	要求国资国企改革具体化，落实到三年行动当中去；推动“1+N”的改革政策落实落地；把在“十项改革试点”“双百行动”等改革试点中基层所创造的经验推广到国企改革过程中

续表

时间	事件	主要内容
2020/7/22	地方国资委负责人年中座谈会	突出抓好国企改革三年行动，加快国有资本布局优化和结构调整
2020/12/18	中央经济工作会议	优化民营经济发展环境，健全现代企业制度，完善公司治理；放宽市场准入，促进公平竞争，保护知识产权，建设统一大市场，营造市场化、法治化、国际化营商环境
2020/12/24	中央企业负责人会议	明确八大任务：推进科技创新工作，抓紧抓实国企改革三年行动，加快国有资本布局优化和产业结构调整，切实有效防范化解各类风险，进一步提高国资监管效能，主动服务和支撑国家重大战略等，促进生产方式绿色转型，发挥带头示范作用
2021/1/27	国有企业改革领导小组第五次会议	加强党的领导和完善公司治理相统一。提高效率；狠抓创新，强化创新激励；化解风险，突出主责主业，压实监管和股东责任；规范核算，加快建立完善国有经济统计指标体系和评价制度
2021/2/28	《国有企业公司章程制定管理办法》	为国有企业章程的制定和完善指明了方向
2021/3/11	“十四五”《规划纲要》	对国企重组、混改和现代企业制度等重点领域提出了更高的要求
2021/3/31	国务院国有企业改革领导小组专题会	指出推行经理层成员任期制和契约化管理是基于中国特色现代企业制度的新型经营责任制，是激发企业内生活力动力的关键举措
2021/9/28	国务院国有企业改革领导小组专题会	强调专业化整合要坚持党的领导，聚焦“六个着力”
2021/12/18	中央企业负责人会议	今年着力推进战略性重组、专业化整合，稀土、煤炭等专业化整合深入实施，物流大数据平台、海工装备创新平台加快落地
2022/1/17	国务院国企改革领导小组国企改革三年行动专题推进会	实现三年改革任务 70% 的年度目标
2022/5/18	深化国有控股上市公司改革专题推进会	继续加大优质资产注入上市公司力度，集团公司要系统梳理已上市和未上市资源。
2022/5/27	《提高央企控股上市公司质量工作方案》	聚焦央企控股上市公司短板，对上市平台布局优化、运作规范、创新发展和价值实现四方面提出 14 项要求，力争在 2024 年全面验收评价

资料来源：国务院，国资委，中信证券研究部。

从行动落实情况看，根据国资委在 2022 年 7 月 16 日至 17 日举办的中央企业负责人研讨班上的披露，截至 2022 年 5 月底，中央企业改革三年行动举措完成率达 94.7%，主体任务基本完成。

从企业层面看，国有企业内部的三项改革实现突破进展，现代企业制度建设不断推进，企业经营不断提升。三项制度改革方面，从人事架构看，2021 年底央企及地方国有企业各级子企业推行经理层成员任期制和契约化管理改革的户数占比分别为 97.3%、94.7%；从用人制度看，关键核心技术人才激励机制不断形成，股权激励集中推出；从分配制度看，构建差距拉开、激励到位的市场化薪酬分配机制，2016 年以来国有企业技术人员的平均工资与全部员工平均工资差距由 1.7 万/年上升至 2021 年的 3.4 万/年。现代企业制度建设方面，2021 年底央企及 98.2% 子企业实现董事会应建尽建，集团公司建立董事会授权制度的占比达到 70% 以上。经营情况方面，国有企业规模效益和运行质量进一步提升，根据财政部网站 2023 年 1 月 26 日消息，2021 年全年国有企业营业总收入 75.6 万亿元，同比增长 18.5%，两年平均增长 9.9%。

从国有资本布局看，国改三年行动在战略性重组、专业化整合、并购方面取得重大进展，国有资本布局不断优化。首先，央企战略性重组和专业化整合全面加速，未来涉及国企的并购重组或将走向常态化。其次，并购工作卓有成效，主要围绕央地合作和产业链纵向整合多主题有效开展。央企与国企开展横向并购，如鞍钢与本钢联合；央企凭借自身体量优势，通过有效并购打通断点，推动产业链上下游有效衔接。最后，国有资本减负除非动作加快。据国务院国有企业改革领导小组办公室副主任，国务院国资委党委委员、副主任翁杰明于 2023 年 1 月 17 日透露，截至 2021 年年底，央企“两非”剥离完成率达 86.9%，地方“两非”“两资”清理退出完成率达 87.9%。央企重点亏损子企业三年减亏 83.8%，地方重点亏损子企业专项治理完成率达 90.1%。

第五阶段（2023 年至今）提高企业核心竞争力与增强核心功能或为重点。国企改革开启新征程，坚持“一个目标”、用好“两个途径”、发挥“三个作用”，助力实现中国式现代化。2023 年 2 月 23 日，新任国资委主任张玉卓在国新办“权威部门话开局”系列主题新闻发布会上首次亮相，表示未来国有企业要坚持“一个目标”、用好“两个途径”、发挥“三个作用”，如表 9－5 所示。我们预计未来国有企业改革将更加聚焦“两个用途”，即提高核心竞争力和增强核心功能，具体来看可能包括加大技术投入规模、提升管理效率、推进市场化战略重组等多个方面。

表 9－5　一个目标、两个途径、三个作用

一个目标	要做强做优做大国有资本和国有企业
两个途径	提高企业核心竞争力： 一是科技。就是要聚焦科技自立自强，以打造原创技术策源地为抓手，加快提升基础研究和应用基础研究能力，在“卡脖子”关键核心技术攻关、提高科研投入产出效率，还有在增强创新体系的效能上不断实现新突破，打通从科技强到企业强、产业强、经济强的通道 二是效率。就是围绕着“一利五率”目标管理体系，更好地发挥考核指挥棒作用，加强精益管理，提高运行效率，努力实现质的有效提升和量的合理增长 三是人才。坚持培养和用好人才，积极参与国家高水平人才高地和人才平台建设，努力培养造就更多大师、战略科学家、一流科技领军人才和创新团队，还有青年科技人才、卓越工程师、大国工匠、高技能人才 四是品牌。就是要加强品牌管理，实现中国制造向中国创造转变，中国速度向中国质量转变，中国产品向中国品牌转变
	增强核心功能：要聚焦发展实体经济，把主业的饭碗端牢，以市场化方式推进战略性重组，加快企业间同质业务整合，分步骤、有计划地加快调整优化国有经济布局结构，聚焦国计民生重点领域提升国有经济比重，在战略性新兴领域加快构建新的增长引擎，深化产业链生态圈战略合作，更好发挥国有经济整体功能作用

续表

三个作用	科技创新作用：更加突出原创性引领性科技攻关，更加突出科技产出、科技成果、科技转化、科技产业，更加突出锻造国家战略人才力量
	产业控制作用：把控制力体现在前瞻性战略性新兴产业、支撑和带动产业链循环畅通、优化全球产业链布局上
	安全支撑作用：积极服务战略布局一体融合、战略资源一体整合、战略力量一体运用，增强重要能源资源托底作用

资料来源：新华网等，中信证券研究部。

我们认为，在新时代必须以新的视角，重新认识央国企的投资价值。央国企投资价值的提升来源于以下几方面：

新格局下资源要素的重要性提升。多重因素影响下资源要素或可能实现价值重估，央国企有望受益。在产业安全重要性提升、地缘政治风险加剧、环境问题日益突出的背景下，生产要素价格或将系统性提高，推动资源要素实现价值重估。比如，当前世界百年未有之大变局加速演进，产业安全问题变得更加突出。特别是新冠疫情之后，全球产业链供应链多环节受阻，各国之间缺乏互信与合作，导致贸易保护主义进一步抬头。世界主要国家开始更加重视产业安全问题，各国政府纷纷出台政策鼓励完备国内的产业链，如加强对关键产业的保护、提高国内关键技术的研发投入等。生产要素的重要性凸显，价值提升。此外，地缘政治风险也会对生产要素价格产生影响。2022 年俄乌冲突以来，全球范围内地缘政治冲突增多，西方国家陆续对俄罗斯发起制裁，推动国际能源价格大涨。往后看，若地缘冲突持续增加，后续引发的贸易战、制裁等政治事件可能导致全球供应链的不稳定，从而影响生产要素的供需关系，在供应链紧张的情况下，生产要素的价格可能会上涨。再者，环境问题在全球范围内日益受到关注。2019 年以来，世界各国加速提出“零碳”或“碳中和”的低碳目标，开始对高排放产业进行限制，推动绿色低碳产业发展。“双碳”背景下，清洁能源、环保技术等生产要素的需求上升，从而推动生产要素价格上涨。在我国，资源类行业主要由央国企控制，随着生产要素价格的系统性提升，资源类行业盈利能力也将得到提升，央国企有望受益。

战略新兴产业布局打开企业成长空间。打造第二增长曲线，提高央国企增长率，重点在引领战略性新兴产业突破。培育壮大战略新兴产业已成为新时代国改首要任务，国资委表示 2023 年战略新兴行业布局要提升两个百分点。而建设现代化产业链，培育“链主”央国企与专精特新企业，以及国资投资运营公司加大新兴产业布局是当前主要抓手。前者遴选 16 家链主专责央国企，联合几百家专精特新与科改央国企共同打造先进、完整、安全的现代产业链。后者则是以国有资本的形式，加速推动国资新兴战略产业布局。其中，数字经济（运营商/国资云/服务器/信创网安）/高端装备（电网/军工/机床）/新材料/医药健康（生物制品/创新药）四大领域将是央国企现代产业突破的核心。[9]

央国企经营效率持续提升，竞争力不断增强。对标世界一流企业的价值创造行动助力央国企质量提升，央国企价值有望重估。[10] 近年来，央国企的质量提升相关政策持续加码，2020 年，《国企改革三年行动方案（2020—2022 年）》提出要做强做优做大国有资本和国有企业；2022 年 5 月，《提高央企控股上市公司质量工作方案》提出要从四方面提高央企控股上市公司质量。2023 年 3 月 3 日，国资委召开会议，正式启动对标世界一流企业的价值创造行动。会议强调，国有企业需要进一步提高政治站位，以突出效益效率、创新驱动为重点，提高资产回报水平和科技投入产出效率。2023 年 3 月 16 日，国资委发布《关于印发创建世界一流示范企业和专精特新示范企业名单的通知》，对标世界一流企业价值创造行动有助于推动央国企改革进程，为入选集团及其相关子公司带来新的发展机遇，整体价值体系有望迎来重塑。

三、他山之石：美国和日本上市公司市值管理手段或可借鉴

（一）美国经验：薪资结构是推动美股回购主因

1982 年 SEC 颁布的 10b－18 规则有力促进了上市公司的股票回购活动。美国上市企业回购股票的历史悠久，但在 20 世纪中后期，回购行为因可能涉及内幕交易和市场操纵而备受争议。然而，1982 年，美国证监会（SEC）颁布的 10b－18 规则为这一局面带来了转机。该规则为上市公司（即发行人）创建了一个非排他性的“安全港”机制，使其在进行股票回购时能够在一定程度上免受市场操纵规则的错判，并有效规避了与《1934 年证券交易法》第 10b－5 条相关的股票回购责任风险。具体而言，10b－18 规则明确规定了发行人在进行回购时必须严格遵守的方式、时间、价格和数量等条件。一旦发行人在回购过程中违反这些规定，其“安全港”内的所有回购资格都将被取消。这一规则的出台为上市公司提供了一套系统且合规的股票回购指导框架，有力地促进了美国上市公司在遵循法律法规的基础上更加积极、有序地开展股票回购活动。

美国上市公司的回购资金主要源于自有资金、债务融资以及海外盈利的回流。美国企业的回购行为主要受联邦证券交易法律的监管，但各州也存在一些对企业回购行为进行约束的法律规定。对于美国企业回购资金的来源，除了使用自有盈余资金进行股票回购外，2008 年后美国宽松的货币政策环境也使得通过发行债券募集资金进行股票回购成为企业的一个选择。而美国《1933 年证券法》和《1934 年证券交易法》并未对企业债务融资后的资金用途做出明确限制。此外，2017 年年底美国《减税和就业法案》（TCJA）的出台也对企业回购产生了影响。在此之前，由于美国跨国企业在将海外利润汇回美国时需要缴纳税款，导致大量海外利润未能回流美国。而 TCJA 的实施转向了部分领土税制，鼓励企业将利润汇回美国。据美国经济分析局（BEA）统计，2018 年美国企业回流的利润达到了 7765 亿美元，随着海外利润的大幅回流，持有大量现金的上市公司开始积极回购股票。

自 2015 年以来，美国企业在资本盈余的分配方式上发生了显著变化。虽然支付股息历来是企业资本盈余的主要分配方式，但从 1997 年开始，美国上市公司的股票回购总额已经显示出超过股息支付总额的趋势。同时，派息企业的比例也从 1997 年的 78% 下降至 2018 年的 43%，显示出越来越多的企业选择通过股票回购来分配资本盈余。事实上，自 2015 年以后，采用股票回购的美国企业占比已经全面超过了派息企业。到 2018 年，回购股票企业的比率进一步上升至 53%。从二级市场表现来看，标普 500 指数成分公司中积极回购股票的企业表现尤为出色。2008 年以来，标普 500 指数中以过去 12 个月内回购率最高的 100 家公司为基础构建的标普 500 回购指数显著跑赢标普 500 指数，带来了明显的超额收益。同时，

随着2015年后美国上市公司的股票回购规模全面超过股息支付规模后，标普500回购指数的超额收益进一步扩大。美国上市公司回购规模超过现金规模如图9-2所示，标普500回购指数获得显著超额收益如图9-3所示。

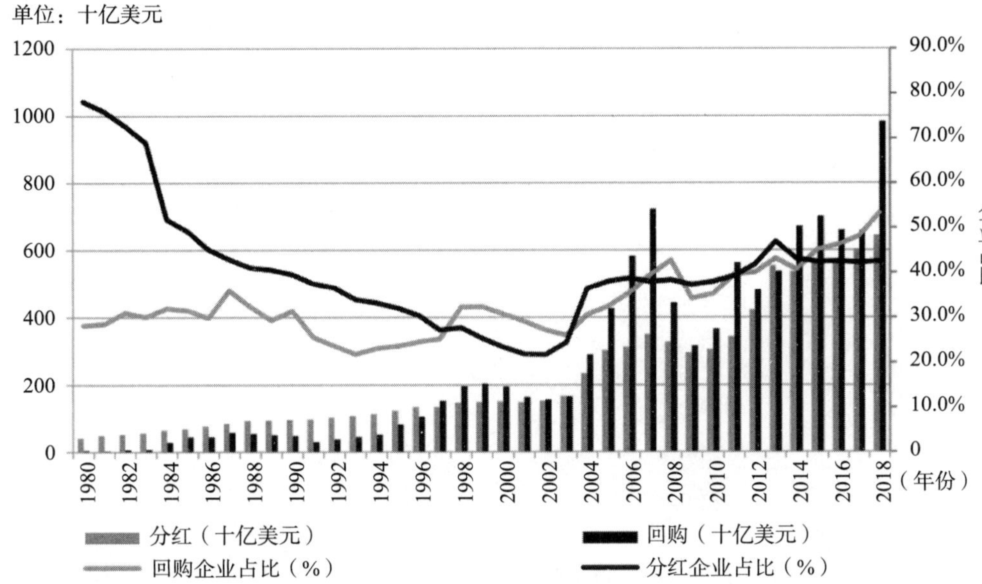

图9-2 美国上市公司回购规模超过现金分红规模

资料来源：S&P Global。

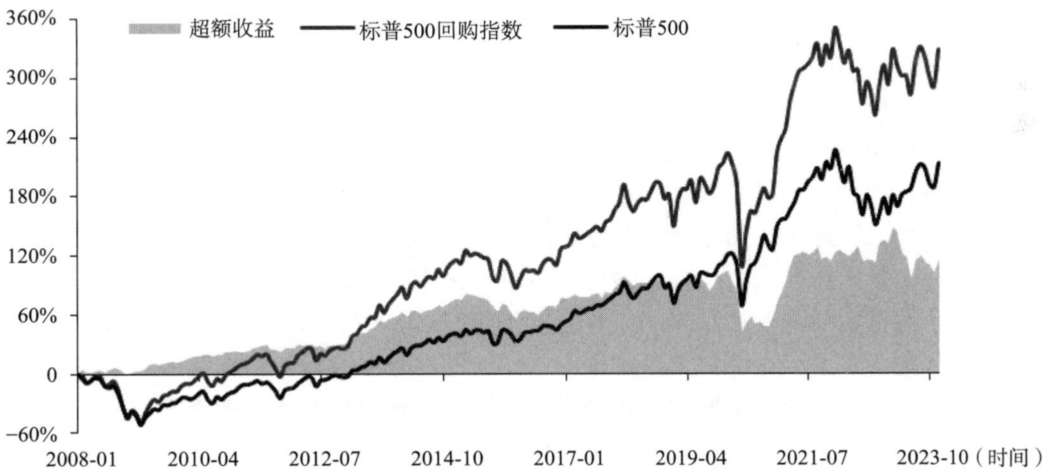

图9-3 标普500回购指数获得显著超额收益

资料来源：LSEG Datastream，中信证券研究部；注：以2008/01/01为基期。

美国上市企业的管理层薪酬体系中，激励计划和绩效评估指标紧密相连，其中，股东总回报（TSR）已被视为一项重要的考核标准。在上市公司股东委托代理人的企业管理模式下，管理层的薪酬结构包括现金、高管股票期权计划（ESO）、长期激励计划（LTIP）和年度激励计划（AIPs）等多个部分组成。而薪酬的兑现，则紧密地与预设的绩效标准相关联。

据美国高管薪酬咨询机构 FW COOK 发布的一份研究报告显示，2022 年，标普 500 指数成分企业在实施高管激励兑现的绩效考核时，股东总回报（TSR）成为最主流的考核指标。在 FW COOK 选取的 250 家上市公司中，高达 72% 的企业采用 TSR 作为基础或加权业绩考核指标。此外，在衡量管理层薪酬激励的过程中，相对业绩衡量（与同行业或基准比较）的使用率也在持续上升；而此种考核方式为管理层提供了更大的灵活性。股东总回报（TSR）不仅反映了公司股价的涨跌，还囊括了公司分红和股票回购等因素对股东收益的全面影响；因此，管理层往往有动力通过回购股票来间接推升 TSR，进而实现自身激励的最大化。2022 年 TOP 250 企业绩效指标采用率如图 9 –4 所示。

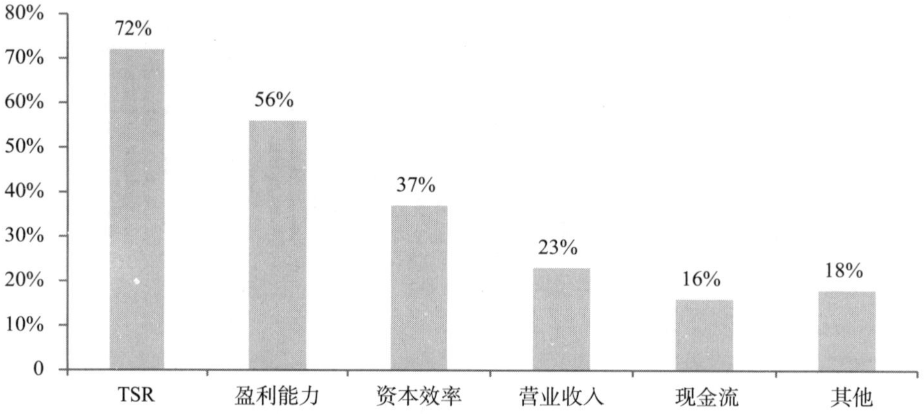

图 9 –4 2022 年 TOP250 企业绩效指标采用率

资料来源：FW COOK，中信证券研究部。

美股上市企业回购的盛行，其背后的重要原因之一是美国上市企业管理层薪酬结构的设计。当企业决定回购股票时，市场上流通的普通股数量将减少。在企业的净利润保持相对稳定的情况下，回购行动会导致每股收益（EPS）的增加。不论企业使用自有资金还是通过举债来回购股票，都会带来股东权益的相应缩减。然而，由于净利润与减少后的股东权益的比值显得更为有效，因此企业的净资产收益率（ROE）也会因回购而上升。一般来说，EPS 的增长对股价有积极影响，而公司的回购行为本身就被市场解读为正面信号，从而间接推动股价上涨。对于美国企业的管理层来说，EPS 和 ROE 等财务指标的改善不仅意味着更好的业绩表现，而且在 TSR 作为相对考核指标的背景下，股价的上涨将直接转化为管理层的激励收益。因此，美股上市企业中回购的普及反映了管理层通过提高股东回报来间接提升自身薪酬的强烈动机。2022 年 TOP250 企业绩效指标采用率如图 9 –5 所示。

（二）日本经验：东证所强化市值管理要求

以日本五大商社（三井商社、三菱商事、伊藤忠商事、住友商事、丸红株式会社）为代表的日本上市公司，其有着高分红且正不断提升治理效率，但价值被低估。这些公司在日经 225 指数的 PBR（股价净值比）长期低于美国标普 500 指数，且经营范围广泛，涵盖能源、化工、金属、食品、农产、大众消费等领域的贸易和基础设施，并在全球各地拥有投资和多元化业务。以三菱商事为代表的五大商社在日本社会中具有举足轻重的地位，垄断了日

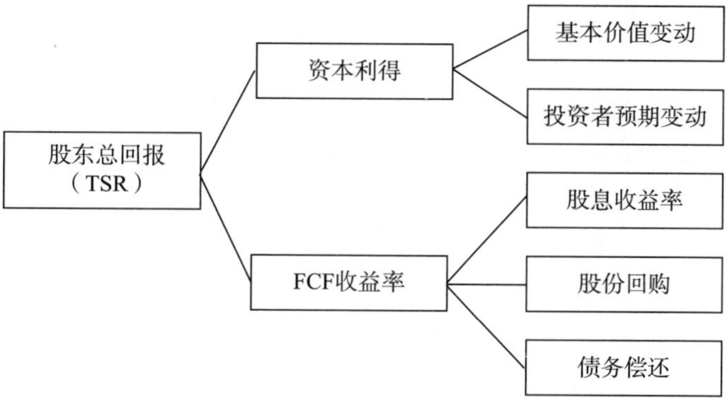

图 9-5　2022 年 TOP250 企业绩效指标采用率

资料来源：FW COOK，中信证券研究部。

本全国近 99% 的大型生产企业和贸易公司，背靠各自的财团垄断全球的矿产和石油资源产业链。这些财团以产业资本、商业资本和金融资本相结合，是明治维新和“二战”后得到日本政府倾力扶植的垄断性大型控股公司。财团内的制造商、综合商社、银行通过交叉环形持股的形式，实现财团内各成员之间的牢固利益绑定，形成“产商融”相结合的体制，同时增强开放性、竞争性和民主性。财团内有不少世界知名的大企业，例如，丰田和东芝属于三井财团，三菱汽车、三菱重工、麒麟啤酒属于三菱财团，日立、佳能、日本精工属于富士财团，日本电气、马自达属于住友财团。而五大综合商社，实质上是在制造商和国际市场之间扮演了经纪人的角色，为日本制造走向世界、为支持日本经济发展起到重要作用。综上可以看出，这五大商社有着良好的经营基础，且具有世界独一无二的经营模式，只是因为企业业务的多元化战略，企业估值难以客观评价，叠加在泡沫经济破裂后日本陷入“失去的 30 年”，经济低迷不振的因素，外国投资者普遍敬而远之，因此价值被低估了。

东证交易所近年开始着眼上市公司质量的提升。东京证券交易所于 2022 年 4 月实施股票市场改革时，当时主要市场约半数上市公司和标准市场约 60% 上市公司的 ROE 低于 8%、市净率低于 1 倍，在盈利能力和增长潜力方面存在问题，因此需要推动公司管理层在履行管理职责时更多地考虑资产负债表上的资本成本和盈利能力，而不仅是损益表上的销售和利润水平，通过改善资本使用效率以实现中长期的可持续增长和企业价值的提升。东证所实施的改革措施包括：

一是进行了架构重组，将其市场部门从东证一部、东证二部、JASDAQ 和 Mothers 重组为三个市场：主板市场（Prime Market）、标准市场（Standard Market）和成长市场（Growth Market）。改革的目的在于使得每个市场的功能划分更为明确，提升投资者的便利性，同时为上市公司持续提升企业价值提供足够的激励。二是对上市公司经营和估值提出要求，重点关注破净股。继 1 月份公布了市场重组审查会议的讨论情况后，3 月 31 日东京证券交易所公布了一份《关于实现关注资金成本和股价经营要求》的文件，文件中要求主板市场和标准市场的上市公司提高企业价值和资本效率，从而提升股价。具体而言包含了三部分主要内容：（1）旨在提高资本效率和股票价格意识的举措（主板市场、标准市场）；（2）与股东对话的进展和披露（主板市场）；（3）有助于建设性对话的解释案例。虽然在上市规则方面文件中的这些要求在性质上不具有强制约束力，但东证交易所仍然希望上市公司能够通过践行相应的措施来积极回应投资者的期望。

在市值管理计划下，最直接提升 ROE 以推升估值的办法有两个，分别是分红与回购，由于日本人口的高速老龄化，企业更倾向于分红。考虑到日本宏观背景的特殊性，日本自 2007 年起就已迈入“超高龄社会”，2022 年 65 岁及以上老年人口比例已经达到 29%，这一人口结构或导致日本股市中的投资者更偏好稳定的现金回报，关注持续的现金流，而分红策略符合市场的谨慎和稳定预期，因此上市公司更偏向于选择分红而非回购策略提供股东回报。从 2018 年以来的回购总额与分红总额增速的波动也可以看出，日本企业更倾向于维持稳定的分红，而回购作为备选的股东回报方案波动更大。

2018 年初至 2023 年三季度，市值大于 100 亿日元的上市公司中，分红历年来基本维持稳定，而回购情况则相对波动较大。而东证所市值管理计划推出后，2023 年前三季度回购体量出现回落，不过分红却创新高，这或许与前述企业更愿意提高分红而非回购的大背景相关。2023 年前三季度日本上市公司回购总额为 221.9 亿日元，同比下降 23.8%，分红总额则达到 391.3 亿日元，同比增长 2.6%，创历年新高。2018Q1 ~2023Q3 日本股市的回购与分红增速波动率如图 9 -6 所示。2018 ~2023 年各年度前 3 季度回购及分红情况如图 9 -7 所示。

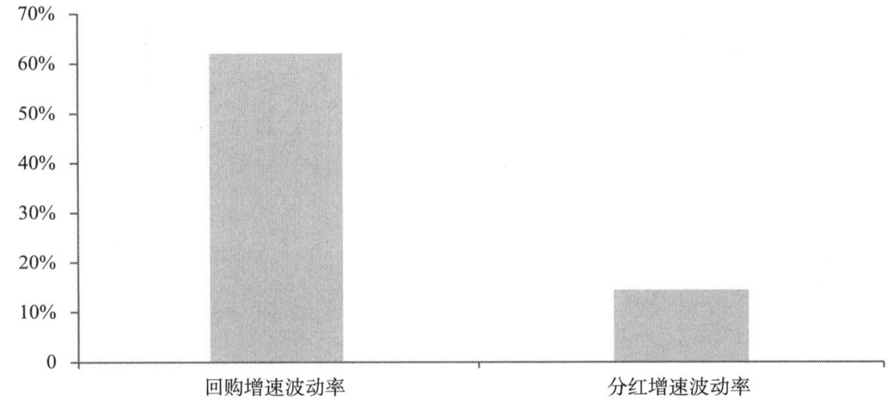

图 9 -6　2018Q1 ~2023Q3 日本股市的回购与分红增速波动率

资料来源：Bloomberg，中信证券研究部。

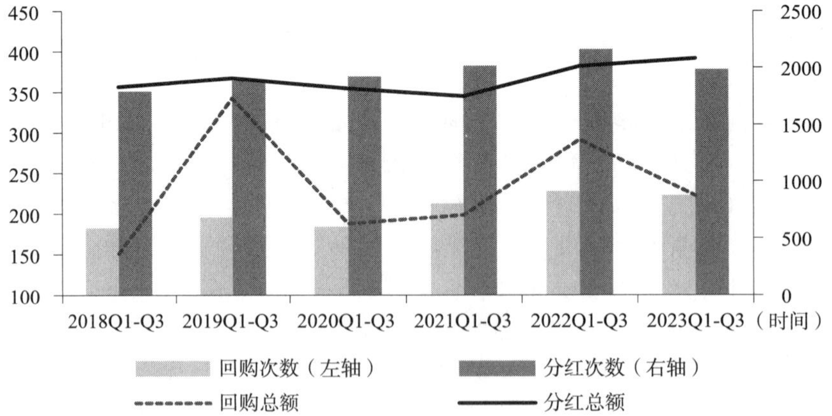

图 9 -7　2018 ~2023 年各年度前 3 季度回购及分红情况（亿日元）

资料来源：Bloomberg，中信证券研究部。

此外，主要市场中已有近半数企业披露资本使用效率提升计划。随着披露计划的公司数量上升，境内外股东和投资者对于公司是否回应文件要求并提出相应计划表现出高度关注，因此东证所计划通过披露已提出计划的公司名单，让投资者了解正在采取行动的公司，鼓励企业积极主动地做出努力，间接“敲打与激励”尚未提出改革计划的公司。2024 年 1 月 15 日，东证所正式公布首批披露计划的公司名单，并表示此后每月 15 日左右进行更新。名单显示，截至 2023 年 12 月 31 日，共有 1115 家主要市场和标准市场上市公司实现了相关计划披露（包括确认披露和正在审议中）。主要市场中 49%（815 家）的上市公司已披露计划，其中 660 家确认披露，155 家正在审议中；标准市场中 19%（300 家）的上市公司已披露计划，其中 191 家确认披露，109 家正在审议中。其中，市净率较低、市值较大的公司信息披露的进展更快。截至 2023 年 12 月 31 日，在主要市场中，市净率低于 1 倍、市值在 1000 亿日元及以上的公司中已有 78% 的企业披露信息。目前“破净”的上市公司计划披露程度较高，而市净率较高的上市公司面对的披露强制性较弱、激励水平较低，因此披露程度相对较低。日本主要市场个股计划披露情况如图 9 – 8 所示，日本标准市场个股计划披露情况如图 9 – 9 所示。

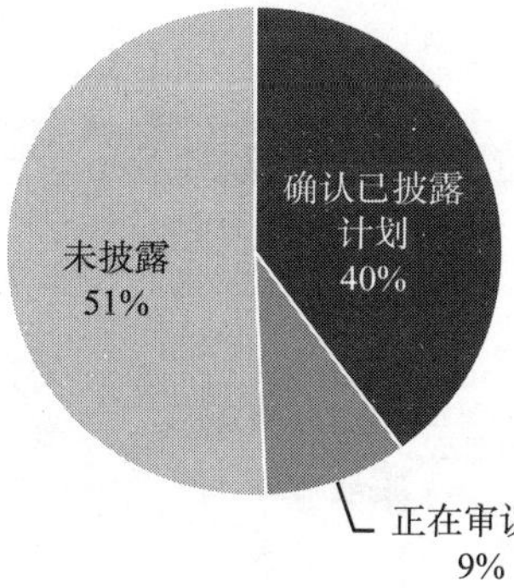

图 9 – 8　日本主要市场个股计划披露情况

资料来源：TSE，中信证券研究部；n = 1656；截至 2023 年 12 月 31 日。

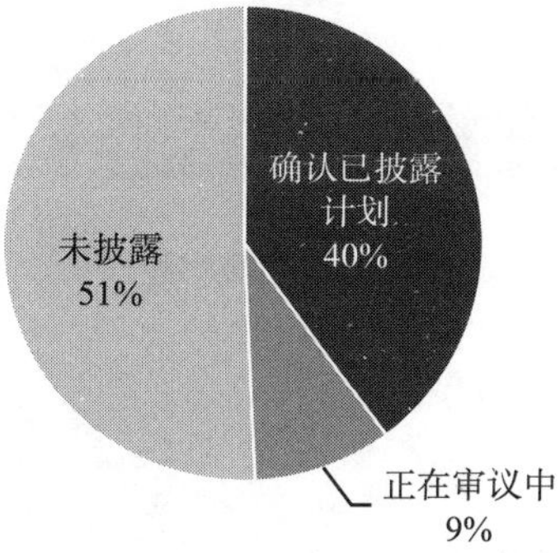

图 9 – 9　日本标准市场个股计划披露情况

资料来源：TSE，中信证券研究部；n = 1619；截至 2023 年 12 月 31 日。

虽然披露改善市值提升计划的上市公司数量持续增加，但资本使用效率不高带来的低估值依然为日本股市存在的主要问题。而此后每月的名单公示或将强化激励和警示功能，已披露计划的上市公司有望进一步按方案执行并公布相关进展，提高盈利能力和资本使用效率；而在名单公示的压力和投资者与股东的隐性要求下，我们认为未披露计划的上市公司尤其是市净率小于 1 倍的上市公司将加强对计划编制与披露的重视。总体来看，我们认为在此计划下日本上市公司在未来会持续加大回购与分红力度，以及增加与投资者的有效沟通，日本股市有望进一步提高盈利能力与估值。

（三）我国央国企估值提升的潜在实现路径

深化国企改革，加快推进国企战略重组和专业化整合。[11]建立中国特色估值体系，首先要持续深化国企改革，不断推进现代企业制度建设，提升企业的经营管理效率，与此同时，国有企业应加快推进战略重组和专业化整合，充分发挥国有企业自身优势提高经营效率和盈利能力。国有企业的并购、战略重组和专业化整合，从纵向来看，产业链纵向整合打通产业链上下堵点，有助于提高流通环节效率、加快产业链循环和资源有效配置。从横向来看，企业间的横向并购通过资源整合、优胜劣汰实现国有资本更有效的资源配置，进而优化产业布局、改善产业生态，助力构建现代化产业体系，加快推进高质量发展和新发展格局进程。

增强国企自身核心竞争力，提升企业质量。当前，很多国有企业集中于传统行业，而我国传统行业已进入成熟阶段，市场竞争激烈，因此，国有企业应增强内功，即增强自身核心竞争力和核心功能。国企应加大科研投入，招揽重视专业创新型人才，推动科研创新，实现关键核心技术的自主研发和自主可控，从而促进创新链产业链资金链人才链深度融合。同时，企业还应强化重视考核“一利五率”（一利：利润总额；五率：资产负债率、净资产收益率、全员劳动生产率、研发投入强度、营业现金比率），提升企业利润增速和 ROE（净资产收益率）指标从而提升企业估值。此外，现阶段，国有企业的分红比例略低于 A 股市场的整体水平，而与民营企业相比，国有企业业绩较为稳定且有充足的现金流，这意味着国有企业的分红比例仍有较大的提升空间，适当提升股东分红比例有利于吸引更多投资者、提升投资者对国有企业的预期、促进市场对国企重新估值。国企考核评价体系沿革如图 9 - 10 所示。

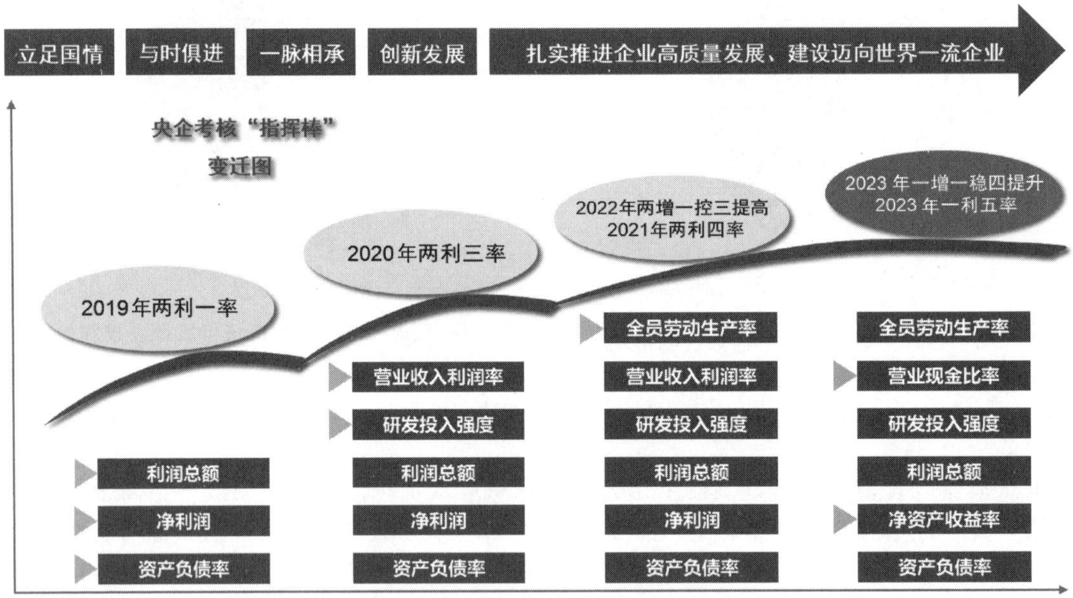

图 9 - 10　国企考核评价体系沿革

资料来源：国资委，中信证券研究部。

加强投资者关系管理，充分发挥中介机构的作用。针对当前投资市场上的投资者结构，首先，应培养投资者的投资能力，重塑估值体系，在考虑财务因素的同时，还应考虑企业的 ESG（环境、社会和公司治理）表现等非财务因素。[12] 其次，应积极全面推进 IPO 注册制的实施落实，监管机构也应充分发挥监督作用，提高上市公司的信息披露程度，规范资本市场参与者的行为，打造一个规范、透明、开放、有活力、有韧性的资本市场，进而帮助投资者做出经济决策。最后，应该充分发挥券商等中介机构的作用，通过其专业客观判断，积极发现和支持市场上的优质国有企业帮助其融资，推动国有上市公司的市场化改革，增强公司股票流动性，助力优质国有企业价值重估。

树立长期投资理念，充分认识国有企业的内在价值。在学习借鉴现有估值理论体系的同时，要依据我国建设多层次资本市场和高质量发展的战略布局，建设具有中国特色的估值体系，为现代估值理论体系做出增量贡献。提高投资者的专业化程度，推动其形成价值投资和长期投资理念，认识国有企业的内在价值，促进资金投资转变为资本投资。国有企业承担着贯彻国家发展战略、稳定宏观经济大盘的社会责任，面临外部冲击，国有企业有着生命力强、穿越周期长的优势。此外 ESG 表现良好的国企符合高质量发展理念，与一般民营企业相比，其持续发展能力更强。因此，国企具有一定的估值溢价，投资市场应对上市国企进行价值重估。

四、我国国有企业估值现状与估值偏低的原因

（一）在 A 股市场，我国国有企业经营效率较高但估值较低

我国各类企业中，国有企业是推进国家现代化、保障人民共同利益的重要力量，其在资本市场的市值也占据了半壁江山，部分行业国企市值占比逾八成。国有企业是党和国家事业发展的重要物质基础和政治基础。特别是在助力国家战略和履行社会责任方面，国有企业承担了关键职责。因此，我们认为国有企业与中国特色估值体系的核心内涵较为契合。从上市公司总体规模的角度来看，如图 9 - 11 所示，截至 2023 年 12 月底，我国央企和地方国企市值占全市场比重达到 49.22%。从各行各业的央企国企占比来看，如图 9 - 12 所示，上市公司中涉及能源、金融、地产、交运和军工等关系国计民生的重要行业领域内的国企市值占比均在 50% 以上，其中煤炭、石油石化、电力、银行行业该占比突破 80%，分别达到 94.69%、84.51%、83.23% 和 80.60%，此类行业中国企的重要地位不言而喻。

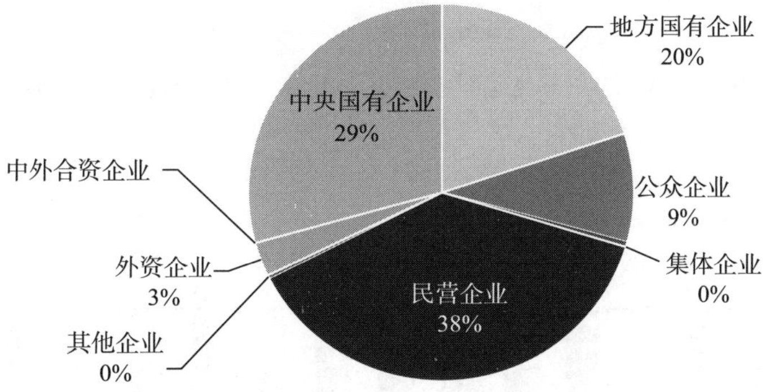

图 9 - 11　2023 年年底 A 股市值分布情况

资料来源：Wind 资讯，中信证券研究部。

估值高低直接体现市场对上市公司的认可程度，当前上市国企市值的变化趋势和估值水平均未充分体现出国企的重要地位。从国企市值占全市场市值比重来看，其占比从 2013 年的 65% 逐年回落到 2023 年底约 49% 左右的水平。虽然其中一部分原因来自于过去国企混合

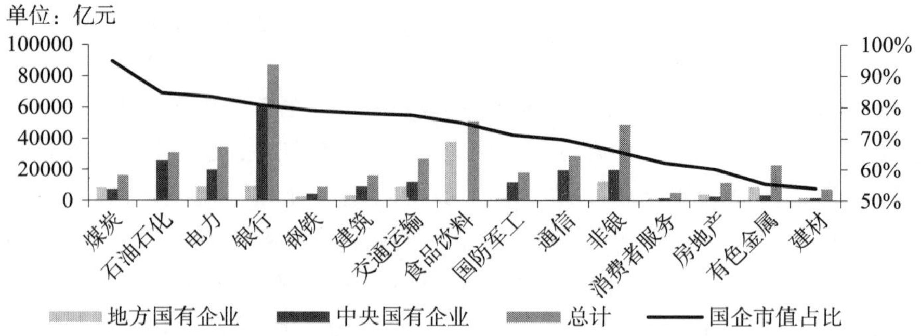

图 9－12　截至 2023 年年底国企市值占比逾 5 成的行业

资料来源：Wind 资讯，中信证券研究部

所有制改革引入部分民营资本降低了国企市值占比，但是更重要的原因还是国企自身估值水平的回落。我们对 2023 年年底国企市值占比逾五成的行业进行了统计，发现仅有国防军工行业中国企的 PE 估值和 PB 估值均高于行业平均水平，大多数行业国企较行业整体估值水平偏低。具体来看，如图 9－13 所示，在国企市值占比超过 50% 的 15 个中信一级行业中，国企平均 PE 超过全行业平均 PE 的有非银金融、建材、国防军工、有色金属、房地产、电力及公用事业、钢铁 7 个行业；如图 9－14 所示，国企平均 PB 超过全行业平均 PB 的则仅有国防军工、食品饮料、石油石化 3 个行业。

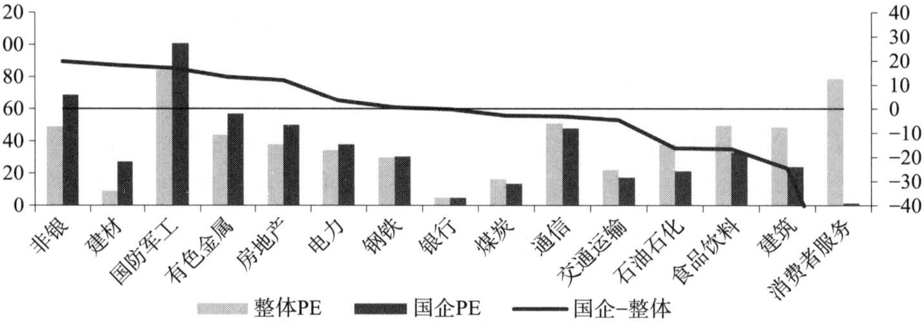

图 9－13　2023 年底各行业国企市净率（PB）和整体市净率

资料来源：Wind 资讯，中信证券研究部。

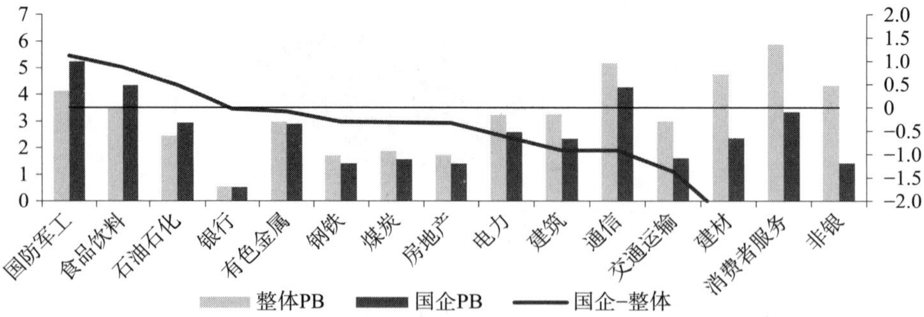

图 9－14　2023 年底各行业国企市盈率（PE）和整体市盈率

资料来源：Wind 资讯，中信证券研究部。

然而，从各类衡量经营效率的指标来看，国有企业整体有更好的表现。从企业经营效率指标 ROE 的角度来看，如图 9－15 所示，2022 年仅有银行、有色金属、石油石化、钢铁、食品饮料 5 个行业的国企 ROE 低于行业水平，大多数行业国企的经营效率更高。从人均创收和创利情况来看，如图 9－16 所示，2022 年央企和地方国企在全市场的人均工资创收倍数方面呈现较高水平，分别达到 13.73 倍和 13.64 倍，即企业单位薪酬的投入，能够创造出超过 13 倍于该薪酬的营业收入，均高于民营企业的 9.78 倍。从创利能力来看，中央国有企业的创利倍数达到约 0.70，高于地方国有企业的 0.36 和民营企业的 0.61。整体来看，央企呈现出与较高薪酬匹配的创收和创利表现。

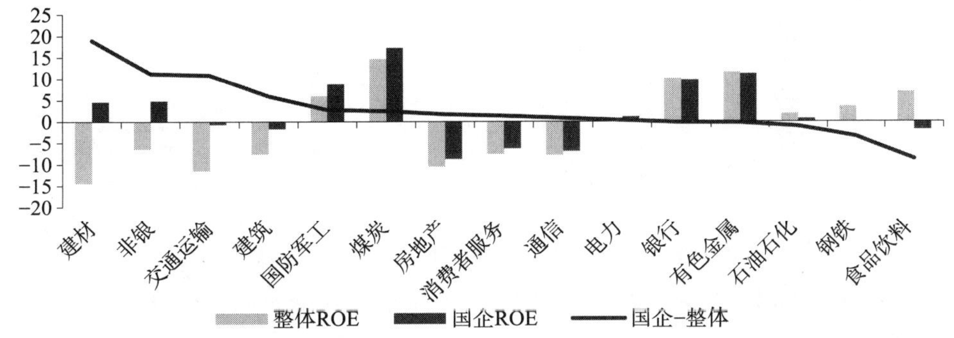

图 9－15　2022 年各行业国企净资产回报率（ROE）和整体净资产回报率

资料来源：Wind 资讯，中信证券研究部。

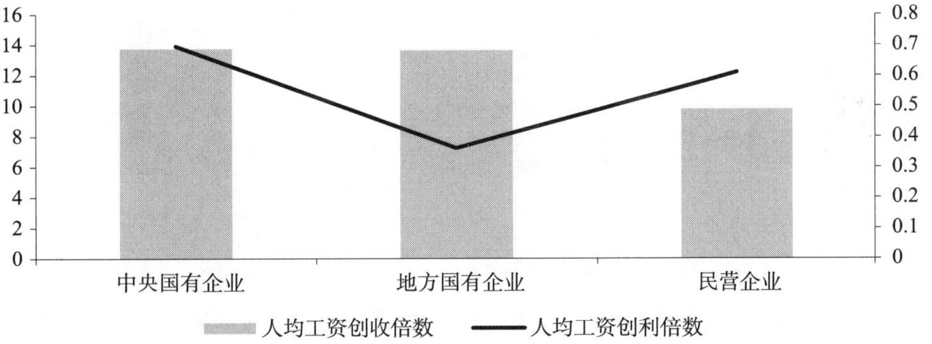

图 9－16　2022 年国企、民企人均创收和创利倍数对比

资料来源：Wind 资讯，中信证券研究部。

（二）与美股对比，我国国有企业经营效率行业分化严重但估值普遍偏低

对标海外，我国各行业头部国企的估值较美股同行业头部公司普遍偏低。[13] 作为公有制经济的主体，国有企业控制着我国经济发展中的关键领域和重要行业，尤其是头部国企在我国发展社会经济、壮大综合国力、保障改善民生等方面发挥着举足轻重的作用。因此，在对标海外市场，分析我国国有企业估值现状的过程中，各行业头部国企的数据具有较强的代表性和参考价值。我们根据 Wind 一级行业分类，在 11 大行业中根据总市值分别选取了 A 股头部国企和美股同行业头部公司进行对比，结果表明，我国各行业头部国企的 PE 估值和 PB

估值较美股同行业头部公司普遍偏低。具体来看，如图 9－17 所示，在 11 大行业中，除日常消费外，其余 10 大行业中我国头部国企的 PB 均低于同行业美股头部公司，其中估值差距较大的行业包括信息技术、工业、医疗保健、可选消费及房地产；如图 9－18 所示，从 PE 来看，除日常消费和能源行业外，其余 9 大行业中我国头部国企的 PE 均低于同行业美股头部公司，其中估值差距较大的行业包括工业、房地产、电信服务和材料。由此可见，从估值角度来说，我国各行业头部国有企业的估值较美股同行业头部公司普遍偏低。

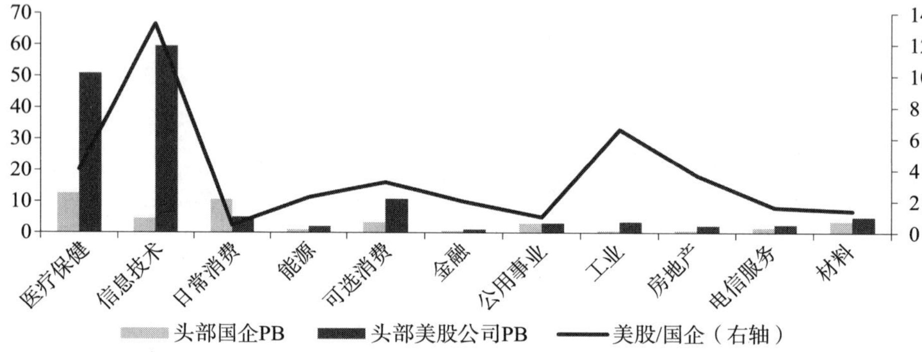

图 9－17　2022 年我国各行业头部国企和美股同行业头部公司市净率（PB）对比

资料来源：Wind 资讯，中信证券研究部。

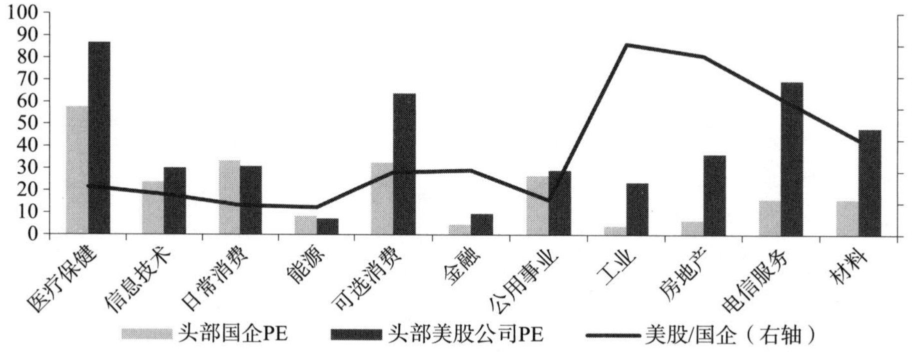

图 9－18　2022 年我国各行业头部国企和美股同行业头部公司市盈率（PE）对比

资料来源：Wind 资讯，中信证券研究部。

从经营效率来看，我国各行业头部国企表现分化严重。虽然从估值角度而言，我国各行业头部国企较美股同行业头部公司估值普遍偏低，但从经营效率来看，以 ROE 衡量的我国国企经营效率并不普遍低于美股同行业头部公司，而是存在显著的行业分化现象。具体而言，如图 9－19 所示，在 Wind 一级行业分类下的 11 个行业中，医疗保健、信息技术、能源、可选消费、工业行业的我国头部国企 ROE 低于美股同行业头部公司，而日常消费、金融、公用事业、房地产、电信服务、材料行业的我国头部国企 ROE 则高于美股同行业头部公司。结合上文关于估值的分析，我们发现，在金融、公用事业、房地产及电信服务行业，出现了我国国企经营效率高于美股同行业头部公司，但基于 PE、PB 估值法的估值水平反而均偏低的情况。

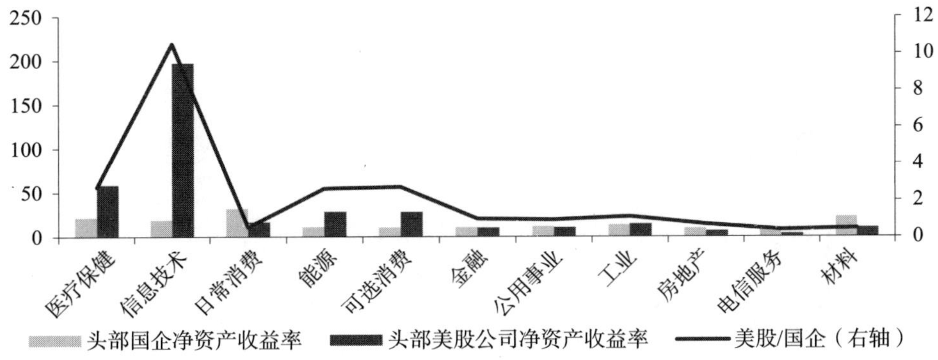

图 9－19　2022 年我国各行业头部国企和美股同行业头部公司净资产收益率（ROE）对比

资料来源：Wind 资讯，中信证券研究部。

（三）我国国有企业估值较低的原因

1. 对于实业类国企，行业属性、公益任务、市场化程度与欠缺沟通为核心因素

国企估值普遍较低的原因主要包括以下方面：第一，行业本身属于传统周期性行业，行业属性造成了较低的估值；第二，承担一定的公益性任务，估值因此受到一定拖累；第三，市场化程度不够，仍有提升空间，例如资本运作、股权激励等；第四，与资本市场沟通不足，无法有效传递企业的利好信息。

第一，国企主导型行业多是资本密集型的周期行业。从中信风格分类来看，A 股股票大致可以分为周期、成长、金融、消费和稳定五大风格，而如图 9－20 所示，国企占主导的煤炭、石油石化、电力及公用事业、钢铁、交通运输、通信等行业均为周期风格或稳定风格下的传统行业，在行业无重大技术突破或政策催化的背景下，板块估值提升逻辑有限。如图 9－21 所示，截至 2023 年年底，周期风格和稳定风格的 PB 分别为 1.62 和 1.18，远低于消费和成长的 3.02 和 2.89。具体到行业来看，如图 9－22 所示，除通信、电力及公用事业两大行业外，上述六大行业 PB 均小于 1.5，且六大行业的 PB 在 30 个中信一级行业中的排名均位于后 50%。

风格	周期	成长	金融	消费	稳定
板块	有色金属 医药 石油石化 轻工制造 汽车 煤炭 机械 基础化工 交通运输 钢铁 电力设备及新能源	通信 计算机 传媒 医药 电力及公用事业 国防军工 交通运输 电力设备及新能源 食品饮料 农林牧渔 机械 建筑 石油石化	银行 非银金融 房地产	医药 房地产 家电 农林牧渔 商贸零售 消费者服务 传媒 食品饮料 轻工制造	电力及公用事业 交通运输 通信

图 9－20　国企集中的行业多分布在周期风格指数或稳定风格指数中

资料来源：Wind 资讯，中信证券研究部。

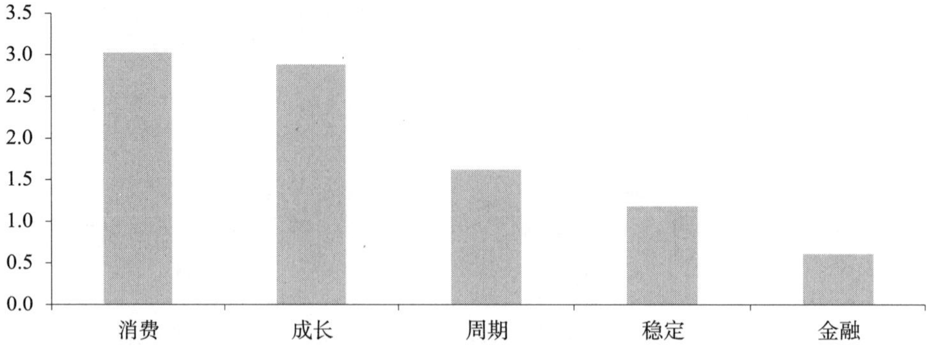

图 9－21　周期和稳定风格 PB 较低

资料来源：Wind 资讯，中信证券研究部。

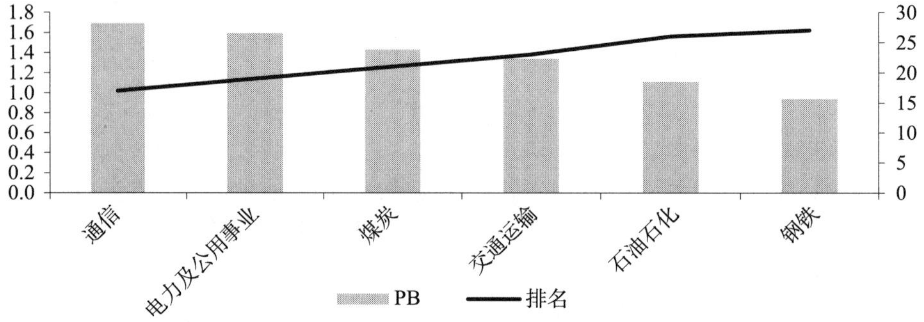

图 9－22　国企集中的行业整体 PB 较低

资料来源：Wind 资讯，中信证券研究部。

第二，国企承担着关乎国计民生的重要职能，较难做到完全市场化运作。早在 2014 年 8 月的中央深改小组第四次会议上，习近平总书记明确指出，“国有企业特别是中央管理企业，在关系国家安全和国民经济命脉的主要行业和关键领域占据支配地位，是国民经济的重要支柱，在我们党执政和我国社会主义国家政权的经济基础中也是起支柱作用的”。因此，央企与一般行业龙头相比承担了一部分维护社会稳定、优化经济结构、平稳经济增长的职能，较难做到完全市场化运作。这一方面造成央国企业务的成长空间有限，特别是在部分市场化较强的领域，其技术和商业模式上的创新能力仍有较大提升空间。另一方面，央国企也承担了许多投资大、周期长、风险高但收益薄的项目，这可能也对其财务状况或经营效率产生一定负面影响。但实际上，我们认为，正是基于央国企在国民经济中的特殊地位，其往往有着持续稳健的收入来源，也能以低成本获得充足的信贷等融资资源，在红利策略中有着独特的投资价值。

第三，央企较民企市场化改革仍有空间，资本运作层面较民企差距较大。合理的资本运作和股权激励能够帮助上市企业聚焦核心业务，提高公司运作效率，进而提高企业估值。以企业回购为例，国有企业实施回购的比例较低，如图 9－23 所示，2023 年，民营企业实施回购的比例达到 31.44%，远高于中央国有企业的 20.13% 和地方国有企业的 14.95%。其中，在以市值管理为目的的 95 起回购中，民营企业实施了 58 起，占比 61.05%，如图 9－24 所示。从股权激励来看，2023 年，包括第一类限制性股票、第二类限制性股票、期权、股票增值权在内，A 股上市公司共实施了 662 起股权激励，如图 9－25 所示，其中民营企业

564 起，占比 85%；地方国有企业和央企仅分别实施 20 起、2 起，分别占比 3.02% 和 0.30%，国企在激励政策上同样存在突破空间。

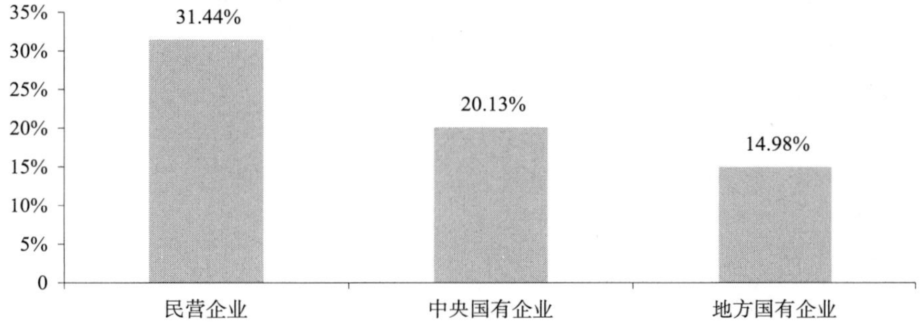

图 9－23　2023 年的回购案例中各所有制企业的占比

资料来源：Wind 资讯，中信证券研究部。

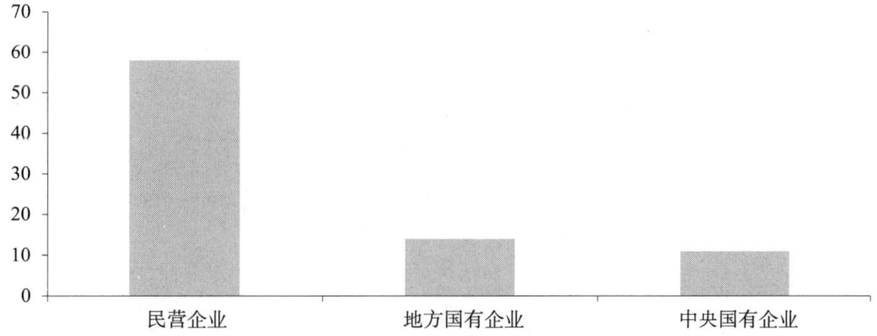

图 9－24　2023 年以市值管理为目的的回购案例中各所有制企业的占比

资料来源：Wind 资讯，中信证券研究部。

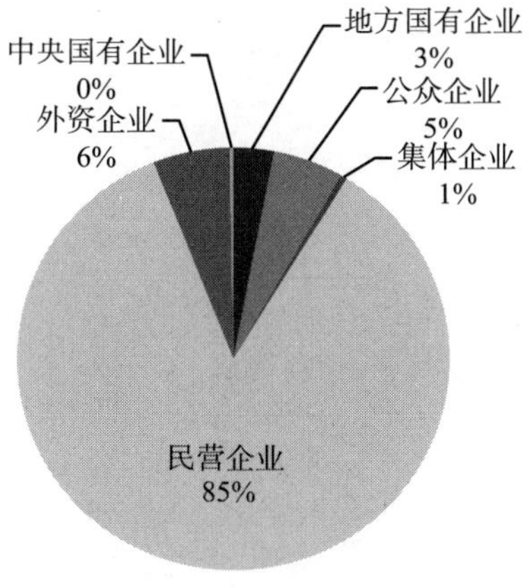

图 9－25　2023 年股权激励案例中各所有制企业的占比

资料来源：Wind 资讯，中信证券研究部。

第四，央企与资本市场沟通不足，无法有效传递企业的利好信息。过去央企的考核机制设计对于盈利能力没有硬性规定，奖惩措施不明确，使央企上市公司缺乏主动与资本市场沟通的动力。根据 2019 年全景网《上市公司投资者关系年度报告》，目前上市公司的投资者关系管理更多是“监管驱动型”，将其视为监管合规的要求，主动与市场交流不多，在反馈市场问题时处理也不及时。2021 年国资委首次硬性规定央企上市公司举办业绩说明会，原则上董事长、总经理亲自参加，且新的考核机制下，很多央企已经开始主动接见机构投资者，并与机构投资者沟通企业的核心诉求，以期降低企业自身的不确定性。但整体来看，央企与投资者的交流较民企依然有限。

2. 对于国有银行，质量、盈利与模式为核心因素

银行估值的原理：盈利能力与资产质量。结合传统的估值理论，以及实际市场情况，商业银行的估值可以通过“两分法”来进行分析。一方面，1xPB 以上的银行，关键看盈利能力。对于 1xPB 以上的银行而言，资产质量总体无忧，从资本市场投资的角度而言，其估值遵循典型的 PB - ROE 框架。另一方面，1xPB 以下的银行，关键看资产质量的潜在水平。对于 1xPB 以下的银行而言，市场对其资产质量存在担心，从而使得股价（即市场价格）低于账面净资产。正因如此，国内上市商业银行过去十年所经历的估值回落与分化过程，对应了盈利能力与资产质量的边际变化，回落情况和分化情况如图 9 - 26 和图 9 - 27 所示。

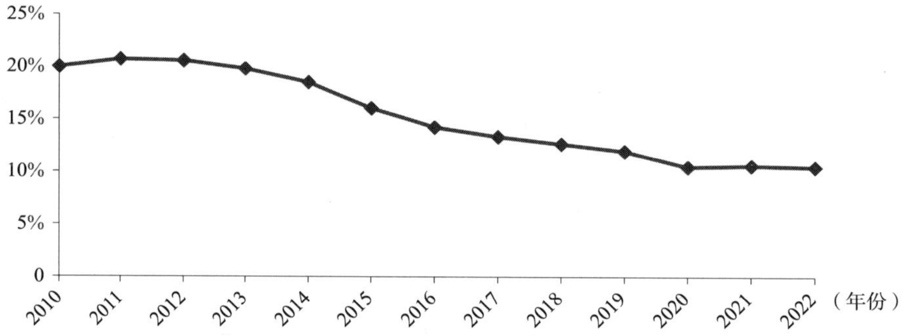

图 9 - 26　近 10 年来上市银行 ROE 逐步回落

资料来源：Wind 资讯，中信证券研究部。

注：由于披露数据连续性原因，上市计算时选取 2011 年前上市的老 16 家银行数据。

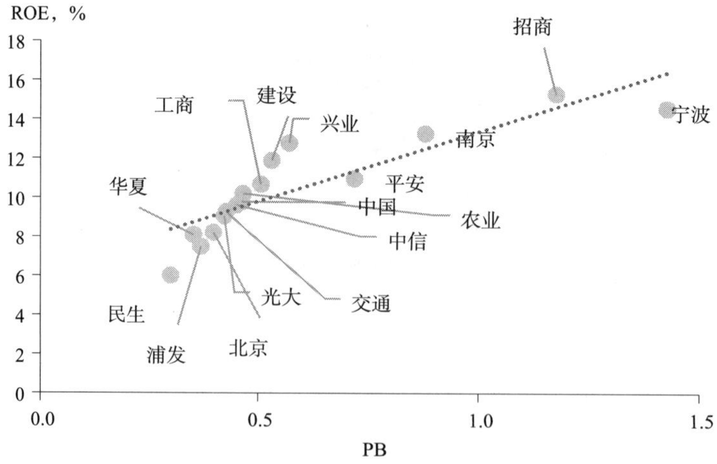

图 9 - 27　老 16 家上市银行 PB - ROE 情况

资料来源：各公司财报，中信证券研究部。

注：股价截至 2022 年 12 月 31 日收盘价。

第一，盈利能力呈现回落与分化的趋势。全行业来看，如图 9 – 26 所示，以老 16 家上市银行为代表的 A 股上市银行，过去 10 年间经历了 ROE 由 20% 左右水平向 10% 左右水平回落的过程，其映射了行业估值水平的持续走低。个体来看，银行估值较好地遵循 PB – ROE 框架，如图 9 – 27 所示，高 ROE 银行，估值更为突出（如招商银行、宁波银行），且拉长周期来看，上述银行在跨周期过程中呈现出更好的 ROE 稳定性。

第二，资产质量周期特征较为明显。资产质量决定银行估值底线。全行业来看，如图 9 – 28 所示，以“不良贷款率 + 关注贷款率”指征的广义资产质量，在 2014 年以来伴随宏观经济增速换挡、产业结构调整过程中呈现了“先弱化，后改善”的特点，目前该指标距此轮周期前仍存在小幅差异。正因如此，此轮周期以来行业估值水平一定程度受到资产质量拖累，特别是部分低估值的银行在此阶段经历了“下跨”1xPB 的过程。个体来看，如图 9 – 29 所示，通过广义拨备指标“拨贷比 – 不良率 – 关注率”衡量各家银行资产质量水平，广义拨备覆盖水平更高的银行，估值水平更为占优。

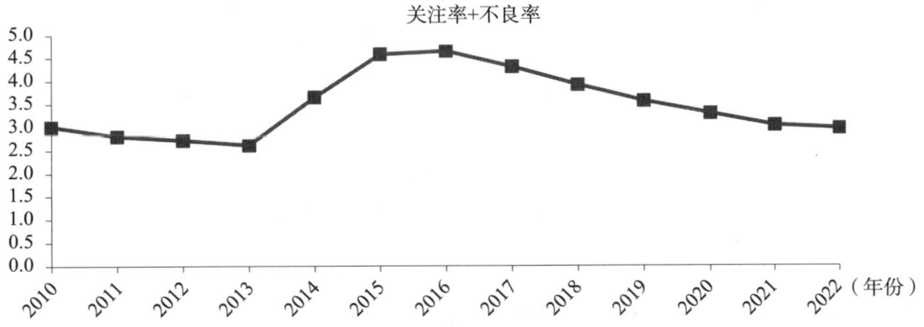

图 9 – 28 上市银行“关注率 + 不良率”呈现“先弱化，后改善”特点

资料来源：Wind 资讯，中信证券研究部。

注：由于披露数据连续性原因，上市计算时选取 2011 年前上市的老 16 家银行数据。

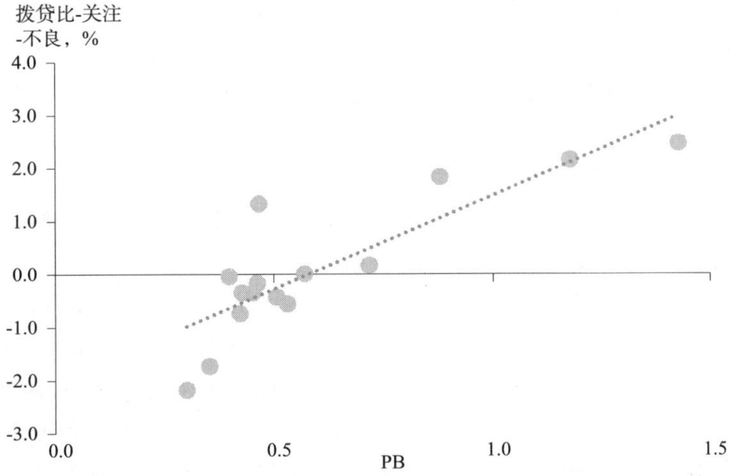

图9 – 29 老 16 家上市银行 PB – “拨贷比 – 不良率 – 关注率”情况

资料来源：各公司财报，中信证券研究部。

注：股价截至 2022 年 12 月 31 日收盘价。

总结而言，国内银行 PB 估值中枢的行业性走低，一方面源于经济增速换挡和产业结构调整所带来的资产质量周期性下行，另一方面源于利率中枢下移带来的盈利能力回落。此外，近年来国有大行估值也受“金融让利”政策影响较大。

五、改善我国国有企业估值的可行方法与政策建议

企业估值的提升，可以从价值创造和价值实现两个层面来理解，如图 9 - 30 所示。所谓价值创造，是指通过提升经营业绩与资产质量，实现公司内在价值的最大化。所谓价值实现，是指让内在价值被资本市场有效识别，从而将内在价值反映在市值上。

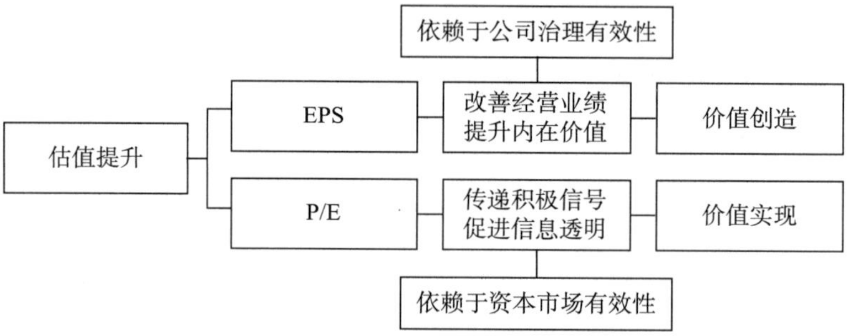

图 9 - 30　企业估值提升的一般原理

资料来源：中信证券研究部。

企业估值的提升，可以从价值创造和价值实现两个层面来量化。若假设总股本在短期内不变，则市值变动取决于股价变动，故可将股票价格视为估值提升的目标。而根据股票价格 = EPS × P/E，故估值提升的目标为每股收益和市盈率，这恰好与价值创造和价值实现两个层面相对应。

为提升企业估值，可从基本面改善、资本运作、市场沟通三个层面着手，其中基本面改善是提升估值的根本。这三类措施与价值创造和价值实现相互交叉。一方面，基本面改善即可理解为价值创造，而资本运作也有助于改善企业基本面。另一方面，这三类措施均可向外传递积极信号，促进价值实现。具体来看：

1. 短期内以鼓励分红回购为主

短期内，鼓励上市公司回购、加大现金分红、实施股权激励以及做好市场沟通等方式是助力央企控股上市公司提升资本市场认可的有效手段。

一方面，建议强化央企分红回购力度。2022 年，央企控股上市公司现金分红比例为 37.94%，自 2018 年以来连续低于地方国有企业和民营企业，央企分红回购力度仍有提升空间。综合来看，建筑、煤炭等行业内的央企，其现金储备和现金流量状况均好于行业整体，建议作为下一步强化分红回购的主要着力点。在此过程中，建议央企控股上市公司利用包括自有资金、银行贷款、债券融资等多样化的方式为回购提供资金，例如国电电力、招商蛇口等央企控股上市公司过去都有通过发债及银行贷款募集资金来回购的案例。2013 ~ 2022 年不同所有制企业的分红率情况如图 9 - 31 所示。

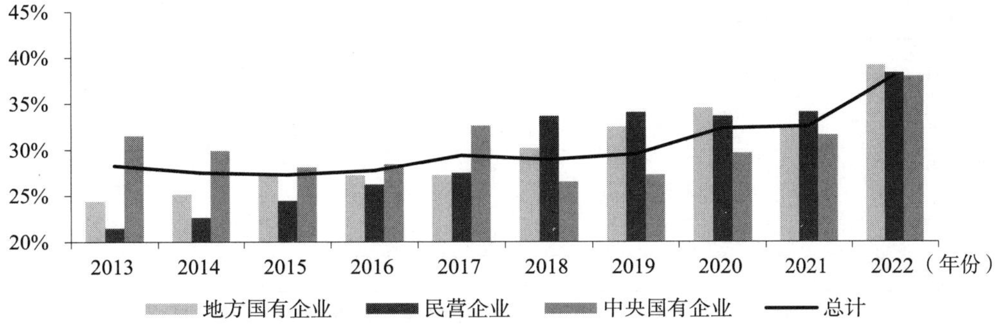

图9－31　2013～2022年不同所有制企业的分红率情况

资料来源：Wind资讯，中信证券研究部；分红率采用现金分红总额/净利润计算。

另一方面，建议加强央企股权激励、完善激励机制。2019～2023年，每年实施的股权激励案例中地方国企和央企的占比分别从9.0%、8.5%下滑到了3.4%、0.3%，具体如图9－32所示。当前央国企实施激励政策仍有较大空间，建议鼓励央企控股上市公司实施第二类限制性股票等渐进式激励措施。

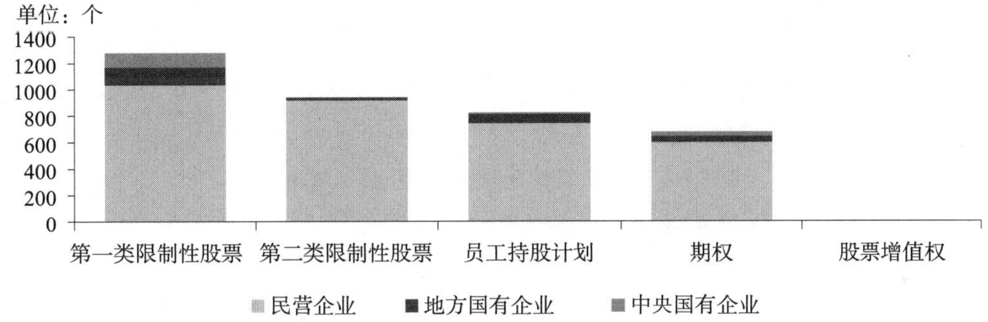

图9－32　2019～2023年各类激励方式实施的案例数量

资料来源：Wind资讯，中信证券研究部。

2. 中期推动央企股权架构优化

中期来看，推动央企及其子公司进行股权架构调整同样是提升资本市场认可的有效路径。建议着力推动A股上市公司并购重组，并助力相关港股标的估值提升。

一方面，国资委管理央企的资产证券化空间仍然较大，如表9－6所示。根据中信证券研究部的测算，可获得数据的79家央企总资产超过68.6万亿元，其中资产证券化低于50%的数量达到29家，剩余可资产证券化空间达到16.7万亿元。建议进一步提升资产证券化率较低且体量较大的央企集团的资产证券化率水平，例如能源电力、航天军工、石油化工等领域的央企。另一方面，进行优质资产的并购重组能够有效提升资本市场对央企的认可程度。根据中信证券研究部测算，2020年1月1日至2024年1月29日共发生央企并购重组事件93件，事件披露后短期内（2周）市值平均增长3.1%，且影响具备长期持续性，具体如图9－33所示。若央企上市公司与关联方交易往来较为密切，下属上市公司数量较多且平均市值较低，则建议将该类央企作为并购重组的重点。

表9－6　　按资产证券化率分段划分的剩余可证券化资产空间

资产证券化率	企业数量（家）	央企总资产（亿元）	剩余证券化资产规模（亿元）	剩余可证券化资产占比
≤50%	29	194057	167236	86.2%
50%～80%	23	204563	69930	34.2%
>80%	26	287455	18168	6.3%
合计	78	686074	255334	37.2%
总资产数据不可得	19	–	–	–

资料来源：Wind资讯、中国外汇交易中心，中信证券研究部测算；总资产数据时间多来自2022年年报，少数为2021年年报，部分央企数据不可得。

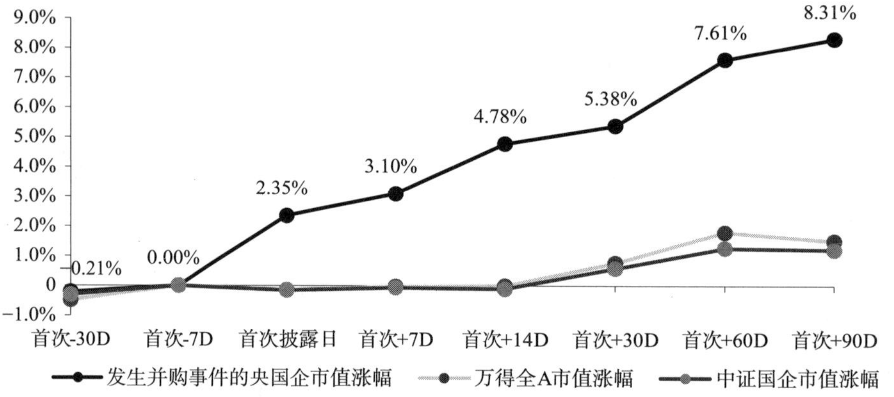

图9－33　央企发生并购事件后市值涨幅明显

资料来源：Wind资讯，中信证券研究部测算。

注：以首次－7D为基期，数据截至2024年1月29日。

另一方面，在A股市场之外，建议同时关注港股市场对央企控股上市公司的认可程度。由于A股和港股的投资制度、投资环境和投资者的不同，同样的资产在A股市场相较于港股市场会存在溢价。从不同公司属性分类来看，2024年央企A/H溢价率远高于民营企业；分行业来看，建材、国防军工、建筑和电力行业央企A/H股溢价率最高，具体如图9－34所示。国资委央企市值及其A/H股溢价较高的行业如图9－35所示。由于央企在港股上市的股本比例较高，假设央企在港股提升至A股的估值水平，则有望提高央企市值约20%，提升央企在港股市场认可的重要性进一步凸显，如图9－36所示。

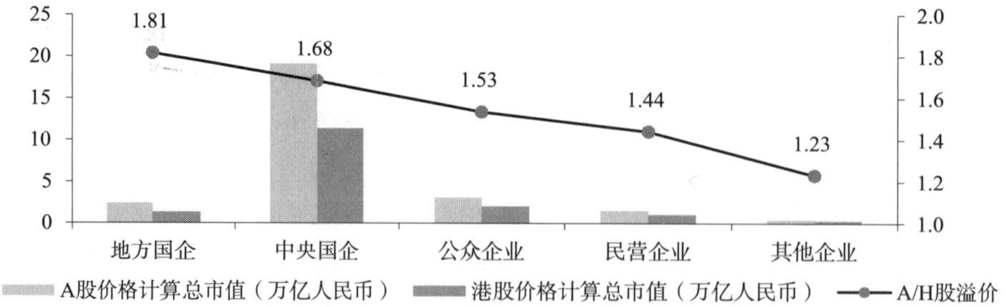

图9－34　不同类型企业A/H股总市值（左轴）及其A/H股溢价（右轴）

资料来源：Wind资讯，中信证券研究部测算。

注：截至2024年1月30日。

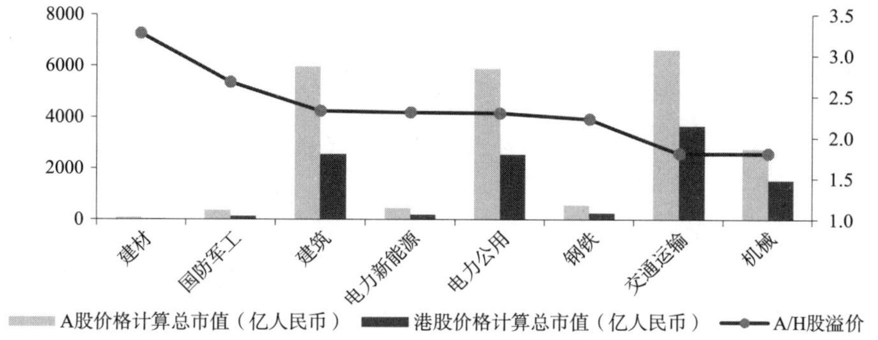

图 9-35　国资委央企市值（左轴）及其 A/H 股溢价（右轴）较高的行业

资料来源：Wind 资讯，中信证券研究部测算。

注：截至 2024 年 1 月 30 日。

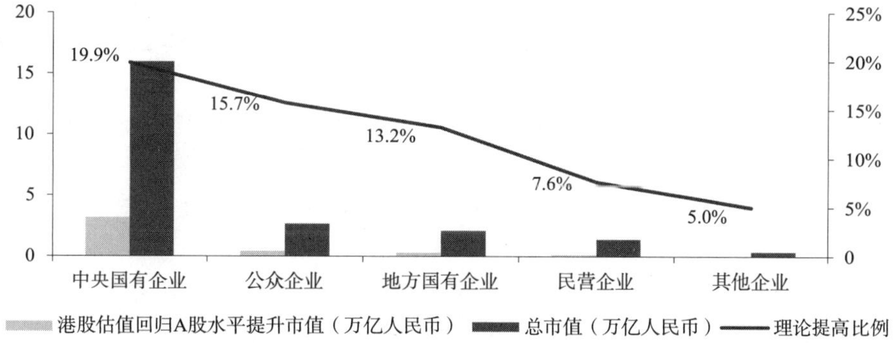

图 9-36　假设所有港股估值回归至 A 股水平后带来的市值提高（左轴）及占总市值的比例（右轴）

资料来源：Wind 资讯，中信证券研究部测算。

注：截至 2024 年 1 月 30 日。

3. 长期还需修炼内力回归本源

长期来看，经营效率提升是央企在长期获得资本市场认可的根本，建议重点关注包括 ROE 在内的经营性指标。不同时期央企与其他类型企业 ROE 对比如图 9-37 所示。近年来国资委不断加强经营指标引领，探索建立了中央企业经营指标考核体系，且一直在动态调整。但从 ROE 水平来看，近年来央企较其他属性企业仍有一定提高空间。修炼内功提高效率才是长期促使企业获得资本市场认可的根本办法，建议聚焦优化企业经营考核指标以提高央企效率和盈利能力。

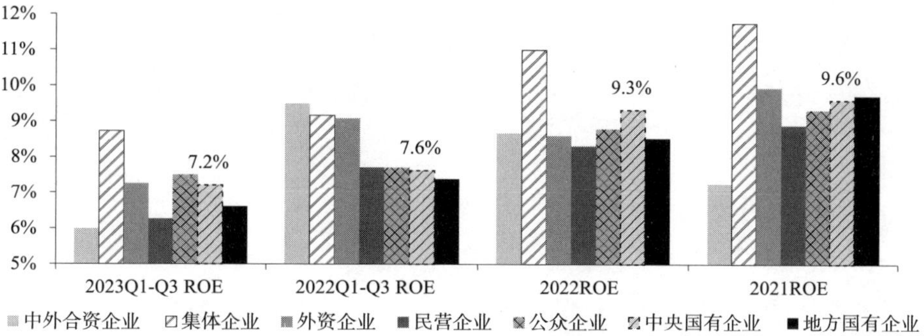

图 9-37　不同时期央企与其他类型企业 ROE 对比

资料来源：Wind 资讯，中信证券研究部测算。

参考文献

[1] 昝秀丽．证监会主席易会满：夯实中国特色估值体系内在基础［N］．中国证券报，2023-06-09（A03）．

[2] 姜帅．中国特色估值体系：时代动因与路径分析［J］．河北金融，2023（6）：21-23+66．

[3] 冷沛真．构建中国特色估值体系研究——以国有企业为例［J］．企业改革与管理，2023（15）：48-50．

[4] 白雪石，孙恺健．根植社会利益的中国特色估值体系［J］．清华金融评论，2023（9）：38-40．

[5] 吴晓求．估值理论体系中的中国元素［J］．清华金融评论，2023（9）：19-20．

[6] 赵永刚，段骆乐．丰富上市公司 ESG 价值内涵助力中国特色估值体系建设［J］．清华金融评论，2023（9）：34-37．

[7] 金观平．“中特估”不能简单理解为直接拔高国企估值［N］．经济日报，2023-05-21（1）．

[8] 冯田田．建立中国特色估值体系的必要性［J］．新理财（政府理财），2023（6）：36-37．

[9] 贾彦，刘申燕．科创发展是中国特色估值体系的底色和基石［J］．清华金融评论，2023（9）：24-26．

[10] 李小荣，毕云霄．体现鲜明中国元素，构建特色估值体系［J］．中国资产评估，2023（10）：4-6．

[11] 顾炜宇，曹洽瑄．中国特色银行估值，突破“不可能三角”［J］．清华金融评论，2023（9）：41-43．

[12] 李胡扬．ESG 背景下中国特色估值体系的核心内涵与投资思路［J］．北方金融，2023（9）：3-6．

[13] 徐姝静．走向价值创造——写在国有控股上市公司估值重塑之际［J］．国企管理，2023（7）：76-79．

[14] 邱琳．提升国企估值的“一机两翼”［J］．清华金融评论，2023（9）：91-94．

10. 中国式现代化进程中上市公司可持续发展路径研究

浙商证券股份有限公司 课题组*

上市公司是优秀企业的代表，对于国家经济的长期、稳定、健康运行具有重要影响。而目前来看，我国上市公司虽然数量众多，但可持续发展能力仍有待提高，其背后有两大成因，一是外部环境快速变化带来了巨大挑战，二是上市公司自身对可持续发展的认知不够深刻。如何更好地实现可持续发展已然成为所有上市公司共同面临的难题，因此，研究中国式现代化背景下上市公司的可持续发展对策，具有重要的理论与实践意义。本文研究认为，上市公司未来发展需要聚焦中国式现代化和 ESG 理念两大路径，一方面，中国式现代化为中国提供了一条可行的现代化道路，将为上市公司创造新的外部环境；另一方面，ESG 理念也为上市公司的内生发展提供了新的方向。在此背景下，上市公司应当围绕上述两大路径主动构建可持续发展体系，不断优化发展战略、明晰市场定位、完善经营策略、提高核心能力。最后，本文还对相关管理部门及组织提出关于引导和支持上市公司可持续发展的综合性、实践性政策建议，从而助力上市公司更好地实现可持续发展，并最终为推进中国式现代化进程贡献更大力量。

---

* 本项目组成员为：吴承根，浙商证券股份有限公司，董事长，硕士研究生；邓宏光，浙商证券股份有限公司，董事会秘书，硕士研究生；张子胜，浙商证券股份有限公司，战略企划部总经理，硕士研究生；耿旷、孙君、张书悦、杨伊然、张珺轲，浙商证券股份有限公司，战略企划部研究人员，硕士研究生。

一、可持续发展成为上市公司面临的时代命题

当前，可持续发展已经成为全球范围内的重要议题，我国正在不断加快对于自身可持续发展路径的探索和研究。“可持续发展”一词最早出现于1980年国际自然保护同盟发布的《世界自然资源保护大纲》。1992年，联合国把可持续发展作为未来共同的发展战略，得到了各国政府的普遍赞同。随后，我国在1994年首次将可持续发展战略纳入我国发展的长期规划，在1996年《国民经济和社会发展“九五”计划和2010年远景目标纲要》中把实施可持续发展作为现代化建设的一项重大战略。近年来，我国关于可持续发展的各类战略、政策不断加快推出。2020年明确提出2030年“碳达峰”与2060年“碳中和”目标，2021年印发《“十四五”循环经济发展规划》，对于推动我国环境、社会、经济可持续发展具有重要战略意义。上市公司是我国实体经济的重要组成部分，而资本市场一直是可持续发展路径探索的前沿阵地，上市公司的可持续发展将成为国家持续发展的重要支撑。然而目前，相较于部分发达国家成熟资本市场中的上市公司而言，我国上市公司的可持续发展能力仍有待提高，其主要原因有两点：一是外部环境剧烈变化，给上市公司可持续发展带来了巨大挑战；二是上市公司对新时代下可持续发展要求的认识和理解还不够深刻和全面。在此背景下，“如何更好地实现可持续发展”已然成为我国上市公司发展面临的共同难题。

（一）上市公司可持续发展能力有待提高

上市公司是经济活动的主要参与者之一，对于国家经济发展具有十分重要的影响。可以说，一个国家经济的长期、稳定、健康运行，离不开上市公司群体的可持续发展。然而，从上市公司的可持续经营、可持续盈利、可持续增长等方面来看，目前我国上市公司可持续发展能力仍有待提高。

从持续经营的角度来看，上市公司的持续经营时间是衡量其长期发展能力的重要指标。根据Wind数据，截至2023年年末，在5364家A股上市公司中，成立时间超过30年的共有781家，占比为14.6%，超过40年的共有61家，占比为1.1%，而超过50年的仅有6家；同期美股前两大交易所中，成立时间超过30年的上市公司共有1597家，占两大交易所上市公司总数的29.9%，更有131家上市公司持续经营超过百年。虽然我国资本市场起步较晚，但仍可以看出我国上市公司在长期可持续经营方面还有很长的路要走。

从持续盈利能力角度来看，根据Wind数据，近20年来（2002~2022年），我国GDP年均复合增速为13.12%，在同期的A股上市公司中，具有营收和净利润年均复合增速有效数据的共有988家，其中营收、净利润年均复合增速均低于13.12%的有650家，有近三分之二的上市公司未能与新世纪以来的中国经济保持同频增长。

从市值持续增长的角度来看，根据Wind资讯数据，在近20年区间中（2002~2022年），A股上市公司中具有流通市值有效数据的共有1046家，其中市值复合增速低于上述13.12%的GDP年均复合增速的有542家，超过一半的上市公司未能完全坐稳中国经济高速行驶的列车。

从退市和ST实施情况方面来看，根据Wind数据，截至目前，A股共有272家企业完成退市，有1707家企业曾被或正在被实施ST，ST在一定程度上反映出监管对于上市公司持续

盈利能力的风险警示，同时也将引发投资者对该类企业可持续发展能力的担忧。

尽管上市公司在推动我国经济发展方面发挥了重要作用，但在面对外部环境快速变化时，当前上市公司的可持续发展能力仍面临着诸多挑战，持续经营、持续盈利、持续增长的能力有待进一步提高。如何快速找到一条与中国经济同频增长甚至引领增长的可持续发展之路，是所有上市公司需要共同思考和解决的问题。

（二）上市公司可持续发展面临两大阻碍

1. 外部环境快速变化带来挑战

当前，世界处于百年未有之大变局，我国上市公司面临的外部环境正经历着前所未有的快速、深刻、复杂变化，全球政治经济格局的重塑、产业链结构的调整、市场需求的多样化、科技的进步以及政策法规的更新，都给上市公司的可持续发展带来了巨大挑战。

在国际环境方面，逆全球化暗流涌动、贸易保护主义盛行，使得全球经济合作受到严重冲击；新兴国家的崛起和地缘政治冲突的频发，加剧了国际经济秩序的不稳定性。复杂多变的国际环境，使得上市公司在拓展国际市场、融入全球产业链、参与全球竞争等方面面临着巨大的不确定性。

在竞争格局方面，新兴产业的崛起和传统产业的转型升级，使得各行业市场竞争日益激烈；跨行业竞争和新兴黑马势力的冲击，使得上市公司需要不断调整自身业务模式，以适应行业竞争格局的快速变化。然而，对于上市公司这一庞大复杂的实体来说，在公司发展任一方面的快速变革都可能给上市公司的决策和执行过程带来巨大压力和困难。

在市场需求方面，随着我国经济的高速增长和人民生活水平的不断提高，多元化、品质化、智能化、绿色化和国际化的市场需求变化趋势已然显现。上市公司需要不断创新和改进产品和服务，以满足市场需求的不断变化。然而，快速更迭的市场需求，将使上市公司在研发、生产和营销等方面投入更多的资源，也会给上市公司带来显著的产品策略风险。

在科技发展方面，新兴技术不断涌现与迭代，人工智能、大数据、云计算等技术正在重塑传统产业结构和商业模式。上市公司需要不断跟进、应用并创新各项技术，以保持竞争优势。然而，新技术的研发需要大量时间、资金和人才投入，新技术的实际应用时间与应用效果也存在极大的不确定性，这使上市公司在科技创新方面也面临着巨大的挑战。

在政策法规方面，宏观经济政策根据经济运行情况在持续调整，产业政策根据产业发展状况在不断优化，行业法规和监管机制也在进一步完善，这都将要求上市公司积极适应政策变化，以确保合法合规经营。然而，部分上市公司在政策法规的应对方面存在着滞后性，在政策法规更新后，往往未能及时跟进。

外部环境的快速变化显著提高了上市公司探索可持续发展道路的难度。部分上市公司难以及时洞察全球政治经济格局、产业链结构、科技发展、政策法规等宏观和行业环境变革的内在逻辑，因而在适应这些变化时显得步履维艰，逐渐被时代和市场淘汰。而这些现象背后的本质是，这部分上市公司尚未充分认识到中国式现代化这一时代主题的重要性，没有深入理解并把握中国式现代化的核心要领，因此未能抓住中国式现代化带来的新机遇，未能及时调整公司发展战略以适应中国式现代化下的新发展环境，从而难以实现自身的可持续发展。

2. 内部可持续发展认知不够深刻

在传统的商业理念中，公司是以逐利为目的的商业机构，因此许多上市公司很容易忽视环境、社会和治理因素对公司长期可持续发展的影响。然而随着以 ESG（Environmental 环境、Social 社会和 Governance 治理）为主的可持续发展理念不断发展和更迭，各国市场对于上市公司可持续发展的监管不断趋严，投资者以及市场各参与主体对于环境保护、社会责任和公司治理等 ESG 要素的关注度也正在不断提高，以股东利益最大化为唯一目标的商业模式开始受到质疑。然而当前，我国仍有许多上市公司对新时代下可持续发展要求的认识和理解不够深刻，未能将以 ESG 为代表的可持续要素融入公司发展理念之中，未能及时跟上可持续发展理念不断更新的步伐。

一方面，从资本市场的宏观角度来看，各资本市场中上市公司可持续发展相关报告披露率的差异，在一定程度上反映了各资本市场主体对于自身可持续发展的关注程度的差异。根据 Governance & Accountability Institute（治理与责任研究所）数据统计，2020 年标普 500 成份股的可持续发展报告披露率已经达到 92%；据港交所数据统计，2023 年港股上市公司的 ESG/可持续发展相关报告披露率为 74%；而根据《中国上市公司 ESG 发展报告（2023 年）》数据，同期发布 ESG/可持续发展相关报告的 A 股上市公司仅有不到 1800 家，披露率仅为 35%。

另一方面，站在上市公司自身的微观角度来看，许多上市公司在践行可持续发展理念方面仍存不足：一是政策响应不足，尽管部分监管主体发布了上市公司可持续发展报告相关指引，但仍有许多上市公司未能积极响应政策要求披露相关信息；二是缺乏长期规划，部分上市公司尚未制定明确的长期可持续发展规划，导致可持续发展工作缺乏连贯性；三是可持续发展管理结构不够清晰，部分上市公司的可持续发展工作的推进在战略层、管理层、执行层、实践层缺乏相应的责任主体，致使公司可持续发展缺乏系统性；四是可持续发展框架适配度不高，部分上市公司仅参考国内外普适性的 ESG 评价体系，未能因地制宜地将不同地区、不同行业的差异因素融入到自身可持续发展框架中；五是缺乏系统化培训，对于可持续发展相关的知识和技能，一些上市公司未能为员工提供足够的培训和教育，导致员工对可持续发展理念和实践理解不足。

由此可见，我国仍有一定数量上市公司可持续发展的内生驱动因素未有效形成，经济、社会、环境效益还未实现有效统一，发展理念仍未跟上时代的步伐，自身可持续发展也受到阻碍。

二、上市公司在未来发展中需要聚焦两大路径

在未来，上市公司要实现可持续发展需要聚焦两大路径，一是中国式现代化这一时代背景，二是 ESG 这一新的企业发展理念。中国式现代化的目标是在满足社会稳定、经济增长、国家安全、自然和谐等一系列要求下，实现一个超级大国的发展转型；而 ESG 理念作为可持续发展战略的主要组成部分，其核心要素与中国式现代化的五大基本特征之间存在着十分紧密的联系。研究探索中国式现代化进程中上市公司的可持续发展路径，需要全面理解中国式现代化背景下的市场环境变化，并以 ESG 理念的全新视角聚焦于环境、社会、治理三方面，将创新、协调、绿色、开放、共享的新发展理念贯穿到上市公司未来发展的全方面。

（一）中国式现代化为上市公司创造了新环境

党的二十大报告中，习近平总书记提出要“以中国式现代化全面推进中华民族伟大复兴”。中国式现代化具有五大鲜明特征，分别是人口规模巨大、全体人民共同富裕、物质文明与精神文明相协调、人与自然和谐共生，是符合我国国情的现代化，是中国共产党领导中国人民探索、开辟和推进的社会主义现代化发展道路的新时代概括，为我国提供了一条可行的现代化道路，将促进我国经济的发展、社会的进步以及人民生活水平的提高。我们研究认为，中国式现代化这一过程，将长期伴随着市场规模增长、消费需求提升、产业发展升级、全国市场统一、金融环境优化五方面趋势，这都将为我国上市公司开拓市场带来新的机遇，为上市公司可持续发展创造出新的外部环境。

1. 市场规模在增长

中国是全世界第二大经济体、第一大贸易国、第二大人口国。国家统计局数据显示，2013～2022 年的十年间，中国经济年均增长 7.39%，GDP 从 59.30 万亿元增长到 121.02 万亿元，稳居世界第二位。我国居民人均可支配收入从 18311 元增长到 36883 元，实现翻番式增长，实际增长率达到 101.43%，年均增长率 10.14%，人民生活幸福度大幅提升。IMF（国际货币基金组织）数据显示，10 年间，中国经济总量在世界经济总量中的占比从 12.41% 提升到 17.95%，对世界经济增长的贡献率超过 30%，居于首位。

中等收入群体的崛起扩大了市场需求规模。10 年间，中国形成了超过 4 亿人的中等收入群体，这也是全世界规模最大、最具成长性的中等收入群体。中等收入群体通常拥有较高的可支配收入，当前，中等收入群体正引领我国消费市场实现“增量创新”，在新能源汽车、消费电子、养老服务等多个领域，新的消费需求不断涌现，市场活力持续增强。预计未来我国的中等收入群体将持续快速增长，并将进一步推动我国市场规模不断扩大。根据党的二十大报告的总体目标，预计到 2035 年，我国人均国内生产总值将达到中等发达国家水平，中等收入群体也将在未来 15 年内超 8 亿，共同富裕目标将越来越近，市场总需求将随之增长。

人口规模巨大、全体人民共同富裕是中国式现代化的两大基本特征，随着未来我国 14 亿多人口整体迈入现代化，中国必将给世界经济增长注入更多活力，并将创造更大规模的中国市场需求。面对规模和需求如此庞大的市场，上市公司需要发挥好行业带头作用，积极找准自身市场定位，结合市场需求择机扩充产能，平衡好市场的供需关系。

2. 消费需求在提升

随着居民收入稳步增长，人民的物质生活和精神生活正不断丰富，我国消费市场规模在持续扩大的同时，居民消费需求也在不断优化，多元化、品质化、智能化、绿色化、国际化正逐渐成为消费升级的重要趋势。

多元化：随着人民对美好生活的向往更加强烈，消费者也不再满足于单一的功能或品牌，而是更注重差异化和个性化。渠道层面，消费者可以通过线下、电商平台、直播购物等多渠道结合的方式进行消费；场景层面，消费者不再将消费作为满足基本生活需求的行为，而是将其融入旅游、教育、娱乐等各种场景中。

品质化：从物质到精神，从生存到发展，消费者的需求层次随着可支配收入水平在不断提升；一方面消费者更加注重产品的安全、健康、环保等属性，愿意为高端优质的产品消费；另一方面消费者更加注重服务的专业、个性、体验等要素，愿意为高效优质的服务消费。

智能化：近年来，人工智能、物联网、大数据等技术在消费领域得到了广泛应用，催生了智能家居、自动驾驶等一批新型消费业态；智能化技术使产品具有更强的功能性、互动性和个性化，使消费渠道覆盖具有更强的便捷性和实时性。

绿色化：国家提出了生态文明建设纲要、“双碳”目标等一系列绿色发展战略和政策，国内消费市场也呈现出绿色化趋势，新能源汽车、有机食品、环保日用品等绿色产品受到越来越多消费者的青睐；共享单车、循环利用等绿色消费场景也得到越来越多消费者的支持。

国际化：在经济全球化和区域一体化的背景下，我国消费市场呈现出国际化趋势，一方面国际品牌在中国市场占有重要地位，中国品牌也在海外市场逐渐获得青睐；另一方面跨境电商在中国市场发展迅速，同时我国的电商平台也在海外市场不断扩张。

上市公司要以消费需求变化为最终信号，积极调整自身的产品结构和服务结构，将更多投资用于消费环境改善、消费场景创设和产业转型发展，优化配置相应的要素资源，更好地满足人民日益提升的消费需求。

3. 产业发展在升级

实体经济高质量发展是实现中国式现代化的重要支撑，而产业的转型升级是助力实体经济高质量发展的重要路径。当前，我国许多产业正处在高端化、智能化、绿色化升级的关键阶段，产业的不断升级将进一步满足日益增长的市场需求，助力实体经济实现高质量发展。

高端化为产业升级提供具体方向。建设现代化产业体系的核心就是要打造技术水平高、竞争力强的产业集群。近年来，随着我国产业高端化升级速度不断加快，许多产业也逐渐由传统的规模扩张向内生增长转变，产业结构体系协调性和产业链供应链韧性得到进一步增强。工信部数据显示，2022 年，我国高技术制造业、装备制造业占规模以上工业增加值的比重分别达到 15.5%、31.8%。截至 2023 年 9 月，我国已累计培育 1.2 万余家专精特新“小巨人”企业，带动地方培育近 9 万家专精特新中小企业。

智能化为产业升级提供技术路径。以人工智能、大数据、云技术等为核心驱动力的数字经济已成为建设现代化产业体系的重要抓手，推动产业结构智能化发展既是激活产业增长活力的有效路径，也是发展数字经济的必然选择。当前各国都在加快数字化转型的战略布局，抢抓产业智能化发展先机。近年来，我国产业的智能化转型有效促进了各产业的技术路径再造、竞争优势转换、效率品质提升。以浙江为例，浙江全省数字经济增加值从 2014 年的 1.09 万亿元增长到 2022 年的 3.93 万亿元，占 GDP 比重达 50.6%。目前，全省规模以上企业的数字化改造覆盖率达 72.6%，浙江数字经济发展取得积极成效。

绿色化为产业升级提供价值指引。我国十分重视生态文明建设，并将绿色发展理念上升到国家战略层面，实施生态文明体制改革，推进产业绿色低碳循环发展，绿色化逐渐成为现代化产业体系的重要特征。2023 年以来，我国产业体系绿色化发展全面提速，江苏上半年共启动 200 多项节能技改项目和百项重点工程，节能量超过 300 多万吨标准煤；广东碳排放配额交易量已超过 2 亿吨，建成 300 多家国家级绿色工厂；陕西 2023 年大力推行绿色减碳技术，捕集利用的二氧化碳相当于植树 510 多万棵。

上市公司作为各行各业的龙头、标杆企业，应紧跟产业发展的高端化、智能化、绿色化升级趋势，积极对标产业内世界一流企业，加快推进新一代信息技术与自身产业深度融合，在践行“双碳”目标过程中发挥示范引领作用。

4. 全国市场在统一

推进全国统一大市场建设，是走好中国式现代化道路的重要任务。2022 年 4 月，中共中央国务院发布的《关于加快建设全国统一大市场的意见》进一步深化了“十四五”规划所提出的“加快构建国内统一大市场”，明确了全国统一大市场建设的目标、原则、任务和保障。未来，全国统一大市场建设将进一步促进国内资源要素顺畅流动，具体将给市场带来五方面变化趋势：

基础制度规则进一步统一。统一的市场体系基础制度是经济高效运行的基本支撑，是稳定企业预期和激发投资需求的关键。统一大市场建设将加快形成统一的市场准入制度、公平竞争规则、产权保护制度等，促使不同区域的标准、规则、政策实现协调统一，打破地方保护、行业垄断和市场分割，促进经济顺畅流通。

要素资源流动进一步畅通。加快统一大市场建设将使现代交通物流体系得到进一步发展，使区域间物流实现快速联通，使物流体系与供需关系更加匹配。此外，通过强化公共信息平台建设，建立健全数据共享机制和流通交易规则，从而使市场信息交互渠道更加完善。

区域协调发展进一步强化。统一大市场将针对微观主体、突出问题和重点区域制定跨区域规划，形成基于小尺度空间单元的梯度化、多层次发展战略，强化对同类型区域各类资源的统一指导，跨区域联通人才、数据、技术、资金等各类资源要素。

现代化市场体系进一步完善。统一大市场建设将从三方面完善现代化市场体系：一是通过构建全国统一的创新制度体系，完善科技创新所需的基础条件，激发科技创新的活力；二是通过扶持各类“卡脖子”产业和战略性新兴产业，实现高水平科技自立自强；三是通过搭建跨区域、跨产业的协同创新平台，完善企业间的创新知识交流与合作机制。

市场进一步扩大开放。统一大市场建设加大了市场对外开放力度，加快了同国际经贸规则的对标，提升了贸易、投资、人员进出的便利化水平，强化了国内外市场间的资源联动效应，使国内外需求协调机制更加健全，也使中国在全球产业链、供应链、创新链中的影响力不断提升。

未来，面对更加开放透明、竞争更加激烈的统一大市场，上市公司的持续经营能力、盈利能力及抗风险能力将面临更大的考验。上市公司需要更加注重自身核心竞争力的提升，积极结合统一大市场建设带来的市场环境变化制定未来发展战略，确保在更广阔的市场中行稳致远。

5. 金融环境在优化

近年来，随着中国式现代化不断推进，我国的金融环境也在持续优化，并取得了显著的进展和成就。当前，国内的金融环境已经能够更好地帮助上市公司拓宽融资渠道、促进社会资源优化配置、改善上市公司治理结构，并为中国经济的长期可持续发展注入新的动力。具体来说，国内金融环境的不断优化体现在以下六个方面：

市场体系不断完善。从设立科创板、改革创业板，到合并深市主板与中小板，再到设立北交所，我国多层次资本市场体系已逐步完善，资本市场的结构化功能更加清晰，各个板块错位发展，形成各有侧重、互为补充的适度竞争格局。多层次资本市场与国内信贷市场、保险市场等金融市场已经能够为各类上市公司提供符合其自身发展特点的融资渠道，并基本满足各类上市公司的融资需求。

市场机制不断优化。通过推进市场化改革，金融市场的运行机制趋于完善。例如股票发行注册制改革简化了发行程序，提高了市场效率。此外，完善债券发行、交易和监管机制，也提高了金融市场的流动性。

金融基础设施建设不断完善。通过构建现代化的支付清算网络、完善信用体系、完善证券登记结算体系、建设金融信息系统等，使当前金融基础设施进一步完善，提高了金融市场的运行效率和透明度。

金融监管不断加强。通过建立健全金融监管体系，加大了对金融市场的监督和执法力度，加强了对金融机构的监管和评估，有效遏制了金融乱象的发生，有效防范了各类金融风险，维护了市场的公平、公正和透明。

对外开放逐步加快。近年来我国不断推动金融市场国际化、加快金融市场高水平双向开放的步伐，吸引了更多外资进入中国市场，吸引了更多跨国金融机构在我国设立分支机构。沪港通、深港通等通道也显著提高了境外投资者参与我国资本市场交易的便利性，有效促进了金融市场的竞争、提高了金融市场的活力。

金融创新不断推进。我国正逐步加大对金融科技创新的支持力度，鼓励金融机构开展科技创新和业务模式创新，推动金融科技的发展和应用。例如，资本市场推出了可转债、债券期权等一系列金融创新产品和服务，为投资者提供了更多的选择；而互联网金融、区块链、人工智能等新兴技术在金融领域的应用拓展，为各类金融机构的智能化、便捷化服务提供了有力支持，为金融体系的高效运转提供了坚实支撑。

金融环境的不断优化为上市公司运用金融资源做优做强提供了有效可靠的路径，同时也拓宽了上市公司的融资渠道，推动了上市公司并购重组，加强了各产业内的资源整合与信息互通。

（二）ESG 为上市公司内生发展提供了新方向

ESG 是近年来金融市场兴起的重要理念和企业行动指南，亦是可持续发展理念在金融市场和微观企业层面的具象投影。环境方面主要关注企业在生产经营过程中对环境的影响；社会方面主要关注企业对员工、客户、供应商、社区、公众等各利益相关者的负责任态度和行为；治理方面则关注企业的决策过程、管理结构、股权分配、信息披露等各方面是否透明、公正、合法。上市公司层面的 ESG 实践，将环境、社会、治理三要素纳入企业的经营管理等方面，有助于企业管理者结合经济、社会、环境三方面效益制定企业的可持续发展战略，同时也为上市公司的内生发展提供了新的方向。

1. 代表新时代发展要求

ESG 理念来源于海外，其理念雏形最早可追溯至 19 世纪下半叶。而 ESG 理念的正式提出是在 21 世纪初，2004 年，联合国环境规划署首次提出 ESG 投资概念，引导投资者关注企业的环境、社会、治理问题。2006 年，联合国负责任投资原则进一步界定了 ESG 的概念领域；同年高盛发布 ESG 研究报告，将环境、社会、治理要素进行整合。此后，各类市场主体不断完善 ESG 概念，各大投资机构也陆续推出 ESG 投资产品。ESG 也逐渐从单一的投资层面扩展到了企业发展层面，尤其是上市公司的可持续发展层面。虽然 ESG 理念是一种舶来品，但在如今日益重视长期可持续发展的新时代，ESG 作为可持续发展理念的主要载体，其核心理念与中国式现代化的五大具体内涵、“双碳”目标等新时代核心议题高度契合。在此大背景下，ESG 理念已逐渐成为上市公司新发展方向的指导原则。

2017 年以来，中国证券投资基金业协会开展 ESG 专项研究，开始在证券投资领域推广 ESG 理念。2018 年 6 月，A 股被正式纳入 MSCI 新兴市场指数和 MSCI 全球指数，不符合 ESG 评级标准的公司将会被 MSCI 剔除，此举推动了国内各类机构与上市公司对 ESG 的研究，相关政策与监管文件亦陆续推出。2022 年 4 月 15 日，证监会发布的《上市公司投资者关系管理工作指引》在投资者关系管理内容中纳入了公司的环境、社会、治理信息，推动了上市公司的 ESG 信披制度发展。随着 ESG 理念在国内不断发展，在企业发展领域，ESG 已然成为上市公司发展的重要议题，越来越多的上市公司选择披露年度 ESG/可持续发展报告。

当前，ESG 已代表着新时代背景下的可持续发展要求。而在未来，随着社会对环境保护、社会责任和公司治理的关注度不断提高，监管层面对上市公司 ESG 管理趋严，以及越来越多的企业自身发展理念的转变，将会有更多的上市公司融入 ESG 的发展潮流，共同推动经济社会的可持续发展。

2. 提供可持续发展理念

ESG 理念的引入与不断发展成为了重构企业与社会关系、创新企业发展目标、推动可持续发展的重要契机。ESG 将企业置于彼此联系的社会网络之中，注重经济效益、社会效益、环境效益的整体统一，强调在三方面践行可持续发展理念，实现全面且平衡的可持续发展：ESG 强调在环境保护方面践行可持续发展理念，上市公司作为经济活动的重要参与者，其生产活动等往往会对环境产生重大影响，通过采用环保的生产方式、减少资源消耗和降低污染排放，上市公司可以积极应对环境问题，为环境可持续发展作出贡献；ESG 要求上市公司通过履行社会责任践行可持续发展理念，这意味着上市公司需要关注员工福利、保障消费者权益、参与公益事业等，通过积极履行社会责任，上市公司可以赢得员工、客户和公众的信任与支持，提升品牌影响力；ESG 强调通过完善公司治理践行可持续发展理念，有效且科学的治理结构能够保障公司的稳定运营和长期发展，维护股东和其他利益相关者的权益。

在当今的资本市场中，越来越多的投资者和利益相关者开始关注上市公司的 ESG 表现。他们认识到，一个注重环境保护、社会责任和良好治理的公司，更有可能在未来实现长期的成功和可持续发展。因此，对于上市公司来说，积极践行 ESG 理念不仅是一种履行企业社会责任的体现，更是一种智慧的长期选择。近年来，以国内外各行业龙头企业为代表，涌现了许多 ESG 实践的典型案例，根据国内外各上市公司官网等公开资料：2022 年亚马逊借助风能和太阳能农场，实现了其 90% 的电能都来自于可再生能源的目标；此外亚马逊自 2015 年以来平均每单包装减量 41%，总计减少材料浪费超 200 万吨。微软通过自身实践，避免了 12159 吨固体废弃物不当处理、保护了 74.5 万亩土地；此外微软还设立了气候创新基金，截至目前已投入 6 亿美元。宁德时代作为动力电池的龙头企业，在 ESG 理念践行上表现同样优异，在环境维度，宁德时代主动对供应商开展可持续发展的培训，确保产品和服务从源头上符合可持续发展要求；在社会维度，宁德时代开展了 799 场志愿服务活动，2022 年投入社会公益共计 1.84 亿元。顺丰作为国内领先的物流企业，在环境维度，2022 年顺丰在低碳运输上减少温室气体排放量达 304029 tCO_2e（每吨二氧化碳当量），在绿色包装上减少碳排放约 50.6 万吨；在社会维度，顺丰的暖心项目累计救助患儿及孤儿数量 17906 名，莲花助学项目累计资助贫困学生 34094 名，公益基金会全年公益总支出 11740 万元；在治理维度，顺丰高度重视安全治理，全面推进承包商安全管理，并将重大数据隐私与网络安全风险纳入风险委员会的决议范畴。

综上所述，ESG 理念为上市公司的可持续发展提供了方向指引。通过关注环境保护、履行社会责任和强化公司治理，上市公司正在逐步实现经济、社会和环境的协调发展，并为经济社会的可持续发展作出积极贡献。未来，随着社会对可持续发展的关注度不断提升，ESG 理念将在上市公司的发展战略中发挥更加重要的作用。

3. 构建系统性思维模式

在传统的商业思维模式中，公司往往只关注短期的财务利益。然而，上市公司的经营活动不仅会影响到自身的发展，还会直接或间接影响到其他市场主体，同时还将关系到整个社会的福祉。因此，对传统商业思维模式进行系统性升级已成为上市公司实现可持续发展的关键步骤。目前，通过各国家和地区的交易所、国际组织、ESG 评级机构、ESG 投资机构以及上市公司的合力作用，ESG 理念与 ESG 评级体系正在促进彼此实现系统化的发展。其中，ESG 指标、ESG 数据等各类 ESG 信息的出现，使得 ESG 理念更加具象化，并为上市公司的可持续发展构建起了系统性思维模式，为上市公司可持续发展的具体举措提供了行动指南。

根据 ISO26000（International Standard Organization，国际标准化组织发布的社会责任指南）、SASB 标准（Sustainability Accounting Standards Board，可持续发展会计准则委员会发布的 ESG 指导框架）、GRI 标准（Global Reporting Initiative，全球报告倡议组织发布的可持续发展报告标准）三大国际标准为指引，结合英国富时（FTSE）、汤森路透（Thomson Reuters）、道琼斯（Dow Jones）、明晟（MSCI）、晨星（Morning Star）国际五家主流的 ESG 评级机构的 ESG 评级准则，一些最主要的 ESG 评级因素包括：环境方面，碳及温室气体排放、环境保护政策、自然资源的使用和管理政策、环境合规性等；社会方面，性别及性别平衡政策、健康安全、产品责任、社会合规性等；治理方面，公司治理、贪污受贿政策、风险管理、公平的劳动实践、治理合规性等。

而国内的中证、华证、嘉实、万得、盟浪、鼎力、商道融绿等 ESG 评级体系虽然相较国际起步较晚，但近年来发展迅速。评级对象方面，国内多数 ESG 评级体系为全部 A 股公司，部分机构大多以中证 800、中证 500 成份股为主。指标体系方面，多数评级的一级指标体系从 E、S、G 三个维度展开，部分机构如盟浪、鼎力选取了更多的可持续发展维度进行评级。随着评级体系的不断发展，ESG 底层指标也在不断增加，上述大部分评级体系的底层指标均已过百。由于各评级机构在机构使命、评级目标、指标设置、信息获取、打分权重等方面存在较大差异，国内外各评级机构对同一企业的评级结果往往呈现出差异化特征。

各类 ESG 评级体系的不断发展和完善，帮助上市公司构建起了企业可持续发展的系统性思维模式。上市公司在深入研究各类 ESG 评级体系后，将更加深入地理解上市公司自身与外部环境与社会的关系，更好地利用各项 ESG 指标思考并制定全面科学的可持续发展战略，更好地完善自身的 ESG 信息披露与可持续发展报告，更好地应对在未来发展中所面临的各项 ESG 风险，更好地履行环境、社会、治理责任，并最终找到一条适合自身特点的可持续发展路径。

三、围绕两大路径构建上市公司可持续发展体系

面对中国式现代化和 ESG 两大发展路径，上市公司要想实现长久、稳健经营，以自身的做大做强为实现中国式现代化贡献更大力量，上市公司必须坚持走可持续发展之路，围绕中国式现代化和 ESG 两大发展路径，构建可持续发展体系，在中国式现代化进程中优化发展战略，明晰自身市场定位，不断完善经营策略，提高核心能力，从而促进自身的可持续发展。

（一）优化发展战略

中国式现代化为上市公司创造了新的外部环境，ESG 为上市公司内生发展提供了新的方向。上市公司要实现可持续发展，需要切实将中国式现代化和 ESG 这两大路径深度融入发展战略。

1. 推动愿景使命再论证

中国式现代化是统筹经济发展全局的一盘大棋，企业是现代经济体系的主体，而上市公司又是优质企业的代表，已成为我国经济增长的中流砥柱，在稳定经济大盘、引领技术创新中发挥着越来越重要的作用，是实现中国式现代化的重要力量。上市公司应当坚信中国式现代化终将实现，积极响应时代号召，以高度的责任感、使命感、荣誉感，将促进中国式现代化的实现作为愿景使命，并将其转化为具体行动。具体而言，上市公司应当深刻领悟中国式现代化的内涵和外延，围绕着中国式现代化本质要求，结合自身所处行业结构、营商环境、经营特点、竞争力等具体条件，把握中国式现代化进程带来的新市场格局，审视自身的经营管理，审慎决定公司战略，提高战略高度，让自身发展与国家社会经济发展保持方向一致、节奏同频，踔厉奋发、勇毅前行，以积极姿态迎接推进中国式现代化进程中的发展机遇与挑战，在参与中国式现代化建设中发展自身，并以自身的高质量、可持续发展，为中国式现代化的实现筑牢坚实的经济基础。

2. 促进 ESG 与价值观融合

以 ESG 理念为导向重塑企业价值观。随着 ESG 体系不断发展和上市公司对于 ESG 的重要性认识不断提升，树立 ESG 价值观已逐渐成为上市公司在走可持续发展之路上的必然选择。上市公司应当逐步将 ESG 理念与公司发展价值观相融合，制定 ESG 战略规划、构建 ESG 管理体系、发布 ESG 报告、宣导 ESG 价值观，将 ESG 理念贯穿技术管理、质量管理、供应链管理等企业经营管理全过程，加强与利益相关方的沟通，更加关注长期发展利益，不断改进公司治理质量、运营质量，持续提升公司的可持续发展能力和品牌声誉，实现社会价值和商业价值的统一。此外，上市公司应当以长期主义坚持 ESG 价值观。ESG 是上市公司可持续发展的重要驱动力，而在实践 ESG 理念的短期内，上市公司可能面临投入多、回报低的困境，使得部分公司缺乏内在动力进行 ESG 相关投入，驱动力主要仍然来自于政策、投资者以及市场等方面的外部因素。但长期来看，ESG 将为塑造公司长期价值和提高公司质量发挥重要作用，为上市公司带来超额回报。因此，在任何发展阶段，上市公司都应当坚持 ESG 发展理念不动摇，切实将 ESG 价值观融入公司长期发展战略，提高进行 ESG 投入和实践的内生动力。

3. 更新战略目标

战略目标是公司发展的指南针。上市公司需要从更高的角度审视自身的发展方向和目标，围绕促进中国式现代化以及ESG这两大路径，更新自身的战略目标，以中国式现代化的愿景使命为根本遵循，以ESG为价值观，确保公司发展战略符合国家战略导向、行业发展趋势和ESG标准，这将有助于上市公司在激烈的市场竞争中保持领先地位并实现可持续发展。此外，上市公司更新战略目标还必须结合自身的资源、能力和核心竞争力，使战略目标有据可依，确保战略目标具有可行性和远大性，使公司在朝着战略目标奋斗的过程中能够实现进一步发展。

（二）明晰市场定位

中国式现代化的内涵要求将带来新的市场格局，为了更好地了解和适应市场趋势，以促进经营活动的可持续发展，上市公司需要在中国式现代化发展进程中找准自己的定位，具体可通过重视市场细分、选择目标市场、确定市场定位，为制定经营策略做好前置研究。

1. 重视市场细分

分析细分市场是上市公司明确市场定位的基础，上市公司应当合理确定市场细分标准，根据细分标准划分细分市场，并分析每个细分市场的情况，具体策略如下：

确定细分标准。上市公司应当以消费者的差异化特征作为市场细分的标准，如人口特征、心理特征和行为特征。其中，人口特征方面，应考虑消费者的年龄、性别、种族、学历、职业、收入等要素，有助于上市公司更了解消费者的基本特征，且相关信息相对容易获取；心理特征方面，需深入研究消费者的性格特征、生活方式、兴趣爱好、价值观等要素，帮助上市公司更加深入地了解消费者的购买行为；行为特征方面，应关注消费者的购买方式、购买数量、购买熟悉度、使用频率、使用情境、使用目的等要素，促进上市公司更了解消费者的购买决策过程，但心理和行为特征相关信息的获取相对更为困难，需要进行较深入的市场调研。上市公司应当根据所处行业特点、自身资源禀赋与产品特征等，选择合适的市场细分标准，接着进一步权衡调研成本和所需信息的详细程度，从而决定采用一项还是多项细分指标。使用多项指标的好处是使细分市场更加明确而具体，便于上市公司针对性地制定业务策略，但同时也可能导致细分市场数量太多、规模过小，既增加上市公司选择目标市场的难度，又可能降低其经营活动的效率。此外，由于消费者特征、社会生产力和市场状况均处于不断变化之中，上市公司应密切关注这些变化并及时调整市场细分标准。

划分细分市场。确定市场细分标准后，上市公司应当通过市场调研、市场研究等方式，获取不同类型消费者对产品的需求信息。这一阶段，上市公司需要搜集大量信息，除了行业研究报告、公司内部销售数据、售后记录等资料，更需要深入洞察消费者，可以采用定量与定性结合的研究方法，通过问卷调查、量化数据得出全貌，再通过焦点小组访谈、深度访谈等定性研究方法补充细节。随后，上市公司应当根据细分标准识别出消费者的需求差异，进而将公司所处的或计划进入的市场划分为多个细分市场，尽可能地让同一个细分市场之内的消费者需求非常相似，而不同细分市场之间的消费者需求存在较大差异。

2. 选择目标市场

每个上市公司的资源都是有限的，选择合适的目标市场有利于上市公司合理配置人、财、物等资源，提高资源配置效率，以有限的资源创造更大的价值。上市公司需要从区分出的细分市场中，从细分市场的总体吸引力、与公司自身的匹配度两个维度对各细分市场进行评估，尽可能选取吸引力较大，并且符合上市公司自身的发展目标和展业能力的一个或多个市场作为目标市场，探索出有利于自身发展的市场机会，具体策略如下：

评价总体吸引力方面，一是预测市场增量空间，通过分析细分市场的历年规模及其增长率变化、利润率变化，结合政策导向、行业趋势，预测其未来的规模和利润率增量空间；二是分析市场竞争程度，包括领先者的市场份额、竞争对手数量、市场进入及退出壁垒的高低、替代产品的威胁、购买者特点、供应商的议价能力等因素，全面评估自身在细分市场的竞争地位以及可能的利润空间。具有市场规模增长率高、市场平均利润率高、领先者的市场份额低、竞争对手数量少、市场进入壁垒高、退出壁垒低、替代品威胁小、购买者的品牌转换成本高、转换供应商成本低等特点的细分市场，一般是具有较大吸引力的细分市场。

评价匹配度方面，确认一个细分市场有吸引力后，上市公司需要从多个方面考虑自身与该细分市场的匹配度，包括该细分市场的特点是否符合公司的发展目标、是否能够有效发挥公司的优势等。从与自身战略规划的匹配度来看，上市公司应当避免不利于公司长期发展的细分市场，即使这类市场具有较大吸引力，例如，进入提供高耗能、高污染的产品的细分市场即使能够使公司在短期内赚取较大利润，从长期看却可能使公司品牌形象受损、环境保护压力增大。从与自身资源禀赋的匹配度来看，上市公司应慎重考虑与公司的资源优势不匹配、需要公司付出较大资源投入建立新优势的细分市场。

3. 确定市场定位

市场定位的决策对于企业在市场中的竞争地位和市场份额具有重要影响。在对目标市场进行深入分析的基础上，上市公司应当根据公司发展战略目标，综合考虑公司优劣势、市场需求、竞争环境等多个因素，确定合适的市场定位策略，并及时进行调整，从而在激烈的市场竞争中立于不败之地，具体策略如下：

首先，上市公司应决定在市场中是成为领先者还是跟随者。成为市场领先者需要具备强大的品牌影响力和技术创新能力，并占据较大的市场份额，能够引领行业发展和产品创新；而作为市场的跟随者则需要具备快速响应市场变化和灵活调整战略的能力，能够紧随领先者的步伐，并持续寻找市场空白和差异化竞争的机会，通过专业化和聚焦特定领域来获得竞争优势。

其次，上市公司需要考虑定位于高端还是中低端市场。高端市场的目标客群的购买能力相对更强，且更注重品质、品牌和个性化需求，因此定位于高端市场的公司能够以更大的价格销售产品或服务，获取更大的利润空间，但也必须具备强大的研发能力和生产能力以提供高品质的产品和服务，从而吸引目标客群并保持其忠诚度。另一方面，中低端市场通常具有更大的市场规模。定位于中低端市场的公司需要满足价格敏感型消费者的需求，通过降低成本和提高性价比来获得竞争优势，吸引更广泛的消费者群体。然而，中低端市场的利润空间相对较小，需要上市公司通过大规模生产和销售来获得规模经济效应，降低成本，提高盈利能力。

再次，上市公司还需要制定合理的市场份额目标。市场份额的大小直接影响到公司的盈利能力和竞争地位。上市公司应综合考虑需要根据自身的战略目标、资源能力以及市场需求和竞争格局，制定合理的市场份额目标。过高的市场份额目标可能导致资源过度投入和市场风险增加，而过低的市场份额则可能无法充分发挥公司的优势和实现盈利目标。

最后，上市公司必须动态调整市场定位。市场定位并非一成不变，随着市场趋势的变化和上市公司自身的发展，原有的市场定位可能不再适用，甚至挤压上市公司的发展空间。上市公司应不断地进行市场调研和自我评估，了解行业动态和客户需求，分析自身发展现状，根据市场趋势和自身发展情况，灵活调整市场定位。例如，一些原本定位于中低端市场的公司通过创新和品牌建设，逐渐向高端市场转型，以提高公司的盈利能力和品牌形象。

（三）完善经营策略

恰当的经营策略可以帮助上市公司在市场中实现长期稳定的发展。上市公司应当采取一系列的措施完善经营策略，实现突破现有格局、匹配战略目标、充分调动资源、扩大市场份额。

1. 突破现有格局

市场格局是由各种因素决定的，包括竞争对手的实力、行业发展趋势、政策法规等。如果上市公司固守原有的市场格局，很容易陷入被动，错失发展机遇。因此，上市公司完善经营策略时需要考虑如何在现有市场或行业中实现重大变革或创新，以打破现有的竞争状态或规则，使自己的产品或服务在市场中脱颖而出，获得更大的竞争优势或创造新的竞争优势。具体可能有创新技术、产品和服务，或重塑商业模式等方式，前者需要上市公司在创新方面进行大量投入，引进新技术、开发新产品、优化服务，后者需要上市公司积极探索新的商业模式和业务领域，而不能仅局限于传统的经营模式和业务范围。但无论上市公司是通过何种方式完善经营策略以实现突破现有格局，都需要密切关注市场需求、竞争状况和行业动态，通过市场调研和分析，发现新的商机，进而及时调整自己的经营策略。

2. 匹配战略目标

企业的战略目标为企业发展指明方向，经营策略则是企业实现战略目标的具体手段，二者是企业发展的两个重要支柱，只有确保二者相互匹配、协同发展，企业才能实现长期稳定的发展。因此，上市公司在制定经营策略时，应当充分考虑战略目标的要求，有针对性地制定经营策略，确保经营策略与战略目标相匹配、各项经营活动始终围绕战略目标展开，以确保公司能够朝着既定的方向顺利发展。为了实现经营策略与战略目标的匹配，上市公司需要建立完善的决策机制和内部沟通机制。在制定经营策略时，应当充分征求各部门的意见和建议，确保经营策略的全面性和可实施性。此外，上市公司还需要建立定期评估机制，对经营策略的实施效果进行监测和评估，以便于及时发现问题并调整策略，确保策略始终与战略目标保持一致，促进战略目标切实落地。

3. 充分调动资源

上市公司制定经营策略时还应考虑如何充分调动自身资源，通过资源的最大化利用，提高公司的效率和效益。充分调动资源应考虑内部和外部两个方面。内部方面包括人力、物力、财力等，上市公司需要优化人员配置，使得合适的人在合适的岗位上，最大限度地发挥个人的价值；优化物资的采购、储存和利用，确保物资的充足、高效利用；制定科学的财务计划和预算，通过合理的投资、融资和财务管理，提高公司的盈利能力。外部方面包括合作伙伴、政府政策等，上市公司需要积极寻求合作伙伴，共同开拓市场、研发新产品和技术，实现互利共赢，同时还需要关注政府政策的动向，积极响应政策，争取政策支持，充分利用政策红利促进公司发展。

4. 扩大市场份额

上市公司在完善经营策略时，扩大市场份额也是至关重要的考虑因素。市场份额是企业发展的重要指标之一，代表着公司在特定市场中的地位和影响力，市场份额扩大可以为上市公司带来更多的利润和竞争优势。为了保持和提升公司的竞争地位，上市公司完善经营策略时必须对如何增加其产品或服务的销售量，以进一步扩大市场份额进行深入思考和规划，具体可以通过制定合适的市场营销策略，包括产品策略、价格策略、渠道策略和促销策略等方式。其中，产品策略方面，根据市场需求和客户反馈进行调整和完善，以满足不同客户的需求；价格策略方面，根据市场需求和竞争状况对产品和服务及时调整定价，以保持竞争优势；渠道策略方面，选择合适的销售渠道和合作伙伴，以扩大销售网络和提高市场覆盖率；促销策略方面，制定各种促销活动和营销计划，以吸引客户和提高销售量。此外，上市公司需要加强品牌建设和管理，提升品牌知名度和美誉度，从而提高客户的忠诚度和信任度，进一步促进销售和提高市场份额。

（四）提高核心能力

面对中国式现代化进程中的新趋势，上市公司需要提升自身的核心竞争力，才能保持可持续发展能力。上市公司应把自身发展融入中国式现代化的进程中，围绕中国式现代化的内涵本质提高核心能力，在积极推进中国式现代化的同时实现自身高质量、可持续发展。

1. 持续增长的能力

在中国式现代化的过程中，中国经济经历了十年的高速发展，经济总量在世界经济中的占比不断提升，与此同时人均生产总值和人均可支配收入也不断提高，人民变得越来越富裕，中等收入群体规模持续扩大。中国式现代化基本特征中，人口规模巨大和全体人民共同富裕两大特征，带来了市场规模的不断增长和需求的不断增加。上市公司应提升自身持续增长的能力，在不断变幻的市场环境中实现业绩增长。

一方面，在外部环境较好的情况下，上市公司应该与行业一起保持高速增长。市场容量的扩大给上市公司带来了更多发展的空间，上市公司要实现持续增长，就必须不断提升自身的能力：一是要深耕专业领域，深入了解行业的未来发展趋势，通过分析行业竞争格局、市场定位、重点客群、技术趋势等，充分了解行业未来的发展方向，做到与行业“同成长”；二是要加强合作与协同，通过与行业内的其他公司建立紧密的合作关系，持续加强沟通，与产业链上下游企业建立协作机制，更好地整合资源、降低成本、实现信息共享、互利共赢，推动行业的整体发展。

另一方面，在外部环境较为恶劣的情况下，上市公司应该努力实现突破式增长。上市公司应当用更加积极的策略和更多的创新方式，更好地应对恶劣的外部环境带来的市场挑战和压力，实现自身的突破式增长，超越行业的平均水平。一是要加强自身战略执行力，上市公司应坚持自身战略定力，通过清晰可行的战略规划，明确自身发展方向和目标，以强大的战略执行力确保战略规划的有效实施与落实；二是加大科技研发投入，科技创新是第一生产力，上市公司应当积极开展前沿性创新研究，加快提升基础研究和应用基础研究能力，从而提高自身科技创新能力；三是完善科技创新相关机制，一方面，上市公司应对在科技创新方面有重大贡献的人才给予适当的激励，培育公司科技创新的内生动力，另一方面，上市公司需要完善科技创新风险管理机制，建立对成果转化风险、科研创新失败风险等的有效风险应对机制，努力减少企业创新主体的损失。

2. 把握趋势的能力

上市公司要实现可持续发展，必须具备把握趋势的能力，即能够及时洞察环境变化、跟随市场趋势的能力。随着中国式现代化的逐步推进，居民财富不断增长，人民物质生活不断丰富，消费需求提升成为了一个重要的趋势。首先，人们更加喜欢多元化、差异化的产品，消费时更注重产品的品质、服务的专业度。其次，随着科技的进步，人们能够选择智能化的产品，提升自己的消费体验。此外，随着绿色低碳理念不断深入到日常生活中，消费者也开始更多地青睐环保产品。这些趋势不仅反映了人民生活水平的提高和消费需求的不断变化，也给上市公司带来了新的机遇和挑战。因此，上市公司需要拥有把握趋势、跟随市场变化的能力，以更好地面对挑战，抓住机遇。

一是深化市场研究能力。在消费升级的背景下，消费者对产品的品质、功能、设计等方面提出了更高的要求，上市公司面临的市场更加广阔，面临的消费者需求也更加差异化。上市公司应当深化市场研究能力，掌握市场动态，以便针对性地制定策略，发挥自身优势更好地满足市场需求，从而提高市场占有率。深化市场研究能力首先要求上市公司对市场进行充分调研，深入了解目标市场的消费者偏好、需求、产品竞争状况等。其次，上市公司应通过多渠道及时收集更新相关的市场数据，如问卷调查、媒体监测等，确保数据的及时性、全面性、有效性。最后，上市公司应建立自身的市场数据库，将数据管理规范化和标准化，将收集到的数据整理并储存起来，及时为未来市场分析和决策提供支持。上市公司还应运用多种统计分析方法对数据进行处理和分析，如通过大数据、人工智能等技术，挖掘市场趋势变化、消费者偏好、竞品特征等，通过扎实的研究分析和对市场的深刻洞察，提升自身把握市场变化、跟随市场趋势的能力。

二是加强行业分析能力。行业的发展日新月异，上市公司只有更好地提升行业分析能力，用敏锐的洞察力挖掘行业机遇和市场潜力，才能深刻把握市场趋势，在不断变化的市场环境中突出重围，成为行业里的领先者。首先，上市公司要站在更高的视角、从更宽的视野，从整个行业的高度来审视行业未来的发展，及时把握未来的重点方向。其次，上市公司应对行业的价值链进行深入分析，了解各个环节的利润分布。接着，上市公司要深入研究行业内的重要竞争对手，分析其业务模式、市场份额等，也应与同业建立良好的合作交流机制，加强信息的互享。最后，上市公司应持续关注行业内的技术、产品创新等信息，提高商业洞察力。

三是提高政策研究能力。上市公司要把握市场方向，跟随市场趋势，离不开对相关政策的深入理解。政策变化一方面会直接影响市场，给上市公司带来经营风险，另一方面也会带来新的市场机会，通过更好地了解政策背后的意图和导向，上市公司能及时调整自身发展战略，从而更好地提升竞争优势。上市公司应及时跟踪、分析和解读与自身相关的国家重大政策，深入理解政策的内涵，分析政策对自身业务的影响，以及可能带来的机遇和挑战，通过强化对政策走向的预测能力，为公司制定更合适的经营策略。

3. 转型升级的能力

随着中国式现代化脚步的加快，产业也朝着高端化、智能化、绿色化的方向转型升级，上市公司作为产业的重要组成部分，也应积极向着高端化、智能化、绿色化转型，将自身的成长与产业发展紧密融合，以自身的可持续发展助力实体经济的高质量发展。

一是朝向高端化发展。我国产业目前面临新旧动能转换，需要通过产业转型升级实现瓶颈突破，产业结构高端化是其中的关键。上市公司应不断提升自身技术水平，增强竞争力，生产具有高级、精密、尖端特点的产品，助力现代化产业体系的建设。以“高、精、尖”为发展方向，需要上市公司不断加大科技研究与创新，特别是涉及国民经济命脉的重要领域和新兴领域，通过提升研究能力与技术水平，攻克并掌握多种核心技术，打通从科技强到企业强、产业强、经济强的通道，推动制造业由规模扩张向内涵增长转变，为国家关键产业领域的强链补链延链注入强劲动力，为提升中国在全球价值链中的地位贡献力量，助力中国在关键核心零部件、重要基础材料等领域走在世界前列。

二是加强智能化建设。数字赋能在现代社会生产和运行的各个环节中都起到重要作用，当今世界主要国家都在加快数字化转型战略布局，抢占产业智能化发展的领先地位。上市公司应加大数字化建设，促进生产力发展和生产率提升，推动产业智能化发展。上市公司可以发挥大数据、人工智能、云计算、物联网等技术的作用，推动公司生产模式向智能化转变，改善产品工艺流程，提高制造的精细化水平，不断提升生产的效率和价值创造能力。上市公司还可以利用数字化技术加强平台建设，建立不同企业之间的生态圈等平台，通过促进不同类型、不同规模的企业间进行业务合作、资源共享，形成产业链上中下游的协同机制，进一步加快产业的智能化转型，提高全球竞争力。

三是走绿色化道路。中国式现代化要求走人与自然和谐共生的现代化之路，以高品质生态环境支撑高质量、可持续发展，加快推进人与自然和谐共生的现代化，需要上市公司转型升级，走绿色可持续发展道路。首先，上市公司要提升绿色发展意识，培育企业社会责任感，激发员工参与绿色发展的自觉性与使命感。上市公司可以通过与政府、社会各界积极合作，共同探索市场化、可持续的生态产品价值实现路径；通过加快形成绿色生产方式，不断提升绿色产品和服务的质量水平，形成对消费者的良性引导；加大绿色发展宣传力度，引导员工积极参与节能减碳活动，践行绿色生产生活方式。其次，上市公司可以开展绿色技术创新。通过以市场需求为导向，围绕清洁能源等重点领域布局一批前瞻性、战略性的科研项目，并在国家科技成果转化引导基金等各类基金的支持下，开展绿色领域创新研究，发展具备大规模商业化应用条件的技术，加快绿色技术成果的转化落地。最后，上市公司应深化绿色发展国际合作。生态环境治理是全球性问题，上市公司要紧跟时代、放眼世界，积极与其他国家进行绿色发展领域的沟通合作，例如与监管机构进行政策沟通、与世界各国的上市公司进行技术交流和项目合作、共同分享人才培训经验等，不断强化公司绿色发展的能力和水平，为全球气候治理贡献自身力量。

4. 开拓市场的能力

中国式现代化的推进也让全国统一大市场的建设进一步加速，这一进程将促进基础制度规则进一步统一、要素资源流动进一步畅通、区域协调发展进一步强化、现代化市场体系进一步完善、市场进一步扩大开放，将为上市公司提供更加广阔的国内市场和国际市场，同时也对上市公司的市场开拓能力提出了更高的要求。上市公司提高开拓市场的能力具体可以从以下三个方面入手：

一是提升业务能力。全国统一大市场建设加速将推动基础制度规则在全国范围内实现统一，国内市场进一步扩大开放，营商环境更加公平，要素在全国范围内更加自由流通，企业跨区域经营将更加便捷，与此同时，也意味着上市公司将面临更多来自全国各地优质企业的竞争。面对更加激烈的竞争，上市公司需要提升业务能力，抓住全国统一大市场带来的机遇。首先，上市公司要不断提升产品和服务的质量，以更优质、更符合市场需求的产品和服务抢占更多市场份额。其次，上市公司要打造产品和服务的差异化、特色化、创新化，既要立足自身特色，夯实现有基础，又要关注行业创新动态，抢占新细分领域的先机。最后，上市公司应放眼更广阔的市场，由于不同地区的生态存在差异，在全国统一大市场后，上市公司的业务应更加多元化，从而满足来自不同地区客户的需求。

二是优化营销策略。全国统一大市场建设将促进市场中的商品和服务流动更为自由，市场竞争将更为激烈，消费者需求更为多样化，产品更加个性化、更新迭代更快，新变化将对上市公司原有的营销策略带来挑战，原有的营销策略可能难以适用于新的市场环境。上市公司应通过打造自身特色化品牌，加强市场营销能力，以应对新的市场竞争格局。上市公司应通过深入分析市场需求和行业竞争现状，确立自身品牌的定位和价值主张，根据目标开拓市场的特点调整自身营销策略，并制定相应的品牌传播策略，提高公司品牌的知名度，并且持续对品牌进行塑造和维护，保持良好的品牌形象。上市公司还应紧跟市场需求变化的趋势，及时调整、不断创新市场营销策略，加快数字化营销转型，从而更好地吸引消费者，提高市场覆盖率。上市公司也要建立完善的市场营销团队和管理体系，完善销售网络，通过适当的激励和管理制度，激发员工的积极性和创造力。

三是加强队伍建设。开拓市场需要由专业化的队伍来推进执行，上市公司应当注重培育和引进市场开拓人才，打造一支高素质、高效率、高执行力的专业团队，通过扎实的研究分析和对市场的深刻洞察，准确把握目标开拓市场的市场趋势和客户需求，为公司推进市场开拓提供坚实保障。例如，上市公司可以与高校、研究机构等合作，加强对员工市场开拓能力的培训，还可以通过引进具有市场开拓经验、创新思维和国际化视野的人才，快速提升团队的整体实力。

5. 运用金融的能力

金融能够促进产业的发展，产业壮大后又能反哺金融，因此，上市公司应深度融入“产业—金融”良性循环中，在产业与金融良性互动的同时，实现自身的可持续发展。上市公司主要可以从三方面运用金融实现自身的可持续发展：

一是拓宽融资渠道。上市公司要实现可持续发展，需要不断提升自身经营水平、在科技创新等多方面提升竞争力，而实现这些需要上市公司持续的资金投入。上市公司在成长发展阶段，可能面临“融资难、融资贵”的问题，金融市场可以充分发挥其资源配置作用，为优质上市公司拓宽融资渠道，提供多元化的融资方式。首先，上市公司可以通过信贷市场向银行等金融机构借款。其次，上市公司可以通过资本市场进行债权融资，例如发行企业债、公司债等，还可以通过资产证券化的方式，提高其资产的流动性。此外，上市公司还可以通过资本市场进行股权再融资。再融资是上市企业最基本且最大的需求，再融资的方式一般有公开增发、非公开增发、配股、优先股等。再融资不会增加上市公司的负债，而会让上市公司的资产规模扩大，是助推上市公司发展的加速器。最后，上市公司还可以利用资本市场提升内源融资的效率和收益。上市公司可以把往年经营活动中创造的留存收益等用于后续发展，通过证券公司等投资经验更丰富的金融机构，将自有资金进行投资，最大化提升资金的使用效率和收益。

二是推动并购重组。我国产业目前存在高度分散化的问题，经济需要转型升级，产业整合升级是其中的关键一环，而并购重组是实现产业整合升级的重要手段。产业间的并购、重组、整合能够让企业借此机会调节产能，使社会经济结构更加平衡，从而为上市公司的发展带来更好的产业环境。资本市场可以帮助上市公司进行产业内的横向并购，实现规模经济。产业内的横向并购有利于提高产业集中度，通过避免低层次无序竞争，实现产业集群化发展，最终实现规模效应；有利于降低成本，整合彼此优势，增强内部协同；有利于提高行业影响力，扩大生产和销售的规模，确立更高的市场地位，拥有更大的话语权；有利于实现外延扩张，上市公司通过与业内同业并购重组，扩大自身规模，拓宽产品线和商业版图，进入新的市场，快速实现外延式扩张。资本市场可以帮助上市公司进行产业链的纵向并购，实现协同效应。纵向并购能够延伸产业链，产业链上不同公司间的整合能够延伸上下游产业链，提高上市公司的利润水平和竞争力；能够提升国际竞争力，不同上市公司之间的并购有利于发挥协同效应，消除国内外竞争的内耗，增强议价能力，在国际上拥有更强的竞争力；有利于产业转型升级，跨界并购重组能够实现不同行业间的协同，促进产业结构的转型升级；有助于短期内快速积累资源、人才、技术、产品、渠道等优势，实现产业链、价值链由低层次向高层次的发展，促进自身壮大；对目标领域内的公司进行并购重组，帮助上市公司迅速深入某一细分行业，推动企业多元化发展，实现业务转型，增强自身在新细分领域的市场竞争力。

三是加强资源整合。资本市场具有整合社会资源、优化资源配置的作用，能够通过不断创新的金融产品和持续优化的制度安排，让更多资源要素加速流向国家重点战略领域，助力上市公司发展壮大。首先，资本市场通过投资加强资本整合。资本市场可以通过提供多样化的投资机会和回报机制，吸引更多国内外的资本要素进入科技创新等领域，投资重点行业的上市公司，有效保障公司发展过程中的资金需求。其次，资本市场通过研究咨询加强信息整合。资本市场内的各大金融机构往往具有扎实的研究基础和多年积累的研究经验，并形成了全领域、全行业覆盖的研究体系，能够识别未来发展趋势，提前判断具有潜力的赛道，引导上市公司挖掘适合商业化的科技项目，让前沿技术直接转化为现实生产力，而且金融机构具有广阔的信息来源渠道和强大的信息收集能力，可以满足上市公司在发展过程中的信息需求。接着，资本市场通过制度加强人才整合。资本市场可以帮助上市公司做股权激励计划，激励核心员工的工作热情和积极性，吸引更多优秀人才，增加人才的忠诚度和稳定性，提高公司的生产力和竞争力。最后，资本市场通过创新加强绿色资源整合。资本市场通过全国碳排放权交易市场，将碳排放权资源在不同企业之间进行整合与分配。碳排放权交易机制通过市场机制优化配置碳排放空间资源，为排放实体的碳减排提供经济激励。

四、政策建议

中国式现代化的具体内涵与可持续发展理念相辅相成，而上市公司作为各行各业的领头雁，更应该积极参与中国式现代化建设，深入贯彻可持续发展理念，将自身的可持续发展与中国式现代化建设有机结合。为促进上市公司在中国式现代化的全新市场格局下更好地实现自身可持续发展，结合全文内容，我们对相关管理部门及组织提出以下政策建议：

（一）鼓励上市公司参与中国式现代化建设

上市公司是中国特色社会主义市场经济的重要组成部分，应积极发挥“压舱石”和“稳定器”的作用，维护国家经济平稳运行，践行自身的使命担当，为推进中国式现代化和实现持续稳健的高质量发展贡献重要力量。建议相关管理部门及组织围绕中国式现代化建设，对上市公司采用多渠道、多方式进行宣导培训，一方面，推动上市公司更加充分地理解中国式现代化，更好地融入中国式现代化建设；另一方面，促进上市公司及时把握中国式现代化进程中出现的市场机遇，实现可持续发展。

（二）引导上市公司贯彻新发展理念

贯彻新发展理念，需要上市公司注重经济效益、环境效益、社会效益的整体统一，实现可持续发展。建议相关管理部门及组织从三方面对上市公司进行引导：一是鼓励上市公司完善股东回报机制，鼓励上市公司在实现高质量发展的基础上给予股东更多的回报，进一步将保护中小股东的利益放到重要位置，让中小股东切实共享企业发展成果，为实现共同富裕、增加人民财产性收入作出贡献；二是鼓励上市公司加强创新，引导上市公司充分重视科技创新、管理创新、制度创新，鼓励上市公司在创新方面进行更多的资源投入，推动上市公司可持续发展；三是鼓励上市公司加快绿色发展，提升绿色发展意识、加快绿色技术创新，为社会的可持续发展贡献力量。

（三）鼓励上市公司践行社会责任

追求经济利益是企业的基本属性，而追求经济效益与承担社会责任应是相互支撑、相互促进、相互统一的。上市公司作为企业中的领头羊、经济发展的推动器，汇集了大量的社会资源，在追求经济利益的同时也应进一步承担社会责任。建议相关管理部门及组织加大引导力度，推动上市公司将践行社会责任贯穿到企业的发展过程中，在创造经济价值的同时，履行更多社会责任，在推动中国式现代化进程中发挥更大的作用。

（四）引导上市公司优化发展战略

中国式现代化给市场带来了新的变化，上市公司唯有不断优化战略以适应市场的变化，才能在市场中站稳脚跟，才有可能实现可持续发展。建议相关管理部门及组织进一步引导上市公司优化自身发展战略，围绕中国式现代化以及 ESG 这两大路径，更新自身的战略目标、明确市场定位、完善经营策略并不断提升核心能力。一是引导上市公司加强治理能力，目前我国上市公司治理水平仍有一定的欠缺，财务造假等情况时有发生，提升上市公司治理水平，除了依靠监管机构的外部推动，更需要引导和鼓励上市公司自身做出努力；二是鼓励上市公司聚焦主业，持续围绕主业努力精耕细作，不断提高主业的核心竞争力，力争做行业龙头和细分领域的头部企业，同时预先做好跨行业、跨产业的战略研究和布局，避免因盲目追逐风口而沦入过剩行业；三是要引导上市公司强化风险意识，提升应对危机和防范化解风险的能力，努力做到尽早预防、尽早发现、尽早应对，为维护市场平稳健康发展贡献更大力量。

（五）搭建上市公司可持续发展沟通交流平台

上市公司的可持续发展离不开对成功经验和优秀案例的学习，闭门造车不利于企业健康成长。建议相关管理部门及组织积极搭建产业链上下游上市公司以及跨地区上市公司间的沟通交流平台，产业链上下游上市公司间的沟通交流可以围绕产业纽带，分享自身的管理经验、产品创新、工艺进步等，推动产业链上下游企业提升管理效率、加强技术交流，共同促进产业链整体生产水平的进步；跨地区上市公司间的沟通交流平台更多可以围绕公司管理理念、企业转型升级经验、客户服务模式等进行分享，促进上市公司管理理念和管理水平的进步。积极加强上市公司之间的沟通交流，推动上市公司间形成更好的交流、分享氛围，能够使上市公司之间形成相互促进、共同成长的良性循环，助力更多的上市公司实现可持续发展。

参考文献

［1］王一鸣．CDR：中国式现代化新道路［N］．经济日报，2021－09－01．

［2］唐爱军．CDR：彰显中国式现代化世界意义［N］．解放日报，2022－10－25．

［3］国家发展和改革委员会资源节约和环境保护司．推动绿色发展 实现“双碳”目标——《“十四五”循环经济发展规划》解读之三［EB/OL］．［2021－07－14］．https://www.ndrc.gov.cn/xwdt/ztzl/sswxhjjfzgh/202107/t20210714_1290406.html．

［4］徐丹丹．CDR：加快构建全国统一大市场 增强中国式现代化内生动力［N］．光明日报，2023－11－18．

［5］王霄彤．ESG 可持续金融在香港的发展［EB/OL］．［2022－09－15］．https://www.stnn.cc/c/2022－09－15/3768725.shtml．

［6］中国资本市场研究院，中国 ESG 发展白皮书（2021）［R］．2022．

［7］李颖．新时代企业目标市场营销策略［J］．现代商业，2018（7）．

［8］张淑荣．STP 策略在企业发展过程中的应用［J］．科技信息，2011（27）．

11. 中国上市公司数据资产研究和实践

中关村科技软件股份有限公司 课题组*

本文主要探讨了中国上市公司数据资产的总体结构、基本定义和体系框架等基础性问题，初步定义和建立了中国上市公司数据资产的主要属性和内容，包括数据湖仓、主数据管理、数据资产管理与运营、数据要素市场化等。同时，本文就中关村科技软件项目实践经验，选择不同行业、具有代表性的上市公司为研究和实践对象，探索和建立了定性和定量的数据资产实例，并开展了数据资产建设研究和实践。此外，本文还研究了中国上市公司数据资产的价值特点特色、属性、价值和质量确权评估、数据资产交易等相关问题，探讨建立了中国上市公司数据资产解决方案。这些研究和实践将有助于推动中国上市公司数据资产的建设和发展，提高企业的竞争力和可持续发展能力。

* 课题组成员为罗群、王继奎、赵红伟、王润宏、张磊。

一、研究背景和意义

自 2020 年 4 月 9 日中共中央、国务院发布《关于构建更加完善的要素市场化配置体制机制的意见》以来，我国在数据要素市场的培育和发展方面取得了显著进展。该文件明确了加快培育数据要素市场的重要性，将其融入了我国经济价值创造体系，成为数字经济时代的基础性、战略性资源和重要生产力。同时，中共中央办公厅、国务院办公厅于 2021 年 1 月 31 日印发的《建设高标准市场体系行动方案》和中共中央、国务院于 2023 年 2 月 27 日印发的《数字中国建设整体布局规划》等重要文件，进一步强调了培育发展数据要素市场的重要性，并提出了建立数据资源产权、交易流通、跨境传输和安全等基础制度和标准规范，推动数据资源开发利用。此外，夯实数字基础设施和数据资源体系“两大基础”，构建国家数据管理体制机制，健全各级数据统筹管理机构，推动公共数据汇聚利用，建设重要领域国家数据资源库等措施，也为我国数据要素市场的持续发展提供了有力保障。

上市公司作为推动中国经济增长的主要力量、科技创新的领头羊和中国经济增长的“动力源”，对我国整体经济长远发展意义深远。围绕上市公司的数据资产的研究和实践，非常重要，也是当务之急。

然而，尽管数据资产的重要性在上市公司中得到了广泛认知，但如何有效管理和利用这些数据资产，使其发挥出最大的商业价值，仍然是一个亟待解决的问题。

二、上市公司数据资产管理概述

（一）数据资产的综合利用引领企业转型升级

随着数字经济的持续发展，数据已经成为国家基础性战略资源，数据资源正逐步成为一种极其重要的新型资产。在新经济的浪潮中，企业面临的竞争环境也发生了巨大变化，促使企业尽快进行发展模式、管理模式、商业模式的升级转型。知识经济的逐渐形成，使得信息资源日益成为不可忽视的生产要素和无形资产，在创造社会财富的过程中发挥着越来越重要的作用①。

上市公司作为推动中国经济稳中向好发展的重要力量，为了使庞大的企业数据发挥更大的价值，必须着眼于数据资产的综合利用，通过数据驱动业务创新，提升管理水平，引领企业转型升级。

上市公司急需进行数据资产管理主要有以下原因：

随着企业信息化的发展，大数据概念的提出，企业数据的种类和数量急剧增加，上市公司面临的数据环境日趋复杂。

上市公司信息化的深度应用对跨部门、跨职能领域的协作提出了更高的要求，信息系统之间互通、互联、互操作的复杂性持续增加。

---

① 王兆君，王钺，曹朝辉．主数据驱动的数据治理原理、技术与实践［M］．清华大学出版社，2019：3.

海量的数据、复杂的数据环境、潜在的数据质量缺陷阻碍了企业级的信息集成和信息深度利用，成为制约上市公司信息化发展的瓶颈。

综上所述，上市公司做好数据资产管理势在必行。

（二）战略升级推动上市公司优化数据资产管理

从企业角度而言，新的经济环境以及全球化分工和跨地域竞争格局的产生，促使企业在管理与运作方面不断推出和适应新的模式与理念。企业战略逐步向全球化、精益化、服务化、智能化和协同化的趋势发展；企业市场竞争的内容已经由传统的规模、效率、质量的竞争转向了个性化及差异化的竞争、速度的竞争、信息的竞争和知识的竞争。上市公司在产品和服务方面的创新能力、精细化的运营能力以及全球化的战略管控能力，大大依赖于上市公司开发和利用信息资源的能力。数据和信息是上市公司的经济命脉，成为一项重要的企业资产。上市公司信息化与新的商业运作模式相互融合，推动企业的管理变革，是上市公司面对新环境挑战的必要对策。

上市公司管理好数据资产的重要性体现在以下方面：

数据是一种参与企业生产经营活动的经济资源。有效地管理和使用数据可以减少或消除企业经营活动中的风险，为企业管理控制和科学决策提供合理依据，给企业带来相关的经济效益。

数据是支持上市公司转型发展战略的重要资源，是进行分析和决策的重要基础。有效地挖掘和利用海量数据已经成为企业高效发展的关键推动力，如何利用数据创造价值，实现决策分析，对提升企业业务效率、综合竞争实力以及加速企业发展具有重要的意义。

数据是上市公司最大的价值来源，数据资产具有较高附加值。有效应用数据资产往往能创造出巨大的潜在价值，其所带来的经济效益不可预估。利用规范的、真实的数据有助于企业进行业务创新、提供更优质的服务、提升客户忠诚度、减少决策分析和报表统计所需的工作，提升企业整体价值。

数据资产同时也是最大的风险来源。数据固然有技术的成分，但数据更是一个管理问题，而且是一个综合管理问题。数据管理不善，通常会导致业务决策的效果不佳，更可能面临违规和数据失窃。

因此，如何将庞大的数据资源转化为资产，并进行有效管理和利用，挖掘数据资产所蕴含或可带来的商业价值，成为上市公司管理者必须思考的问题。

（三）上市公司数据资产管理现存难点

综合而言，上市公司数据资产管理存在以下问题：

1. 数据资产管理缺乏源动力

近年来国家积极鼓励各行业上市公司推进企业内部数字化转型工作，行业政策陆续发布，但是对于多数组织而言，仍面临数据资产管理价值不明显、数据资产管理路径不清晰、数据文化不完善等问题，管理层尚未达成数据战略共识，业务部门缺少有效的数据应用方法，短时期内数据资产管理投入产出比较低，导致组织开展数据资产管理缺乏源动力。

2. 数据治理机制不健全

很多上市公司对数据资产管理的重视程度不够，缺乏对数据资产的清晰认识和规划，导致数据资产管理处于分散、无序的状态。缺乏完善的数据治理机制，数据标准不统一、数据质量不高、数据安全得不到保障等问题时有发生，直接影响了数据资产的有效利用和价值发挥。

3. 数据整合能力不足

现阶段企业开展数据资产管理主要是为经营管理和业务决策提供数据支持，数据资产管理应与业务发展紧密耦合，数据资产也需要借助业务活动实现价值释放。随着企业信息化的不断推进，各种业务系统和数据来源越来越复杂，数据资产管理团队与业务团队缺乏有效的协同，成为了一个主要的问题。一些公司缺乏必要的技术手段和人才队伍，无法有效地将各种数据进行整合，影响了数据资产的管理和利用效果。

4. 数据应用难以满足预期

一些上市公司在数据应用方面还处于初级阶段，缺乏数据的源头治理和深入分析能力，无法将数据转化为具有实际应用价值的情报信息，目前多数企业面临数据质量不达预期、质量提升缓慢的问题，难以支持企业决策和业务创新。同时数据资产的运营是在时间维度上持续开展的，很多上市公司在数据管理层面缺少良性循环。

5. 数据安全合规问题和隐私保护风险加剧

随着企业运行的持续，数据资源量不断增加，数据维度持续扩展，其数据安全和隐私保护问题也日益突出。上市公司对数据的安全性和隐私保护重视不够，缺乏必要的安全措施和隐私保护政策，容易发生数据泄露和侵权行为。在数据资源的市场化应用中，安全合规问题也是众多企业面临的主要难点。

为了解决这些问题，上市公司需要加强对数据资产管理的重视，完善数据治理机制，提高数据整合能力和应用水平，同时加强数据安全和隐私保护措施，以保障数据资产的安全和有效利用。

（四）上市公司数据资产信息化建设面临的挑战

目前大部分上市公司都是以公司管理的整体视角去审评当前企业信息化建设、数据应用乃至数字化转型方面的工作成果，缺少以数据资产为角度的高度去认识数据的重要性。总体来看，大部分上市公司面临的数据资产管理挑战主要集中在以下层面：

1. 整体建设层面

一是现有系统的数据未得到挖掘应用。各个系统产生的结果数据，仍旧零散在本系统中，不能发挥更大的应用价值。

二是树立的信息化系统与线性的、网状的管理模式存在矛盾。公司内各环节的关联关系、相互影响情况，缺少数据化、客观化的抓手，例如采购业务对财务预算的关联影响，采购周期对生产计划的影响，均缺少有效的评测手段。

三是面对数字化转型，上市公司却缺少对“数据”的系统化的治理体系。现阶段，无论是数据治理相关的规章制度，还是技术平台、应用体系，均处于空白状态。

2. 数据集成平台层面

一是数据缺乏标准与规范，难以有效集成与使用。

二是数据可信度偏低，导致数据不可用、不敢用。

三是数据没有业务视角的展现方式，业务人员不会用。

四是数据不可溯源，跟踪数据处理过程困难。

综上所述，上市公司要完成数据驱动型组织的转变，需要紧密结合实际业务需求，借助专业的实施运维伙伴及其多功能的解决方案，在参考国内外先进实践基础上，整体设计，重点推进，完成数据能力的专项提升，进而建立企业的数据治理体系，并逐步完善数据管理制度体系和标准规范体系，积极推动数据管理工作的落实，稳步推进企业全方位数据管理能力的提升，从源头上提高企业数据资产价值，从而持续实现“降本、提效、增收”的业务发展目标及数字化转型升级的战略目标。

三、上市公司数据资产的框架体系

中关村科技软件在深入研究数据资产和数据要素相关理论的基础上，结合上市公司的相关案例和实践经验，对企业数据管理进行了定位和定义，并提出了“数据湖仓—主数据资源管理和服务—数据资产管理和运营—数据要素市场生态”四阶段理论框架。

（一）数据资产管理的定义与内涵

数据是一种未经加工的原始资料，是对客观事物的逻辑归纳，用符号、字母等方式对客观事物进行直观描述。数据是进行各种统计、计算、科学研究或技术设计等所依据的数值，是表达知识的字符的集合。信息是数据内涵的意义，是数据的内容和解释。数据经过解释并赋予一定的意义之后，便成为信息。

数据资产（Data Asset）是指由企业拥有或者控制的，能够为企业带来未来经济利益的，以物理或电子的方式记录的数据资源，如文件资料、电子数据等。在企业中，并非所有的数据都构成数据资产，数据资产是能够为企业产生价值的数据资源。数据资产是动态变化发展的，而不是像物理资产那样固定不变，一般来说，它的价值会随着数据生命周期的发展而增加。

数据资产管理（DAM，Data Asset Management）是指规划、控制和提供数据及信息资产的一组业务职能，包括开发、执行和监督有关数据的计划、政策、方案、项目、流程、方法和程序，从而控制、保护、交付和提高数据资产的价值。数据资产管理是需要充分融合业务、技术和管理，来确保数据资产保值增值①。

中关村科技软件认为，企业数据管理应从数据平台、数据维度、数据服务、数据业务、数据价值五个方面着手。基于 1 个数据平台，面向数据全生命周期、数据价值链的 2 个数据维度，通过数据汇聚、数据治理、数据智能的 3 类数据服务，为客户构建数据湖仓、主数据、数据资产、数据要素的 4 项数据业务体系，实现标识、描述、时空、预测、洞察等 5 个数据价值，面向业务领域为上市公司建立有效的数据资产管理体系。

（二）上市公司数据资产管理体系研究

中关村科技软件通过实际项目案例，研究数据管理方法总结归纳出“数据湖仓建设—主数据资源管理—数据资产管理与运营—数据要素市场化”数据资产管理的四个阶段。数

① CCSATC601 大数据技术标准推进委员会．数据资产管理实践白皮书（6.0 版）（2023.1）[M]．2023：4.

据资产管理框架如图 11－1 所示。

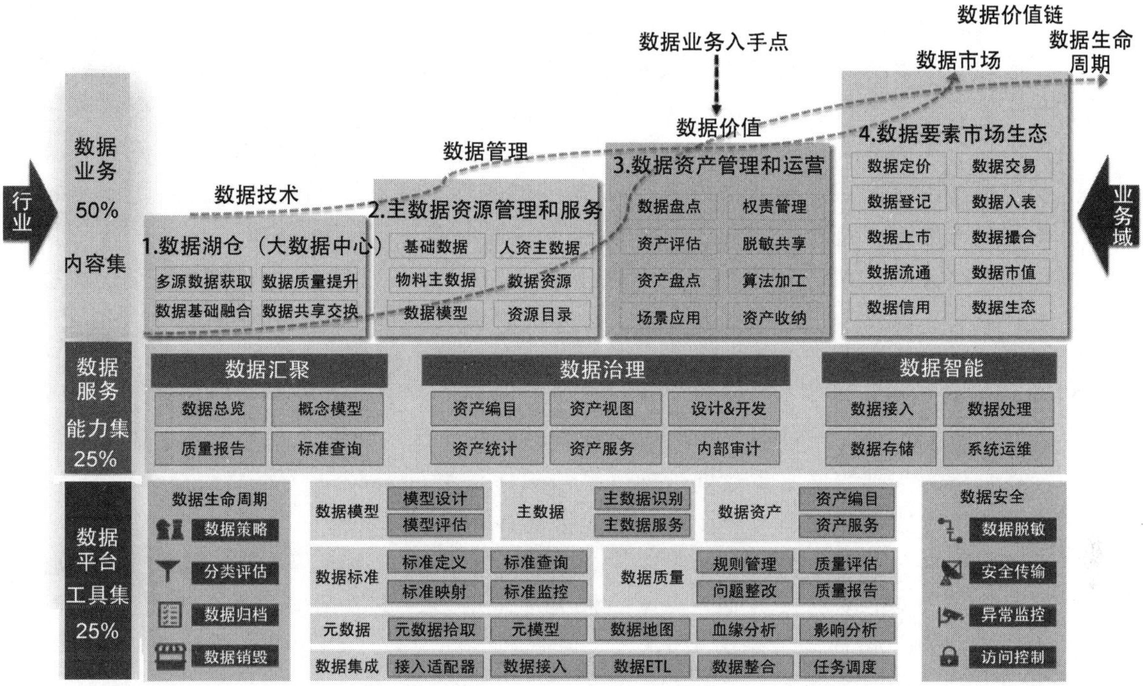

图 11－1　数据资产管理框架

1. 数据湖仓

数据仓库可以定义为一个现代数据平台，该平台由数据湖和数据仓库组成。数据湖的主要功能在于存储，既可以存储结构化数据，也可以存储非结构化数据，比如对象存储技术，而围绕对象存储的数据入湖技术本身也已经非常成熟。数据湖仓（Data Lake Warehouse, DLW）利用数据池中非结构化数据的灵活存储以及数据仓库中的管理功能和工具，数据湖仓可以复用很多数据湖的技术，包括数据摸底、模型抽象、数据接入等，然后从战略角度将它们作为一个更大的系统一起实施。这两个独特的工具的集成为用户带来了两全其美的结果。

专栏 11－1：数据湖仓一体化

▌概念辨析

当我们谈论数据湖仓一体时，我们指的是当前数据存储库平台的组合使用。

数据湖（湖仓中的“湖”）：数据湖是一个成本低廉的存储库，主要由数据科学家使用，也由业务分析师、产品经理和其他类型的最终用户使用。这是一个大数据概念。来自各种组织来源的非结构化原始数据进入湖中，通常在加载到数据仓库和构建数据集之前进行暂存。

数据仓库（湖仓中的“仓库”）：数据仓库是来自数据湖的不同类型的存储库，因为数据仓库存储已处理和结构化数据，专为特定用途整理，并以指定格式存储。这些数据通常由业务用户查询，业务用户在分析工具中使用准备的数据进行报告和预测。数据仓库通常包含数据管理功能，例如数据清理和提取/加载/转换（ETL）。

数据湖仓一体会消除数据湖与数据仓库之间的孤岛墙壁。这意味着数据可以轻松地在数据湖的低成本和灵活存储之间迁移到数据仓库，反之亦然。用户可以轻松访问数据仓库的管理工具来实施模式和治理，而这通常是基于机器学习和人工智能进行数据清理。结果创建了一个数据存储库，集成了经济实惠、非结构化的数据池集合和数据仓库的强大准备。通过在利用工具和功能准备数据供业务使用的同时提供从精心策划的数据源收集的空间，数据湖仓一体可加快流程。在某种程度上，数据湖是数据仓库，它从概念上源于 20 世纪 80 年代初，为现代数据驱动的世界重新引导。

2. 主数据资源管理和服务

主数据（Master Data）是指用来描述企业核心业务实体的数据，是跨越各个业务部门和系统的、高价值的基础数据。主数据管理（Master Data Management，MDM）是一系列规则、应用和技术，用以协调和管理与企业的核心业务实体相关的系统记录数据。

由于主数据具有数据价值高、稳定性强、数量少但影响范围广等特点，有“黄金数据”之称。随着参与业务活动的核心业务实体的种类逐步增多，主数据的管理范围将逐步扩大，主数据从“跨部门”拓宽至“跨组织”。

专栏 11－2：主数据管理范式

▌主数据类别

主数据可以根据不同的业务领域和实体进行分类。以下是一些主数据类别：

1. 客户数据（Customer Data）：包括客户的基本信息、联系方式、交易历史、信用评分等。

2. 产品数据（Product Data）：包括产品的描述、分类、规格、价格、供应商信息等。

3. 供应商数据（Supplier Data）：包括供应商的基本信息、联系方式、合同信息、评价等。

4. 资产数据（Asset Data）：包括组织的固定资产、设备、设施、软件许可等的详细信息。

5. 员工数据（Employee Data）：包括员工的个人信息、职位、履历、培训记录、绩效评估等。

6. 组织数据（Organization Data）：包括公司的部门、地点、业务单元、成本中心等相关信息。

▌主数据特征

主数据具有一些特定的特征，这些特征使其在组织内具有重要的价值。以下是主数据的三个关键特征：

1. 关键性（Criticality）：主数据包含组织内最关键的业务实体信息，如客户、产品、供应商等。这些数据对业务运营和决策过程至关重要。

2. 共享性（Shareability）：主数据通常需要在组织内的多个部门、系统和业务过程中共享和使用。这要求主数据在不同的应用和业务场景中保持一致性和准确性。

3. 持久性（Persistence）：主数据通常具有较长的生命周期，需要在一定时期内保持稳定。与其他类型的数据（如交易数据）相比，主数据的变更频率较低。

▌主数据与其他数据的关系

主数据与其他类型的数据有密切的关系，它们在组织内相互依赖并共同支持业务运营和决策过程。以下是主数据与其他数据类型之间的一些关系：

1. 交易数据（Transactional Data）：交易数据是指记录业务活动（如销售订单、采购订单、发票等）的数据。交易数据通常与主数据密切相关，因为它们包含了与主数据实体（如客户、产品、供应商等）相关的信息。例如，销售订单可能包含客户信息、产品信息以及价格等主数据。主数据为交易数据提供了基础信息和上下文，有助于实现业务过程的有效执行和监控。

2. 元数据（Metadata）：元数据是描述其他数据的数据，例如数据的结构、格式、定义、来源等。元数据在主数据管理过程中起着重要作用，因为它有助于识别、整合、清洗和标准化来自不同来源的主数据。通过使用元数据，组织可以确保主数据的一致性、准确性和可靠性。

3. 参照数据（Reference Data）：参照数据是一种用于支持其他数据的标准化和分类的数据，例如固定值列表、代码表、行业标准、度量单位等。参照数据在主数据管理过程中具有重要作用，因为它们有助于实现主数据的一致性和标准化。通过使用参照数据，组织可以确保主数据在不同系统和业务过程中保持一致。

4. 分析数据（Analytical Data）：分析数据是用于支持决策和分析的数据，通常是通过对原始数据（如主数据和交易数据）进行汇总、转换和加工生成的。主数据为分析数据提供了关键的基础信息，确保分析结果的准确性和可靠性。例如，在进行销售分析时，需要使用客户数据、产品数据等主数据来对销售数据进行分组和归类。

3. 数据资产管理和运营

数据资产管理（DAM，Data Asset Management）是指规划、控制和提供数据及信息资产的一组业务职能，包括开发、执行和监督有关数据的计划、政策、方案、项目、流程、方法和程序，从而控制、保护、交付和提高数据资产的价值。数据资产管理是需要充分融合业务、技术和管理，来确保数据资产保值增值。数据资产管理包括两个重要方面，一是数据资产管理的核心管理职能，二是确保这些管理职能落地实施的保障措施，包括组织架构、制度体系。数据资产管理在大数据应用体系中，处于承上启下的重要地位。对上支持以价值创造为导向的数据应用开发，对下依托大数据平台实现数据全生命周期的管理。

数据资产运营（Data asset operation）是指通过对数据服务、数据流通情况进行持续跟踪和分析，以数据价值管理为参考，从数据使用者的视角出发，全面评价数据应用效果，建立科学的正向反馈和闭环管理机制，促进数据资产的迭代和完善，不断适应和满足数据资产的应用和创新需求。

专栏 11 –3：数字经济时代下的数据资产管理运营

▌数字经济时代下数据资产要素化趋势

近几年来，发改委、财政部、工信部、网信办，包括地方政府出台了一系列的管理制度和办法。发改委发布“数据二十条”提出了数据产权、交易流通、收益分配、安全治理四大支柱，很多行业的上市公司管理者更关注“数据二十条”如何落地的问题。

▌数据产权分配

前面提到“数据二十条”提出了四大支柱，第一个支柱就是数据产权。目前国家淡化了数据的所有权，企业拥有持有权，通过将持有的数据进行加工打造成数据产品，进而拥有了经营权、运营权，对外提供后用户就拥有使用权。在这个过程中要考虑数据产权，这也是现在做数据资产管理和传统数据治理 1.0 最大的区别。如果说做数据治理更多的是认责，出现质量问题进行惩罚，现在的做数据资产更多的是确权，而且确权之后收益的分配是非常关键的一点。

▌上市公司数据资产运营和价值实现（见图 11 –2）

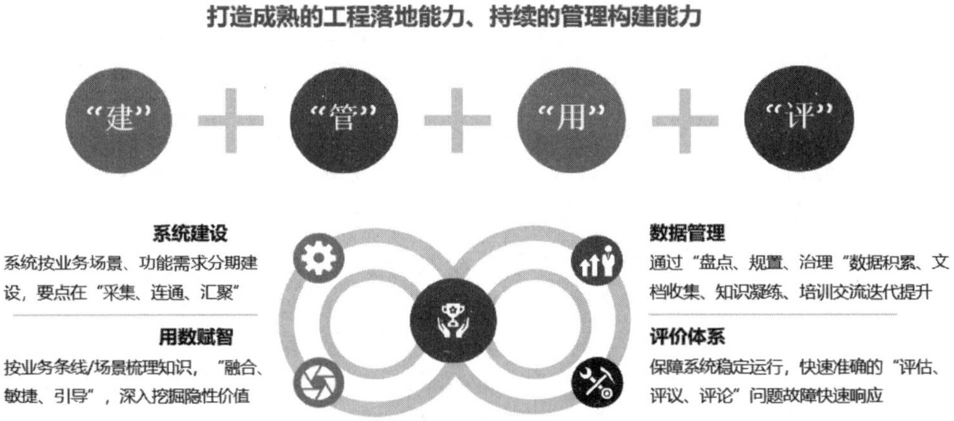

图 11 –2　数据资产运营管理和价值实现

结合国家整个数字经济的背景，上市公司企业开展数据资产运营管理和价值实现，总体框架是基于传统数据治理，以及结合最近新兴的做数据市场管理，总结出“建、管、用、评”四个主要阶段，以及“采集、连通、汇聚，盘点、规置、治理，融合、敏捷、引导，评估、评议、评论”共计 12 项管理关键点。

1. “建”

首先“建”，企业要有数据基础，针对这些数据对象，首先要建立基础的底座，“建”包含了“采—通—汇”，采指的是采集，从业务角度出发，采集什么数据，范围、标准、要求均需要定义。第二“通”，采集到的数据在企业内部要融会连通，部门间要连通，系统间要连通，跟业务场景、业务流程之间要连通，数据、业务和技术不能分裂。第三“汇”，指汇聚，把业务部门的数据汇集在统一的数据平台来统一管理。

2. “管”

“建”完之后那就要考虑“管”了。“管”又衍生了三个词，“盘—归—治”。这个比较偏传统的数据治理。我们经常提到要先做盘点，在盘点过程中做数据的分类分级形成目录，基于数据资产目录定标准定规范然后去治理：一方面标准规范的落标，一方面质量的监测整改提升。

3. “用”

“用”包含了“融—敏—引”。数据在业务应用方面，第一要有融合，包括人行一直提的数据治理要融合业务应用，需要基于具体的业务场景，如客户营销的场景，在客户营销场景里面会涉及的哪些数据，数据质量怎么样，安全合规的要求怎么样，是否脱敏，打造什么样的营销数据产品，该产品的价值和效用是什么，要把整个融合的业务场景规划出来，之后做敏捷开发和落地，通过 Data OPS 把数据治理的理念和要求跟开发融合在一起。“引”指的是引导业务部门用数，业务部门很清楚数据的业务场景赋能，但是具体的技术手段、模型、算法，需要找些外部机构去做合作需要引导。

4. “评”

“评”主要指数据资产估值定价，这是基础，也是未来配套的保障机制。狭义的数据价值是指数据的经济效益，广义的数据价值是在经济效益之外，考虑数据的业务效益、成本计量等因素，我们聚焦于广义的数据价值。数据价值评估是指通过构建价值评估体系，计量数据的经济效益、业务效益、投入成本等活动。

数据价值评估是数据资产管理的关键环节，是数据资产化的价值基线。目前，国内外相关标准化组织、财会领域组织、技术咨询服务企业均从多个视角开展积极探索研究。“评估、评议、评论”是站在三个不同的视角，生产者、管理者、消费者的视角进行综合的数据价值评估。

▌“目录—账户—产品”三位一体的运营体系

数据资产运营的起点就是通过盘点形成统一的数据资产目录，而且这个目录建议不应以传统 IT 技术主题划分，而是拿业务部门能看得懂的。通过底层的数据建模，针对行业业务模式制定数据资产标签，同时也可以给业务部门打造数据资产的业务标签，方便业务部门去订阅、查询、维护，跟底层的模型可以有映射和匹配，然后确权、分类分级最终去打造数据产品。

▌数据产品的打造

关于数据产品要特别强调一下，打造数据产品需要转换成产品理念，把数据当成一个业务产品，从规划、设计、探索到开发、部署，覆盖成长期、成熟期、衰退期、退市停运等整个全生命周期过程。数据的资产化方向一定离不开产品的打造和产品的运营。

▌数据资产合规运营

安全合规是底线。以金融行业为例，相关的法律法规，行业的条款要求，包括一些标准规范，其中《数据安全法》就可以识别出来有哪些具体的要求，而且这些要求可以对应到行业标准，地方法规、国家标准、国家法律、部委规章。同时需要把这些内容全部都串起来落回到数据管理和运营的具体场景下，每个场景要遵循哪个法律条款都要去做精细化合规运营。

当前市场上的数据安全管理更多是直接基于分级分类的结果做安全策略，并通过系统管控落地。目前慢慢已经开始有金融机构去做细化的、逐条的、合规的检索，以及检索之后的条目落到具体的数据应用场景，并针对这个场景能做是否合规的风险评估、影响分析以及后面的一系列的解决方案，做到这个颗粒度是非常难的，这也是数据资产合规未来的发展目标。

▌数据资产价值评估

资产运营阶段的主要目标是通过构建数据价值评估体系与运营策略，促进数据内外部流通，建立管理方与使用方的反馈与激励机制，推动数据资产价值释放。

在估值的整个过程中，目前更多的是静态的估值，未来如果要真正把估值放到数据产品的全生命周期，那它一定是动态的估值，从数据的采集、加工、存储、分装、打造产品，最后到交易流通变现产生价值，整个生命周期过程中每个节点都要去做评估，评估之后还要有价值增值的链路，这样才能做到精细化管理，才能说采集单是由谁采集的，在采集过程中产生了多少价值，在加工过程中产生了哪些价值？未来要实现业务部门的分润，如果没有这套评估体系也无法进行分润。现在很多的行业课题都在研究数据资产估值定价，不论是从固有价值、投入成本，还是从未来替代价值、要素倍增效益、市场价值角度，肯定要形成一套全方位的估值模型。一旦数据资产估值落地，很多的问题都会迎刃而解。

4. 数据要素市场生态

伴随各地数据要素试点不断落地，行业规则和标准加速推出，产业链在应用中逐步趋于清晰。随着数据要素产业落地节奏提速，我们预计未来国内将加速推进数据要素市场化（Marketization of Data Elements，MDE），加快构建以数据为关键要素的数字中国。产业链从数据供应、数据加工、数据流通、数据应用等环节有望全面受益。

专栏 11－4：数据要素市场化模式

▌行业概述：数字中国核心引擎，“数据要素 X” 应用百花齐放

数据作为新型生产要素，对土地、劳动力、资本、技术等生产要素具有放大、叠加、倍增作用，正在推动生产方式、生活方式和治理方式深刻变革，在数字中国时代发挥核心引擎作用。中央政策持续发力加快培育数据要素市场，目前以“数据二十条”为核心的“1＋N＋X”的政策框架初步形成。“数据要素 X” 乘数效应下，产业应用百花齐放。

▌产业链：供应、加工、流通、应用、运营五大环节

根据数据使用的生命周期，可分为数据供应、数据加工、数据流通、数据应用、数据运营五大环节，包括数据收集、存储、治理、加工、分析、开发、流通、运营、三方服务等，覆盖数据要素从产生到发生要素作用的全过程。

数据供应：涵盖数据采集到治理，数据规模高速增长。中国数据规模高速增长，IDC 预计 2027 年我国数据规模有望达到 76.8ZB，2022～2027 年 CAGR 达 26.3%，为全

球第一，庞大的数据产出规模为我国数据要素行业发展提供空间。

数据加工：实现从原始数据到数据资源的转化，初步具备流通能力。原始数据存在质量参差不齐的问题，发挥数据价值需要对原始数据进行清洗和初步加工，并进行一系列的数据运营，形成数据资源后续进入流通环节。数据确权和授权为数据流通奠定基础，目前已初步形成分类分级授权确权制度。

数据流通：产业链重要环节，场内和场外两种模式并行。数据流通主要包括场内和场外流通，其中场内流通数据需在数交所集中挂牌交易，以数据产品作为主要商品，各地交易所正持续推动其落地；场外流通数据以点对点的方式进行，由供需双方协定交易方式。

数据应用：应用场景众多，带动全新增量市场。数据要素加持金融、能源、交通、医疗等各垂直领域，满足现有各行业数据需求的同时，有效激发跨行业、跨层次数据整合能力，带来全新应用场景，市场规模加速扩展。

数据运营：运营依据是数据要素运营的导向。数据要素运营要以国家战略为指引，遵从法律法规的约束，符合地方政策、行业准则和标准规范的要求，并依此来开展数据要素运营活动，确保整个数据要素运营活动的合法合规，安全守正①。

上市公司数据资产管理策略如图 11-3 所示。经过长期研究与实践，中关村科技软件通过长期深入行业研究和业务探索，总结出资产管理实践的 5 个策略。

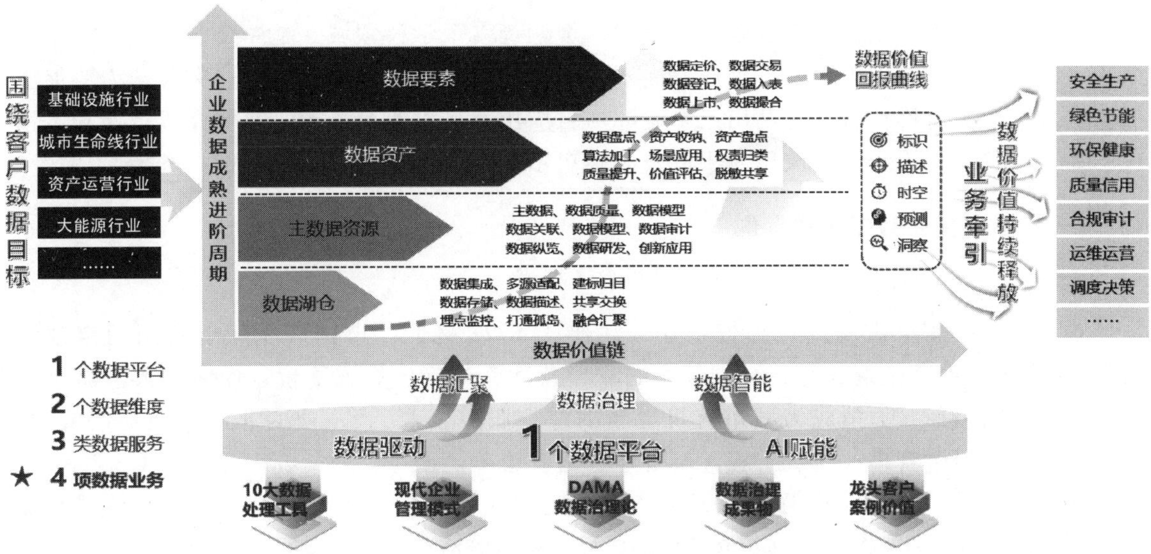

图 11-3 数据资产管理策略

（1）数据治理过程应明确“数据”作为数字平台的主体和主干，为客户提供“数据业务实体”依托。

---

① 拓尔思信息技术股份有限公司．拓尔思数据要素白皮书（2023.3）[M]．2023：13.

（2）数据资产管理以数据业务为主逻辑，主要包括四个阶段（或层次），目前以其中面向数据要素市场的数据资产管理为入手点。

（3）数据业务的四个阶段围绕业务模式、使用工具或平台、实现方法论、结果成果物、客户案例价值等落实、持续建设。

（4）工作重点是行业（如城市基础设施生命线、大能源）+业务域（如安全生产、运维业务）的数据业务。

（5）建立以用户为中心的数据业务，以支持用户实现业务价值为目标，用技术去解决用户的业务问题（客户中心、业务牵引、数据驱动、AI 赋能）。

通过解决上市公司的数据资产管理过程中的主要矛盾，可以帮助企业提升数据资产管理的三方面核心能力。

（1）提升数据质量：及时发现并解决数据问题，全面监控自身数据，减少因数据问题导致的决策失误。

（2）建立数据体系：建立标准管理、元管理、质量监控、资产管理流程、打通数据管理各个环节，实现完整的数据治理流程。

（3）释放数据价值：建立起符合自身业务和数据特点的多视角资产体系和能力，提供多元的数据服务价值。

四、上市公司数据资产管理的实践

数据资产管理知识体系涉及管理、技术、金融等多个学科领域，是一个非常复杂的系统工程，研究涉及的知识内容及理论体系尚不成熟，还有很多问题和缺陷有待完善。为了促进经验交流，中关村科技软件总结出三个实际项目应用案例供业界参考。案例介绍包括基本情况、痛点难点、实施步骤、应用效果以及洞察启示等①。

（一）首开集团数据治理案例

1. 公司基本情况介绍

首开集团是北京市属国有独资企业，注册资本 22 亿元。市国资委赋予集团的定位为“服务国资国企改革发展，打造全国领先的非经营性资产管理处置平台；探索超大型城市内涵式发展的新路径，力争成为城市有机更新的综合服务企业”，主业为非经营性资产管理、房地产及物业经营管理、建筑工程，培育业务为健康养老服务。

2022 年年末，集团资产总额超 3200 亿元，包括上市公司“首开股份”在内的成员企业 554 家，员工总数 20475 人，在岗员工 7241 人。集团房地产开发在施面积近 2000 万平方米、合同销售额近 900 亿元，非经资产管理面积超过 3000 万平方米、物业管理面积超过 5400 万平方米、供暖服务面积超过 2500 万平方米，建筑工程总产值 37 亿元。集团业务已拓展至京津冀、长三角、粤港澳大湾区等区域，覆盖全国 28 个省区市和 2 个特别行政区，并在美国、英国、澳大利亚、加拿大、日本等境外市场开展业务。

① 中国信息通信研究院云计算与大数据研究所．数据资产管理实践白皮书（3.0 版）（2018.12）[M].

2022 年，集团连续第六年参加并入选“中国企业 500 强”，位列第 307 位，较首次参评排名提高 135 位；连续 13 年入选“中国房地产品牌价值 TOP10（国有）”，品牌价值达到 595 亿元，同比增长 12%，蝉联“中国房地产品牌价值 TOP10（国企）”榜首。入选“北京企业 100 强”“北京服务业企业 100 强”，分列第 20 位、第 11 位。

“十四五”时期，集团提出了“结合强化‘四个服务’功能做特做优，立足践行‘城市复兴’理念做优做强，完善‘首开做法’，深化‘首开经验’，实现高质量发展”的思路，以及“打造服务型、平台型企业，成为全国领先的非经营性资产管理处置平台，国内一流的城市有机更新综合服务企业”的发展目标。

当前，首开集团正在加快转型升级，推动高质量发展，更加奋发有为服务新时代首都发展，为首都经济社会发展和城市建设服务作出更大贡献。

2. 公司数据情况概述

首开集团在进行全集团范围的数据资产管理工作之前，数据分布于北京市 16 个区县各个区域之间，涉及多个行业领域。数据整体情况具有数据分散、规模大、数据种类繁多等特征，且各业务领域间大多采用 IT 系统自建的方式开展信息化建设工作，所以各平台的数据规范也各不相同。

首开集团业务触达全北京建筑相关各个领域，导致业务数据和基础数据种类繁多，各区域各行业数据质量参差不齐。再加上之前各级分公司大数据意识淡薄，使得各家数据相互独立，形成数据孤岛，数据融合困难，难以最大限度地发挥数据价值。

3. 数据资产实践路径

首开集团数据治理工作按照三个阶段进行规划组织。以“国资委在线管控平台”建设为契机，开展集团数据治理试点工作，夯实基础、建章立制；全面开展集团及各板块“以主数据驱动的数据治理”工作，建立大数据应用协同创新机制，实现数据应用价值；推进数据资源汇聚，加强内外部数据融合，驱动核心能力沉淀和业务数字化，深化数据服务，促进业务模式、商业模式创新。

首开集团具体任务及实施步骤规划分为体系建设、数据治理、平台建设、主数据分阶段建设四个工作步骤，按时间节点划分为三个阶段实现：已完成的系统建设工程为第一阶段、2023～2024 年为第二阶段、2025～2027 为第三阶段。

下面就分项目、分阶段的主要任务进行介绍：

（1）体系建设实践。

首开集团已经对第一阶段数据治理工作进行了总结，主要开展并完成了以下几项主要工作：

①建立集团数据治理组织架构。针对首开集团总体的数据情况，首开集团从 2023 年开始部署大数据工作，并规划编制了《首开集团数据治理 2023～2027 年工作方案》，该项工作作为一把手工程需要自上而下统一思想，所以我们在数据资产管理前期，首先设立了大数据的专业机构，以及各类保障体系、流程和规章制度，让大数据工作“有人管理，有章可循”。

从整体上来说，数据资产管理工作分为集团和下属板块公司两大数据保障责任体系。在集团方面，为更好地经营大数据，建立政策和环境保障，首先成立了数据管理委员会，由委员会来把握全集团大数据发展方向、决策重大事项。并下设专业管理部门，对数据资产管理和大数据运营工作进行统筹管理，其中包括业务产品规划、管理规范制定、需求应用统筹以及对外经营管控等工作。

而在二级保障体系中，各二级板块公司主要负责汇聚本公司各类数据以及保障数据质量。

②完成制定集团数据治理规划。在有了专业机构后，我们对全公司数据进行了深度盘点，并统一各类数据标准，其中包括用户基本数据、商管/非经资产数据、物业数据、地产数据等数据。进而输出了整个首开集团的数据资产目录，对数据资产进行归类、分层管理，使数据更便于沟通、交流、展示和使用。经过“条线汇聚，一点集中”的数据采集汇聚体系，我们将盘点后的数据资产按照数据来源和属性，共分为主数据、基础管理数据、业务经营数据和创新数据四大类。

这些数据分布在各个子公司之间，平台分布也很广泛，所以我们按照数据的属性对不同的数据类型采取了不同的采集策略。最终将采集到的数据集中存储在集团大数据汇聚平台以供后续使用。

③完成集团主数据管理办法及相关标准的制定。首开集团建立了人资域、财务域、投资域、运营管理域、IT支持域、通用数据域等数据板块。涉及信息系统包含人力资源、协同办公、资产运营、工程管理、非经资产、96139、物业管理、双碳平台等。在集团大数据工作领导小组的统一组织下，在第二阶段（2023～2027年）集团将持续推进大数据应用协同创新机制，广泛征集集团各部门及板块数据应用需求，制定年度重点数据应用场景建设计划并组织实施建立集团大数据应用协同创新机制；持续推进集团及板块主数据标准建设；优化集团数据治理及大数据应用协同创新机制。

（2）数据治理实践。

在数据治理方面，首开集团重点完成国资委组织机构、人员信息及三重一大数据上报工作；实现集团财务和人资业务域，地产及物业板块核心主数据管理工作。初步建立集团管控域数据资产目录。

预计于2023～2027年，完成协同集团跨部门数据共享，促进系统互联互通，深化数据服务创造数据要素价值，实现集团生产经营调度和重点数据应用场景建设，如：集团经营分析、物业经营情况综合分析、供热供暖指标分析及接诉即办、安全隐患排查、双碳管理等数据应用场景；结合具体应用场景开展集团和板块各类主数据、业务数据、分析数据的治理工作，持续完善数据资产目录。

（3）平台建设实践。

从平台建设方面来看，首开集团目前已完成主数据管理平台、区域数字地图管理平台、国资委数据交换平台的建设，为集团整体的数据资产管理能力，提供了技术平台。

2023～2027年，夯实前期的主数据工作基础，全集团推广主数据管理平台，实现集团和板块的全面覆盖；搭建集团数据中台，支撑集团指挥调度中心应用，远期开展人工智能应用，区块链等新技术新理念，丰富数据治理平台工具。

（4）打造数据资产能力。

首开集团通过数据预处理、数据能力沉淀和数据封装三项工作的流转配合，打造完整的数据资产管理体系，如图11－4所示。即对原始数据进行对账、合规评估、数据清洗、数据水印、数据脱敏、数据ETL六项工作，使数据成为可用的清单级数据。再将清单级数据进行逻辑关联，最终形成大数据宽表体系，通过数据封装为大数据宽表体系开发服务接口，最后通过各类融合加工形成数据产品。

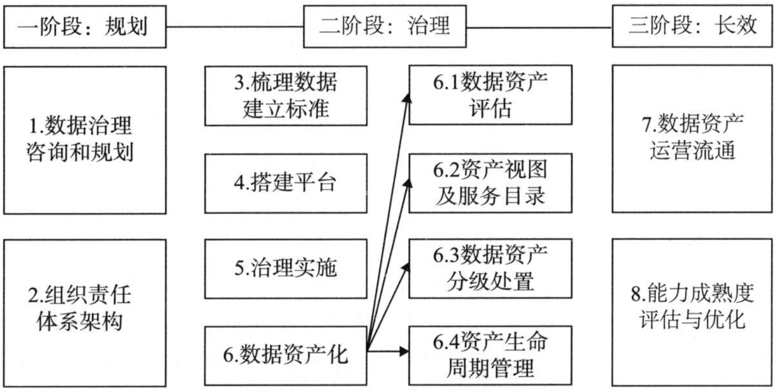

图 11－4　首开集团数据治理规划

整个数据生产流程通过前向稽核、后向治理两个策略实现了对数据的治理，使数据具备对外提供服务、对内支撑运营的能力。与此同时，实现数据质量的实时监控与数据服务能力的统一，最终为数据开放共享、最大化数据价值提供基础。

数据能力形成后，根据数据属性以及对数据的需求，制定数据开放共享机制，并围绕共享开放进一步梳理数据资源，制定共享开放数据目录，明确各类数据的共享开放形式和对象，形成体系化、可操作的数据开放共享管理办法。让数据开放共享工作变得有章可依，形成常态化的工作机制保障。

制定“五分一统”的数据开放共享策略，通过分类（明确数据种类，分类开放）、分级（评估数据价值，明确开放级别）、分形（明确数据共享开放形式）、分步（评估数据需求，确定开放序列）、分权（契约开放，信用开放）、一统（统一出口）的战略思想，明确各类数据的共享开放形式和对象，针对数据开放共享涉及到的各个环节，采用相应的安全保障手段，夯实数据开放共享的安全基础。

4. 应用情况分析

各行业主管部门、大型公共事业以及大型企业的管理层应清晰地认识到数据资产管理对于行业数字化发展、行业监管以及大数据战略落地的意义，高度重视数据资产管理的工作，结合自身业务战略，对照各自行业数据特点、数据管理成熟度以及未来行业数字化趋势，学习借鉴证监会的最佳实践，以对行业、企业未来和社会公众的高度责任心、科学的方法和严谨务实的态度开展数据资产管理工作，形成一把手带队、组织机构健全、职责清晰到人、嵌入绩效、自上而下与自下而上结合的数据资产管理文化。

在建立行业数据资产管理最佳实践的过程中，借助行业力量，整合行业数据资源，使最佳实践更具备行业通用性，更具有行业指导作用，有效提升数据利用价值。

在数据资产管理过程中，综合考虑全面风险管理，基于行业模型、行业标准等积累完整、准确的内外部数据，更好地服务于风险识别、计量、评估、监测和报告。

（二）新天绿色能源主数据管理案例

1. 公司基本情况介绍

新天绿色能源股份有限公司成立于 2010 年 2 月 9 日，由股东河北建设投资集团有限责任公司与河北建投水务投资有限公司发起设立。2010 年 10 月 13 日，该公司在香港联交所主板成功上市（H 股证券代码：00956）。2020 年 6 月 29 日，在上交所完成 A 股上市（A 股证券代码：600956）。该公司系华北地区领先的清洁能源开发与利用公司，旗下拥有两大业务板块：风电/光伏业务和天然气业务。

该公司从事风电场的规划、开发、运营及电力销售，在河北、山西、新疆、山东、云南、内蒙古等地区拥有风电项目。公司以河北为依托，在全国范围内投资开发风电项目，并积极寻找海外适宜投资项目。截至 2022 年 12 月 31 日，风电控股装机容量 5811.85 兆瓦，管理装机容量 6072.45 兆瓦，权益装机容量 5482.49 兆瓦。2022 年风电发电量为 140.31 亿千瓦时，可利用小时数为 2485 小时。

该公司在河北省拥有并运营天然气输配设施，并通过天然气分销渠道销售天然气。截至 2022 年 12 月 31 日，公司拥有 9 条天然气长输管道、21 条高压分支管道、32 个城市燃气项目、31 座分输站、19 座门站、6 座 CNG 母站、3 座 CNG 加气子站、3 座 LNG 加注站、2 座 L－CNG 合建站。2022 年度公司天然气输气量 45.01 亿立方米，售气量 38.85 亿立方米。

2. 公司数据情况概述

截至 2020 年 1 月，新天绿色能源集团本部已上线信息化系统 6 个，企业信息化建设愈加完备，管理类、工程类、生产类业务基本实现覆盖。截至 2020 年底，公司建设的业务系统已达“10＋”。公司致力于打造成为行业水平一流的信息化、数字化企业，通过信息化、数字化手段和工具助力公司管理实现公司的进一步提升。

但是，新天绿色能源内部各业务系统建设分散，涉及系统供应商比较多，存在小而散、重复建设等情况，导致各业务系统数据形成独立的孤岛，给用户操作及数据整合应用分析带来诸多不便。此外，繁杂的业务系统建设分散，重复建设情况严重。各系统之间的数据调用形成繁杂的网状。逻辑性较差，而随着业务的增加，各系统间用户、组织、角色、业务数据等互通需反复开发配置。亟须形成通畅的系统间交互接口以及良好的数据管理架构平台，实现业务系统间互联互通，数据“数出同源”。

另外，伴随着大数据的深入推进，数据的资产化成为日益明显的趋势，新天绿色能源也正在将数据考虑为资产，甚至有人建议将其计入资产负债表。但是对比实物资产，对于数据资产的管理还处于非常原始的阶段。新天绿色能源的数据资产管理仍然存在数据质量难以保障、数据垃圾难以处理、数据转化效率低下等管理痛点。如何充分挖掘发挥数据价值的方法论和参考框架是我们的关键问题也是难点问题。

科学的数据资产管理模式对于企业具有非常重要的意义。现有的方法多种多样，其中“主数据管理”是数据资产管理实践方式的重要切入方法之一。主数据相对交易数据而言，属性相对稳定，准确度要求更高，唯一识别。新天绿色能源的建设策略是从解决核心业务实体数据的质量和业务协同入手，推动生产环节在客户、物料、组织机构、产品、统一编码等方面保持一致。从主数据入手开展数据资产管理实践目标明确、建设周期较短，还能够保障关键数据的唯一性、一致性及合规性。从 IT 建设的角度，主数据管理可以增强 IT 结构的灵活性，构建覆盖整个企业范围内的数据资产管理基础和相应规范，并且更灵活地适应企业业务需求的变化。此外，主数据质量的提高也能够为后期数据集成和数据整合打下良好的基础。

主数据及主数据管理建设模式存在一定的难点和挑战，如主数据管理进程需要修改现有的相关生产业务过程和系统，需要从管理学的角度充分调动业务部门密切配合。主数据管理模式要求业务间有表单数据交换，因此短期内会使得信息架构发生变化，甚至变得更加复杂。主数据及主数据管理建设模式对组织的业务运营效率和信息决策周期要求较高。

3. 数据资产实践路径

随着新天的各类业务系统的上线运行，系统之间信息交换和实时集成的难度越来越大，与集团成员企业间的信息交互越来越频繁。由于各系统间数据分散，数据标准不统一，数据规范性较差，数据质量不高，数据不一致、不完整的现象普遍存在，不同系统间数据集成困难，各系统间无法实现快速高效的数据交互，难以满足集团对各层级、各类型数据抽取、转换、分析等管理要求。为了及时、有效与集团层面建立沟通联系，构建长效的数据管理机制，实现数据标准化，就需要建立一整套主数据管理体系。

主数据建设在企业信息化战略中处于核心的、基础支撑的地位，是基础数据的汇集地，主数据与组织机构的业务性质密切相关，因而不同的业务组织所需要的主数据存在着显著差异，确保目标系统数据的一致和唯一非常重要。

新天绿色能源的主数据管理主要有以下 3 点价值：

（1）消除数据冗余：不同部门按照自身需求获取数据，容易造成数据重复存储，形成数据冗余。而主数据打通各业务链条，统一数据语言，统一数据标准，实现数据共享，最大化消除了数据冗余。

（2）提升数据处理效率：各部门对于数据定义不一样，不同版本的数据不一致，一个核心也为主体有多个版本的信息，需要大量人力成本、时间成本去整理和统一。通过主数据管理可以实现数据动态自动整理、复制，减少人工整理数据的时间和工作量。

（3）提高公司战略协同力：通过主数据的一次录入、多次引用，避免一个主数据在多个部门和线条重复录入。数据作为公司内部经营分析、决策支撑的“通行语音”，实现多个部门统一后，有助于打通部门、系统壁垒，实现信息集成与共享，提高公司整体的战略协同力。

针对主数据的数出同源问题，新天绿能从 2020 年开始思考并不断探索。先从数据标准化开始，制定和完善急需数据标准和数据规范，以规范各类代码和基础数据。经过调研分析，并借鉴其他单位的经验，该企业决定采用统一标准、统一平台加强主数据管理，实现数据标准落地，并于 2021 年启动主数据平台建设咨询和实施项目，搭建统一主数据管理工具。

新天于 2021 年 11 月开始启动主数据项目的建设工作，项目主要分为咨询和实施两个阶段，主数据咨询项目围绕主数据标准体系建立、主数据管理工具规划、主数据管理体系搭建进行了详细的调研规划，为实施阶段主数据管理工具的落地奠定了坚实的基础。

新天的主数据项目建设的必要性主要体现在以下 3 个方面：

（1）企业数字新天战略，对信息化工作的明确要求：主数据管理标准化是国资委信息化水平考核的重要考核项，明确提出集团总部应建立主数据标准规范、管理体系和主数据管理工具。

（2）集团公司深化改革背景下，集团具有总部、子公司、投资企业三级管理模式及横跨风电、光伏、天然气等多业务的经营特点，为保证管理的高效性，需建立统一的数据标准体系。

（3）建设主数据管理系统是信息化建设的一般规律和内在客观要求，通过主数据管理系统，可以实现集团主数据管理工作规范化、标准化，逐步实现数据的“车同轨，书同文”。

主数据项目建设的难点主要体现在以下 5 个方面：

（1）项目立项困难；

（2）IT 部门牵头，项目推进困难；

（3）应用系统改造困难；

（4）业务板块多，数据管理方案落实困难；

（5）系统推广困难。

4. 应用情况分析

新天绿色能源的主数据管理的主要内容包括“两体系、一工具”，即主数据管理标准体系、主数据管理保障体系和主数据管理工具。其中，主数据管理标准体系是主数据管理工作的重中之重，主数据管理保障体系为主数据管理保驾护航，主数据管理工具确保主数据管理有效落地。

（1）建立主数据管理标准体系。

主数据管理标准体系是主数据管理工作的重中之重，通过主数据标准化，才能为实现部门和系统间的数据集成和共享，打通企业横向产业链和纵向管控奠定数据基础。主数据标准管理体系包含业务标准（编码规则、分类规则、描述规则等）、主数据模型标准。主数据标准管理体系在建设梳理的过程中，一般会衍生出一套代码体系表或称主数据资产目录。

新天主数据业务标准是对主数据业务含义的统一解释及要求，包括主数据来源、主数据的管理级次、统一管理的基础数据项、数据项在相关业务环境中产生过程的描述及含义解释、数据之间的制约关系、数据产生过程中所要遵循的业务规则。主数据业务规则包含主数据各数据项的编码规范、分类规则、描述规则等。

从特征一致性、识别唯一性、长期有效性、交易稳定性四个因素方面对数据进行识别，梳理规划数据管理范围及业务边界，确定主数据范围，最终设计完成了企业的主数据标准体系，如表 11 - 1 所示。

表 11 - 1　　主数据标准体系

类型	标准名称	主要内容
人事类	组织机构主数据标准	规定了组织机构主数据的技术属性、业务属性和管理属性
	人员主数据标准	规定了人员主数据的技术属性、业务属性和管理属性
项目类	项目主数据标准	规定了项目主数据的技术、业务和管理属性
合同类	合同主数据标准	规定了合同主数据的技术、业务和管理属性
客商类	客户主数据标准	规定了客户主数据的技术、业务和管理属性
	供应商主数据标准	规定了供应商主数据的技术、业务和管理属性
通用基础类	通用基础类主数据标准	参照国家标准

（2）主数据保障体系。

主数据管理需要有配套的管理保障体系保驾护航。通过主数据管理组织进行统一领导。确定主数据指导思想、目标和任务，协调解决主数据管理相关的重大问题。需要数据标准化的归口管理部门，负责标准化的统一规划、综合管理。需要业务组由相关事业部和职能部门组成。并通过配套主数据相关制度、流程、应用管理和评价为主数据管理保驾护航。主数据管理保障体系包括主数据管理组织、制度、流程、应用及管理评价五部分。

①主数据管理组织。主数据管理组织主要包括企业内各类主数据的管理组织架构、运营模式、角色与职责规划，通过组织体系规划建立明确的主数据管理机构和组织体系，落实各级部门的职责和可持续的主数据管理组织与人员。

典型的主数据管理组织主要包含决策层、管理层、执行层三层组织架构：

决策层：设立主数据领导小组，一般由企事业单位信息化领导小组成员组成，对主数据标准化工作进行统一领导确定指导思想、目标和任务，协调解决标准化相关的重大问题。

管理层：在领导小组的统一领导下，按照“归口管理，分工负责”的原则，设立主数据联合工作组，该工作组为常设组织，主要由主数据标准化办公室、业务组和技术组共同组成。主数据标准化办公室设在信息部门，信息部门是主数据标准化的归口管理部门，负责主数据标准化的统一规划、综合管理，负责监督、检查、统一发布的主数据标准，负责标准的培训、宣贯等工作。业务组由职能部门相关业务专业人员组成，负责主数据标准的需求收集、标准制定、标准审核、应用情况监督、检查等工作。技术组由信息部门技术人员组成，负责日常运维和技术支持，与业务组一起负责提出主数据标准制修订的技术方案，负责标准在各业务系统中的应用和贯标。

执行层：包括企业总部和下属企业专职及兼职主数据管理员组成。负责主数据在本单位的贯彻落实、应用检查工作；负责本单位主数据需求的收集、审核、提报工作；负责本单位主数据的培训、宣贯和日常维护等工作。

②主数据管理制度。主数据管理制度规定了主数据管理工作的内容、程序、章程及方法，是主数据管理人员的行为规范和准则，主要包含各种管理办法、规范、细则、手册等。

可参考的主数据管理制度主要包含：

- 《主数据管理办法》
- 《主数据标准规范》
- 《主数据提案指南》
- 《主数据维护细则》
- 《主数据管理工具操作手册》

③主数据管理流程。主数据管理流程是提升主数据质量的重要保障，通过梳理数据维护及管理流程，建立符合企业实际应用的管理流程，保证主数据标准规范得到有效执行，实现主数据的持续性长效治理。主数据管理流程可以以管理制度的方式存在，也可以直接嵌入主数据管理工具中。

主数据管理流程主要包含以下三个方面的内容：

主数据业务管理流程：对主数据的申请、校验、审核、发布、变更、冻结、归档等进行全生命周期管理，满足主数据在企业深入应用的不同管理需求。

主数据标准管理流程：通过对主数据标准的分析、制定、审核、发布、应用与反馈等流程进行设计，保证主数据标准的科学、有效、适用。

主数据质量管理流程：对主数据的创建、变更、冻结、归档等业务过程进行质量管理，设计数据质量评价体系，实现数据质量的量化考核，保障主数据的安全、可靠。

（3）主数据应用管理。

主数据应用管理是保障主数据落地和数据质量非常重要的一环。主数据应用主要包含三部分内容：明确管理要求、实施有效的管理、强化保障服务。

①明确管理要求。制定主数据应用管理制度规范，对主数据的应用范围、应用规则、管理要求和考核标准做出明确规定，并以此为依据，对主数据应用进行有效管理。

应用范围：每一类主数据都要有适用范围的规定，具体应用时必须按照适用范围来执行，对应用中出现的不适用的情况要有应对机制。

应用规则：包括数据同步规则、代码映射、归并和转换规则、异常处理规则等，对代码映射、归并和转换规则，要有相应的原数据定义和记录。

管理要求：包括管理岗位和职责、管理流程、管理指标和考核要求。

考核标准：规定主数据应用考核标准，包括覆盖度、准确度、及时性、有效性、安全性等。

②实施有效管理。主数据应用点多、面广、线长，管理难度很大，要实施有效管理，就必须要有健全的制度和可行的手段，在关键控制节点实施重点管理。

加强宣讲和引导，通过业务主管部门落实好管理职责，要分工明确，责任到人，强化岗位责任制和考核管理，不能有管理死角。

对信息系统建设项目实施主数据专项评审，确保信息系统在主数据应用方面符合管理要求。

实施主数据核验，对业务环节涉及的主数据进行全面核查，确保主数据在业务环节被有效使用，如有违规，进行必要的处罚。

③强化服务保障。依靠便捷、可靠的主数据服务为主数据应用提供保障，包括主数据查询、主数据同步、主数据申请和主数据调用。有条件的单位可将主数据服务深入到业务流程，从业务端发起请求，驱动主数据管理和服务，形成管理和应用的有机协同。

（4）主数据管理评价。

主数据管理评价是用来评估及考核主数据相关责任人职责的履行情况及数据管理标准和数据政策的执行情况，通过建立定性或定量的主数据管理评价考核指标，加强企业对主数据管理相关责任、标准与政策执行的掌控能力。

主数据管理评价指标从管理标准、数据认责和数据政策三个角度考虑，由数据所有人与数据认责人共同确定，定义一系列的衡量指标和规则，一方面落实和检查主数据的应用情况，另一方面考察和评估主数据管理、主数据标准、主数据质量的执行情况。

为了进一步保障主数据管理工具成功实施和有效运行，必须做到组织、职能、责任、人员的四落实。制定涉及主数据管理的各个环节、组织、人员的一套绩效考核办法，明确各组织部门的职责与分工。主数据管理平台功能架构如图 11－5 所示，主数据管理评价考核指标如表 11－2 所示。

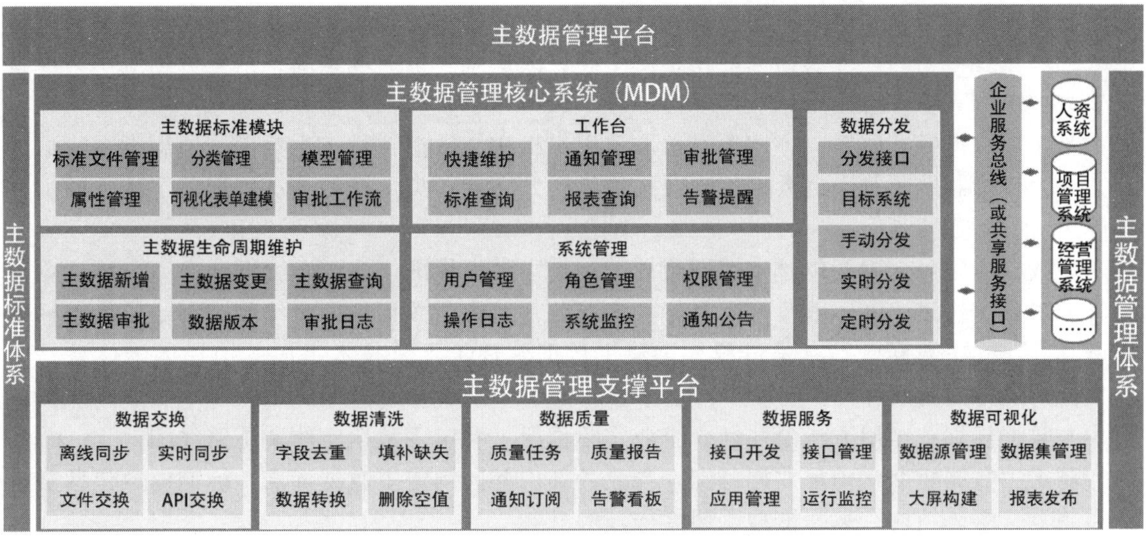

图 11－5 主数据管理平台功能架构

表 11－2　　　　主数据管理评价考核指标

序号	考核方向	技术指标	衡量标准
1	及时性	及时率	满足时间要求的数据总数/总数据数
2	真实性和准确性	数据真实率	1－数据中失真记录总数/数据总记录数
		有效值比率	1－超出值域的异常值记录总数/总记录数
		流转过程失真率	数据传输失真记录总数/总记录数
		重复数据比率	重复记录数/总记录数
3	一致性	外键无对应主键的记录比率	外键无对应主键的记录总数/总记录数
		主数据一致率	一致的主数据总数/主数据总数
4	完整性	字段的空值率	空值记录总数/总记录数
		信息完备率	能够获取的指标数/总需求指标数

①建立统一的主数据管理工具。基于主数据功能点、功能机制以及数据交换与集成特点，建立统一的主数据管理工具，实现了主数据的全生命周期管理，满足了各应用系统数据集成和数据共享的需求。

②实施了3大类主数据。主数据管理是一个复杂的系统工程，涉及企业和单位多个领域，既要做好顶层设计，又要解决好统一标准、统一流程、统一管理体系等问题，同时也要解决好数据采集、数据清洗、数据对接和应用集成等相关问题。

主数据管理常见问题和挑战主要有：不重视主数据的总体规划，缺乏顶层设计，无法在单位决策层、管理层和业务层等各层级统一思路；各职能部门各自为政，难以在标准和规则层面达成一致，致使主数据代码标准难统一；通用标准主数据（国际标准、国家标准和行业标准产生的主数据）管理分散，缺乏便捷可靠的数据获取渠道，数据获取困难；单位内部已经存在且分散管理的主数据，由于缺乏统一标准和数据关联，大量的数据清洗依靠人为判断，数据清洗难度和风险都很大；一些单位，特别是大型集团化企业，系统众多、年代跨度久远，一些早期的系统数据标准化程度不高，改造难度大、成本高，给主数据应用集成带来较大的困难。

基于主数据标准体系，一期项目选取了组织机构主数据、员工主数据、通用类主数据进行实施，详细制定了每类主数据标准及维护细则并完成各类数据的清洗，形成了统一的主数据库。

主数据实施要点主要包含主数据规划、制定主数据标准、建立主数据代码库、搭建主数据管理工具、构建运维体系及推广贯标六大部分，其中主数据规划是纲领、制定主数据标准是基础、建立主数据代码库是过程、搭建主数据管理工具是技术手段、构建运维体系是前提、推广贯标是持续保障。

主数据规划：运用方法论并结合企业实际情况，制定主数据整体实施路线图。

制定主数据标准：确定数据范围，与业务部门共同制定主数据标准，标准内容包括确定分类规范、编码结构、数据模型、属性描述等。

建立主数据代码库：按照主数据标准进行数据检查、数据排重、数据编码、数据加载等，建立符合数据标准和规范的主数据代码库。

搭建主数据管理工具：建设主数据管理工具，为主数据的管理提供技术支持，实现主数据查询、申请、修改、审核、发布、冻结、归档等全生命周期管理。

构建运维体系：建立主数据管理和标准管理的运维组织、管理流程、考核机制等，保证主数据标准规范得到有效执行。

推广贯标：统一执行主数据标准规范，扩大主数据标准的应用范围，实现信息系统间的互联互通及共享利用。

③完成与业务系统集成，提供一站式主数据服务。主数据管理平台通过共享服务接口对外分发不同类型主数据，完成10+业务系统主数据集成，并根据实际需求完成主数据定时或实时分发。

主数据管理工具上线运行后，在业务和技术层面继续提供后续支持保障，成立主数据标准化运维组织，明确各岗位职责，结合企业实际情况制定主数据管理制度、主数据管理流程及主数据管理维护细则等，建立企业运维体系，为主数据的长效规范运行奠定坚实基础。

主数据应用推广直接关系到各信息系统互联互通的实现，通过应用推广扩大数据标准应用范围，实现主数据统一编码、统一描述、统一维护、统一应用，建立起规范可靠的主数据代码库，为信息系统之间数据共享打下良好的基础。

（三）北控集团城市安全源数据服务案例

1. 公司基本情况介绍

北京控股集团有限公司成立于2005年1月18日，是北京市委、市政府加快首都国有资本战略调整、做大做强少数关键企业，也是市委、市政府和市国资委规划的首都基础设施和公用事业投融资平台。成立以来，北控集团实现利润总额始终名列北京市属国有企业首位，并入选“中国最大500家企业集团”“中国企业500强”。

北控集团的主要业务为城市基础设施和公用事业的投资、运营和管理。公司旗下的红筹股公司——北京控股有限公司是北京市最大的香港上市企业（HK0392），拥有北京燃气集团、首都机场高速路、北京第九水厂和燕京啤酒等众多优质企业。其中，北京燃气集团是全国最大的城市燃气运营企业，供气量占全北京市年用气量的96%以上；首都机场高速路被称为国门第一路，是连接首都国际机场与北京市中心的主要道路；北京第九水厂是目前北京市最大的地表水厂，其一期工程的自来水供应规模约占北京市的五分之一。

公司注册资本82亿元，截至2006年年底资产总额达448.6亿元，是北京市资产规模最大的国有企业之一。近年来，北控集团不断加大科技投入，全面推进安全管理数字化建设，所属北京燃气集团通过SCADA（数据采集和监视控制系统）对燃气设施运行工况进行24小时监控，在燃气场站加装视频及浓度扫描监测设备，在闸井加装防侵入、泄漏及液位报警装置，实现重点区域及设备设施的24小时全景化监测。所属北京液化石油气公司对每个气瓶加装用于识别身份信息的二维码，实现从充装、入库、出场、配送、入户、安检、回收、回厂等环节全程信息化管理，确保生产、运输、使用全过程的可追溯性。

作为聚焦城市市政基础设施业务、服务城市发展的现代城市服务商，北控集团发挥丰富运营管理经验优势，开展了大量数字化应用与实践，在能源、环保、智慧城市、系统应用、数字化基础设施等领域形成了一系列数字化产品及解决方案，如数字孪生智慧供热解决方案、智慧综合能源解决方案、智慧厂网河一体化解决方案、基于BIM区域交通综合治理解决方案、智慧党建平台等一批在行业应用代表性的数字化产品及解决方案。

（1）智慧供热数据。

基于数字孪生城市理念打造的智慧供热解决方案，将热源、热网、换热站、热用户等运行数据及基础设施全生命周期运营状况建立了三维可视化引擎，实现供热系统全流程远程化、无人化、自动化、智能化、一体化、可视化综合管控，在保障用户间均匀供热的同时最大限度降低能源消耗，提高供热系统的智能化调控水平，提升供热企业的经济性。

（2）智慧能源数据。

北燃能源以智慧能源管控平台为核心，采用“多能协同，智能耦合”综合能源技术，提供适用于供冷、供热、供电区域能源项目的智慧综合能源解决方案。通过建设模块化管控平台，对核心数据进行全搜集、全对比，实现对企业多区域、多项目统一科学的管理，建立能耗指标体系，提供诊断服务，落实节能优化措施，实现智能运营。

（3）智慧厂水河数据。

针对厂网河湖一体化综合类项目管理设施多样、项目边界广泛、影响要素繁多等痛点，采用“GIS + 水”“AI + 水”“物联网 + 水”等多维技术深度耦合应用，面向政府、企业、公众构建流域水环境综合决策一张图的智慧水环境管理平台，形成“政府、企业、公众”三位一体联动体系，实现对水设施的全流程、标准化、精细化与智慧化管理，全面提升集团厂网河湖一体化项目的智慧化管理能力，助力水环境智慧运营。

（4）大气污染数据。

针对当前O_3、VOCs及温室气体等热点难点问题，提出大气光化学污染防治综合解决方案，通过建立“一张智能监测网络”，打造“一套智慧生态大数据平台”，开展“三大专业技术服务”，引入“四大特色技术创新”，构建“五步闭环管理”，建立线上线下智能联动的一体化管控机制体制的创新模式，助力提升政府生态环境现代化治理能力，改善生态环境质量，支持打好“双碳”目标下的污染防治攻坚战，助推城市生态文明建设和经济社会绿色低碳高质量发展。

（5）城市更新数据。

北京 CBD 区域交通综合治理项目采用的基于 BIM 区域交通综合治理解决方案，将 BIM 技术应用于项目规划、设计、施工、治理和运营的全生命周期，为政府管理者、项目管理方及各参建方打造覆盖项目全过程管理的“BIM 智慧驾驶舱”平台，实现“用数据说话，用数据管理，用数据决策”，获得“龙图杯”全国 BIM 大赛一等奖，得到市领导高度认可，成为北京的数字化设计、智能化建造、智慧化运维的标杆工程。

2. 数据资产实践路径

从数据资产布局上，北控建立了全国首个基于北斗的城市安全数据要素流通服务平台，由北控智慧城市自主研发的智慧城市安全源数据服务平台启动试运行。该平台将进一步完善城市安全智慧管理体系，助力北京全球数字经济标杆城市的建设。

该类数据资产专注于智慧城市投资、建设、运营服务，致力推动城市建设和市政运营的产业数字化转型和数字化产业发展，紧紧围绕“加速推动韧性城市建设”目标，率先将北斗应用与城市安全、应急管理、数字交易深度融合，在城市管理领域实现数据要素流通交易、数字经济造福于民的典型示范。

智慧城市安全源数据服务平台可用于位移态势感知、形变监测、短临降水预警等领域。未来，该平台还可在市域内精细化碳中和、污染物协同监测、快速地震灾害损失预测、卫星探漏等方面进行应用延伸，助力城市运行更安全、更高效、更有序。

智慧城市安全源数据服务平台以分布全国的市政北斗精准服务站为基础，建设了高密度覆盖、高频率更新的城市安全源数据站组网。该平台结合大数据、云计算、人工智能、高精度卫星导航等多种技术，按照“统一数据来源—服务能力建设—数据要素流通”的总体思路，构建了“3 类数据源 +1 个数据服务平台 + N 类数据产品应用”的城市安全源数据服务，形成面向城市精细化治理的共性服务能力。例如城市短临降水预警体系具备三维水汽层析、分区域短临降雨预警、可降水量反演、预报模型精化等产品能力，可实现分钟级更新。

预计未来将在北京市范围内建设超过 200 座源数据站，每个站点都包含卫星导航、温湿风压雨等气象传感器、雷达卫星角反以及烈度计等观测与采集设备，进而形成高密度北斗地基星链站网，并作为智慧城市安全源数据服务平台的时空底座提供基础数据支撑。

城市安全源数据服务在丰富北斗产业格局的同时，开拓数据要素创新应用市场，是提升城市数字化、精细化、智能化治理水平的典型项目，具有良好的市场前景。

3. 应用情况分析

随着温室效应对全球气候的影响，导致极端天气频发，特大型城市安全管理面临严峻挑战。韧性城市建设可有效降低城市受灾情况下的损失程度，同时国家提出建设数字中国战略，推动数据要素在国家建设、经济活动及人民生活中的应用。

针对提高城市韧性、增强抗风险能力这个现代城市建设管理的重大课题，基于国产北斗技术打造的城市安全源数据服务平台在北京上线，将通过布局 200 余座城市安全源数据站打造城市安全“智慧树”，以降低洪涝、火灾、建筑物坍塌、燃气泄漏等自然灾害及安全事故影响，提升城市安全保障水平，助力北京韧性城市建设。未来，这些公共专业数据还有望进入大数据交易所，便利社会各方使用。

平台利用我国自主的北斗技术，打造一个致力于城市安全的源数据服务平台，该平台是国内首个以北斗应用为主的城市安全数据要素典型应用。

城市安全源数据服务平台提供的服务主要针对城市运行管理各单位，包括政府管理、城市路桥、城市住建、文物保护、市政环卫、绿化环保、城市河流、城市公交、市政管网、轨道交通、城市人防、应急救援、共享出行、物流配送、消费电子总计 15 个领域 85 项应用。可用于位移态势感知、形变监测、短临降水预警等领域，可为实现城市安全风险的早发现、早预警、早处置奠定数据基础，推动城市治理升级及精细化管理的同时降低灾害处理成本，减少各类风险带来的经济损失，确保城市运行更安全、高效、有序。具体如图 11 -6 所示。

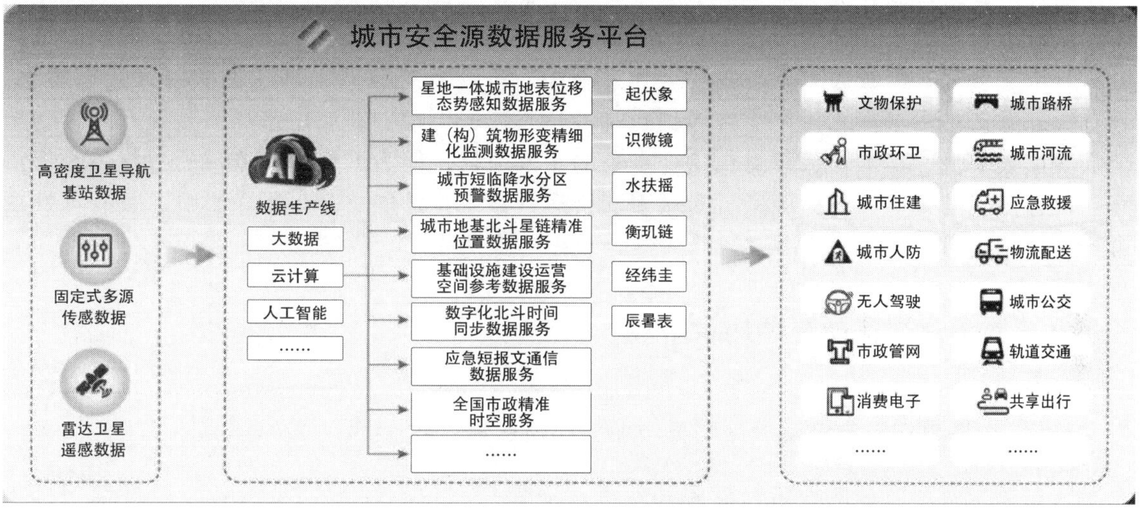

图 11 -6　城市安全数据服务平台

目前，该项目已在北京率先落地，由超过 200 座源数据站构成，形成面向城市服务的高密度北斗地基星链站网，作为城市安全源数据服务平台的时空底座，提供基础数据支撑。数据源站采集设备如图 11 -7 所示。

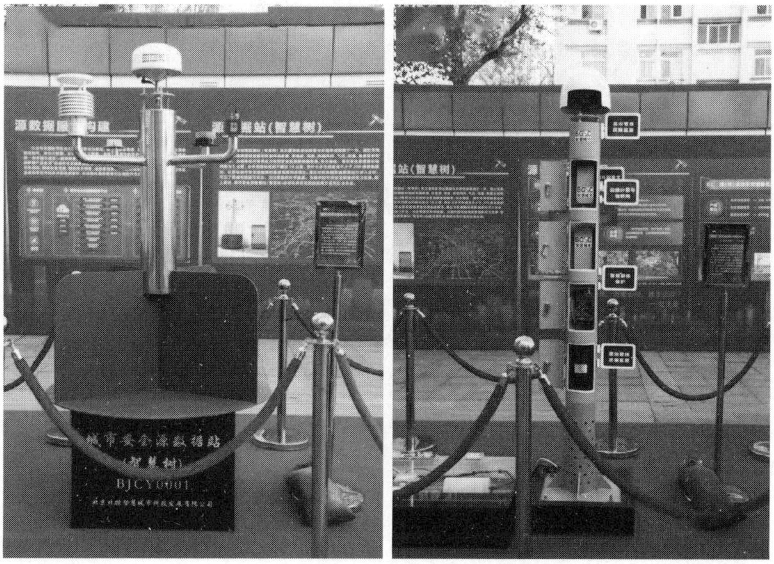

图 11 -7　数据源站采集设备

源数据服务平台找准城市安全方向，密切配合了城市安全建设。智慧城市建设也是北斗应用的重要市场，利用数据服务完善城市安全管理体系是必然发展趋势，合理运用卫星导航数据成果辅助城市安全管理大有可为。

城市安全源数据服务进一步布局和优化卫星数据要素的多源应用，将资源及数据充分利用、形成产业，将科技成果融入百姓生活，走进千家万户。注重持续创新，充分发挥科技人才优势，共享共建北斗应用领域和航天技术，进一步超越、引领智慧城市安全领域建设。平台超前应用北斗资源，进一步丰富了北斗应用场景，壮大了数字经济新动能，助力数字化发展，取得了较大成果，相信北控智慧城市能取得更好发展。

城市安全源数据服务充分发挥数据要素动能，符合发展数字经济建设的国家战略规划，具有标志意义。在丰富北斗产业格局的同时，开拓数据要素创新应用市场，是提升北京乃至全国城市数字化、精细化、智能化治理水平的示范项目，能为城市运营管理的各行各业提供时空信息在内的城市源数据服务，对城市安全运营数字化发展将产生积极影响，具有良好的市场前景。

五、上市公司资产管理建设路径

（一）企业数据资产管理战略需要与业务战略保持一致

首先数据资产管理的战略，需要和业务战略保持一致，IT部门要给各个业务部门提供相应的支撑，这样企业高层才能给予数据管理部门支持，数据治理项目做得长久。也要搭建相关的组织架构、管理制度和规范流程，随着企业信息化的长期发展，此类相关的组织架构、管理制度、流程都会不断改进和优化。

与此同时积极普及数据文化，有些业务部门的人，可能认为数据就是报表，就是大屏，无法理解数据真正价值。在管理过程中如何保证它能够顺利进行，需要有相应的战略规划、组织架构、体系制度、审计制度，还有很重要的培训宣贯。

把数据资产管理好，需要IT部门发挥牵头作用，让业务人员看清数据的价值，才能解决分散管理的主数据之间存在着的一致性、准确性和完整性问题，促进企业内部的数据共享和数据资产价值的开发。

（二）主数据管理是上市公司数据资产管理的重点

上市公司的数据资产多种多样，大致可分为主数据、业务数据和分析数据。主数据描述的是核心业务实体如客户、供应商、地点、产品和库存等；业务数据描述实体发生的业务流程，如客户订单、出库单等，业务数据的实质是多个业务实体之间的关系；分析数据是在业务数据之上衍生出的数据产品。通常，主数据所刻画的核心业务实体会在多个业务系统和分析系统中被重复使用。因此，主数据是企业中涉及多个价值链和核心业务流程的基础数据。

主数据管理旨在从企业的多个业务系统中抽取主数据并进行整合，集中进行数据清洗，并以服务的方式把统一、完整、准确的主数据分发给企业内的操作型应用和分析型应用，包括业务系统、业务流程和决策支持系统等。企业的各个业务流程都将从中受益。例如采购部门可以通过整合物资数据进行全企业范围的统一采购和资源调度，能够大大节约采购成本；

对于销售和营销业务，因为可以与生产和库存对接，从而更迅速、经济、有效地完成营销活动，主数据管理系统能够确保企业在任何预期使用场景下，同步到 CRM 和 ERP 等应用系统的数据的清洁性、精确性、时效性以及一致性都处于最高级别。

因此，主数据治理作为数据治理中最为基础的一环，是企业获得一个完整、可信的数据视图的必经途径。主数据的应用与数据质量是相辅相成、相互推动的关系。主数据体系的构建和执行是提升企业数据管理与应用水平，保障可靠数据质量的关键举措。上市公司更应该着眼于建立行之有效的主数据体系，挖掘主数据的潜力，有效提升主数据的质量，进而充分体现数据资产在企业中的核心价值。

（三）专业领域业务数据是驱动企业数据资产增值的关键

数字经济下，企业的数字化转型本质上就是从原本的业务驱动增长转为数据驱动增长。上市数据资产的底层数据也来源于企业所在的专业行业领域。数据渗透至企业设计、生产、管理、服务和运营的全流程，对企业资源获取和配置的优化过程即是利用数字化手段重塑企业发展模式和竞争优势的过程。通过业务数据化，应用数据采集、传输、加工等技术，推动业务全面线上；通过数据业务化，实现数据智能决策，驱动业务创新。源于行业业务领域的数据，才是数据资产管理的核心价值。业务、数据、资产、服务之间的转化关系如图 11－8 所示。

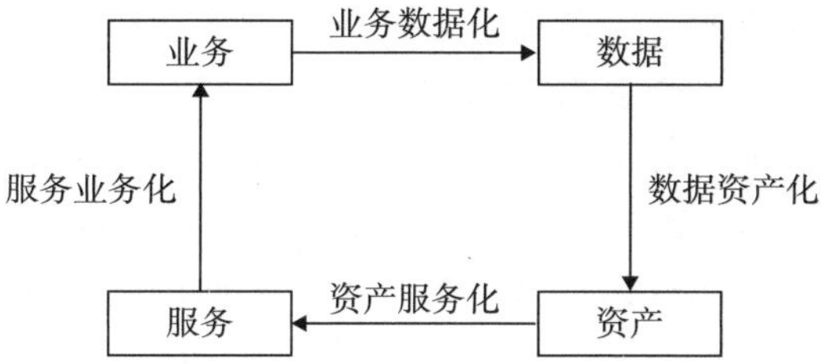

图 11－8　业务、数据、资产、服务之间的转化关系

数据资产化从行业业务的数据需求端出发，打通企业内部数据、引入所在行业外部数据，加深数据与业务线的融合，催生数据场景化，应用数据分析技术，实现数据赋能业务发展，推动企业精细化管理变革。

（四）数据资产管理过程更加注重数据确权和价值评估

数据确权是数据资产化的基础和交易流通的前提。从会计角度看，明确权属才能使数据进入资产负债表；从法律角度看，明确数据权属才能解决滥用、盗用等问题；从管理和使用的角度看，明确数据权属才能更好地进行溯源。而数据价值评估是数据资产管理的关键环节，是数据资产化的价值基线。目前，国内外相关标准化组织、财会领域组织、技术咨询服务企业均从多个视角开展积极探索研究。

数据与传统实体物相比，存在可复制、易共享的特征，使得以排他性所有权为内核的物权难以使用在数据身上；同时数据往往由自然人和企业共创，是社会网络的共同产出，难以套用民法中绝对权的逻辑。根据《关于构建数据基础制度更好发挥数据要素作用的意见》，目前国内采取暂时搁置数据所有权的争议，提出“建立数据资源持有权、数据加工使用权、数据产品经营权等分置的产权运行机制”。数据权属制度和权利内涵如表 11－3 所示。

表 11－3　数据权属制度和权利内涵

数据权属制度	权利内涵
数据资源持有权	以某种方式对某种有形或无形物的直接支配或控制，并不依赖所有权源。数据持有权的权能至少涵括自主管理权，即持有者在法律或合同允许范围内可自主决策数据的应用场景等，并能够防止侵犯或干扰持有者合法权利的行为。数据的持有权还具有私益性，持有者可享有数据资源的排他性和竞争性所带来的益处。数据资源的持有权人拥有了管理和获得数据收益的权利
数据加工使用权	指企业自我使用、处理加工数据的权利。根据《数据安全法》，数据处理包括数据的收集、存储、使用、加工、传输、提供、公开等，但不得超出法律授权或合同约定的范围，并且应当采取加密、去标识化、匿名化等技术措施和其他必要措施来保障数据安全
数据产品经营权	指企业对数据的开发、交易和处分的权利。基于数据敏感性考虑，对于不同隐私级别的数据，企业是否享有使用或经营的权利需视场景确定，例如企业持有最高隐私级别的数据时（如身份证号）须遵循“告知同意”原则，同时用户享有数据撤回权

数据资产管理之法，就是指把数据收集、管理、利用、数据定价全过程。数据确权是数据资产管理的核心，在管理职能上，落实数据资产运营管理一系列的具体行为，应包括数据地图、数据链路、数据字典，去做数据标准化。

从技术上拆解数据要素价值的生成路径，企业数据要素与资产运营的建设路径可参本文“数据湖仓—主数据资源管理和服务—数据资产管理和运营—数据要素市场生态”数据资产管理的四阶段理论框架逐步构建数据价值体系，做好数据的确权和评估，以帮助上市公司实现数据资产变现。

六、上市公司数据资产管理业务愿景

（1）持续探索中国上市公司数据要素和数据资产的基础框架，围绕中国上市公司数据要素和数据资产的基本定义、数据分类、数据要素属性、数据资产形态、数据资产相关政策法规等内容，推进数据作为生产要素的新特征和数字经济下的新型生产关系，建设中国特色估值体系里的数据要素价值体系。

（2）围绕中国上市公司群体的数据要素市场或数据资产市场的机制不完善和不确定的问题，持续建设数据资产管理的模式、框架、路径、确权、质量标准、交易等指导性机制，探索适合中国上市公司群体的数据要素市场或数据资产市场的机制。

（3）鉴于目前中国上市公司数字化建设和数据资产管理方面存在的各类问题，通过项目实践的经验总结，解决上市公司群体在数据要素和数据资产领域所面临的重点现实问题，持续构建完整的上市公司定性定量的运行实例和数据资产解决方案。

数据资产管理是上市公司高质量发展的必由之路，期望本文为中国上市公司的数据资产管理和建设贡献经验。

参考文献

[1] 王兆君，王钺，曹朝辉．主数据驱动的数据治理原理、技术与实践［M］．清华大学出版社，2019：3.

[2] CCSATC601 大数据技术标准推进委员会．数据资产管理实践白皮书（6.0 版）（2023.1）［M］．2023：4.

[3] 大数据流通与交易技术国家工程实验室上海数据交易所 数据要素市场发展指数 2023（2023.1）［M］．2023.2.

[4] 拓尔思信息技术股份有限公司．拓尔思数据要素白皮书（2023.3）［M］．2023：13.

[5] 中国信息通信研究院云计算与大数据研究所．数据资产管理实践白皮书（3.0 版）（2018.12）［M］.

12. 重大事件（政策）对A股市场效率和稳定的影响

中国银河证券股份有限公司 课题组*

2020年年底，沪深交易所分别正式发布退市新规，2023年年初，中国证监会发布全面实行股票发行注册制相关制度规则，等等。在此背景下，分析重大政策事件对A股市场效率和稳定性的影响显得尤为重要。本文以强制退市制度为例，评估强制退市政策对资本市场效率和稳定的影响。研究发现：强制退市政策显著降低了特别处理股票的市场流动性；强制退市制度会造成相应股票波动性显著增加；强制退市机制对ST股票市场买卖单不平衡程度有所增加，但对定价效率有所提升；退市新规影响了面临退市的上市公司的财务信息披露行为。基于分析结论，本文建议在设计和实施资本市场重大改革时，同步强化投资者保护制度，完善资本市场监管规则，引导长期资本入市，从而保障改革推进过程中股票市场的效率和稳定性。

* 本项目课题组成员为：解学成，中国银河证券股份有限公司，研究院副院长，博士；王莹，中国银河证券股份有限公司，研究院资深研究员，博士；李沁蔓，中国银河证券股份有限公司，博士后工作站研究员，博士；孔玥，中国银河证券股份有限公司，博士后工作站研究员，博士。

一、研究背景与意义

（一）研究背景

1990 年 12 月 19 日和 1991 年 7 月 3 日，上海证券交易所、深圳证券交易所分别成立，这标志着我国全国性证券市场的形成。至今我国证券市场已建成三十多年，中国证券市场从无到有不断发展壮大。2004 年深交所推出中小企业板，服务中小型企业融资；2009 年 10 月创业板开板，服务创业型企业融资；2019 年 6 月科创板设立，服务科技创新型企业融资；2021 年 9 月，继上交所和深交所之后的第三家证券交易所——北京证券交易所设立，定位服务创新型中小企业，我国多层次资本市场逐步建立。截至 2021 年年末，我国北京、上海、深圳三地上市公司数量达到 4685 家，A 股总市值超过 96 万亿元。

同时，随着股票市场的发展壮大，为保障股票市场的规范运行，相关的制度也在逐步完善。2010 年 3 月，融资融券交易制度正式进行交易试点，标志着我国股市的做市制度正式从“单边市场”向“双边市场”转化。同年 4 月，沪深 300 股指期货合约正式推出，该期货合约以沪深 300 指数为标的物，其双向交易机制平衡了多空力量，同样有助于股票市场的单边向多边转化。2014 年、2016 年、2019 年启动沪港通、深港通、沪伦通，同时还积极推动将 A 股纳入全球主要的金融指数，推进资本市场开放。

总的来说，经历了三十余载的历史，我国股市目前已经具备了一定的规模，形成了一级市场、二级市场良性互通的运行格局。通过一级市场的股票发行，大中小型企业能够融资、生产经营、扩大投资等；通过二级市场的股票交易，企业的经济效益有了市场化的评判方式，有利于社会资产配置，同时，二级市场也会对社会闲散资金进行高效整合，实现资本积累。因此，股票市场对于我国的宏观经济发展有着重要的意义，对于股票市场相关的课题进行研究是十分必要的。

A 股市场流动性、波动性和效率性是股票市场的基本属性，也是所有市场参与者和政策制定者都非常关注的话题，股市流动性和波动性等都可能对经济带来巨大的影响。重大事件的发生可能引发诸多问题。例如政策的出台给市场带来了诸多不确定性因素，股票市场必然会出现非常剧烈的价格波动，使得股价偏离公司基本面价值，导致股票市场价格发现功能失效；同时股票价格波动可能损害中小投资者利益，进而产生社会问题，影响社会稳定，不利于经济健康长远发展。

退市制度是资本市场重大制度改革的重要内容。随着我国证券市场不断发展各项制度也在逐步完善，退市政策共经历了十余次的修订，至今依然处于不断改革完善的进程中。辜胜阻和庄芹芹（2016）指出，我国上市公司退市制度当前仍存在不少缺陷，其中就包括退市标准条例设置不合理、强制退市监管不足等诸多问题，因而造成大量劣质公司依然存在于市场、资本市场缺乏活力的现象。彭博和陶仲羚（2016）指出，相比成熟市场年均 7% ~10% 的退市率，A 股退市率低于 1%，我国上市公司退市率低源于多方面的原因，其中以受到风险警示的公司（以下简称 ST 公司）可以通过操纵利润以规避退市、受到风险警告的公司大量成为借壳上市载体的原因为主。

在当前提高上市公司质量、打造有活力有韧性的资本市场的总方针指引下，2020 年年底，上交所和深交所发布了新版上市规则，简称“退市新规”。退市新规着重修订的是以往退市规则中交易类、财务类、规范类、重大违法类四大强制退市类型，特点鲜明。具体地，退市新规更具包容性，在清退劣质公司的同时保护了发展创新型公司；退市新规对证券市场“零容忍”，如果信息披露等存在重大缺陷且坚决不改正或重大财务信息造假则采取强制退市；退市新规压缩了上市公司的规避空间，使得一些保壳的劣质公司无处遁形。2021 年是退市新规实施的第一年，鉴于此政策的重要性，深入探讨退市新规对证券市场效率和稳定的影响，无论是出于政策评估还是对监管部门执行层面都具有很大的帮助。

（二）研究意义

理解和分析重大政策事件对 A 股市场效率和稳定性的影响显得尤为重要，可以从三个方面理解：对投资者、对政策制定者和对监管机构。

首先，对投资者而言，投资者是资本市场的核心参与者，他们的决策直接受到市场信息和政策变动的影响。本研究通过分析政策事件对市场的具体影响，能帮助投资者更好地理解市场动态，提高投资决策的质量，规避投资风险和寻找投资机会。

其次，对政策制定者而言，政策制定者需要准确评估政策措施对市场的潜在影响，以制定有效的政策促进市场健康发展。本研究着力揭示了重大事件（政策）在提升资本市场效率方面的具体途径，研究结果有助于政策制定者评估现有政策的效果，帮助政策制定者更好地理解市场机制和投资者行为，相应的建议可以作为决策的参考。

最后，对监管机构而言，监管机构负责维护市场秩序，保障市场公平、公正和透明。重大事件在短期内可能会对资本市场产生一定的负面冲击。本研究通过分析事件负面冲击的发生和外溢渠道，可有助于监管机构更有效地监督市场，及时识别、防范、应对市场风险，保护投资者利益，确保资本市场稳定发展。

二、文献综述

（一）关于影响股票市场的重大事件的相关文献

国外已有文献大多关注重大事件对本国股票市场的影响，包括：政治、经济、金融、自然灾害等事件，例如某一项宏观经济政策和国家性重大政治经济事件的发生可能影响投资者心理预期进而影响股票收益率以及股市波动性及跳跃性。在自然灾害方面的研究，Lanfear & Siebert（2019）记录了 1990～2017 年美国飓风对股票市场的影响，具备高动量性质的股票往往更容易受到这一类气候事件的影响而发生异常波动。在经济方面，Charles（2014）考察了 1928～2013 美国道琼斯指数波动影响较大的“黑天鹅”事件和罕见特殊重大事件，发现重大金融危机、美国政治大选、世界各地的战争、经济衰退时期的货币政策调整、反映宏观经济等重大事件的新闻传播和权威部门关于经济形势的声明、特殊恐怖袭击、具有系统重要性影响的企业破产和监管放松与收紧都会造成大波动。在政策方面，Ramiah & Moosa（2013）调查了 2005～2011 年 19 项环境监管政策公告的发布对澳大利亚证券交易所上市公司股票的不同影响，采用事件研究法研究发现这些环境方面的环保政策显著改变了澳洲证券市场的整体风险。Huy Nguyen Anh Pham 等（2018）使用事件研究的方法发现美国总统大选对股票市场的影响具有显著性，其中在特朗普当选总统之后能源行业和媒体行业受到影响最大。国外学者还在恐怖袭击类事件与股市关系上进行了研究，Cam（2008）表明 9 · 11 恐怖袭击对国防和电信工业行业等具有正向影响，对航空、休闲行业具有负向影响。Gomber（2013）研究了法国股市证券交易税的出台对股票市场定价效率的影响，发现出台该政策会显著降低法国股票市场的定价效率，增加股票市场的信息不对称性，提高投资者的交易成本。

国内研究政策事件对股票市场影响的文献大多研究单个政策事件。山立威（2011）用上市公司与地震中心源的物理距离作为自变量考虑该数值影响了投资者情绪来研究汶川地震等自然事件对股票市场的影响，发现公司到地震源的距离与股票收益率有正向的影响。杨子晖等（2020）研究新冠疫情这一重大公共卫生事件对我国各行业股票指数的不同影响。赵雨轩（2016）将数据分为 2013 年 2 月 1 日至 2015 年 2 月 27 日和 2015 年 3 月 2 日至 2015 年 8 月 31 日两个时期，利用 GARCH 模型研究发现，2013 年 2 月 1 日至 2015 年 2 月 27 日期间股市波动对融资融券影响作用不大，在第二时间段，股市波动对融资融券具有显著性的影响。陈文雅（2014）以使用上证 180 指数为研究对象，采用 GARCH 模型进行了实证发现随着标的证券数量的不断增多，融资交易对股市波动性影响呈现逐渐增加，市值较大的标的股票其融资融券对股价波动性的影响更大。许波（2016）发现融资交易可以降低股市的波动，起到稳定市场的作用，但之后该功能将被市场吸收，只有在股价下跌的趋势当中，融资交易才会起到稳定市场的功能。

杨培娅（2022）研究了中美贸易摩擦实体清单通过影响投资者信息进而影响我国股票市场的波动，中美贸易摩擦使得我国股票市场的不稳定性进一步增强。张旭和李玉玲（2022）研究了 2020 年扩大的涨跌幅幅度的调整作为准自然使用 DID 模型研究这一政策对我国股票市场的作用，发现涨跌停幅度的调整降低了我国股票市场的整体波动和极端波动性，但对我国股票崩盘风险的影响不存在显著性结果。他们研究发现涨跌停幅度的扩大可能通过增加股票市场的流动性从而降低股票市场的整体波动和极端波动。

钟凯等（2018）采用双重差分模型研究外生政策沪港通的实施如何影响到股价异质性波动，研究发现沪港通有助于上市企业提高信息披露程度和质量，沪股通标的股票的异质性波动在政策实施后显著下降，且对于沪股通成交活跃的个股影响更为明显。郭阳生等（2018）使用 DID 模型，实证了沪港通的开通有效减少了沪股通标的公司股价出现极端性风险的情况，提升了股票市场的资本配置效率。封文丽（2021）认为注册制改革通过形成市场竞争机制并加强外部约束，强调事后监管，改善了上市公司自身经营和发行审核的生态环境，从而提升了上市公司的质量水平。认为应该提高信披水平，厘清证监会和交易所审核主体的职责以及督促发行人承担作为信披主体的责任来促进我国的注册制改革。吴昱等（2013）研究 2007 年和 2008 年的印花税改革调整变化对我国 A 股市场的影响，该政策的出台提高了股票市场的信息质量、稳定性和定价效率。刘用明等（2018）基于股票市场调降股指期货手续费事件作为外生事件，发现股指期货手续费的下调增强了股票市场的流动性，提高了股票市场的定价效率。

（二）关于政策改革对股票市场影响的研究

国内学者对 A 股市场的研究：中国学者在分析 A 股市场时，特别强调市场结构和政策环境的特殊性。对于政策改革如注册制的实施、退市制度的完善等方面的研究表明，这些因素对提升市场效率和稳定性起到了关键作用。国内外已有文献大多关注政策事件对本国股市波动的影响，而且大多是单一政策事件，如宏观经济政策、货币政策的发布和国家性重大政治经济事件等对股市波动及跳跃性影响。

Bernake and Kuttner（2005）、Chen（2007）、Bredin et al.（2007）、Li et al.（2010）、Phylaktis & Aristidou（2007）等研究货币政策、印花税等对股票市场波动性的影响。邹昊平等（2000）、许均华和李启亚（2001）、田成诗（2007）、姜媛媛（2016）、王泽（2017）等从政策事件整体出发，研究政策事件对波动的影响。唐齐鸣和李春（2000）、中国人民银行研究局课题组（2002）、刘洋（2008）、邵锡栋等（2009）、谢世清和邵宇平（2011）、文先明等（2012）、黄丹（2013）、汪天都和孙谦（2018）等从单个政策事件出发，研究事件对股市波动的影响。杨慧（2009）、赵华和黄梨梨（2012）、赵华和秦可佶（2014）分别探讨了存款准备金政策、宏观信息冲击等对股市跳跃性的影响。

中国股市具有"政策市"的特点，即政策事件对我国股市的波动具有显著影响。王曦和叶茂（2011）通过分析"摸着石头过河"的随机过程，认为制度和政策的不确定性是我国股市产生"政策市"的根源。中国股市"政策市"具有三点特征，一是政策干扰中国股市的范围较广，涉及市场的方方面面；二是政策干预中国股市较为频繁，股市低迷和出现过度投机行为时政策都会干预；三是"政策市"使得中国股市波动频繁。Maheu & McCurdy（2004）将资产价格的连续和跳跃成分与影响股票市场变动的平常信息和异常信息相联系，他们指出平常信息导致股票等金融资产价格发生平滑的连续变化，产生连续性波动（continuous volatility – CV），而异常信息会造成资产价格发生大幅度变化，从而产生跳跃性波动（jump volatility – JV）。

运用高频数据研究政策事件对股市跳跃影响这一问题非常重要。Chan & Maheu（2002）、Huang & Tauchen（2005）、Lee & Mykland（2008）等表明资产收益风险还应该包含跳跃风险，并且不可忽视；Becketti et al.（1990）表明政策制定者、市场监管者和投资者更关注的是跳跃风险，因为跳跃会瞬时冲击资本市场，扰乱证券市场的秩序，损害参与者利益，尤其损害中小投资者的利益。

这些理论为理解资本市场的复杂动态提供了多维度的视角。有效市场假说为市场效率提供了理论基础，而行为金融学则为市场异常提供了解释。同时，市场稳定性的研究强调了防范系统性风险的重要性，尤其是在高度全球化和互联的金融市场环境中。对于中国特定的市场环境，国内学者的研究表明，政策改革和市场微观结构调整对于提升市场效率和稳定性具有重要意义。

（三）关于退市制度有效性的相关文献

关于以退市制度为例的资本市场重大事件的发生有效性的研究，国外学者研究发现国外企业对公开上市或私有化的选择依赖于成本收益原则，即通过衡量维持上市状态的成本与收益进行选择，因此在有效的制度环境下，证券市场大量存在选择主动退市，市场整体能够实现上市公司的优胜劣汰。Bharath & Dittmar（2010）通过比较历史年度中，选择退市私有化的公司与未选择退市公司样本之间的差异，得出美国上市公司通过衡量维持上市状态的成本与收益选择退市与否，上市成本与收益的衡量包括信息、流动性、获取融资和控制权等多方面因素。Shah & Salman（1988）研究发现当企业家认为资本市场发行成本较低且对预期收益足够乐观时才会选择公开上市，否则将实行私有化，因此政府政策制度直接改变发行成本，或通过引导投资者决策间接改变发行收益，均能够影响企业家上市与否的决策，体现政府制度对有效实现上市公司优胜劣汰、保障上市公司整体质量的重要性。在论证国外证券市场制度的有效性方面，Special Study Group（2002）通过研究目前美国上市公司标准、监管等实践指南，展现出美国资本市场在市场结构、上市标准、公司治理等方面存在公平性、有效性，并仍处在革新进程中。针对A股退市率低、上市公司退市难的问题，万丽梅（2019）总结分析了美国退市制度顺利运行的原因，包括美国法律允许投资者通过诉讼对违规上市公司进行威慑，存在多套退市标准、投资者能够理性看待退市而规避市场炒作等等，因此美股等成熟发达市场能够以投资者“用脚投票”的方式对上市公司进行变相强制退市，而对比之下，A股市场退市制度执行力较差，从制度上缺乏退市逻辑。

（四）关于退市新规的相关文献

进一步地，国内外学者研究发现退市制度在内的资本市场制度环境的优化和政策出台等重大事件的发生是提升市场有效性的重要因素，制度体系的不断革新和政策完善等重大事件能够引导上市公司关注主业。Shleifer & Vishny（1997）通过调查研究全球不同国家的制度环境，指出发展中国家与发达国家在政治、经济体系建设方面存在一定差距，制度环境的不同会导致企业治理理念的不同，进而影响退市与否的选择。而民生证券市场退市制度课题组（2018）通过梳理外国上市公司退市制度，发现美国、日本、英国等成熟资本市场以公司持续经营和维持上市为基本要求，退市制度、退市流程更加完善，同时设立强制执行、投资者保护等配套制度。最终得出结论认为，我国证券市场难以出清劣质公司的原因包括定量被操纵、定性指标表述笼统，这些正是我国退市制度中的财务类强制退市标准需要改进的重点。历次退市制度改革中均以精准刻画上市公司的持续经营能力为目标进行修订，退市标准逐步开始涉及净利润、营业收入、股票成交量、股本总额等多项指标，并修订了恢复上市、风险警示板等其他多项标准，因此成为国内外学者过去进行实证研究的素材，研究表明我国历次制度环境的革新和政策出台等重大事件确实对资本市场的良性运作起到积极的作用。

孟焰和袁淳（2008）使用OLS模型，实现上市公司非经常性损益与制度化阶段虚拟变量的交互项对主要事件日股票累计超额收益率的回归，结果显示以2001年作为非经常性损益纳入监管制度体系（如再融资、撤销特别处理制度）的时间节点，市场对非经常性损益的认可程度较低、反应减弱，表明监管制度对非经常性损益的关注能够缓解市场扰动，在一定程度上规避ST公司利用非经常性损益粉饰报表、减少ST公司被炒作的现象。林乐和郑登津（2016）以2012年发布的新版退市制度作为准自然实验，采用DID模型进行新制度推行前后的对比分析，得出结论，强化监管可以减少股价崩盘风险，且上市公司是通过改善真实盈利来减少该风险的，因此严格的退市监管环境对市场投资者进行上市公司价值判断具有正面影响。吴虹雁和朱璇（2021）通过ST公司是否成功“摘星摘帽”为逻辑因变量，三大盈余管理为自变量构建Logit模型，得出2012年退市制度改革对ST公司应计盈余管理、分类转移盈余管理行为有所抑制，但也导致ST公司更多地选择被外部管理者发现的真实盈余管理，因此监管部门后续应当更加重视ST公司的真实盈余管理行为，增加ST公司实施真实盈余管理的直接或间接成本，压缩其进行盈余管理的弹性空间。

三、研究内容与研究方法

（一）研究内容

本文研究内容分为五个部分：

第一部分为导论，系统阐述了本研究的背景与意义，梳理了国内外现有的关于政策变革等重大事件对资本市场效率和稳定研究文献，介绍了本文的研究内容和研究方法。第二部分为 A 股市场重大政策事件回顾，系统梳理了我国资本市场深化改革制度的分类、理论基础和发展历程。第三部分以我国强制退市新规为重大事件研究对象，正面围绕强制退市制度对 A 股市场流动性、波动性和效率性的影响展开实证分析。第四部分针对强制退市对上市公司信息披露的影响从侧面展开实证研究。第五部分在系统归纳前文主要结论的基础上总结了对未来资本市场改革中如何保障 A 股市场效率和稳定的启示与建议。

（二）研究方法

本研究通过案例分析、事件研究、大样本分析等多种手段，分别构建市场效率性指标、市场波动性指标和市场流动性指标，来刻画资本市场的效率性和稳定性。

首先，一国股票市场中强制退市制度的设计直接关系到市场效率和稳定。强制退市制度所涉及的内容主要是三个方面：退市标准、退市程序、退市后续。退市标准通常包含一系列的定量和定性指标，退市程序的重点在于退市标准的执行力度，退市后续是配套措施。我们选取具有代表意义的几个国家或地区资本市场的强制退市制度进行比较研究，发现其中的异同。

其次，信息是市场机制运行的关键要素，高质量的信息披露对于降低信息不对称、减少资本市场的非效率行为具有重要作用。本研究围绕强制退市制度对上市公司财务信息披露质量的影响，类比事件研究法，以某家上市公司被强制退市这一特定事件作为事件日，通过观察事件窗口前后信息披露质量的变化情况，研究强制退市制度对信息披露质量的影响是否显著，进而观察强制退市对资本市场效率和稳定的影响。

最后，本文运用倾向值匹配（Propensity Score Matching，PSM）来控制其他影响因素，通过构建配对组合样本，基于双重差分方法（Differences - in - Differences，DiD）研究强制退市政策对资本市场效率和稳定的影响。

四、A 股市场重大政策事件回顾

（一）重大事件的概念及分类

目前，国内外有关学者对重大事件的定义并未达成统一共识。Bogachev et al（2008）认为重大事件是在影响力的量级上显著高于一般事件的均值影响力，相对常规事件发生概率较小，会产生较大的影响力。由于本文研究重点为我国资本市场，因此我们重点关注的是对资本市场具有重大影响的罕见事件。这些事件既包括能给市场带来正面利好影响的重大事件，也包括能给市场带来负面利空的重大事件。对资本市场具有一定影响力量级的重大事件发生的当天，即为重大事件日。

有效市场假说 EMH 自芝加哥教授 Fama 提出以来就一直在资本市场研究中占据重要地位，是经典理论基础之一，该理论认为，股票价格包含市场中的所有信息，因此市场中的各类事件不管对股价具有正向或负向影响都反响在股票价格的变动中，各类事件往往会使得股票市场的信息含量迅速增加。重大事件对股票收益率的影响起源于 Glosten & Milgrom（1985），他们将股票收益率按照波动分为高波动性股票和低波动性股票，高波动性股票受到重大事件的影响程度较大，而一般事件对其影响较小，低波动性股票主要受普通事件或者流动性交易等的影响。许多学者研究重大事件与资本市场反应之间的相关性，例如 Aggarwal & Inclan（1999）利用亚洲等十几个新兴股票市场在 1985 ~ 1995 年的股市波动数据与重大事件进行相关性研究发现，新兴市场重大事件均与股价波动具有关联性，而且亚洲和拉丁美洲股票市场的这一关联性显著高于发达国家资本市场例如日本股票市场和美国股票市场。因此，本文认为股票市场的重大波动与极端价格走势变动是由代表重大价值相关信息或重大事件的市场反应引起的。在金融市场上，重大事件发生对股价具有重大影响，其发生风险频率远高于正态分布的函数，且具有较大的复杂性和不可预测性，投资者很难通过分散投资的方式消除重大事件对股票收益率的系统性影响。

对资本市场具有重大影响的事件来源可以分为：国际事件与国内事件。具体地，国际事件可以是主权债务危机、金融危机、俄乌战争、中美贸易战等，国内事件可以是沪深港通的设立、注册制的实施、降低印花税政策的出台，减税等非常见的事件。

从事件属性上对资本市场具有重大影响的事件进行分类有政治、政策、经济、自然灾害事件。政治事件是指与国家政治有直接关联的事件，包括立法执法、司法监督、党政活动、与政权有关的事件等。政策事件指的是政府或金融监管部门出台包括但不限于具体政策文件、一些重要讲话和窗口指导类政策信息等。经济事件指的是垄断性大型企业或金融公司发布金融相关的会对个人和企业产生影响的信息的发布。自然灾害性事件指的是人们依赖的自然界中所发生的异常现象，迫使生产生活暂停或停止，并且造成人员伤亡、经济损失等意外事件，如台风、地震、龙卷风、火灾等。在这里我们特指国内事件中的政策事件。

（二）资本市场深化改革制度的概念及分类

中国资本市场自 20 世纪 90 年代初期设立以来，经历了快速发展和多次重大改革。早期，市场以融资功能为主，受制于有限的投资工具和不成熟的市场机制。进入 21 世纪，市场逐步引入多样化的金融产品和交易机制，如融资融券、期货期权等，致力于提高市场效率和吸引更多投资者。然而，中国资本市场仍面临诸多挑战，如市场波动性较大、信息披露不足导致的信息不对称问题，以及公司治理和法律框架方面的不足。此外，投资者结构的不成熟和监管体系需要进一步强化也是挑战之一。这些问题限制了市场效率的提升和长期稳定性，促使监管层推出一系列深化改革措施，以提升市场成熟度和国际竞争力。

资本市场深化改革的重要政策包括注册制改革、退市制度完善、信息披露规范、交易机制优化和监管体系强化等。在注册制下，公司上市不再需要监管机构的审批，而是基于公司是否满足明确的上市条件进行注册。注册制促进了市场透明度，降低了上市门槛，从而有助于提升整个资本市场的活力和竞争力。

退市制度改革是指对现有的股票退市制度进行的调整和优化，以提高市场质量和效率。这种改革通常包括严格化的退市标准、完善退市流程和提高退市执行的效率。通过改革，市场可以及时清除表现不佳或不符合规定的公司，从而维护市场的整体质量和信誉。

信息披露规范是指上市公司必须遵循的一系列规则和标准，用于公开透露有关公司运营、财务状况、管理层决策和重大事件的信息。信息披露规范的实施有助于减少市场中的信息不对称，提高市场效率，并增强投资者对市场的信心。

交易机制优化指的是对股票市场的交易规则和流程进行调整和改善，以提高市场效率和透明度，减少交易成本，增强市场的吸引力。这包括引入更灵活的交易方式、改进价格发现机制、优化交易结算流程，以及引入新的金融工具和产品，优化可以促进更公平、更高效的交易环境，保护投资者利益。

监管体系强化是指加强资本市场监督管理的措施，以确保市场公平、透明和有效运作。这通常包括加强对上市公司、证券交易所和金融中介机构的监管，严厉打击市场操纵、内幕交易等非法行为，以及加大法律法规的执行力度。

（三）资本市场深化改革的历史回顾

1990 年 12 月 1 日，深圳证券交易所场内第一笔交易记录产生，开启了中国资本市场大幕。2005 年 4 月 29 日，中国证监会发布《关于上市公司股权分置改革试点有关问题的通知》，启动了股权分置改革的试点工作，通过非流通股股东和流通股股东之间的利益平衡协商机制，为非流通股可上市交易做出的制度安排。经过 30 年的砥砺发展，中国经济的证券化率从 1991 年的 0.53% 上升至 2020 年的 53.08%，资本市场服务经济发展的水平在不断提升，截至 2022 年中国资本市场的上市公司数量突破 5000 家。

同时，中国资本市场的对外开放水平也在不断提升，从 1992 年的 B 股实验，到 2001 年加入 WTO，再到 2014 年 4 月 10 日，中国内地和中国香港联合批准两地股票交易互通政策，沪港通就此诞生。初期试点时对投资者、投资标的、每日投资额度作出具体规定。2014 年 11 月 17 日，沪港通正式开启，标志着中国内地资本市场跨出了对外开放的坚定一步。2016 年 8 月 16 日，在沪港通运行的基础上，中国证监会和香港证监会联合批准开展深港通，并在当年 12 月 5 日正式启动了深港通。

到 2019 年 12 月，《中华人民共和国证券法》得以修订通过，并于次年三月实施。新证券法规定了证券的发行由核准制改变为全面推行注册制，意味着政府在法律层面为证券市场制度的改革与完善提供了保障。2020 年 8 月 24 日，创业板市场改革了 1996 年 12 月 16 日确立的股市 10% 的涨跌幅限制，扩大到了 20% 的涨跌幅限制。这一涨跌幅限制政策的再度改革是资本市场发展的必然结果，是我国逐步放开资本市场的必经之路。

我国自 1999 年建立退市制度，但与欧美成熟市场相比，我国资本市场退市存在的问题依然比较突出，包括退市标准不系统、退市执行不坚决等，以致年均退市率持续偏低。部分已经丧失持续经营能力的公司长期滞留在资本市场，严重制约了市场资源的配置效率；部分严重违法违规的公司没有及时出清，持续扰乱了市场秩序；由于市场约束尚未有效发挥作用，退市渠道较为单一，导致交易类退市和主动退市案例较少。

2012 年，上海证券交易所和深圳证券交易所丰富了退市指标，如审计意见、营业收入、净资产等财务指标，及股票价格等非财务指标。2014 年，证监会又再次对退市制度进行了完善，该制度明确指出，若上市公司停牌后第二年的财务报表中审计意见不符合要求，将被强制退市。2018 年，中国证监会进一步修改了退市制度，发布了《关于修改上市公司退市制度若干意见的决定》。同时，在中国证监会的指导下，上海、深圳证券交易所推出了《上市公司重大违法行为强制退市实施办法》。从这些举措可以看出，监管部门一直在努力对退市制度进行完善。

依据上市公司退市的主观意愿差异，退市分为主动退市和强制退市。主动退市是指上市公司基于自身发展或成本利益考量，通过股东大会决议、要约收购、公司回购等方式，使自身丧失上市资格而退出交易所，这是上市公司充分行使自主权的体现；强制退市则是上市公司因其不符合所在证券交易所的部分持续上市条件，而被交易所取消上市交易的资格。本文的研讨范围仅限于后者强制退市的情形。

2020 年底的退市新规着重修订的是以往退市规则中交易类、财务类、规范类、重大违法类四大强制退市类型。退市标准的前后对比如表 12 - 1 所示。

表 12 - 1　　退市标准的前后对比

退市指标	原标准	新标准
1. 财务类	1. 连续 4 年净利润为负或营业收入 < 1000 万元 2. 连续 3 年净资产为负或被会计师事务所出具否定意见或无法表示意见	1. 触及任一指标将被 * ST：最近 1 年净利润亏损（扣非前后孰低）且营业收入（扣除与主业无关的收入或不具备商业实质的收入）低于 1 亿元、净资产为负、财务会计报告被出具否定意见或无法表示意见的审计报告 2. 下一年度交叉适用：首年因净利润 + 收入、净资产、审计意见等任一指标被实施 * ST 的，次一年度再触及前述任一情形均应当退市；因财务类指标被实施 * ST 的公司，次一年度被出具保留意见审计报告的应当退市
2. 交易类	1. 面值退市：连续 20 个交易日的每日股票收盘价均 < 股票面值； 2. 中小板公司连续 120 个交易日成交量低于 3000 万股，连续 20 交易日股东人数少于 1000 人	1. 1 元退市：连续 20 个交易日的每日股票收盘价均 < 1 元； 2. 新增连续 20 个交易日股票收盘总市值均 < 3 亿元； 3. 连续 120 个交易日成交量低于 500 万股，连续 20 个交易日股东人数少于 2000 人，沪深各板标准保持一致
3. 规范类	（创业板）三年内连续三次公开谴责	1. 新增信息披露或者规范运作等方面存在重大缺陷：交易所失去公司有效信息来源、拒不披露应当披露的重大信息、严重扰乱信息披露秩序并造成恶劣影响、交易所认为公司存在信息披露或规范运作重大缺陷的其他情形； 2. 新增半数以上董事无法保证年度报告或半年度报告真实、准确、完整

续表

退市指标	原标准	新标准
4. 违法类	1. 欺诈发行、重大信息披露违法、五大安全等； 2. 停牌时点：知悉行政处罚事先告知书或人民法院作出司法裁判。重大违法终止上市需上市委员会两次审核	1. 新增造假金额加造假比例指标：营业收入、净利润、利润总额、资产负债表连续两年造假，合计 5 亿元且 50% 以上； 2. 停牌时点：收到行政处罚决定书或人民法院司法裁判生效。同时进入退市认定程序，一次审核并出具终止上市决定； 3. 配套措施：控股股东及其一致行动人、实际控制人、董监高等自行政处罚事先告知书或者司法裁判作出之日至股票摘牌之日不得减持股份
5. 退市流程	财务类、规范类和重大违法类流程：* ST 退市风险警示—暂停上市（恢复上市）——终止上市	1. 取消暂停上市和恢复上市； 2. 连续两年触发财务类退市指标即退市； 3. 交易类流程：退市风险提示公告——终止上市
	退市整理期 30 个交易日，期间涨跌幅限制为 10%	1. 退市整理期 15 个交易日； 2. 整理期首日不设涨跌停板； 3. 交易类退市不设整理期
6. 其他风险警示	上市公司违规担保的余额在 1000 万元以上，且达净资产的 5% 以上	1. 上市公司违规担保余额超 1000 万元或达净资产绝对值的 5% 以上，未能在 1 个月内完成清偿或整改； 2. 新增最近一年被出具无法表示意见或否定意见的内部控制审计报告或鉴证报告； 3. 新增最近三个会计年度扣除非经常性损益前后净利润孰低者均为负值，且最近一年审计报告显示公司持续经营能力存在不确定性； 4. 新增无实控人的公司，向第一大股东提供关联资金较大； 5. 设立“风险警示板”单日累计买入单只股票不得超过 50 万股

从具体内容上看，针对我国资本市场建设存在的若干薄弱环节，强化威慑、补足短板，精准施策。

首先，本次退市制度修订，每个板块均取消了单一连续亏损退市指标，制定了扣非净利润与 1 亿元营业收入的组合财务指标。这就确保了那些暂时还未盈利的上市公司能够不受短期盈利压力的干扰，做优做强，逐渐发展壮大。当前，我国经济正处于供给侧结构性改革增速换挡的关键期，资本市场要发挥对实体经济的推动作用，就必须充分尊重经济规律，注册制改革和具有包容性的退市新规，作为政策组合拳必将起到应有的作用。

其次，本次退市新规修订，新增了信息披露、规范运作存在重大缺陷且拒不改正，半数以上董事对于半年报或年报不保真两类情形，同时在重大违法类指标方面，进一步明确了财务造假退市判定标准。这些修订内容精准打击了我国资本市场违法行为的高发领域。

最后，本次退市新规修订，明确净利润取扣除非经常性损益前后的孰低值。这一制度细节的完善，能够在很大程度上让那些长期没有主业、持续依靠政府补贴或出售资产保壳的公司无所遁形。此外，退市新规还明确，因财务类指标被实施退市风险警示的公司，下一年的财务指标和审计意见类型指标交叉适用。此举能有效防范濒临退市的上市公司通过各种“财技”实现“报表式”盈利，从而规避强制退市。随着退市新规在制度细节方面的大幅度完善，强制退市制度的威力将会极大增强。

五、重大事件（政策）对 A 股市场流动性、波动性和效率性实证研究

（一）变量选取

衡量股票市场质量表现有三种指标：流动性指标、波动性指标和效率性指标，基于研究背景与动机，探讨强制退市对资本市场效率和稳定的影响，观察强制退市制度的实施，是否在中国股票市场流动性、波动性、效率性的绩效表现上产生差异，达到证券市场设计目标，使中国股票市场更稳定、更有效率，实现长期蓬勃发展。

市场的流动性取决于交易的紧度、深度及弹性；其中紧度为在特定期间内，完成交易所需要付出的交易成本，通常用买卖价差来衡量；深度方面在不影响交易价格的情况下，成交量越大，代表市场深度越大；弹性为市场在随机事件的冲击下，回复均衡价格的速度越快，流动性越佳。本研究参考 Diether、Lee and Werner（2009b）等研究，纳入报价价差、相对报价价差（relative quoted spread）、有效价差、相对有效价差（relative effective spread），以衡量市场流动性。价差越小，代表市场流动性越好。市场流动性变量的计算上，报价价差为卖出报价（ask）与买入报价（bid）之差；将报价价差除以报价中点，即可求得相对报价价差，而报价中点为卖出报价与买入报价的平均值；有效价差为成交价扣除报价中点，取绝对值之后再乘以 2；将有效价差除以报价中点，即可求得相对有效价差。值得注意的是，衡量上述四个价差变量的过程中，本研究亦参考 McInish & Wood（1992），以时间加权方式计算每日的市场流动性变量。

市场波动性是指特定时间内，市场价格变动的程度，也就是市场的稳定度，本研究采用日内区间平均波幅（average intraday volatility）（刘勤和顾岚，2001）以及日内股票收益率方差（standard deviation of intraday stock returns）（胡大春、金赛男，2007）两种方法，以衡量每日的市场波动性。日内平均波幅与日内股票收益率方差愈小，表示市场波动性愈低。若以日内每笔成交的价格计算日内收益率，用以衡量日内价格平均波幅与日内股票收益率标准偏差，将产生各笔交易衡量收益率的时间长度不一致，而造成比较上的问题。因此，本研究以五分钟为计算日内股票收益率区间，衡量市场波动性，本研究亦采用十分钟、十五分钟、三十分钟作为日内股票收益率的衡量区间进行稳健性检测，亦获得一致的实证结果。

市场效率性是指证券价格可以完全充分反映所有信息。证券市场愈能实时充分反映所有信息，则效率愈高，股票价格应服从随机漫步，其隐含收益率的一阶自我相关系数应为 0，市场的效率性也常以收益率的自我相关来观察，因此本研究采用收益率的一阶自相关来衡量市场效率。在有效率的市场，其价格及时充分反映信息，从而相邻两次交易的收益率无关，收益率的一阶自回归系数应为 0，因此若收益率的一阶自回归系数越接近 0，则其效率性越高，代表市场价格反映信息的速度越快，表示定价效率越高。因为收益率的一阶自我回归系数可能出现正或负，我们以公司股票第 t 日之日内各时段收益率的一阶自回归系数的绝对值

衡量效率性，其值越低表示效率性越高，代表市场质量越好。同时，本文也参考 Chordia & Subrahmanyam（2004）以买卖单不平衡程度衡量市场效率性。本研究将日内各时间点买方驱动交易量的总和，扣除日内各时间点卖方驱动交易量的总和，除以买卖双方驱动总交易量后，再取绝对值，以求得日买卖单不平衡程度。若买卖单不平衡程度越小，代表市场效率性越高。在判断日内各时间点交易量是受买方驱动或卖方驱动的过程中，本研究依据 Lee and Ready（1991）的方法进行判断，若日内 t 时点的交易是受买方所驱动，则该时点的交易量，属于买方驱动的交易量；若日内 t 时点的交易系受卖方所驱动，则该时点的交易量，即为卖方驱动的交易量。

（二）样本选择与数据来源

本研究将上海证券交易所和深圳证券交易所所有上市公司 A 股股票为研究目标，并将资料缺失或不可交易的上市公司股票予以删除。首先，本研究以 ST 股票为实证样本（treat stocks），本研究共获得 61 家上市公司，对于每一只 ST 股票，本文均取其戴帽前后 30 个交易日的数据，并划分成戴帽前和戴帽后进行比较。其次，本研究筛选了非 ST 股票作为 ST 股票的配对样本（control stocks）。配对样本的挑选基准，是以强制退市前一年年底（2020 年）所有上市股票公司特征作为基础，配对样本筛选过程中所采用的配对标准，包括强制退市前一年年底的公司规模、财务杠杆、资产收益率、第一大股东的持股比例、董事会的规模、独董数量占比、公司上一年度的收盘价、公司股票近一年的收益率、公司股票近一年的波动率和上市公司的行业分类。最后，依据上述配对样本筛选标准，本研究分别将 ST 股票以及待筛选的非 ST 股票，通过最优匹配（Optimal Matching）的方法，挑选最接近的非 ST 股票者为其配对样本，筛选出 61 只非 ST 股票作为 ST 股票的配对样本。需要说明的是，本研究仅考虑 2021 年 1 月 1 日起实行退市新规这一冲击的短期影响，故而在样本选择方面仅考虑截至 2021 年的情况。

（三）研究方法与模型设定

1. 倾向值匹配构建配对样本

市场流动性、市场波动性和市场效率性这三个方面的市场质量指标是本文感兴趣的被解释变量。本文首先计算 ST 股票（treat stocks）的市场质量指标，并分别以强制退市前样本和强制退市后样本的平均值，比较两者的差异，其配对样本（control stocks）依照上述步骤计算在对应时点的市场质量变量的均值，本文进一步将 ST 股票的前后期差异扣除配对样本的前后期差异，即双重差分（Difference in Difference）。若双重差分统计上具有显著性，代表在强制退市后，ST 股票与配对样本市场质量存在显著差异。本文采用均值检验市场质量在强制退市前后是否具有显著差异。若股票市场在强制退市后的反应均相同，则强制退市措施对市场波动性、市场流动性与市场效率性的影响将有限，可能尚有其他共同原因，导致整体股票市场产生共同的变化。使用双重差分方法，可获得更为稳健的实证结果，能证明 ST 股票市场质量的变动是由于强制退市造成的，而非整体市场的共同变化。

本文先纵向比较公司股票在特别处理前后的市场质量变化（ΔMarket quality），然后再横向与控制组股票的市场质量变化进行对比。因此，基于双重差分模型的对比可以推断出股票被特别处理是相对提高还是降低市场质量，从而得到 ST 制度实施对公司市场质量的政策效应。本文首先使用倾向值匹配来保证处理组和控制组之间的平衡性，然后再使用 t 检验的方法来比较两组样本之间 ΔMarket quality 的差异。

对于实现倾向值匹配，本文通过 Logit 模型来估计上市公司被实施特别处理的概率，这里的 Logit 模型并非用于预测上市公司是否会被特殊处理（实施 ST），而是为了控制住其他会对公司股票市场流动性、波动性和效率性产生影响的因素。根据现有的研究公司股票市场流动性、波动性和效率性的相关论文，本文选择了合适的控制变量，并构建如下 Logit 模型进行倾向值匹配：

$$Pr(ST=1)=\beta_0+\beta_1 SIZE+\beta_2 LEV+\beta_3 ROA+\beta_4 Top1+\beta_5 BSIZE+\beta_6 INDP+\beta_7 CLOSE+\beta_8 RET+\beta_9 VOL+\beta_{10} INDUSTRY$$

其中，因变量为是否被特别处理的虚拟变量，ST 公司取 1，非 ST 公司取 0。在控制变量中，*SIZE* 衡量了公司规模的大小，取总资产的自然对数；*LEV* 是公司的财务杠杆，用资产负债率表示；*ROA* 为资产收益率，衡量了公司的盈利能力；*Top*1 是第一大股东的持股比例；*BSIZE* 是董事会的规模，取董事会人数的自然对数；*NDP* 是董事会中的独董比例；*CLOSE* 是公司上一年度的收盘价，*RET* 是公司股票近一年的收益率，*VOL* 是公司股票近一年的波动率；*INDUSTRY* 是上市公司的行业分类。

2. 基于双重差分模型的政策实施效果检验

ST 制度不仅具有退市预警的作用，而且是财务困境的标志，退市风险和财务困境会对上市公司产生负面影响。因此，本文加入 ST 股票强制退市前后 30 个交易日的数据，以检测强制退市措施对市场质量的影响。由于本研究的样本包含时间序列与横断面数据，故采用面板数据回归模型进行分析，以加入公司固定效果与时间虚拟变量的固定效应模型，根据 Hausman 检验结果，检验统计量都显著拒绝随机效应模型，故本研究的回归模型都采用固定效果模型，探讨强制退市对市场质量（市场波动性、市场流动性、市场效率性）的影响，为此本研究建立如下回归模型：

$$Marketquality_{i,t}=\alpha_0+\alpha_1 Post_{i,t}+\alpha_2 Treated_{i,t}+\alpha_3 Post_{i,t}\times Treated_{i,t}+\gamma_1 LnSize_{i,t}+\gamma_2 LnVolume_{i,t}+\gamma_3 LnPrice_{i,t}+\delta_i\sum_{i=1}^{N-1}F_i+\eta_i\sum_{i=1}^{T-1}T_i+\varepsilon_{i,t}$$

其中，方程式中的因变量 Marketquality 为市场质量变量，分别包括市场流动性、市场波动性、市场效率性变量，其衡量值由日内数据计算而得，流动性指标除了市场深度之外，其余流动性指标、波动性与效率性指标的数值越小代表市场质量越好。$Post_{i,t}$是事件虚拟变量，在强制退市政策实施后 $Post_{i,t}=1$，在强制退市政策实施前 $Post_{i,t}=0$。$Treated_{i,t}$用来区分 ST 股票与非成份股，对于 ST 股票 $Treated_{i,t}=1$，对于非 ST 股票 $Treated_{i,t}=0$。$Post_{i,t}\times Treated_{i,t}$项系数 α_3 是强制退市对 ST 股票的净效应。此外，本文参考 Chordia & Swaminathan（2000）与 Boehmer & Wu（2013），加入收盘价、成交量、公司市值等控制变量，控制其对市场质量的影响。相关变量的符号中，Marketquality 为市场质量变量，包括市场波动性、流动性与效率性变量；LnSize 为公司市值对数值；LnVolume 为个股每日成交量对数值；LnPrice 为收盘价对数值，公司虚拟变量 F_i 用来控制个股固定效应，时间虚拟变量 T_i 用来控制时间固定效应。由于实证模型的 Hausman 检验拒绝随机模型的原假设，故本文考虑各样本股票异质性与时间趋势性，在上述方程式中加入样本公司固定效应与时间虚拟变量，即 F_i 和 T_i；另外，$\varepsilon_{i,t}$为残差项。此外，参考 Petersen（2009），本文运用 Newey - West 方法修正面板数据可能存在自我相关与异质变异问题（Newey & West，1987）。

（四）实证研究

1. 倾向值匹配及其检验

根据倾向值匹配的 Logit 回归模型，本文对退市新规施行后的样本进行了倾向值匹配。通过最优匹配（Optimal Matching）的方法，我们为 ST 公司一对一地匹配了倾向值最接近的非 ST 公司。最后，我们得到 61 对处理组和控制组的样本。倾向值匹配是否成功，即处理组和匹配后的控制组是否满足平稳性的前提假设，是进行下一步双重差分模型的关键。为此，我们对本文的倾向值匹配进行了平衡性的检验。

第一，本文再对匹配后的样本进行了相同的 Logit 回归。在表 12 - 2 中，分别报告了样本进行倾向值匹配之前和之后的 Logit 回归结果。在匹配之前，SIZE、ROA、Top1 和 CLOSE 四个控制变量的 Logit 回归系数具有显著性，而在匹配后，所有的系数都不再显著，且所有系数的绝对值更小，说明影响更小。这些结果都说明在倾向值匹配后整个模型的解释度和显著性都明显降低了。

表 12 - 2　倾向值匹配前后的 Logit 回归检验

	匹配前	匹配后
SIZE	-0.517***	-0.035
	(0.120)	(0.177)
ROA	-2.914***	-0.263
	(0.847)	(1.062)
Top1	-2.303*	1.167
	(1.221)	(2.029)
BSIZE	-0.633	-0.293
	(0.813)	(1.155)
INDP	1.219	-0.302
	(2.759)	(4.108)
CLOSE	-0.084**	-0.021
	(0.034)	(0.057)
RET	-0.001	0.012*
	(0.004)	(0.007)
VOL	0.005	-0.011
	(0.006)	(0.011)
Observations	4117	122

注：*** 为 1% 显著性水平，** 为 5% 显著性水平，* 为 10% 显著性水平。

第二，本文检验了控制变量配对前后在两组间的差异，表 12 - 3 详细报告了倾向值匹配的三个检验结果。尽管倾向评分匹配通常能有效消除处理组和控制组之间的差异，以实现控制变量平衡，但必须对其在这方面的表现进行评估。如果匹配后控制变量仍然不平衡，则认为匹配不成功，应尝试不同的匹配规则。如表 12 – 3 Panel A 所示，首先评估进行倾向匹配前原始数据的平衡性，我们可以通过标准化平均差（Std. Mean Diff.）、方差比（Var. Ratio）和经验累积密度函数（eCDF）的统计来衡量数据失衡的严重程度。标准化平均差和经验累积密度函数统计值接近于 0，方差比值接近于 1，表明两者之间存在良好的平衡。很显然，进行倾向匹配前原始数据与理想值相差甚远。表 12 – 3 Panel B 是匹配数据控制变量的平衡性检验，较低的标准化平均差和经验累积密度函数统计数据证实了控制变量的平衡性有很大的改善，相比于匹配之前的检验结果，匹配之后的控制变量在组间差异的显著性上得到了明显的降低，这表明最优倾向评分匹配足以消除该数据集中的混淆。最后一列标准化配对差（Std. Pair Diff）显示，每个控制变量的平均绝对配对内的差异值很小，从经济意义的角度，所有控制变量在组间的均值差异都比较小，表明已经达到较好的平衡，并且估计的效果对结果模型的错误设定更为稳健（King 和 Nielsen2019；Rubin1973）。表 12 – 3 Panel C 是数据平衡改善的百分比，进一步说明了经过倾向值匹配，控制变量的平衡性均有很大的提升。

表 12 – 3　　原始数据和配对后数据的平衡性

Panel A：原始数据的平衡性

	Means Treated	Means Control	Mean Diff. Std.	Var. Ratio	eCDF Mean	eCDF Max	
distance	–2.79	–6.27	2.21	0.16	0.39	0.63	
SIZE	21.47	22.39	–0.73	0.70	0.16	0.22	
LEV	0.58	0.47	0.25	0.02	0.12	0.28	
ROA	–0.14	0.03	–0.89	1.07	0.37	0.69	
Top1	0.25	0.33	–0.72	0.52	0.15	0.30	
BSIZE	2.03	2.11	–0.33	1.23	0.04	0.13	
INDP	0.39	0.38	0.18	1.46	0.03	0.09	
CLOSE	7.23	23.55	–2.78	0.01	0.21	0.41	
RET	–7.83	19.66	–0.55	0.45	0.20	0.39	
VOL	21.96	65.22	–1.74	0.03	0.13	0.31	

Panel B：配对后数据的平衡性

	Means Treated	Means Control	Mean Diff. Std.	Var. Ratio	eCDF Mean	eCDF Max	PairDist.
distance	–2.79	–2.80	0.00	1.01	0.00	0.03	0.01
SIZE	21.47	21.60	–0.10	0.90	0.03	0.11	0.95
LEV	0.58	0.57	0.01	0.69	0.08	0.16	1.15
ROA	–0.14	–0.13	–0.07	0.55	0.12	0.31	1.03
Top1	0.25	0.25	0.02	0.77	0.02	0.08	0.88
BSIZE	2.03	2.07	–0.15	1.09	0.02	0.07	0.91
INDP	0.39	0.39	0.04	1.67	0.02	0.05	0.89
CLOSE	7.23	8.07	–0.14	0.74	0.03	0.13	0.89
RET	–7.83	–16.08	0.16	4.06	0.05	0.11	0.67
VOL	21.96	27.81	–0.24	0.42	0.04	0.10	0.96

续表

Panel C：平衡性提升百分比							
	Mean Diff. Std.	Var. Ratio	eCDF Mean	eCDF Max			
distance	99.89	99.55	99.92	94.81			
SIZE	86.46	69.57	81.06	48.57			
LEV	97.69	90.31	37.17	42.39			
ROA	92.66	-728	67.11	54.54			
Top1	97.87	58.88	85.35	72.47			
BSIZE	53.72	60.47	44.38	48.09			
INDP	76.42	-34.47	21.49	44.94			
CLOSE	94.85	93.16	85.90	68.19			
RET	69.96	-76.44	75.82	70.88			
VOL	86.49	76.16	69.42	68.03			

第三，本文重新计算了匹配后样本的倾向值。图 12－1 和图 12－2 展示了处理组和控制组的倾向值分布情况及组间差异。从中可以看出，在匹配之后，被特别处理公司和非被特别处理公司的倾向值分布比较接近，其间的差异比较小。

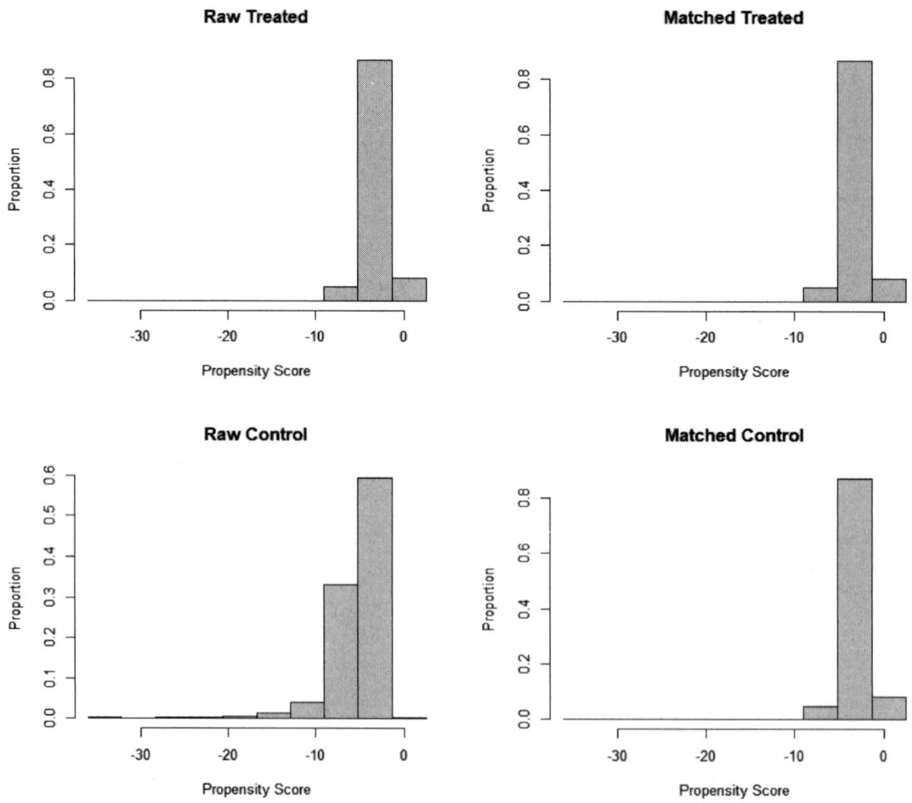

图 12－1　处理组和控制组在倾向值匹配前后的倾向值对比

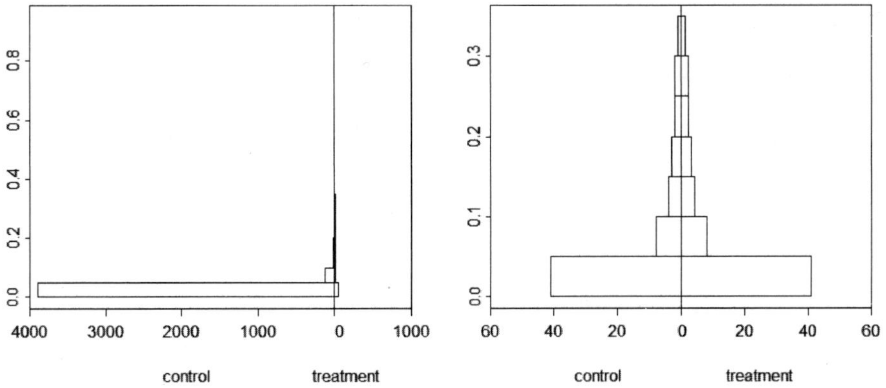

图 12－2　倾向值匹配前后数据在处理组和控制组的对称性

以上三个检验结果证明了本文的匹配结果没有违背平稳性的假设。利用倾向值匹配的方法，确实消除了处理组和控制组之间会对公司股票市场流动性、波动性和效率性产生影响的其他因素的差异，只保留了是否 ST 的区别。因此，本文可以仅从 ST 制度的角度来分析 ST“戴帽”本身对公司股票市场流动性、波动性和效率性的影响。

2. 基于双重差分的因果性检验

本研究不仅将比较 ST 股票（treat shares）与配对样本（control stocks）强制退市前和强制退市后市场质量的差异，而且进一步将 ST 股票的前后期差异减去配对样本的前后期差异，即双重差分。若双重差分检验达到统计上的显著水平，意味着在强制退市后，ST 股票与配对样本股的市场质量变动幅度有所差异。此做法可获得更为稳健的实证结果，能证明 ST 股票的变动是由于强制退市措施，而非整体市场的共同变化。

为了检验强制退市对 ST 股票市场流动性的影响，本研究采用报价价差、有效价差、相对报价价差及相对有效价差、市场深度和 Amihud 流动性指标等变量，比较强制退市前后 30 个交易日市场流动性的差异，实证结果如表 12－4 Panel A 所示。报价价差方面，强制退市后，ST 股票的报价价差、相对报价价差、有效价差及相对有效价差等变量均显著增加，而控制配对样本股的相对报价价差及相对有效价差皆显著降低，双重差分统计量均在 1% 的显著性水平上显著大于 0。Amihud 流动性冲击方面，ST 股票在强制退市后的流动性冲击有所增加，而控制配对样本股的流动性冲击有所减小，统计上并不显著，双重差分统计量均在 1% 的显著性水平上显著大于 0。因此，强制退市后，市场流动性明显降低。市场深度方面，强制退市后，只有 ST 股票的 Depth1 指标略有增加，其双重差分统计量仅在 10% 的显著性水平下显著大于 0。

表 12－4　基于双重差分的因果性检验结果

	处理组			控制组			双重差分
	Pre	Post	Diff	Pre	Post	Diff	DID
Panel A：市场流动性变量							
Absspread	0.0119	0.0136	0.0017***	0.014	0.0144	4.00E－04	0.0014***
Respread	0.0025	0.0035	9.00E－04***	0.0025	0.0024	－1.00E－04**	0.0011***

续表

	处理组			控制组			双重差分
	Pre	Post	Diff	Pre	Post	Diff	DID
Abseffspread	0.0122	0.014	0.0018 ***	0.0145	0.0148	3.00E－04	0.0015 ***
Reeffspread	0.0026	0.0035	0.001 ***	0.0025	0.0024	－1.00E－04 **	0.0011 ***
Amihud1	9.8853	25.8239	15.9386 ***	48.2186	41.6873	－6.5313	22.4699 ***
Amihud2	6.56	17.9862	11.4262 ***	40.4357	36.0278	－4.4079	15.8341 ***
Depth1	366774	452976	86202 ***	287754	293914	6160	80042 *
Depth2	2745254	2838349	93095	2078233	2125255	47021	6073
Panel B：市场波动性变量							
Range	0.0372	0.0302	－0.007 ***	0.0378	0.0363	－0.0015	－0.0055 **
Variance	0.0142	0.0136	－7.00E－04	0.0121	0.0122	2.00E－04	－9.00E－04
Panel C：市场效率性变量							
Dcorr	0.2238	0.218	－0.0058	0.2199	0.2095	－0.0104 **	0.0047
Balance	0.3899	0.4374	0.0475 ***	0.4141	0.4132	－9.00E－04	0.0483 ***

注：*** 为 1% 显著性水平，** 为 5% 显著性水平，* 为 10% 显著性水平。

为了检验强制退市对 ST 股票市场波动性的影响，本研究采用日内平均波幅与日内股票收益率方差，以检测 ST 股票与配对样本股在强制退市前后市场波动性的差异。根据表12－4 Panel B 的实证结果，本研究发现以日内平均波幅检测，ST 股票在强制退市后，日内平均波幅显著降低；且相较于控制样本股，其降低幅度有所增加。另外，若以日内股票收益率方差检测时，ST 股票在强制退市后，其日内股票收益率方差降低不显著，且相较于配对样本股，其降低幅度也不显著。因此，强制退市措施使 ST 股票的日内波动范围减小了，但相对于非 ST 股票的市场波动性的减小程度并不显著。

为了检验强制退市对 ST 股票市场效率性的影响，本研究采用买卖单不平衡程度与日内一阶自相关系数作为市场效率性指标，探讨 ST 股票与控制配对样本股在强制退市前后市场效率性的差异。根据表 12－4 Panel C 的实证结果，本研究发现以买卖单不平衡程度检测时，ST 股票在强制退市后，其买卖单不平衡程度从强制退市前的 0.3899 增加到强制退市后的 0.4374，增加量 0.0475 在 1% 的显著性水平下显著，而配对样本股的买卖单不平衡程度从强制退市前的 0.4141 稍微减少到强制退市后的 0.4132，减少量在统计上并不显著，重要的是，双重差分统计量 0.0483 在 1% 的显著水平上显著大于 0。以日内一阶自相关系数检测时，ST 股票在强制退市后，其一阶自相关系数在强制退市前后并无明显差异，而配对样本股的一阶自相关系数从强制退市前的 0.2199 减少到强制退市后的 0.2095，减少量 0.0104 在 5% 的显著性水平下显著，重要的是，双重差分统计量 0.0047 在统计上并不显著。因此，基于日内买卖单不平衡与日内一阶自相关系数的效率性指标的检验结果，强制退市没有提升 ST 股票的市场运行效率，反而加重了买卖单不平衡程度，进而减弱市场效率性，强制退市对市场效率性并不具有正面的影响。

3. 强制退市对 ST 股票市场流动性的影响

为了进一步检验强制退市政策对 ST 股票市场流动性的影响，本研究加入收盘价、成交量、公司市值等控制变量进行回归分析，控制其对市场流动性的影响。由于本研究的样本包含时间序列与横断面数据，故以 panel data 回归模型进行分析，采用加入公司固定效果与时间虚拟变量的固定效果模型。本研究采用绝对价差（Absspread）、绝对有效价差（Abseffspread）、相对价差（Respread）、相对有效价差（Reeffspread）、市场深度 1（Depth1）、市场深度 2（Depth2）、流动性不足 1（Amihud1）和流动性不足 2（Amihud2）共 8 个流动性指标以检测强制退市机制对 ST 股票市场流动性的影响，此 8 个流动性指标皆以日内数据换算为日数据，为了控制公司个体与时间效果，所有实证模型会加入公司与时间的虚拟变量。首先，根据表 12－5 的实证结果，就买卖价差而言，在控制相关变量后，Post × treat 系数达到 1% 的显著水平，回归系数为 0.387，代表 ST 股票的买卖价差在强制退市后显著大于配对样本公司股票的买卖价差，隐含强制退市机制具有扩大买卖价差的效果，此效果在有效价差、相对买卖价差、相对有效价差这三个流动性指标模型中也存在。其次，就市场深度而言，在控制相关变量后，深度指标 1 模型中的 Post × treat 系数达到 1% 的显著水平，回归系数为 0.043，代表 ST 股票的市场深度在强制退市后显著大于配对样本公司股票的市场深度，隐含强制退市机制具有增强市场深度的效果，而此效果在深度指标 2 模型中虽有增强，但统计上不显著。就 Amihud 流动性不足指标而言，在控制相关变量后 Post × treat 系数达到 1% 的显著水平，回归系数分别为 18.901 和 15.239，代表 ST 股票在强制退市后流动性冲击显著大于配对样本公司股票的流动性冲击，隐含强制退市机制增大了流动性冲击。最后，从买卖价差和流动性冲击的角度看，ST 股票的强制退市不利于 ST 股票市场的流动性。但若从市场深度指标来看，ST 股票的强制退市有利于 ST 股票市场深度的提高。

表 12－5　市场流动性模型 panel data 回归分析结果

	Absspread	Abseffspread	Respread	Reeffspread	Depth1	Depth2	Amihud1	Amihud2
Post	0.067	0.045	0.0004	−0.004	−0.025	−0.617	−4.655	1.134
	(0.055)	(0.059)	(0.005)	(0.006)	(0.045)	(0.625)	(12.643)	(10.815)
treat	0.004	−0.136	0.083 ***	0.055 *	−0.25	1.984	164.54 **	144.233 ***
	(0.280)	(0.302)	(0.027)	(0.029)	(0.233)	(3.204)	(64.787)	(55.418)
Post × treat	0.387 ***	0.431 ***	0.054 ***	0.057 ***	0.043 **	0.181	18.90 ***	15.239 ***
	(0.025)	(0.027)	(0.002)	(0.003)	(0.021)	(0.286)	(5.784)	(4.947)
LnClsprc	1.093 ***	1.206 ***	−0.117 ***	−0.117 ***	−0.098	1.176	29.613	32.804 **
	(0.079)	(0.085)	(0.008)	(0.008)	(0.066)	(0.901)	(18.215)	(15.580)
LnVolume	−0.062 ***	−0.042 ***	−0.005 ***	−0.002 *	0.027 ***	0.74 ***	−24.9 ***	−21.960 ***
	(0.009)	(0.009)	(0.001)	(0.001)	(0.007)	(0.099)	(2.009)	(1.719)
LnSize	−0.194 ***	−0.221 ***	−0.047 ***	−0.045 ***	−0.024	−1.002	−27.360 *	−20.39
	(0.071)	(0.077)	(0.007)	(0.007)	(0.059)	(0.811)	(16.400)	(14.028)
Constant	5.082 ***	5.397 ***	1.529 ***	1.479 ***	0.5	7.447	816.4 ***	625.333 **
	(1.234)	(1.333)	(0.121)	(0.130)	(1.028)	(14.12)	(285.79)	(244.462)
公司效应	控制	控制	控制	控制	控制	控制	控制	控制
时间效应	控制	控制	控制	控制	控制	控制	控制	控制
Observations	6837	6837	6837	6837	6837	6837	6837	6837
R^2	0.796	0.797	0.929	0.92	0.856	0.582	0.421	0.44
Adjusted R^2	0.79	0.792	0.927	0.918	0.852	0.57	0.405	0.424

注：*** 为 1% 显著性水平，** 为 5% 显著性水平，* 为 10% 显著性水平。

4. 强制退市对 ST 股票市场波动性的影响

为了进一步检验强制退市对 ST 股票市场波动性的影响，本研究加入收盘价、成交量、公司市值等控制变量进行回归分析，控制其对市场波动性的影响。由于本研究的样本包含时间序列与横断面数据，故以 panel data 回归模型进行分析，采用加入公司固定效果与时间虚拟变量的固定效果模型。本研究采用日内平均波幅（Range）与日内收益率标准差（Variance）检测实施强制退市机制对 ST 股票市场波动性的影响，实证结果如表 12－6 所示。

表 12－6　　市场波动性模型 panel data 回归分析结果

	Range	Variance
Post	－0.009***	0.001
	(0.003)	(0.009)
treat	0.135***	0.283***
	(0.015)	(0.044)
Post × treat	0.022***	0.037***
	(0.001)	(0.004)
LnClsprc	0.099***	0.144***
	(0.004)	(0.012)
LnVolume	0.015***	0.010***
	(0.001)	(0.001)
LnSize	－0.016***	－0.024**
	(0.004)	(0.011)
Constant	－0.099	－0.071
	(0.067)	(0.192)
公司效应	控制	控制
时间效应	控制	控制
Observations	6837	6837
R^2	0.326	0.44
Adjusted R^2	0.307	0.424

注：*** 为 1% 显著性水平，** 为 5% 显著性水平，* 为 10% 显著性水平。

本研究发现以日内平均波幅检测时，在控制相关变量后，Post × treat 系数达到 1% 的显著水平，回归系数为 0.022，此表示实施强制退市机制会使 ST 股票的日内平均波幅增加，显示实施强制退市机制增大了 ST 股票市场的波动性。另外，以日内收益率方差指标检验在统计上也支持增大了 ST 股票市场的波动性。此实证结果意味着，在控制其他因素后，强制退市机制会增大 ST 股票的市场波动程度。这主要是由于股票被实施强制退市后，市场对其消息面反应相对会更加敏感，投资者对风险的担忧提升，刺激了股价波动性，因此，在控制其他因素后，强制退市制度会造成 ST 股票波动性有显著增加，并没有起到稳定市场的作用，这与政策实施的初衷相违背。

5. 强制退市对 ST 股票市场运行效率的影响

为了进一步检验强制退市对 ST 股票市场效率性的影响，本研究加入收盘价、成交量、公司市值等控制变量进行回归分析，控制其对市场效率性的影响。由于本研究的样本包含时间序列与横断面数据，故以 panel data 回归模型进行分析，采用加入公司固定效果与时间虚拟变量的固定效果模型。本研究采用买卖单不平衡程度（Balance）与日内一阶自相关系数（Dcorr）为因变量，探讨强制退市制度对 ST 股票市场运行效率的影响。表 12 -7 展示了市场效率性模型 panel data 回归分析结果。

表 12 -7　　市场效率性模型 panel data 回归分析结果

	Balance	Dcorr
Post	-0.011	-0.033*
	(0.035)	(0.019)
treat	-0.287	0.278***
	(0.177)	(0.096)
Post × treat	0.029*	-0.015*
	(0.016)	(0.009)
LnClspre	-0.049	-0.02
	(0.050)	(0.027)
LnVolume	-0.030***	-0.035***
	(0.006)	(0.003)
LnSize	-0.008	-0.03
	(0.045)	(0.024)
Constant	1.445*	1.321***
	(0.782)	(0.425)
公司效应	控制	控制
时间效应	控制	控制
Observations	6837	6837
R^2	0.782	0.101
Adjusted R^2	0.776	0.076

注：*** 为 1% 显著性水平，** 为 5% 显著性水平，* 为 10% 显著性水平。

由表 12 -7 所呈现的市场效率性模型回归结果可知，在以买卖单不平衡程度作为因变量的模型中，控制相关变量后，Post × treat 对买卖单不平衡程度在 10% 的显著水平下显著具正向显著的影响，其值为 0.029，此表示强制退市制度的实施，加重了 ST 股票市场的买卖单不平衡程度。在日内一阶自相关系数作为因变量的模型中，控制相关变量后，Post × treat 对一阶自相关系数在 1% 的显著水平下具有负向显著的影响，其值为 -0.015，此表示强制退市制度的实施，降低了 ST 股票市场的日内一阶自相关程度。买卖单不平衡程度指标显示 ST 股票的强制退市使 ST 股票的买卖单不平衡程度显著高于配对样本股公司，日内一阶自相关系数指标显示 ST 股票的强制退市使 ST 股票的定价效率显著高于配对样本股公司，意味着强制退市机制对 ST 股票市场买卖单不平衡程度有所增加，但对定价效率有所提升。

六、重大事件（政策）对 A 股上市公司信息披露的实证研究

（一）研究方法

事件研究法（event study）是一种数据统计方法，其原理是根据研究目的选择某一特定事件，研究事件发生前后窗口期若干个交易日内股票收益率变化，从而解释特定事件对样本股票价格变化与收益率的影响，多用于检验事件发生前后的股价变化或股价对披露信息的反应程度。本文采用类比事件研究法，通过分析 2020 年年底出台的退市新规对 A 股上市公司财务信息披露质量的影响，侧面反映重大政策变动对 A 股市场效率和稳定的影响。

具体地，以某家上市公司被强制退市这一特定事件作为事件日，通过观察事件窗口前后，反映该上市公司所属行业内其他上市公司信息披露质量的变量（本文拟选用操纵性应计利润和交易所对上市公司问询函的数量）的变化情况，研究强制退市制度对信息披露质量的影响是否显著，进而观察强制退市对资本市场效率和稳定的影响。

在本研究中，研究事件为 A 股上市公司被强制退市。事件研究中的事件日是指市场接收到该事件相关资讯的时间，而不是该事件实际发生的时间点[①]。故本文选择将 A 股上市公司被实施 ST 或*ST 的时点确定为事件日。为捕捉该事件对信息披露质量的影响，考虑到上市公司信息披露周期，针对操纵性应计利润的计量，拟选取事件日发生前后各最近半年度作为时间窗口，针对交易所对上市公司的问询函数量的计量，拟选取事件日发生前后各 90 天作为时间窗口。

（二）样本选择与数据来源

为研究 2020 年年底出台的退市新规对财务信息披露质量的影响，公司样本的选择范围为 2021 年 1 月 1 日后已摘牌的 A 股上市公司及 2021 年 8 月 30 日风险警示板中的 A 股上市公司，由于*ST 变为 ST 意味着上市公司总体情况向好，故从上述样本中剔除 2021 年 1 月 1 日后*ST 变 ST 的公司后，共有分属申万二级 60 个行业的 114 家样本公司组成最终样本（详见附录 1）。按照申万二级行业分类标准，列出上述样本池中各公司所在申万二级行业的其他公司组成第二级样本池。数据来源于 Wind 金融终端。

（三）变量选取与模型选择

1. 操纵性应计利润

上市公司公开披露的信息中，盈余是最为方便的评价公司价值增长的财务指标之一，同时也是投资者进行投资决策的重要信息来源。从上市公司会计信息披露的实际情况来看，上市公司盈余管理的行为普遍存在，因此对盈余信息质量的评价成为对会计信息披露质量评价的关键之一。

本文选用 Jones 模型用于测度盈余管理程度，Jennifer J. Jones 于 1991 年提出该模型，认

① Dodd P. Merger Proposal, Management Discretion, and Stockholder Wealth [J]. Journal of Financial Economics, 1980, (8): 105 - 137.

为公司应计利润的变动主要来源于公司主营业务收入变动导致的营运资本的变动，而固定资产产生折旧会导致应计利润减少。Jones 模型用销售收入增量（ΔREV）及固定资产原值（PPE）作为自变量，构建总应计利润的多元线性回归方程，通过参数估计，测度事件期的操纵性应计利润。模型如下：

第一步：利用最小平方法找出估计回归参数

$$\frac{TA_t}{A_{t-1}} = \alpha + \beta_1 \frac{\Delta REV_t}{A_{t-1}} + \beta_2 \frac{PPE_t}{A_{t-1}} + \varepsilon_t \tag{1}$$

第二步：将回归参数代入计算事件期间的非操纵性应计利润

$$NDA = \alpha + \beta_1 \frac{\Delta REV_t}{A_{t-1}} + \beta_2 \frac{PPE_t}{A_{t-1}} \tag{2}$$

第三步：将估计的应计利润总额减去事件年度实际应计利润总额，得操纵性应计利润

$$\frac{DA_t}{A_{t-1}} = \frac{TA_t}{A_{t-1}} - \left(\alpha + \beta_1 \frac{\Delta REV_t}{A_{t-1}} + \beta_2 \frac{PPE_t}{A_{t-1}}\right) \tag{3}$$

TA：在 t 年的应计利润总额

ΔREV：t 年与 t-1 年主营业务收入的差额

PPE：t 年的固定资产净值

A：t-1 年的年末总资产

NDA：非操纵性应计利润

DA：操纵性应计利润

2. 交易所问询函数量

对上海证券交易所与深圳证券交易所向第二级样本池各公司发出的问询函数量进行统计。

（四）主要变量描述性分析

1. 操纵性应计利润

操纵性应计利润变量描述性分析如表 12-8 所示。

表 12-8　操纵性应计利润变量描述性分析

变量	样本量	最小值	最大值	平均值	标准差
操控性应计利润（事件日前）	717	-0.0652487	0.0017041	-0.0317723	0.0334764
操控性应计利润（事件日后）	717	-0.0017875	0.1231593	0.0606859	0.0624734

数据来源：Wind 金融终端。

2. 交易所问询函数量

问询函数量变量描述性分析如表 12-9 所示。

表 12-9　问询函数量变量描述性分析

变量	样本量	问询函总量
问询函数量（事件日前）	411	513
问询函数量（事件日后）	520	686

数据来源：上海证券交易所官网（http://www.sse.com.cn）及深圳证券交易所官网（http://www.szse.cn）。

（五）实证结果检验模型与结果分析

根据上述步骤得到的数据，按照事件日前后对各退市公司所属申万二级行业内的其他公司的操纵性应计利润和问询函数量分别进行 T 检验。

对操纵性应计利润的检验假设：

零假设 H_0：强制退市对上市公司操纵性应计利润无影响

备选假设 H_1：强制退市对上市公司操纵性应计利润有影响

对问询函数量的检验假设：

零假设 H_0：强制退市对上市公司收到的问询函数量无影响

备选假设 H_1：强制退市对上市公司收到的问询函数量有影响

选用双独立样本双侧检验，检验水准：$\alpha=0.05$。若 T 检验显著，说明事件对上市公司信息披露质量有影响，否则，说明事件并未对上市公司信息披露质量产生影响。

T 检验结果如表 12－10 所示。

表 12－10　　T 检验结果

	p－value≤0.05		p－value＞0.05	
	amount	Ratio	amount	ratio
操纵性应计利润	4	25.00%	12	75.00%
问询函	8	8.16%	90	91.84%

如表 12－10 所示，对操纵性应计利润的 T 检验结果显示，16 个有效值中仅有 4 个 p－value≤0.05，对问询函数量的 T 检验结果显示，98 个有效值中仅有 8 个 p－value≤0.05，两者均不拒绝零假设，即强制退市对上市公司操纵性应计利润和收到问询函数量均无明显影响。

（六）盈余管理视角下退市新规对信息披露的影响

过去的研究表明，退市制度影响上市公司盈余管理行为。随着退市制度的发展完善，上市公司的盈余管理行为也发生相应的变化，从成本低、高风险的应计盈余管理转向隐蔽性强、风险低的真实盈余管理。此外，研究发现运用非经常性损益项目来进行盈余管理是很多面临退市的上市公司扭曲财报信息、扭亏为盈的主要手段之一。

相比于原规则，2021 年 1 月 1 日起实行的退市新规取消了原来单一的净利润、营业收入指标，新增了“最近一个会计年度经审计的净利润为负值且营业收入低于人民币 1 亿元，或追溯重述后最近一个会计年度净利润为负值且营业收入低于人民币 1 亿元”，且“净利润”以扣除非经常性损益前后孰低为准，所述“营业收入”应当扣除与主营业务无关的业务收入和不具备商业实质的收入。即在新规则下，扣非前后净利润为负且营业收入低于人民币 1 亿元的上市公司会被实施风险警示。

为进一步研究上述规则对上市公司信息披露的影响，本文借鉴彭博和陶仲羚（2016）[①]不同净利润口径下亏损公司数量及其占比的计算方式，选取上市公司在退市新规施行前

① 彭博、陶仲羚：《中美退市制度及实施效果比较研究》，载《现代经济讨论》，2016（10）：88－92.

（即 2021 年 1 月 1 日）披露的 2016～2019 年年净利润等数据及新规施行后披露的 2020 年年净利润和 2021 年半年度净利润等数据，形成 2016～2021 年不同净利润口径下亏损的上市公司数量及占比如表 12－11 所示。

表 12－11　2016～2021 年不同净利润口径下亏损的上市公司数量及占比

年份	2015	2016	2017	2018	2019	2015～2019 平均	2020	2021H1
上市公司数①	2808	3034	3467	3567	3893	3354	4135	4454
净利润＜0 的公司数	356	238	239	474	508	363	623	564
亏损公司占比②	13%	8%	7%	13%	13%	11%	15%	13%
扣除非经常性损益的净利润＜0 的公司数	636	511	510	747	831	647	910	757
亏损公司占比③	23%	17%	15%	20%	21%	19%	22%	17%
通过非经常性损益扭亏的公司数	280	273	271	273	323	284	287	193
扭亏为盈比例④	44%	53%	53%	37%	39%	45%	32%	25%

注：上市公司数①是指披露该年度或半年度财务报表的 A 股上市公司总数；亏损公司占比②的计算方式为净利润＜0 的公司数除以上市公司总数；亏损公司占比③的计算方式为扣除非经常性损益的净利润＜0 的公司数除以上市公司总数；扭亏为盈比例④的计算方式为通过非经常性损益扭亏的公司数除以扣除非经常性损益的净利润＜0 的公司数。

通过数据分析可知，净利润作为统计口径的亏损上市公司在 2015～2019 年平均每年有 363 家，占比 11%，而在 2020 年和 2021 年占比有一定上升，分别为 15% 和 13%；扣除非经常性损益的净利润作为统计口径的亏损上市公司在 2015～2019 年平均每年有 647 家，占比 19%，而在 2020 年占比小幅上升至 22% 后在 2021 年回落至 17%；对比净利润作为统计口径的亏损上市公司数量与扣除非经常性损益的净利润作为统计口径的亏损上市公司数量，可得出在 2015～2019 年平均每年有 284 家上市公司通过非经常性损益的盈余管理方式扭亏为盈，占全部亏损公司比例为 45%，而这一占比在 2020 年和 2021 年大幅下降至 32% 和 25%。

此外，本文统计了 2018～2020 年 A 股上市公司营业收入，形成的营业收入分布区间如图 12－3 所示。

通过数据分析，大部分上市公司的营业收入（亿元）在［0，50］范围内，在新规财务类退市指标的 1 亿元营收线两侧，2018～2019 年营收在［0，1］范围内的公司差异较小，均在 50 家左右，2020 年营收在［1，2］范围内的公司为 104 家，较 2018 年的 91 家和 2019 年的 79 家有小幅增长。

七、主要结论、启示与政策建议

（一）主要结论

本研究的目的主要是探讨以强制退市为典型的资本市场深化改革制度对资本市场效率和

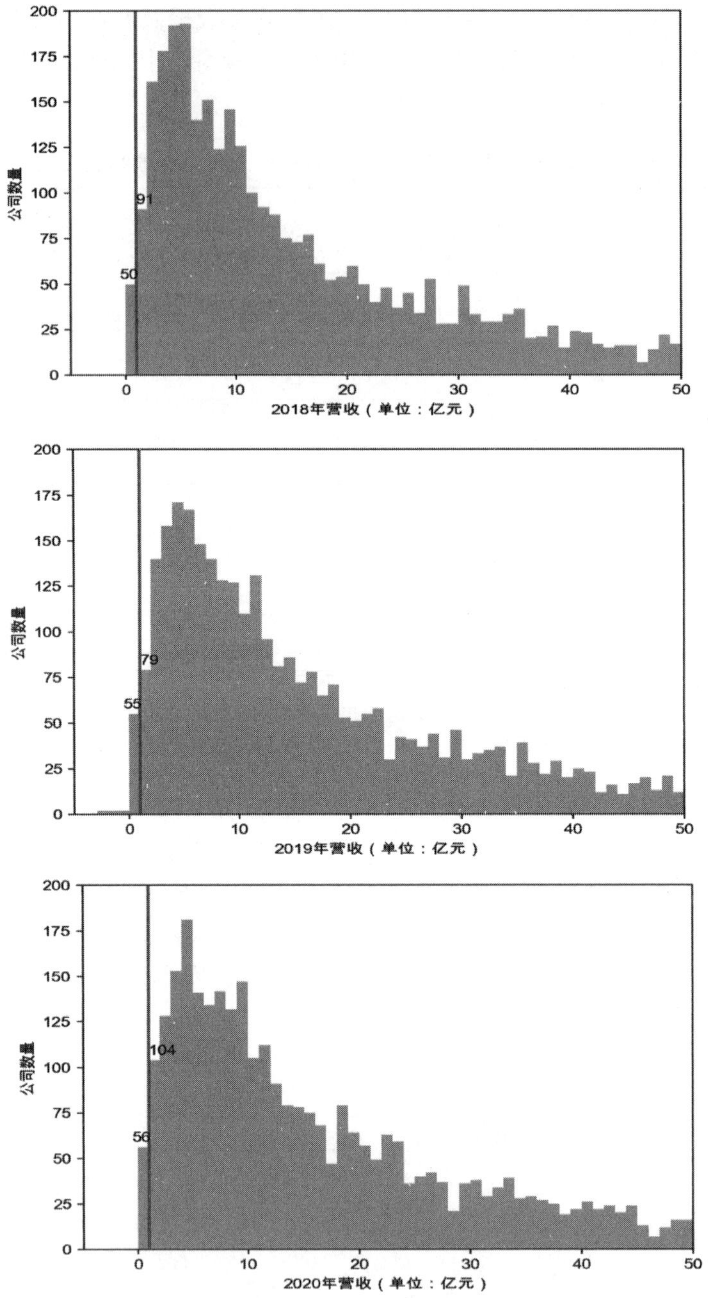

图 12-3　2018～2020 年 A 股上市公司营业收入分布区间

注：为研究方便，上图 x 轴营业收入范围限定在［-5，50］，尾部数据未在图中呈现。

稳定的影响。具体而言，一方面，本文从金融市场微观结构的角度，全面探讨强制退市制度对 ST 股票运行质量的影响，观察政策实施前后股票市场流动性、波动性与效率性的差异，从市场微观结构的角度评估政策的实施成效。此外，本研究使用倾向得分匹配与双重差分方法，通过挑选配对样本，比较 ST 股票与非 ST 股票市场流动性、波动性与效率性的差异，来评估强制退市措施的实施成效。另一方面，本文通过研究强制退市制度对 A 股上市公司信息披露质量的影响，验证资本市场重大改革通过降低资本市场非效率行为的作用，间接反映其对资本市场效率和稳定的影响。主要结论如下：

第一，从流动性模型实证结果可以发现，从买卖价差和流动性冲击的角度看，强制退市政策显著降低了特别处理股票的市场流动性，增大了市场的冲击成本，证实了股票在强制退市后其市场流动性变差，但若从市场深度指标来看，股票被实施强制退市有利于 ST 股票市场深度的提高。

第二，通过波动性模型实证结果可以看出，股票被实施强制退市后，市场对其消息面反应相对会更加敏感，投资者对风险的担忧提升，刺激了股价波动性，强制退市制度会造成相应股票波动性有显著性的增加。

第三，效率性模型实证结果指出，强制退市机制对 ST 股票市场买卖单不平衡程度有所增加，但对定价效率有所提升。

第四，退市新规出台后，运用非经常性损益项目来进行盈余管理的上市公司增加，说明股票强制退市制度在一定程度上影响了面临退市的上市公司的财务信息披露行为。

（二）启示与政策建议

1. 强化投资者保护制度

配套制度的完善是资本市场改革成败的关键因素。尤其是带有限制和规范色彩的改革措施，初衷是在引导资本市场长期稳定向好，但可能会在政策出台短期内向市场释放紧张信号，造成股价波动或影响企业行为，给投资者带来信息上的误导以及利益损害。以强制退市制度为例，交易所只有健全强制退市制度的配套制度，才能够在强制退市过程中有效保障投资者权益。

首先，建议完善交易制度设计，如实施强制退市制度时，促进 ST 股票二级市场的流动性，进而降低买卖价差和流动性冲击成本。其次，建议加大监管机制，严厉打击操纵市场行为，减小股票市场波动。最后，建议加大对中小投资者教育力度。资本市场改革可能会导致股民原有的投资思考和行为习惯无法持续。因此，建议相关部门和机构加大对中小投资者教育力度，形成长期、多元、体系化的投教宣传模式，帮助投资者熟知每次改革的详细内容，理解现行交易规则和政策要求，充分了解改革可能对 A 股市场带来的潜在影响，清晰掌握政策变革给自身现有投资带来的风险，并帮助投资者提高理性投资以及防范化解风险的意识和知识储备。与此同时，与信息披露制度的不断完善相配合，也应帮助投资者读懂上市公司报告。

2. 完善资本市场监管规则

资本市场的重大改革往往对上市公司和市场活动产生重要影响。如强制退市等限制类的改革措施可能导致濒临被限制门槛的公司通过一定的造假举动躲避淘汰或惩罚。活跃资本市场的改革措施通常会放宽限制，给予市场主体更大的权限和活动范围。以注册制为例，通过降低公司上市门槛、灵活交易方式、优化结算流程、创新金融产品，为市场创新注入新活力。但在资本市场更加活跃的同时也需要加强监管，不断促进有效市场和有为政府的高效结合，规范资本市场秩序，营造良好资本市场生态，防止市场过热、高杠杆等风险。

建议全面落实强化机构监管、行为监管、功能监管、穿透式监管、持续监管，不断提升监管适应性、针对性，守牢风险底线。一是加强对上市企业的监管，进行风险的监测、评估、预警、约束、整顿，健全现代金融企业制度，健全信息披露制度，搭建基础信用平台，防止并打击整顿上市公司不报、瞒报、发布虚假信息等行为。二是加强对交易活动和资金流动的监管。对各类金融行为进行事前、事中、事后全过程监管，重点强化对跨机构、跨业、跨市场金融活动以及复杂结构金融产品的监管。

3. 引导长期资金入市

“耐心资本”在稳定市场波动中发挥压舱石的重要作用。证监会指出，引导投资机构强化逆周期布局，壮大“耐心资本”。由于养老金、社保基金、保险资金、企业年金等通常追求长期投资目标，能够承受短期波动或回撤，且往往以经济社会发展战略目标和重点领域为重点投资方向，所以引导长期资金入市，能够进一步向市场释放利好信号，减少短期炒作之风。

应强化投资端与融资端、交易端统筹协调，多措并举鼓励长期资金入市。一是借鉴发达国家股票市场中长期资本占比水平，科学提高养老金、社保基金、保险、企业年金等 A 股持有比例要求。二是建立完善机构投资的长周期考核机制，为长期投资创造制度环境，引导市场形成长期投资理念。三是创新金融衍生品，为市场提供多元对冲工具，降低收益波动。四是优化并购重组、股权激励、分红机制等制度安排，推动提升上市公司分红的稳定性和可持续性，增强投资者回报。五是优化投资者结构，引导海外长期资金进入，支持 QFII 和 RQFII 等境外资金参与度。

附录：退市公司样本池

公司名称	申万二级行业名称	公司名称	申万二级行业名称
ST 顺利	IT 服务Ⅱ	ST 大有	煤炭开采
*ST 万方	IT 服务Ⅱ	*ST 中基	农产品加工
*ST 赛为	IT 服务Ⅱ	*ST 华资	农产品加工
*ST 大唐	半导体	ST 红太阳	农化制品
*ST 西水	保险Ⅱ	*ST 澄星	农化制品
*ST 威尔	电网设备	*ST 猛狮	汽车服务
ST 森源	电网设备	*ST 索菱	汽车零部件
ST 光一	电网设备	SST 佳通	汽车零部件
*ST 天成	电网设备	斯太退（退市）	汽车零部件
*ST 乐材	电子化学品Ⅱ	天夏退（退市）	软件开发
*ST 宝德	多元金融	退市金钰（退市）	饰品
*ST 易见	多元金融	*ST 德威	塑料
ST 西源	多元金融	ST 榕泰	塑料
*ST 绿庭	多元金融	康得退（退市）	塑料
*ST 绿景	房地产服务	*ST 德新	铁路公路
*ST 中迪	房地产开发	北讯退（退市）	通信服务
ST 海投	房地产开发	*ST 信威（退市）	通信服务
*ST 云城	房地产开发	*ST 邦讯	通信设备

续表

公司名称	申万二级行业名称	公司名称	申万二级行业名称
ST 粤泰	房地产开发	ST 凯乐	通信设备
*ST 基础	房地产开发	*ST 金刚	通用设备
*ST 中房	房地产开发	ST 安控	通用设备
*ST 中葡	非白酒	欧浦退（退市）	物流
ST 柏龙	服装家纺	*ST 星星	消费电子
ST 起步	服装家纺	*ST 圣莱	小家电
*ST 浪奇	个护用品	*ST 丰华	小金属
*ST 天龙	光伏设备	退市鹏起（退市）	小金属
*ST 巴士	广告营销	*ST 华英	养殖业
*ST 数知	广告营销	ST 天山	养殖业
*ST 嘉信	广告营销	*ST 全新	一般零售
ST 联建	广告营销	*ST 大集	一般零售
ST 龙韵	广告营销	退市秋林（退市）	一般零售
*ST 园城	贵金属	*ST 成城（退市）	一般零售
ST 华钰	贵金属	*ST 百花	医疗服务
退市刚泰（退市）	贵金属	*ST 海医	医疗服务
*ST 海航	航空机场	*ST 科迪	饮料乳品
*ST 航通（退市）	航天装备Ⅱ	ST 维维	饮料乳品
*ST 跨境	互联网电商	ST 北文	影视院线
*ST 双环	化学原料	长城退（退市）	影视院线
*ST 明科	化学原料	*ST 众应	游戏Ⅱ
*ST 亚星	化学原料	*ST 艾格	游戏Ⅱ
*ST 达志	化学制品	ST 三五	游戏Ⅱ
*ST 金泰	化学制药	*ST 游久	游戏Ⅱ
ST 星源	环境治理	退市富控（退市）	游戏Ⅱ
天翔退	环境治理	*ST 昌鱼	渔业
*ST 美尚	基础建设	*ST 丹邦	元件
ST 花王	基础建设	ST 方科	元件
*ST 聚龙	计算机设备	ST 松炀	造纸
*ST 宜生（退市）	家居用品	*ST 康美	中药Ⅱ
*ST 东海 A	酒店餐饮	*ST 香梨	种植业
ST 海越	炼化及贸易	*ST 米奥	专业服务
*ST 景谷	林业Ⅱ	ST 弘高	装修装饰Ⅱ
*ST 腾邦	旅游及景区	*ST 罗顿	装修装饰Ⅱ
*ST 西域	旅游及景区	*ST 华昌	自动化设备
*ST 圣亚	旅游及景区	*ST 凯瑞	综合Ⅱ
*ST 南化	贸易Ⅱ	*ST 东网	综合Ⅱ
*ST 厦华	贸易Ⅱ	*ST 广珠	综合Ⅱ
*ST 天首	煤炭开采	退市工新（退市）	综合Ⅱ

参考文献

[1] Aggarwal R, Inclan C, Leal R. Volatility in Emerging Stock Markets [J]. Journal of Financial and Quantitative Analysis, 1999, 34 (1): 33 - 55.

[2] Becketti, Sean and Daniel Roberts. "Will Increased Regulation of Stock Index Futures Reduce Stock Market Volatility." Econometric Reviews 75 (1990): 33 - 46.

[3] Bharath S T, Dittmar A K. Why do Firms Use Private Equity to Opt Out of Public Markets? [J]. The Review of Financial Studies, 2010, 23 (5): 1771 - 1818.

[4] Bogachev M I, Eichner J F, Bunde A. On the Occurence of Extreme Events in Long - term Correlated and Multifractal Data Sets [J]. Pure and Applied Geophysics, 2008, 165: 1195 - 1207.

[5] Borchert M. The Impact of Banking Behaviour on Monetary Strategy in Europe [J]. Working Papers [2023 - 12 - 28].

[6] Cam M A. The Impact of Terrorism on United States Industries [J]. Economic Papers: A Journal of Applied Economics and Policy, 2008, 27 (2): 115 - 134.

[7] Chan W H, Maheu J M. Conditional Jump Dynamics in Stock Market Returns [J]. Journal of Business & Economic Statistics, 2002, 20 (3): 377 - 389. DOI: 10.1198/073500102288618513.

[8] Charles A, Darné O. Large Shocks in the Volatility of the Dow Jones Industrial Average Index: 1928 - 2013 [J]. Journal of Banking & Finance, 2014, 43: 188 - 199.

[9] Chordia T, Subrahmanyam A. Order Imbalance and Individual Stock Returns: Theory and Evidence [J]. Journal of Financial Economics, 2004, 72 (3): 485 - 518.

[10] Diether K B, Lee K H, Werner I M. Short - sale Strategies and Return Predictability [J]. The Review of Financial Studies, 2009, 22 (2): 575 - 607.

[11] Glosten L R, Milgrom P R. Bid, Ask and Transaction Prices in a Specialist Market with Heterogeneously Informed Traders [J]. Journal of Financial Economics, 1985, 14 (1): 71 - 100.

[12] Gomber P, Haferkorn M, Lutat M, et al. The Effect of Single - stock Circuit Breakers on the Quality of Fragmented Markets [C] //Enterprise Applications and Services in the Finance Industry: 6th International Workshop, FinanceCom 2012, Barcelona, Spain, June 10, 2012. Revised Papers 6. Springer Berlin Heidelberg, 2013: 71 - 87.

[13] Huang X, Tauchen G. The Relative Contribution of Jumps to Total Price Variance [J]. Social Science Electronic Publishing [2023 - 12 - 28]. DOI: 10.2139/ssrn.609321.

[14] Karmel R S. Special Study on Market Structure, Listing Standards and Corporate Governance [J]. Business Lawyer, 2002, 57 (4): 1487.

[15] Lanfear M G, Lioui A, Siebert M G. Market Anomalies and Disaster Risk: Evidence From Extreme Weather Events [J]. Journal of Financial Markets, 2019, 46: 100477.

[16] Lee C M C, Ready M J. Inferring Trade Direction From Intraday Data [J]. The Journal of Finance, 1991, 46 (2): 733 - 746.

[17] Lee S S, Mykland P A. Jumps in Financial Markets: A New Nonparametric Test and

Jump Clustering [J]. Review of Financial Studies, 2007. DOI: 10.2139/ssrn.686372.

[18] Maheu J M, Mccurdy T H. News Arrival, Jump Dynamics, and Volatility Components for Individual Stock Returns [J]. Social Science Electronic Publishing, 2004, 59 (2): 755 - 793. DOI: 10.1111/j.1540 - 6261.2004.00648.x.

[19] McInish T H, Wood R A. An Analysis of Intraday Patterns in Bid/Ask Spreads for NYSE Stocks [J]. The Journal of Finance, 1992, 47 (2): 753 - 764.

[20] Pham H N A, Ramiah V, Moosa N, et al. The Financial Effects of Trumpism [J]. Economic Modelling, 2018, 74: 264 - 274.

[21] Phylaktis K, Aristidou A. Security Transaction Taxes and Financial Volatility: Athens Stock Exchange [J]. Applied Financial Economics, 2007, 17 (18): 1455 - 1467. DOI: 10.1080/09603100600972426.

[22] Ramiah V, Martin B, Moosa I. How does the Stock Market React to the Announcement of Green Policies? [J]. Journal of Banking & Finance, 2013, 37 (5): 1747 - 1758.

[23] Shah S, Thakor A V. Private Versus Public Ownership: Investment, Ownership Distribution, and Optimality [J]. The Journal of Finance, 1988, 43 (1): 41 - 59.

[24] Shleifer A, Vishny R W. A Survey of Corporate Governance [J]. The Journal of Finance, 1997, 52 (2): 737 - 783.

[25] 陈文雅. 沪市融资融券对股市波动性影响的实证研究 [D]. 西南财经大学, 2015.

[26] 封文丽, 温霞. 全面推进注册制与上市公司质量提升 [J]. 财会通讯, 2021 (24): 8 - 12. DOI: 10.16144/j.cnki.issn1002 - 8072.2021.24.001.

[27] 郭阳生, 沈烈, 汪平平. 沪港通降低了股价崩盘风险吗——基于双重差分模型的实证研究 [J]. 山西财经大学学报, 2018, 40 (6): 30 - 44. DOI: 10.13781/j.cnki.1007 - 9556.2018.06.003.

[28] 胡大春, 金赛男. 基金持股比例与 A 股市场收益波动率的实证分析 [J]. 金融研究, 2007 (4): 129 - 142.

[29] 黄丹. 股指期货推出对中国股票市场波动率的影响 [D]. 复旦大学, 2015.

[30] 姜媛媛. 动量、价值、规模的混合策略研究 [D]. 南京理工大学, 2017.

[31] 林乐, 郑登津. 退市监管与股价崩盘风险 [J]. 中国工业经济, 2016 (12): 58 - 74. DOI: 10.19581/j.cnki.ciejournal.2016.12.005.

[32] 刘勤, 顾岚. 股票日内交易数据特征和波幅的分析 [J]. 统计研究, 2001 (4): 36 - 42. DOI: 10.19343/j.cnki.11 - 1302/c.2001.04.007.

[33] 刘用明, 屈万程, 甘永春. 交易手续费调整对我国股指期货市场质量的影响研究 [J]. 西南民族大学学报 (人文社科版), 2018, 39 (4): 122 - 129.

[34] 孟焰, 袁淳, 吴溪. 非经常性损益、监管制度化与 ST 公司摘帽的市场反应 [J]. 管理世界, 2008 (8): 33 - 39. DOI: 10.19744/j.cnki.11 - 1235/f.2008.08.004.

[35] 山立威. 心理还是实质: 汶川地震对中国资本市场的影响 [J]. 经济研究, 2011, 46 (4): 121 - 134 + 146.

[36] 邵锡栋, 黄性芳, 殷炼乾. 印花税调整对中国股市流动性和波动性的影响 [J].

统计与决策，2009（5）：133－134.

［37］唐齐鸣，李春涛．股票收益与货币政策的关系研究［J］．统计研究，2000（12）：36－40. DOI：10.19343/j.cnki.11－1302/c.2000.12.007.

［38］田成诗．政策事件对中国证券市场波动的影响研究［D］．东北财经大学，2008.

［39］万丽梅．美国上市公司退市制度［J］．中国金融，2019（3）：55－56.

［40］汪天都，孙谦．传统监管措施能够限制金融市场的波动吗？［J］．金融研究，2018（9）：177－191.

［41］王曦，叶茂．我国股票市场“政策市”现象的理论阐释［J］．学术研究，2011（1）：81－90＋159.

［42］王泽．政策事件对中国股票市场波动率影响的定量研究［D］．苏州大学，2018.

［43］文先明，江辉，刘作．存款准备金率变动对股市影响的实证研究［J］．系统工程，2012，30（4）：18－24.

［44］吴虹雁，朱璇．盈余管理方式对ST类上市公司“摘星摘帽”的影响——基于退市制度变更的分析视角［J］．会计之友，2021（12）：125－132.

［45］吴昱，秦芳，张睿等．印花税税率调整对A股市场微观结构影响的实证研究［J］．投资研究，2013，32（9）：138－152.

［46］谢世清，邵宇平．股权分置改革对中国股市波动性与有效性影响的实证研究［J］．金融研究，2011（2）：185－193.

［47］许波．融资融券对我国股票市场流动性和波动性影响的实证研究［D］．安徽大学，2016.

［48］许均华，李启亚．宏观政策对我国股市影响的实证研究［J］．经济研究，2001（9）：12－21＋95.

［49］杨慧．政策事件与股市跳跃之间关系的实证研究［D］．厦门大学，2009.

［50］杨培娅．中美贸易摩擦“实体清单”对股价波动性的影响研究［D］．广西民族大学，2023. DOI：10.27035/d.cnki.ggxmc.2023.000777.

［51］杨子晖，陈雨恬，张平淼．重大突发公共事件下的宏观经济冲击、金融风险传导与治理应对［J］．管理世界，2020，36（5）：13－35＋7. DOI：10.19744/j.cnki.11－1235/f.2020.0067.

［52］张旭，李玉玲．涨跌停幅度调整降低了股价波动性吗？——来自2020年创业板市场涨跌幅调整的准实验［J］．金融与经济，2022（6）：79－88. DOI：10.19622/j.cnki.cn36－1005/f.2022.06.009.

［53］赵华，黄梨梨．货币政策对中国股市连续性波动和跳跃性波动的影响研究［J］．投资研究，2012，31（3）：52－62.

［54］赵华，秦可佶．股价跳跃与宏观信息发布［J］．统计研究，2014，31（4）：79－89. DOI：10.19343/j.cnki.11－1302/c.2014.04.010.

［55］钟凯，孙昌玲，王永妍等．资本市场对外开放与股价异质性波动——来自“沪港通”的经验证据［J］．金融研究，2018（7）：174－192.

［56］邹昊平，唐利民，袁国良．政策性因素对中国股市的影响：政府与股市投资者的博弈分析［J］．世界经济，2000（11）：20－28.

13. 数字化转型驱动国有上市公司高质量发展研究

中兴新通讯有限公司 课题组*

国有上市公司高质量发展需要以数字化转型为关键引擎，实现发展动力转换、经营效率提升、创新能力提高和业务增长突破。现阶段国有上市公司数字化转型工作虽已广泛开展并取得一定成果，但仍存在数字化战略定位有待拔高、数字化探索深度与广度不足、尖端成果和业务创新不足、数字化岗位战略导向功能不足、数据产品化与市场化存在瓶颈等不足，且面临转型试错成本较高、数字技术供应体系与服务生态不健全等困境，制约了数据要素充分释放价值。本文通过借鉴大型央国企数字化实践经验，提出国有上市公司应按照“以数字化转型实现降本增效”“以数字化转型驱动经营模式创新”和“推进数据产品化与市场化”三项基本思路，从国有上市公司、政府机构、数据交易市场三个角度提出具体建议：国有上市公司应提升数字化转型的战略高度、制定转型规划和路线图，完善内部治理机制，构建统一数据底座并重视核心业务环节数字化转型，以财务数字化带动企业数字化转型，主动开发利用数据资产、推动数据产品化与市场化、开创新的收入增长点；政府应加强知识产权保护，推进产学研合作，强化数字人才供给，推动公共数据资源开放；数据交易市场方面，应规范数据商交易制度体系，建立健全数据交易运营体系。

---

* 本项目课题组成员为：郝博，中兴新通讯有限公司副总经理，高级会计师，博士；韩芳芳，中兴新通讯有限公司战略规划部研究员，中国注册会计师，硕士；张力派，中兴新通讯有限公司战略规划部研究员，博士；赵旖旎，深圳市中兴新云服务有限公司副总裁，澳洲注册会计师，硕士。

一、导论

（一）研究背景

习近平总书记在党的十九大报告中指出："我国经济发展已由高速增长阶段转向高质量发展阶段，正处在转变发展方式、优化经济结构、转换增长动力的攻关期。"作为社会主义经济发展的压舱石，国有企业对于建设现代化经济体系、推动中国经济实现高质量发展具有重要作用。

为推动国有企业改革攻坚，国务院国资委于 2023 年 3 月对国有企业对标开展世界一流企业价值创造行动进行动员部署，要求国有企业以价值创造为关键抓手，增强集团化管控、集约化运作能力，加强成本管控、管理创新能力，进一步强化精益运营和精益管理，扎实推动国有企业高质量发展。

当前，以人工智能、云计算为代表的新一轮科技革命进展迅速，数字技术与实体经济迎来深度融合，建设数字中国成为数字时代推进中国式现代化的重要引擎。国有企业数字化转型是支撑数字中国发展战略，积极响应国家政策号召的重要体现，是国有企业自身高质量发展的必然要求，并能够通过示范效应带动上下游企业的数字化升级，加快整体产业链的数字化建设。数字化转型是国有企业主动顺应科技革命和产业变革，深化人工智能、大数据、云计算、物联网、区块链等数字技术运用，改造提升传统动能、培育发展新动能，实现业务转型升级和创新发展的重要路径。

（二）研究内容

在已有研究[①]基础上，本文认为数字化转型应包含"产业数字化"和"数字产业化"两方面内涵。"产业数字化"是指企业运用数字技术来改造和优化业务流程，提高生产和运营效率、降低成本、优化资源配置；"数字产业化"是指企业将数据作为资产，通过对数据的开发利用，创造新的商业模式、产品和服务，推进数据产品化与市场化，形成数字产业体系。

相比非上市公司，上市公司的数字化转型更具有市场影响力和示范价值，故本文以国有上市公司作为研究样本。通过数据分析发现，现阶段国有上市公司数字化转型已取得部分成效，但还存在一定的不足和困难，制约了其高质量发展。基于此，本文通过整理央国企数字化转型的优秀实践经验、典型案例等，并结合理论分析，为如何推进数字化转型赋能国有上市公司高质量发展提出思路与建议。

本文的研究思路框架如图 13－1 所示。其中，第二部分将明确提出数字化转型是国有上市公司高质量发展的重要路径；第三部分将阐述国有上市公司数字化发展现状，包含已取得成果、存在的不足与困难；第四部分将总结大型央国企在数字化转型中的亮点和代表性动作，提炼一般性经验，为其他企业转型提供借鉴；第五部分将基于现存问题、困境和央国企案例启示，提出企业数字化转型的总体思路，并从国有上市公司、政府机构和数据交易市场

① 陈虎和郭奕（2022）将企业数字化转型界定为"以数据驱动为核心，通过应用数字化技术和算法模型，提升运营效率、优化企业资源配置、重构决策模型、重塑商业模式，最终构筑企业核心竞争力、创造价值效益，实现企业转型升级和创新发展的过程"。

三方提出具体建议。

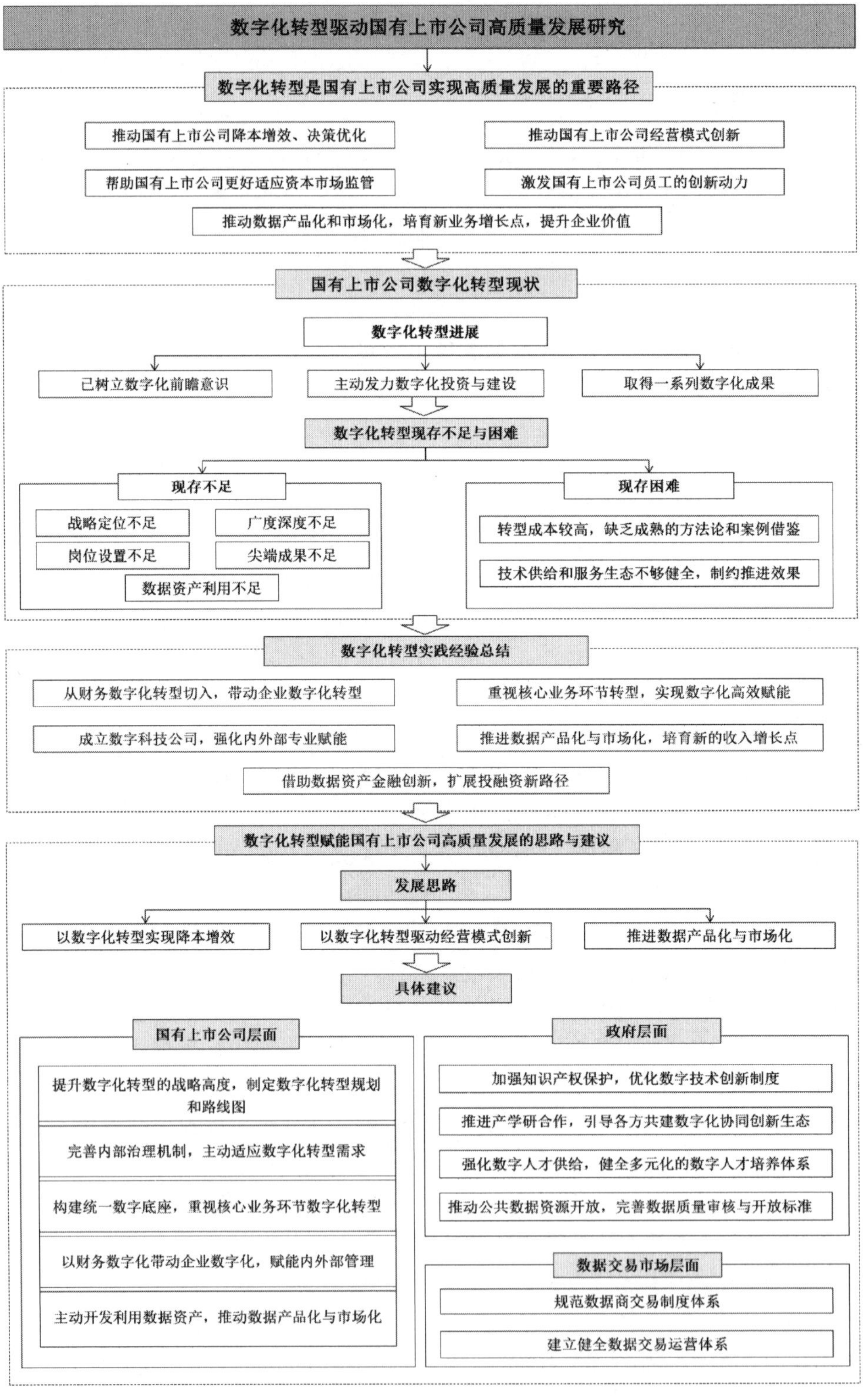

图 13－1　数字化转型驱动国有上市公司高质量发展课题研究路线

（三）研究意义

从微观意义上，本文可为国有上市公司实现高质量发展提供建议，围绕“降本增效”“经营模式创新”“数据产品化与市场化”三方面，形成数字化视角下的高质量发展方法论；从宏观意义上，本文可引导政府、数据交易所等主体关注国有上市公司数字化转型的现存不足与困难，主动优化相关政策，释放数字要素活力，促使国有上市公司创造更多经济社会价值、推动中国经济高质量发展。

二、数字化转型是国有上市公司实现高质量发展的重要路径

（一）推动国有上市公司降本增效、决策优化

国有上市公司可利用数字技术带来的自动化能力替代传统人工操作，节省人力资源成本、突破人工业务效能的极限；可借助数字化工具在明确的业务规则下实现标准化操作，减少人工作业存在的错误或偏差。

国有上市公司可通过对各项业务的全面数字化管理，使数据在企业内部更加及时、准确、全面地传递和共享（曾建光和王立彦，2015），减少各代理层级之间的信息不对称，提升组织沟通效率；可借助数字化工具对研发、生产、销售、采购等各系统进行优化改造，提升运营效率、降低运营成本。

国有上市公司可借助数字化工具推进业财一体化，加速业财融合，实现业务流程和财务流程的联通融合，数据共享，提升企业对于财务数据及流程的管控能力；可形成由数据驱动的决策方式，通过数据分析和挖掘及时发现问题、评估现状、预测未来，提升管理者洞察能力，提高管理决策效率和准确性。

（二）推动国有上市公司经营模式创新

国有上市公司可运用数字技术分析挖掘海量数据，提取有价值的市场信息（如客户需求、偏好和行为模式），主动打造差异化产品、探索新市场机会，形成可快速响应市场需求、灵活敏捷的商业模式；可通过云计算、大数据和物联网等技术，实现信息实时传递和共享、协同工作和内外部资源整合，使国有上市公司能够更好地与合作伙伴、供应商和客户等建立更加紧密的业务联系，构建一个高度互联、合作共赢的生态系统。

（三）帮助国有上市公司更好地适应资本市场监管

在适应资本市场监管方面，国有上市公司可搭建投资者关系管理、信息披露管理等系统，并与企业内部财务数字化及经营管理系统打通，提升信息传递的及时性、准确性与完整性；可借助数字化工具将海量数据转化为可视化的图表、报表，以更直观、易懂的方式展示企业的经营状况和财务状况，并建立安全的数据存储和传输机制，以及严格的访问权限和审计机制（杜萍，2023），以更好应对资本市场高标准的监管要求。

（四）激发国有上市公司员工的创新动力

国有上市公司可借助云计算、大数据、人工智能等数字技术，将员工从重复性、标准化操作业务中解脱出来，将精力和时间更多投入于技术研发、战略规划、知识输出等创新性业务。数字化转型加速数据资源的开发利用，逐步形成可流通的数据资产，国有上市公司如何充分利用已有的丰富数据资源、开拓数据资产业务、释放数据价值，将极大地考验与培养管理者与员工的创新能力（马克卫等，2023）。

（五）推动数据产品化和市场化，培育新业务增长点，提升企业价值

围绕特定场景和需求，国有上市公司可运用数字技术工具，对原始数据资源进行筛选和规范化、标准化处理，形成可流通的数据产品，作为新业务增长点。开发数据产品能充分利用国有上市公司丰富的数据资源，提高其产品创新能力，塑造差异化竞争优势，提升企业价值。

基于上述原因，数字化转型在国有上市公司高质量发展中应置于优先发展的战略地位，通过充分释放数字要素价值，以创造更多价值。

三、国有上市公司数字化转型现状

本文以 2010 ~ 2022 年为样本期间，描述国有上市公司数字化转型现状，并与非国有上市公司[①]相关指标进行对比。本研究数据来源为 CSMAR 数据库。

（一）国有上市公司已普遍树立数字化前瞻意识，对数字化转型探讨的广度和深度有所提升

1. 国有上市公司已普遍形成数字化前瞻意识，且早于非国有上市公司

数字化前瞻意识指企业管理层能主动对未来数字化转型进行洞察、预测并积极应对的意识。本文以企业年报“管理层讨论与分析”部分首次出现数字化关键词[②]的年份衡量其数字化前瞻意识，对应年份越早，意味着企业数字化转型的前瞻意识越早形成。

（1）现阶段，国有上市公司已普遍形成数字化前瞻意识，将数字化转型作为重要的创新导向。如图 13 - 2 所示，样本期间共有 1187 家国有上市公司在年报中出现数字化关键词，在所有国有上市公司[③]中占比高达 84.24%。其中，有 104 家国有上市公司于 2010 年就已经开始重点关注数字化转型，并将其作为管理层讨论与分析内容，该部分样本占比达 8.76%；2013 ~ 2017 年，共有 635 家国有上市公司在年报中开始陆续出现数字化关键词，占比约 45%，该期间是国有企业形成数字化转型意识的高峰。

---

① 在 CSMAR 数据库中，上市公司按产权性质分为国有企业、民营企业和外资企业。为方便论述，后两者统称为非国有上市公司。

② 本文参照 CSMAR 数据库中对数字化关键词的定义及具体范围。数字化关键词是指在企业数字化转型过程中，用来描述不同领域和行业中的关键概念、关键技术的术语或关键词，从而反映数字技术在特定领域的应用和影响。

③ 根据中国证监会研究中心数据，截至 2022 年年底，国内共有 1409 家国有控股上市公司。

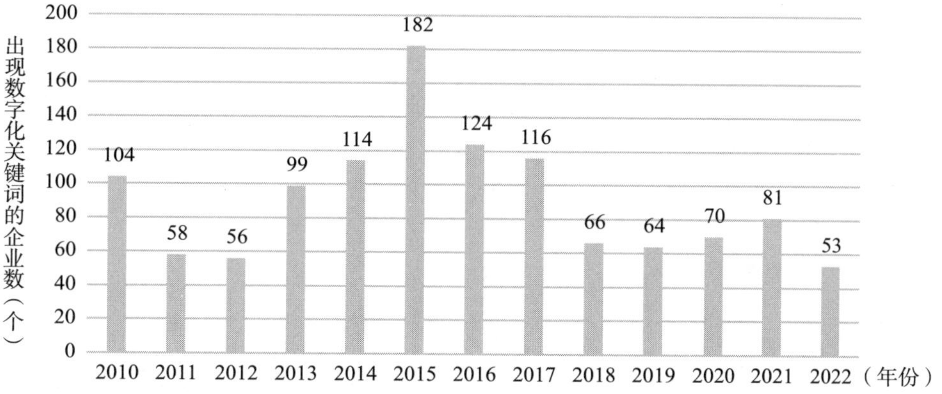

图 13-2　国有上市公司年报中首次出现数字化关键词的年份及其频数

（2）相比非国有上市公司，国有上市公司管理层对数字化转型的前瞻意识更强。国有上市公司首次出现数字化关键词的年份的中位数为 2015 年（年份均值为 2015.66），非国有上市公司则为 2017 年（年份均值为 2017.13），前者对数字化转型的洞察、分析与应对工作明显早于后者。这可能与国有上市公司承接更多政治与社会工作目标有关：党的十八大以来，数字经济逐步上升为国家战略，国有上市公司因其特殊的产权性质，需要积极响应政策号召、提早布局数字化转型工作。

2. 国有上市公司对数字化转型探讨持续性强，且广度、深度有所提升

对于国有上市公司对数字化转型的探讨，本文从探讨时长、探讨广度、探讨深度三方面阐述。

（1）国有上市公司对数字化转型的探讨具有较强的持续性。

对数字化转型的探讨时长体现了企业数字创新导向的持续性。根据 CSMAR 数据库做法，在企业年报的"管理层讨论与分析"部分，只要出现数字化关键词，则相应年份可视为企业对数字化转型进行探讨的年份；在样本期间，本文依次求出每家上市公司的探讨年份总数，年份总数越高，代表数字创新导向的持续性越强。

如图 13-3 所示，截至 2022 年年底，相比非国有上市公司，国有上市公司数字创新导向的持续性更强：从对数字化探讨的绝对时长看，后者在年报中出现数字化关键词的年份总数均值为 5.8 年，前者则仅为 4.81 年；从探讨时长的分布看，当年份总数为 1、2、3 年时，非国有上市公司相应年份总数的频率分别为 16.96%、16.74%、12.96%，均明显高于国有上市公司相应频率值，而当年份总数为 4～13 年时，国有上市公司相应年份总数的频率则整体高于非国有上市公司。

（2）国有上市公司对数字化转型探讨的广度在持续提升。

为衡量国有上市公司对数字化转型探讨的广度，本文对企业年报"管理层讨论与分析"部分所出现的数字化关键词进行分类，并将分类数量作为衡量指标，涉及的分类数量越多，意味着企业数字创新导向的广度越高。本文参照 CSMAR 数据库分类标准，数字化关键词可分为 11 项，涉及四项数字信息技术、四种数字化设施和三种数字化应用①。

① 根据 CSMAR 数据库界定标准，四项数字化设施分别为人工智能、区块链、云计算、大数据；四种数字信息技术分别为人工智能技术、云计算技术、大数据技术和广义数字技术；三种数字化应用分别为技术创新、流程创新、业务创新。

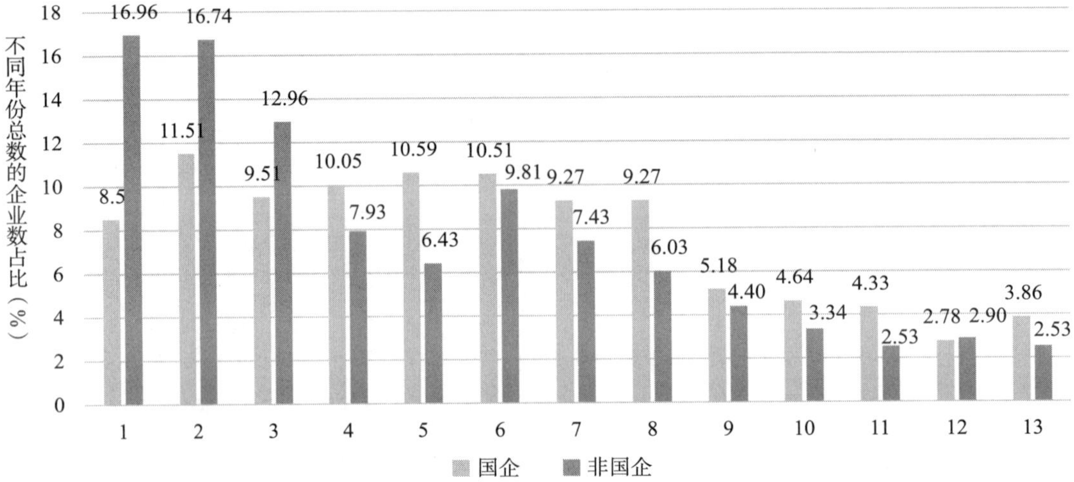

图 13－3　国有上市公司年报中出现数字化关键词的年份总数及其频率

如图13－4所示，样本期间国有上市公司对数字化转型探讨的广度呈快速增长趋势。2010～2014年，因多数企业年报中并未提及任何数字化关键词，故数字化关键词的分类数均值小于1；2015～2022年，随着企业数字化转型的意识提升，企业年报“管理层讨论与分析”部分开始普遍出现数字化关键词，关键词分类数量的均值由1.13增长至2.39。

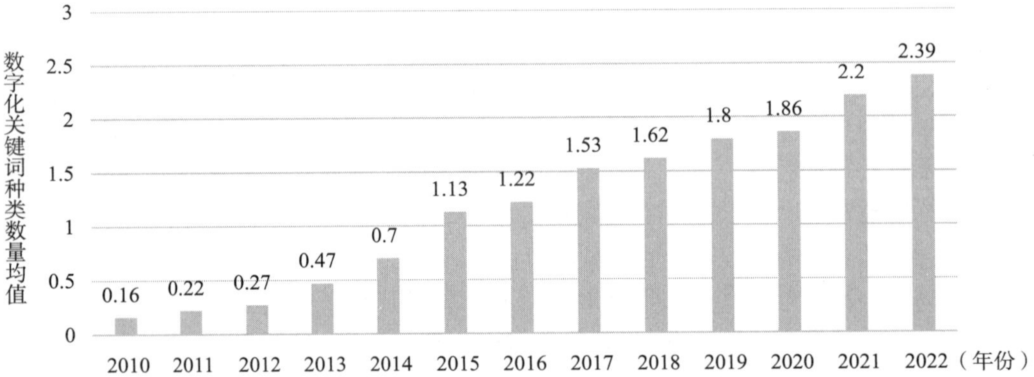

图 13－4　国有上市公司年报中数字化关键词的种类数量变化趋势

（3）国有上市公司对数字化转型探讨的深度有所提升。

为衡量国有上市公司对数字化转型探讨的深度，本文以企业年报“管理层讨论与分析”部分，每年数字化关键词占该部分总字数之比作为衡量指标。该比例提升意味着企业数字创新导向的深度提升。

如图13－5所示，2010～2014年，国有上市公司数字化关键词的相应字数占比较低（均值为7%～8.1%），增幅较小；自2015年以来，相应字数占比跃增至10%以上，特别是2019年该比例达到12.8%，意味着国有上市公司管理层对数字化转型的关注、探讨有所深入，数字化转型在企业发展中的战略地位提升。原因可能是国家层面于2014～2015年集中推动实施“互联网＋”行动、大数据行动纲要等数字化发展战略，国有上市公司需顺势强化数字化转型工作，响应国家发展需要。

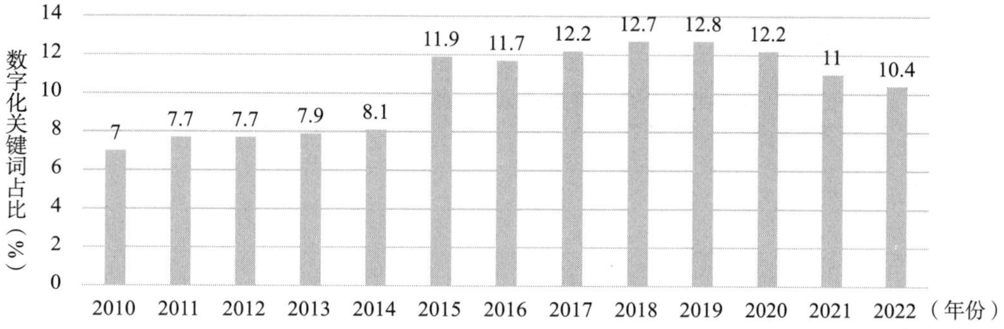

图 13-5 国有上市公司年报“管理层讨论与分析”部分数字化关键词占总字数的比例

（二）国有上市公司主动发力数字化投资与建设，发挥引领示范作用

1. 部分国有上市公司开始主动设立数字化岗位

随着数字技术加速创新，部分数字化岗位相继被催生，如首席信息官（CIO）、首席数字官（CDO）等。相比非国有上市公司，国有上市公司在部分数字化岗位中发挥引领示范作用。

（1）首席信息官职责主要是为各经营单元提供信息技术支持，为企业战略决策提供数据支撑。2010～2022 年，共有 43 家上市公司设立首席信息官岗位，其中 37 家为国有上市公司，占比高达 86%，如图 13-6 所示。

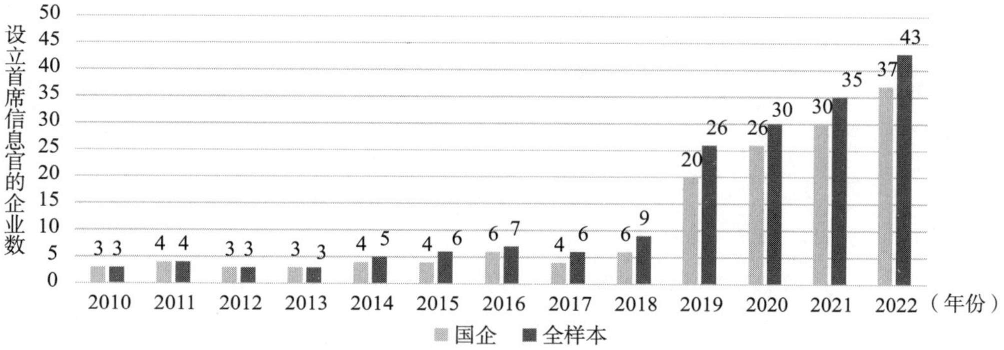

图 13-6 上市公司设立首席信息官岗位的数量趋势

（2）首席数字官主要负责企业数字化战略的制定与执行，提供数字化解决方案，推动企业价值创造。截至 2022 年年底，非国有上市公司未设置过首席数字官岗位；而中国太保、冀东水泥和华融化学等国有上市公司分别于 2016 年、2022 年发起设立首席数字官岗位，进行先行探索。

2. 国有上市公司对数字化人才的招聘需求快速增加

数字化转型的创新驱动，实质上是人才驱动，数字化人才引进推动着企业高质量发展。如表 13-1 所示，根据 CSMAR 数据库信息①，国有上市公司 2021～2022 年对数字化人才的

① CSMAR 数据库中，有关企业数字化转型的数据集目前仅披露 2021～2022 的数字化人才招聘信息。

招聘需求激增：从年度发布人才需求的次数上，2021 年均值为 9.47 次，至 2022 年均值快速提升至 40.03 次，增幅约 323%；从年度招聘人数上，2021 年均值为 9.48 人，至 2022 年均值跃至 150.39 人，增长约 14.86 倍。

表 13－1　　国有上市公司对数字化人才的招聘需求变动趋势

国有上市公司数字化人才招聘	2021 年	2022 年
年度发布需求次数	9.47	40.03
年度招聘人数	9.48	150.39

3. 国有上市公司数字化项目的投资额相比样本初期有明显增长，且投资力度远高于非国有上市公司

本文参照 CSMAR 数据库做法，按上市公司募集资金项目名称中有无数字化关键词，筛选出有关数字化转型的投资项目，汇总得出相应年度的计划投资额。

在样本期间，根据国有上市公司数字化项目的计划投资额变动，可分为两阶段：2010～2014 年，年度内所有国有上市公司的计划投资额均较低，不超过 5 亿元，且各年度间投资额波动幅度较小；自 2015 年以来，国有上市公司计划投资额较前一阶段产生明显增长，特别是在 2017 年与 2021 年分别达到 141 亿元和 125 亿元，如图 13－7 所示。

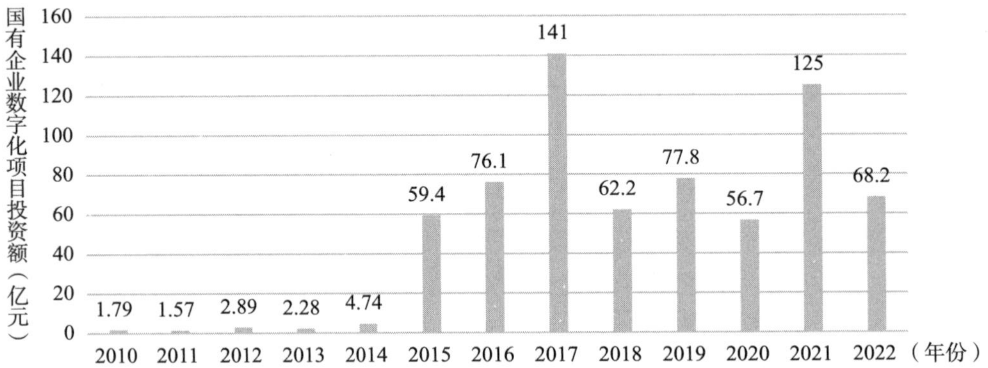

图 13－7　国有上市公司数字化项目计划投资额变化趋势

此外，相比非国有上市公司，国有上市公司对数字化项目有更大的投入力度。在样本期间，国有上市公司数字化项目的投资额均值为 8.09 亿元，而非国有上市公司均值仅为 5.19 亿元。

（三）国有上市公司已取得一系列数字化实践成果

1. 国有上市公司逐步参与更多国家与行业数字化建设的标准制定工作

参与数字化标准制定可使国有上市公司更加深入地了解和把握数字技术发展趋势和应用需求，并争取对自身发展有利的数字经济政策，提升市场竞争力。

如图 13－8 所示，根据 CSMAR 数据库信息，在样本期间，共有 75 家国有上市公司参与国家或行业数字化标准制定。其中，参与国家数字化标准制定的数量自 2017 年以来显著高于样本初期，并在 2022 年增长至 36 次；国有上市公司在 2010～2020 年从未参与行业数字

化标准制定，但在 2021 ~2022 年已开始出现部分参与案例。

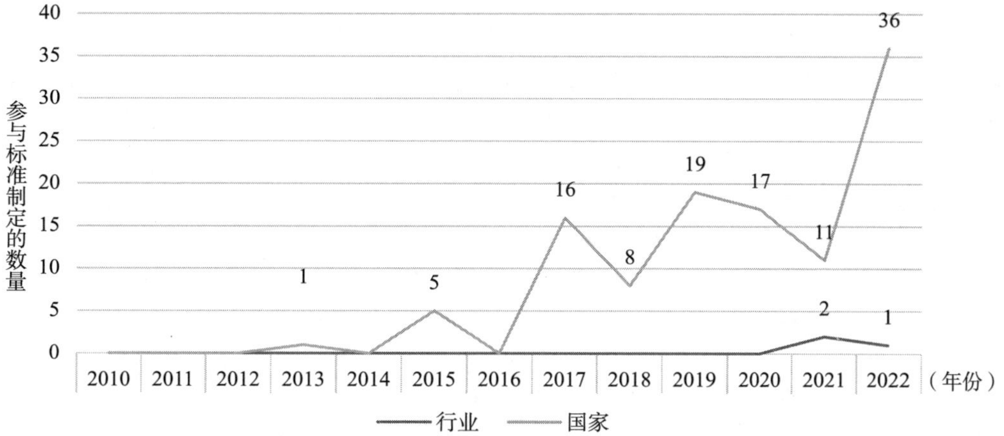

图 13 -8　国有上市公司参与国家/行业标准数量趋势

2. 国有上市公司已持续产出一定数量的数字化研究成果

国有上市公司基于数字化建设经验，已提炼出一定数量的理论性成果，发表于国内外期刊。如图 13 -9 所示，根据 CSMAR 数据库信息，参考中国知网与 Scopus 数据库检索结果①，在样本期间，国有上市公司在国内期刊共发表论文 11420 篇，在国外期刊共发表论文 727 篇，均远高于非国有上市公司相应论文数量（国内期刊论文 5478 篇，国外期刊论文 86 篇），且其国内外期刊论文发表数量均呈现快速上升趋势。

图 13 -9　国有上市公司数字化成果产出情况②

此外，根据统计，截至 2021 年年底③，共有 413 家国有上市公司在样本期内获得 1545 项数字发明专利授权，平均每家国有上市公司专利授权量为 3. 74 件。其中，2015 ~2019 年

① 国内期刊论文检索来源为中国知网，限定学科：计算机软件及计算机应用、互联网技术、电信技术；国外期刊论文检索来源为 Scopus，限定学科 ComputerScience。

② 截至 2023 年 10 月，因 CSMAR 数据库相关数据仅更新至 2021 年，故暂时缺少 2022 年数据。

③ 截至 2023 年 10 月，因 CSMAR 数据库相关数据仅更新至 2021 年，故暂时缺少 2022 年数据。

为数字发明专利授权的高峰期，授予量依次为 201、228、185、278 和 245 件，在总授予量中占比高达 73.59%。

3. 国有上市公司已获取一系列数字创新资质认证

如图 13－10 所示，国有上市公司在样本期内累计获得 1522 项数字创新资质认证，包含“高新技术企业”“软件企业”“火炬计划”等项目类型。其中，“高新技术企业”认证数目达 1393 项，占比 91.2%；其次是“国家规划布局内重点企业”“资源综合利用”及“软件企业”，认证数量分别为 43 项、40 项和 26 项。

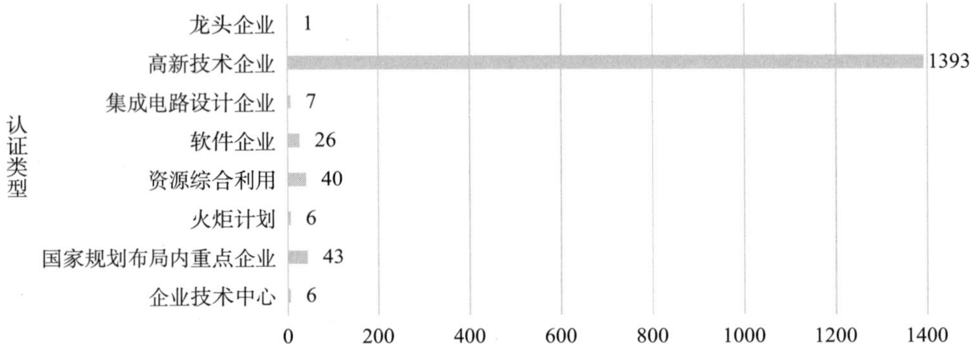

图 13－10 样本期内国有上市公司获得数字创新资质的数量汇总

（四）国有上市公司数字化转型现存不足与困难

国有上市公司在上述阶段中仍存在以下不足与困难。

1. 国有上市公司数字化转型存在的不足

（1）数字化转型的战略定位有待进一步拔高。

现阶段，国有上市公司已普遍具备数字化前瞻意识，并对数字化转型进行持续探讨，超过半数①的国有上市公司聚焦于实现自身经济业务的“提质、降本、增效”，并已取得一定数字化治理成效。

为更好地推动自身发展和国家数字经济建设，国有上市公司对数字化转型的战略定位有待进一步拔高：从业务方向上看，相比已开展的降本增效工作，国有上市公司在加速产品和服务创新、培育新型数字化业务、打造数字化企业等方面有待尝试更多实践（刘洋等，2020）；从工作目标上看，国有上市公司肩负引领数字化建设的重大使命②，其数字化转型应为社会输出更多有价值的数字化成果和实践经验，数字化转型的战略定位还需要与公司数字化建设使命更加契合（戚聿东等，2021）。

（2）对数字化转型探讨的广度与深度存在进一步提升空间。

截至 2022 年年底，国有上市公司虽持续加大对数字化转型的探讨，但探讨的广度、深度仍存在较大提升空间。

从广度上看，如前文所述，至 2022 年年底国有上市公司年报“管理层讨论与分析”部

① 数据源：点亮智库《国有企业数字化转型发展指数与方法路径》课题组。

② 建设数字中国成为数字时代推进中国式现代化的重要引擎。

分所出现的数字化关键词类别数量均值虽有所上升，但仍仅为2.39（数字化关键词分类共计11项，绝对数量差距仍较大），意味着公司对数字化转型所关注的维度较窄，数字创新导向的广度仍有较大提升空间。

从深度上看，数据是数字化转型的核心驱动要素，准确权威的数据能辅助管理者“追溯过去、洞察规律、发现未知”（朱海洋等，2022），但企业内部普遍存在数据采集不全面、业务条线之间数据共享不足、数据开发利用不充分，导致难以获得充分、有效、可靠的数据作为参考依据①，支撑其深入探讨数字化转型工作、查找待优化环节并发掘业务创新方向，故数字创新导向的深度存在提升瓶颈。

（3）数字化岗位设置仍稀缺，且岗位的战略导向功能不足。

虽有部分国有上市公司优先尝试设置数字化岗位，并发挥出一定的引领示范作用，但国内数字化岗位设置仍高度稀缺：截至2022年年底，1409家国有上市公司中仅有37家设置首席信息官岗位，占比不足3%；仅有3家设置首席数字官岗位，占比不足0.22%。

对于已设置数字化岗位的国有上市公司，前文统计数据表明，管理者较注重岗位人员的专业技术能力，相关人员主要负责信息系统建设与维护，对公司战略布局、经营管理缺乏足够了解，存在技术与管理“两张皮”现象（李瑞雪等，2019）；对于“懂数字技术、懂业务、懂管理”的首席数字官岗位，其能从公司整体利益出发，具备制定和推进数字化转型的战略规划，实现数据、技术、业务流程和组织架构的同步调整与协调融合的能力（朱秀梅和林晓玥，2022），但目前国有上市公司极少尝试设置。基于此，数字化岗位的战略导向功能有待挖掘。

（4）数字化研究成果数量相对多，但尖端创新成果与能力不足。

在数字化研究成果方面，国有上市公司虽已持续产出一定数量的期刊论文与发明专利，但在尖端创新领域仍有较大上升空间。

国有上市公司尖端成果数量明显不足。在样本期间，数字化相关的国家级奖项②呈空缺状态，特别是缺乏“从0到1”的颠覆性创新项目。

在高端装备、核心工业软件、关键基础技术领域，国有上市公司中缺乏具备技术主导权的世界级领军企业，相应的高端咨询、系统性解决方案等信息技术服务起步较晚，蕴含产业机理的共性知识方法、标准工具互动创新不足③。

（5）数据资产利用相对不足，数据产品化与市场化存在瓶颈。

目前多数国有上市公司聚焦于利用数字技术提升已有业务的规范性和效率，对于如何挖掘数据资源、开发利用数据资产、培育新业务增长点，仍有较大发展空间。根据调研情况④，对于已有的数据资源，超过五成的国有上市公司仅进行简单的数据报表应用，尚未开展专业的数字化建模与分析挖掘工作，寻求可供市场流通的数据产品与服务。

国有上市公司数据资产开发利用存在瓶颈。从挖掘数据资源角度，多数国有上市公司覆

---

① 该观点参考飞算数智科技（深圳）有限公司于2023年发布的《国有企业数字化转型的案例：挑战及分析》。

② 根据CSMAR数据库做法，在国家自然科学奖、国家技术发明奖、国家科学技术进步奖中，获奖项目名称涉及数字化关键词且获奖作者单位为上市公司，可视为获取数字化领域的国家级奖项。

③ 参考未来财务人研究院《企业数字化转型的六大困境》。

④ 参考点亮智库《国有企业数字化转型发展指数与方法路径》。

盖全生命周期的经营管理数据链尚未构建，内部数据资源分散在各个业务系统中，无法互联互通，形成“数据孤岛”，企业无法及时全面感知数据资源分布与更新、预测和分析其潜在应用场景，导致数据资源的潜在价值未能有效挖掘；从数据产品研发角度，开发利用数据产品需要企业敏锐把握市场需求、自主研发创新型产品，但国有上市公司市场敏锐度不足、组织氛围较为保守、工作模式缺乏能动性，可能会抑制数据产品研发的积极性与效果。

2. 国有上市公司数字化转型面临的现实困难

（1）数字化转型成本较高，缺乏成熟的方法论和案例借鉴。

①数字化转型工作本身具有高度复杂性，涉及面广、协调压力大、周期长。数字化转型本身是一个长期、持续的投入和协调过程，涉及资金和技术投入、人才培养或引入、组织系统和文化氛围重塑等。从技术应用角度，数字化转型需要依托先进的数字技术，这些技术不仅需要高昂的投入，还需要专业的技术支持和管理经验；从组织人员角度，数字化转型不仅需要内部核心管理层的支持，还需要引入或培养一定数量的技术人员、数据科学家、IT 专业人员等，确保数字化转型项目的顺利实施和运营维护；从组织运行角度，企业进行数字化转型会增加内部系统不确定性，打破企业原本平稳运行的系统，从而使系统缓冲成本和适应成本增加（戚聿东和蔡呈伟，2020）；从组织文化角度，数字化转型需要建立在开放、创新、容错的文化氛围中，这种文化氛围需要国有上市公司管理者和员工投入时间和精力来转变思维方式。

②国有上市公司需要对转型工作先行探索，试错成本较高。多数企业数字化转型仍处于摸索期，作为“排头兵”的国有上市公司需要先于其他企业进行探索，承受较高的试错成本：在摸索阶段，国有上市公司普遍缺乏科学、系统的方法论体系作指导，也没有充足的数字化转型成功案例作为参照，难以迅速达成清晰的数字化建设方向和实践路径，时间成本较高；而且数字化转型工作涉及大量技术研发项目，创新活动投入较高且难以保证效益；若其在试错过程中未能取得满意的效果，组织成员对数字化转型的信心将降低，制约其继续投入的积极性。

（2）国内数字化转型技术供给和服务生态不够健全，制约转型推进效果。

国有上市公司数字化转型的持续推进需要有强有力的供给侧服务，包括软硬件技术产品、咨询服务等。国内战略性新兴数字产业在核心基础零部件（元器件）、先进基础工艺、关键基础材料等方面与发达国家仍有一定差距，如数字化转型所采用的关键工艺设备、人工智能底层算法、高端工业软件等产品对外依存度仍较高（潘冬，2022），在贸易保护主义抬头背景下存在断供风险。

国内尚未形成具有国际影响力的数字化转型创新中心和开源社区，国有上市公司与科研院所、上下游企业、数据服务商等多方主体在共性知识方法、数字化工具应用方面的互动有待强化（陈云腾和陈卓，2023）。

针对上述问题与现实困境，本文将重点关注现阶段大型央国企在数字化转型、数据资产利用等方面的优秀实践，引导更多国有上市公司运用数据要素、提升价值创造能力。

四、数字化转型实践经验总结

本部分将聚焦部分大型国有企业在数字化转型中的代表性做法，从中提炼优秀实践经验，为国有上市公司数字化转型提供参考路径。

（一）从财务数字化转型切入，带动企业数字化转型

1. 财务数字化是企业数字化转型的前提和基础

财务数字化转型是企业数字化转型的重要组成部分和必要前提。现阶段部分央国企从财务数字化切入，推动财务部门不断深入各项业务与管理流程，实现业财融合，逐步实现企业数字化转型。

财务部门作为天然的“数据中心”，掌握企业关键数据资源，财务数字化可为管理者提供准确、及时、有效的数据检索信息，反映企业不同维度经营情况；财务部门可围绕数据采集、传输、集成、共享的全过程，借助人工智能、云计算、大数据等新技术，强化财务管理中各种应用场景的系统设计、分步推进，实现流程全程在线、信息高效转化、管理柔性对接，推动建立数据驱动、智能高效、使用便捷的数字化管理体系；财务数字化可作为企业经营管理的“中枢神经系统”，通过将经验数据进行总结、梳理、提炼，转化成指标、构建算法模型，并不断优化迭代，为管理者预警偏差、提供业务决策方案，甚至帮助企业开阔战略视野、及时调整发展规划；通过数字化手段挖掘财务部门丰富的数据资源，进行筛选和规范化、标准化处理，形成可在市场流通、具有一定差异化优势的数据产品，可为企业创造新业务增长点，提升数字创新能力、释放数据要素价值。

基于此，财务数字化可为企业数字化转型提供重要引擎，有效赋能企业预测和管理决策工作。

2. 以财务数字化推动企业数字化转型的典型案例

以中国中车集团有限公司为例，中车集团提出了“1654”财务数字化建设方法论，推动公司价值型财务管理战略转型，为经营管理数字化及产业数字化筑基。

“1”指1个目标，中车集团财务数字化转型始终围绕“建设符合中车特色的行业领先、国内一流、国际先进的数智型财务体系”这一核心目标，构筑具有中车优势、体现中车特色、始终服务于中车发展需要的价值创造模型。“6”指6大方向，中车集团以“智慧、融合、使能、协同、洞察、远见”作为财务数字化建设的6大方向，有效激活财务转型动能，全面升级财务价值管理能力。“5”指5项举措，即打造企业财经数据中心、搭建企业业财融合网络、建立企业卓越运营机制、构筑企业经营分析大脑和绘制企业战略经营地图。“4”指4项保障措施，即文化先行、组织赋能、人才支撑和数据筑基。

中车集团的5项举措，从企业财经数据中心到企业战略经营地图，充分体现了财务数字化对企业战略经营的牵引与推动作用。

（1）打造企业财经数据中心：为实现业财数据全面贯通、全量汇集、无感采集和有效管理，中车集团以全球财务共享体系建设和财务数字化应用场景创新为主要抓手和实现路径，推进财务专业化、标准化、流程化、信息化建设，促进财务自动化、智能化发展，形成海量数据沉淀，助力打造财经数据中心。

（2）搭建企业业财融合网络：中车集团明晰业务财务职能定位，将其定位为业务与财务的桥梁，明确应积极拓展业务财务在价值链的参与广度和深度，通过切入核心环节、渗透业务流程来全面深化业务财务职能。在此基础上，中国中车通过数字化技术在流程中进行埋点，抓取研发、采购、销售、生产各个环节的数据，进行产品全生命周期成本管控和效益分

析，以实现产品维度盈利情况可视、可评价。如在研发设计阶段，重点跟进研发成本资本化率及专利成果转化率；在采购阶段，着重分析各型号种类零部件的库存准备、退换货情况及综合成本；在生产制造阶段，实时把握资源投入情况，强化全方位、多维度、多层次的成本监控，对生产计划偏移进行实时预警；在销售和售后阶段，进行各类产品及各个项目的盈利测算，核查回款进度，并结合售后维护保养数据分析检修效益。

（3）建立企业卓越运营机制：①实现各业务环节及环节间成本精益化。集团强化目标成本管理，将目标成本、目标利润和成本动因相结合，将总目标层层分解倒推，测算出各项成本费用在生产流转各环节中的目标值，横向分解落实到研发、生产、采购等部门及机车、城轨等事业部，纵向分解落实到工序、班组和个人，形成目标成本管理体系。中车借助数字化技术平台，监控各层级上目标成本与成本实况偏差度，帮助业务部门进行成本动因的精准定位、成本水平的穿透分析、成本问题的跟踪改进，助力精益管理。②降低内外部产业链协同成本。在内部产业链上，中车基于内部需求同步至平台，将主机厂需求与配件厂供应实时、精准挂钩，采用即产即收交付模式，压缩交付时间成本，并将质量监控介入前置化，减少质量验收带来的成本浪费。在对外采购的外部供应链上，通过搭建供应商协同平台实现VMI库存（即外部供应商在中车的允许下参与维护中车库存水平），中国中车在系统平台中维护库存合理阈值及安全线，供应商根据阈值可在系统平台设置补货提醒线。基于双方合作与信息共享，最大限度地减少由于独立预测的不确定性导致商流、物流和信息流的浪费，降低供应链总成本。

（4）构筑企业经营分析大脑：为全面透视集团及所属企业经营活动状况，集团逐步搭建全方位、多维度的可视化经营分析体系。在此基础上，中车以大数据平台为支撑，进行经营管理数据信息的清洗、处理和层层汇聚，最终通过集团、企业、事业部、项目等多层级经营管理驾驶舱的形式呈现，支撑经营洞察、风险预警、业务决策，进而对运营体系进行全面优化，提升经营管理效益。

（5）绘制企业战略经营地图：中车进一步提升财务在数据方面的全面吸纳能力，拓展财务全局性经营视角，汇聚全方位、全过程、全层级的内部经营数据，以及政策、环境、行业、市场等多领域外部信息，为战略决策提供精细、全面、高质量的决策数据；同时，大力强化财务尽职调查、投资测算、经营分析、风险防控等方面的职能，利用建模工具、算子平台等数字化手段搭建投资投入和产出评估等分析模型，并基于内外部数据不断测试、验证、训练、优化，以基于精准数据和科学模型的分析结果辅助管理层战略决策，最终实现战略决策由主观经验驱动向数据驱动转轨，全面激发财务对战略决策的支撑作用。

中车集团通过以上做法，以财务数字化作为经营管理中枢，逐步实现业财融合、运营机制建设、经营分析和决策优化，驱动集团整体数字化转型建设。

（二）重视核心业务环节转型，实现数字化高效赋能

1. 重视核心业务环节数字化转型

核心业务环节是构筑企业竞争优势的关键。企业数字化转型应当重视核心业务环节，将其作为转型重点，利用数字化改造进一步打造企业的差异化竞争力，以赢得竞争先机。

2. 核心业务环节数字化转型的典型案例

以中兴通讯为例，中兴通讯提出了SPIRE供应链战略（Safe－安全的、Precise－精准

的、Intelligent－智能的、Reliable－可靠的、Efficient－高效的)，并打造了“智能供应协同平台”。“智能供应协同平台”的定位为：以微服务总体技术分层架构为核心，以风险仿真、智能决策和构建供应链数字孪生为目标，通过业务和技术的高度整合抽象，使采购行为数据化、业务管控自动化、数据挖掘正常化、指标应用指引化，配合高效即时云互联，与供应链合作伙伴高效协同，让更多的交易价值更简单地可见、可获、可感知。

中兴通讯于2018年正式启动“智能供应协同平台”项目，由中兴通讯供应链总裁担任项目指委会主任，由供应链副总经理担任项目经理，同时从公司内部多个部门抽调精英组成项目的专家团队。专家团队通过战略工具重构采购业务整体架构和高阶流程，明确了数字化规划路径，以及采购数字化蓝图、高阶业务架构、高阶业务流程、微服务划分等方案，并对生产、运营保障、海外、研发等复杂的采购场景进行了抽象整合。

中兴通讯采购数字化规划分为三个阶段：第一阶段为信息化，该阶段完成系统建设，构建稳定的主数据、构建采购大脑、构建基于策略的关键活动；第二阶段为数据化，该阶段的目标是优化体验，实现精耕细作的数据应用，实现外部互联、及时响应以及应急反应优化；第三阶段为智能化，目标为实现文化驱动，支撑数字孪生＋智能仿真＋智慧决策。

“智能供应协同平台”为中兴通讯带来了多方面的价值提升。通过寻源全程线上化，中兴通讯采购业务管理可视化、可度量、可感知、可评价，实现了供应链系统的全程透明合规；通过支持多法人交易场景、多地点交付网络，整合优化供应链整体资源，提升了整体供应链的效能，降低了整个价值链的总成本。

（三）成立数字科技公司，强化内外部专业赋能

围绕国家“十四五”规划纲要中提出的“产业数字化”和“数字产业化”发展要求，近年来国家电网、中国电子、中国移动、中国宝武集团等中央企业开始密集成立数字科技公司，如表13－2所示，截至2023年10月，98家中央企业已正式设立65家数字科技公司(2020～2023年期间成立21家数字科技公司)，占比约66%。

表13－2　　中央企业成立数字科技公司的情况(2020～2023年)

序号	中央企业名称	所成立的数字科技公司名称	数字科技公司成立时间	主要服务行业	主要业务	特色数据产品或服务
1	中国移动通信集团设计院有限公司	中移数智科技有限公司	2021－08－04	信息技术服务业	为用户提供包括全领域数智化转型咨询、场景化数智化解决方案、数智化产品与服务在内的“咨询＋产品＋服务”转型服务	数智化成熟度评估模型
2	中粮资本投资有限公司	中粮资本科技有限责任公司	2020－11－30	农业、食品业、金融业	专注于农业及粮油食品垂直领域，提供供应链金融的科技赋能业务，为上下游客户设计反向保理、普惠金融、云飞票电子发票等业务模式	普惠金融、云飞票电子发票

续表

序号	中央企业名称	所成立的数字科技公司名称	数字科技公司成立时间	主要服务行业	主要业务	特色数据产品或服务
3	中国电子信息产业集团有限公司	中电数据产业有限公司	2023－04－12	信息技术服务业、政务业	数据处理和存储支持服务，大数据服务，数据处理服务，互联网数据服务，赋能数字政府和行业数字化转型	数据金柜软件
4	国家电力投资集团有限公司	国家电投集团数字科技有限公司	2023－08－22	电力行业	承担国家电投信息化基础设施建设、应用开发、运行维护、信息安全等业务	数据采集综合应用平台 V1.0
5	中国能源建设集团有限公司	中能建数字科技集团有限公司	2022－01－26	金融业、能源业	建设“数字产业发展平台、科技创新孵化平台、数字与科技产业投资平台”三大平台，承担“数字化业务，科技创新业务、电商业务、综合能源业务、投资业务”五大业务	能建商城
6	中国石油天然气集团有限公司	昆仑数智科技有限责任公司	2020－11－18	能源业	聚焦能源行业信息通信技术的应用研究和推广服务，构建集咨询、设计、研发、交付、运营于一体的完整价值链	
7	中国林业集团有限公司	中林数科有限公司	2023－04－03	林业	围绕林业信息化、科学扩绿、林业碳汇、林业有害生物防治服务、国家储备林建设等领域布局共建研发平台，构建核心技术供给体系	
8	中国核工业集团有限公司	中国核电数字化创新中心	2022－8－31	核电业	作为中国核电网络安全与信息化管理、规划、建设、运营及维护一体化组织，计划建立从设计、建造、调试、运营和退役的信息化一体平台，实现资产投资全寿期数字化管理，实现成本优化的经营目标	

续表

序号	中央企业名称	所成立的数字科技公司名称	数字科技公司成立时间	主要服务行业	主要业务	特色数据产品或服务
9	中国融通集团	中国融通科学研究院集团有限公司	2022-5-20	装备制造业	工程技术研究和试验发展；技术服务、技术开发、技术咨询、技术交流、技术转让、技术推广；科技企业、科技期刊管理；科研软件开发；信息系统集成服务；知识产权服务；科研设备租赁服务等	集团公司协同运营中心平台基础业务（移动应用）软件 V1.0
10	国家石油天然气管网集团有限公司	北京智网数科技术有限公司	2022-04-27	信息技术服务业、管网建设业	智慧管网建设、数据开发利用、数字平台搭建，提供信息技术咨询、信息系统建设、软件开发	智网考试系统 V1.0
11	中国长江三峡集团有限公司	三峡科技有限责任公司	2020-7-29	水务业、建造业	产业数字化应用服务、智慧建造、智慧水务、工业控制、水利遥感	
12	中国电子信息产业集团有限公司	中国电子数据产业集团	2022-12-25	网信业、政务业	数字政府建设、数据安全与数据要素化	数据元件管理平台 V1.0
13	哈尔滨电气集团有限公司	哈尔滨能创数字科技有限公司	2021-09-13	电力业、装备制造业	数字化技术服务及技术开发、推广；智能装备制造及系统集成；3D 打印技术研发及服务；人工智能应用软件开发及系统集成服务；工业互联网技术支持与服务	能创数字
14	中国远洋海运集团有限公司	天津中远海运散运数字科技有限公司	2022-05-10	运输业	为散运系统内部提供数字化转型服务的专业数字技术公司	
15	中国通用技术（集团）控股有限责任公司	通用技术集团数字智能科技有限公司	2022-02-25	制造业、医疗业	智能制造、智慧医疗、数字医药、数字办公空间、数字化基础设施	

续表

序号	中央企业名称	所成立的数字科技公司名称	数字科技公司成立时间	主要服务行业	主要业务	特色数据产品或服务
16	中国建筑集团有限公司	中建数字科技有限公司	2022-11-18	建筑业	全面负责中建集团信息化、数字化、IT 基础设施、建筑产业互联网等建设、运营、推广应用以及信创业务拓展	中建流媒体平台 V1.0
17	中国节能环保集团有限公司	中节能大数据有限公司	2021-09-13	环保业、能源业	管理信息化服务业务、智慧环境服务相关业务、生态环境大数据服务相关业务、能源及环保设施智慧化运营服务、分布式网络化的零碳数据中心业务、全数字要素的数字化领域工程技术服务业务、碳中和技术数字化服务业务	智慧印章平台软件 V1.0
18	中国化学工程集团有限公司	中化学数智科技有限公司	2022-12-30	化工业	重点聚焦平台及软件开发、云计算及数字化服务、智能工厂、智慧园区、咨询规划、供应链数字化等核心业务板块	建筑智能化系统设计
19	中国铁道建筑集团有限公司	盘古云链（天津）数字科技有限公司	2020-10-27	物流业	助力中铁物资集团做好智慧物流体系建设，搭建了盘古智砼数字化场景与盘古智达网络智慧物流平台	
20	中国煤炭地质总局	中煤数字科技（广州）有限公司	2020-11-16	测绘业、规划业	航空摄影、数字测绘、地理信息、遥感勘测、工程地质勘察、国土空间规划、国土综合整治与生态治理以及评估等领域的技术服务	
21	中国物流集团有限公司	中国物流集团数字科技有限公司	2023-04-27	物流业	面向物流行业的数字化规划咨询、产品研发、产品销售、系统建设和运维、数据增值与运营等服务以及基于自主计算体系的系统建设服务	

1. 将数字科技公司定位为数字化业务的专业运作者，推动产业数字化和数字产业化

数字科技公司作为产业数字化的关键承载单元，在熟悉央国企业务场景、工作文化一致、数据权限较高等方面优势明显，有较高权限对集团内数据做充分打通，进一步释放数据要素价值；数字科技公司还可对外提供数字化转型服务，实现由成本中心向利润中心转变，对央国企的业务布局形成补充，开拓新的收入增长路径。

2. 与其他投资方合作，推进数字科技公司能力建设

央国企在确保自身控股前提下，积极引入在数字技术、市场化运作等方面具有优势的合作伙伴，为数字科技公司提供支持。

例如，河钢集团作为特大型钢铁集团，为推进集团内部数字化转型、实现数字化能力输出，成立一级子公司河钢数字技术股份有限公司，并于 2023 年 7 月以定向发行方式进行增资扩股，引入 4 家投资机构（河北冀创大河股权投资基金中心、河北广电股权投资基金中心、河北国控资本管理有限公司、河北新冀文化产业引导股权投资基金企业），满足其战投式融资需求，发展数字钢铁、数字企业和数字政府业务；哈尔滨电气集团作为国内发电设备的重要研制基地，为满足集团以数字化为支撑的“三商①”转型需要，成立一级子公司哈尔滨能创数字科技有限公司，并引入哈尔滨工业大学软件工程股份有限公司等合资方，为其提供人才、技术并协调院士组建专家委员会，打造产学研合作生态，对标打造国家级发电设备智能制造创新中心。

（四）推进数据产品化与市场化，培育新的收入增长点

2022 年 12 月，国务院印发“数据二十条”，提出建立数据资源持有权、数据加工使用权、数据产品经营权等分置的产权运行机制，形成数据资产；2023 年 2 月，国务院印发的《数字中国建设整体布局规划》特别提出夯实数据资源体系；2023 年 8 月，财政部制定印发《企业数据资源相关会计处理暂行规定》，推动数据资产“入表”。2023 年9 月，中国资产评估协会印发《数据资产评估指导意见》，用于指引数据资产评估工作，规范数据资产评估执业行为，保护资产评估当事人合法权益和公共利益。

基于此，部分央国企已开始进行数据资源挖掘和数据资源资产化，并以数据产品形式参与市场流通②。

1. 挖掘数据资源，打造可供交易的数据产品

部分央国企结合行业需求与自身业务范围，形成易于用户理解和使用、具有自身特色的数据产品形式，并在国内主要数据交易所③挂牌交易。挂牌产品覆盖城市交通、基层服务管理、普惠金融、数据安全防护等民生领域，如表 13 - 3 所示。

---

① 设备制造商、系统集成商和运营服务商。

② 数据资源是数据的集合，数据资产是对数据资源的价值认知和确权管理，而数据产品则是将数据资产加工转化为具有商业价值的产品或服务形式。

③ 截至 2023 年 10 月，全国各地由政府发起、主导或批复的数据交易所达到 44 家（不含香港大数据交易所），已正式运营 15 家，头部数据交易所交易规模已达到亿元至十亿元级别，呈现爆发式增长趋势。

表 13-3　国内正式运营的 15 家数据交易所中所挂牌的央国企数据产品

数据交易所名称	参与数据产品挂牌的国有上市公司	挂牌的数据产品名称
贵阳大数据交易所	1. 贵州新气象科技有限责任公司	气象数据（离线数据）
	2. 云上贵州大数据产业发展有限公司	云上科企、云上洞察、云上企信
	3. 贵州风云气象技术有限公司	风能、太阳能等气候资源评估产品
	4. 数字遵义建设投资有限公司	遵义市个人诚信分“娄山分”
	5. 云上贵州大数据产业发展有限公司	助银发
华东江苏大数据交易中心	1. 深圳壹账通智能科技有限公司	AI 碳核算碳账户、AI-ESG 数据
	2. 深圳国家金融科技测评中心有限公司	车规级芯片、存储控制芯片可靠性和安全测评
武汉东湖大数据交易中心	1. 中国联合网络通信集团有限公司	客户沃信用分、呼叫转移风险验证
	2. 中国电信集团有限公司	API：手机号码-交往圈大小（月）
	3. 中国移动通信集团有限公司	API：手机在网时长及状态
上海数据交易所	1. 中国东方航空股份有限公司	航班资源宝
	2. 国网上海市电力公司	企业电智绘
	3. 中国电信股份有限公司上海分公司	翼知时空
	4. 云南公路联网收费管理有限公司	云通数聚
	5. 上海公共交通卡股份有限公司	久事乘车宝 1.0
深圳数据交易所	1. 深圳市地铁集团有限公司	深铁 BIM 建模服务、深铁交通大数据咨询服务
	2. 贵州电网有限责任公司	企业用电行为分析
	3. 深圳南方电网深港科技创新有限公司	电力看征信
	4. 大数据安全工程研究中心（贵州）有限公司	数据出境安全咨询服务、数据安全自评估 APP 服务
北京国际大数据交易所	1. 中国移动通信集团北京有限公司	人口洞察报告、商业洞察报告
	2. 北京数慧时空信息技术有限公司	DIIT 空天地网一体化监测系统、闲置用地遥感监测服务
	3. 北京中科同源科技发展有限公司	全域基层党建内容库
	4. 北京北龙超级云计算有限责任公司	北龙超云算力服务
	5. 国能铁路装备有限责任公司	铁路货车轴承检修故障数据
	6. 北京维艾思气象信息科技有限公司	交通行业定制伴随式气象服务产品
广州数据交易所	1. 广州金控征信服务有限公司	企业经营健康指数
	2. 中国移动通信集团广东有限公司广州分公司	中移梧桐风控、养生达人识别模型
	3. 肇庆市高新区建设投资开发有限公司	惠企政策匹配器平台、免申即享服务平台
	4. 广东电网有限责任公司广州供电局	广州市行业用电情况分析产品

续表

数据交易所名称	参与数据产品挂牌的国有上市公司	挂牌的数据产品名称
青岛大数据交易中心	1. 青岛华通智能科技研究院有限公司	数据质量评价模型
	2. 赛昇工业技术研究院（青岛）有限公司	DCMM 贯标评估、数据安全分析和建议方案
	3. 上海浦东发展银行股份有限公司	贷前信审风控报告、贷后智能风险监测系统
山西数据交易服务平台	1. 山西焦煤集团有限责任公司	焦煤云数据产品
	2. 山西云时代技术有限公司	云时代数据交易服务产品
北部湾大数据交易中心	1. 广西电网有限责任公司，中航信托股份有限公司，广西电网能源科技有限责任公司	企业用电量分析信托产品
	2. 柳州市东科智慧城市投资开发有限公司	柳州市公共数据授权应用产品（核验接口）
北方大数据交易中心	中交智运有限公司	交通运输电子证照在京津冀共享应用
德阳数据交易中心	中国移动	智信精准大数据、旅游大数据
湖南大数据交易所	北京易华录信息技术股份有限公司	“易慧”“易安”“易畅”“易管”交通大数据资产服务解决方案
福建大数据交易所	1. 中电福富信息科技有限公司	智慧魔方
	2. 中国经济信息社有限公司	ESG 数据、产业链数据
浙江大数据交易中心	1. 浪潮卓数大数据产业发展有限公司	商务万象、电商企业和企业销售信息、企业股东信息查询、企业法院公告信息查询
	2. 浙江浙里信征信有限公司	浙里信企业画像

2. 数据产品开发的正向效益

数据产品交易以数据资源开发利用为前提条件，通过挖掘现有数据资源的潜在价值及应用场景，国有企业可避免数据资源闲置和浪费，实现资源的优化配置，同时帮助国有企业获取增值收入、提升企业价值；数据产品开发通常需要企业与政府、其他企业、科研院所、行业协会等多主体协同创新，可加速创新要素流动与共享，提升产业数字化创新能力；通过在数据交易所挂牌数据产品，国有企业可以向市场展示其数字化创新能力和价值创造能力，有助于国有企业在数据领域获得更多的关注和认可，提升其品牌影响力，吸引更多的合作伙伴和投资者。

（五）借助数据资产金融创新，拓展投融资新路径

基于国内实践情况，数据资产资本化仍属新领域，其通用的实现路径仍有待探索。目前央国企数据资产资本化已初步尝试数据质押融资贷款、数据信托、数据证券化产品和数据资产作价入股四类主要做法，如表 13－4 所示。这些创新成果有助于推动数据要素市场生态体系建设、数据资产创新等领域的快速发展。

表 13 – 4　　　　数据资产金融创新示例

代表性产品或行动	产品概念	产品运作模式
数据资产质押融资贷款	企业或个人将其拥有的数据资产作为质押物，向金融机构申请融资贷款的一种方式	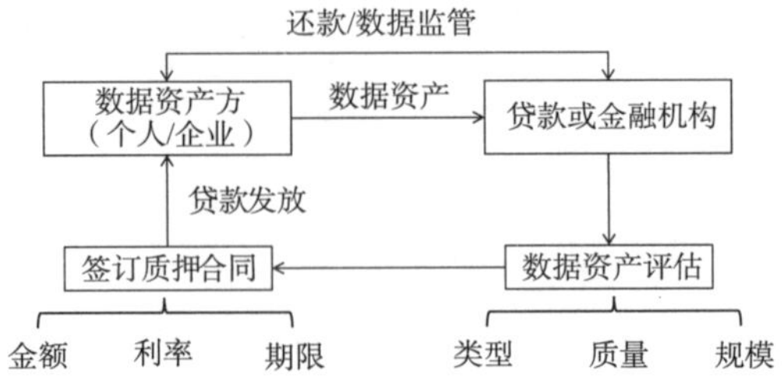
数据信托产品	委托人将其数据权益委托给受托人，由受托人按委托人意愿以及法律规定，以自己的名义，为受益人的利益或者特定目的进行管理或处分	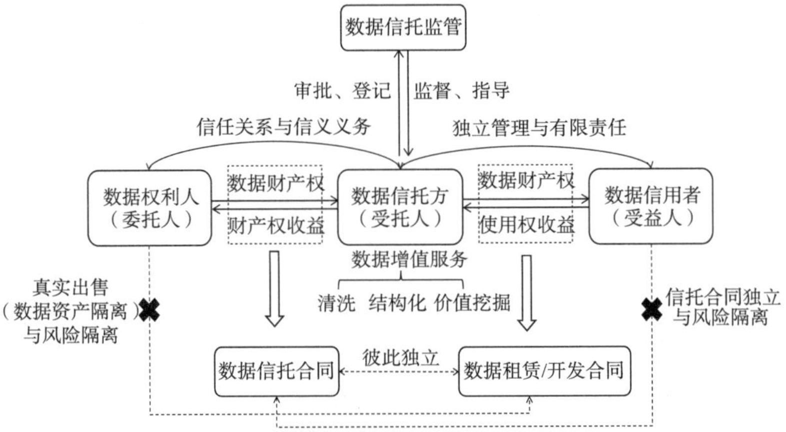
数据证券化产品	以数据知识产权作为质押物，获取证券化融资	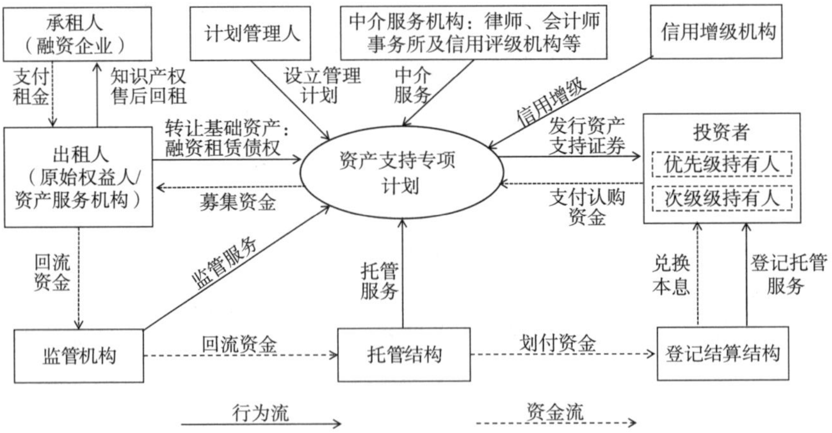
数据资产作价入股	将数据资产作为股东投入资本的一部分，根据其在成立公司时的初始资本占比进行作价并签约	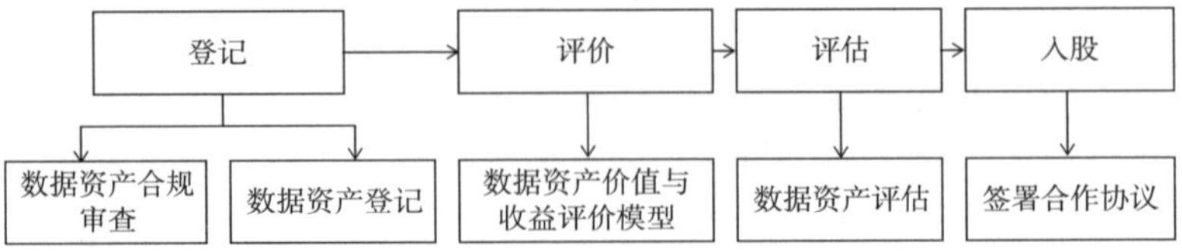

1. 数据质押融资贷款

数据质押融资贷款将数据提升至与传统抵质押品同等重要的高度，间接推动国有企业对自身拥有或控制的数据资产进行价值评估，建立“数据质押”风控体系，扩展融资新渠道。

国有企业可对数据资产进行登记确权、价值评估并签订质押合同，获取授信额度。如在2023年10月，盐城市大数据集团以数据“知产”获盐城农商银行预授信2亿元，成为盐城市单笔最大的数据知识产权质押融资授信额度。

2. 数据信托产品

数据信托产品受托方对数据具有独立的管理权和收益分配权，可自行或委托其他数据服务商对数据资产进行运用和增值，有助于实现数据资产高效管理、专业运作和价值增值，为企业创造更多的商业机会和收入来源。

例如，2023年7月，全国首单数据信托产品场内交易中，广西电网有限责任公司与中航信托股份有限公司、广西电网能源科技有限责任公司正式签署数据信托协议，确定委托、受托、受益关系，并在北部湾大数据交易中心完成首笔电力数据产品登记及交易，加快数据要素价值创造。

3. 数据证券化产品

通过将数据知识产权证券化，企业可实现知识产权的价值转化和利用，获得更多信用支持，降低企业融资成本，提高融资效率。

例如，2023年7月，杭州高新金投控股集团有限公司2023年度第一期杭州高新区（滨江）数据知识产权定向资产支持票据（ABN）在中国银行间市场交易商协会成功簿记，发行金额1.02亿元，票面利率2.80%，发行期限358天，是全国首单包含数据知识产权的证券化产品。该资产证券化项目在实操层面形成了数据资产变现的有效新路径。

4. 数据资产作价入股

数据资产作价入股为企业的投融资提供了新资本、新思路。数据资产入股是激励企业和其他组织进行数据治理、发掘数据价值、促进数据流通的有益手段。

例如2023年8月，青岛华通智能科技研究院有限公司、青岛北岸控股集团有限责任公司、翼方健数（山东）信息科技有限公司完成全国首例数据资产作价入股签约。三方对经由合规审查通过后的数据资产进行登记，通过建立评价模型评价数据资产的质量，并对数据资产的价值进行评估，推动数据资产作价入股，共同成立合资公司。

五、数字化转型赋能国有上市公司高质量发展的思路与建议

（一）基本发展思路

数字化转型赋能国有上市公司高质量发展，需要坚持“以数字化转型实现降本增效”“以数字化转型驱动经营模式创新”和“推动数据产品化与市场化”三项基本思路。

“以数字化转型驱动降本增效”是指企业可通过数字化转型，对人、技术、流程等方面进行调整与优化配置，实现提质降本增效；“以数字化转型驱动经营模式创新”是指企业应通过海量数据信息来分析挖掘发展机遇、重塑业务模式；“推动数据产品化与市场化”是指企业通过挖掘数据资源、推动数据资源资产化、数据资产产品化与市场化，形成数字化增量

业务，作为新收入增长点。

（二）具体发展建议

1. 国有上市公司层面

根据国有上市公司数字化转型存在的问题与困难，以及大型央国企优秀实践经验，本文提出以下建议。要点如图 13－11 所示。

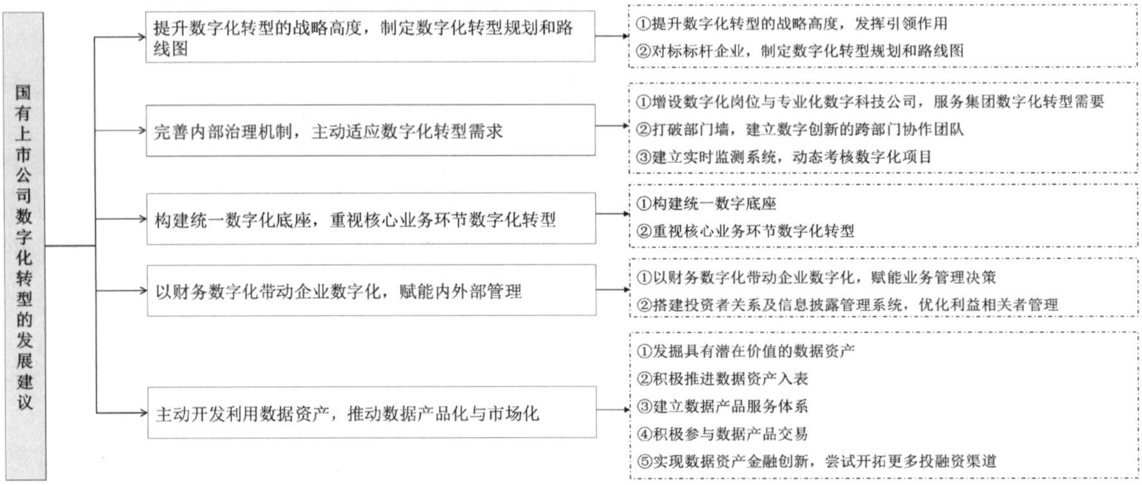

图 13－11　国有上市公司数字化转型的发展建议

（1）提升数字化转型的战略高度，制定数字化转型规划和路线图。

①提升数字化转型的战略高度，发挥引领作用。国有上市公司应改变过去将数字化转型简单视为“信息化建设或 IT 系统部署与升级”的看法，主动拔高对转型工作的认知。

从企业战略角度，国有上市公司应将数字化转型上升至核心战略高度，将其作为改造传统动能、培育发展新动能、塑造可持续发展模式、提升市场竞争力的重要手段，从企业全局出发，统筹布局数字化转型工作。

从建设使命角度，国有上市公司应明确自身肩负引领数字化建设的重大使命，将数字化转型作为重要的、义不容辞的建设目标，积极推动数字化产品与服务创新、尝试数据资产化等新业务赛道，为其他企业转型工作提供示范，为国家产业数字化、数字产业化贡献更多成果。

②对标标杆企业，制定数字化转型规划和路线图。国有上市公司可通过对标数字化转型中的优秀企业[①]，做好企业内部数字化差距分析和发展现状诊断。国有上市公司可通过竞争情报采集系统，将本行业内已制定清晰数字化发展战略、享有良好数字化能力、具备能适应数字化变革的组织架构、文化与人才团队的企业作为标杆企业；并从企业信息化能力、数据治理情况、人才资金投入、配套制度等方面对比自身与优秀企业的差距，梳理问题并进行深

---

① 优秀企业的界定并无统一的标准。目前本文参考麦肯锡对数字化转型成功要素总结，可通过以下四点做判别：是否形成清晰的数字化发展战略；能否依据数字化战略，形成合适的数字化能力；是否形成适应数字化变革的组织架构与人才；是否形成适应数字化变革的、灵活的组织文化。

层次原因剖析，作为制定转型工作计划、明确建设路线的重要依据。

为推动数字化转型，国有上市公司应实行一把手负责制，进行数字化转型顶层设计并规划具体行动方案。国有上市公司领导层应从企业实际出发，对接企业整体发展战略，开展企业数字化转型顶层规划，形成转型的基本原则、目标、总体蓝图、子蓝图、总体内容、分阶段目标等；并制定数字化转型的具体行动计划（作为年度重要工作计划之一），明确各部门数字化建设职责和量化考核标准，安排专人负责进度跟踪与管控。

（2）完善内部治理机制，主动适应数字化转型需求。

①增设数字化岗位与专业化数字科技公司，服务集团数字化转型需要。从数字化岗位角度，国有上市公司可设立专职负责数字化工作的首席数字官。企业不仅应注重相应人选的数字技术能力，还应关注其是否具备数字化战略思维和领导能力，能否通过使用数字工具、服务和流程来创造新价值。

从数字化运营机构角度，国有上市公司可参考已有的央国企实践，设立类似于数字科技公司的专业数字化转型服务组织，作为集团内部数字化业务的关键承载单元。应根据现阶段自身数字化业务需求，确定相关组织的业务范围和发展方向，确保其能紧密围绕自身业务进行垂直深耕；同时可积极引入其他合作伙伴，为相关组织提供初始投资、研发设备、技术系统、数字化运作团队等资源支持，或通过外部招聘、内部培训、合作交流等方式建设人才队伍，提高相关组织的数字化服务能力。

②打破部门墙，建立数字创新的跨部门协作团队。数字化转型工作需要跨部门联动参与。国有上市公司可为相关部门设置共同的 KPI 考核指标，促使多个部门聚焦统一目标、形成利益共同体，加强跨部门的沟通、协作，实现公司整体利益相协调。国有上市公司可建立数字化转型工作的共同问责机制。例如，国有上市公司将优先考核多个部门的共同目标（KPI）执行情况。若共同目标（KPI）符合预期，将对整个团队共同的数字化转型工作给予奖励，并额外单独奖励转型工作突出的某部门；若不符合预期，所有部门均将接受问责。

在共同问责机制下，公司可组建由不同职能部门代表组成的数字化协同运营团队。团队成员来自各个职能部门，对其所属业务领域的数字化转型工作效果负责；同时每个成员也是协同运营团队的成员，需要确保整个数字化转型工作的执行过程符合公司要求、风险可控。各部门代表根据公司层面的数字化转型总目标，结合各自数字化工作界面和专业优势，明确该领域的共同利益点和核心问题；定期交流和协商，分享各自的数字化转型工作进展和发现，共同制定数字化转型核心问题的解决方案；并由协作团队负责人审议解决方案，提供调整建议并持续监控部门合作，确保团队工作与公司整体目标一致。

③建立实时监测系统，动态考核数字化项目。国有上市公司可搭建系统实时监测和分析特定数字化项目的执行进度。可以根据企业数字化需求和项目特点，筛选适当的绩效和风险指标进行监测和评估，并设置关键节点和里程碑来量化项目进展；还可以根据预设的绩效和风险指标，设置相应的“红绿线”，红线为数字化项目的最低执行要求（如 IT 总预算中网络安全投入比例），需要负责人确保具有高度敏感性数据的安全性，不被滥用或用于非法目的，绿线为数字化项目的绩优线，达标可获取更多内部奖励，当指标超过或低于设定的阈值时，系统会自动提示或警报，辅助管理层进行考核。

（3）构建统一数字底座，重视核心业务环节数字化转型。

①构建统一数字底座。基于逻辑统一的云架构，国有上市公司可构建统一的数据底座。

将各层级各分支分散建设的 IT 基础资源进行统一管理，促进资源共享及数据流通，实现不同业务之间数据信息整合与共享；通过统一的接口配置，将分散在各业务系统（如 ERP 系统、供应商管理系统、客户关系管理系统）的数据自动采集、标准化处理与存储，实现数据信息在集团内的统一治理，提升整体资源利用率，降低运维及运营管理难度；云平台所搭载的微服务、低代码、AI 算法及开发平台等各类前沿数字技术工具可支撑国有上市公司对数字化应用的快速开发迭代，用创新强化其竞争优势。

②重视核心业务环节数字化转型。国有上市公司应充分分析自身内外部价值链，找准核心业务环节，如供应链、生产、销售、研发等，并针对核心业务环节投入足够资源，推动其进行数字化转型。核心业务环节的数字化转型需要组织机构、运营机制以及人才队伍的相应调整，需要设置专业项目团队、由核心高管担任项目负责人，有力推动转型实施，需要借助内外部数字技术能力，以应用为落脚点，综合利用低代码、数字孪生、人工智能、云计算等各项前沿技术工具。核心业务环节的数字化转型可在有限的数字化投入下实现转型效果倍增，以关键环节带动整个价值链的转型进展。

（4）以财务数字化带动企业数字化，赋能内外部管理。

①以财务数字化带动企业数字化，赋能业务管理决策。财务数字化通过将数据科学引入财务领域，有助于企业推动经营业务流程高效运转、创新管理运营模式、提升内部经营管理能力、辅助管理者透视分析经营全貌，实现财务转向财经、以数据驱动高质量决策。

国有上市公司应优先做好财务数字化工作，为公司数字化转型夯实关键基础，加强财务部门与业务部门的沟通合作，借助大数据平台进行财务数据清洗、标准化处理和层层汇聚，形成全方位、多维度的可视化数据体系，为业务部门沉淀和共享高质量数据信息；并利用建模工具等数字化手段，对数据进行挖掘并持续测试、验证、训练，以基于精准数据和科学模型的分析结果辅助管理层战略决策，最终实现战略决策由主观经验驱动向数据驱动转轨，激发财务对战略决策的支撑作用。

例如，中兴新云融合“IT + DT”两大能力，以信息化为底座，构建安全、灵活、智能的 DT 工具。在 IT 能力方面，如图 13 – 12 所示，中兴新云 FOL 财务云信息系统，内含覆盖企业财务管理的共享核心云、资金管理云、发票税务云、核算报表云、业财一体化云五大产品线，全面支撑财务职能与财务流程，解决业财交互中的断点、痛点，打破系统间“数据孤岛”，实现业务数据的自动采集与财务处理的智能高效，赋能企业财务数字化转型。在 DT 能力方面，如图 13 – 13 所示，中兴新云财芯 · 智算平台，是集“采、算、治、视”于一体的零代码财务计算平台。平台通过算法中心、数据网盘、可视化中心三大功能模块，帮助财务人员轻松完成数据采集、质量校验、数据清洗、算法搭建、可视化输出、数据资产沉淀的全过程处理，为财务人员提供更加智能高效的计算分析体验，支持财务部门向企业财务计算中心转型升级。

此外，从国有资金安全保障角度，可借助数字化系统对下属机构资金进行统一监管。在整合资金信息基础上，根据上级机构制定的合规标准，设置多层次、多维度的风险量化指标，对融资、资金支付、采购等事项主动开展智能风险识别和隐患排查，对于异常数据指标，及时报告给系统负责人并自动追溯成因，确保资金安全和高效运行。从资本运作角度，可借助数字化系统监测、界定和处置劣质资产和不良资产，最大程度地整合优质资产及资源信息；面对大额投资计划，可根据历史数据、市场趋势信息、行业政策等，智能分析投资项

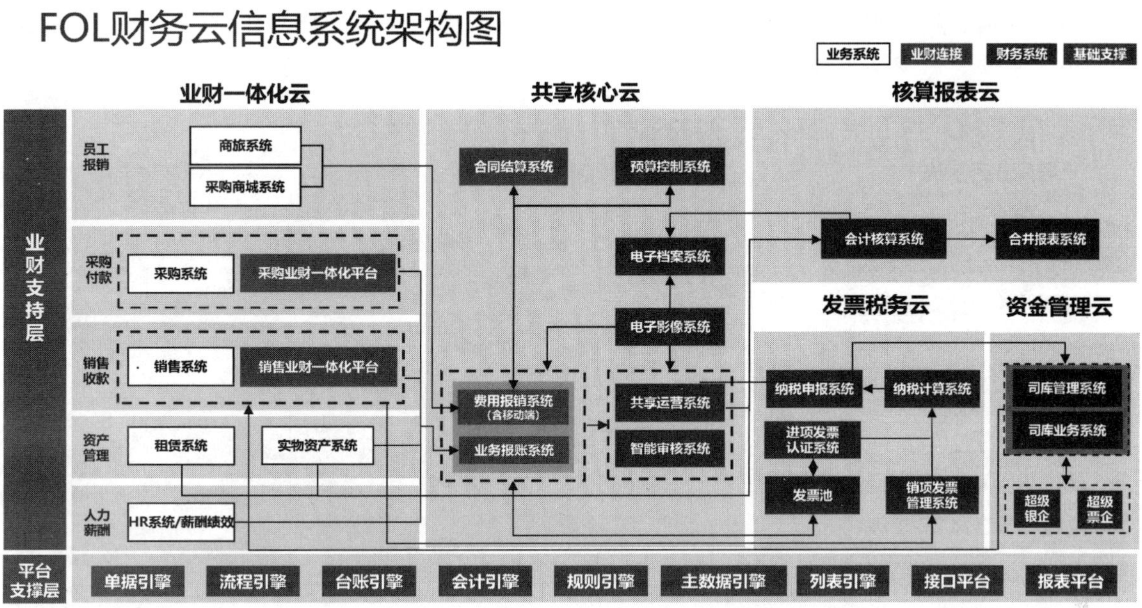

图 13-12　中兴新云 FOL 财务云信息系统架构

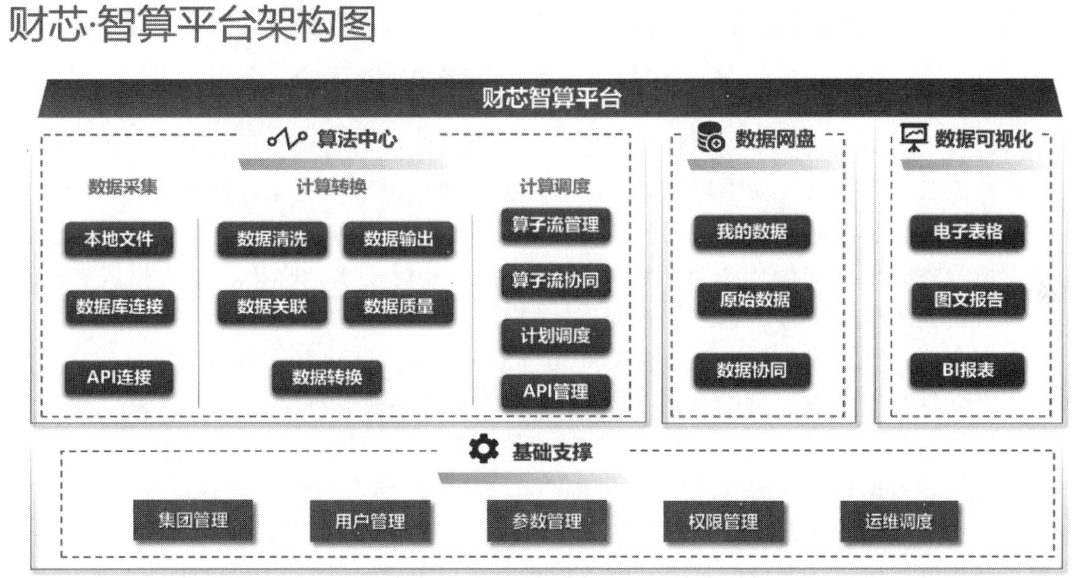

图 13-13　中兴新云财芯·智算平台架构

目可行性和科学性，以及潜在风险，提高投资收益率、控制投资风险。

以中兴新云司库信息系统为例，如图 13-14 所示，该系统将公司各项职能进行细分及重新架构，分别通过司库业务系统（前台）、司库管理系统（中台）、司库数字化系统（后台）三类系统进行承载。公司可在前台承载金融服务及资金运作类业务，提供票据管理、企业投融资管理、资金计划编制、供应链金融等业务支持；公司可在中台承载资金管理类业务，通过与企业内部其他信息系统和外部金融机构进行数据联通，实现动态、高效的资金账户与结算管理、资金集中管理等；公司可通过后台的数据汇聚与模型算法支持，进一步强化资金实时监控、风险防范能力，实现资金分析场景化、动态化与智能化。

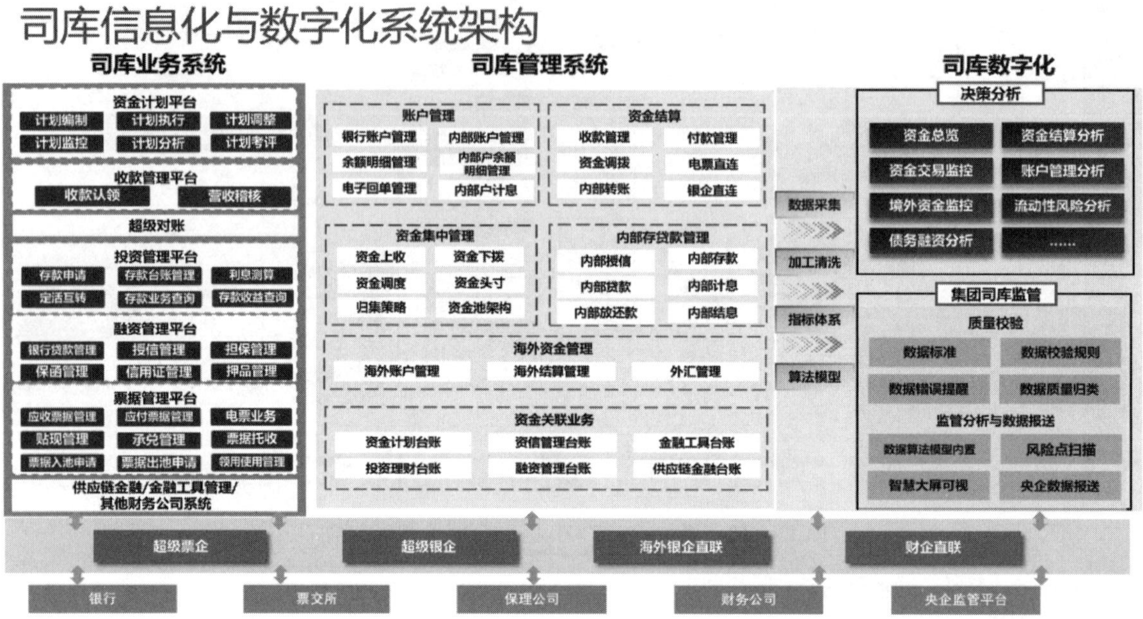

图 13－14　中兴新云司库系统架构

②搭建投资者关系及信息披露管理系统，优化利益相关者管理。国有上市公司可搭建投资者关系智能管理系统，主动维护投资者关系。公司可借助该系统跟踪投资者持股变化等信息，提供线上互动和沟通机会（如投资者交流会、业绩交流会等），促进股东之间信息流通和共享，增强各方理解和信任；公司还可利用大数据分析技术，收集、分析投资者反馈信息，及时对负面舆情、敏感信息进行管理，做好上市公司市值维护。

国有上市公司可搭建信息披露系统，将其与企业财务数字化系统打通，提高信息披露的及时性、准确性与完整性。可结合监管规则确定对外信息披露标准、方式、频率和格式规范，并按照“谁提供、谁负责”严把质量关；通过系统定期提醒、督促各部门报送数据信息，并对拟披露数据格式、内容进行智能预审核，对存在异议的数据信息进行追溯和修正，保证数据信息交换或导入的及时性、有效性、准确性；对于已披露数据，系统可为社会公众提供统一的查询入口，多方位展示公司财务信息、非财务信息，并根据政府、企业、金融机构、社会公众等主体对公司数据信息的不同需求（需求内容、侧重点可能存在差异），为其设置可自主切换的、差异化的信息展示界面，有侧重地展示公司相关信息。

（5）主动开发利用数据资产，推动数据产品化与市场化。

①发掘具有潜在价值的数据资产。国有上市公司可按照业务数据化、数据资源化、数据资产化三个步骤持续挖掘数据资产。

在业务数据化阶段，应意识到数据要素对企业经营发展的促进作用，在合规前提下积极主动收集、汇聚各项业务数据，并明确数据管理的组织机构与职责，制定数据管理制度与流程，构建企业数据资产管理体系；在数据资源化阶段，应对存量数据与增量数据进行全面盘点，按业务部门、项目、系统等维度，梳理形成数据资源目录，明确数据资源的血缘链路，构建全域数据资源地图，建立数据字段标准、数据字典、数据质量规则、数据资产标准等，形成数据加工治理工作的统一共识，并依据相关法律法规和行业标准，对数据资源开展分类分级安全管理，指导未来数据产品的开发应用；在数据资产化阶段，数据产品的研究开发要与数据应用场景紧密结合，企业需梳理应用场景标签与数据产品类型，通过多元组合，寻找数据产品的机会点与服务提供方式，建立数据产品体系，通过数据产品开发，将数据资源转化为有实际价值的数据产品，满足企业内部或外部用户的需求，帮助企业提升业务效率，并带来新的商机和收益。

②积极推进数据资产入表。国有上市公司应按照《企业数据资源相关会计处理暂行规定》《数据资产评估指导意见》等，积极推动数据资产“入表”，增厚自身业绩，寻求第二增长曲线。国有上市公司应建立内部科学高效的数据资产价值评估体系或对接外部第三方数据资产价值评估机构，以便对企业数据产品定价、减值测试等事项所可能涉及的重大数据资源的价值进行合理的评估，并以此为基础，按照合规与确权、有效治理与管理、经济利益分析、成本合理归集与分摊，以及列报与披露五个关键步骤实现数据资产入表。

③建立数据产品服务体系。国有上市公司在开发数据产品过程中，需要深入了解不同区域客户需求，通过市场调研、客户访谈等方法，获取客户普遍的痛点、需求和期望，或借助大数据分析等先进技术，挖掘客户的隐藏需求；在了解客户需求基础上，可以建立一套标准的数据产品体系，标准数据产品应该具备一定的通用性和可复用性，能够满足大部分客户的基本需求。在建立标准数据产品体系的过程中，国有上市公司可以借鉴行业内的最佳实践，结合自身的业务特点和客户需求，制定适合自己的标准。

除标准数据产品以外，国有上市公司还可提供定制开发和应用落地的服务，根据客户特殊需求，为客户提供个性化的数据产品和解决方案，并定期收集客户反馈、评估产品的实际落地效果，对典型问题进行持续改善。

④积极参与数据产品交易。国有上市公司可将开发出的数据产品在数据交易市场挂牌，积极参与数据产品交易，一方面能够实现数据资产价值变现、增加企业收益，另一方面可对其他潜在的市场交易主体起到带头示范作用，推动数据交易市场的活跃与成长，帮助数据交易形成“交易－定价”的正向良性循环。此外，率先参与数据交易也可为国有上市公司打造良好的市场口碑与企业形象。

⑤实现数据资产金融创新，尝试开拓更多投融资渠道。结合前文，目前在数据资产化领域，央国企已初步尝试数据质押融资贷款、数字资产保险、数据证券化产品和数据资产作价入股四类主要做法，鉴于央国企在资金实力、信用特征等方面的显著优势，未来国有上市公司可继续探索无质押数据资产增信贷款等创新实践，开拓更多投融资渠道。

2. 政府层面

在政府机构层面，本文提出以下建议，要点如图 13－15 所示。

（1）加强知识产权保护，优化数字技术创新制度。

政府应制定专门针对软件、算法等数字技术的专利保护制度，为数字技术创新提供产权保障；应通过加强专利审查人员培训、引入自动化审查技术、优化审查流程、缩短审查周期来提高专利审查效率，以适应数字技术快速创新的特征；由于数字技术和数字产品的生命周期较短，因此可为某些特定领域的数字技术设置更为灵活的专利保护期限，更好满足数字技

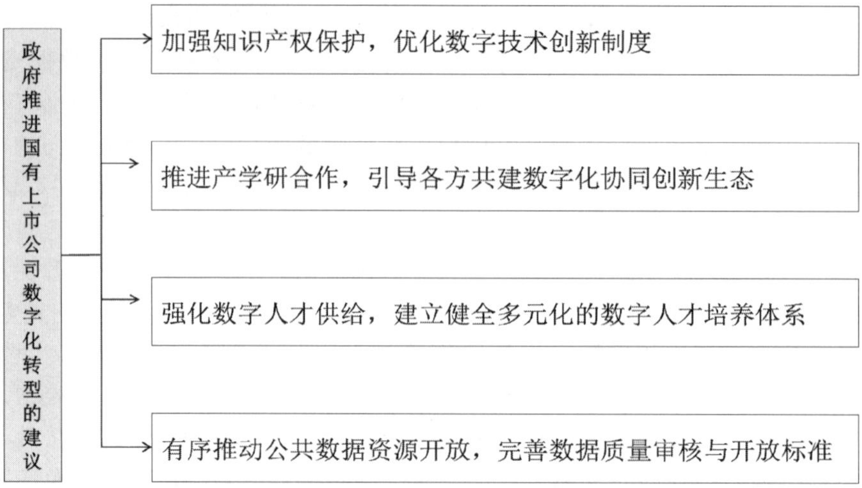

图 13-15 政府推进国有上市公司数字化转型的建议

术创新发展需求。

政府应加大技术侵权处罚力度，完善针对数字技术创新领域专利侵权的相关政策，明确各方责任和权益，降低技术创新和交易风险；设立针对数字经济领域的知识产权保护机构，提高知识产权执法力度和效率，加大对侵权行为的查处力度和惩罚力度；加强数字技术保护的国际合作，借鉴国际经验完善国内数字技术产权保护制度；加强与其他国家开展知识产权保护合作，推动我国创新主体充分融入全球创新网络。

（2）推进产学研合作，引导各方共建数字化协同创新生态。

政府应引导国有上市公司与科研院所、数据服务商、上下游企业等主体强化数字化领域交流合作。引导多方主体搭建数字化转型的学习交流平台，整合共享数字资源，定期开展共性知识方法、数字化工具应用等方面的培训或研讨会，促进各主体之间的互动和学习。

政府可组织协调企业、科研院所、行业协会等多主体共同参与存在“卡脖子”风险的尖端数字化研发项目的攻坚工作，使各主体依据自身优势进行有效分工，实现协同创新。可定期对企业、科研机构、行业协会等在数字化协同创新方面的表现进行评估和认定，给予优秀者奖励和荣誉，激发各方的积极性和创新能力。

（3）强化数字人才供给，建立健全多元化的数字人才培养体系。

政府可在政策层面加强引导，推动各地方政府重视对人才的数字化技能职业培训，积极探索数字化技能培训新模式，通过在线化、数字化的培训平台，扩大培训覆盖人群和范围。定向化、有针对性的数字化人才转型培训，可为企业数字化转型提供人才支持。

政府可借助行业协会等机构，在企业与高校之间搭建人才桥梁。可鼓励校企合作，增强高校课程与实务需求的贴合性，缩短理论与实务差距，让数字人才培养方向与企业数字化转型需求更加契合。通过政府、企业与高校多方联合发力，精准构建数字化转型人才培养体系，培养懂业务、懂 IT、懂数据的高级复合型人才，为企业数字化转型提供人才基础。

政府可牵头打造集数字化转型人才流动配置、人才培养、人才服务等功能于一体的人力资源要素市场，围绕数字化转型人才“引、育、留、用、转”等关键环节提供一站式服务。可针对数字化转型人才引进出台专项补贴政策，引进数字化高端人才。

（4）有序推动公共数据资源开放，完善数据质量审核与开放标准。

国家数据局等政府机构应遵循数据敏感性、安全性等要求，编制公共数据开放目录及相关责任清单，构建统一规范、互联互通、安全可控的国家公共数据开放系统。该系统应分类分级、分步有序推动公共数据跨地区、跨部门、跨层级共享共用，加速企业数字化转型、提升发展能力。

在数据开发系统建设中，应建立健全数据质量审核机制，即应制定数据质量标准，包括数据的准确性、完整性、一致性、时效性等，应建立数据质量评估机制，对公共数据进行全面评估，评估过程中可以采用自动化工具和人工审核相结合的方式，对数据进行脱敏、清洗、格式转换等处理，确保数据质量达到标准；应建立健全数据开放标准机制，可参考国际通用的开放数据标准（包括数据的格式、接口、访问权限等要求），并结合本地的实际情况，制定公共数据开放、授权与许可标准，明确数据开放的范围和权限。对于涉及国家安全、商业秘密等敏感信息的数据，需要进行特殊处理或严格限制访问权限；对于其他数据，则可以采用开放许可的方式进行授权使用。

在明确数据开放标准的前提下，应建立数据开放目录管理制度，目录中应包括数据的名称、来源、格式、更新频率等信息，方便用户查找和使用；并对公共数据开放目录进行定期评估和调整，如对后期达到开放标准的公共数据可开始准予外界访问。

3. 数据交易市场层面

在数据交易市场层面，本文提出以下建议，要点如图 13－16 所示。

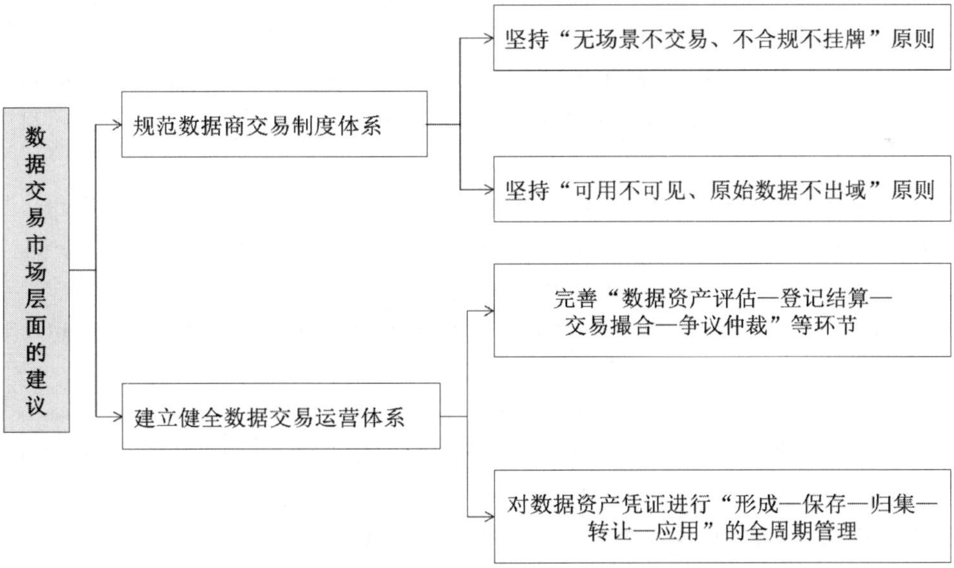

图 13－16　数据交易市场层面推进国有上市公司数字化转型的建议

（1）规范数据商交易制度体系。

坚持“无场景不交易、不合规不挂牌”原则。在应用场景方面，交易机构应设立数据产品使用场景的审核机制，确保数据产品有具体、明确的使用场景；在合规性方面，交易机构应加强对数据商的身份验证、资质审核和数据产品产权所属确认，并对每一笔交易进行登记和备案，确保数据交易符合法律法规和道德规范。

坚持“可用不可见、原始数据不出域”原则。交易机构可采用脱敏和加密技术，对原始数据进行保护，并建立数据访问权限控制机制，只允许授权人员访问和使用数据，防止数据买方获取、泄露原始数据中的个人隐私信息；而且交易机构不得将原始数据转移或交付给买方，只允许提供数据的使用权，确保数据的原始性和真实性。

（2）建立健全数据交易运营体系。

建立健全数据交易运营体系，完善“数据资产评估—登记结算—交易撮合—争议仲裁”等环节。例如，数据交易市场应建立具有可操作性、统一尺度的数据资产评估与登记结算标准；建立交易撮合系统，提供数据交易的信息发布、撮合和交易管理服务；并设立争议仲裁机构，对数据交易争议进行调解和裁决。

对数据资产登记凭证进行“形成—保存—归集—转让—应用”的全周期管理。数据交易市场应确保数据资产凭证的准确形成，包括对数据来源、采集方式、采集时间等信息进行准确记录；数据交易市场应派遣专员负责数据资产凭证日常保存工作，确保数据资产凭证的完整性和安全性；数据交易市场还应将相关数据资产进行分类、整理和归档，方便后续的转让和应用；最后，数据交易市场应建立规范的数据资产转让和应用流程，确保数据交易的合法性和有效性。

参考文献

[1] Bilgeri D, Wortmann F, Fleisch E. How Digital Transformation Affects Large Manufacturing Companies' Organization [J]. ICIS 2017 proceedings, 2017: 1 -9.

[2] Bustamante F P, Aguirre M A C, Feliciano D F S et al. Proposal of Strategic Axes to Identify Opportunities and Capabilities in Digital Transformation of Organizations [J]. ITECKNE, 2022.

[3] Hausberg J, Liere - Netheler K, Packmohr S et al. Research Streams on Digital Transformation from a Holistic Business Perspective: A Systematic Literature Review and Citation Network Analysis [J]. Social Science Electronic Publishing, 2018.

[4] Leipzig T V, Gamp M, Manz D et al. Initialising Customer - Orientated Digital Transformation in Enterprises [J]. Procedia Manufacturing, 2017, 8: 517 -524.

[5] Loonam J, Eaves S, Kumar V et al. Towards Digital Transformation: Lessons Learned from Traditional Organizations [J]. Strategic Change: An International Journal of Management Theory and Practice, 2018.

[6] 艾瑞咨询. 2023 年央国企数字化升级研究报告 [R]. 2023.

[7] 陈云腾，陈卓. 基于中台架构的国有交通投资集团数字化转型研究 [J]. 科学决策，2023 (1): 78 -103.

[8] 邓郴宜，万勇. 企业数字化转型助推全要素生产率提升的理论与路径——基于 A 股上市公司的实证检验 [J]. 企业经济，2023，42 (9): 15 -24.

[9] 点亮智库. 2021 国有企业数字化转型发展指数与方法路径白皮书 [R]. 2021.

[10] 杜萍. 中国式现代化视域下环境审计模式构建 [J]. 财会月刊，2023，44 (11): 67 -73.

[11] 胡洁，韩一鸣，钟咏．企业数字化转型如何影响企业 ESG 表现——来自中国上市公司的证据 [J]. 产业经济评论，2023 (1)：105 – 123.

[12] 黄京磊，李金璞，汤珂．数据信托：可信的数据流通模式 [J]. 大数据，2023，9 (2)：67 – 78.

[13] 贺俊．数字技术创新体系的特征与政府作用 [J]. 求索，2023 (5)：107 – 115.

[14] 哈佛商业评论 Lab. 中兴通讯：数字化转型探索之打造“智能供应协同平台”[EB/OL]. [2023 – 5 – 21]. https: //mp. weixin. qq. com/s/NPImm_48VUTs9s7ZAW7ubQ.

[15] 李琦，刘力钢，邵剑兵．数字化转型、供应链集成与企业绩效——企业家精神的调节效应 [J]. 经济管理，2021，43 (10)：5 – 23.

[16] 李瑞雪，彭灿，杨晓娜．双元创新与企业可持续发展：短期财务绩效与长期竞争优势的中介作用 [J]. 科技进步与对策，2019，36 (17)：81 – 89.

[17] 吕铁．传统产业数字化转型的趋向与路径 [J]. 人民论坛·学术前沿，2019 (18)：13 – 19.

[18] 马克卫，王硕，苑杰．数据资产核算应用研究：理论与实践 [J]. 中南财经政法大学学报，2023 (5)：149 – 160.

[19] 潘冬．数字经济赋能战略性新兴产业创新发展研究 [J]. 理论探讨，2022 (5)：168 – 172.

[20] 戚聿东，蔡呈伟．数字化对制造业企业绩效的多重影响及其机理研究 [J]. 学习与探索，2020 (7)：108 – 119.

[21] 数据经纪．国内数据交易现状梳理及典型交易平台对比分析 [EB/OL]. [2023 – 12 – 14]. https: //mp. weixin. qq. com/s/ylRXlFcgJ5jQOe00sR50AA.

[22] 汤谷良．财务管理如何赋能企业数字化转型——基于国家电网财务部推出的十大数字化应用场景案例的思考 [J]. 财务与会计，2021 (20)：7 – 12.

[23] 王宏鸣，孙鹏博，郭慧芳．数字金融如何赋能企业数字化转型？——来自中国上市公司的经验证据 [J]. 财经论丛，2022 (10)：3 – 13.

[24] 未来财务人研究院．企业数字化转型的六大困境 [EB/OL]. [2022 – 10 – 12], 2022. https: //mp. weixin. qq. com/s/t4Kw7gQU21d6s5k9thI8og.

[25] 肖旭，戚聿东．产业数字化转型的价值维度与理论逻辑 [J]. 改革，2019 (8)：61 – 70.

[26] 徐玉德，董木欣．国有企业财务数字化转型的逻辑、框架与路径 [J]. 财务与会计，2021 (17)：4 – 7.

[27] 飞算数智科技（深圳）有限公司．国有企业数字化转型的案例：挑战及分析 [R]. 2023.

[28] 袁淳，肖土盛，耿春晓，等．数字化转型与企业分工：专业化还是纵向一体化 [J]. 中国工业经济，2021 (9)：137 – 155.

[29] 曾建光，王立彦．Internet 治理与代理成本——基于 Google 大数据的证据 [J]. 经济科学，2015 (1)：112 – 125.

[30] 朱海洋，钱中昊，严凡，等．支持多维度数据去重的交互式可视分析方法 [J]. 计算机辅助设计与图形学学报，2022，34 (6)：841 – 851.

［31］朱笑仪，戚依南．中国企业治理与发展战略模式创新研究——第四届“中国企业管理创新案例研究前沿论坛”观点综述［J］．中国工业经济，2015（2）：128－134.

［32］张婷，李梦茹．知识产权证券化：模式、典例与机制优化［J］．财会通讯，2023，（10）：11－18＋100.

［33］李铮．中国中车财务数字化转型路径探索［J］．财务与会计，2023（3）：23－29.

14. 关于完善上市公司研发创新能力体系的研究

中兴新通讯有限公司 课题组*

科技创新是推动经济增长的核心驱动力，企业是科技创新的主体。上市公司是国内企业的优质代表，其研发创新能力引领行业整体创新水平提升，也是其最重要的核心竞争力之一。完善的研发创新能力体系是提升上市公司研发创新能力的关键。本文认为研发创新能力体系包括企业自身能力体系、政策支持体系和外部评价体系三个子体系。结合目前中国上市公司研发创新现状，本文剖析了前述体系存在的不足：在企业自身能力体系方面，A股上市公司的研发投入仍需提升，内外部资源利用不足，研发组织体系和研发管理体系有待优化，国有上市公司研发创新能力体系仍存在不足；在政策支持体系方面，研发税收支持政策仍有优化空间，科创企业融资支持政策和并购重组支持政策需进一步优化，科创创新平台无法满足科创企业多种多样的服务需求，研发信息披露政策仍有完善空间；在外部评价体系方面，现行的体系未能够聚焦于公司主体并进行多维度分析，评价结果发布缺少时间连贯性，指标计算方法未公开导致评价体系的公信度降低。

针对以上不足，本文通过国际经验比较、典型案例分析、文献分析、现有

* 本项目课题组成员为：郝博，中兴新通讯有限公司，副总经理，高级会计师，博士；韩芳芳，中兴新通讯有限公司战略规划部研究员，中国注册会计师，硕士；黄宇晨，中兴新通讯有限公司战略规划部研究员，中国注册会计师，特许金融分析师，硕士。

规则分析等多种研究方式，从加强企业自身能力体系、完善政策支持体系、构建外部评价体系三个方面提出了具体建议：在企业自身能力体系上，应提高研发投入强度，采用数智化手段优化研发流程，优化研发组织结构和研发管理体系，国有上市公司应优化风险承担、利润共享机制以及绩效考核机制；在政策支持体系上，应加大对A股上市公司研发的政策支持力度，完善研发税收支持政策，优化对科创上市公司的融资支持以及并购重组支持政策，发展多样化的科创创新平台服务，完善信息披露政策；在外部评价体系上，需构建聚焦于企业的多维度研发创新评价指标体系，应用该体系形成上市公司研发创新能力评价报告并定期公布。

一、导论

（一）研究背景

党的二十大报告明确指出："必须把创新作为引领发展的第一动力，坚持创新在我国现代化建设全局中的核心地位，加快推进科技自立自强"。经济增长的本质是技术进步带来的生产力的持续提升（Romer，1986；Romer，1990），随着中国现有产业的技术水平不断接近世界前沿，技术创新正逐渐取代技术引进成为经济增长新的核心驱动力。其中，企业是科技创新的主阵地和重要的科技成果转化地，需不断强化企业科技创新主体地位。

企业科技创新具有显著的战略价值和现实意义。从宏观角度，企业科技创新活动是持续推进国内基础研究和原始创新、发展壮大战略性新兴产业、实现关键核心技术突破与自立自强的重要驱动力（陈凯华等，2023；尹西明等，2023）；从微观角度，企业科技创新活动有利于培育自身核心竞争力，塑造差异化优势，推动企业价值提升和可持续发展（任保平和张嘉悦，2023）。

上市公司是国民经济的支柱、经济转型的"领跑者"，是推动经济增长的主要力量。当前，上市公司产业整体向科技创新型方向发展，上市公司研发创新能力成为决定其竞争优势及长期发展趋势的关键因素。

（二）研究内容

本文提出，上市公司研发创新能力是其最重要的核心竞争力之一，完善的研发创新能力体系是提升上市公司研发创新能力的关键。本文提出了上市公司研发创新能力体系模型，具体可参见"二、完善的能力体系是提升上市公司研发创新能力的关键"。

本文以中国A股上市公司为研究主体，通过描述性统计分析，梳理目前中国上市公司研发创新现状，并按照研发创新能力体系模型框架，剖析了其目前存在的不足。针对现存不足，本文通过国际经验比较、典型案例分析、文献分析、现有规则分析等多种研究方式，提出改善建议。

本文的研究框架见图14-1所示。

（三）研究意义

本文提出上市公司研发创新能力体系模型，将影响上市公司创新能力提升的主要内外部因素、相应主体等纳入体系范围，并结合目前中国上市公司研发创新现状，在该体系模型下针对性提出完善建议。本文的研究意义包括但不限于以下：

（1）提出上市公司研发创新能力体系模型。该模型为分析上市公司研发创新能力的影响因素提供了思维框架；

（2）分析了目前中国上市公司研发创新现状，明确了现阶段上市公司研发创新的不足；

（3）提出了提升上市公司研发创新能力体系的具体建议，引导上市公司、政府机构及外部评价主体从多个角度促进上市公司研发创新能力的提升。

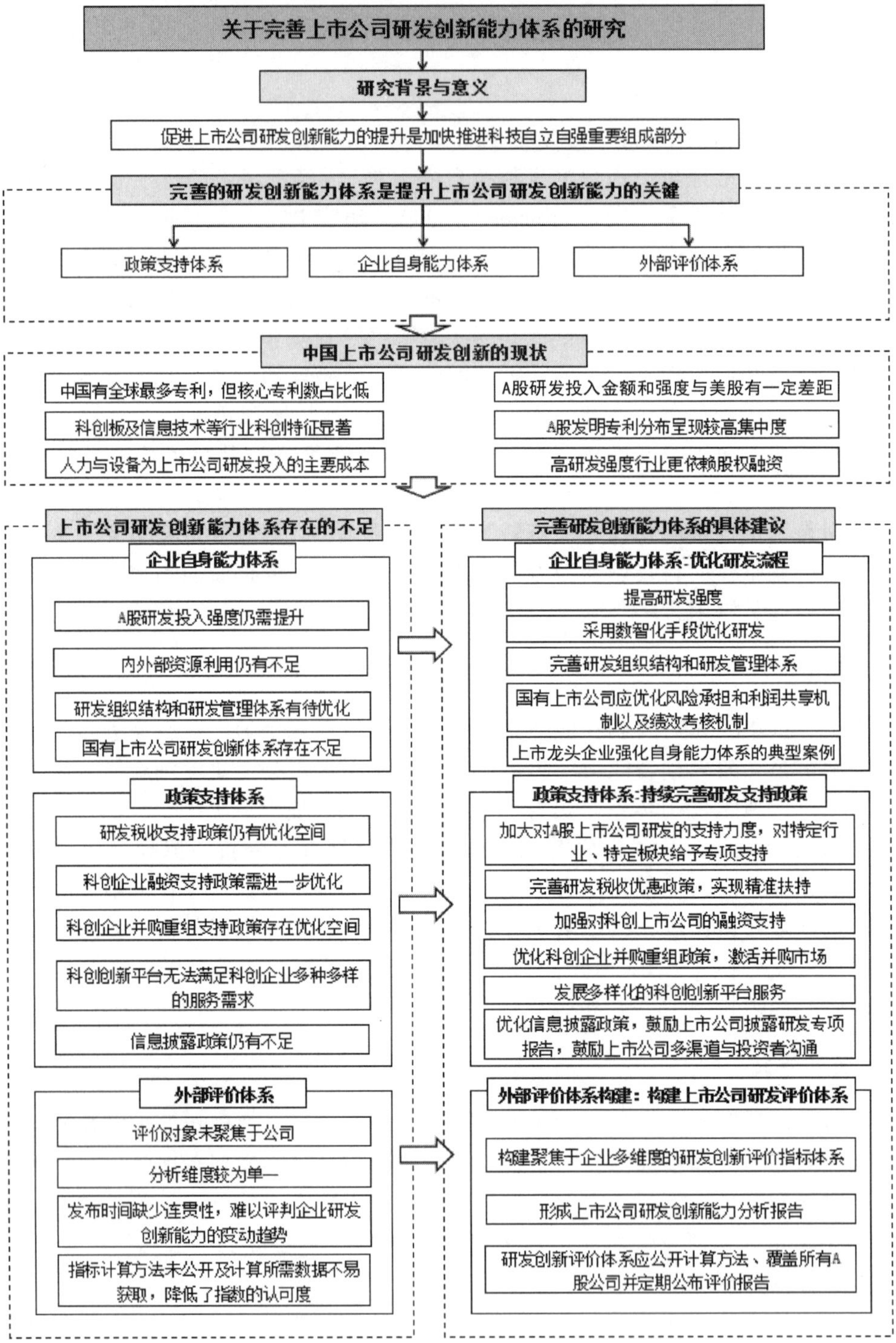

图 14－1 本文的研究框架

二、完善的研发创新能力体系是提升上市公司研发创新能力的关键

（一）上市公司研发创新能力是最重要的核心竞争力之一

1. 研发创新能力有助于上市公司防范市场风险、稳抓市场机遇

提升研发创新能力可以提高企业风险承担能力。在竞争机制下，“优胜劣汰”法则使技术市场的份额向高端技术企业转移，缺乏研发创新能力的企业存在被市场淘汰的风险（庄玉梅和王莉，2022）。研发创新能力提升可显著提高企业对 PVGO[①] 消息的响应程度，特别是高新技术企业，可支持企业管理者在动态的环境中快速调整自身研发创新战略，提升资本及资源配置效率（何晓晨，2021；彭华涛和吴瑶，2021；Sanford & Yang，2022）。

2. 研发创新能力是企业塑造市场竞争优势的重要途径

以探索式创新为主的相对激进的研发战略会对科创企业的竞争优势及市场价值产生积极影响，因此科创企业尤其是领军企业总是进行持续的、高强度的创新投入以保障自身的行业领先地位（伦蕊，2020）。此外，从企业整体战略层面来看，企业生命周期中将面临数个战略转折点，战略转折点既包括系统性危险也包括战略性机遇。研发创新能力提升所带来的“跳跃式”创新存在较突出的递增效应，有利于企业突破生命周期发展极限、抓住战略性机遇、实现战略转折（刘辉和滕浩，2020）。

（二）完善的研发创新能力体系是提升上市公司研发创新能力的关键

本文认为，提升上市公司研发创新能力应构建全面完善的、覆盖内外部和多主体的研发创新能力体系。本文提出上市公司研发创新能力体系，该体系包括企业自身能力体系、政策支持体系和外部评价体系三个子体系，分为内部与外部两个方面，涵盖上市公司自身、政府机构及外部评价主体三类主体。其中，企业自身能力体系为提升上市公司研发创新能力的基础与核心；政策支持体系和外部评价体系为企业研发创新提供外部条件与环境，并通过赋能企业自身能力体系建设推动其研发创新能力的提升。研发创新能力体系三个子体系的内容及相互关系如图 14－2 所示。

上市公司研发创新能力体系是提升其研发创新能力的关键，该体系可促进上市公司研发投入金额与强度的提升，如政府的研发补贴以及融资条件的优化可以缓解上市公司的研发投入融资约束；可提高上市公司研发投入的转化效率，加快研发成果落地，如合理的研发组织结构与研发管理体系可以提升内部研发效率；同时，可通过信息披露机制、第三方研发创新评价指标体系、企业研发创新能力分析报告等构建与投资者的价值沟通渠道，通过市场评价反馈促进上市公司研发创新能力的进一步提升。

三、中国上市公司研发创新的现状

本文以描述性统计方式对中国上市公司研发创新现状进行分析与梳理。首先从国际视角

---

① PVGO 是 Present Value of Growth Opportunities 的缩写，代表一个公司的增长价值。

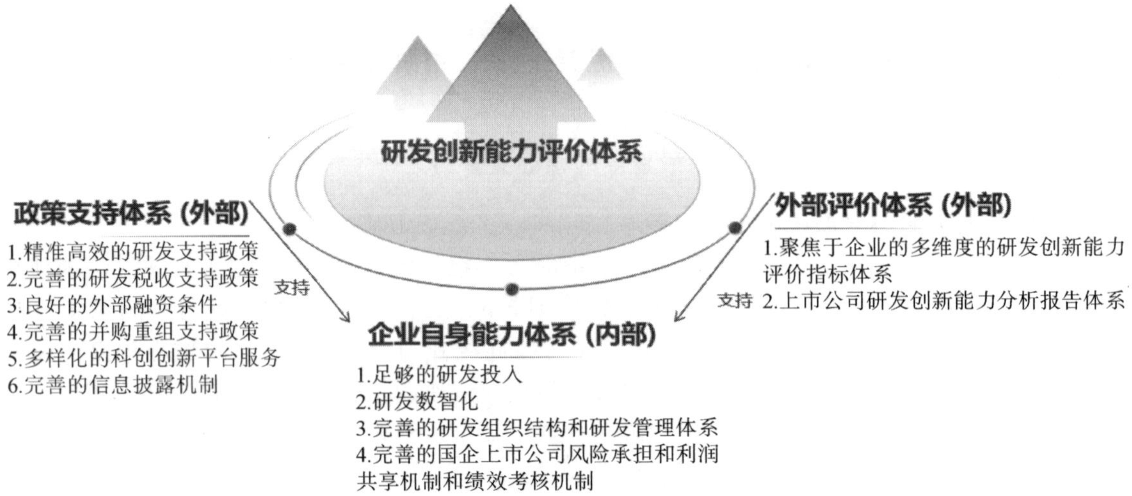

图 14－2　上市公司研发创新能力体系

切入，分析中国目前的研发创新成果在全球中的整体地位，并与美国进行对比，明确优势与差距；再聚焦于 A 股上市公司，分析其整体研发投入情况，梳理不同行业、不同板块间的差异，梳理 A 股专利集中度、科创企业股权融资情况及研发投入成本构成等。

（一）中国拥有全球最多专利，但核心专利数占比较低

根据 innography 数据，截至 2023 年 11 月 30 日，全球已授权专利总数为 7649. 46 万件，其中，中国拥有专利总数 2719. 28 万件，占比 36%，为全球第一大专利拥有国；美国拥有 1221. 94 万件，占比 16%，为全球第二大专利拥有国。具体如图 14－3 所示。

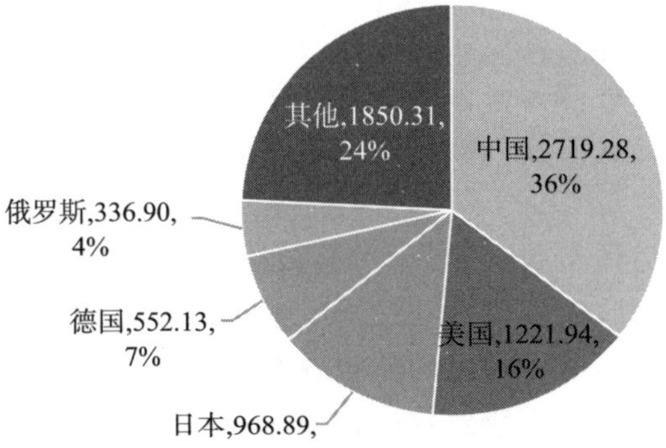

图 14－3　全球各国拥有专利数量（万件）

在核心专利[①]上，截至 2023 年 11 月 30 日，中国拥有 14. 09 万件核心专利，占比 9%，在拥有数量和全球占比上均与全球排名第一的美国有显著差距，如图 14－4 所示。

---

① innography 根据专利的引用量等多个指标，将专利划分为从 1 到 10 共 10 档专利强度，并将专利强度在 8 到 10 档的专利定义为核心专利。

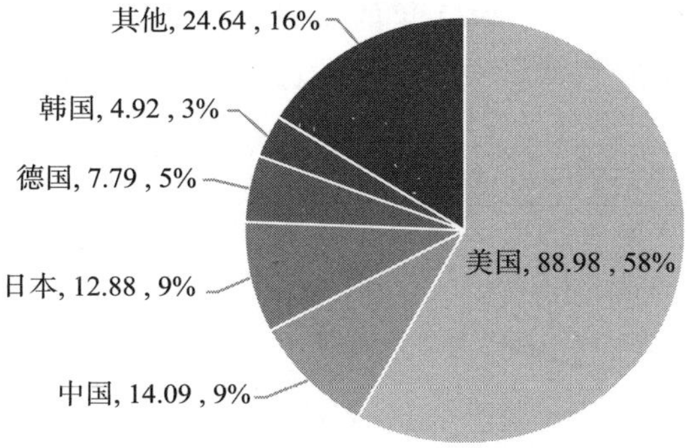

图 14－4 全球各国拥有的核心专利数量（万件）

（二）A 股整体研发投入金额和强度与美股有一定差距

该部分数据来源于东方财富 choice 数据库，以纳斯达克、纽约证券交易所、美国证券交易所三大板块作为美股数据来源，以主板、科创板、创业板、北交所、风险警示板块五大板块作为 A 股数据来源，时间周期为 2018 年①至 2022 年。

2018～2022 年，美股和 A 股的研发投入均保持增长态势。按人民币比美元汇率 7:1 计算，美股 2018 年研发投入为 3.88 万亿人民币，至 2022 年增长至 6.56 万亿人民币，增长 68.80%；同期 A 股从 2018 年的 0.78 万亿人民币增长至 2022 年的 1.65 万亿人民币，增长 112.00%，A 股的整体研发投入增速高于美股。但从研发投入金额来看，2018～2022 年美股的整体研发投入均远高于 A 股上市公司，A 股在研发投入金额上相比美股具有显著差距，如图 14－5 所示。

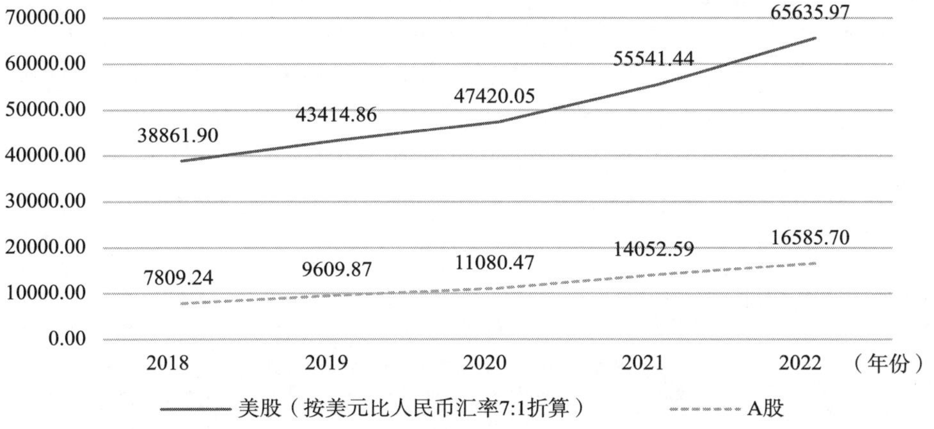

图 14－5 2018～2022 年 A 股、美股每年合计研发投入对比（人民币亿元）

从研发投入强度②来看，2018～2022 年 A 股、美股均保持增长趋势，A 股整体研发投入占营业收入比例自 2018 年的 1.60% 增长至 2022 年的 2.31%，增长 44.30%；美股整体研发

① 自 2018 年起中国企业需将研发费用在利润表中单独列报，相关数据可直接获取，故从 2018 年开始统计。

② 本文以研发投入比营业收入衡量企业的研发强度。下同。采用研发投入而非研发费用的原因，一方面是由于各个公司的研发投入资本化实际执行标准不统一，直接采用研发费用可能存在偏差，另一方面美股无研发资本化政策，采用该方式可与美股保持一致。

投入强度自 2018 年的 2.06% 增长至 2022 年的 2.71%，增长 31.50%。2018～2022 年美股整体研发强度均高于 A 股，A 股整体研发投入强度仍有提升空间，如图 14－6 所示。

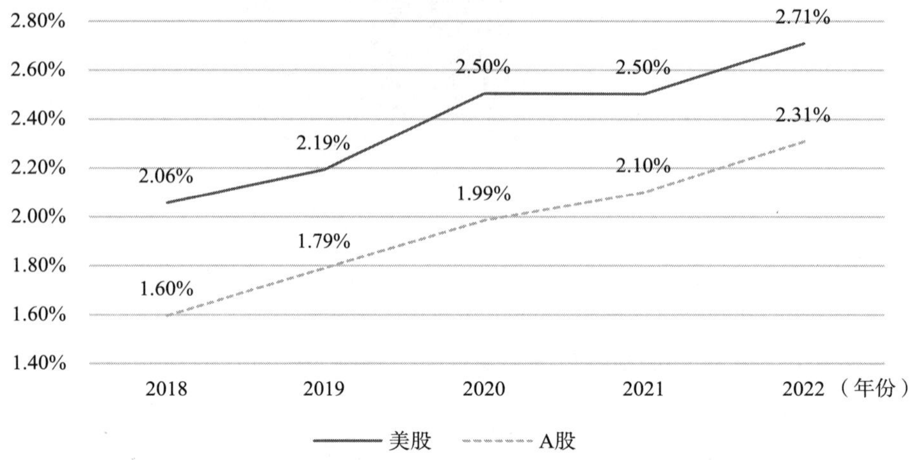

图 14－6　2018～2022 年 A 股、美股整体研发投入强度对比

数据来源：东方财富 choice。

（三）科创板及信息技术等行业科创特征显著

1. 信息技术与医疗保健行业研发投入强度远超其他行业

分行业看，2018～2022 年 A 股研发投入强度最高的为信息技术行业，研发投入强度为 6.78%；第二名为医疗保健行业，为 4.65%；第三名为非日常生活消费品行业，为 2.96%；房地产行业、公用事业行业、能源行业、日常消费品行业、金融行业均未超过 1%。A 股研发投入强度具有显著行业差异，信息技术与医疗保健行业研发投入强度远超其他行业，如图 14－7 所示。

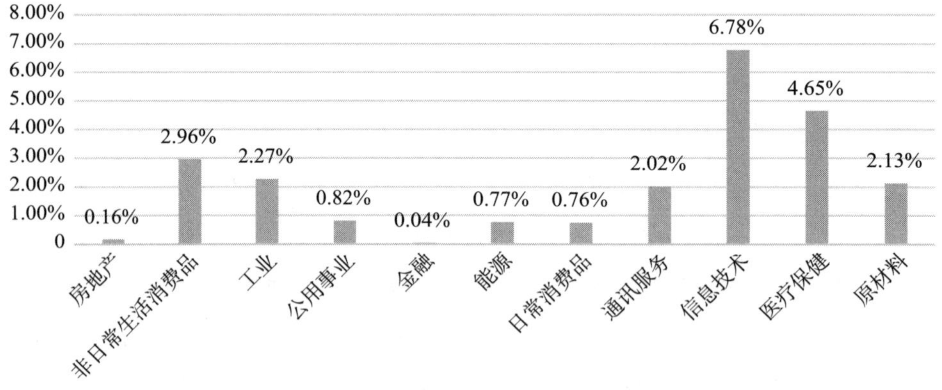

图 14－7　2018～2022 年 A 股各行业研发投入强度对比

2. 科创板研发投入强度以及平均拥有高价值专利数高于其他板块

（1）科创板研发投入强度显著高于其他板块。

以 A 股各板块 2018～2022 年累计研发投入强度来看，科创板以 10% 的比率排行各板块第一，显著高于A股其他板块，其“科创定位”与“科创属性”突出，如图14-8所示①。

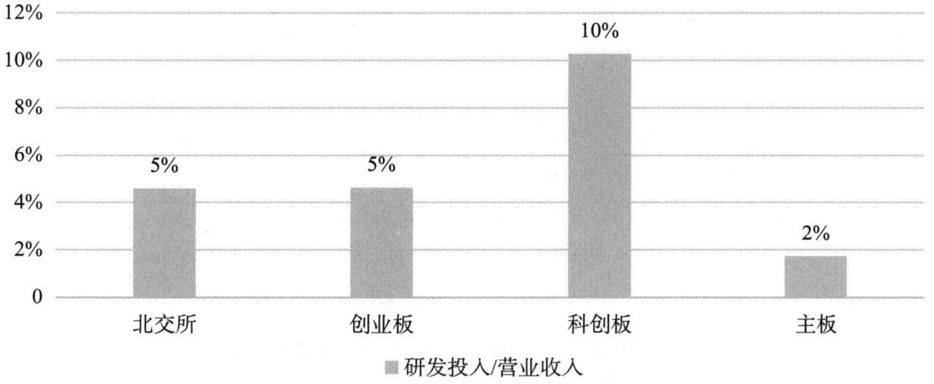

图14-8　2018~2022年A股不同板块研发投入强度对比

（2）科创板上市公司平均拥有发明专利数高于其他板块上市公司。

截至2023年11月30日，科创板平均每家公司拥有的发明专利数量达148.32件，远超其他板块。以平均每家公司拥有的发明专利数衡量企业的研发创新能力，则各板块上市公司的研发创新能力排名依次为科创板、主板、创业板、北交所，如图14-9所示②。

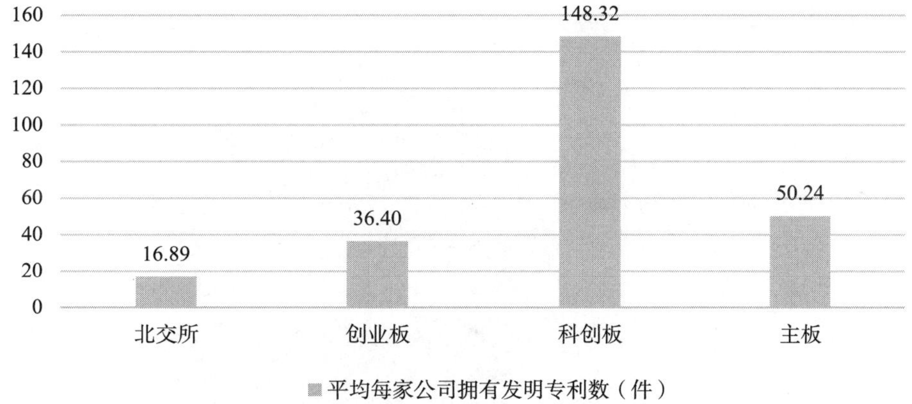

图14-9　截至2023年11月30日A股各板块上市公司平均拥有发明专利数

（四）A股发明专利分布呈现较高的集中度

本文以截至2023年11月30日累计发明专利数排名靠前的上市公司发明专利合计数占A股所有发明专利合计数比重衡量A股发明专利集中度。以持有发明专利数的前5名上市公司进行衡量，A股专利集中度为55.55%，以前100名上市公司进行衡量，专利集中度达到74.52%，如图14-10所示。A股的专利分布呈现较高的集中度，上市龙头企业拥有更多发明专利。

---

① 此处数据省略风险警示板。

② 此处数据省略风险警示板。

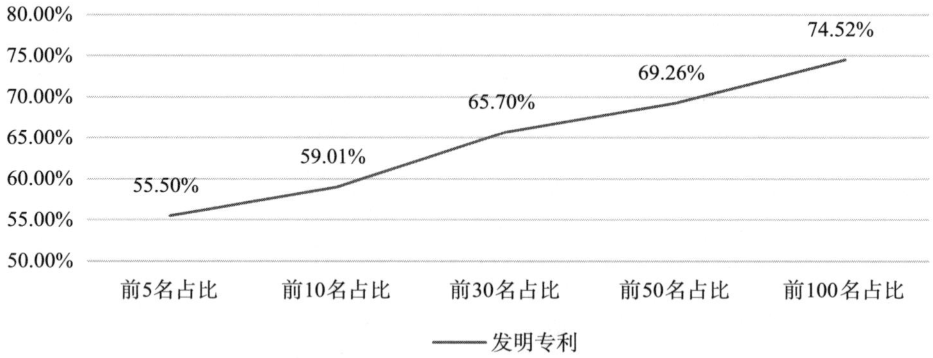

图 14-10　截至 2023 年 11 月 30 日 A 股上市公司累计发明专利集中度

（五）人力与设备为上市公司研发投入的主要成本

根据东方财富 choice 数据，2018～2022 年 A 股上市公司合计研发费用[①]为 4.9 万亿元，其中工资薪酬合计为 2.03 亿元，占比 41.49%；直接投入合计为 1.72 亿元，占比 35.10%，合计占 A 股公司所有研发费用的 76.59%，如图 14-11 所示。其中，直接投入主要为研发耗材、研发的样机建造费用、研发的测试产线的建造费用。工资薪酬和直接投入是 A 股上市公司的主要研发支出。

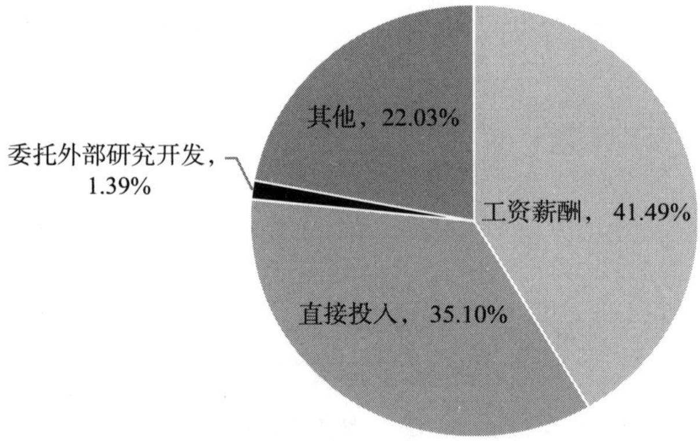

图 14-11　2018～2022 年 A 股上市公司合计研发费用构成

（六）高研发强度行业更依赖股权融资，但其股权融资占比较低

本文以股权融资产生的现金流入占融资活动产生的现金流入比重，衡量企业对股权融资的依赖性。根据东方财富 choice 数据，2018～2022 年 A 股各行业股权融资产生的现金流入占融资活动产生的现金流入比重，如图 14-12 所示。

① 受数据来源限制，仅研发费用的构成数据可直接获取，故以研发费用而非研发投入为对象进行分析。

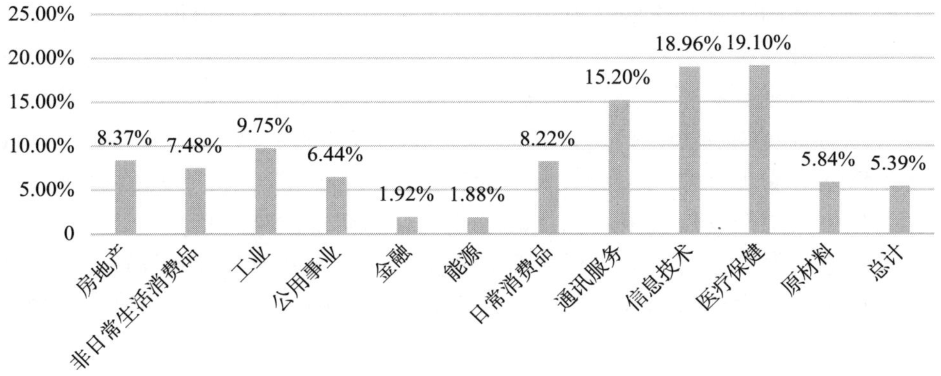

图 14-12 2018~2022 年 A 股各行业股权融资占比

从行业的横向对比来看，A 股中股权融资占比最高的行业依次为医疗保健行业、信息技术行业、通信服务行业，分别为 19.10%、18.96%、15.20%，以上行业都属于研发投入强度较高的科创行业，科创行业对股权融资的依赖性高于其他行业。但从具体比例上看，其股权融资占比均未超过 20%，整体占比较低，股权融资与高科技企业的风险特征相匹配，较低的股权融资占比说明其对高科技企业的支撑功能未充分发挥。

（七）总结

从全球范围角度，中国已经成为全球拥有专利数量最多的国家，但核心专利数量占比较低，中国所拥有的专利质量仍需进一步提升。从 A 股上市公司整体角度，A 股整体的研发投入金额和研发投入强度仍有提升空间。从行业和板块角度，不同行业之间、不同板块之间的研发投入强度和专利拥有数量差异较大，相比其他行业，信息技术行业和医疗保健行业具有明显的科创特征；相比其他板块，科创板带有明显的科创特征。从上市公司发明专利集中度来看，A 股上市公司的发明专利高度集中于头部公司。从融资来源看，高研发强度行业更依赖股权融资，但其股权融资占比较低。从 A 股上市公司的研发费用构成角度，人力成本和设备成本为 A 股上市公司主要的研发成本。

四、上市公司研发创新能力体系存在的不足

目前，中国上市公司研发创新取得了一定的进步和成果，但仍存在不足。持续的高强度研发投入及高效的研发转化效率需要完善的研发创新能力体系支撑，完善的研发创新能力体系是提升上市公司研发创新能力的关键。结合前文提出的研发创新能力体系模型以及中国上市公司研发创新现状，本文对上市公司目前的企业自身能力体系、政策支持体系、外部评价体系逐一进行分析，剖析存在的主要不足。

（一）企业自身能力体系

1. A 股研发投入强度仍需提升

企业研发创新是企业投入资源于研发活动，并通过研发活动获得研发成果，进一步转化为产品和服务，最终带来企业整体价值增值的过程。因此投入资源是企业研发过程的第一

步，为企业研发的基础，直接影响企业最终所能实现的企业整体价值增值效果。

研发投入对于科创企业具有重大战略意义。Sanford & Yang（2022）认为，研发投入显著提高了科技创新型企业对不确定性冲击的反应能力。刘辉和滕浩（2020）认为，企业研发创新尽管可能削减短期利润，但研发投入作为长期战略性投资，对未来树立比较竞争优势、加强技术壁垒和实现生命周期突破具有重大意义。研发投入所带来的"跳跃式"创新有利于企业突破生命周期发展极限、抓住战略性机遇、实现战略转折。

目前衡量企业研发创新投入的指标主要有研发投入金额和研发投入强度。研发投入金额主要衡量企业所投入研发创新的资源的总和，而研发投入强度主要衡量企业现有资源中用于研发创新活动的资源的比例。

根据前文统计，目前 A 股上市公司整体研发投入金额低于美股，且整体研发投入强度也低于美股，存在一定差距。

2. 内外部资源利用仍有不足

研发资源利用是将研发资源转化研发产出的关键活动。

内部研发资源的利用效率直接影响研发投入转化率。在内部研发资源利用上，部分上市企业存在如下研发资源浪费的情形：在产品设计过程中，缺乏充分的可行性研究，导致过高地估计自身开发能力，迫使企业不断追加研制费用。在工艺规划和工艺设计过程中，缺乏工艺设计模拟仿真，导致过多的试加工。在质量控制和管理过程中，质量管理活动过程失控导致样品出现问题，检验技术和检验设备跟不上制造方法的不断更新与多样化导致浪费。在开发过程中，不停地重复一些不必要重复的工作，以及针对相同技术问题采用不同的技术路线和解决方案，造成企业资源的巨大浪费（白永红和王泽玉，2010；朱丽，2013）。

与外部机构合作、利用外部研发资源可提高企业的研发投入转化率。外部研发能够使企业从组织外获取技术、知识、能力等优质资源，给内部研发提供新的思路，减少企业研发带来的风险和不确定性，提高突破式创新的成功率（张峰等，2014）。外部学习是企业与外部组织进行知识交流与知识整合的过程和企业向外部进行的知识获取活动，帮助企业快速积累知识资源，以满足旧知识资源整合与新知识攫取的需求。来自外部的广度足够的知识能够弥补研发投入的不足，当研发投入较低时，应多开展外部学习，以补充新产品开发所需知识（林婉，2023）。外部研发资源利用对内部研发投入起到缓解资源约束和补充资源的作用，帮助其克服内部能力的限制，实现创新（SEO H，CHUNG Yanghong，YOON H，2017）。目前 A 股上市公司整体对于外部资源的利用率较低。以专精特新上市公司为例，根据安永和浙江大学联合发布的《专精特新上市公司创新与发展报告（2023 年）》，2020 年到 2022 年，专精特新上市公司与外界合作形成的专利成果数量逐年增加，但占总专利的比例仍然较小，2022 年仅为 6.69%；其中，与学校或科研机构合作形成的专利数量占总专利的比例未能呈现出增长趋势。

3. 研发组织结构和研发管理体系有待优化

良好的研发组织结构和研发管理体系是企业持续优化内外部研发资源利用、提高研发创新效率的保证。

目前部分上市公司的研发管理体系和研发组织结构存在如下问题：在研发体系灵活度上，研发组织体系和研发管理体系较为僵化，无法根据企业发展情况和市场变动情况及时调整。在研发立项上，研发计划制定时与市场状况和企业自身状况脱节，提高了研发风险。在整体研发流程上，研发流程无法可视化，且价值度无法识别；研发流程安排不合理，切换等待时间过长，拉长了研发周期；过程控制薄弱，每个阶段缺乏明确的工作步骤和时间间隔，也缺乏有效的评估措施。在研发所涉及的部门调度上，每个部门只完成自己职能范围内的工作，与其他部门的沟通和联动不足；各部门之间的沟通，主要通过部门负责人进行，而忽略了研发人员之间的交流，无法实现有效、及时的信息沟通（InfoQ 研究中心，2023；何荣，2022）。

4. 国有上市公司研发创新体系存在不足

国有企业是中国经济发展的压舱石。国有企业治理存在的多重委托代理关系增加了委托代理关系各主体之间的信息不对称程度，代理人的激励和约束机制的设计面临较大的困难，导致国有企业管理决策效率相对偏低、风险承担意识与水平亟待提升。基于此，国有上市公司在研发创新体系方面主要存在如下不足：绩效考核模式上，围绕研发创新工作的配套激励机制和绩效考核模式未完全建立，对关键骨干人员的激励不足；人才储备和培养上，通过市场化手段招聘行业领域的专家、人才的模式仍需进一步推广（俞懿展，2019）；内部管理体系上，部分国企在经营发展中仍需探索能够结合自身转型发展需要的创新管理体系框架（张伯新，2023）。

（二）政策支持体系

1. 研发税收支持政策仍有优化空间

税收政策具有普惠性、公平性的特点，对企业科技创新起着基础性、支柱性作用。由上述统计分析可知，A 股上市公司研发投入的主要构成为工资薪酬和直接投入，即人力与设备资源是上市公司主要的研发投入成本。

本文从税收支持角度切入，从股权激励个人所得税、研发设备相关税收及企业所得税三个方面，通过对美国、英国、日本等国家科技创新税收支持政策进行梳理和研究，提出中国科技创新税收支持政策的差异与不足。

（1）股权激励个人所得税。

从上文数据统计中可知，A 股上市公司的研发投入中占比最高的为人力成本，因此人力资源利用效率的高低对上市公司研发活动影响重大。股权激励是上市公司对核心技术人员的最重要的长期激励手段之一，股权激励个人所得税会显著影响上市公司的股权激励效果。截至 2023 年 12 月 31 日，中、美、英、日不同国家的股权激励个人所得税支持政策如表 14 – 1 所示。

表 14 – 1　　中、美、英、日的股权激励个人所得税支持政策

主要国家	政策概述
中国	居民个人取得的股票期权、股票增值权、限制性股票、股权奖励等股权激励，符合相关规定的，可不并入当年综合所得，按股权激励全额适用综合所得税率表计算纳税[①] 上市公司授予个人的股票期权、限制性股票和股权奖励，向主管税务机关备案后，个人可自股票期权行权、限制性股票解禁或取得股权奖励之日起 12 个月内缴纳个人所得税[②]

① 财政部税务总局《关于延续实施上市公司股权激励有关个人所得税政策的公告》（财政部税务总局公告 2023 年第 25 号）。

② 财政部税务总局《关于完善股权激励和技术入股有关所得税政策的通知》（财税〔2016〕101 号）。

续表

主要国家	政策概述
美国	符合规定条件的激励性股票期权（ISO），受益人仅在股票实际出售时缴纳个人所得税。在行权日后超过 1 年行权购买股票，并在行权后持有超过两年出售股票，则股票转让所得属于长期资本利得，适用于低于一般所得的税率，其余情况按正常个人所得税纳税①
英国	纳税人通过股份激励计划（SIP）获得的股票，纳税人若将其保留在该计划中满 5 年不进行出售，则无须为股票的增值纳税②
日本	激励对象取得的股票期权，激励对象若在取得满两年至十年内再转让且转让股票所涉及的行权价格年度合计不超过 1200 万日元，该股权期权将作为税收合格股票期权，在授权和行权环节均不征税，仅在出售环节征收资本利得税；否则需在行权环节将收益按工资收入纳税，在出售环节按资本利得纳税③

美国对个人获取法定股票期权给予较为优惠的税收政策，仅需在转让时缴纳个人所得税；日本规定一定数量范围内的股权激励仅需在转让环节收取个人所得税。而中国现行规定，上市公司员工需自股票期权行权、限制性股票解禁或取得股权奖励之日起 12 个月内缴纳个人所得税，纳税环节靠前，可能给员工造成较大的资金压力。此外，英国将股权激励个人所得税与员工持有时间进行了长期绑定，员工如持有股权计划中股权满 5 年则无须支付税收，鼓励员工长期持有，有利于核心技术人员的稳定，而中国尚无相关尝试。

（2）研发设备相关税收支持。

从上文数据统计中可知，A 股上市公司的研发投入中有较高比例为设备成本，研发设备相关税收支持有助于缓解企业研发投入导致的财务压力。

截至 2023 年 12 月 31 日，各国有关研发设备的相关税收支持政策如表 14 -2 所示。

表 14 -2　各国研发设备相关税收支持政策

项目类别	主要国家	政策概述
研发设备加速折旧	中国	企业于 2024 年 1 月 1 日至 2027 年 12 月 31 日期间新购进的设备、器具，单位价值不超过 500 万元的，允许在计算应纳税所得额时一次性计入当期成本费用扣除。超过 500 万元的，可以缩短折旧年限或采取加速折旧方法④
	美国	高新产业研发设备折旧年限可缩短为 3 年，其中软件可在 2 年内提取全部折旧⑤

① 美国《Internal Revenue Code》section. 422。

② GOV. UK. TaxandEmployeeShareSchemes [EB/OL]. (2021 -11 -18) [2023 -08 -22]. https: //www. gov. uk/tax - employee - shareschemes. htm.

③ 日本国税厅. "株式投資等と税金" [EB/OL]. (2022 -09 -25) [2023 -07 -17]. https: //www. nta. go. jp/taxes/shiraberu/taxanswer/shotoku/1540. htm.

④ 财政部税务总局《关于设备、器具扣除有关企业所得税政策的公告》（财政部税务总局公告 2023 年第 37 号）。

⑤ 美国《Internal Revenue Code》section. 167。

续表

项目类别	主要国家	政策概述
其他研发设备相关优惠	中国	内资研发机构和外资研发中心采购国产设备，可全额退还增值税[①]
	美国	企业当年购置用于特定用途的设备，可按投资额 10% 在当年应缴所得税中进行抵免[②]

世界主要国家为鼓励企业研发投入，普遍对研发设备采取加速折旧的措施，中国基本与其他国家保持了一致，但在加速折旧力度上与美国有一定差距。除加速折旧外，美国对采购研发设备给予所得税税收抵免优惠，支持力度较大；中国尚无针对研发设备采购的所得税抵免相关政策。此外，中国仅针对内资研发机构和外资研发中心采购国产设备实施全额退还增值税，所能惠及的企业类型较窄。

（3） 企业所得税。

截至 2023 年 12 月 31 日，各国有关研发投入的企业所得税支持政策如表 14 -3 所示。

表 14 -3　　各国有关研发投入的企业所得税支持政策

项目类别	主要国家	政策概述
研发费用税前加计扣除	中国	自 2023 年 1 月 1 日起，企业开展研发活动中实际发生的研发支出，计入当期损益的，在按规定据实扣除的基础上，按照实际发生额的 100% 在税前加计扣除；形成无形资产的，按照无形资产成本的 200% 在税前摊销[③]。集成电路企业和工业母机企业在 2023 年 1 月 1 日至 2027 年 12 月 31 日期间上述比例分别提高为 120% 和 220%[④]
	英国	中小企业的研发所用的经常性支出，可按 130% 加计扣除；大企业的研发所用的经常性支出，可按 30% 加计扣除。企业研发所用的资本性支出，允许作为费用在发生当年一次性从应纳税所得额中扣除[⑤]
研发费用税收抵免	美国	企业当年符合条件的研发费用支出超过基准的部分可以享受 20% 的税收抵免。成立不足 5 年且当年收入不足 500 万美元的企业，可以凭借研发投入税收抵免政策免除企业应负担的员工个人所得税[⑥]
	英国	中小型企业符合条件的亏损，可按 14.5% 进行税收抵免，并可无限期向后结转；大型企业符合条件的支出，可按 13% 进行税收抵免，并可无限期向后结转[⑦]
	法国	企业符合条件的研发支出可按 30% 进行税收抵免[⑧]

① 财政部商务部税务总局《关于研发机构采购设备增值税政策的公告》（财政部商务部税务总局公告 2023 年第 41 号）。

② 美国《Internal Revenue Code》 section. 38 -45。

③ 财政部税务总局《关于进一步完善研发费用税前加计扣除政策的公告》（财政部税务总局公告 2023 年第 7 号）。

④ 财政部税务总局国家发展改革委工业和信息化部《关于提高集成电路和工业母机企业研发费用加计扣除比例的公告》（财政部税务总局国家发展改革委工业和信息化部公告 2023 年第 44 号）。

⑤ GOV. UK. HMRC internal manual. （2016 -03 -11） [2016 -03 -11]. https：//www. gov. uk/hmrc - internal - manuals/corporate - intangibles - research - and - development - manual/cird81000 以及 GOV. UK. Claim capital allowances. https：//www. gov. uk/capital - allowances。

⑥ 美国《Internal Revenue Code》 section. 41。

⑦ GOV. UK. HMRC internal manual. （2016 -03 -11） [2016 -03 -11]. https：//www. gov. uk/hmrc - internal - manuals/corporate - intangibles - research - and - development - manual/cird81000。

⑧ https：//enter - france. com/startup - tax - incentives - france - research - tax - credit - innovation - tax - credit。

续表

项目类别	主要国家	政策概述
亏损结转优惠	中国	自 2018 年 1 月 1 日起，企业在取得高新技术企业或科技型中小企业资格（以下统称资格）年度之前 5 个年度发生的尚未弥补完的亏损，准予结转以后年度弥补，最长结转年限为 10 年①
	英国	企业可将亏损结转至未来年度，以抵消未来的盈利并减少纳税额
	美国	2018 年 1 月 1 日以前企业的亏损，可以在亏损发生后的 20 年内抵消相应年度的盈利；2018 年 1 月 1 日之后企业的亏损，可以结转至亏损纳税年度后的每个纳税年度②

与同样采取研发费用加计扣除税收支持方式的英国相比，中国研发费用加计扣除比例仍较低。

而其他主要发达国家的研发费用税收优惠，主要采取研发费用税收抵免的方式。在研发费用加计扣除模式下，企业所得税率会直接影响其研发费用的抵扣程度。高新技术企业的所得税率低于一般企业，因此在发生同样金额的研发费用情况下，高新技术企业研发费用实际抵扣额度低于一般企业，背离鼓励高新技术企业创新的制度设计初衷。而税收抵免是在计算出应纳企业所得税额后直接扣除，不受企业所得税率影响。中国目前尚未出台研发费用税收抵免相关政策。

从亏损结转角度，中国目前科创企业亏损结转年限仍相对较短。科创企业前期投入高、风险大、收效慢，许多科创企业在初创期可能会经历连续多年亏损，因此多个国家选择延长科创企业的亏损结转年限。根据英国税法，其科创企业亏损的结转年限没有具体规定，通常是可以无限期地结转，直到完全抵消亏损额。美国的税法规定了亏损结转的年限为 20 年，企业可以将亏损结转至未来年度的税务申报中进行抵扣。而我国规定的高新技术企业及科技型中小企业的亏损结转年限为 10 年，与英美等国相比仍有差距。

2. 科创企业融资支持政策需进一步优化，支持力度有待加大

（1）对科创企业的再融资政策力度及范围有限。

由前述分析可知，科创上市公司更依赖股权融资，但目前股权融资对科创上市公司的融资支撑效果未完全发挥。

根据深交所于 2023 年 11 月 8 日发布的《深交所有关负责人就优化再融资监管安排相关情况答记者问》以及上交所于 2023 年 11 月 8 日发布的《有关负责人就优化再融资监管安排相关情况答记者问》（以下合称《答记者问》）："上市公司最近两个会计年度归属于母公司净利润（扣除非经常性损益前后孰低）连续亏损的，本次再融资预案董事会决议日距离前次募集资金到位日不得低于十八个月。"

对于科创上市公司，大量的研发投入常导致其持续亏损，在该规定下难以及时获得融资。根据《答记者问》，"符合国家重大战略方向的再融资不适用本次再融资监管安排"，但符合国家重大战略方向的公司数量有限，无法覆盖大部分科创上市公司，且政策未给出明确

① 《关于延长高新技术企业和科技型中小企业亏损结转年限的通知》财税〔2018〕76 号。

② 美国《Internal Revenue Code》section. 172。

标准与范围，存在模糊争议空间。

（2）科创企业债权融资困难，科创债对于财务困难的科创企业帮扶力度有限。

债券融资作为便捷的直接融资渠道，长期以来不友好科技企业尤其是初创期科技企业，已成为困扰我国科技企业债券融资的最大难题（杨孟著，2023）。科创企业由于普遍存在“投入大、周期长、轻资产、无抵押”的特点，因此难以获得债券融资且需承担较高的贷款利率。

2022 年 4 月 28 日，证监会制定印发《推动科技创新公司债券高质量发展工作方案》，正式推出“科技创新债”，对科创企业类、科创升级类、科创投资类和科创孵化类等四类发行主体放宽债券发行条件，并于 2022 年 5 月 20 日正式推行。根据东方财富 choice 数据，截至 2023 年 12 月 31 日，市场上科创债的发行金额合计 4710. 60 亿元，其中央企和地方国企科创债发行金额 4585. 70 亿元，占比达 97. 35%；从信用等级来看，主体评级 AAA 及以上企业科创债发行金额为 3413. 90 亿元，占比 72. 47%。

综上，从两大市场的发债主体来看，以进入成熟期、财务状况和信用等级较为优质的科技企业为主，而科创上市公司以民营企业为主①，轻资产、高风险特征也使其难以获得较高的信用评级，并未成为科创债的发债主体。因此，从实际效果看，目前科创债对于需要债权融资的初创期科创上市公司的支持力度有限。

造成该现象的主要原因为目前对科创企业的信用评级仍以财务报表为基础，与科创企业特征不匹配，导致科创企业较难获得优质信用评级，以及科创企业发展风险较高，导致债权投资者对科创企业要求更高的债券利率或主动缩减对科创企业债券投资的规模。

3. 科创企业并购重组支持政策存在优化空间

并购重组是上市公司提高资源整合能力、提升经营绩效和竞争力的重要途径，尤其是对于处在成长期的科创企业，通过协同效应的发挥，将进一步发展壮大（钟佳琴等，2023）。企业可以通过并购，获取研发活动的规模效益与协同效益（Gordon 等，2013；程新生等，2023）。科创上市公司通过并购重组，获得同行业或者同产业上下游的交易标的控股权，实现更高效的产业整合目标，有利于进一步稳固上市公司的行业地位，获得战略性发展（沈琦等，2022）。

目前科创领域的重大并购重组项目仍较少，根据上海证券报统计，截至 2023 年 12 月 31 日，科创板累计披露 350 余起资产交易，合计金额约 578 亿元，而 2023 年 12 月 31 日科创板合计市值 6. 8 万亿元人民币，资产交易的交易价值占科创板合计市值比例不足 1%。相关支持政策仍需进一步优化，市场活力需进一步激发②。

（1）严格的股份锁定期及业绩承诺要求限制了科创企业并购空间。

根据中国证监会 2023 年 2 月 17 日发布的《上市公司重大资产重组管理办法》第四十六条，“特定对象以资产认购而取得的上市公司股份，自股份发行结束之日起十二个月内不得转让”。严格的锁定期限制，将打击科创企业参与并购的积极性。

此外，根据该办法第三十五条，当交易标的采取收益现值法、假设开发法等基于未来收

① 根据东方财富 choice 数据库，截至 2023 年 12 月 24 日，科创板合计上市公司 567 家，其中民营企业（即央国企之外的其他类型企业）合计 530 家，占比 93. 47%。

② 引用自《中国证券报》12 月 21 日的文章《上交所召开座谈会！事关并购重组》。

益预期的方法进行估值时，交易对方应当与上市公司就相关资产实际盈利数不足利润预测数的情况签订明确可行的补偿协议，即业绩承诺。但实践中，为提高审核通过率，绝大多数重组双方均自主协商约定了业绩承诺及补偿条款①，使得交易对方背负较大的业绩对赌压力。

协同效应是科创企业开展并购重组的主要出发点，包括增加定价权、降低成本、获取关键技术及研发人员、加速产品迭代等，其拟并购标的资产可能具有以上某方面的突出优势但未实现稳定盈利。在此情况下，如仍以基于盈利的业绩对赌作为其估值基础，以及审核过会的重要条件，将给交易对方和标的公司带来极大的业绩压力，降低科创企业的并购积极性。

（2）“快速审核”机制有待进一步优化。

根据上海证券交易所2023年2月17日发布的《上海证券交易所上市公司重大资产重组审核规则》第四十四条以及深圳证券交易所2023年2月17日发布的《深圳证券交易所创业板上市公司重大资产重组审核规则》第四十四条，上市公司发行股份购买资产，不构成重大资产重组且满足以下情形之一的，审核机构可以在受理后经审核，不再进行审核问询，直接出具审核报告：“（1）最近12个月内累计交易金额不超过5亿元；（2）最近12个月内累计发行的股份不超过本次交易前上市公司股份总数的5%且最近12个月内累计交易金额不超过10亿元。”该标准以金额作为主要标准，未将研发创新能力作为筛选条件，遗漏了对科技创新的支持导向。

此外，2024年2月5日证监会上市司在座谈会上表示将优化“快速审核”机制，但主要是对头部大市值公司重组实施“快速审核”，未能惠及中小科创上市企业。

4. 科创创新平台无法满足科创企业多种多样的服务需求

除了投融资需求外，科创企业在发展过程中还有市场拓展、法律、税务、惠企政策申请、研发资源对接等多方面的服务需求。而科创企业，尤其是早期科创企业，由于缺少对接渠道，相关服务的寻找成本较高，亟须建立科学高效的渠道获取便捷的第三方服务。

当前中国主要科技创新平台和创新载体，如高新园区、众创空间、开发区等，业务重点往往在于注册、评审和环境管理等，对企业第三方服务需求响应不足，尤其是在知识产权保护、人才招聘、融资、法律和税务等需求的响应上仍显欠缺（曾蓉等，2023）。所提供服务类型较少也导致中国的主要科技创新平台和创新载体自我造血能力不足，更为依赖政府科技经费扶持，影响了科技创新平台和创新载体的可持续发展。

5. 信息披露政策仍有不足

依据信号传递理论，企业披露的研发信息有助于向资本市场传递企业积极的研发战略、较强的研发创新能力与组织发展活力，侧面反映企业良好的资金流、经营状况和风险承担能力，增强投资者对企业持续竞争力和业绩上升空间的预期，提升企业市场估值（杨志强等，2021；晏超等，2021）。

因此优化研发创新相关信息披露规则，有助于提高企业的研发创新能力和企业价值。

（1）A股研发信息披露政策。

截至2023年12月31日，A股目前的研发信息披露政策如表14－4所示。

---

① 21世纪资本研究院于2021年发布的《中国资本市场业绩承诺研究报告书》。

表 14－4　　　　A 股研发披露政策

	披露要求
财务报告[①]	(1) 按费用性质披露研发支出本期发生额、上期发生额，包括费用化研发支出和资本化研发支出 (2) 对于重要的资本化研发项目，应结合研发进度、预计完成时间、预计经济利益产生方式等情况，分项说明开始资本化的时点和具体依据。分项列示开发支出减值准备的期初余额、期末余额和本期增减变动情况，以及减值测试情况 (3) 本期存在重要外购在研项目的，应结合预期产生经济利益的方式等情况，分项说明外购在研项目资本化或费用化的判断标准和具体依据
年报[②]	(1) 公司应在年报中说明如下内容：①本年度所进行研发项目的目的、项目进展和拟达到的目标，并预计对公司未来发展的影响；②公司应当披露研发人员的数量、占比及其变动情况；③本年度研发投入总额及占营业收入的比重，并且当数据较上年发生显著变化时，还应当解释变化的原因；④研发投入资本化的比重及变化情况，并对其合理性进行分析 (2) 企业需要在年报附注中对纳入无形资产的知识产权进行详细说明，同时列示未纳入无形资产但是能够对企业价值产生影响的无形资产；详细记录知识产权授权、利用及买卖情况，并对其账面价值、减值准备、累计摊销等信息进行列示
半年报和季报[③]	相较于年度报告，A 股半年报和季报对研发信息披露的要求并不高，仅要求披露研发支出及其变化原因等基本信息
临时报告[④]	公司需要及时发布公司重大信息，与研发相关的信息如涉及重大财务事项、重大交易、重大投资、重大亏损等公司重大信息时应及时披露

(2) A 股上市公司研发信息披露存在的问题。

A 股的强制性研发披露要求存在如下问题：

①部分定性研发信息披露的自由度较大。A 股的信息披露规范仅要求强制披露定量信息，包括研发费用的金额和构成以及研发人员的结构和占比，对于定性信息，包括研发项目、具体进展等，仅有指导性框架，披露的自由度较大。

对于需披露的研发项目范围，A 股仅要求对存在研发支出资本化的项目进行全面列示，而对于未资本化的研发项目，需要披露的标准则不够明晰，企业有自行决定的空间。

②研发信息披露格式不统一、不规范。A 股市场所有板块中，仅有科创板在年报第三节“管理层讨论与分析”专门设立了“核心技术与研发进展”部分来集中披露部分研发信息，但对于该部分内容的披露格式，未做规定。除此之外的其他研发信息，各上市公司可自行决定其在报告中的披露位置，给投资者获取相关信息带来了不便。

③研发信息披露内容缺少时间上的连贯性。A 股上市公司年报所披露的研发项目信息的内容缺少时间上的连贯性，投资者无法得知该项目的往年进展，同时对于往年披露的项目，企业可自行选择是否在当年年报中披露，导致投资者无法跟踪企业研发项目的进展。

① 中国证监会：《公开发行证券的公司信息披露编报规则第 15 号——财务报告的一般规定（2023 年修订）》。

② 中国证监会：《公开发行证券的公司信息披露内容与格式准则 第 2 号——年度报告的内容与格式》（2017 年修订）；财政部、国家知识产权局：《知识产权相关会计信息披露规定》（2018 年修订）。

③ 中国证监会：《公开发行证券的公司信息披露内容与格式准则第 3 号——半年度报告的内容与格式》（2017 年修订）；《公开发行证券的公司信息披露编报规则 第 13 号——季度报告的内容与格式》（2016 年修订）。

④ 全国人大常委会：《中华人民共和国证券法》（2019 年修订）。

④目前尚无 A 股公司披露研发专项报告。目前 A 股公司仅在年报中披露研发相关的信息，并无公司披露研发专项报告，对于公司的研发情况、所属行业的研发进展以及公司对于自身研发情况及行业研发趋势进行分析和预测。

⑤披露责任承担机制和沟通机制有待优化。我国现行法律法规有关上市公司的信息披露责任承担规定，主要为《证券法（2005 年修订版）》第 69 条，即发行人披露的信息如有虚假记载、误导性陈述或者重大遗漏，则应承担相应的民事责任，情节严重的需承担刑事责任。而对信息披露违法行为认定的主要依据为证监会 2011 年公告的《信息披露违法行为行政责任认定规则》第七条，即“未按照法律、行政法规、规章和规范性文件，以及证券交易所业务规则规定的信息披露（包括报告，下同）期限、方式等要求及时、公平披露信息”。综上，我国对于上市公司信息披露仅有合规要求，只要企业按照规定如实披露，即不构成违法披露，无须承担法律责任。

在此情形下，对于强制性规范要求披露范围以外的其他信息，企业并无主动披露意愿。且由于对信息披露违法行为的认定较为模糊，企业为避免信息披露违法的风险，倾向于选择不披露分析性信息和预测性信息，降低了企业所披露信息的质量。

此外，该情形进而导致企业在面对投资者通过投资者沟通交流机制表达了解信息的需求时，往往选择不回应或拒绝披露，导致投资者沟通交流机制存在一定的失效。

（三）外部评价体系

针对公司研发创新能力的第三方外部评价体系，是投资者对上市公司研发活动和研发创新能力进行合理评价的重要参考。

截至 2023 年 12 月 31 日，部分现行企业研发创新评价体系如表 14－5 所示。

表 14－5　　部分现行研发创新评价体系

企查查科创分	由企查查于 2023 年 12 月 20 日发布，可通过企查查官网界面该公司资料中查看该主体的科创分该科创分为依据企查查获取的企业公开资料进行计算，企查查“科创分”模型将评价维度分为 5 个主要类别：企业技术规模、技术质量、研发实力、企业成长性以及行业潜力，并进一步扩展到 40 余个具体的子维度，并使用雷达图列出该企业五个维度的指标，并给出综合评分
企业创新能力评价指标体系	由中国科技部发布，2006 年科技部发布第一版，于 2013 年更新，该报告主要从创新投入能力、协同创新能力、知识产权能力、创新驱动能力四个维度，分析全国企业整体的创新情况
上市公司创新指数	由浙江大学管理学院出具，自 2020 年起每年与深圳报业集团深新传播智库联合发布，至 2023 年已经发布了 4 年。该报告创设了创新势力和创新效率两个指标并基于此计算各上市公司的创新能力的综合得分。该报告会列示当年中国上市公司创新能力的前 100 名，并对地区和行业的创新能力差异进行分析

除上述列举的体系外，还有启信慧眼的科创分、《科创板上市公司科创能力研究白皮书》（赛迪顾问发布）、《中国企业创新能力评价报告 2018》（由中国科学技术发展战略研究院和中央财经大学经济学院联合编著）以及《全国企业技术创新能力指数工作报告》（由中国企业联合会编著）等可作参考。

目前的评价体系存在如下问题：

1. 评价对象未聚焦于公司

目前的研发创新评价指标体系多侧重于从宏观层面对全市场的科创能力进行分析，未对单个企业进行分析。除企查查的科创分、启信慧眼的科创分体系、浙江大学管理学院《上市公司创新指数》等体系外，其余的报告多从行业和地区的角度进行分析。

2. 分析维度较为单一，不利于深入评判以及进行公司之间的研发创新能力对比

目前除企查查的科创分以及启信慧眼的科创分等体系外，其他评价指标体系仅给予公司一个综合评分，未分维度对企业的研发创新评价体系进行分析，难以更为深入地评判企业的研发创新能力。

此外，现行的研发创新能力评价体系没有在研发创新能力的各个维度层面对企业进行对比，无法评判企业的研发创新能力对比其他企业的优劣势。

3. 发布时间缺少连贯性，难以评判企业研发创新能力的变动趋势

在发布频率上，目前除了浙江大学管理学院的《上市公司创新指数》以及启信慧眼的科创分体系外，其他的研发创新评价体系并无固定的发布频率①，导致在时间上缺乏可比性。在发布内容上，也并未对过往的研发指标进行计算，无法体现单家公司的研发创新能力的具体变动趋势，难以追踪企业研发创新能力的变化情况。

4. 指标计算方法未公开及计算所需数据不易获取，降低了指标的认可度

各个研发创新评价指标体系并未披露具体的计算方式，且所使用的指标众多、计算方法过于复杂、计算所使用的数据为难以通过公开渠道获取的数据，指标信息使用者难以评判指标计算的合理性，降低了指数的认可度。

五、完善研发创新能力体系的具体建议

结合前述现状与不足，本文从企业自身能力体系、政策支持体系和外部评价体系三个方面进行分析，就如何促进上市公司加大研发投入、提升研发效率、增强研发创新能力提出相应的建议。

（一）加强企业自身能力体系

1. 提高研发投入强度

研发投入作为企业的长期战略性投资，尽管可能削减短期利润，甚至承受研发周期长而产出效果滞后的阵痛，但研发投入作为长期战略性投资，对公司未来树立比较竞争优势、加强技术壁垒和实现生命周期突破具有重大意义（刘诚达，2019；陆正华和陈敏仪，2020）。

目前相比美股上市公司，A 股上市公司的研发投入金额和研发投入强度仍具有一定差距，因此上市公司应持续加大研发投入、提高研发投入强度，将更多的资源投入研发，构建核心竞争优势，提高企业价值。

2. 采用数智化手段优化研发

企业应积极应用数智化手段帮助优化研发管理、提高研发创新效率，并使用数智化方法

① 截至 2023 年 12 月 25 日，企查查的科创分体系仅发布 3 天，因此未能判断该体系是否有时间上的连贯性。

替代部分研发流程，降低企业研发所需的直接投入。

在研发组织结构和研发管理体系层面，研发数智化有助于企业梳理研发流程，寻找组织结构和研发管理体系中可以优化的点，并且在研发部门和企业其他部门之间建立高效的协同和沟通的机制，实现高效的研发组织和研发管理体系运作。

在研发立项层面，数智化的研发信息系统可帮助企业了解市场的需求、掌控企业自身可利用的研发资源情况，从而制定更为契合企业自身资源能力和市场需求的研发计划，降低研发风险。

在研发流程管理层面，引入数智化的研发管理系统有助于企业控制研发流程，监控研发进展，并针对研发流程中的每一步实施结果更好地进行评估。

在具体研发环节层面，运用数智化手段，如数字孪生技术、模拟建模技术、模拟测试技术等，对所研发产品进行模拟测试，可减少测试次数，进而节约样本、样机、测试产线等直接投入，并可以缩短研发周期、提高研发效率。根据麦肯锡 2023 年发布的《重塑研发，推动可持续增长》，下一代数字和分析工具可帮助研发部门提高效率和产品开发速度，提高产品的性能和质量，这些技术已经帮助一些行业将开发周期时间缩短了 50% 以上，并将成本降低了 30% 。

3. 完善研发组织结构和研发管理体系，提高研发资源利用率

完善的研发组织结构和研发管理体系，是企业优化研发资源利用、持续提高研发创新效率的保证。

（1）选择合适的研发组织结构，更好利用内外部研发资源。

在企业组织层面，首先应根据自身需求和实际情况，选择合适的研发组织结构，以更好利用内外部资源。

研发组织结构可分为外延式和内生式两类，如图 14 – 13 所示。外延式研发组织结构主要针对外部研发资源的利用，内生式研发组织结构主要针对内部研发资源的利用。实际应用时，企业可根据自身需要，将多种研发组织结构形式组合应用。

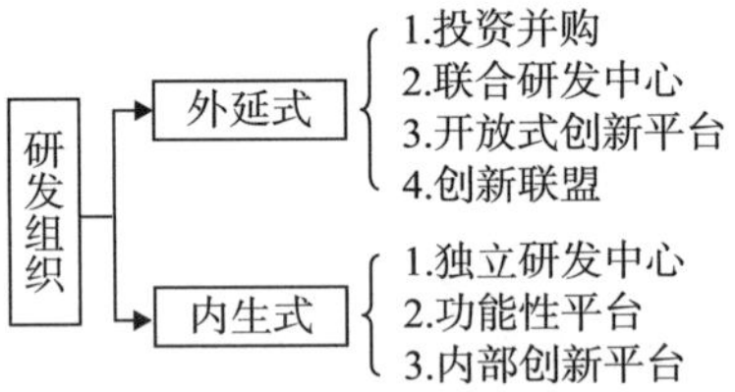

图 14 – 13　可选研发组织类型

①外延式。并购：企业可通过并购具有研发创新能力的主体，获取该主体的已有专利，并利用该主体研发资源补强自身研发创新能力。

以闻泰科技为例：闻泰科技原为做光学和显示模组的企业，2018 ~ 2020 年，闻泰科技通过联合竞拍，发行股份和支付现金的方式，逐步实现间接持有功率半导体企业安世半导体 100% 股权。通过产业链垂直整合，半导体业务已成为闻泰科技三大业务之一，并提高了闻泰科技原有的光学和显示模组业务的竞争力。

联合研发中心：企业可与高校、科研机构、其他企业等联合建立研发中心，共同开展技

术研究、产品开发等。这种模式可集合企业、高校和科研机构、其他企业等多方的优势，推动企业在相关领域的技术进步和产业发展。该模式也为目前产学研合作主要的形式之一。

以北京大学—中兴通讯联合实验室为例：2021 年，北大信息科学技术学院与中兴通讯成立了联合实验室，将北京大学的技术进行产业化探索，并利用北大的学术资源，更好实现业界对于基础软件升级的需求。

开放式创新平台：企业可建立开放式创新平台，向全球范围内的创新者开放自身的技术平台和资源，吸引更多的创新者加入，共同推动技术创新和产品开发。目前主流的形式为孵化器 + 孵化基金的形式，通过建立孵化器为创新者提供办公场地并通过设立的孵化基金对孵化器内项目进行投资，待创新产出研发成果后通过股权投资获取股权投资收益、收购技术或获取创新者的技术许可等形式，利用创新者的研发成果。

以海创汇为例：海创汇是海尔集团面向全球创业者打造的加速器平台，为创业者提供场地、创业辅导、融资等支持，目前海创汇已在全球 12 个国家布局了 40 个加速器，汇聚了来自全球的 4000 多个创业项目。

创新联合体：企业创新联合体是以企业为主体，研究机构、中介机构、科研机构等共同参与组成的平台，旨在推动企业之间的创新发展和合作共赢。联合体之间的成员通常会通过组织技术转移、技术共享等方式，促进企业进行技术创新和产品升级；联合体本身会为联合体成员提供市场调研、技术咨询、管理培训等专业服务，帮助企业解决技术创新和市场拓展方面的问题；联合体也可通过举办会议、论坛、展览等活动，搭建交流平台，促进成员之间的信息共享和知识交流，推动创新和发展。

以 InnoMatch 大企业创新发展联盟为例：InnoMatch 大企业创新发展联盟为海尔、上海电气、阿斯利康等领军企业于 2022 年全球技术转移大会上成立，旨在通过创新需求“发榜”、扩容创新“朋友圈”等举措，引领大中小企业融通创新。具体而言，依托 InnoMatch 全球供需对接平台，大企业联盟成员将多项需求整理后通过 innoMatch 发布上线，InnoMatch 平台将利用自研大数据算法模型和 AI 技术，对需求进行数智化需求成果匹配。

②内生式。独立研发中心：由企业利用自身资源建立独立研发中心，该研发中心拥有独立的研发团队和研发设施，进行自主研发和创新，以推动企业的技术创新和产品研发。该组织的优势为可将企业的所有研发资源集中于一处利用，实现规模效应。

目前主流的形式为出资设立专门的研发主体，该主体只负责研发业务，企业的研发活动则全部交由该研发主体承担。

以平安集团为例，平安集团成立平安科技子公司，统一负责平安集团的研究以及技术、产品和服务开发。平安科技的研发成果已帮助平安打造出金融壹账通、智慧城市等与金融科技相关的业务板块。

共享功能平台：企业可打造共享功能平台，将企业各个业务领域的研发活动中的部分环节，如中试环节、样品测试环节，集中于该平台上进行。共享功能平台与独立研发中心的区别在于，功能性平台只负责研发中的部分环节，而独立研发中心则需负责完整的研发流程。

共享功能平台的优势在于可避免各个业务线重复建设部分研发环节所需的设施，减少研发资源的浪费。

以比亚迪为例，比亚迪建立了汽车的被动碰撞研发中心、电磁辐射 EMC 研发中心以及整车的 NVH 研发中心等三个研发中心，为比亚迪各个车型的研发测试提供统一的服务，无须各个车型负责团队独立开展相关工作，最大限度整合研发测试资源，节省成本。

内部创新机制：企业内部创新机制旨在激发员工的创新思维和创造力，利用员工的创新能力推动企业的创新和发展。企业内部创新机制包括举办创新竞赛和项目、创新实验室管理、创新人才管理等，鼓励员工内部创新，并从中选取项目提供经费、课程等支持。

该方式相比开放式创新平台的优势在于员工对于企业内部情况、企业所处行业情况更为熟知，创新有更高的概率与企业需求更为契合，且企业更能够控制相关创新项目，避免股权交易等外部交易会涉及的纠纷。

以中兴通讯为例：中兴通讯在西安设立“中兴众创空间”，对员工提出的内部创业项目进行评选、激励与支持；针对员工普遍关注的项目运作方式、激励方式、资金额度等进行开放式回答和讨论，并会为内部创新项目特别组织商业计划技能培训。

（2）构建合适的研发管理体系。

完善的研发管理体系能够保证企业持续性的优化研发资源利用，并提高研发创新效率，将研发资源产出最大化。

企业首先需对自身研发管理进行调研，诊断自身研发管理中可以优化的部分，制定研发管理体系的优化计划并实施。优化研发管理体系可通过借鉴现行已有的研发管理体系，如图 14 - 14 所示。

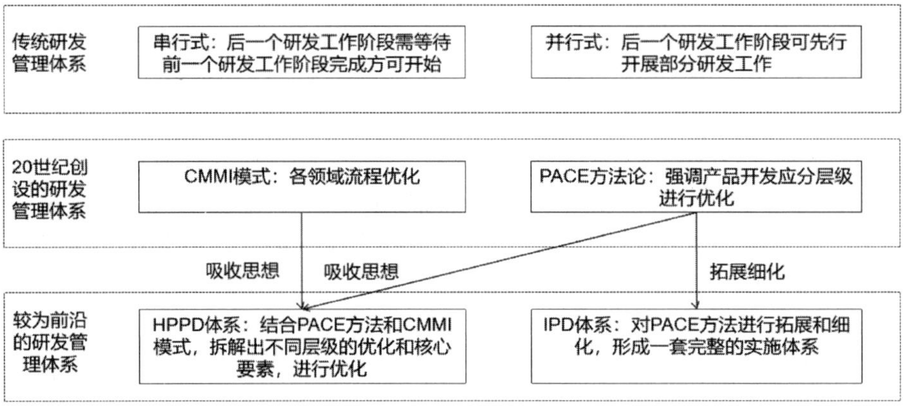

图 14 - 14　现行已有的研发管理体系概览

HPPD 体系和 IPD 体系为目前较为前沿的研发管理体系。其中，IPD 体系为在 PACE 方法论的基础上进一步拓展细化，HPPD 体系为吸收 PACE 方法论、CMMI 模式等众多业内实践创立而成。各个研发管理体系的介绍如表 14 - 6 所示。

表 14 - 6　各个研发管理体系的介绍

模式	介绍
传统研发模式	传统研发模式可分为串行模式和并行模式两大类 串行结构指将研发活动分为多个阶段，后一个阶段的工作需待前一个阶段完成方可进行 并行模式为打破串行结构的分阶段的模式，在具体开展研发工作之前即对研发工作进行拆解设计，使得研发各个阶段可先行开始部分的研发工作，无须等待前一个阶段的工作完成

续表

模式	介绍
CMMI 模式	CMMI 模式强调将产品的开发拆分成多个子项目的开发，并且在每个子项目开发时预留变化的空间，使得其能够迅速根据客户的需求进行调整。其追求尽可能地减少产品交付用户所需的周期，并认为可以先行交付，后续根据用户的需求进行迭代开发
PACE 方法论	PACE 方法的核心为根据产品开发所涉及的部门和组织范围将产品开发流程划分为非正式管理、职能级流程、项目级流程、产品组合流程以及跨企业级流程，并在每一个层级通过综合方法进行优化，最终实现整体产品开发流程优化
IPD 集成产品开发	IPD 在 PACE 方法基础上对产品开发流程做了进一步细化，形成一整套包含研发组织架构、研发流程、研发效果评价等各方面的实施体系
HPPD 高效产品开发	为 PACE 方法论、CMMI 模式等多个业内最佳实践的结合，首先根据产品开发所涉及的部门范围以及在研发环节所处的阶段对企业产品开发流程分层级，并在每个层级引入 CMMI 的观念，将各层级产品开发流程拆解成各个核心流程，对各层级的核心流程进行优化组合，以提高产品开发的灵活性以及开发效率

研发管理体系优化是个持续的过程，企业应对自身研发管理体系定期诊断并调整。

4. 国有上市公司应优化风险承担、利润共享机制以及绩效考核机制

在风险承担和利润共享机制方面，建议国有上市公司主动与民营企业合作，以共同设立合资公司、引入战略投资者等方式，发挥民营企业在经营灵活性、创新动机、经济嗅觉等方面的优势，激发国有上市公司的创新活力，发挥创新型经济下混合所有制改革的积极作用；同时通过管理层浮动年薪制、股权激励等将国有企业效益与个人收益紧密联结，强化对国有上市公司管理层的激励，促使资产保值升值。在绩效考核机制方面，建议国有上市公司建立专门针对研发创新投入的考核评价指标，允许因战略性研发投入导致的短期亏损，以此鼓励管理层实施创新战略以取得长远的可持续收益。

5. 上市龙头企业强化自身能力体系的典型案例

产业链中的龙头企业在各自行业中处于“领导地位”，具有很强的号召力和一定的示范、引导作用，能够很大程度上决定行业的研发创新方向，同时也是国家创新能力的重要体现。因此，龙头企业尤其是上市龙头企业应当主动担起产业链创新的重任，持续加大自身研发投入，一方面提升自身前沿技术、关键核心技术创新能力，强化在国家战略科技力量中的贡献，另一方面发挥引领支撑作用，带动大中小、国内外企业融通创新，带动产业链的整体升级与突破。

根据 innography 数据，截至 2023 年 11 月 30 日，全球拥有核心专利数排名前五十的主体中，A 股上市公司仅有中兴通讯上榜。

本文以通信行业上市龙头企业中兴通讯为例，分析并借鉴其强化自身能力体系的相关做法与经验。

（1）强化研发创新投入，构筑竞争优势。

中兴通讯研发投入长期位居 A 股上市公司前列，研发投入占比从 2018 年的 12.8% 提升到 2023 年上半年的 21.1% 。截至 2023 年上半年，中兴通讯拥有全球专利申请 8.65 万余件。从研发创新广度看，从 CT 拓展至 IT 领域，加速从全连接向“连接 + 算力”公司转型。

中兴通讯充分利用我国在市场应用端的优势，加快芯片、基础软件等底层技术攻关，实现更多从 0 到 1 的突破，牢牢掌握发展的主动权。中兴通讯已研发设计各类芯片 120 余种，操作系统具备工业级高可靠性，在全球 160 多个国家商用。针对 6G、空天地一体化网络等前瞻性技术，也进行了相应的布局和研究。

（2）借助数智化手段，构建数智化研发平台。

中兴通讯积极借助数智化工具，开发了中兴通讯“星云研发大模型”，经第三方 HumanEval 评估，“星云研发大模型”位于编码类模型第一梯队，编码语言种类多样性能力和中文编码能力达到业内领先水平。

“星云研发大模型”旨在辅助开发人员进行需求分析、产品设计、编程、测试、版本部署等，为开发者提供一站式、智能化的研发体验，让每个软件开发者都有自己的开发助手，全流程助力研发提效。“星云研发大模型”保障研发全流程的安全可控，包括支持白名单机制有效控制使用范围；代码特征值识别可有效识别敏感代码片段；敏感词识别机制可实时监测并拦截敏感内容；完善的后台审计机制可完整回溯安全事件等。“星云研发大模型”助力整体研发提效 10%。

（3）强化外延式研发创新链条，开放协同创新。

中兴通讯积极利用外部研发资源，构建外延式研发组织结构，开放协同创新。

中兴通讯与 100 多家知名高校机构广泛合作，构建产学研用协同创新体系，促进创新成果的转化及应用。2009 年，中兴通讯产学研合作论坛正式成立，经过十多年的发展，已累计合作知名国际、国内高校，企业，科研机构超百家，共建数十家国家实验室、技术中心、创新中心等，累计合作项目 700 余项，投资数十亿元，成功孵化可落地、可应用的成果数百个。

中兴通讯充分发挥“头雁”企业引领作用，通过创新联合体等形式，与数千家产业链上下游企业贯通配合，以创新成果引导产业、升级产业。过去几年，中兴通讯通过资金投入、政策倾斜和专业支持等手拉手方式支持了 200 余家上游配套企业的协同创新，同时，通过构建数智化的供应体系，对市场行情进行前瞻性分析，实时调整供需之间的平衡；在客户协同方面，中兴通讯持续加强与客户技术和市场层面的沟通，联合运营商、政企行业客户共建联合创新中心，承担国家课题研究、创新应用试点、难题攻关等，过去几年，中兴通讯联合运营商及 500 多家行业合作伙伴，在超过 15 个行业形成了 100 多项 5G 应用创新方案，为企业降本、增效、提质起到了极大的促进作用。

（4）构建完善的研发管理体系，提高研发效率。

中兴通讯在借鉴了产品生命周期优化方法论（PACE）、能力成熟度模型集成（CMMI）等业界最佳管理实践的基础上，提出了 HPPD（High Performance Product Development，高效产品开发）研发管理体系。

HPPD 管理体系是企业面向产品开发、平台开发和技术开发等各类研发领域的管理工具。该体系将企业的产品开发能力根据所涉及的人员范围分为非正式级（个人级）、职能级、产品级、产品组合级以及合作开发级，并认为企业为客户提供的不只是单一产品，而是一整套产品组合，因此企业需在每个层级都实现高效研发，最终才能实现整体产品的高效研发。为此，HPPD 对每一个层级中的核心流程以及涉及的核心因素都进行梳理，并要求市场、销售、服务等各部门进行协同。该体系明确了决策、规划、开发三类团队在产品、平台、技术三个层级的研发项目中的职责、组建、运作以及相互的支撑和约束关系；明确了人力资源管理、过程数据与资产管理、财务管理、考核和激励、文化支撑系统建设等对 HPPD 的支撑保障要求。

HPPD 管理体系的精髓为深入发动各方力量，持续推进研发项目化运作，落实每个层级的研发流程都实现高效运作的原则，并坚持提升各关键过程域能力和成熟度。

（5）构建鼓励创新的绩效考核机制，并利用外部资源支持内部研发创新。

对于内部研发创新项目，中兴通讯从三方面进行支持：考核机制方面，中兴通讯引入以创新为基础的绩效考核机制，补充以利润为基础的绩效考核机制，同时将研发创新项目优先置于盈利单位下开展，减轻业绩考核压力；资源导入方面，中兴通讯联合政府、合作方等外部主体共同对研发创新项目进行投资孵化，充分借助外部主体优势，并与外部主体共享研发创新项目成果；员工激励方面，中兴通讯将所持研发创新项目的部分股权让渡给员工，以提升员工激励效果和研发创新项目的运营有效性。

作为“数字经济筑路者”，中兴通讯与国家战略同频共振，勇担时代使命，联合产业链伙伴，促进数字技术与工业化深度融合，扎实推进新型工业化，加快形成“新质生产力”，为实现中国式现代化和高质量发展贡献“中兴力量”。

（二）完善政策支持体系

1. 加大对 A 股上市公司研发创新的支持力度，对特定行业、特定板块给予专项支持

从 A 股自身来看，行业维度上，信息技术行业和医疗保健行业研发投入强度远超其他行业，行业间差异显著；板块维度上，科创板的“科创定位”突出，研发投入强度与平均高价值专利数大幅领先其他板块。

中国应持续加大对上市公司研发的支持力度，出台面向上市公司研发活动的普惠性的支持政策。对于医疗保健、信息技术等科创属性较强的行业，建议出台具有针对性的专项政策以扶持该类行业的快速发展与突破。对于聚焦研发创新的科创板，建议给予更多专项支持，通过差异化的政策设计激发科创板上市公司的研发动力；同时，建议进一步细化科创板科创属性认定标准，推动拥有 PCT 专利等核心技术的高科技企业登陆资本市场。

2. 完善研发税收支持政策，实现精准扶持

结合前述对于税收支持政策的问题分析，本文提出以下优化建议。

（1）股权激励个人所得税。

调整上市公司研发人员股权激励个人所得税纳税时间。建议将上市公司研发人员股权激励纳税时间递延至股权转让时，减轻被激励人员的现金流压力，增强股权激励效果。

根据上市公司研发人员持股期限设置不同的税率。建议根据研发人员持股期限长短设置“持股期限越长、所得税率越低”的差异化税率，并对达到一定持股期限的人员免除缴纳个人所得税，以鼓励核心技术人员长期持股，实现与企业价值长期绑定。

（2）研发设备相关税收政策。

缩短研发设备加速折旧年限。建议进一步缩短企业研发设备折旧年限，对科创企业给予特别加速折旧政策支持。

完善企业采购研发设备的税收抵免及增值税优惠政策。建议探索针对研发设备采购的税收抵免政策，并将新一代信息技术、新能源、新材料、人工智能等行业企业纳入全额退还增值税的税收优惠范围。

（3）企业所得税政策。

进一步加大对科技创新型企业的研发费用税收优惠。建议进一步提高新一代信息技术、新能源、新材料、人工智能等行业科技创新型企业研发费用加计扣除比例，鼓励科创企业通过加强研发投入实现核心技术攻关。

探索实施研发费用税收抵免的方式。建议在某些特定行业引入研发费用税收抵免的税收方式，更好地发挥企业研发费用投入税收减免作用。

适当延长科创企业的亏损结转年限。建议将初创期科创企业的亏损结转期限进一步延长至10年以上，并允许关键行业领域的科创企业无限期结转亏损。

3. 加强对科创上市公司的融资支持

（1）明确科创主体的再融资条件，扩大再融资的适用范围。

建议政府明确豁免“再融资监管安排”的具体条件和适用范围，覆盖真正的“硬科技”上市公司，满足其融资需求。

（2）构建面向科创的评级体系，提供差异化的债权融资服务和产品。

建议政府出台相关政策引导债权融资服务机构构建面向科创的评级体系，根据企业和项目所属行业采用差异化的评级方法，采用其研发创新能力、成长性等科创行业指标进行评估，并根据该评级方法提供差异化的债权融资服务和产品。

（3）降低科创企业的债权融资成本，同时构建面向科创企业的风险补偿机制。

建议相关政府机构针对科创企业债权融资提供贴息补贴，以降低科创行业的债权融资成本，并推动保险机构推出面向科创企业债权投资者的保险，降低科创企业债权投资者的风险，鼓励投资科创企业债权。

4. 优化科创企业并购重组政策，激活并购市场

（1）放宽对科创企业并购的估值要求和业绩承诺要求。

建议放宽对被并购的科创企业的业绩承诺要求，同时对于能够突破关键核心技术的并购标的，审核其估值定价的公允性时，可不局限于现有的估值方法，以避免单纯以未来盈利为基础进行估值，增强审核中对该类并购估值的包容性。

（2）优化作为重组对价的股份锁定期安排。

建议对作为重组对价的股份，放宽其锁定期安排，激发科技创新型企业创始股东积极性，激活并购市场。

（3）优化“快速审核”机制，扩大适用范围，设立“绿色审核通道”。

建议进一步优化“小额快速”审核机制的标准，引入科创能力标准，以将更多科创企业并购重组纳入该审核机制；建议将“快速审核”机制的适用范围扩大至中小科创企业，不局限于大型科创企业；建议构建专门的“绿色审核通道”，将“是否为突破关键核心技术的企业”作为该绿色通道的主要判断标准。

5. 发展多样化的科创创新平台服务

建议科创创新平台拓宽所提供的服务范围，不局限于注册、评审和环境管理服务。在资金层面，可以为企业提供融资规划、融资咨询以及投融资对接服务；在企业资源层面，可以为企业提供业务对接、研发资源对接服务；在信息层面，可以为企业提供惠企政策信息汇总服务、业务重大信息汇总服务以及外部企业需求汇总服务，并构建资源对接信息平台以及融资对接信息平台；在专业服务层面，可为企业提供法律、知识产权等服务。

建议科技创新平台构建平台内企业需求数据库，不断收集和更新平台内企业需求，形成平台内各个企业的需求画像。建议科技创新平台构建资源数据库，收集可为企业提供的资源信息，提高各项资源的复用率，降低平台内企业的资源寻找成本。

科技创新平台的最终定位应为构建平台生态，引导平台内的企业、政府、产业、科研院所在该平台上进行交互和联动，推进全产业链的创新。

6. 优化信息披露政策，鼓励上市公司披露研发专项报告，鼓励上市公司多渠道与投资者沟通

（1）优化研发信息强制披露政策。

①统一研发信息的披露位置和格式，增强可比性。建议在年报和季报中设立专门的研发信息板块，将所有涉及研发的信息集中于该板块进行披露；同时，统一集中披露的格式，如统一内容展示的形式和展示顺序，并对结构化的数据优先采用表格等结构化的展现形式。

②规范研发披露范围。建议引入更为明晰的标准评判需进行信息披露的项目范围，如以该项目投入占本年合计研发投入的比重作为确定该研发项目本年是否需要披露的依据。建议将往年已披露的研发项目纳入本年披露项目的范围，便于投资者追踪项目的进展情况。

（2）鼓励上市公司定期制作并披露研发专项报告。

①监管机构可鼓励上市公司定期制作并发布研发专项报告。建议监管机构鼓励上市公司定期制作并发布研发专项报告。监管机构可提供研发专项报告的模板并发布制作指引，鼓励上市公司共同按照该模板制作研发专项报告，以增加研发专项报告的可比性。

②研发专项报告披露内容。研发专项报告至少需披露如下内容：

企业自身的研发情况，包括主要研发负责人和研发核心人员履历、专利的数量与高质量专利（发明、PCT）占比、承接的国家/省级重大项目数量、研发项目的研发成果以及企业所采取的研发组织结构和研发管理体系等。

上市公司对行业的分析和预测，包括对研发项目所属领域的技术趋势判断、报告期内该领域的重大技术事件以及该领域整体的未来发展趋势、该领域内值得关注的科研院所情况以及报告期内在该领域投入研发的其他主体的情况以及研发进展。

企业对自身研发情况的分析和预测，包括现有研发项目的技术难点、主要的研发风险以及企业未来研发计划和研发展望等。

（3）优化研发信息披露的投资者沟通机制。

建议监管机构鼓励上市公司通过投资者沟通平台等方式，积极与投资者沟通，就投资者对研发披露的分析性信息及预测性信息的疑问，进行答疑解惑。

对于上市公司在研发专项报告中披露的内容，监管机构可提供一定的免责机制。对企业披露的分析和预测存在争议时，若企业已披露分析和预测所用的基础，并对投资者疑问尽到说明和答复义务，即不视为构成重大错误陈述，以鼓励企业披露分析性信息和预测性信息。

（三）外部评价体系构建

1. 构建聚焦于企业的多维度的研发创新评价指标体系

对企业研发创新能力的评价维度可分为经营情况、创新投入、知识产权、创新驱动四个维度，分别衡量企业在研发创新全生命周期不同环节的表现。其中，经营情况维度衡量企业的潜在投入能力，衡量指标包括企业的盈利情况及业绩增长情况等；创新投入维度主要衡量

企业的实际研发投入能力，衡量指标主要包括资金投入和研发人力投入；知识产权维度主要衡量企业产出研发成果的能力，衡量指标除需包括各类知识产权的数量外，还需统计其中的重大项目和重大专利，具体包括国家重大项目、国家奖项项目、标准专利族项目数量等；创新驱动维度主要衡量企业研发成果对其发展的支持力度。

应用该指标体系的第一步，为选择指标所适用的计算参数。应尽量选择可通过公开渠道获取的数据，以使得指标信息使用者在需要时可自行收集计算所需的相关数据。具体使用指标参数如表 14－7 所示。

表 14－7　　研发创新评价体系指标参数

一级指标	二级指标	三级指标
经营情况	成长能力	毛利润增长率
		净利润增长率
	人均盈利能力	营业收入/员工数
		毛利润/员工数
创新投入能力	资金投入	研发投入总额
		研发投入强度
	研发人员总体情况	研发人员数量
		研发人员数量占比
		员工硕博人数占比
		研发负责人学历
		研发负责人工作年限
	平台与合作	国家级科研平台数量
		所合作的科研院所及高校数量
知识产权能力	知产资源	发明专利授权数量
		PCT 公布数量
		外观设计授权数量
		实用新型授权数量
		软件著作权登记数量
		著作权登记数量
	申请中专利	PCT 申请数量
		发明专利申请数量
	核心技术	国家重大科技专项数量
		国家奖项数量
		标准专利族数量
创新驱动能力	专利收入	专利授权收入与专利转让收入合计
	新产品	当年推出新产品数量
		当年推出的新产品占当年营业收入的比重
		当年推出的新产品产生的毛利

获取到计算该公司研发创新能力所需的参数后，第二步为统一各个参数的计量单位，具体步骤为先使用分级评分法将定性信息转换为数值，然后通过标准化处理统一计量单位。第三步为结合熵值权重和主观权重确定各个参数的权重。最后一步为计算企业各个维度的评分，并最终形成企业研发创新能力的综合评分。

2. 形成上市公司研发创新能力分析报告

计算出企业的研发创新能力的各项评分后，可以生成对单个企业的研发创新能力分析报告，报告应包含部分如下：

（1）对公司本年研发创新能力各方面进行分析。

通过企业本年各项指标的得分，可判断该企业本年度研发创新能力中优势的部分以及需要补强的部分。以公司 A 为例，如图 14－15 和图 14－16 所示。

创新投入能力	知识产权能力	创新驱动能力	经营情况
67	98	87	78

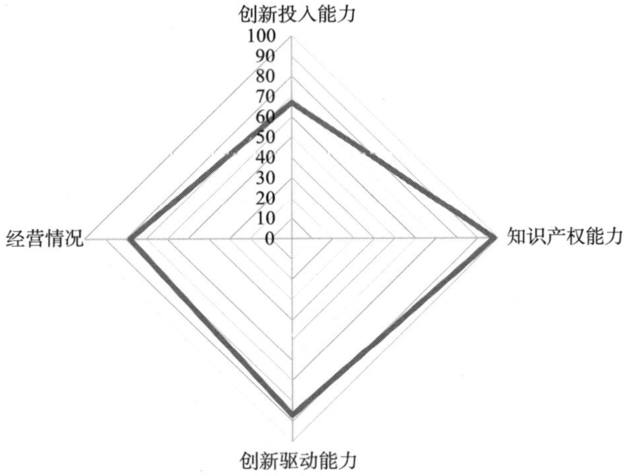

图 14－15　示例：公司 A 本年研发创新能力各一级维度评分

资金投入	研发人员总体情况	研发负责人	平台与合作	知产资源	核心技术	专利收入	新产品	成长能力	人均盈利能力
66	55	87	78	99	97	86	88	88	95

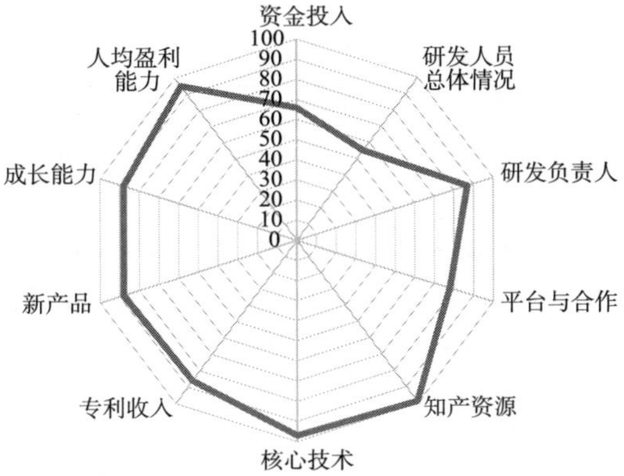

图 14－16　示例：公司 A 本年研发创新能力各二级维度评分

从图 14－15 可知，本年公司 A 的创新投入方面是弱项，知识产权方面为强项。进一步分析公司 A 本年研发创新能力各方面强弱的原因，如图 14－16 所示，本年公司 A 创新投入方面得分较低的原因为资金投入较低、研发人员总体情况较差，而知识产权方面得分较高的原因为公司 A 拥有大量的知识产权资源。

（2）研发创新能力趋势分析。

结合该公司过往研发创新能力评分情况，可分析该公司研发创新能力各个方面的变动趋势，评价企业研发创新能力各维度的提升效果。以公司 A 为例，如图 14－17 所示。

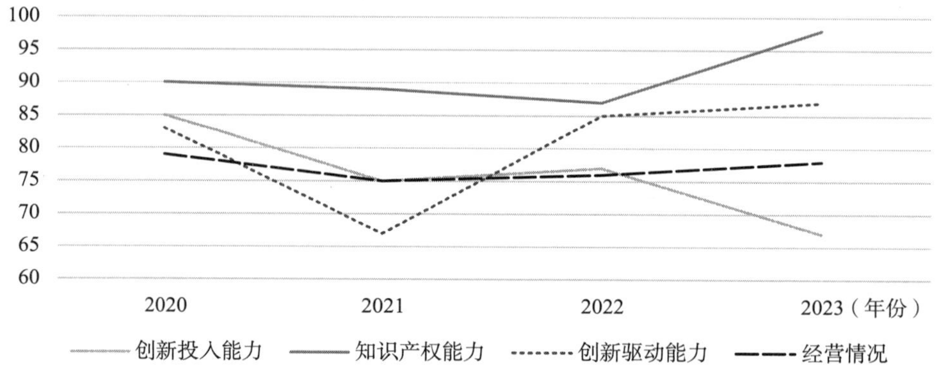

图 14－17　示例：公司 A 本年研发创新能力各一级维度变动趋势

公司 A 的创新驱动于 2021 年有明显下滑，并于 2022 年抬升。而 2021 年创新驱动能力下降的原因为公司 A 的研发项目于 2021 年均陷入停滞状态。

（3）与其他公司进行对比分析。

最后可与该公司的同行业公司比较，显示同行业内各公司的维度评分以及综合评分排名，便于衡量该公司研发创新能力的各方面相比其他企业的优劣势。以公司 A 为例，公司 A 的同行业共有三家公司，如表 14－8 所示。

表 14－8　示例：公司 A 所处行业各公司研发创新能力对比

	创新投入能力	知识产权能力	创新驱动能力	经营情况	综合评分	综合评分排名
公司 A	67	98	87	78	85	1
公司 B	89	56	78	56	73	2
公司 C	45	66	55	88	66	3

公司 A 的创新投入能力在同行业中处于中等水平，而在知识产权能力排名远高于同行业其他公司。

3. 研发创新评价体系应公开计算方法、覆盖所有 A 股公司并定期公布评价报告

为增加该体系的认可度，应公开该体系的计算方法以及所使用的权重，使得体系的使用者可理解该指标设计的科学性。

该体系应覆盖所有 A 股上市公司，并尽可能覆盖所有企业，使得体系的使用者可自行选择其所需要评判的上市公司。针对非上市公司或境外公司等系统无法进行自动测算的公司，该体系应提供在线的测算系统，使得使用者可自行填写公司数据进行测算。

为保持时间连贯性，该体系应定期发布A股各家公司的评价结果，并在各家公司的评价报告中将本期评价结果与历史评价结果进行比较，使得体系的使用者能够跟踪A股各家公司的研发创新能力发展趋势。

参考文献

[1] Eberhart A C, Maxwell W F, Siddique A R. An Examination of Long - Term Abnormal Stock Returns and Operating Performance Following R&D Increases [J]. Journal of Finance, 2004, 59 (2): 623 -650.

[2] Evanschitzky H, Eisend M, Calantone R J, et al. Success Factors of Product Innovation: An Updated Meta - Analysis [J]. Journal of Product Innovation Management, 2012, 29 (S1): 21 -37.

[3] Romer, Paul M. Increasing Returns and Long - Run Growth [J]. Journal of Political Economy, 1986, 94 (5): 1002 -1037.

[4] Schartinger D, Rammer C, Fischer M M, et al. Knowledge Interactions between Universities and Industry in Austria: Sectoral Patterns and Determinants [J]. Research Policy, 2002 (31): 303 -328.

[5] Seo H, Chung Yanghong, Yoon H. R&D Cooperation and Unintended Innovation Performance: Role of Appropriability Regimes and Sectoral Characteristics [J]. Technovation, 2017, 66 -67: 28 -42.

[6] Gumusluoglu L, Ilsev A. Transformational Leadership and Organizational Innovation: The Roles of Internal and External Support for Innovation [J]. Journal of Product Innovation Management, 2010, 26 (3): 264 -277.

[7] Un C A, Cuervo - Cazurra A, Asakawa K. R&D Collaborations and Product Innovation [J]. Journal of Product Innovation Management, 2010, 27 (5): P. 673 -689.

[8] 安永，浙江大学．2023年专精特新上市公司创新与发展报告 [R]. 2023.

[9] 陈强，颜婷，常旭华．企业产品研发管理：发展趋势，模式比较及启示 [J]. 科技进步与对策, 2016, 33 (18): 86 -91.

[10] 宫映华，钟世虎，张尚蓉．助力我国战略性新兴产业发展的税收政策局限与完善 [J]. 税务研究, 2023, (11): 23 -28.

[11] infoQ研究中心．2023中国研发效能管理白皮书 [R]. 2023.

[12] 刘诚达．制造业单项冠军企业研发投入对企业绩效的影响研究——基于企业规模的异质门槛效应 [J]. 研究与发展管理, 2019, 31 (1): 33 -43.

[13] 刘芳雄，汪一林．税收优惠支持科技创新：经验、问题与建议 [J]. 税务研究, 2023 (9): 120 -125.

[14] 宋鑫，杜菁，薛永营．科创金融场景下的企业征信 [J]. 征信, 2023, 41 (5): 18 -23.

[15] 肖淑芳，石琦，张一鸣．上市公司创新能力指数的构建 [J]. 北京理工大学学报: 社会科学版, 2020, 22 (1): 57 -68.

［16］郑军．M 公司 HPPD 研发管理模式研究［J］．企业改革与管理，2019（2）：40－48.

［17］曾维新，邢洋．中美创业板知识产权信息披露比较研究［J］．中国注册会计师，2023（3）：116－119.

［18］周霞，何健文．民营科技企业技术创新能力评价模型与实证研究——基于模糊理论的视角［J］．科技管理研究，2011，31（13）：39－55.

［19］庄玉梅，王莉．是谁驱动了科技企业的技术创新［J］．科研管理，2022，43（3）：46－54.

15. 上市公司控股股东背信行为的约束及追责机制初探

——以控股股东信义义务的建构为视角

北京市万商天勤律师事务所 课题组*

随着股东会中心主义的勃兴，控股股东在公司规范治理中扮演着至关重要的角色。我国上市公司总体呈现出股权结构相对集中的特点，实践中上市公司控股股东背信侵害上市公司及其他股东利益的行为高频多发，对控股股东行使控制权行为的有效规制成为加强上市公司治理规范性的核心症结，但目前上市公司控股股东背信行为的约束和追责机制呈现出法律供给侧不足的状态。包括我国学者在内的各国理论界以及实务界对控股股东的信义义务制度已经有了相当程度的探索，本文旨在借鉴相关理论研究成果以及域外实践经验，提出构建并完善本土化的上市公司控股股东信义义务制度。通过厘清上市公司控股股东信义义务的基本内涵和主要构成，确立上市公司控股股东背信行为约束及追责机制的完善进路，形成前置约束机制与立体化追责机制有序衔接的体系化制度合力，有效规制上市公司控股股东的背信行为，营造风清气正的资本市场生态。

---

* 本项目课题组成员为：薛莲，北京市万商天勤律师事务所合伙人，法学硕士；李浩，北京市万商天勤律师事务所合伙人，法学学士；夏子欣，北京市万商天勤律师事务所律师，法学硕士；李云帆，北京市万商天勤律师事务所律师助理，法学硕士；许潇，北京市万商天勤律师事务所律师，法学硕士；张翼航，北京市万商天勤律师事务所律师，法学学士。为保持行文风格的一致性和连贯性，全文由李浩统一执笔。

一、引言

（一）问题的提出

中共中央办公厅、国务院办公厅印发的《关于依法从严打击证券违法活动的意见》明确提出，要完善资本市场违法犯罪法律责任制度体系，完善证券立法机制，加大刑事惩戒力度，完善行政法律制度，健全民事赔偿制度；同时强调要加大对证券发行人控股股东、实际控制人、董事、监事、高级管理人员等有关责任人证券违法行为的追责力度。该意见为我国强化对资本市场的法治建设，坚持零容忍要求从严打击证券违法活动提供了政策方向指引。

截至2024年2月，我国境内股票市场上市公司数量已达5363家，其中市值规模超过50亿元的达2447家，占比超过45%。[①] 上市公司已成为我国构建高水平社会主义市场经济、推动高质量发展的一支重要力量。随着股东会中心主义的勃兴[②]，控股股东在上市公司的规范治理中发挥着日益重要的作用。传统的所有权与经营权相分离的公司制基本架构，在股权高度集中的现实状况与"资本多数决"的表决权机制之下不断受到冲击和挑战。上市公司控股股东利用"资本多数决"的表决权机制，通过上市公司重大事项决策、董事及高级管理人员的任免等，实质上在上市公司的内部治理结构中占据着绝对优势地位，并发挥着主导作用。在此种情况下，上市公司治理的主要矛盾即体现为控股股东与非控股股东之间的利益冲突和权责平衡。反映在上市公司治理实践中，控股股东往往利用其在治理结构中的优势地位，滥用或者不正当行使其对上市公司的控制权，谋取非法利益，背信侵害上市公司及其他股东的合法权益。以2023年为例，上市公司控股股东因证券违规行为被采取行政监管措施（包括行政处罚、出具警示函、采取市场禁入措施、立案调查等，下同）的案件共计154起，其中涉及信息披露违规、关联交易及违规担保、内幕交易、未履行公开承诺的案件90起，占比达58.44%。可见，上市公司控股股东操纵或者控制董事、高级管理人员实施财务造假，违规占用上市公司资金，利用关联交易损害上市公司利益，利用优势地位实施违规担保等背信侵害上市公司利益的行为，在证券违法违规行为中占据着突出的位置。

正是基于上述情形，上市公司控股股东已成为证券监管重点精准打击的"关键少数"主体之一。如何构建完备有效且符合我国本土实践的行为约束及责任追究机制，成为我国推动资本市场高质量法治化发展、贯彻落实完善资本市场违法犯罪法律责任制度体系政策要求的核心关切。

本文旨在积极回应我国证券监管实践的现实诉求，即针对证券监管实践中高频多发的上市公司控股股东背信侵害上市公司利益行为，以《关于依法从严打击证券违法活动的意见》所确立的政策方向为指引，结合目前的理论研究成果和域外法律实践经验，提出建构并完善本土化上市公司控股股东信义义务制度的命题，通过对上市公司控股股东背信行为典型表现的实证分析，梳理总结上市公司控股股东信义义务的基本内涵和责任构成，探索出一条行之

---

① 数据来源：中国上市公司协会《中上协统计月报（2024年2月）》。

② 参见刘俊海．论股东会中心主义治理模式的勃兴：评《公司法（修订草案）》中股东会的权力机构地位［J］．法学杂志，2023（5）。

有效的控股股东背信行为约束及追责路径。

（二）研究方法概述

本文主要采用了实证分析、规范分析、文献研究以及比较研究的研究方法。

1. 实证分析

对近年来证券监管的实践数据、案例进行梳理和汇总，揭示上市公司控股股东背信侵害上市公司利益行为的现状，从实证分析的角度对我国目前上市公司控股股东背信行为的典型特征和类型进行分析和归纳，试图厘清控股股东信义义务的基本内涵和主要构成，为上市公司控股股东信义义务规则体系的建构和完善提供实证支撑。

2. 规范分析

从我国现行公司治理相关法律、法规、规范性文件等规范文本入手，分析《中华人民共和国公司法》（以下简称“《公司法》”）[①]、《中华人民共和国证券法》（以下简称“《证券法》”）、《中华人民共和国民法典》（以下简称“《民法典》”）、《中华人民共和国刑法》（以下简称“《刑法》”）以及证券监管规则关于上市公司控股股东背信行为约束及追责机制的规定及不足，探索规则完善的规范进路。

3. 文献研究

搜集近年来理论界关于控股股东权利或者行为规制、信义义务制度建构、滥用权利的救济路径和追责机制等领域的文献、著作，并进行整理归纳。充分借鉴既有的理论研究成果，对上市公司控股股东信义义务制度建构的必要性、可行性进行深入分析和探究，对现有理论研究成果尚未涉及或者尚未深入论述的机制要素进行理论初探，提出观点及建议。

4. 比较研究

根据域外理论或者实践层面对控股股东权利或者行为规制、信义义务制度建构等领域的既有经验，结合本土的法律体系资源和特点，做到吸收借鉴和体系融合并重，探索构建符合我国规范文本和实践现状实际情况的上市公司控股股东背信行为约束和追责机制，提供更充分的理论和实践支撑。

二、控股股东信义义务制度的理论及实践基础

（一）信义义务制度概述

信义义务普遍认为起源于英美普通法体系，最早适用于信托领域，属于衡平法的重要组成部分。[②] 在信托法律关系中，受托人处于信托财产的控制地位，而委托人则是信托财产的实质利益拥有人。为防止受托人滥用其控制地位，损害委托人的利益，普通法发展出了信托

① 2023 年 12 月 29 日，第十四届全国人民代表大会常务委员会第七次会议审议通过新修订的《中华人民共和国公司法》，本次新修订的《公司法》将于 2024 年 7 月 1 日起施行。为方便区分该新修订的《公司法》与目前仍有效实施的《公司法》，本文中该新修订的《公司法》将统一表述为“新《公司法》”，目前仍有效实施的《公司法》仍简称“《公司法》”。

② 参见徐化耿．信义义务的一般理论及其在中国法上的展开［J］．中外法学，2020（6）。

受托人对委托人负有的信义义务原则，这一原则后来演变为普通法中的信义义务。信义义务（fiduciary duty）源于信义关系（fiduciary relationship），是建立在信任和信赖基础上的义务形态，要求受托人在行使权力和履行职责时必须按照一定的行为标准行事，尽责地维护委托人的利益，不得将受托人自己的利益置于首位，其核心特征在于"利他性"和"忠诚度"。在信义关系中，委托人作为权力或资源较弱的一方基于对作为受托人的权力或资源较强的一方的信任和依赖，自愿地将自己的利益或财产转移到受托人；而受托人则基于这种信任和期望，承担保障委托人利益的信义义务。在这种有利于受托人而不利于委托人的不对等关系中，受托人处于受信地位，委托人处于依赖地位。

随着实践中信义义务适用范围的不断扩张，信义义务逐渐在其他法律关系中得到确立，尤其是在公司商事领域实现了较为显著的发展。基于所有权与经营权相分离的公司制基本架构，信义义务在公司治理中首先落地为董事的义务，盖因在传统的公司法理论下，公司董事系作为股东的代理人和受托人，在董事和股东之间形成了一种稳定的委托和信赖利益关系。其后，伴随控股股东滥用对公司的控制权侵害少数股东利益案件的不断发生，董事的信义义务逐步延伸至控股股东。[①] 1919 年美国联邦最高法院 Southern Pacific Co. v. Bogert 案[②]中确立了控股股东对少数股东的信义义务，法院认为控股股东拥有公司控制权；只要他行使了这个控制权，就产生了其与少数股东之间的信义关系，就像公司本身或者其他管理人员和董事一样。[③] 20 世纪 40 年代以后，美国法院通过判例法规则逐步将控股股东纳入了信义义务的责任主体范围之内，要求其在行使控制权时，同样承担维护公司和其他股东利益的责任。

目前，控股股东的信义义务制度已普遍受到了各国理论界的重视，并得到了相关国家法律实践，如美国判例法中的信义义务、德国法中的诚实义务等的有益探索，但在新《公司法》审议通过之前，对于我国公司治理体系中是否应构建控股股东信义义务制度，实务界和学术界尚未形成较为一致的认识，支持者和反对者皆不在少数。[④]

（二）我国既有研究成果综述

我国学术界对于控股股东的信义义务制度已进行了相当程度的研究，涵盖信义义务的一般理论、在公司治理中的应用及制度建构、本土移植的必要性及可行性等诸多方面。如徐化耿和王莹莹主要从信义义务的一般理论出发，探讨了信义义务的源起及基本理论构成，与我国本土文化资源和法治资源的适配性，以及在中国法上展开的制度和理论空间；[⑤] 王建文从董事信义义务制度的扩张适用的角度，阐释了对董事信义义务制度的完善路径，强调回应公司治理实践的需求，结合域外董事信义义务制度扩张适用的经验，探索我国董事信义义务制度扩张适用的本土方案；[⑥] 张学文和杨姗从封闭型公司控股股东信义义务的建构出发，重点

---

① 参见刘凯．控股股东的信义义务及违信责任［J］．政法论坛，（第 27 卷第 2 期）。

② 参见 Southern Pac. Co. v. Bogert，250 US 483（1919）。

③ 邹学庚．控股股东信义义务的理论反思与类型化［J］．比较法研究，2023（4）。

④ 参见邹学庚．控股股东信义义务的理论反思与类型化［J］．比较法研究，2023（4）。

⑤ 参见徐化耿．信义义务的一般理论及其在中国法上的展开［J］．中外法学，2020（6）；论私法中的信任机制——基于信义义务与诚实信用的例证分析［J］．法学家，2017（4）；王莹莹．信义义务的传统逻辑与现代建构［J］．法学论坛，2019.11（6）。

⑥ 参见王建文．我国董事信义义务制度的扩张适用：一般规定的确立［J］．当代法学，2023（1）。

论述了在封闭型公司中引入控股股东信义义务制度的正当性，以及控股股东信义义务制度的引入对保护中小股东利益的价值功能；① 刘俊海和李建伟从公司治理机制或者股东压制救济的角度，着重论述了控股股东在公司治理机制中的核心地位，后者进一步阐述了控股股东信义义务制度在股东压制救济中的必要性；② 朱大明和靳羽从比较法的视角对控股股东信义义务制度的源起、基本内涵、制度现状以及本土移植的必要性及可行性进行了具体论述，其中朱大明认为模仿美国公司法在成文法中引入控制股东信义义务没有任何必要，靳羽认为美国规则体系中具备独特商业适应能力的程序性审查规则是我国最应参考借鉴之处；③ 杨志壮从公司法民事责任解释的角度出发，认为诚信义务规则是控股股东的强制性规则，控股股东违反信义义务构成侵权行为；④ 薛洁从控股股东信义义务的对象角度切入，系统阐述了信义义务对象的范畴、法理逻辑等内容，并提出了股东信义义务规则的完善路径；⑤ 傅穹和虞雅曌从司法适用的角度对控股股东信义义务的本土移植及其演变、司法现状等进行了具体论述，并提出了相应的制度改进路径；⑥ 李有星、竹可儿和刘凯对控股股东信义义务的内涵、基本内容以及制度建构进行了较为系统的研究和论述。⑦

上述既有的理论研究成果为探索一条符合本土法律实践需求的控股股东信义义务制度路径提供了多个维度的学理基础。但上述理论研究成果大多基于公司治理的一般原则和实践，鲜少涉及对上市公司控股股东信义义务的体系化论述，且对控股股东背信行为的主要构成往往未做全面阐释，制度构建的路径亦各有侧重。对上市公司控股股东信义义务的基本内涵、主要构成和约束及追责机制的建立尚有待结合我国本土法律实践和新《公司法》的最新立法成果进一步探索。

（三）域外法律实践综述

1. 美国

如前所述，美国对于控股股东信义义务的创设源于 1919 年的 Southern Pacific Co. v. Bogert 案，此后在美国的诸多类似案件的审理中法院广泛地接受了上述美国最高法院的观点。⑧ 在司法实践中，美国判例法确立的控股股东信义义务主要分为两种类型，一种以马萨诸塞州判例法为代表，一种以特拉华州判例法为代表。其中马萨诸塞州判例法确立了有关封

---

① 参见张学文．封闭式公司中的股东信义义务：原理与规则［J］．中外法学，2010（2）；杨姗．封闭型公司股东权益保护的立法完善——以“股东直接诉讼”为切入点［J］．现代法学，2021.5（第 43 卷第 3 期）。

② 参见刘俊海．论股东会中心主义治理模式的勃兴：评《公司法（修订草案）》中股东会的权力机构地位［J］．法学杂志，2023（5）；李建伟．再论股东压制救济的公司立法完善——以《公司法》修订为契机［J］．北京理工大学学报（社会科学版），2022.9 月（第 24 卷第 5 期）。

③ 参见朱大明．美国公司法视角下控制股东信义义务的本义与移植的可行性［J］．比较法研究，2017（5）；朱大明、行冈睦彦．控制股东滥用影响力的法律规制——以中日公司法的比较为视角［J］．清华法学，2019（2）；靳羽．美国控制股东信义义务：本原厘定与移植回应［J］．比较法研究，2021（1）。

④ 参见杨志壮．公司法民事责任的解释方法——以公司股东内部法律责任分析为视角［J］．法律科学（西北政法大学学报），2019（6）。

⑤ 参见薛洁．公司治理中控股股东的信义义务对象［J］．上海法学研究集刊，2021（第 22 卷）。

⑥ 参见傅穹、虞雅曌．我国控制股东信义义务的司法续造［J］．上海政法学院学报，2021（3）。

⑦ 参见李有星、竹可儿．公司治理中的控股股东信义义务制度构建［J］．财会月刊，2022（15）；刘凯．控股股东的信义义务及违信责任［J］．政法论坛，（第 27 卷第 2 期）。

⑧ 参见朱大明．美国公司法视角下控制股东信义义务的本义与移植的可行性［J］．比较法研究，2017（5）。

闭式公司股东的信义义务规则，其开创性案例 Donahue v. Rodd Electrotype 案指出封闭式公司股东之间互负类似合伙组织合伙人之间互负的一种信义义务。Donahue v. Rodd Electrotype 案终审裁决后仅 15 个月，马萨诸塞州最高法院在 Wilkes v. Springside Nursing Home Inc. 案中对信义义务规则做了修正，在重申封闭式公司股东之间互负信义义务的同时，强调在判断股东是否违反信义义务时，以正当商业目的为标准，即被告首先需证明其行为具有正当商业目的，其后证明责任转移至原告，作为原告的少数股东必须证明多数股东本来可以通过对其损害更小的方式达成正当商业目的。[①] 而特拉华州判例法所确立的控股股东信义义务规则否认了封闭公司股东之间合伙人式的信义义务，认为所有公司都应该受到公司监督规则的约束。且该种股东信义义务规则确定控股股东应对公司负有直接信义义务，其行为应该维护公司的利益，在涉及控股股东是否违反信义义务时，应适用实质公平原则。具体而言，如果控股股东涉及的交易与公司的利益之间存在冲突，该股东需要证明交易价格和交易程序的公平性。[②] 上述两种规则均确认控股股东负有信义义务，但不同的是，马萨诸塞州规则认为封闭公司的所有股东互负信义义务，而特拉华州规则认为少数股东并不负有信义义务。[③]

2. 英国

长久以来，英国判例法一直认为股东表决权是一项授予股东为自己利益行使的财产权，股东可以根据自己的意愿行使该权利，即使股东的利益与公司或其他股东的利益相悖。[④] 但因应控股股东滥用表决权侵害公司或其他股东利益的现实情况，英国法逐步建立了对多数股东的约束机制，主要包括两个方面，一方面是要求多数股东必须为了公司的整体利益善意行事，与此相关的判例主要涉及对多数股东违背少数股东的意愿变更公司章程条款权利的限制；另一方面要求多数股东的行为不得构成对少数股东的欺诈，涉及掠夺公司财产或者掠夺少数股东财产两种情形。[⑤] 此外，英国法亦确立了“影子董事”规则，即控股股东利用其影响力实际控制董事的行为，在该等情形下，控股股东虽不是公司的董事，但通过干预或者控制董事的行为介入了公司的治理，董事实际沦为控股股东的工具，控股股东应承担类似董事信义义务的义务。[⑥]

3. 德国

德国法对股东信义义务的确立亦经历了一个漫长的过程。早期德国法院的判例认为，只有在高度个人的关系中，如合伙或雇佣关系中才存在信义义务。其后，1953 年德国联邦法院在一个关于有限责任公司将股东除名的判决中认为有限责任公司非纯粹的资合公司，股东间仍有相当之个人信赖关系存在，故彼此之间存在忠实义务。1975 年的 ITT 案中，德国联邦法院认为不仅股东与公司之间，即使股东彼此之间亦存在公司法上之忠实义务，多数股东的忠实义务源于其对公司的直接影响力，故多数股东在掌握公司经营权及做出决定时，应顾及少数股东的利益，违反者应负赔偿责任。[⑦] 德国法中确立的“诚信义务”已成为规范控股

---

① 参见张学文．封闭式公司中的股东信义义务：原理与规则［J］．中外法学，2010（2）。

② 参见朱大明．美国公司法视角下控制股东信义义务的本义与移植的可行性［J］．比较法研究，2017（5）。

③ 参见朱大明．美国公司法视角下控制股东信义义务的本义与移植的可行性［J］．比较法研究，2017（5）。

④ 参见张学文．封闭式公司中的股东信义义务：原理与规则［J］．中外法学，2010（2）。

⑤ 参见张学文．封闭式公司中的股东信义义务：原理与规则［J］．中外法学，2010（2）。

⑥ 参见刘凯．控股股东的信义义务及违信责任［J］．政法论坛，（第 27 卷第 2 期）。

⑦ 参见张学文．封闭式公司中的股东信义义务：原理与规则［J］．中外法学，2010（2）。

股东行为的重要理论，其核心是基于股东的表决权而产生一种内在的义务。控股股东为了控制公司，控股股东的意思就必须上升为公司的意思。但是，现实中控股股东的利益未必与公司的利益一致，控股股东可能会为了私利损害公司或其他股东的利益，因此，与董事等公司的经营者负有的忠实义务、勤勉义务相类似，控股股东也应当负有诚信义务。其具体内容为控股股东不得滥用股东权以及不得不正当行使影响力侵害公司及其他股东的利益，如果违反上述规定，控股股东应当对公司以及其他股东承担损害赔偿责任。①

4. 日本

日本公司法并未确立控股股东的信义义务对控股股东进行直接规制，主要是以间接规制的方式来规范控股股东滥用股东影响力的行为，其主要原因在于日本公司法中对于控制股东是否应当对公司以及其他股东承担某种义务与责任的问题并没有形成统一的认识。在理论探索中，围绕着控制股东承担义务与责任的法理依据，日本理论界提出了诸多理论，包括禁止控股股东不正当行使股东权的理论、违反诚信义务的理论、违反信义义务的理论、进行非惯例交易的控制股东应当承担相应的损害赔偿责任的理论、事实董事的理论等。② 作为间接规制的方式，日本通过判例确立了“事实董事”制度，即虽然未被选聘为公司董事，但是作为公司的经营者积极参与公司经营，可以将其作为一种事实上的董事，在公司经营活动中与董事同样对造成的损失承担相应的损害赔偿责任。在具体的判例中，被认定为事实董事的包括公司控股股东、缴纳了公司设立的费用以及资本金、享有公司对内与对外事项的决定权的投资人等。③

三、我国建立上市公司控股股东信义义务制度的正当性

（一）因应上市公司控股股东背信行为频发的实践诉求

积极回应实践关切是成文法国家完善法律规则体系的基本遵循。截至目前，我国上市公司的数量已超过 5300 家，并在我国经济社会发展中发挥着日益重要的作用。随着我国上市公司数量的不断增加，证券监管规则日益明晰，上市公司控股股东背信侵害上市公司及其他股东利益的行为愈发凸显，并对我国资本市场的正常秩序造成了严重干扰，阻碍了资本市场功能的有效发挥。

据本文统计，2019～2023 年，上市公司控股股东因证券违规行为被采取行政监管措施的案件共计 329 起。从案件类型来看，其中与关联交易及违规担保、内幕交易、未履行公开承诺、信息披露违规相关的案件共计 170 起，占全部上市公司控股股东违规行为行政监管案件的比例超过 50%。上市公司控股股东背信侵害上市公司利益的行为已成为证券违规行为的重要方面。

---

① 转引自朱大明、行冈睦彦．控制股东滥用影响力的法律规制——以中日公司法的比较为视角［J］．清华法学，2019（2）。

② 参见朱大明、行冈睦彦．控制股东滥用影响力的法律规制——以中日公司法的比较为视角［J］．清华法学，2019（2）。

③ 参见朱大明、行冈睦彦．控制股东滥用影响力的法律规制——以中日公司法的比较为视角［J］．清华法学，2019（2）。

随着新《证券法》于2020年3月1日正式生效实施，以及我国自2023年2月全面实行股票发行注册制，我国资本市场的监管实践已经发生了实质性变化，“信息披露”成为证券监管的核心环节，对上市公司的规范治理情况提出了更高的要求。而我国上市公司仍总体呈现出股权结构相对集中的特点，如根据深交所2020年报统计数据，2423家上市公司的第一大股东平均持股比例达到30%左右，67.6%的主板公司、62.02%的中小板公司和61.43%的创业板公司都是单一控股股东公司。[①] 股权的相对集中，使得上市公司的控股股东在上市公司的规范治理中扮演着更加重要的角色，对控股股东行使控制权行为的有效规制成为加强上市公司治理规范性的核心症结。

本文认为，无论是我国上市公司呈现出的股权相对集中的治理结构特点，抑或是上市公司控股股东背信行为高频多发的证券监管实践情况，都为我国构建和完善上市公司控股股东信义义务制度的正当性提供了较为充分的本土现实支撑，有必要从规则体系的角度积极回应相关实践关切。

（二）优化上市公司控股股东背信行为约束及追责机制的法律供给

从规范分析的角度来看，我国目前尚未对控股股东背信行为的约束及追责机制提供充分的法律供给。《公司法》中对控股股东行为的规制主要体现在第二十条以及第二十一条，[②] 其中，第20条并未凸显出对控股股东的特别规制，而是普遍适用于全体公司股东的一般规则，实质上确立了股东的禁止权利滥用规则，且相关规定过于原则。[③] 第21条限定于对关联关系项下控股股东的约束，将控股股东、实际控制人、董事、监事、高级管理人员并列，并未作出明确的责任区分。2023年12月29日审议通过的新《公司法》显著强化了对控股股东的行为规制，并初步确立了控股股东信义义务制度。从具体的规则内容来看，新《公司法》确立的控股股东信义义务制度实际上包含了类似日本法项下的“事实董事”制度和类似英国法项下的“影子董事”制度。但该等控股股东信义义务制度规则仍存在有待商榷之处，将在下文予以详述。而《证券法》中重点对控股股东在欺诈发行、不履行公开承诺、信息披露违规情形下的责任承担作出规定，但一方面该等规定较为分散，另一方面缺乏制度性机制，无法满足证券监管实践中不断变化且类型多样的控股股东背信行为的规制诉求。

具体到证券监管规则层面，《上市公司治理准则》中原则规定了控股股东的“诚信义务”，可以视为上市公司控股股东信义义务制度的具体化，但就其实际内容来看，仍缺乏可操作性的审查判定标准。《上市公司章程指引》在《上市公司治理准则》确立的控股股东“诚信义务”的基础之上，采取列举的方式列明了控股股东背信行为的重点多发领域，但一方面《上市公司章程指引》的文件性质较为模糊，另一方面列举式的表述方式缺乏周延性，

---

① 转引自李建伟．再论股东压制救济的公司立法完善——以《公司法》修订为契机［J］．北京理工大学学报（社会科学版），2022.9（第24卷第5期）。

② 根据《公司法》第21条第1款的规定，公司的控股股东、实际控制人、董事、监事、高级管理人员不得利用其关联关系损害公司利益。该条款将公司的控股股东、实际控制人与董事、监事、高级管理人员并列，明确在“关联关系”的特定情形下控股股东对公司的忠实义务。

③ 部分学者认为，《公司法》第20条虽未区分控股股东与非控股股东，仅原则性地规定了公司股东不得滥用股东权利损害公司或者其他股东的利益，实际上隐含了控股股东信义义务的内涵。参见王建文．论我国构建控制股东信义义务的依据与路径［J］．比较法研究，2020（1）。

并未具体阐明上市公司控股股东背信行为的行为特征和构成。

《公司法》《证券法》等上位法中控股股东信义义务制度的缺失，《上市公司治理准则》《上市公司章程指引》等证券监管规则或者指引文件中未涉及上市公司控股股东背信行为的行为特征和构成，导致在证券监管行政执法实践以及涉及上市公司控股股东背信侵害上市公司利益的民事纠纷案件中，难以形成统一的责任认定尺度和标准，亦无助于形成规制上市公司控股股东背信行为的制度合力。故应进一步优化上市公司控股股东背信行为约束及追责机制的法律供给，通过确立体系化的上市公司控股股东信义义务制度，实现对上市公司控股股东的有效规制。

（三）健全对资本市场“关键少数”立体追责体系的题中之义

在“以信息披露为核心”的资本市场注册制改革背景下，提高我国资本市场法治建设水平是必然要求，其中也寓意着应增强资本市场法律体系的精细化、透明化，实现对各个类型参与主体的“精准追责”，建立从教育引导、到规则约束、再到违规责任追究的全链条的责任制度体系，营造良好的资本市场生态。

上市公司控股股东作为我国资本市场强化法治约束的“关键少数”之一，其法律责任体系的完善是基本目标导向。针对上市公司控股股东背信侵害上市公司及中小股东利益的行为，建立健全涵盖自律监管责任、行政责任、民事赔偿责任以及刑事责任在内的立体追责体系，必然要求引入体系化的控股股东背信行为约束和追责机制，统一行为规范指引、行为识别标准、责任认定标准、责任追究路径，夯实上市公司控股股东的主体责任。

本文认为，健全对上市公司控股股东这一“关键少数”的立体追责体系，可以在新《公司法》确立的控股股东信义义务制度和证券监管规则既有的控股股东“诚信义务”的基础之上，确立制度化的上市公司控股股东信义义务体系，厘清责任构成，理顺行政责任、民事责任和刑事责任的衔接链条，形成符合本土实践特色要求的规则体系。

四、上市公司控股股东信义义务规则体系的建构

（一）上市公司控股股东信义义务的基本内涵

学术界通常认为控股股东的信义义务包括忠实义务和注意义务（又称勤勉义务）两种类型。[①] 而关于控股股东忠实义务和注意义务的具体内涵，“要从当事人间的关系中寻求信义义务的法律渊源”。[②] 法律制度以调控法律关系为基本目标。在上市公司控股股东信义义务法律关系中，以信义义务的对象为切入点探讨法律关系建立的基础有助于我们厘清信义义务的基本内涵，并为控股股东信义义务的制度构造划定边界。控股股东信义义务的正当性来

---

① 如薛洁．公司治理中控股股东的信义义务对象［J］．上海法学研究集刊，2021（第 22 卷）；李有星、竹可儿．公司治理中的控股股东信义义务制度构建［J］．财会月刊，2022（15）；赵旭东．公司治理中的控股股东及其法律规制［J］．法学研究，2020（4）；王建文．论我国构建控制股东信义义务的依据与路径［J］．比较法研究，2020（1）等。

② 参见薛洁．公司治理中控股股东的信义义务对象［J］．上海法学研究集刊，2021（第 22 卷）。

源于控股股东在公司治理结构中的控制性地位，通过行使支配性股东权利（包括直接行使重大事项股东表决权以及通过行使董事提名权、选举权控制或者影响董事会的决策权）形成公司意志，支配公司行为，并由公司、中小股东作为公司治理法律后果的直接或者间接承担主体。以公司意志的形成为联结点，相对于拥有独立法人资格的公司，控股股东信义义务的对象为公司自身；相对于无法控制公司意志形成的中小股东，控股股东信义义务的对象为同属公司权益归属主体的中小股东。

公司自身成为上市公司控股股东信义义务的对象自不待言，从比较法的视角来看，美国特拉华州判例法、英国法、德国法等所确立的控股股东信义义务制度规则均滥觞于控股股东在公司意志形成过程中的绝对优势地位，以及控股股东、中小股东、公司各自作为独立商事主体围绕着公司财产所存在的利益冲突。作为控股股东行使控制权的直接对象，公司这一拟制的法人主体需对公司行为的法律后果直接承担责任，行为控制主体与责任承担主体的分离决定了控股股东与其所控制的公司之间存在无法消弭的利益冲突。在“决策控制—行为实施—后果承担”的法律关系链条下，控股股东应对公司承担忠实义务和注意义务，即从消极的方面来看，控股股东应忠诚于公司，不得为了自身利益而滥用对公司的控制权损害公司的利益；从积极的方面来看，控股股东在行使对公司的控制权时应出于善意，从公司的整体利益出发，以一般的谨慎之人应有的谨慎、勤勉去履行义务。① 于前者而言，控股股东的信义义务更多指向防止控制权滥用，于后者而言，控股股东的信义义务更多指向规范控制权正当行使。

关于中小股东是否应成为上市公司控股股东信义义务的对象以及控股股东对中小股东信义义务的具体内涵尚有待进一步说明。在封闭式公司中引入控股股东对非控股股东信义义务的正当性，已得到了学术界较为充分的讨论。基于封闭式公司股东之间的人合属性，封闭式公司多数股东与少数股东之间的关系体现了信义关系的基本特征：少数股东因为对其他股东尤其是多数股东的信任而投资到封闭式公司，少数股东期待并信任多数股东能够为他的利益而行使公司管理控制权。② 而上市公司作为公众公司，“股东不仅人数众多，少有参与公司管理的期待，更重要的其可以在便利的公开市场中得到保护”。③ 本文认为，上市公司并不因其股权的开放性和公开市场对中小股东保护机制的相对完备而排除控股股东对中小股东信义义务的适用性。一方面，我国多数上市公司的股权结构仍呈现出相对集中的特点，控股股东表现出对上市公司的强控制性，且正是由于上市公司中小股东持股的分散性，中小股东在一般公司理论项下被赋予的股东权利受到天然的削弱，中小股东往往游离于上市公司的决策和监督体系之外，使得控股股东缺乏有效的主体制衡机制。另一方面，中小股东的流动性和随时可以通过股票出售便捷地实现在控股股东背信损害上市公司以及中小股东合法权益情形下的“自力救济”，并不意味着中小股东放弃对控股股东善意行使上市公司控制权、从上市公司整体利益出发行事的合理期待。控股股东在上市公司治理中的核心地位，在控股股东与中小股东之间建立了一种信赖利益关系。尽管我国上市公司监管体系不断强化对股东的平等保护机制，但法定的平等地位并不能实质改变在“资本多数决”治理原则下

① 参见刘凯．控股股东的信义义务及违信责任［J］．政法论坛，（第27卷第2期）。

② 参见张学文．封闭式公司中的股东信义义务：原理与规则［J］．中外法学，2010（2）。

③ 参见朱大明．美国公司法视角下控制股东信义义务的本义与移植的可行性［J］．比较法研究，2017（5）。

控股股东与中小股东地位的不平等。股东地位的实质性不平等意味着上市公司控股股东在行使控制权时应从公司的整体利益出发，并出于善意，不得利用优势地位排除中小股东的合法权益。同时应当注意的是，维护自身利益的最大化符合理性经济人的行为常理，唯其应以不侵害他人的合法权益为必要限度，控股股东并无义务出于其他股东的利益行事。故而，本文认为，上市公司控股股东以中小股东为对象的信义义务更多指向注意义务的层面，而非忠实义务。

部分学者认为，债权人在某些特定情况下如当公司处于破产临界期可以成为控股股东信义义务的对象，因为“公司更容易在控股股东主导下从事高风险性的商业投机行为，致使公司债权人、公司的剩余索取权人或为公司提供担保的担保人等与公司债权人具有特殊关系的第三人可能会承担更大的损失”。本文认为，将债权人作为控股股东信义义务的对象有待商榷。诚然，债权人作为公司行为的相对人，在某些特定情况下，控股股东行使对公司的控制权并转化为公司行为可能会直接或者因侵害公司的利益而间接对债权人的利益造成损害。但在股东有限责任和公司独立法人地位的现代公司基本制度设计项下，控股股东并不因这种可能的法律后果的关联而直接与公司债权人之间成立一种稳定的信赖利益关系。从比较法的视角来看，目前商事规则成熟的国家如美国、英国、德国等亦未将债权人纳入控股股东信义义务的对象范畴。控股股东的信义义务作为一项基本的法律原则，其制度功能在于调和公司治理中拥有控制权的控股股东、被排除在控制权之外的中小股东，以及拥有独立法人地位的公司三者之间的利益冲突，三者以公司治理机制的建立和运作为联结点形成了各自稳定的信赖利益关系。对于控股股东在特定情况下可能滥用控制权侵害公司债权人利益的法律规制，并不属于控股股东信义义务的范畴，仍应援引“刺破公司的面纱”以资救济。

（二）上市公司控股股东信义义务的主要构成

1. 主体构成：上市公司控股股东的身份界定

责任归位的第一要义在于厘清责任主体的范畴。我国《公司法》关于控股股东的释义采取“绝对控股 + 相对控股”相结合的构造方式，以兼顾控股股东身份界定的可操作性和周延性。在“资本多数决”的股东会治理机制下，持股百分之五十以上的股东被视为拥有公司的绝对控股权。同时，针对股权结构较为松散的情况，引入相对控股的概念，即持股比例虽不足百分之五十，但股东依其所享有的表决权已足以对股东会的决议产生重大影响的，为控股股东。

除上述《公司法》关于公司控股股东的一般界定外，《上市公司章程指引》[①] 作为中国证券监督管理委员会（以下简称“中国证监会”）发布的专门针对上市公司治理的具有一定强制适用力的规范性文件，基本沿用了《公司法》关于控股股东的释义，而并未结合上市公司作为公众公司的股权分布特点设定更加细化的认定规则。中国证监会发布的部门规章《上市公司收购管理办法（2020 修正）》结合上市公司的治理机制特点在完善上市公司的控制权认定规则方面，作出了有益的探索，引入了持股百分之三十的可量化的相对控股标准并

① 现行有效的《上市公司章程指引》为中国证券监督管理委员会于 2022 年 1 月 5 日公布的 2022 年修订版。

结合董事会、股东大会决策机制细化了“重大影响”标准，但亦相当程度上规避了对上市公司控股股东的概念界定，[①] 盖因关于上市公司控股股东的认定在证券监管实践中较为复杂多样，缺乏统一的标准而难以通过固化的条款合理涵盖。

在证券监管实践中，关于上市公司控股股东的身份界定更多是通过控制权这一概念来作出实质性判断。如《深圳证券交易所股票上市规则（2023 年 8 月修订）》第 15.1 条释义部分规定，控股股东“指拥有上市公司控制权的股东”，且其第 4.5.6 条规定，公司应当根据股权结构、股东持股比例、董事会成员构成及董事的提名任免、过往决策实际情况、股东之间的一致行动协议或者约定等情况，真实、客观、审慎地认定公司控制权归属，无正当、合理理由不得认定为无控股股东、实际控制人。[②] 此外，中国证监会制定并公布的关于公司申请首次公开发行股票的解释性文件《＜首次公开发行股票注册管理办法＞第十二条、第十三条、第三十一条、第四十四条、第四十五条和＜公开发行证券的公司信息披露内容与格式准则第 57 号——招股说明书＞第七条有关规定的适用意见——证券期货法律适用意见第 17 号》（简称“《证券期货法律适用意见第 17 号》”）之“二、关于《首次公开发行股票注册管理办法》第十二条‘实际控制人没有发生变更’和第四十五条控股股东、实际控制人锁定期安排的理解与适用”提出如下适用意见：发行人股权较为分散但存在单一股东控制比例达到百分之三十的情形的，若无相反的证据，原则上应当将该股东认定为控股股东或者实际控制人。该等适用意见实际上沿用了《上市公司收购管理办法（2020 修正）》所确定的持股百分之三十的可量化的相对控股标准，即在无相反证据的情况下，针对发行人股权结构较为分散但第一大股东持股比例达到 30% 的情形，原则上认定该第一大股东为控股股东。《证券期货法律适用意见第 17 号》关于发行人控制权归属的认定采用的系实质性判断标准，既设定了相对客观的考察指标（以持股比例情况为第一标准），又设定了包括公司章程对股东权利义务及公司治理机制的分配、股东大会的出席表决情况、董事的提名任命情况、董事会的决策机制情况等在内的兜底性指标，更为周延和具体。但与《上市公司收购管理办法（2020 修正）》相类似，《证券期货法律适用意见第 17 号》径直聚焦于“控制权”的概念，而规避了对发行人控股股东的概念界定。

我国上市公司的股权结构呈现出明显的多样性，既有相当数量的上市公司股权集中度较高，控股股东一家独大；又有不少上市公司尽管股权结构较为分散、第一大股东持股比例相对较低，但仍然维持一种稳定的相对控股状态。此外，从上市公司的法人治理实际情况来看，由于大多数中小股东缺乏积极介入公司治理的意愿，使得控股股东维持对上市公司的控制权在持股比例层面的标准降低，部分上市公司的第一大股东在持股比例低于百分之二十的情况下亦被认定为控股股东。结合上市公司的股权结构和法人治理特点，本文认为，关于上市公司控股股东的身份界定应采取实质性的判断标准，建立“绝对控股—相对控股—实质控制”的认定体系，在《公司法》设定的持股百分之五十以上的绝对控股标准的基础上，吸纳《上市

---

① 根据《上市公司收购管理办法（2020 修正）》第 84 条的规定，有下列情形之一的，为拥有上市公司控制权：（一）投资者为上市公司持股 50% 以上的控股股东；（二）投资者可以实际支配上市公司股份表决权超过 30%；（三）投资者通过实际支配上市公司股份表决权能够决定公司董事会半数以上成员选任；（四）投资者依其可实际支配的上市公司股份表决权足以对公司股东大会的决议产生重大影响；（五）中国证监会认定的其他情形。该条款直接使用了“控制权”的概念，而未对“控股股东”的概念予以界定，仅在第（一）项标准中援引了绝对控股情形下的控股股东概念。

② 对此，《上海证券交易所股票上市规则（2023 年 8 月修订）》亦有类似的规定。

公司收购管理办法（2020 修正）》设定的持股百分之三十以上的相对控股标准，以增加相对控股标准的可操作性，同时设定基于持股比例差异、股东大会决策、董事会构成以及董事会决策等综合考量因素在内的兜底性实质控制标准，回应上市公司控制结构多样的实践诉求。

2. 行为构成：与正当行使股东决策权的有效区分

上市公司控股股东信义义务的引入旨在调整控股股东行使控制权的行为与公司治理机制项下控股股东、中小股东、公司利益的不平衡与信息的不对称所导致的权责利的不匹配关系。因此，关于上市公司控股股东信义义务的行为构成，应围绕控股股东行使对上市公司的控制权这一行为范畴展开，亦即控股股东直接行使或者通过对其提名、选举的董事施加实质性影响间接行使可能存在利益冲突的上市公司重大事项决策权或者其他控制权能。股东表决权是《公司法》赋予股东的基本权利，也是公司治理机制得以有效运行的基本构成，明确上市公司控股股东信义义务的行为构成关键在于有效区分控股股东正当行使决策权的行为与控股股东滥用控制权的行为。

（1）违背忠实义务之行为构成。

控股股东的忠实义务具体表现为控股股东不得为了自身利益而滥用对公司的控制权损害公司的利益。申言之，控股股东忠实义务的行为构成根源于控股股东与公司利益的直接冲突，在此情形下，控股股东作为公司行为的控制主体，可能会为了实现自身利益的最大化实施侵害公司利益的行为。有必要通过确立控股股东的忠实义务，规制控股股东滥用控制权的行为，使得控股股东控制权的行使回归公司治理架构的范畴。

对控股股东违背忠实义务行为的把握，应从控股股东与公司利益冲突的角度出发，判定控股股东实施的某一行为是否属于利用其优势地位直接侵害公司利益，而所谓侵害公司利益不应仅从行为结果是否对公司不利来推论，而应根据是否在与公司的利益冲突中选择了为自身利益行事来证成。在表现形式上，对忠实义务的违反通常包括依托控股股东的优势地位夺取属于公司的交易机会、侵占公司的财产、利用与公司的不公平的交易关系侵害公司的利益以及利用公司的资源为实现自身利益行事等。

需要特别说明的是，区别于一般的公司，针对上市公司的证券监管规则明确规定了上市公司董事会、股东大会等公司治理机构在行使对存在关联关系或者可能导致利益倾斜或者资源利益转移的交易事项的决策权时，关联董事或者股东的回避义务。该等表决权回避机制的建立，实质上旨在规避利益冲突情形下关联董事、关联股东为了自身利益的最大化而作出不利于公司利益的决策行为。对于关联董事而言，该等表决权回避机制可以视为一项化解利益冲突情形下董事可能违背忠实义务的道德风险的具体防范措施。对于关联股东而言，尤其是控股股东，考虑到其在上市公司股东大会决策过程中的控制地位，该等表决权回避机制的核心价值功能亦在于防范控股股东背信侵害上市公司利益的行为风险。故此，上市公司控股股东违背忠实义务之行为构成，在行为方式上既包括直接利用其优势地位实施侵害上市公司利益的行为，亦包括绕开监管规则关于上市公司关联交易行为应履行的决策审批程序要求违规实施或者利用其影响力违规实施侵害上市公司利益的行为。

（2）违背注意义务之行为构成。

关于控股股东违背注意义务之行为构成，应具体从控股股东对公司的注意义务以及对中小股东的注意义务两个维度予以展开。就控股股东对公司的注意义务而言，要求在没有直接利益冲突的情形下，控股股东行使对公司的控制权时应出于善意并谨慎行事。相较于对公司的忠实义务，注意义务对控股股东行使控制权的行为提出了更高的要求，旨在维护控股股东对公司控制权的正当行使。在此一维度项下，控股股东违背注意义务在主观方面表现为控股股东在行使控制权时未出于善意，即未考虑对各方利益的平衡，在行为方式方面表现为控股股东未以一般的谨慎之人应有的谨慎、勤勉去行使控制权。[①] 需要特别注意的是，注意义务较为笼统、抽象，难以实化和具体认定，[②] 在具体认定控股股东是否构成违背注意义务时，应结合相关行为一般意义上的注意义务标准、是否明显有悖常理或者习惯、是否明显有违公平原则等进行限缩性的理解和把握，以便有效区分控股股东正当行使股东决策权的行为。于上市公司控股股东而言，尤为重要的是，其是否违反了证券监管规则明确规定的与行使控制权相关的义务或者责任，是认定其是否违背对公司的注意义务的重要评判标准。

就控股股东对中小股东的注意义务而言，要求控股股东在行使对公司的控制权时，虽不必从中小股东的利益出发行事，但应注意不得为实现自身利益最大化而排除或者妨害中小股东的合法权益。控股股东违背对中小股东的注意义务之行为构成，应主要从对中小股东的权利救济的角度展开。因控股股东对上市公司的实际控制地位，使得《公司法》确立的股东平等保护原则在实践中难以切实贯彻。从法律救济的角度，《公司法》及证券监管规则赋予了中小股东相应的救济措施，以平衡中小股东受到的控股股东的压制。以此为切入点，为有效把握控股股东对中小股东的注意义务，可以从对中小股东的权利救济反向推论。具体而言，控股股东在行使对公司的控制权时，若背弃了法律、法规、规范性文件或者监管规则规定的对中小股东的救济措施，或者妨害中小股东正常股东权利的行使，即构成对中小股东注意义务的违反。典型的表现如无正当理由利用对公司的控制权作出违背章程或者监管规则规定的利润分配方案；利用控股股东的优势地位怠于履行或者违规不予履行信息披露义务而侵害中小股东的知情权；从事内幕交易、操纵市场等侵权行为，直接损害中小股东权益[③]等。

3. 责任构成：立体责任体系

（1）行政责任。

在新《公司法》审议通过之前，尽管控股股东的信义义务并未作为一项基本法律原则得到《公司法》一般立法的确认，但在上市公司监管实践中，控股股东的信义义务首先以“诚信义务”的概念在中国证监会于2002年颁布的《上市公司治理准则》中得到体现，[④] 其后在2006年修订并发布的《上市公司章程指引》中亦有明确规定并基本沿用至今。[⑤] 故此，上市公司控股股东的信义义务首先系作为一项证券监管领域的具体规则得到确认，控股股东的背信行为首先构成一种证券违规行为，应承担证券监管行政责任。

证券监管行政责任的追究以维护资本市场秩序、促进资本市场稳定健康发展为基本目

---

① 参见刘凯．控股股东的信义义务及违信责任［J］．政法论坛，(第27卷第2期)。

② 参见赵旭东．公司治理中的控股股东及其法律规制［J］．法学研究，2020（4）。

③ 参见刘俊海．论控制股东和实控人滥用公司控制权时对弱势股东的赔偿责任［J］．法学论坛，2022.3（2）。

④ 中国证监会于2002年颁布的《上市公司治理准则》第19条规定，控股股东对上市公司及其他股东负有诚信义务。控股股东对其所控股的上市公司应严格依法行使出资人的权利，控股股东不得利用资产重组等方式损害上市公司和其他股东的合法权益，不得利用其特殊地位谋取额外的利益。

⑤ 关于《上市公司治理准则》《上市公司章程指引》中对控股股东“诚信义务”的规定及其规则演变，朱大明、行冈睦彦有较为详细的展开，具体请参阅朱大明、行冈睦彦．控制股东滥用影响力的法律规制——以中日公司法的比较为视角［J］．清华法学，2019（2）。

标，上市公司控股股东背信行为的行政责任构成不以导致上市公司或者中小股东的利益实际受损为必要条件。即在上市公司控股股东的某一行为构成对信义义务的违反时，证券执法机构无须证明该行为是否对上市公司或者中小股东的利益实际造成了损害，即可援引相关证券监管规则追究上市公司控股股东的行政责任。尽管如前述，证券执法机构可以依据上市公司控股股东背信行为是否造成实际损害后果以及损害后果的大小，考量分别采取不同程度的具体行政责任追究措施，以实现行政责任追究的精细化。

（2）民事责任。

上市公司控股股东背信侵害上市公司或者中小股东的利益，在民事责任构成上属于一种侵权责任。控制权滥用侵害公司权益、霸凌弱势股东，违反诚信原则和禁止权利滥用原则，构成侵权背信行为。①

依据侵权责任的一般构成，通常包括行为的违法性、损害结果、行为与结果间存在因果关系，以及行为人存在主观过错。在认定上市公司控股股东背信行为的侵权责任时，一方面需遵循侵权责任的一般构成法理，另一方面需充分尊重上市公司控股股东背信行为的特殊性，在侵权责任构成要件尤其是因果关系的举证责任分配上予以灵活处理。盖因在控制股东控制下的公司，中小股东本身即难以调取控制股东侵权行为的证据，加上公司经营本就难以预料并存在未知风险，若要求中小股东证明控制股东侵权行为与公司损害之间存在因果关系，将使中小股东陷入两难境地。② 在此情形下，宜结合上市公司控股股东背信行为的具体表现、隐蔽程度、是否负有法定的信息披露义务等方面，从举证能力个案判定的角度，在举证责任的分配上适度向有利于中小股东倾斜。

（3）刑事责任。

早在 2006 年 6 月，《中华人民共和国刑法修正案（六）》即正式确立了上市公司董事、监事、高级管理人员“背信侵害上市公司利益罪”，规定上市公司董事、监事、高级管理人员违背对公司的忠实义务，利用职务便利，操纵上市公司从事特定行为，致使上市公司利益遭受重大损失的，应承担相应的刑事责任。同时，相关条款亦明确规定，上市公司的控股股东或者实际控制人，指使上市公司董事、监事、高级管理人员实施上述背信侵害上市公司利益行为的，依照对上市公司董事、监事、高级管理人员的规定处罚。《中华人民共和国刑法修正案（六）》关于上市公司控股股东在“指使背信侵害上市公司利益”行为下刑事责任的认定，可视为上市公司控股股东在特定行为模式下滥用其对公司的控制权，侵害上市公司利益的刑事责任的具体展现，在性质上属于上市公司董事、监事、高级管理人员违背对公司的忠实义务的延伸和扩张适用。

在确认上市公司控股股东对公司亦负有信义义务的情况下，对上市公司控股股东背信侵害上市公司利益的刑事责任的认定可无须再经由“指使”上市公司董事、监事、高级管理人员实施背信侵害上市公司利益的行为间接参照适用，而应当将“指使”行为作为上市公司控股股东背信侵害上市公司利益行为的一种特定表现形式，统一纳入上市公司控股股东背信侵害上市公司利益行为的具体表现范畴，进一步明确并充实上市公司控股股东独立的“背信侵害上市公司利益罪”。需要特别指出的是，控股股东的信义义务的一般范畴包括对

① 刘俊海．论控制股东和实控人滥用公司控制权时对弱势股东的赔偿责任［J］．法学论坛，2022.3（2）。

② 傅穹、虞雅曌．我国控制股东信义义务的司法续造［J］．上海政法学院学报，2021（3）。

公司的忠实义务与注意义务，以及对中小股东的注意义务。参考《中华人民共和国刑法修正案（六）》的立法逻辑，针对上市公司董事、监事、高级管理人员背信侵害上市公司利益的行为，刑事责任的追究仅限定于“违背对公司的忠实义务”，而并不及于其违反勤勉义务的行为，盖因相较于忠实义务，勤勉义务是一种积极义务，带有更多道德要求的色彩，无论是从行为的主观过错性质及程度来看，还是从对法益的侵害角度来看，对违背勤勉义务的行为课以刑事责任难免失之过苛。故此，本文认为，从刑法的谦抑性原则出发，对于上市公司控股股东背信侵害上市公司利益行为刑事责任的追究，亦应限定在违背对公司的忠实义务的范畴，实现与上市公司董事、监事、高级管理人员“背信侵害上市公司利益罪”刑罚机制的良性互动。

（三）上市公司控股股东背信行为约束及追责机制的完善进路

1. 强化新《公司法》中控股股东信义义务制度的规则适用与漏洞填补

新《公司法》第180条、第192条初步确立了控股股东信义义务制度，其中第180条第一款、第二款相对细化了董事、监事、高级管理人员忠实义务和勤勉义务的定义，第三款明确规定公司控股股东不担任公司董事但实际执行公司事务的，适用前两款规定。该条款类似日本法项下的“事实董事”制度，其具体适用需把握如下三个层面：一是该控股股东未担任公司董事；二是该控股股东实际执行公司事务；三是参照董事、监事、高级管理人员的忠实义务和勤勉义务适用。该条款实质上仍属于董事忠实义务和勤勉义务的延伸，并非控股股东独立的信义义务，系在特定行为模式下实质性认定控股股东的“类董事”身份，且对于“实际执行公司事务”的认定亦缺乏具体的、可操作性的标准。针对控股股东同时担任公司董事的身份竞合行为，并未纳入控股股东的信义义务认定范畴，只能简单地归类为径行适用董事的信义义务，缺乏周延性。此外，该条款仅确立了控股股东对公司的信义义务，而并不涉及控股股东对中小股东的信义义务。第192条在某种程度上可视为对第180条的补充，明确规定控股股东指示董事、高级管理人员从事损害公司或者股东利益的行为的，与该董事、高级管理人员承担连带责任。该条款类似英国法项下的“影子董事”制度，其具体适用需把握如下三个层面：一是该控股股东指示公司董事、高级管理人员行事；二是董事、高级管理人员依控股股东的指示从事了损害公司或者股东利益的行为；三是控股股东承担的责任为连带责任。与第180条相类似，该条款实质上亦属于董事、高级管理人员信义义务的延伸，以董事、高级管理人员的侵害行为为联结点，控股股东系附随董事、高级管理人员承担一种侵权连带责任。针对第180条未能涵盖的控股股东对中小股东的信义义务，该条款作出了原则性安排，与第180条进行了合理的制度衔接。但针对控股股东独立实施的损害中小股东利益的行为，既不为第180条所确立的规则所涵盖，仍仅能依据一般侵权责任原理追究相应法律责任。

基于上述，本文认为，在新《公司法》所确立的控股股东信义义务规则的基础之上，仍应进一步深化对构建和完善控股股东独立的信义义务制度的理论探索，尤其应强化对新《公司法》中控股股东信义义务制度的规则适用，为构建控股股东独立的信义义务制度提供充分的本土实践支撑。此外，作为控股股东背信侵害公司利益情形下救济机制的完善措施，亦须对新《公司法》第189条项下公司股东尤其是中小股东的股东代位诉讼制度进行适配性调整，强化控股股东信义义务规则体系下对中小股东的司法救济路径，完善包括中小股东直接诉讼规则、代位诉讼规则在内的权利保障机制。以此为基础，通过在《公司法》中确立控股股东独立的信义义务，可以与《民法典》确立的禁止权利滥用规则、[①]一般侵权责任规则以及证券监管规则中确立的针对上市公司控股股东信义义务的具体约束机制形成合力，实现对上市公司控股股东背信行为的有效约束和建立顺畅的追责路径。

2. 在证券法律法规及监管规则层面建立体系化的约束机制

目前关于上市公司控股股东的信义义务，在证券监管规则层面仅《上市公司治理准则》《上市公司章程指引》中有部分体现。前者仅原则规定控股股东对上市公司及其他股东负有诚信义务，缺乏可操作性的审查判定标准，且亦未明确上市公司控股股东违背诚信义务情形下的追责机制和救济路径；后者虽对上市公司控股股东诚信义务内涵的边界之划定做了一些有益尝试，采取列举的方式释明了控股股东背信行为的重点多发领域，但一方面《上市公司章程指引》的文件性质较为模糊，效力位阶较低，另一方面该等对重点多发领域列举式的表述方式并未具体阐明上市公司控股股东背信行为的行为特征和构成，仍然不具备可操作性，且无法穷尽列举，缺乏周延性。

本文认为，证券法律法规、监管规则层面的约束机制的完善是实现对上市公司控股股东背信行为有效约束的关键环节。应基于新《公司法》已确立的控股股东信义义务规则，并充分结合上市公司治理结构的特点以及对中小股东的权利保障机制的建立情况，在《证券法》中原则确立上市公司控股股东的信义义务，并完善与之相关的责任体系和追责路径。在证券监管规则层面，依托《上市公司治理准则》中已确立的上市公司控股股东的诚信义务，进一步建立体系化的控股股东信义义务制度。相关制度设计应重点回应证券监管实践中高频多发的控股股东背信行为约束和追责需求，将利用控股股东优势地位夺取属于公司的交易机会、侵占公司的财产、利用与公司的不公平的交易关系侵害公司的利益以及利用公司的资源为实现自身利益行事如以公司资产为自身提供担保等违背忠实义务的行为，未按照一般人的谨慎善意行使对公司的控制权、利用控股股东的优势地位怠于履行或者违规不予履行信息披露义务而侵害中小股东的知情权、从事内幕交易侵害中小股东权益等违背注意义务的行为，统一纳入上市公司控股股东信义义务的范畴。在具体的立法技术上，可采取“列举 + 兜底”的表述方式，围绕控股股东信义义务的内涵及外延，增强制度体系的周延性和可操作性。同时需在证券法律法规层面进一步完善对控股股东的配套约束机制，如对累积投票制、董事、监事差额选举制度、特别代表人诉讼制度等的强化适用，以保障约束和追责机制的顺畅运行。此外，亦需充分发挥证券交易所在自律监管层面的约束功能，通过在相关自律监管指引中进一步细化控股股东在信义义务项下的行为规范，与《证券法》以及其他证券监管规则有效衔接，构建系统完备且兼具可操作性的约束机制。

3. 健全立体化的责任追究机制，完善追责路径

上市公司控股股东背信行为的责任构成是涵盖行政责任、民事责任以及刑事责任在内的立体的责任体系，强化对上市公司控股股东背信行为的责任追究，彰显信义义务制度的约束力和法律效果，其核心即在于健全立体化的责任追究机制，实现行政责任、民事责任和刑事责任的有序衔接，完善从责任确立到责任追究、从权利保护到权利救济的“通过法律的社

① 参见李建伟．再论股东压制救济的公司立法完善——以《公司法》修订为契机［J］．北京理工大学学报（社会科学版），2022.9（第 24 卷第 5 期）。

会控制”这一逻辑链条。

（1）健全行政责任的追责机制。

目前证券监管实践中对于上市公司控股股东违规行为的责任追究在认定逻辑上更侧重于从具体行为类型出发，通过对特定违规行为的识别和论证，如信披违规行为、内幕交易行为等，依据不同的证券监管规则规定分别采取不同的行政责任追究方式。对于上市公司控股股东的背信行为始终无法形成相对统一的责任追究路径，难以实现对控股股东行为的系统性约束。故此，本文认为，对控股股东背信行为的行政责任追究应统一纳入信义义务制度项下，除须做到对控股股东特定违规行为的精准识别，亦须对控股股东相应违规行为是否构成违背信义义务作出性质界定，并在责任认定上依循统一的控股股东背信行为的责任构成，一方面强化上市公司控股股东应承担信义义务、正当行使控制权的意识，另一方面在责任追究的路径上明晰责任构成要件，形成可预期的认定尺度。

此外，在实践中不乏上市公司控股股东同时担任董事、高级管理人员等身份竞合情形，鉴于新《公司法》对此种情形下控股股东的责任承担并无指涉，具体到追责机制的探索，应注意与董事、高级管理人员背信行为的有效区分和精准识别。上市公司控股股东的信义义务系建立在控股股东行使对上市公司的控制权的基础之上，以此为出发点，对前述两者责任的区分核心应围绕是否属于行使对上市公司的控制权具体展开。控股股东的信义义务与董事、高级管理人员的信义义务在正当性基础、行为构成、具体表现形式上均有所不同，健全对控股股东背信行为的行政责任追究机制内在要求做到责任认定的精细化和差异化，以强化控股股东信义义务的制度功能，夯实对上市公司控股股东行使控制权行为的约束，明确主体责任。

（2）畅通民事责任的追责路径。

在控股股东背信侵害上市公司利益的情形下，上市公司尽管为直接的受侵害方，但在控股股东的控制之下，董事会、监事会等治理机构往往同时受到控股股东的压制而沦为控股股东的代言人，很难作出对控股股东不利的行为，导致上市公司自身难以通过提起侵权之诉的方式追究控股股东的民事责任，以维护自身合法权益。对于股东权益的保护，虽然新《公司法》第 189 条（《公司法》第 151 条）规定的“股东代表诉讼”制度承担了主要作用，但该制度的保障范围具有局限性，如欲全面且根本地解决矛盾，须专门对“控制股东”进行规制。[①] 此外，尽管股东代位诉讼的引入为控股股东背信行为民事责任的追究提供了基本路径，但在股东代位诉讼机制下，股东系为了公司的利益以自身的名义提起诉讼，股东一方面需为此承担时间精力和金钱成本，另一方面却并不因此而享有直接利益，成本与利益严重不匹配，且穷尽公司内部救济方式的前置程序为中小股东通过行使股东代位权维护公司合法权益带来了诸多障碍，难以调动中小股东的积极性，无法有效发挥制度功能。

针对上述民事责任追究路径方面的缺陷，本文认为，一方面需对“股东代表诉讼”的适用情形作出必要调整，除新《公司法》第 189 条（《公司法》第 151 条）重点规范的董事、监事、高级管理人员侵害公司利益情形外，明确控股股东背信侵害公司利益情形下的适用性，且在控股股东背信侵害公司利益情形下，探索豁免穷尽公司内部救济方式的前置程

① 参见杨姗．封闭型公司股东权益保护的立法完善——以“股东直接诉讼”为切入点［J］．现代法学，2021.5（第 43 卷第 3 期）。

序。另一方面，对“股东代表诉讼”的利益机制作出必要调整，探索在控股股东背信侵害公司利益情形下，中小股东提起“股东代表诉讼”的利益分配机制，即允许中小股东在“股东代表诉讼”的索赔金额中获取一定金额或者比例的报酬作为“代理费”，以有效调动中小股东的追责积极性，使得“股东代表诉讼”的制度价值落到实处。同时，在具体的民事诉讼司法程序上，应做到适度“松绑”，避免机械地适用侵权责任的一般归责原则，而须结合上市公司治理机制的特殊性以及控股股东背信行为的具体类型，在举证责任的分配上适度向有利于中小股东倾斜。如“可参考美国马萨诸塞州最高法院审查控制股东信义义务时采用的举证分配规则，考虑非控制股东遭受排挤的举证困境，由控制股东首先证明其行为契合公司商业目的，进而基于股东之间的利益平衡，由非控制股东证明其合理期待，以程序功能的完善推动实体正义的实现”。①

（3）加强“行刑衔接”，完善刑事责任构成。

如前所述，目前我国《刑法》中并未确立上市公司控股股东独立的“背信侵害上市公司利益罪”，仅在特定情形下作为上市公司董事、监事、高级管理人员“背信侵害上市公司利益罪”的延伸，扩张适用至控股股东，实质上作为一种共同犯罪予以界定。但上市公司控股股东的信义义务本身具有丰富的内涵和外延，并非上述扩张适用规则所能涵盖。故此，本文认为，有必要进一步完善上市公司控股股东背信行为的刑事责任构成，在《刑法》中确立上市公司控股股东独立的“背信侵害上市公司利益罪”，并依循刑法的谦抑性原则，将上市公司控股股东“背信侵害上市公司利益罪”限定于对上市公司的忠实义务范畴。

此外，亦应加强“行刑衔接”，完善从行政责任追究到刑事责任追究的逻辑链条，切实发挥控股股东信义义务制度的法律效果。我国《证券法》第 178 条已原则确立了“行刑衔接”的案件移送机制，健全上市公司控股股东背信行为的刑事责任追究路径，需进一步明确上市公司控股股东“背信侵害上市公司利益罪”的犯罪构成及入罪标准，为“行刑衔接”机制的有效落实提供可操作性的行为指引。通过“行刑衔接”机制，能够更好地建立起立体的责任追究体系，增强对上市公司控股股东背信行为的震慑力，加大上市公司控股股东背信行为的违法违规成本，实现前置约束和后置追责的有机统一。

五、结论

上市公司控股股东信义义务规则体系的建立，一方面是回应上市公司监管实践中有效约束高频多发的控股股东背信行为的现实诉求，另一方面亦是贯彻落实加强“关键少数”主体监管、探索中国式特色现代化上市公司治理模式的必然要求。在新《公司法》所确立的控股股东信义义务规则的基础之上，尚需进一步深化对构建和完善控股股东独立的信义义务制度的理论探索，同时强化对新《公司法》中控股股东信义义务规则的适用。在健全立体化的责任追究机制的基础之上，形成包括《公司法》确立的控股股东信义义务基本原则、《民法典》确立的禁止权利滥用规则以及证券监管规则中确立的针对上市公司控股股东信义义务的具体约束机制在内的体系化的控股股东背信行为约束及追责制度合力，切实构建权责

① 傅穹、虞雅曌．我国控制股东信义义务的司法续造［J］．上海政法学院学报，2021（3）。

明晰、约束与自由相容的上市公司控股股东行为规范体系，营造良好、有序的上市公司治理环境，有效保障上市公司和中小投资者的合法权益。

参考文献：

[1] 张学文．封闭式公司中的股东信义义务：原理与规则［J］．中外法学，2010（2）．

[2] 傅穹，虞雅曌．我国控制股东信义义务的司法续造［J］．上海政法学院学报，2021（3）．

[3] 杨姗．封闭型公司股东权益保护的立法完善——以“股东直接诉讼”为切入点［J］．现代法学，2021.5（第43卷第3期）．

[4] 李建伟．再论股东压制救济的公司立法完善——以《公司法》修订为契机［J］．北京理工大学学报（社会科学版），2022.9（第24卷第5期）．

[5] 刘俊海．论控制股东和实控人滥用公司控制权时对弱势股东的赔偿责任［J］．法学论坛，2022.3（2）．

[6] 刘凯．控股股东的信义义务及违信责任［J］．政法论坛，第27卷第2期．

[7] 张学文．封闭式公司中的股东信义义务：原理与规则［J］．中外法学，2010（2）．

[8] 朱大明．美国公司法视角下控制股东信义义务的本义与移植的可行性［J］．比较法研究，2017（5）．

[9] 邹学庚．控股股东信义义务的理论反思与类型化［J］．比较法研究，2023（4）．

[10] 徐化耿．信义义务的一般理论及其在中国法上的展开［J］．中外法学，2020（6）．

[11] 徐化耿．论私法中的信任机制——基于信义义务与诚实信用的例证分析［J］．法学家，2017（4）．

[12] 王莹莹．信义义务的传统逻辑与现代建构［J］．法学论坛，2019.11（6）．

[13] 王建文．我国董事信义义务制度的扩张适用：一般规定的确立［J］．当代法学，2023（1）．

[14] 刘俊海．论股东会中心主义治理模式的勃兴：评《公司法（修订草案）》中股东会的权力机构地位［J］．法学杂志，2023（5）．

[15] 朱大明，行冈睦彦．控制股东滥用影响力的法律规制——以中日公司法的比较为视角［J］．清华法学，2019（2）．

[16] 靳羽．美国控制股东信义义务：本原厘定与移植回应［J］．比较法研究，2021（1）．

[17] 杨志壮．公司法民事责任的解释方法——以公司股东内部法律责任分析为视角［J］．法律科学（西北政法大学学报），2019（6）．

[18] 李有星，竹可儿．公司治理中的控股股东信义义务制度构建［J］．财会月刊，2022（15）．

[19] 王建文．论我国构建控制股东信义义务的依据与路径［J］．比较法研究，2020（1）．

[20] 赵旭东．公司治理中的控股股东及其法律规制［J］．法学研究，2020（4）．

［21］陈志德，贯永青，韩松学．对控股股东的权利规制——以信义义务为切入点［J］．产业创新研究，2020.8（第 15 期）．

［22］翁小川．受压迫股东的救济路径研究：股东受信义务与法定压迫救济制度［J］．比较法研究，2021（4）．

［23］薛波主编，潘汉典总审定．元照英美法词典［M］．北京：法律出版社，2003.

［24］Southern Pac. Co. v. Bogert，250 US 483（1919）．

16. 软件公司高质量发展财务评价专项指标体系研究

透镜咨询、中关村天使投资联盟、
北京皓石科技有限公司 联合课题组*

本研究致力于在现有通用型财务分析与评价方法和指标体系的基础上，基于高质量发展的核心理念与视角，针对软件行业上市公司的典型特点和特性，探索、构建面向软件行业企业的财务分析、评价专项补充和替代指标体系，以便更客观、深入地分析、评估软件行业企业的财务数据结构质量及其背后的可持续发展能力。

本文所指的现有通用财务分析与评价体系主要是基于研究对象企业的盈利能力、偿债能力、发展能力和营运能力四大要素为基础所展开的综合分析，杜邦分析法是其中的典型代表。长期以来，以杜邦分析法为代表的现有通用型财务分析与评价体系一直是业界对企业进行综合财务分析与评价的主流方法和基础，为第三方的企业价值与风险分析评价及企业内部的经营管理决策提供了重要的方法和依据。

尽管如此，现有的通用型财务分析方法和指标体系对于企业的实际综合能

---

* 本项目课题组成员为：况玉清、许卫国、毛江华、金锐。其中，课题牵头人况玉清为悉尼大学项目管理硕士，蓝色光标高级顾问，中关村天使投资联盟研究中心专家，企业价值管理咨询机构“透镜咨询”创始人。专注资本市场和上市公司研究，主要研究方向为公司财务、资本运作、商业模式、公司治理、监管政策和ESG等。课题组成员毛江华、许卫国分别为中关村天使投资联盟执行秘书长和副秘书长，常年牵头多项信息技术相关行业报告及硬科技投资团体标准制定；金锐为国内软件行业知名投资人，北京皓石科技有限公司创始人。

力评价仍然存在诸多短板和不足，尤其是自从2017年高质量发展理念被首次提出并在随后广泛、深入推行以来，现有通用型财务分析方法和指标体系对于企业在动态可持续发展能力及内在财务和业务数据结构质量方面有效性和导向性不足以及对特定、垂直行业覆盖深度不够等缺点暴露得更加明显。

如何基于不同行业的特点和特性，对现有的通用型财务分析评价方法和指标体系进行创新和改良，以更好地评估、反映各个特定、垂直行业的实际发展质量和未来成长能力，不仅在各行各业极具实操价值，更可以从外部投资决策影响和企业内部经营价值导向两个方向同时发力，引导各行各业更好地贯彻高质量发展理念。

一、基于高质量发展视角的现有财务评价体系的不足及主要完善方向

正如上述所言，从企业的高质量发展分析、评价视角来看，以“四大要素”分析和杜邦分析法为代表的现有财务分析、评价方法和指标体系主要存在着对企业动态可持续发展能力及内在结构质量等重要方面的评价有效性和导向性不足以及对特定、垂直行业覆盖深度不够等问题，具体表现在以下几个方面。

（一）重发展导向评价轻质量导向评价

现有的财务分析、评价方法和指标体系本质上是一种以发展为主要导向的体系，它对于被分析、研究对象企业的业务发展速度和业务规模都能有很好的直观体现，但高质量发展理念所提出的要求不仅是单纯地追求发展速度，同时更要追求内在的发展质量，这是现有财务评价体系在企业高质量发展上存在的不足和未来需要完善的重要方向。

重发展导向评价而轻质量导向评价的不足几乎体现在现有财务分析体系所涵盖的“四大要素”和杜邦分析体系的方方面面，其中尤以发展能力分析最为典型。现有的财务分析方法和指标体系中，发展能力分析最核心的维度在于对企业发展速度的评价，其中收入和利润的同比增长，以及资产与负债相对期初的变动幅度构成了企业成长能力评价方面最主要的指标体系。如果从高质量发展视角来看，上述发展能力评价指标体系目前缺乏对发展质量分析的有效覆盖，可能无法客观、准确地反映企业的实际业务发展情况。

很多被研究企业，尤其是资本运作较为频繁、复杂的上市公司，他们的收入、利润及资产、负债的账面数字变动方向，有可能与他们的质量变动方向相互背离。例如，一些公司利润同比出现大幅波动，但导致这种波动的核心原因有可能是主营业务之外偶发的大额非经常性损益所致，剔除这些因素后其主营业务贡献的利润可能与账面大幅波动的方向完全相反。

（二）重静态发展成果评价轻动态可持续发展能力评价

现有的财务分析方法和指标体系在企业高质量发展评价方面的另一个弊端在于重静态的既定成果评价，而在评估企业未来动态趋势，尤其是长期可持续发展能力方面则存在较明显的短板，它不能为企业的动态、可持续发展能力分析提供足够丰富的参考工具和指标体系。

以“四大要素”分析中的盈利能力分析和杜邦分析法为例，现有的指标体系主要通过对各种收入回报比率、资产回报比率和成本费用比率在内的各种比率来对企业的盈利状况进行分析，但受财务数据统计周期、来源口径等在内的各种问题限制，这种分析结果虽然可以很好地评价企业在过去特定期限内的盈利能力，但却不能很好反映企业盈利能力变动的未来趋势和长期可持续性。

事实上，由于赖以分析的基础财务数据本身存在统计周期滞后这一无法规避的固有缺陷，不只是盈利能力和杜邦分析结果存在静态经营成果呈现有余、动态可持续潜力判断不足的问题，所有基于静态财务数据的分析结果都存在类似的通病，而这一问题又恰恰是高质量发展理念所关注的核心议题，更是实操层面亟待解决的难题。

（三）通用型财务评价体系不能有效覆盖特定行业场景

由于不同行业之间在业务和模式方面存在较大差异，导致企业在资产、负债结构、收入、成本结构及现金流特点或其他关键财务要素之间存在很大不同，通用型财务分析方法和指标体系并不能有效覆盖特定行业企业，这也是现有企业财务评价体系不足的另一个重要方面。

例如，在一些采用预付费模式的行业里，如移动通信服务运营商，其合同负债规模可能会极高，如果直接套用一般财务分析指标对其进行偿债能力分析，可能会造成相关企业负债率畸高、流动性压力偏紧的指标假象，但企业的实际情况可能与表面指标导向相反。

需要指出的是，即便是同一行业，甚至是业务和模式也都基本相同的公司，也可能会因会计口径的不同（如全额法和净额法确认收入和成本），从而导致同一指标分析结果之间彼此互不具备对标参考价值，因此两个看似业务相同的公司，如果直接采用一般分析体系对他们的同一指标进行对比分析，同样也可能会产生极具误导性的结果。

综合以上不难看出，针对不同行业的企业或同一行业但采用不同商业模式，甚至是行业和模式完全相同但关键会计口径存在重大差异的不同公司，都有必要在通用财务分析指标体系之外，设计一些具有针对性的替代性专项指标进行专门分析，以更加公允、客观地反映该特定行业、特定模式企业的实际情况。

（四）强化结构分析是高质量发展财务评价体系的关键

通过以上“三大主要不足”分析总结不难看出，“四大要素”分析和杜邦分析为代表的现有财务分析方法和指标体系虽然为公司财务评价提供了很好的基础分析框架，但在对特定行业、基于特定目的维度进行专项分析研究时，仍然需要在此基础上进行二次创新，以在现有分析、评价体系的基础上构建出更精细化的补充甚至是替代性专项指标体系。

高质量发展理念的核心出发点，是要引导企业更加专注有质量的增长和可持续的发展，即企业在追求一定的业务规模和发展速度的同时，还应更加关注发展的质量和未来长期可持续性。正如上述分析，现有的财务分析评价方法和指标体系已经为企业的业务规模和发展速度评估提供了较为完整的工具，未来需要完善和补足的主要方向应该在于强化结构分析，以更好地满足对企业发展质量和可持续发展能力等方面的评价要求。

具体而言，强化结构分析，是指在现有的通用指标体系基础上，分析并找出软件行业区别于其他行业的典型财务结构特点，以及可能导致相关指标未来发生可持续变动的关键结构性因素，并对此进行专门建模分析，从而构建出与现有指标体系形成互补甚至是替代的新型专项关键指标体系。

例如，在分析企业盈利能力时，可能需要对其利润结构中的主营业务利润进行专项建模，因为由主营业务贡献的利润才是高质量、可持续的利润；在分析企业偿债能力时，可能需要对其负债结构中的一些特定合同负债进行事先剔除，因为这些特定合同负债在企业正常持续经营中并不一定构成实质性的太大负债压力。

强化结构分析是构建高质量发展财务评价新型指标体系的关键。在实际操作过程中，需要结合不同行业、企业和模式特征进行具体分析，根据分析结果确定应该予以重点关注的关键指标维度，并结合行业和模式特点对这些关键指标维度进行专项建模，最终形成具有补充、替代价值的专项、特色指标体系。

二、软件行业典型财务特点及影响高质量发展的几个结构性因素

为了更精准地研究构建专门面向软件行业企业的高质量发展财务评价补充与替代指标体系，本文选取100家A股主要软件上市公司作为研究样本，试图通过对样本公司的三大财务报表的主要会计科目进行简单模拟合并报表分析和百家样本公司具体分析，来找出对软件上市公司高质量发展影响较大的一些关键结构性因素，以为下一步的独立建模并设计补充与替代指标体系提供基础依据。

需要指出的是，本研究所参照的100家A股主要软件上市公司的筛选以Wind应用软件行业分类为基础，截至2022年12月31日，该行业分类下的沪深两市上市公司样本数为107家，剔除公司治理或经营异常的ST公司并合并A、B股公司，同时剔除硬件收入占比过高的少量公司后，最终保留100家公司作为研究样本。除了样本公司的严格筛选外，本研究所涉及的所有样本公司财务数据均以2022年（本研究结题前最新的经审计财务数据）及以前年度经审计的年报财务数据为准，以确保研究结果的准确性、全面性、客观性和实际参考、指导价值。

（一）模拟合并利润表分析

表16-1为100家样本公司的最近三年核心会计科目的模拟合并利润简表，其数据均为100家样本公司相应会计科目的算术求和的结果（合并口径下同）；表16-2为100家样本公司2022年的营业收入、净利润以及最新三年增长的具体表现。

表16-1 样本公司模拟合并利润表简表

	2020年		2021年		2022年		最近三年增长率
	（亿元）	同比增长	（亿元）	同比增长	（亿元）	同比增长	
营业收入	1871.54	14.42%	2183.39	16.66%	2219.03	1.63%	35.67%
营业成本	1038.01	18.70%	1204.27	16.02%	1236.25	26.56%	41.37%
销售费用	228.81	19.33%	288.56	26.11%	314.10	8.85%	39.93%
管理费用	150.49	-0.63%	181.16	20.38%	194.94	7.61%	28.72%
研发费用	265.47	12.66%	339.01	27.70%	376.43	11.04%	59.75%
其他收益	54.26	10.57%	61.92	14.12%	65.13	5.18%	32.73%
投资净收益	17.71	-25.84%	30.46	71.99%	8.85	-70.95%	-62.94%
利息收入	13.58	11.28%	17.17	26.44%	20.19	17.59%	71.39%
净利润	198.30	31.92%	202.36	2.05%	91.32	-54.87%	-39.25%

数据来源：Wind资讯，透镜咨询。

表16-2 样本公司收入、利润增长表

证券代码	证券简称	2022年营业收入（百万元）	最近三年营收增长率	2022年净利润（百万元）	最近三年净利增长率
002230.SZ	科大讯飞	18820.23	86.73%	498.63	-47.12%
600845.SH	宝信软件	13149.89	92.00%	2251.30	143.42%

续表

证券代码	证券简称	2022 年营业收入（百万元）	最近三年营收增长率	2022 年净利润（百万元）	最近三年净利增长率
002280. SZ	联络互动	12568. 73	0. 81%	－1173. 59	65. 18%
600536. SH	中国软件	9640. 19	65. 65%	244. 06	72. 19%
600718. SH	东软集团	9465. 80	13. 15%	－346. 92	－107. 29%
600588. SH	用友网络	9261. 74	8. 84%	224. 80	－82. 99%
300454. SZ	深信服	7412. 88	61. 50%	194. 17	－74. 41%
603927. SH	中科软	6704. 71	21. 92%	638. 59	65. 56%
002410. SZ	广联达	6552. 36	89. 15%	1012. 03	297. 53%
600570. SH	恒生电子	6502. 39	67. 94%	1119. 82	－20. 88%
600446. SH	金证股份	6477. 90	32. 87%	263. 96	6. 85%
300047. SZ	天源迪科	5692. 46	27. 33%	74. 62	－51. 14%
300682. SZ	朗新科技	4551. 75	53. 34%	423. 26	－60. 80%
002439. SZ	启明星辰	4436. 91	43. 61%	626. 63	－8. 10%
688111. SH	金山办公	3884. 96	145. 96%	1130. 92	182. 32%
002987. SZ	京北方	3673. 28	117. 75%	276. 96	58. 53%
002212. SZ	天融信	3543. 00	－50. 04%	205. 20	－49. 12%
002405. SZ	四维图新	3346. 81	44. 90%	－510. 96	－266. 72%
300253. SZ	卫宁健康	3092. 86	62. 10%	14. 55	－96. 32%
002279. SZ	久其软件	2897. 83	－6. 57%	58. 28	10. 37%
300541. SZ	先进数通	2805. 33	56. 50%	106. 59	50. 40%
300369. SZ	绿盟科技	2628. 84	57. 31%	28. 52	－87. 40%
002153. SZ	石基信息	2595. 35	－29. 14%	－742. 07	－259. 53%
688066. SH	航天宏图	2457. 05	308. 71%	264. 01	216. 57%
300520. SZ	科大国创	2400. 13	52. 90%	－65. 11	－151. 77%
603039. SH	泛微网络	2331. 48	81. 29%	223. 23	60. 22%
300166. SZ	东方国信	2288. 73	6. 43%	－366. 39	－172. 75%
300188. SZ	美亚柏科	2279. 69	10. 27%	171. 38	－40. 64%
002063. SZ	远光软件	2124. 77	35. 75%	337. 96	52. 64%
300378. SZ	鼎捷软件	1995. 20	36. 03%	138. 18	33. 00%
688023. SH	安恒信息	1980. 01	109. 74%	－253. 17	－374. 66%
300525. SZ	博思软件	1919. 42	113. 56%	291. 48	121. 59%
300348. SZ	长亮科技	1887. 22	43. 94%	24. 12	－82. 71%
688225. SH	亚信安全	1720. 95	59. 75%	97. 62	－40. 09%
300036. SZ	超图软件	1595. 69	－8. 03%	－343. 82	－260. 64%
688568. SH	中科星图	1576. 74	222. 17%	303. 41	204. 71%
600571. SH	信雅达	1538. 00	28. 19%	－154. 19	－479. 42%

续表

证券代码	证券简称	2022 年营业收入（百万元）	最近三年营收增长率	2022 年净利润（百万元）	最近三年净利增长率
300451. SZ	创业慧康	1527. 14	3. 20%	41. 28	-87. 05%
300075. SZ	数字政通	1525. 63	21. 32%	255. 87	97. 02%
300465. SZ	高伟达	1440. 59	-18. 07%	-75. 24	-153. 34%
002362. SZ	汉王科技	1400. 51	26. 80%	-172. 79	-505. 82%
300377. SZ	赢时胜	1372. 70	109. 39%	48. 31	-52. 72%
300556. SZ	丝路视觉	1291. 16	40. 89%	44. 13	52. 60%
002777. SZ	久远银海	1282. 57	26. 19%	195. 40	7. 76%
300803. SZ	指南针	1230. 03	97. 44%	338. 44	181. 13%
300624. SZ	万兴科技	1180. 12	67. 76%	64. 29	-19. 81%
300663. SZ	科蓝软件	1176. 20	25. 95%	21. 67	-53. 00%
300085. SZ	银之杰	1116. 22	-5. 49%	-124. 44	-1781. 26%
300579. SZ	数字认证	1099. 41	38. 48%	103. 19	4. 73%
688369. SH	致远互联	1032. 43	47. 52%	98. 12	-3. 75%
301153. SZ	中科江南	912. 85	132. 00%	261. 46	265. 57%
300440. SZ	运达科技	911. 11	32. 08%	44. 96	-64. 52%
300379. SZ	东方通	907. 84	81. 58%	59. 21	-58. 09%
300229. SZ	拓尔思	907. 27	-6. 21%	123. 45	-23. 59%
002467. SZ	二六三	895. 37	-11. 66%	39. 83	-78. 20%
300608. SZ	思特奇	833. 96	-3. 00%	13. 46	-84. 75%
301302. SZ	华如科技	833. 24	160. 51%	133. 71	88. 75%
688030. SH	山石网科	811. 60	20. 31%	-183. 98	-302. 08%
301269. SZ	华大九天	798. 06	210. 26%	185. 51	224. 56%
601519. SH	大智慧	780. 25	14. 18%	-92. 53	-1652. 03%
300380. SZ	安硕信息	779. 03	20. 44%	-79. 70	-349. 64%
603528. SH	多伦科技	739. 84	6. 01%	42. 86	-71. 33%
300311. SZ	任子行	729. 58	-26. 77%	-7. 88	92. 21%
300996. SZ	普联软件	694. 28	88. 78%	153. 55	161. 28%
300468. SZ	四方精创	664. 11	26. 36%	41. 21	-57. 18%
603232. SH	格尔软件	659. 52	77. 99%	-9. 15	-113. 09%
688201. SH	信安世纪	658. 08	107. 05%	163. 51	78. 54%
688588. SH	凌志软件	654. 51	9. 70%	140. 70	-5. 89%
002296. SZ	辉煌科技	651. 86	29. 23%	102. 62	56. 11%
300659. SZ	中孚信息	644. 21	6. 87%	-446. 91	-457. 84%
300830. SZ	金现代	627. 83	36. 30%	56. 39	-37. 17%
603383. SH	顶点软件	624. 59	83. 76%	164. 24	28. 00%

续表

证券代码	证券简称	2022 年营业收入（百万元）	最近三年营收增长率	2022 年净利润（百万元）	最近三年净利增长率
300365. SZ	恒华科技	607. 35	-45. 93%	-212. 32	-171. 90%
688083. SH	中望软件	600. 98	66. 44%	3. 89	-95. 63%
688095. SH	福昕软件	579. 88	57. 17%	-2. 15	-102. 85%
688228. SH	开普云	554. 94	86. 18%	120. 39	53. 79%
300352. SZ	北信源	542. 86	-24. 81%	-188. 48	-1031. 35%
300730. SZ	科创信息	537. 53	40. 37%	23. 78	-34. 96%
688088. SH	虹软科技	531. 65	-5. 82%	57. 05	-72. 88%
301221. SZ	光庭信息	530. 30	74. 11%	31. 75	-46. 31%
688168. SH	安博通	456. 44	83. 51%	-8. 00	-110. 95%
688579. SH	山大地纬	453. 91	-7. 09%	61. 91	-20. 80%
688109. SH	品茗科技	435. 08	53. 81%	-56. 01	-175. 39%
688118. SH	普元信息	425. 36	7. 42%	1. 22	-97. 58%
300559. SZ	佳发教育	412. 64	-29. 22%	57. 60	-73. 08%
688078. SH	龙软科技	364. 88	136. 41%	80. 04	70. 01%
300550. SZ	和仁科技	360. 33	-18. 29%	-84. 20	-303. 58%
301162. SZ	国能日新	359. 53	112. 14%	66. 64	82. 92%
688039. SH	当虹科技	331. 44	16. 49%	-98. 49	-216. 31%
688244. SH	永信至诚	330. 66	102. 75%	53. 11	3165. 82%
688318. SH	财富趋势	321. 47	42. 39%	153. 50	-11. 81%
603189. SH	网达软件	316. 60	6. 21%	36. 63	6. 51%
603990. SH	麦迪科技	305. 51	-8. 29%	35. 49	-24. 68%
688058. SH	宝兰德	247. 67	72. 83%	-36. 60	-162. 57%
002253. SZ	川大智胜	245. 88	-28. 21%	-61. 19	-207. 51%
301270. SZ	汉仪股份	212. 93	0. 41%	54. 16	-11. 66%
688291. SH	金橙子	197. 92	114. 14%	38. 85	141. 96%
300588. SZ	熙菱信息	178. 77	-36. 39%	-60. 87	-1220. 09%
300561. SZ	汇金科技	157. 29	-19. 97%	7. 95	-57. 25%
300235. SZ	方直科技	107. 79	-1. 12%	23. 33	-27. 12%

数据来源：Wind 资讯。

从表 16－1 可见，最近三年，样本公司的整体收入和业务规模保持持续增长的势头，100 家样本公司的 2022 年营业收入总和达到了 2219. 03 亿元，最近三年增长幅度为 35. 67%。从表 16－2 可以看到，100 家样本公司中，最近三年实现营业收入增长的公司达到了 79 家，占比约八成；不过，尽管营收在持续增长，但样本公司的利润却呈下滑之势，表 16－1 显示 2022 年样本公司的净利润合计只有 91. 32 亿元，三年内下滑了 39. 25%，表 16－2 显示最近三年内实现净利润增长的公司只有 35 家，占比为 35%；从具体年份来看，利润下滑主要出现在2022年，当年样本公司的净利润从2021年的202.36亿元下降至91.32亿元，降幅为54.87%，而在此之前两年，样本公司的净利润仍持续保持增长。

以上数据分析表明，样本公司最近三年整体上大致处于增收不增利的状态，发展质量表现并不稳定，尤其是2022年波动较大。通过对上述两表的各个会计科目的数据进行进一步的结构化分析可以看到，以下几个方面可能是影响软件公司发展质量的重要因素，值得引起外界关注。

1. 营业成本和销售费用扩张高于营收增长

最近三年，在样本公司的营业总成本结构中占据绝对主导地位的营业成本和销售费用的扩张速度明显高于营收增长速度，是导致软件行业增收未增利的直接原因。

表16-1显示，最近三年，样本公司的营业成本增长了41.37%，销售费用增长了39.93%，高于同期营业收入35.67%的增速。样本公司的管理费用虽然同样在营业总成本体系中占比较高，但管理费用三年增长率只有28.72%，明显低于同期营业收入的增长，属于软件行业高质量发展的加分项。

2. 研发费用爆发式增长但影响具有两面性

样本公司模拟合并利润简表中研发费用的持续爆发式增长也是值得高度关注的一个问题。最近三年，样本公司的研发费用累计增长了59.65%，远高于同期营业收入的增幅。其中，2022年，样本公司的研发费用合计达到了376.43亿元，占其同期营业收入的比重达到了16.96%，表明软件行业的研发投入强度整体处于极高的水平。

需要指出的是，研发费用对于软件行业的高质量发展本身具有特殊的两面性影响：一方面，持续高强度的研发投入对于软件行业企业的长期可持续发展和核心竞争力护城河的构筑至关重要；另一方面，费用的急速扩张又对软件公司的短期利润构成了明显较大影响，因此如何在软件公司的高质量发展财务评价体系中，对研发费用的评价尺度作出科学、合理的价值导向权衡，也是本研究接下来需要解决的一个重要问题。

3. 政府奖、补、退等收益对利润影响加大

以来自政府的各种奖励、补贴和退税为主的“其他收益”对样本公司的利润形成了越来越重要的影响，这也是软件公司在利润结构质量方面尤其值得关注的一个问题。

表16-1显示，样本公司的“其他收益”最近三年增长了32.73%，而同期样本公司的净利润下滑了39.25%。从各个样本公司披露的“其他收益”具体结构来看，各种性质的政府奖补和退税占“其他收益”的比重普遍超过九成。2022年，样本公司的“其他收益”达到了65.13亿元，占同期净利润的71.32%，2020年和2021年，这个比重分别为27.36%和30.60%，同样占比不低，且呈逐年攀升之势。

4. 资本性收益在利润结构中占比较高

样本公司模拟合并利润表另一个值得注意的现象在于，资本性收益在软件公司的利润结构中占比较高。软件公司的资本性收益主要体现在投资收益和利息收入两大方面，其中投资收益包括由各种理财产品、证券基金及衍生品、股权债权投资等在内的各种投资工具所产生的收益，利息收入则主要由银行存款所产生。

表16-1可以看到，样本公司2022年的投资净收益为8.85亿元，与此同时其同期的利息收入也达到了20.19亿元，这两项资本性收益之和占到了样本公司同期净利润的31.80%，构成了非常重要的利润来源。2020年和2021年，上述两项资本性收益占样本公

司同期净利润的比重分别为 15.78% 和 23.54%，始终处于较高的水平，且呈逐年上升之势。

（二）模拟合并现金流量表分析

表 16 - 3 为 100 家样本软件上市公司的合并现金流量简表与同期净利润的对照情况，表 16 - 4 为样本公司各自的三大活动现金流及净现金流具体表现情况，通过对以上各表的对比分析不难得出几个与样本公司盈利质量相关的显著特点。

表 16 - 3 样本公司最近三年模拟合并现金流简表

	2020 年（亿元）	2021 年（亿元）	2022 年（亿元）	三年增长率（基准：2019）
经营现金流净额	261.55	183.94	99.09	-47.53%
投资现金流净额	-251.13	-259.09	-119.63	52.15%
筹资现金流净额	122.02	136.68	145.33	-3.95%
综合现金流净额	129.44	57.94	128.93	44.48%
净利润	198.30	202.36	91.32	-39.25%

数据来源：Wind 资讯，透镜咨询。

表 16 - 4 样本公司 2022 年现金流简表具体情况

证券代码	证券简称	2022 年经营现金流净额（百万元）	2022 年投资现金流净额（百万元）	2022 年筹资现金流净额（百万元）	2022 年综合现金流净额（百万元）
688588.SH	凌志软件	138.81	0.17	-86.60	30.56
688579.SH	山大地纬	39.92	-341.62	-40.25	-341.94
688568.SH	中科星图	-28.91	-490.31	1397.90	878.68
688369.SH	致远互联	-119.29	182.01	-114.94	-52.23
688318.SH	财富趋势	200.53	-59.44	-93.73	51.61
688291.SH	金橙子	18.13	-233.64	602.82	387.65
688244.SH	永信至诚	-17.54	-184.66	509.68	307.49
688228.SH	开普云	-47.21	-6.91	63.77	9.65
688225.SH	亚信安全	-260.71	-30.55	1025.15	734.39
688201.SH	信安世纪	72.87	75.57	-70.97	77.51
688168.SH	安博通	-168.63	-241.79	219.46	-190.95
688118.SH	普元信息	1.02	-177.17	-63.14	-239.29
688111.SH	金山办公	1602.92	4501.87	-354.35	5761.50
688109.SH	品茗科技	-144.25	109.66	-42.77	-77.36
688095.SH	福昕软件	57.69	-206.85	-226.55	-346.30
688088.SH	虹软科技	44.63	774.00	-88.92	778.99
688083.SH	中望软件	87.09	-16.41	-101.01	-26.95
688078.SH	龙软科技	-7.51	-64.36	-25.79	-97.66

续表

证券代码	证券简称	2022 年经营现金流净额（百万元）	2022 年投资现金流净额（百万元）	2022 年筹资现金流净额（百万元）	2022 年综合现金流净额（百万元）
688066. SH	航天宏图	-488.00	-290.88	1477.29	700.40
688058. SH	宝兰德	-44.26	-286.96	-82.59	-413.81
688039. SH	当虹科技	-37.89	-224.25	-16.41	-282.17
688030. SH	山石网科	-332.31	16.69	358.74	43.52
688023. SH	安恒信息	-178.80	-117.93	135.92	-160.81
603990. SH	麦迪科技	50.51	205.32	307.42	563.25
603927. SH	中科软	280.64	-32.70	-526.26	-272.25
603528. SH	多伦科技	195.80	-126.00	-54.54	15.26
603383. SH	顶点软件	196.37	-44.70	-88.16	63.51
603232. SH	格尔软件	-33.61	125.82	-15.76	76.45
603189. SH	网达软件	29.50	-225.78	-88.44	-284.13
603039. SH	泛微网络	233.18	324.69	-202.88	355.60
601519. SH	大智慧	-22.54	-88.54	-27.82	-106.20
600845. SH	宝信软件	2521.57	-290.69	-1580.66	645.93
600718. SH	东软集团	672.58	29.99	-333.97	395.61
600588. SH	用友网络	285.96	-3853.09	4928.10	1374.63
600571. SH	信雅达	-118.26	279.83	-109.04	52.05
600570. SH	恒生电子	1138.19	286.23	-481.52	937.88
600536. SH	中国软件	-479.43	-720.36	276.91	-922.03
600446. SH	金证股份	230.22	-272.66	-67.17	-109.74
301302. SZ	华如科技	-168.02	-55.65	1259.09	1035.41
301270. SZ	汉仪股份	65.06	-412.85	581.51	233.72
301269. SZ	华大九天	445.61	-1539.13	3296.11	2203.96
301221. SZ	光庭信息	-88.68	-946.56	-39.96	-1081.53
301162. SZ	国能日新	59.36	-19.13	674.48	714.70
301153. SZ	中科江南	225.41	-162.90	727.47	789.97
300996. SZ	普联软件	48.95	-62.26	-5.85	-18.94
300830. SZ	金现代	-45.20	104.77	-25.16	34.41
300803. SZ	指南针	385.61	-745.38	122.28	-237.49
300730. SZ	科创信息	-93.24	18.03	100.67	25.47
300682. SZ	朗新科技	316.02	-316.25	32.37	32.58
300663. SZ	科蓝软件	-90.53	-306.64	544.21	148.86
300659. SZ	中孚信息	-345.87	-119.69	248.66	-216.90
300624. SZ	万兴科技	107.38	-134.38	-73.88	-104.80

续表

证券代码	证券简称	2022 年经营现金流净额（百万元）	2022 年投资现金流净额（百万元）	2022 年筹资现金流净额（百万元）	2022 年综合现金流净额（百万元）
300608. SZ	思特奇	21. 01	-105. 62	633. 39	549. 08
300588. SZ	熙菱信息	25. 94	104. 86	-82. 64	48. 16
300579. SZ	数字认证	-18. 66	-11. 96	-38. 66	-69. 28
300561. SZ	汇金科技	16. 42	-18. 40	-24. 04	-26. 02
300559. SZ	佳发教育	104. 28	-34. 15	-103. 86	-33. 73
300556. SZ	丝路视觉	-14. 42	-13. 30	234. 80	207. 84
300550. SZ	和仁科技	-89. 17	118. 02	23. 38	52. 23
300541. SZ	先进数通	7. 84	92. 94	9. 81	110. 90
300525. SZ	博思软件	308. 60	-347. 82	185. 70	146. 48
300520. SZ	科大国创	11. 76	-161. 93	134. 10	-16. 56
300468. SZ	四方精创	140. 75	-5. 88	345. 05	482. 27
300465. SZ	高伟达	-103. 02	-70. 99	91. 95	-82. 01
300454. SZ	深信服	745. 56	-423. 51	494. 62	815. 82
300451. SZ	创业慧康	144. 87	-299. 22	18. 33	-136. 02
300440. SZ	运达科技	-65. 71	-22. 25	39. 20	-48. 75
300380. SZ	安硕信息	-156. 34	74. 71	56. 50	-24. 80
300379. SZ	东方通	-162. 88	-84. 06	104. 83	-142. 09
300378. SZ	鼎捷软件	197. 92	122. 15	-56. 82	268. 49
300377. SZ	赢时胜	10. 67	64. 25	-88. 22	-13. 30
300369. SZ	绿盟科技	59. 93	253. 60	-104. 76	213. 35
300365. SZ	恒华科技	23. 34	1. 00	-134. 40	-110. 34
300352. SZ	北信源	-68. 22	197. 69	-7. 27	122. 22
300348. SZ	长亮科技	-83. 18	-60. 64	126. 90	-12. 11
300311. SZ	任子行	-61. 34	51. 15	38. 54	28. 43
300253. SZ	卫宁健康	100. 44	-349. 79	-119. 68	-369. 02
300235. SZ	方直科技	18. 40	-149. 83	-3. 59	-135. 02
300229. SZ	拓尔思	183. 49	-106. 24	-42. 95	35. 17
300188. SZ	美亚柏科	-138. 22	-27. 47	770. 27	605. 70
300166. SZ	东方国信	327. 57	-65. 07	-178. 26	82. 23
300085. SZ	银之杰	26. 25	36. 95	-195. 70	-129. 79
300075. SZ	数字政通	53. 93	-68. 19	66. 95	52. 70
300047. SZ	天源迪科	-94. 21	-174. 13	136. 22	-131. 50
300036. SZ	超图软件	-115. 73	-315. 34	-24. 31	-453. 01
002987. SZ	京北方	134. 85	-295. 45	-47. 40	-208. 01

续表

证券代码	证券简称	2022 年经营现金流净额（百万元）	2022 年投资现金流净额（百万元）	2022 年筹资现金流净额（百万元）	2022 年综合现金流净额（百万元）
002777. SZ	久远银海	37. 57	-27. 97	-74. 12	-64. 52
002439. SZ	启明星辰	-11. 05	-252. 15	252. 92	-6. 70
002410. SZ	广联达	1647. 60	-964. 23	-374. 34	332. 19
002405. SZ	四维图新	-156. 05	-783. 29	-328. 67	-1265. 00
002362. SZ	汉王科技	-35. 95	-29. 78	13. 35	-39. 75
002296. SZ	辉煌科技	117. 51	-32. 07	-21. 82	63. 63
002280. SZ	联络互动	-36. 69	535. 36	-536. 54	43. 62
002279. SZ	久其软件	150. 39	-90. 65	-1. 96	67. 05
002253. SZ	川大智胜	30. 39	-70. 90	35. 44	-5. 07
002230. SZ	科大讯飞	630. 76	-1703. 90	-318. 37	-1371. 26
002212. SZ	天融信	-271. 08	184. 04	71. 04	-16. 00
002153. SZ	石基信息	-225. 63	-78. 25	-181. 20	-393. 87
002063. SZ	远光软件	35. 78	60. 32	-42. 50	53. 74
002467. SZ	二六三	112. 11	-201. 36	20. 70	-62. 58

数据来源：Wind 资讯。

1. 账面利润与实际现金流背离现象成常态

从表 16-3 可见，100 家样本公司中，2022 年经营现金流呈净流入的有 58 家，“三大活动”综合现金流净流入的公司也有 52 家；不过从表 16-2 可见，同期内账面净利润显示盈利的样本公司数量则达到了 72 家，以上三项数据之间的差异表明，样本公司中账面利润与实际现金流之间存在较为明显的背离现象，此举预示不同软件公司之间的实际盈利质量可能存在明显分化。

进一步对比表 16-2 和表 16-4 不难看出，所有样本公司中，账面净利润和实际经营现金流两个科目同时为正的公司数量只有 50 家，账面净利润和“三大活动”综合现金流两个科目同时为正的公司只有 42 家，以上三个科目同时全部为正的公司数量更是只有 31 家。

与此同时，从表 16-2 和表 16-4 对比中还可以发现，2022 年亏损的 28 家公司中，也有 8 家的经营现金流为正，另有 10 家“三大活动”综合现金流也为正，其中有 3 家公司的经营现金流和综合现金流同时为正。通过以上现金流量表和利润表对比分析不难看出，上述 100 家样本软件上市公司中，账面利润与同期内实际现金流之间普遍存在背离现象。

2. 投资与筹资现金流间“夹角”持续明显

样本公司投资活动现金流与筹资现金流之间的“夹角”长期持续存在，可能会对软件公司的利润结构构成持续性影响，这一点也值得引起关注。

由表 16-3 可见，样本公司 2020~2022 年的投资活动现金流净额分别为 -251. 13 亿元、-259. 09 亿元和 -119. 63 亿元，呈现出持续性大额现金净流出现象；同期内，样本公司的筹资活动现金流净额分别为 122. 02 亿元、136. 68 亿元和 145. 33 亿元，呈现出持续大额现金净流入趋势——需要指出的是，进一步分析各样本公司结构和行业趋势不难发现，样本投资活动与筹资活动现金流净额之间之所以存在明显且持续性的大幅度“夹角”，主要原因有两个：

一是样本公司中存在较多于最近三年新上市的科创板公司，具体数量为 23 家，这些公司 IPO 募资金额较大，还有包括用友网络在内的部分已上市公司也启动了大额定增融资，导致样本公司筹资活动现金流持续大幅净流入；同时，在 IPO 或定增募集资金到位后，样本公司大额募集资金的现金管理和募投项目的实施都会导致投资活动现金流加速流出。

二是软件行业为典型的轻资产行业，历史盈利能力和现金流整体表现长期较为强悍，软件上市公司也因此账面上普遍留存了大额的货币资金（具体情况见后文表 16－5），同时其每年的经营利润也大部分留存用于各种投资理财活动，导致投资活动现金流常年大额流出。

需要指出的是，不管是上述哪种情况更接近于导致投资与筹资现金流之间的常年大额“夹角”，都表明样本公司的各种投资活动可能是其利润表中的重要利润来源，各类投资活动收益可能对其利润结构构成持续性的深刻影响，这一点在前面的模拟合并利润表分析中已经得到了交叉证明。

（三）模拟合并资产负债表分析

表 16－5 和表 16－6 为 100 家样本软件公司 2022 年和最近三年的模拟合并资产负债简表，涵盖了值得关注的一些主要核心科目；表 16－7 为样本公司最近三年合同负债与营业收入对照情况，表 16－8 为涉及研发费用资本化相关的核心科目最近三年变动的对照情况。基于表 16－5～表 16－8 数据分析可以发现以下几个可能影响软件行业公司发展质量财务评价的关键点。

表 16－5　　2022 年模拟合并资产负债简表

	2022 年（亿元）	占总资产比重	占净资产比重	占总负债比重	占流动负债比重
资产总计	4497.72	100%	NA	不适用	NA
负债合计	1587.94	35.31%	NA	100%	NA
净资产	2909.78	64.69%	100%	不适用	NA
货币资金	1150.69	25.58%	39.55%	不适用	NA
开发支出	60.32	1.34%	2.07%	不适用	NA
无形资产	201.23	4.47%	6.92%	不适用	NA
合同负债	359.18	NA	NA	22.62%	26.79%
流动负债	1340.51	NA	NA	84.42%	
流动资产	2935.41	65.26%	NA	184.86%	218.98%

数据来源：Wind 资讯，透镜咨询。

表 16－6　　最新三年模拟合并资产负债简表

	2020 年（亿元）	2021 年（亿元）	2022 年（亿元）	三年增长率
资产总计	3539.12	4128.08	4497.72	50.65%
负债合计	1207.06	1453.88	1587.94	61.14%

续表

	2020 年（亿元）	2021 年（亿元）	2022 年（亿元）	三年增长率
净资产	2332.06	2674.2	2909.78	45.48%
货币资金	932.24	997.3	1150.69	45.73%
开发支出	43.21	47.13	60.32	102.69%
无形资产	130.85	169.18	201.23	67.11%
合同负债	320.57	357.04	359.18	12.55%

数据来源：Wind 资讯，透镜咨询。

表 16-7　　样本公司最近三年合同负债与营收对照

	2020 年（亿元）	2021 年（亿元）	2022 年（亿元）	三年增长率
合同负债	320.57	357.04	359.18	12.55%
营业收入	1871.54	2183.39	2219.03	35.67%
合同负债/营业收入	17.29%	16.35%	16.23%	NA

数据来源：Wind 资讯，透镜咨询。

表 16-8　　资本化研发相关科目对照

	2020 年（亿元）	2021 年（亿元）	2022 年（亿元）	三年增长率
非专利技术	22.60	39.39	54.70	104.59%
专利权	4.34	5.40	5.47	-4.27%
软件	33.14	55.86	60.75	55.38%
开发支出	43.23	47.13	60.32	102.65%
研发费用	265.47	339.01	376.43	59.75%
资本化研发	44.07	56.63	69.48	83.47%
营业收入	1871.54	2183.39	2219.03	35.67%

数据来源：Wind 资讯，透镜咨询。

1. 合同负债占比偏高但增速偏低

综合表 16-5 和表 16-6 可以看出，100 家样本公司的合同负债余额占其同期总负债的比重明显偏高，但同时样本公司合同负债余额的增速又明显偏低，由于合同负债具有特殊的“合同预收账款”属性，因此它可能会对软件行业公司的偿债能力评价和营业收入甚至是净利润的增长质量评价构成直接或隐性的误导性影响。

软件公司的合同负债主要是指已经按照合同实际收取了合同对价，但因合同义务并未履约完毕、尚不具备收入确认条件而暂时“挂在”资产负债表上的账面负债，尤其是在软件行业的 SaaS 预付费订阅模式下，行业的合同负债余额普遍偏高。

一方面，从表 16-5 可见，样本公司 2022 年的合同负债余额合计达到了 359.18 亿元，占其同期总负债余额的比重达到了 22.62%，占其同期流动负债的比重更是达到了 26.79%，合同负债成了样本公司账面负债的主要部分。由于合同负债实际上是软件公司基于其软件服务而提前向客户收取的“预收账款”，它与传统意义上的负债有着本质区别，因此过高的合同负债余额和比重可能会放大软件公司的实际负债压力和偿债压力，对软件行业企业的资产质量评价构成干扰。

另一方面，从表 16－6 可见，作为样本公司账面负债主体的合同负债增长率又明显低于其同期的营收增速，最近三年样本公司合同负债仅仅增长了 12.55%，远低于同期内营业收入 35.67% 的增速；与此同时，表 16－6 还显示，样本公司最近三年合同负债占营业收入的比重稳定在 16.23%～17.29%，同样处于较高的水平。从上述合同负债的范围定义不难看到，合同负债在某种程度上可以被看作是正常持续经营的软件企业的“未来营收”，是软件公司未来营业收入变动的“风向标”，因此在合同负债占营收比重过高的情况下，两者之间的增速“剪刀差”也成了决定软件企业收入和利润增长质量的重要结构性隐性因素。

2. 研发资本化余额持续高速扩张

模拟资产负债表分析所揭示的另一个值得注意的变化是样本公司研发资本化最近几年的扩张速度十分迅速，这表明软件行业的研发投入（研发费用和研发资本化）结构正在发生快速变化，在传统的研发费用之外，需要更加关注软件公司的研发资本化，以更好地综合评估软件公司的高质量发展潜力，并同时权衡过度扩张的研发资本化对企业当期现金流及后期净利润所形成的直接或间接压力。

从表 16－5 可见，样本公司无形资产的余额已经接近合同负债余额，且扩张速度（最近三年增长 67.11%）明显高于除开发支出外的其他核心资产负债表科目，其对软件公司资产结构的影响正在快速扩大。

详细分析样本公司披露的无形资产科目具体成分和来源不难发现以下两个核心信息：一是导致样本公司无形资产余额快速扩张的主要原因在于非专利技术和软件账面价值的快速增长，从表 16－8 可以看出上述两项资产 2022 年年底的账面余额分别达到了 54.70 亿元和 60.75 亿元，过去三年分别增长了 104.59% 和 55.38%；二是导致样本公司非专利技术和软件两项资产余额快速增长的重要原因为“内部研发转入”，这揭示了软件公司过去三年明显加大了研发支出资本化的力度。

表 16－8 显示，样本公司的研发支出过去三年内增长幅度高达 102.65%，截至 2022 年年底的开发支出余额达到了 60.32 亿元，进一步的研究显示这些开发支出几乎全是软件公司在研项目资本化的结果，由于相关在研项目尚未结项，尚不具备转入无形资产的条件而暂时以开发支出的名义单列。而且，截至 2022 年年底 60.32 亿元的开发支出余额已经占到了当年样本公司净利润总额的 66.68%，对样本公司的利润表构成了重大隐性影响。

同时，表 16－8 还显示，研发支出及无形资产扩张的背后，样本公司单独披露资本化研发支出总额三年内大幅增长了 83.47%，其中 2022 年资本化研发支出达到了 69.48 亿元，与同期 376.43 亿元的研发费用相比，样本公司 2022 年的研发资本化总额占到了其同期研发费用总额的 18.46%。

三、软件行业上市公司特有评价指标的设置与引入

基于以上软件行业典型财务特点及对软件公司发展质量影响较大的几个关键性因素的分析，可以在现有的通用行业财务分析与评价指标体系之外，引入以下几个符合软件行业特色和高质量发展导向价值的补充及替代性新评价指标：

（一）综合收入增长率

鉴于前述讨论的软件行业合同负债余额及占营收比重“双高”、其变动可能对相关企业的营业收入和净利润等利润表核心科目构成重要隐性影响的情况，可以考虑引入综合收入增长率这一新型指标，以替代现有财务分析、评价体系中常用的营业收入增长率这一指标。

具体而言，本文所指的综合收入增长率是指综合、全面考虑营业收入和同期内合同负债余额变动后的整体业务收入实际增长的速度，其具体计算公式为：

综合收入增长率 =（当期营业收入 + 期末合同负债余额 - 期初合同负债余额）/（上期营业收入 + 上期末合同负债余额 - 上期初合同负债余额）×100%

在现行财政部会计准则规定的收入确认原则下，软件行业企业 SaaS 业务及其他日常 IT 运维服务等多数主营业务所产生的合同收入并不能立即确认为营业收入，只能暂时计入合同负债，并根据实际服务交付及合同履约进度来逐步分批次确认收入，这就导致软件公司的营业收入指标存在更加严重的滞后性，原有的营业收入增长率已经不能及时、客观反映软件企业的最新实际业务进展。

综合收入增长率作为营业收入增长率的替代性指标的引入，不仅可以很好地规避原有营业收入指标的滞后性所带来的不利，更可以有效地压缩软件公司利用合同负债操纵利润表的财务粉饰空间，使其能够更加有效、客观、真实地反映一个会计核算周期内标的软件公司主营业务的最新实际增长情况。

（二）综合交付利润率

毛利润率一直被广泛用于评价一家企业主营业务的盈利能力，但考虑到营业成本和销售费用对于软件公司盈利能力的影响以及两个科目之间在软件行业存在较多的“模糊交叉地带”，引入综合交付利润率或相比现有的毛利润率指标更能真实地反映软件行业公司的主营业务盈利能力。

综合交付利润率是指软件公司在剔除营业成本和销售费用之后，将软件服务及产品交付给客户过程中所产生的直接利润率，其具体计算公式为：

综合交付利润率 =（营业收入 - 营业成本 - 销售费用）/营业收入 ×100%

需要特别指出的是，通过对样本公司各自会计政策、口径的对比分析研究发现，很多主营软件产品与服务几乎相同、在细分行业内也为互为完美对标对象的软件上市公司由于在渠道分销和交付模式上略有差异，他们对在软件、系统交付、实施过程中产生的支出进行了不同的会计处理，有的公司将交付实施支出计入营业成本，有的公司则将交付实施支出计入销售费用，导致业务上原本完美对标的软件公司却在表面毛利润率指标上呈现出较大悬殊。

致远互联和泛微网络虽然一直是国内企业级协同办公、运营数字化服务商细分赛道上相互精准对标的两家公司，其交付利润率对照如表 16 - 9 所示。前者最近三年毛利润率在 72.22% ~77.06%，相比之下，泛微网络的毛利润率却在 93.23% ~95.47%，后者的毛利润率大幅高于前者，最终净利润率却高度接近，但如果采用综合交付利润率口径，则二者差异不大，能够相对更加真实地体现出两家公司之间典型的“同业竞争”特征。

表 16－9　　致远互联、泛微网络交付利润率对照

指标名称	2022 年报		2020 年报		2021 年报	
	致远互联	泛微网络	致远互联	泛微网络	致远互联	泛微网络
销售毛利率（%）	77.06	95.38	72.29	95.47	72.22	93.23
销售净利率（%）	15.17	15.48	13.04	15.41	9.50	9.57
销售费用/营业总收入（%）	43.09	67.97	38.94	68.90	39.16	67.81
综合交付利润率（%）	33.97	27.41	33.35	26.57	33.06	25.42

数据来源：Wind 资讯，透镜咨询。

而且，需要指出的是，上述情况在软件行业较为常见。很显然，用现有的毛利润率指标评估软件公司盈利能力时，很容易与实际情况发生重大误差，但如果将营业成本和销售费用视为一个“交付支出”的整体来看，将毛利润率指标替换成综合交付利润率指标的话，则能有效避免很多软件行业企业在同业对标过程中的毛利润率指标失真的情况。

（三）主业利润贡献率

对于任何软件公司而言，只有来自核心主营业务的利润才是未来长期可持续的高质量利润，鉴于前述研究中发现的资产性收益和政府奖补退收益在软件公司利润结构中占比较高，不能准确反映软件公司主营业务实际自主盈利能力的情况，本研究引入主业利润贡献率作为补充性指标，以便更好地评估软件公司的盈利质量。

主业利润贡献率是指在剔除资本性收益、政府奖补退收益和公允价值变动损益之后，由企业主营业务所贡献的利润占同期净利润的比重，其具体计算公式为：

主业利润贡献率＝(净利润－其他收益－投资净收益－利息净收入－公允价值变动损益)/利润总额×100%

需要指出的是，在现有财务分析和评价指标体系中，“扣除非经常性损益之后的净利润”也被广泛用来衡量相关企业主营业务持续盈利能力，但在软件行业上市公司中，关于非经常性损益的界定范围各公司标准、口径各不相同，导致最终指标计算结果之间相互可比性不强。主业利润贡献率作为补充性新型指标引入，可以在统一的标准、口径下，结合行业特点，更好地评估软件公司的主营业务实际盈利能力以及未来盈利成长的长期可持续能力。

（四）主业利润含金量

评估软件公司盈利质量的过程中，除了需要分析利润来源结构之外，同时也应该进一步分析其主营业务净利润背后的现金流匹配度，尤其是前述研究表明软件公司账面利润与现金流之间的背离成为常态时，更应该引入主业利润含金量这一新型指标，与现有的财务评价指标体系形成互补。

主业利润含金量是指在企业主营业务经营现金流净额与企业主营业务贡献的净利润之间的比例，其具体计算公式为：

主业利润含金量＝经营流动的现金流净额/(净利润－其他收益－投资净收益－利息净收入－公允价值变动损益)×100%

在此之前，针对不少上市公司利用扩张应收账款等方式粉饰利润表的情况，净利润含金

量的概念已经在投资界被率先提出，其计算公式为：

净利润含金量 = 经营流动的现金流净额/净利润 ×100%，该指标被市场广泛接受并用于脱水评估企业的实际盈利质量水平。

考虑到软件行业资产性收益和政府奖补退收益在净利润中占比较高的客观情况，本文在净利润含金量的基础上进一步提出主业利润含金量，以与现有的净利润含金量指标形成互补性参考，进一步提高对软件公司盈利质量的评价标准。

（五）合同外流动比率

流动比率和速动比率是分析企业偿债能力和流动性压力的两个关键性指标，但前述研究结果表明，合同负债在软件公司的总负债，尤其是流动负债中占据着较大的比例，如果在软件行业直接简单粗暴地套用现有的流动比率和速动比率指标，很容易放大处于正常持续经营状态的软件公司的实际负债水平和偿债压力，因此本文引入了合同外流动比率概念。

合同外流动比率是指流动资产总计值与剔除合同负债之后的流动负债总计余额之间的百分比率，其具体计算公式为：

合同外流动比率 = 流动资产合计/（流动负债合计 − 合同负债）×100%

从合同外流动比率的定义和计算公式不难看到，这一指标其实是现有财务分析体系中流动比率在软件行业的定向改良的替代性工具。

在软件行业，企业在确认合同负债之后，由于主业毛利润率整体处于极高的水平，后续的履约成本相对较低，因此剔除合同负债之后的合同外流动比率指标能更加准确、客观地反映软件企业的实际流动性水平和短期偿债压力，是对软件公司进行资产质量评估的重要可行指标。

（六）资本化研发利润比

资本化研发的迅速扩张虽然为软件公司长期可持续发展储备了优势技术与产品资源并减轻了公司利润表当期的研发费用压力，但同时也对软件公司当期现金流和未来的无形资产摊销及减值构成了潜在压力，这也是外界在权衡软件公司短期盈利质量和长期成长能力时需要重点考虑的问题，资本化研发利润比可以成为这方面的一个重要辅助评价指标。

资本化研发利润比是指一个会计周期内公司资本化的研发支出与同期内该公司的净利润之间的比率，其具体计算公式为：

资本化研发利润比 = 资本化研发支出/净利润 ×100%

在上述公式中，资本化研发支出金额一般由上市公司年报、中报直接披露，如果相关公司并未直接披露资本化研发支出，理论上也可以基于表 16 − 8 所示的开发支出、非专利技术、软件和专利等四大科目的增量测算出某个会计周期内大致的资本化研发金额。

通过资本化研发利润比这个指标，外界可以更加全面、客观地进一步评估相关软件公司当期的净利润质量和实际盈利能力水平。

四、本项研究的主要局限性

本文基于软件公司发展质量视角提出了专门财务评价补充、替代指标体系，这一主要成果存在以下几个局限：

（一）纯财务视角评价软件公司发展质量存在先天不足

软件公司高质量发展的可评估维度复杂，既包括财务维度，也包括人员与技术竞争力、平台与生态竞争力和 ESG 综合竞争力等方方面面，这些维度都是能够深刻影响软件公司高质量、可持续发展的重要维度，单纯的财务评价不足以完整评估软件公司的发展质量和水平。

同时，即便就财务视角本身而言，本文所提供的方法也只能评估业务体量较大、发展阶段较成熟的中大型软件公司，对于处在创业、融资阶段，尤其是技术、模式仍处早期探索阶段，现有业务规模明显偏小的创业型软件公司而言，本研究成果，甚至现有的财务分析体系可能都无法实现有效覆盖。

（二）基于行业趋势特征的研究成果存在阶段时效性限制

本文成果是在软件行业过去三年财务数据和现行行业典型特征、趋势分析的基础上形成的，这意味着本研究的核心研究结论可能会受到较强的行业时效性限制。

由于行业时效性的限制，一旦未来软件行业在某个或多个维度发生足以打破现行趋势或特征的重大新变化，本研究基于过去“旧趋势”和“旧特征”所提出的“旧评价指标”体系可能同样也会无法“与时俱进”，再次失去行业时效指导价值，需要根据未来趋势进一步保持适时调整、改良。

（三）新指标的有效性和适用性取决于公司信披颗粒度

本文成果所涉及的软件公司高质量发展财务评价补充、替代指标集的有效性和适用性取决于诸多外部不可控因素，尤其可能会受限于各家软件公司的财务报表及年报、中报和季报信披的信息颗粒度。

一般而言，按照现行沪、深交易所信披要求和 A 股上市公司的信披惯例，本研究提出的指标计算所需的基础财务数据基本能够得到满足，但对沪、深交易所之外其他交易所，尤其是境外交易所上市软件公司，甚至是未上市的软件公司，不能确保能够基于公开信披数据准确计算出本文所提出之补充、替代性新型指标结果。

（四）样本结构、研究方法和分析维度存在较多局限性

由于在样本公司选择、研究分析方法、财务评价维度等多方面仍然存在明显不足，因此基于此的研究成果和结论可能只具有模糊正确性。

在样本公司选择方面，本文所涉及的样本公司数量只有 100 家应用型软件上市公司，不包括其他细分类型的软件公司，且样本范围仅限于 A 股上市公司，并不包括港交所及境外上市的中概股软件公司，因此样本的代表性也存在一定的局限。

在研究方法方面，本文只采取了较单一的公开财务数据分析总结，并未对相关领域的上市公司高管及行业专家进行深入访谈交流；同时在数据分析维度方面，本研究并未覆盖样本公司三大财务报表的所有会计科目，因此对于行业特点及趋势的分析结论难免会有疏漏，由此所形成的研究结论也会因此存在明显瑕疵甚至错误。

参考文献：

[1] 孙笑．基于财务决策视角的企业内在价值评价方法研究 [D]．吉林大学，2013.

[2] 滕祖祥．企业财务分析存在的问题和对策研究 [J]．大众投资指南，2023 (16)：89 -91.

[3] 薛瑞祥，丁桦．软件开发行业上市公司绩效影响因素分析 [J]．市场研究，2020 (7)：57 -60. DOI：10. 13999/j. cnki. scyj. 2020. 07. 021.

[4] 王雪薇．哈佛分析框架在 H 软件公司的应用研究 [D]．西安石油大学，2020. DOI：10. 27400/d. cnki. gxasc. 2020. 000651.

[5] 郭欣．新收入确认准则 IFRS15 行业影响分析——以软件行业为例 [J]．财经界，2018 (27)：81. DOI：10. 16266/j. cnki. cn11 -4098/f. 2018. 18. 057.

17. 提升上市公司非财务信息披露质量

上海信公科技集团股份有限公司 课题组*

信息披露是上市公司增强资本市场品牌力、对外传递企业价值的重要方式。随着资本市场不断深化发展，投资者对上市公司的信息诉求尤其是非财务信息的诉求越发显著，上市公司提升非财务信息披露质量同时面临着机遇与挑战。

统计结果显示信息披露质量优良的上市公司个股表现较优，课题组采用实证分析的方式进一步检验了上市公司的信息披露质量对其个股收益率具有正向贡献。从资本市场表现来看，近年A股上市公司的市值及其流动性分布呈现“二八分化”特征，但市场仍存在轮动机会，上市公司需要持续提升信息披露质量以增强自身竞争力。结合投资者的决策流程及其信息诉求，课题组认为，相较于财务信息披露的规范性及局限性，上市公司尤其是中小上市公司更需注重投资者的非财务信息诉求，着力提升信息披露的决策有用性。

基于此，课题组结合当前上市公司非财务信息披露的实践，从信息披露理念、披露规范性、信息差异化、可理解性等多个维度论述了上市公司非财务信息披露待改善问题，并针对性提出上市公司应当构建以投资者需求为导向的信息披露体系、统筹定期报告与临时公告有机联动、提升关键信息可理解性、主动增加个性化信息披露、注重ESG报告披露等可行性建议，以期助力上市公司全面展现企业综合价值，提升资本市场竞争力。

---

* 本项目课题组成员为：尹兵、刘铭，其中：尹兵，上海信公科技集团股份有限公司，研究中心院长、合伙人，博士研究生；刘铭，上海信公科技集团股份有限公司，研究中心专家，硕士研究生。

一、信息披露理论研究

信息披露制度始于发达资本国家，至今已有不少经典研究成果。信息不对称理论认为，在市场经济活动中，各类人员对有关信息的了解存在差异，而在资本市场中，证券发行人与投资者之间的信息不对称问题尤为突出。由于证券市场充满不确定因素和投资风险，投资者投资的成败取决于其对证券发行公告经营状况、财务状况等信息的掌握程度，以及在此基础上所作出的判断和决策。这些信息在投资者与上市公司经营者之间的分布是不对称的，上市公司经营者具有明显信息优势，其结果可能导致操纵市场、内幕交易盛行，令股价与上市公司业绩背离，价格信号失灵，以致扭曲证券市场功能。为降低信息不对称，消除和减少因此给市场机制作用正常发挥带来的不利影响，保护信息弱势的投资者的合法权益，信息制度就需要上升到法律层面，由国家权力强制实施。

按照披露内容进行划分，上市公司所披露信息可分为财务信息与非财务信息两大类，对于非财务信息披露的效用研究观点各有千秋。“透明观”认为非财务信息披露可以缓解信息不对称、提高公司透明度，例如 Glosten & Milgrom（1985）的理论模型即表明提高披露水平可以降低信息不对称程度。“柠檬观”则认为自愿披露的非财务信息不一定具有信息含量，甚至公司管理者为了追求控制权私有收益而故意披露虚假的信息，例如 Merkl - Davies & Brennan（2007）指出管理层可以通过可读性、修辞、主题、排版结构、业绩比较、数字选择、业绩归因等方法操纵描述性披露。

专有成本动机假说则从披露影响因素的角度分析了专有成本对信息披露行为的影响。Wagenhofer（1990）认为在一个竞争行业中，公司披露信息一方面有利于市场对其价值进行准确评估，另一方面也有利于竞争者掌握公司的信息从而采取不利于本企业的行为，这种间接成本属于专有成本。然而，目前尚缺乏直接的经验证据来支持这种假说（Beyer et a1.，2010；Berger，2011）。尽管对于专有成本的分析观点存在一定争议，但其仍为信息披露的研究拓展了维度，提供了有效借鉴。

二、信息披露质量对资本市场表现的影响

（一）信息披露质量与股价波动

对于资本市场来说，个股的价格波动是常态。Wind 统计数据显示，自 2020 年 1 月 1 日至 2023 年 10 月 31 日，A 股上市公司区间最大涨跌幅（指区间自最高价的最大跌幅及区间自最低价的最大涨幅，下同）未超过 50% 的仅有 279 家，其中区间最大涨幅（自最低价）可达数十倍，最大跌幅（自最高价）亦有达到 90% 以上。

尽管股价起伏屡见不鲜，但仍有部分上市公司在市场波动中表现不俗。如以最近三年信息披露评级连续为 A 的标准[①]对上市公司群体进行分类，统计数据显示，最近三年信息披露

① 本报告选取最近三年信息披露评级连续为 A 作为上市公司信息披露质量优秀判断标准，下同。

评级连续为 A 的上市公司中，个股股价区间最大跌幅超过 50% 的占比约为 57.2%，区间最大涨幅超过 50% 的占比为 85.34%；未满足最近三年信息披露评级连续为 A 条件的上市公司中对应占比则分别为 69.14%、81.47%，前者分布更优。

如图 17－1① 所示，如以区间涨跌幅代表收益情况，该期间内最近三年信息披露评级连续为 A 上市公司的区间涨跌幅指标的中位数为 14.83%，未满足最近三年信息披露评级连续为 A 条件的上市公司则仅有 1.35%，前者的收益表现更具优势。而从回撤表现来看，如以区间自最高价的最大跌幅作为参考，最近三年信息披露评级连续为 A 的上市公司该指标中位数约为 52.53%，未满足最近三年信息披露评级连续为 A 条件的上市公司则为 58.16%，回撤幅度明显高于前者。

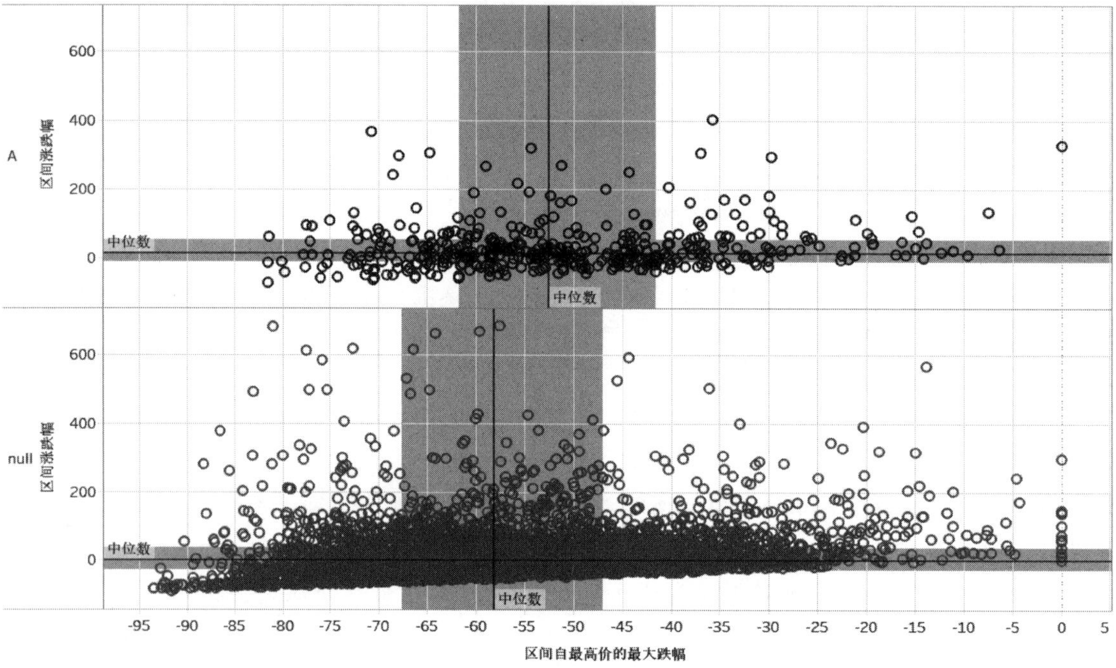

图 17－1　2020～2023 年 10 月 31 日上市公司股价波动分类统计②

（二）信息披露质量对个股收益率具有正向贡献

1. 提出研究假设

基于上文所描述现象，本部分进一步结合实证研究客观分析上市公司信息披露质量与个股收益率之间的关系。

根据信息不对称理论，上市公司公开披露信息是投资者决策的重要依据，上市公司的信息披露质量越高越有助于降低企业与投资者之间的信息不对称、增进投资者对企业的了解、增强投资者持有信心；反之，若上市公司信息披露存在问题，例如因信息披露不真实、不完

① 图中 A 代表最近三年信息披露评级连续为 A 的上市公司群体，null 代表未满足最近三年信息披露评级连续为 A 条件的上市公司群体。

② 该样本剔除个别极值影响，有效样本共计 5282 个。

整受到监管处罚，则往往代表着上市公司的经营或治理存在缺陷，难以获得投资者青睐。Barry & Brown（1985）提出投资者基于上市公司的信息披露质量评估公司风险，若公司的信息披露质量较高，则投资者愿意以更高的价格购买相应股票，且要求的回报率低。从上市公司的资本运作角度考虑，投资者的这一偏好对于降低企业融资成本、提升企业价值、增进资本市场表现亦具有重要意义。即上市公司的信息披露质量对于获取投资者支持、对抗波动风险、强化个股收益表现具有正向作用。

由此本文提出假设：

上市公司的信息披露质量越高，个股收益率表现越好。

2. 样本及数据来源

本文研究对象主要为 A 股上市公司，结合信息披露评价周期及数据可得性、可比性，将研究区间界定为 2020 年 1 月 1 日至 2022 年 12 月 31 日，并对原始数据进行如下处理：（1）剔除未有连续三年信息披露评价结果的样本；（2）剔除 *ST 及 ST 样本；（3）剔除相关财务数据缺失样本；（4）为避免极端数据对样本产生影响，对所有数据进行 1% 和 99% 缩尾处理，经过上述处理后总计获得有效样本 10566 个，相关数据来源自 Wind 数据库，信息披露评价结果来自沪深证券交易所。

3. 变量定义

变理名称及定义如表 17 –1 所示。

表 17 –1　　变量名称及定义

变量类型	变量名称	描述
被解释变量	Rate	2020 年 1 月 1 日至 2022 年 12 月 31 日个股区间收益率
核心解释变量	IDR	连续三年信息披露评价结果 A 类赋值为 1，否则为 0
控制变量	Size	企业报告期末总资产，取对数
	Growth	净利润增长率
	OC	公司前五大股东持股比例之和
	ROE	净资产收益率
	Irate	所属 Wind 行业指数区间涨跌幅

4. 模型构建

为检验上市公司信息披露评级和股价波动之间的关系，借鉴 Jin 等研究，构建回归模型如下：

$$Rate = \beta_0 + \beta_1 IDR + \beta_2 Size + \beta_3 Growth + \beta_4 OC + \beta_5 ROE + \beta_6 Irate + \varepsilon$$

其中，因变量 Rate 表示个股收益率，β_1 是本文重点关注的信息披露质量对个股收益率的影响，对于信息披露质量的判断采用连续三年信息披露评价结果 A 类为标准，如果该系数为正且显著，则表示信息披露评价结果越高，个股收益率越好，即信息披露质量对个股收益率有正向影响。

5. 结果分析

根据上文变量及模型设定，构建多元线性回归模型对样本进行回归结果如表 17 –2 所示。

表 17－2　信息披露质量对个股收益率的影响

变量	(1) Rate
IDR	0.0662**
	(3.05)
Size	－0.0208***
	(－4.45)
Growth	0.000111
	(1.04)
OC	0.0496
	(1.14)
ROE	0.316***
	(12.56)
YEAR	控制
Irate	0.455***
	(12.72)
_cons	0.229***
	(7.83)
N	10566

注：* $p<0.05$，** $p<0.01$，*** $p<0.001$

表17－2为上市公司信息披露质量对个股收益率的回归结果，结果显示，上市公司的信息披露质量对其个股收益率的影响通过显著性水平检验，即上市公司的信息披露质量越高，其个股收益率表现越强。

这表明提升信息披露质量对于增强上市公司的资本市场表现具有重要意义。

三、提升非财务信息披露质量，强化资本市场品牌力

（一）资本市场竞争加剧，“小而美”机遇与挑战并存

1. 二八分化，中小市值上市公司持续承压

以2023年10月31日A股上市公司市值及成交额分布进行统计，如图17－2所示，市值达到500亿元以上的上市公司数量占比约为4.68%，但年度成交额的占比则达到23.94%，与之相比，中小市值尤其是市值小于30亿元的上市公司的流动性显著较低——市值小于30亿元的上市公司数量占比达到23.26%，但其成交额占比不足7%，市场流动性二八分化格局显现，头部上市公司明显占优。

图 17－2 A 股上市公司市值及成交额分布

从数量分布变化来看，统计区间内市值规模小于 30 亿元的上市公司数量从 894 家上升至 1232 家，增速接近 38%，其对应成交额占比则由 7.83% 下降至 6.1%，随着资本市场供给侧竞争进一步加剧，中小市值上市公司的流动性承压可见一斑。

2. 市场风格轮动，做好披露“借东风”

从机构调研覆盖情况来看，如图 17－3 所示，Wind 统计数据显示 2020～2023 年（截至 10 月 31 日）机构对于个股的调研覆盖率由 35.11% 快速上升至 53.58%。

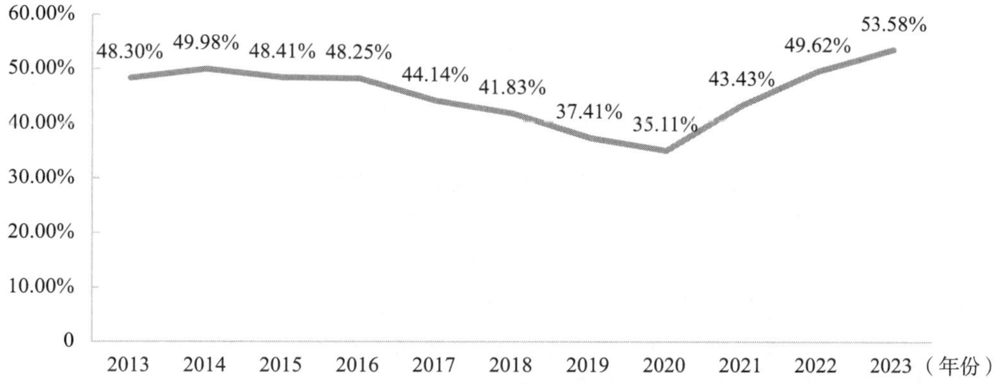

图 17－3 机构调研 A 股上市公司覆盖率

如依据市值对机构调研目标企业类型进行划分，统计区间内百亿元市值以下（含百亿元）的上市公司占机构调研样本的比例由 57.09% 上升至 66.88%，显见中小市值上市公司获得机构关注度有所提升。

尽管风格轮动下机构覆盖面有所增大，但由于调研工作存在受限条件，机构仍会对标的公司有所筛选。

从机构端来看，上市公司的信息披露情况是能够较为直观、简便地筛选标的的重要依据。上市公司如未披露决策有用的关键信息，或信息披露质量较低，可能代表企业没有披露意愿或没有披露能力，无论出于何种原因，关键信息的缺失都会使投资者难以形成有效判断，从而导致弃选或给予较高贴现率以应对信息不对称的风险；与之相反，对于关键信息的明确披露则有利于增强投资者对于企业的认知，帮助企业获取投资者的关注、信任乃至陪伴。信息披露质量的提升对上市公司获取机构关注、构建资本市场品牌形象具有重要意义。

（二）围绕机构投资者需求，提升非财务信息的决策有用性

信息披露在资本市场定价机制中发挥重要作用，作为上市公司的“门面”，所披露信息的质量能够直观反映企业相关情况。若上市公司的信息披露出现重大违法违规情形，那么其

经营管理往往也会存在较大疏漏、企业处于亚健康状态。

从信息效用及传递路径来看，作为信息的披露方，上市公司通过公开披露构建“树立预期——兑现预期”的持续循环，向市场及投资者传递企业价值及发展预期。投资者作为信息的使用方，通过对所获取信息进行分析整理，评估企业价值与现行价格的关系（高估或低估），作出买卖决策。在这个过程中上市公司所披露信息的范畴及质量将直接对投资者判断产生影响。

考虑到“成本—效益”原则，上市公司难以实现“面面俱到式”披露，而投资者的信息诉求往往较为丰富、多元，因此围绕投资者共性需求、提升信息“含金量”不失为一项好的选择。

现阶段我国资本市场投资者结构中个人投资者占比仍较高，但机构投资者的占比已逐渐提升，且其信息使用能力具有较高的专业水准，在证券投资中具有较大市场影响力，故机构投资者的关键信息诉求是上市公司开展信息披露工作时不可忽视的重要因素。

以作为“信息杠杆”角色的证券分析师为例，参考证券分析师对上市公司权益定价的分析一般包括：

- 环境分析（包括宏观研究、行业研究和公司治理等）
- 业务分析（包括战略规划、营销分析等）
- 经营成果分析（包括会计分析、报表分析和财务分析等）
- 调研与评级（包括实地调研、建立财务模型、估值和评级等）

按照上市公司的信息披露内容进行分类，上述流程所涉及信息既包括财务信息也包括非财务信息。

投资者通过财务信息可以分析企业整体经营业绩的财务状况，但由于会计计量、确认等因素制约，财务信息仅能反映历史情形，且传统报表范畴受限，无法完整体现企业经营所有相关重要信息。此外，财务信息的理解需要投资者有较好的分析基础，尤其是在前后报表口径发生变化的情况下，信息的可比性、相关性削弱，若无补充解释信息，或难满足投资者用以构建未来预期的需求。

参考证券分析流程来看，上市公司所披露的财务信息与非财务信息互为补充，缺一不可。投资者不仅注重企业的财务数据，也注重驱动财务数据发生变化的因素。以收入为例，证券分析师不仅需要了解企业报告期内收入相较于过往的变化，更需要了解收入变化是出于何种原因：市场需求旺盛所带来的收入增长与卷入白热化“价格战”所产生的收入增长会对投资者预期产生不同影响。上市公司的财务信息与非财务信息相结合才能构建企业完整画像。

进一步地，随着资本市场不断发展，可持续发展等理念兴起，利益相关者理论推动信息需求范围也在不断扩大。企业社会责任、环境保护等非财务信息亦被纳入上市公司强制披露范畴，这一做法为 ESG（Environmental，Social and Governance，代表环境、社会和公司治理）投资提供了决策参考信息，非财务信息的决策有用性不断提升。

近年来监管政策不断修订完善，上市公司的财务信息披露已有明确范式，披露时间、披露格式、披露内容均有相应规则，引导上市公司做好财务信息披露，市场实践表现已有长足进步。但对于上市公司的非财务信息披露部分，由于各家企业情况不同，所涉及事项更具有差异化特征，难以完全通过监管规则实施统一引导，需要上市公司结合自身情况进行披露，因此披露质量更显参差不齐。与财务信息披露相比，上市公司的非财务信息披露无论是信息覆盖广度还是披露深度都尚有较大改善空间，如何提升非财务信息披露质量、增强信息决策有用性是上市公司的重要挑战。

四、现阶段上市公司非财务信息披露主要问题

（一）传统信息披露“成本观”下主动性不足

传统观点多认为上市公司的信息披露是企业成本类事项，提升信息披露质量的动机来源于信息披露违法违规成本大幅提升的震慑，因此，对于法规无强制要求的信息，尤其是非财务信息的披露主动性不足。

“成本观”下上市公司对信息披露质量的判断标准常见为满足监管要求，信息披露工作的开展呈“被动式”“触发式”、缺少计划性，由此上市公司所披露的信息更为零散、随机，无法系统化展现企业发展的内在逻辑。尽管不乏有上市公司会在定期报告尤其是年度报告中对区间内企业经营发展整体情况作出梳理、描述，但鉴于年度报告披露时点相较于企业发展变化较为滞后，并不能有效满足投资者对信息的及时性要求。

此外，若以“成本观”为导向，仅以合规性作为信息披露质量的评估标准，考虑到自愿性披露的一致性原则及监管规范要求，上市公司对预测性、前瞻性信息披露的态度可能会更为保守、审慎，而此类信息恰恰是投资者重点关注、与企业价值判断密切相关的重要内容，披露不足会导致上市公司的公开信息决策有用性受损，更甚者将会影响投资者对企业价值的判断。

在资本市场竞争态势加剧的情况下，上市公司要获得优势，需要转变信息披露“成本观”，更为积极、主动地通过公开披露信息广泛获得投资者的关注，切实将信息披露作为价值传递的重要渠道，将其与企业发展规划深度融合，构建以投资者需求为导向的信息披露体系，持续提升信息披露质量，更好地实现为企业价值成长赋能。

（二）蹭热点、炒作式披露频现，合规意识仍待提升

不同于“成本观”下主动性不足的问题，现阶段上市公司信息披露存在的另一突出现象是部分上市公司将信息披露作为蹭热点、炒概念的手段，实现拉炒股价的目的。2023 年仍有多家上市公司因炒作式披露受到监管处罚，已有企业被给予通报批评、公开谴责处分，甚至有公司因此被处以百万级罚款，违规后果之重可见一斑。

上市公司公开披露的信息能够对投资者决策产生较大影响，因此信息披露行为须严格遵守基本原则，保障所披露内容的真实、准确、完整。迎合市场热点的炒作式披露或许能够在短期误导投资者、实现抬升股价的目的，但上市公司的价值成长并非朝夕之功，也不在一时之利。随着虚假信息被证伪，企业的资本市场形象大为受损，股价相应大幅回落，突击式变脸的表现也会削弱投资者对企业的信任，“狼来了”的故事导致市场对企业的未来发展存疑；且企业也会因行为不当受到监管处罚，可谓得不偿失。

合规是信息披露的安全线，守好合规底线不放松是上市公司开展信息披露工作的应有之义。在从严从重的高压监管态势下，上市公司的信息披露违法违规成本持续攀升，以损害自身形象及投资者信任为代价的肆意妄为不可取。

（三）"范式"输出未构成财务信息的有效补充

如前文所述，上市公司的财务信息与非财务信息是有机整体，二者相互补充能够更好地体现企业发展理念及价值成长性。但从现行实践来看，即便是格式标准里要求的说明信息，也有很多上市公司仅照本宣科，并未进行有效披露。

以备受关注的年度报告为例，参照《公开发行证券的公司信息披露内容与格式准则第 2 号——年度报告的内容与格式》，报告中公司管理层讨论与分析的部分应当对业务经营信息和财务报告数据，以及报告期内发生和未来将要发生的重大事项，进行讨论与分析，以有助于投资者了解其经营成果、财务状况及未来可能的变化，且鼓励公司运用逐年比较、数据列表或其他方式对相关事项进行列示，以增进投资者的理解。然而实践中，不少上市公司对该部分内容尤其是关键指标的描述流于形式，常见为借鉴第三方机构研究报告、咨询报告，或是年复一年延续自家过往表述。无论是泛泛而谈还是千篇一律，并不能切实反映上市公司在报告期内的经营发展成果，无法有效满足投资者的信息诉求。

再比如，对于主要财务指标部分，规则明确上市公司应当采用数据列表方式，分季度提供营业收入、归属于上市公司股东的净利润、归属于上市公司股东的扣除非经常性损益后的净利润、经营活动产生的现金流量净额，上述财务指标或其加总数与公司已披露半年度报告相关财务指标存在重大差异的，应当说明主要原因。但从查阅市场案例来看，相关指标变动的原因说明未必达到了规则预期的效果。以营业收入变动为例，有上市公司将其报告期内营业收入大涨原因仅解释为公司开展的某项经营活动收入增加，以"增加"解释"增长"，并未结合公司展业情况进行深入分析，投资者即便阅览了相关内容也是知其然不知其所以然，难以据此作出判断。

（四）对业绩驱动关键信息的披露不充分

参考机构投资者的信息诉求，上市公司的业绩驱动关键信息是投资者的重要关注点，但从市场实践来看，这类信息的实践尚存有较大改善空间。

现有信息披露规则体系中，定期报告及临时公告均有涉及公司业绩驱动关键因素的披露要求，然而从过往披露的年度报告案例来看，不少上市公司对该部分内容的描述一笔带过、含糊其辞，或是寥寥数语仅有口号式、宣传性表述，缺乏对自家经营发展逻辑的实质性分析，少见对业绩驱动关键信息的充分披露，信息的"含金量"不足。

不同于定期报告的"汇报式"披露，临时公告往往更能够及时体现上市公司经营发展中的重大变化。以对外投资为例，上市公司如开展重大对外投资，须参照规则要求（参考沪市主板公告格式）披露对外投资的基本情况、投资协议主体基本情况、投资标的基本情况及对外投资合同主要内容、对上市公司影响及风险分析等内容，披露要求较为详细，且在对外投资公告首次披露后，上市公司如有相关审议、协议签署及其他重大进展或变化情况，也应当及时披露。从实践情况来看，2022 年 1 月 1 日至 2023 年 10 月 31 日共有超过 1400 家上市公司披露了对外投资事项，其中 600 余家披露了进展公告，但公告内容多为完成工商登记手续、领取营业执照等信息，投资项目的后续情况及对公司经营发展的切实助益则少见披露，甚至在定期报告中也可能并无相应体现。考虑到此类对外投资事项往往会对投资者预期产生较大影响，"虎头蛇尾"式披露或难以满足投资者的信息诉求。

此外，现阶段上市公司对业绩驱动关键因素的披露还存在“自利性归因倾向”，部分企业对利好信息主动充分披露，对于可能降低市场预期的信息则仅做简略描述甚至直接忽略，对于相关风险因素的披露亦不翔实。尽管有一致性原则要求，但监管规范对于披露细节的把控仍无法面面俱到，上市公司的选择性披露不利于投资者对公司情况作出客观评价，可能会误导投资者的选择。

（五）信息共性多于个性，难以体现核心优势

A 股市场百花齐放、异彩纷呈，即便是处于同行业的上市公司，也会因自身经营发展模式与理念不尽相同而各有千秋，企业的个性化、差异化特征是投资者对比同类标的、作出价值判断的重要依据。

从上市公司的信息披露体系来看，年度报告是用以完整展现经营图景的重要载体，然而在现阶段上市公司所披露的年度报告中多见对宏观环境、国家政策等信息的描述，能够进一步结合自身情况深入分析所处行业、竞争地位、业务模式、产品特征、比较优势、潜在劣势等的信息较为少见。究其原因，一方面是仍有企业对信息披露的重视不足，认为企业经营发展的关键信息通过线下调研或说明会等定向沟通方式更为有效，因此在公开披露的报告中着墨较少；另一方面是部分企业认为公开披露的关键信息若被竞争对手及潜在竞争对手加以利用，可能会削弱自身的竞争优势，因此需要在投资者信息诉求与竞争性商业秘密之间的平衡下有所取舍，对涉及自家核心竞争优势的信息选择“避而不谈”。

从资本市场投资者端考虑，上市公司的核心竞争力及其“护城河”始终是投资者重点关注的要素，将影响对企业估值的判断。基于现代公司治理结构，上市公司的管理层对企业的经营发展情况及其核心竞争优势最为了解，因此由管理层视角公开披露的相关信息会成为投资者决策的重要依据，有助于增进投资者对企业的了解、增强投资者对企业的信任；且其信息传递成本低、覆盖范围广，能够有效缓解信息不对称问题。若上市公司所披露的信息内容空泛、共性信息多于个性信息、缺少差异化分析，则无法切实直观体现企业与其他竞争者相比所拥有的核心竞争优势，不利于提升投资者对上市公司的认知程度，加大了企业把握市场轮动机会的难度。

（六）专业信息缺少必要说明，可理解性较低

随着科学技术不断创新发展，越来越多新业态、新模式的企业登陆资本市场，新兴行业、细分行业的龙头企业不断涌现，在增进了上市公司多样性的同时，也为投资者带来了专业信息的认知挑战。对于投资者来说，作出投资决策的重要前提是投资者认为对公司情况有较为清晰的认知、能够作出合理的价值判断，结合自己的风险偏好“用脚投票”，因此上市公司所披露信息的可理解性会对投资者的决策产生较大影响，尤其是在现阶段资本市场可选标的丰富的情况下，上市公司的信息如不便于投资者理解或对其产生误导，恐难获青睐。

从现阶段市场实践来看，多数上市公司对专业信息的披露仍缺乏必要的说明，比如部分定期报告中未有必要解释，仅高频引用英文缩写名称，使投资者看起来“云里雾里”；或是在专业名词的释义中套用专业术语，补充说明的内容对投资者来说仍难辨其意；或是解释内容较为空泛，虽辞藻复杂冗长但并不具备切实解释效用；再或是缺少解释说明中应包含的关键信息，以致对投资者的信息理解产生误导，进而干扰投资者的决策判断。

尤其是对于高精尖技术领域的企业来说，所涉及专业名词及专有术语的理解难度较大，一字之差所代表的含义可能大相径庭，过往已有上市公司因用语不当、对投资者产生误导而受到监管处罚，在监管案例情节中，由于相关概念较难分辨，该误导性信息澄清后上市公司的股价表现快速自大涨转为大跌，投资者的利益受到了较大影响。因此对上市公司的专业信息作出充分解释、说明，避免对投资者造成误导，是上市公司践行合规信息披露的必要选择。此外，若公司业务及其产品的专有名词或专业术语较为生僻、构成投资者的理解障碍，那么投资者的决策判断具有更大难度，可能会导致企业无法被纳入其标的范畴中，继而使上市公司在资本市场的竞争力受损。因此上市公司的信息披露需要做到“简明清晰、通俗易懂”，有针对性地主动增强公司所披露信息的可理解性、降低投资者的信息成本，帮助投资者更好地厘清企业经营发展情况，并在此基础上建立良好的信息沟通机制，通过强化投资者对企业的理解，增进投资者对企业的信心，获取投资者的支持、助力企业持续成长。

五、进一步提升上市公司非财务信息披露质量的建议

（一）结合发展战略，构建以投资者需求为导向的信息披露体系

如前文所述，上市公司的信息披露对其资本市场表现具有正向影响，因此提升信息披露质量具有现实意义。传统信息披露“成本观”仅限定于满足监管规范要求，但从信息披露效用来说，切实满足投资者的信息诉求也是提升信息披露质量的重要维度，上市公司需要树立信息披露为目标投资者服务的意识，构建以投资者需求为导向的信息披露体系。

要实现这一目标，上市公司可考虑从两方面着手：一方面，将信息披露与公司战略规划相结合，定期梳理企业战略贯彻执行的重大事项及重要时点，在此基础上结合公司情况制订年度信息披露计划（可依据自身需求设定计划周期，并进行动态调整），以便在关键节点有序做好信息披露，保障内容的真实、准确、完整，加强与投资者之间的信息沟通，发挥信息披露构筑上市公司资本市场品牌力的效用。另一方面，围绕投资者的信息诉求构建信息披露体系，需要上市公司对自身的投资者结构熟稔于心，基于持股结构、股东类型及潜在目标股东情况等因素分析投资者群体的核心信息诉求，选择便利、高效的方式与投资者进行沟通，所披露内容范畴既须注重满足当前股东的信息诉求，亦期能够通过主动、精准的信息披露获取潜在目标投资者的信任与支持，这要求上市公司在日常工作中关注股东行为分析变化，保持与重要股东的顺畅交流，充分了解股东的信息偏好，并切实将其纳入信息披露内容体系中，通过信息披露的方式合规、有效地向投资者传递企业价值。

（二）定期报告与临时公告联动，持续“树立—兑现”预期

上市公司的信息披露体系既包括定期报告也包括临时公告，对于投资者来说，重要临时公告及定期报告尤其是年度报告都是其重点关注的信息载体。例如上市公司以临时公告方式披露了对外投资新设项目以培育第二成长曲线，那么若后续进展未触及临时公告披露标准，投资者则无法获知该项投资对企业发展的增益情况，或会导致信心不足。上市公司可以通过定期报告进行补充披露，使定期报告与前期临时公告形成有效联动，在通过临时公告帮助投资者树立了发展预期后，持续通过定期报告的经营分析及业绩变动等跟进体现该项投资对企业发展

的推动作用，兑现前期预期，“言而有信”的企业形象能够有效增进投资者对企业的信任。

尽管从内容范畴来看临时公告与定期报告存在较大差别，但二者之间并非相互割离——定期报告尤其是年度报告的篇幅更长、覆盖更广，因此能够更为充分、翔实地向投资者展现企业经营理念及战略规划，通过定期报告将相对分散的临时公告内容进行整合，以企业发展逻辑作为主线完成“化零为整”，能够更好地帮助投资者加强对企业的理解，而相较于“虎头蛇尾”式披露，临时公告与定期报告相互呼应的强联动更能够体现企业战略规划及执行情况。定期报告既可以作为阶段性总结，又可以展望未来发展预期，与临时公告的重大事项关键信息的披露联动贯穿，能够使投资者更为系统、全面地理解企业价值，加强投资者对企业未来发展的信心。

（三）突破范式强化亮点，提升关键信息可理解性

尽管上市公司公开披露的信息多有格式指引，但由于格式指引是为全体上市公司提供参考规范，以共性信息、强制性信息为主，因此范式标准未必能够契合企业情况、有侧重地突出特色及亮点、满足投资者的信息诉求。

上市公司的业务发展模式及产业逻辑常见于定期报告中，以年度报告为例，《公开发行证券的公司信息披露内容与格式准则第 2 号——年度报告的内容与格式》明确“公司编制年度报告时可以图文并茂，采用柱状图、饼状图等统计图表，以及必要的产品、服务和业务活动图片进行辅助说明，提高报告的可读性”，但实践中仍有大量上市公司选择按部就班参照格式要求填列内容，对于信息是否直观、是否便于理解或未有深度思考。与之相比，部分上市公司已具备优秀实践经验，积极、主动结合自身的业务模式，以图文结合的方式从不同维度清晰、完整地展现企业的产业逻辑，增强了所披露信息的可理解性。

以厦门象屿为例，公司披露的 2022 年年度报告中针对经营理念、业务模式、业绩表现等内容均采用了图文结合的方式。厦门象屿的经营业务活动中所涉及的品类较多、不易拆解，因此对于商品组合及其盈利能力，企业采用图表方式直观、清晰列示了其组合构成及市场竞争力。公司 2022 年经营商品期现毛利构成如图 17－4 所示，核心产品市占率情况如图 17－5 所示。

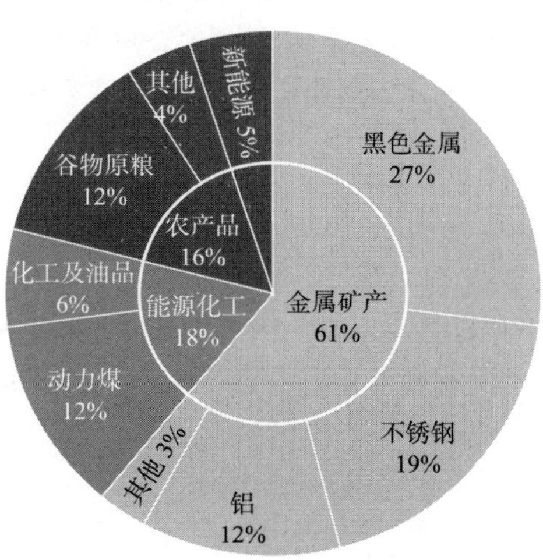

图 17－4　公司 2022 年经营商品期现毛利构成

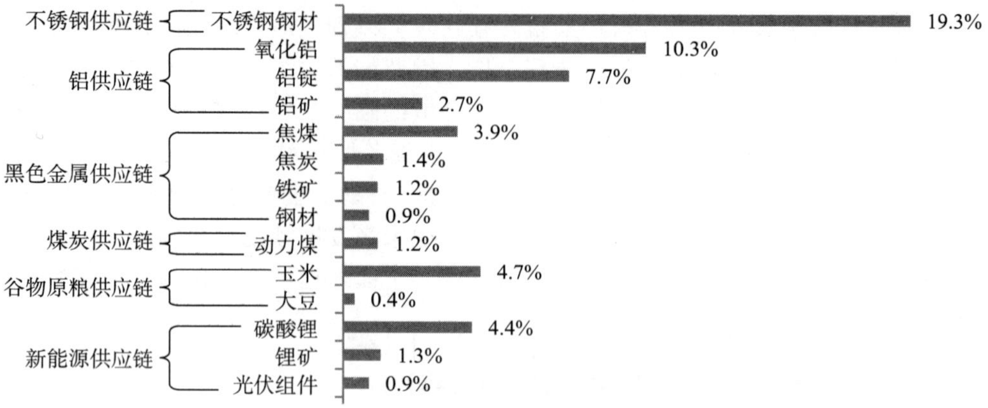

图 17 -5　公司 2022 年核心产品市占率情况（分供应链）

注：（1）市占率 = 公司经营货量 ÷（国内产量 + 进口量），其中公司经营货量不包括转口业务量。

（2）不锈钢材市场规模（估算值）= 不锈钢粗钢产量 + 不锈钢进口量。

对于业务模式部分，由于业务链条相对复杂且近年来持续发展升级，其中涉及的成本、竞争、风险因素等不易梳理，企业则通过图文分阶段、递进式呈现了业务模式及发展逻辑的演变，专栏 17 -1 引用自厦门象屿 2022 年度报告——第三节管理层讨论与分析——业务模式部分。

专栏 17 -1

1.0 阶段，公司将“单点服务”升级为“综合服务”，提供的服务内容从单一环节服务，升级为原材料采购、产成品分销、库存管理、仓储物流、供应链金融等一揽子综合服务。通过制订采销计划、跨区域运输以及提供其他综合服务，有效解决大宗商品物资在时间和空间上错配的问题。该模式的典型案例是虚拟工厂项目，公司通过充分介入制造业企业核心供应链环节，为客户提供原辅材料采购供应、产品分销，以及配套的物流、金融、咨询等服务，赚取综合服务收益。

2.0 阶段，在产业链某一环节为客户输出“综合服务”，形成客户黏性、渠道优势后，公司沿产业链向上下游延伸“综合服务”，建立起具有厦门象屿特色的“全产业链服务模式”，商品品类更加丰富，服务体量也得以迅速增加。

3.0 阶段，在全产业链形成服务和产研优势后，公司顺势切入有赋能价值的生产制造环节，形成“供应链服务 + 生产制造”的产业链运营模式，进一步提高综合收益水平，熨平周期性波动。

4.0 阶段，随着前三阶段的深入发展，公司依次形成综合服务模式、全产业链服务模式、产业链运营模式，针对不同行业、不同区域、不同规模、不同性质的客户分别或叠加提供以上服务。

公司业务模式演进如图 17 -6 所示。

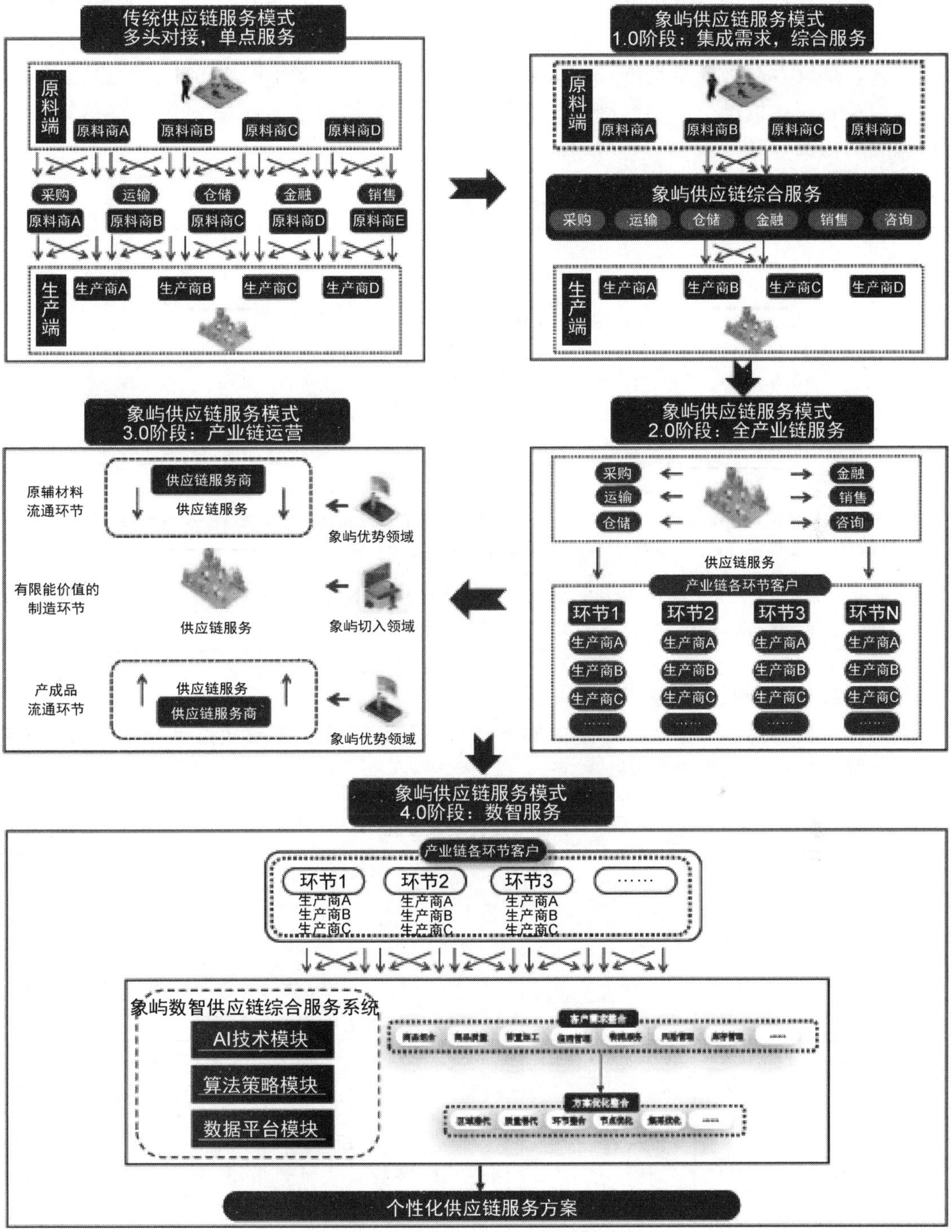

图 17－6 公司业务模式演进

除通过图文结合等方式直观生动地做好披露、加强信息的可理解性外，作为财务信息的有效补充，上市公司的非财务信息披露也应当注重“言之有物”。

近年来随着供应链行业的快速成熟，市占率逐步向头部公司集中，行业利润率逐步下降，由于大宗商品业务合同中无法直接区分是服务收益还是交易收益，因此若信息披露的透明度不高，投资者对报表数据的理解或有偏差。厦门象屿则在年度报告中公开披露了公司的盈利结构及其占比情况，主动打破了信息黑匣子，有效增进了投资者对企业的认知与理解。公司盈利结构及释义如表 17－3 所示。

表 17－3　　公司盈利结构及释义

盈利点		释义	和大宗商品价格的关系	占比
服务收益		依托平台化优势，规模化运作，为客户提供代理采销、加工、物流配送、供应链金融、信息咨询等全产业链综合服务，赚取服务费（含金融服务收益）。其中，公司通过“屿链通”数字供应链服务平台，升维供应链金融服务模式，在不承担担保责任的前提下，向客户收取稳定的服务费。	关联度弱	>70%
交易收益	规模集拼收益	依托庞大的业务体量，通过集中采购及专业化运营获得成本优势，降低各环节运营成本，贡献交易收益。随着规模优势和专业化优势的进一步提升，交易收益对大宗商品价格波动的敏感度也在降低。	关联度弱	<30%
	价差收益	依托专业的分析判断，通过研究商品价格变动趋势（时间维度）和区域价格差异（空间维度）进行交易从而获取收益。	关联度强	

此外，对于报告期内企业经营成果的变化，厦门象屿也在年度报告中作出了较为明晰的解释说明，举例如表 17－4 所示，成为财务指标的有效补充，能够更好地帮助投资者理解企业关键经营指标变化的主要原因。

表 17－4　　公司经营成果变化　　单位：亿元　币种：人民币

类别	经营货量		营业收入		期现毛利		期现毛利率	
	数量（万吨）	同比变动	金额	同比变动	金额	同比变动	数值	同比变动
金属矿产	11665	－5.65%	3.491	8.02%	54.90	30.85%	1.57%	增加 0.27 个百分点
其中：黑色金属	7675	－10.40%	1171	－14.17%	24.21	19.85%	2.07%	增加 0.59 个百分点
不锈钢	1606	19.07%	1122	44.61%	17.29	15.47%	1.54%	减少 0.39 个百分点
铝	2174	－8.18%	1033	4.89%	10.96	102.12%	1.06%	增加 0.51 个百分点
农产品	1764	19.39%	520	12.45%	14.12	－22.19%	2.72%	减少 1.21 个百分点
其中：谷物原粮	1446	29.44%	341	26.87%	10.13	3.34%	2.97%	减少 0.68 个百分点
能源化工	6345	19.56%	919	34.87%	16.25	13.60%	1.77%	减少 0.33 个百分点
其中：动力煤	5396	24.00%	467	68.98%	11.15	14.04%	2.39%	减少 1.15 个百分点
新能源	21	22.21%	251	176.23%	4.76	162.65%	1.90%	减少 0.10 个百分点
其他	—	—	27	18.25%	—	—	—	—
合计	19795	3.29%	5207	16.00%	90.13	16.87%	1.73%	增加 0.01 个百分点

注：①焦煤、焦炭为炼钢辅料，由能源化工供应链调整至金属矿产供应链，具体归属于黑色金属供应链，上年数据

按该口径同步调整；②公司为配套供应链综合服务现货经营，运用期货工具对冲大宗商品价格波动风险，相应产生公允价值变动损益及处置损益，期现毛利和期现毛利率为结合期货套保损益后的数据。

黑色金属供应链尽管经营货量、营业收入有所下滑，但在优化采购渠道降低采购成本，逐步提高焦煤、焦炭比重后，整体毛利及毛利率实现较大幅度提升。铝供应链还原期货套保后毛利实现翻倍增长，但由于品类结构变化导致整体经营货量有所下滑。农产品供应链由于市场化原粮收购占比提升、毛利率较高的竞拍粮收购占比下降，毛利和毛利率有所下滑。煤炭供应链大力拓展国内外客户资源提升市场份额，毛利率有所下滑，但经营货量和营业收入大幅增长。

（四）主动增加个性化信息披露，积极传递企业价值

近年已有越来越多的上市公司开始注重在监管规范要求外通过自愿性信息披露加强与市场之间的沟通交流。统计数据显示，2023 年初至 10 月 31 日，共有 600 余家上市公司自愿披露了合计超过 1200 份公告，内容涉及产品研发、对外投资、购买资产、经营快报、订单信息等，尤其是对于公司生产经营密切相关的信息，即便未达到披露标准，上市公司亦愿意通过主动披露的方式积极向市场传递，提升与投资者之间的信息透明度，展现企业的核心竞争力。

在监管规范引导下，上市公司共同遵守合规要求，但也存在披露信息同质化的问题，若未能充分体现企业所在行业及个体的差异化，或会影响投资者对企业价值的判断。实际上，监管规则的修订与完善亦在不断考虑投资者端的信息诉求，以行业信息披露指引为例，由于行业间属性差别较大，不同行业之间的上市公司可比性较低，而同一行业的治理结构、业务模式、经营情况往往更为相近，因此分行业信息披露制度的建立实际上为投资者更深入地了解行业与企业特征提供了基础。但随着社会经济文化不断发展，越来越多新兴行业出现，原有的行业类别并不能够完全覆盖上市公司的行业分类范畴，参考过往实践，上市公司自主结合企业发展情况、提升个性化信息的披露亦将能够切实降低投资者的信息成本，帮助投资者增强对企业及所在行业的理解。

除行业信息披露指引外，股东信等形式的创新实践也是上市公司增强自主披露、积极传递价值的体现。与一般披露公告的平铺直叙不同，股东信能够更灵活、生动地表达企业治理理念与战略定位，从管理层视角对企业经营发展做出特色解读，增进投资者对企业的认识与理解。一封内容翔实、丰富的股东信，既能够充分表达上市公司对投资者的尊敬与重视、提升投资者的“获得感”，亦是企业彰显未来发展信心、增强投资者对企业价值认同的优良契机。

（五）注重 ESG 报告披露，全方面展现企业综合价值

随着国内 ESG 理念逐渐发展成熟，上市公司披露 ESG 报告的情形趋向普遍，因各家上市公司情况不同，因此报告内容的编写及披露各有特色；且随着近年来 ESG 投资理念兴起，在投资者的信息诉求推动下，上市公司对 ESG 报告的编制及披露工作也在逐步完善。

与传统报告内容相比，ESG 报告为上市公司传递企业价值增添了更为丰富的维度。以股权激励为例，上市公司的发展离不开人才梯队的建设，在财务报表编制中，该项股份支付的费用作为成本项列示，但实际上该项支出能够帮助上市公司获得核心人力资源，人才要素构成企业的一项宝贵财富，能够对企业的持续经营能力产生切实影响，但相关信息在传统报告编制中未有充分体现，从这个角度来看，传统报告有其局限性，对于企业价值的呈现并不全

面。不少上市公司将企业人才战略纳入 ESG 报告中进行详细披露，ESG 报告围绕环境保护、公司治理及社会责任三大维度的信息披露能够成为传统报告的有效补充。

此外，企业的运营除硬件基础设施建设外，也需要“软实力”增强发展韧性、应对外部挑战，企业所践行的价值观、企业文化、社会责任等要素均与企业生命力密切相关，且将对企业经营管理及其战略规划产生重大影响。因此投资者对企业的认知不仅注重企业的经营成果，也会关注企业的内核建设情况，在二者结合的基础上综合评估企业的未来发展价值。因此 ESG 报告中对企业治理理念、企业文化、社会责任等相关信息的披露亦是投资者作出投资决策时必不可少的关键信息，部分上市公司为了更好地满足境内外投资者的需求，自主披露了中英文版本报告，获得投资者的广泛好评。

一份优质的 ESG 报告不仅可以成为企业在投资者眼中的加分项，亦可成为企业提升持续经营能力的有力抓手。上市公司在编制 ESG 报告时需要结合企业自身情况，围绕环境、社会责任及公司治理三个方面做好信息的整合，因此报告编制的过程也可以成为企业自审的过程——优质的 ESG 报告是对企业规范高效的治理、环境友好的经营活动、积极践行社会责任成果的总结。现阶段已有越来越多上市公司真正将 ESG 理念纳入战略规划层级，自上而下建立健全 ESG 治理生态体系、践行 ESG 发展战略，并将发展成果通过 ESG 报告向外传递，综合展现企业价值及其未来发展空间，更深度地增进投资者对企业的了解与认同，增强公司资本市场品牌形象建设、提升企业的资本市场竞争力，形成内外双向良性循环，推动上市公司实现高质量、可持续发展。

参考文献

[1] Glosten, L. and P. Milgrom (1985): “Bid, Ask and Transaction Prices in a Market-maker Market with Heterogeneously Informed Traders”, Journal of Financial Economics, 14, 1127-1161.

[2] Merkl-Davies, D. M. and N. M. Brennan, 2007, “Discretionary Disclosure Strategies in Corporate Narratives: Incremental Information or Impression Management?”, Journal of Accounting Literature, Vol. 26: 116-196.

[3] 赵立新，等. 构建以投资者需求为导向的上市公司信息披露体系 [M]. 北京：中国金融出版社，2013.